Hans-Peter Raddatz

Von Gott zu Allah?

Hans-Peter Raddatz

Von Gott zu Allah?

Christentum und Islam in der liberalen Fortschrittsgesellschaft

Herbig

1. Auflage Mai 2001
2. überarbeitete Auflage November 2001

Schutzumschlag: Wolfgang Heinzel
Herstellung und Satz: VerlagsService Dr. Helmut Neuberger
& Karl Schaumann GmbH, Heimstetten
Gesetzt aus der 10,5/13 Punkt Minion
Druck: Jos. C. Huber KG, Dießen
Binden: G. Frauenberger, Neudörfl
Printed in Germany
ISBN 3-7766-2212-1

Inhalt

Teil I
Der Gang des Geistes im Westen und Islam

Teil II
Toleranzdoktrin und Islamexpansion

IX. Interreligion – der kirchlich-islamische Dialog 292

X. Multikultur – der politisch-islamische Dialog 370

Vorwort zur 2. Auflage

»Die Ereignisse vom 11. September in New York haben diesem Werk unerwartet eine Aktualität gesichert, der es eigentlich gar nicht bedurft hätte«, resümierte ein wichtiger Rezensent (FAZ 15.10.01) und löste beim Autor Erleichterung aus. Er bestätigte die Hoffnung, daß das große Interesse an der ersten Auflage nicht nur auf das Grauen der September-Katastrophe, sondern auch auf eine fundierte Analyse des gestörten Verhältnisses zwischen dem Westen und dem Islam zurückzuführen war. Obwohl sich zuvor niemand die Dimensionen dieses Anschlags vorstellen konnte, so ließen doch die in »Von Gott zu Allah?« entwickelten Perspektiven der im Islam angelegten, virtuellen Gewalt keinen Zweifel daran, daß ihre Verwirklichung einer erheblichen Wahrscheinlichkeit unterliegt. Ähnlich deutlich wurden die skeptischen Prognosen des Buches hinsichtlich der Fachkompetenz des interkulturellen Dialogs bestätigt. Alles, was der Terroranschlag hier zunächst bewirkte, war ein Propagandaschub der Führungsebenen zugunsten der eher radikalen, keineswegs repräsentativen Islamkräfte.

Die zweite Auflage wurde nicht nur zur obligaten Druckfehlerbehebung genutzt, sondern auch zur Erweiterung des Registers, um das Potential des Buches als Nachschlagewerk zu stärken. Ebenso wurde interessanten Hinweisen aus der Leserschaft nachgegangen. So hob z.B. die CIBEDO (Christl.-Isl. Begegnung u. Dokumentation) hervor, daß das ihrer Publikation entnommene Zitat, demzufolge »man erst Muslim sein muß, um Christ sein zu können« (S. 341), aus einer Zeit stammt, als sie noch nicht zur Deutschen Bischofskonferenz gehörte. Der faktenferne Formalismus dieses Hinweises setzte sich denn auch in einem unsäkularen Einschwenken der Bischöfe mit der Politik in der Förderung des deutschen Islamismus fort. Die Analyse dieses fragwürdigen Trends ist eine der Hauptaufgaben dieses Buches, der aus Kreisen demokratiebewußter Türken in Deutschland erfreulich wachsendes Interesse gewidmet wird. Es bleibt abzuwarten, inwieweit die »Eliten« in der Lage sein werden, sich aus der im modernen Fortschritt angelegten, sozialen Inkompetenz zu befreien und die legitimen Interessen der Mehrheitsgesellschaft überzeugend zu vertreten. Denn nur so werden sie der – sie selbst zuerst betreffenden – Bedrohung durch islamische Radikalisierung und westliche Korruption wirksam begegnen können.

Vorwort zur 1. Auflage

Seit Jahrzehnten findet eine islamische Zuwanderung nach Deutschland und Europa statt, ohne daß die öffentliche Information über diesen neuen Gesellschaftsfaktor erkennbar an Substanz oder Qualität gewinnen konnte. Der von Kirchen, Parteien, Wissenschaft und Medien geführte »Dialog« mit dem Islam konnte zwar einen neuen Berufsstand von Dialogspezialisten hervorbringen, dessen Erzeugnisse ein umfangreiches Diskussionsspektrum ausbreiten, mehrheitlich allerdings über einen Standardkatalog offizieller Beschreibungen der Eigenschaften des Islam bislang nicht wesentlich hinausgelangt sind.

Dieser Katalog hat die Klärung wichtiger Fragen eher behindert als gefördert, indem zentrale Gesichtspunkte wie Toleranz- und Integrationsbereitschaft und die Frage der politischen Religiosität des islamischen Fundamentalismus in einer grundsätzlich unklaren, z.T. sogar widersprüchlichen Schwebe gehalten wurden. Tendenziell letztlich immer wieder positiv beurteilt, wurden die einschlägigen Themen des Islam und seiner konkreten Erscheinungsformen in der Gegenwart einer offenen, emanzipierten Debatte notorisch entzogen, ganz besonders dann, wenn unerwünschte Entwicklungen der laufenden Realität dem Wunschbild des Dialogs zuwiderliefen.

Die Immunität des positiven Islamfilters gegen eine konträre Wirklichkeit bestätigte sich eindrucksvoll 1995, als mit Annemarie Schimmel eine Orientalistin den Friedenspreis des Deutschen Buchhandels erhielt, die sich in aktiv zustimmender Weise zum Todesurteil der iranischen Revolutionsregierung über Salman Rushdie äußerte, jenen britischen Schriftsteller, der in einem seiner Romane den Propheten des Islam lächerlich gemacht hatte. Diese Äußerung, die einen Proteststurm deutscher und ausländischer Autoren auslöste, die Preisverleihung jedoch nicht verhinderte, bewirkte ein besonderes Aufschrecken beim Verfasser dieses Buches, der drei Jahrzehnte zuvor bei dieser Wissenschaftlerin Orientalistik studiert und ihr nicht wenig zu verdanken hatte.

Der Fall Schimmel steht beispielhaft für eine Art unbeirrbaren Korpsgeists, den eine breite, polit-religiöse Dialogfront entwickelt, wenn es darum geht, unter Negierung des Negativen islamische Interessenwahrung zu betreiben. Diese besondere Variante der undifferenzierten Solidarisierung vermeidet sorgfältig jede Form der Unterscheidung zwischen Frömmigkeit und religiöser Gewalt. Beispielsweise hätte es hilfreich sein können, darauf hinzuweisen, daß bei aller Wichtigkeit Muhammads als Ziel islamischer Spiritualität zahlreiche Muslime Frau Schimmels Haltung seinerzeit nicht unterstützt hätten.

Letztere war vielmehr stellvertretender Ausdruck für die Bereitschaft des Dialogs, der unzweifelhaft gegebenen, allerdings differenzierten Gewaltbereitschaft des Islam unabhängig von der jeweiligen Situation undifferenziertes »Verständnis« entgegenzubringen. Nun wissen wir aus der Ideologieforschung zur Genüge, daß es zu den wesentlichen Charakteristika des Fortschrittsliberalismus gehört, den Gewaltmerkmalen fremder Kulturen mit besonderer »Toleranz« zu begegnen. Es geht hier also um eine – wenn nicht kommerziell erklärbare – ungewöhnliche Form des Entgegenkommens, die seit Jahren auch wachsende Zustimmung in der katholischen Kirche findet, indem diese die Christenverfolgungen im islamischen Raum umso desinteressierter zur Kenntnis nimmt, je höher die Zahl der Opfer steigt.

Das Problem der systematischen, nicht weniger irrationalen Abwehr von Tatsachen oder historischen Korrelationen im interkulturellen Diskurs, auf das in unserer nachfolgenden Untersuchung detailliert eingegangen wird, gibt dem Verfasser das Stichwort und die willkommene Gelegenheit, all denjenigen, die sich in ihren Fachbereichen faktenorientierter Arbeit verpflichtet sehen, den herzlichsten Dank für ihre vielfältige Unterstützung beim Entstehen dieses Buches auszusprechen. Unsere Zeit ist u.a. von einer Entwicklung geprägt, in der die Bekanntgabe von wissenschaftlichen Realitäten – soweit mit vermeintlichen Erfordernissen der Fremdbestimmtheit nicht harmonierend – mitunter zu empfindlichen Einbußen der Lebensqualität führt. Aus diesem Grunde und in Ansehen der Adressaten dieser Danksagung, deren hervorstechendes Merkmal in akademischer Bescheidenheit im besten Sinne besteht, kann an dieser Stelle auf die Nennung von Namen verzichtet werden.

Es handelt sich hier um eine Reihe von Persönlichkeiten aus für dieses Buch relevanten Fachbereichen wie Theologie, Philosophie, Geschichte, Orientalistik, Soziologie, Anthropologie, Psychologie sowie auch aus der Physik – mehrheitlich im Amt, teilweise emeritiert – die ihre geschätzte Expertise zur Verfügung gestellt und ausgewählte Aspekte hilfreich und geduldig kommentiert haben. Ebenso ist eine erhebliche Zahl engagierter Menschen in Kirche, Politik, Wissenschaft und Medien – nicht zuletzt aus dem Verlag selbst – hervorzuheben, die den Fortgang der Arbeit mit tatkräftigem Interesse und weiterführenden Hinweisen aus Literatur, Presse und interkultureller Szene begleiteten.

In diesen Kontext gehören natürlich auch jene Muslime, die auf Basis z.T. jahrzehntelanger persönlicher Verbindungen bereit waren, wertvolle Einblicke detaillierter und z.T. vertraulicher Art in die politisch-soziale Situation ihres jeweiligen Landes zu ermöglichen. Diese Verbindungen reichen teilweise auf die langjährige Tätigkeit des Verfassers im Nahen Osten zurück, auf eine Zeit, in der sich der sogenannte Fundamentalismus konkret zu formieren begann. Insoweit konnten gerade diese langfristig gewachsenen Einschätzungen einheimischer Muslime eine besonders effiziente Ergänzung zur Lagebeurteilung der islamischen Intelligenz vermitteln.

In besonderer Verbundenheit wird an dieser Stelle der mutigen Laien, Priester und Bischöfe gedacht, die als orientalische Christen mit der Römisch-Katholischen Kirche zwar uniert sind, allerdings in ihrer Bedrängnis durch islamische Diffamierung und Unterdrückung vom nachkonziliaren Klerus im Stich gelassen werden. Ihre teilweise bewegenden Berichte über die enormen Schwierigkeiten im Alltagsleben und die Einschränkung ihrer Glaubensfreiheit und -ausübung ermöglichten tiefe Einblicke in die real-islamische Vorstellung von »Toleranz« und Dialogneigung.

Vor allem und ganz besonders ist jedoch der eigenen Ehefrau zu danken, die mit konsequentem Einsatz, umfassendem Literaturwissen und dem sicheren Gespür der Juristin für die relevante Information unschätzbare Beiträge geleistet und überhaupt die ursprüngliche Anregung zu diesem Buch gegeben hat. Nicht zuletzt ist ihr und ihrer Herkunft jenes subtile Feingefühl zu danken, das im Umgang mit der schwierigen deutschen Vergangenheit unverzichtbar ist. Ohne sie hätte dieses Buch nicht entstehen können.

Einleitung

Im Kontext der Wirtschaftsglobalisierung stehen Deutschland und Europa seit den 60er Jahren des abgelaufenen Jahrhunderts unter dem Einfluß wachsender Migrationsbewegungen, die die westlichen Gesellschaften mit einer Vielzahl von Kulturen und der Notwendigkeit konfrontieren, sich sachkundig und zukunftsbezogen mit diesen Kulturen und ihren Rückwirkungen auf bzw. Ansprüchen an die eigene »Leitkultur« auseinanderzusetzen. In diesem Prozeß der öffentlichen Bewußtseinsbildung spielen die Einwanderung aus den islamischen Ländern und die Beschäftigung mit dem Islam als einem komplexen Faktor eine erkennbar wichtige Rolle, deren politische Bedeutung und gesellschaftliche Langzeitauswirkung kaum überschätzt werden können.

Insbesondere in Deutschland in Gestalt der Türken, aber auch in Frankreich und England mit den nordafrikanischen bzw. indo-pakistanischen Muslimen, bilden die Anhänger des Islam sowohl durch ihre zahlenmäßige Präsenz als auch ihr religiös und historisch fundiertes Dominanzbewußtsein die mit Abstand wichtigste Migrationsgruppe. Mit einem Anteil von 40 bis 50% der jeweiligen Ausländerzahl und einem enormen demographischen Wachstum erlangt diese Gruppe rasch wachsende soziopolitische Bedeutung. Dabei zeichnet sich ein defizitärer Informationsstand der aufnehmenden Bevölkerungen ab, der mit diesem Bedeutungsanstieg der islamischen Gemeinschaft nicht angemessen Schritt halten konnte.

Kollektive Verwirrung über die Einordnung des sogenannten Fundamentalismus in den Gesamtkontext des Islam sowie individueller Streit über islamische Ausdrucksformen wie Moscheenbau, Muezzinruf, Kopftuch, Ghettos etc. haben bislang eine emanzipierte Meinungsbildung zugunsten einer verordneten Sprachregelung mit zunehmend doktrinärem Charakter verhindert. Über Jahrzehnte entwickelten in Deutschland maßgebliche Kreise der Politik, Kirchen und einschlägigen Wissenschaften – unterstützt von den Medien und einer staatlichen Form der Orientalistik – eine standardisierte Propaganda, die sich unter den Rubriken des interreligiösen bzw. multikulturellen Dialogs fest installiert hat. Nach dem katalogartigen Begriffsangebot dieser Gruppierungen handelt es sich beim Islam um eine Religion mit tolerantem Gesellschaftsverständnis, deren Glaubensausübung als grundsätzlich unpolitisch zu betrachten und daher durch die Verfassung geschützt bzw. von der deutschen Gesellschaft zu fördern ist.

Im Migrationsverlauf traten allerdings islamische Siedlungsformen und Profilbildungen zutage, die sich in ghettoartigen Wohnbezirken, islamischen Kulturzentren mit politischem Hintergrund, islamischem Unterricht an den Schulen ohne Bindung an das Grundgesetz, eigenen Interessen- und Wirtschaftsverbänden mit politisch-islamischer Zielsetzung etc. ausdrückten. Dieser Abgrenzungswille stand in durchaus sichtbarem

Gegensatz zum offiziell verordneten Meinungsdiktat des sogenannten, interkulturellen »Dialogs«, das von einem gesellschaftskonformen Integrationsbild ausging. Das latente öffentliche Unbehagen an diesem Gegensatz ließ immer wieder den Bedarf an qualifizierter Information sowohl über die Strukturen des Islam in ihrer historisch gewachsenen Verfaßtheit als auch deren Abweichungen von der gewünschten Sprachregelung deutlich werden.

Eine Untersuchung, die sich die Bedingungen zur Aufgabe macht, unter denen die dynamische Begegnung islamischer Gruppenbildung mit den modernen Industriegesellschaften des demokratischen Westens stattfindet, steht mithin vor einer vielschichtigen Problematik. Zum einen fordert der Islam als Funktionseinheit aus Glaube und Staat eine Auseinandersetzung mit seiner sakral-profanen Geistesgeschichte, wenn eine zutreffende Würdigung der offensichtlich unterschiedlichen Entwicklungsstränge in Orient und Okzident zustandekommen soll. Da die Geschichte der religiösen Weltbilder und politischen Denksysteme auch und ganz besonders eine Geschichte der ideologischen Machtstrukturen ist, kann nur eine solche Verlaufsanalyse der historischen Schwerpunktbildungen in Islam und christlichem Abendland ein angemessenes Verständnis der jeweiligen Erscheinungsformen, wie sie sich in unserer Gegenwart darstellen, gewährleisten.

Zum anderen spielen die dynamischen Aspekte der globalen Wirtschaftsexpansion, Telekommunikation und Geopolitik eine überaus wichtige Rolle in der Herausbildung kollektiver Meinungsnormen, die das Verständnis der gesellschaftlichen Umbrüche unserer Zeit erschweren, wenn nicht verhindern. Damit wird die Notwendigkeit betont, die Zustandsbedingungen der modernen, »christlichen« Demokratie einer besonders kritischen Untersuchung zu unterziehen.

Stereotypen wie das »Feindbild Islam«, »Toleranz des Islam« und »Intoleranz des Christentums«, begleitet von einem positiven Standardregister einer von der islamischen Tradition übernommenen Religionsbeschreibung, haben sich tief in die Landschaft der Dialogdiskussion eingegraben und sind, wie sich in der Analyse rasch zeigen wird, kaum geeignet, konstruktive Beiträge zu einer rationalen Islaminformation beizusteuern. Die eingefahrenen »Konzepte« der interreligiösen und multikulturellen Dialogvertreter in Kirchen und Parteien haben in jahrelanger Praxis ein reflexhaftes Denk- und Verhaltensschema erzeugt, das der Öffentlichkeit in auffallender Eintönigkeit immer wieder gleiche Szenarien islamischen Wohlverhaltens präsentiert. Die hier dargestellte Friedfertigkeit, welche auf eine dem Islam historisch eingepflanzte Toleranz zurückgeführt wird, kann in dieser Sicht allenfalls durch eine der westlichen Gesellschaft als ebenso traditionell unterstellte Intoleranz gestört werden, die »Ängste« erzeugt und durch »Einübung« einer umfassenden, neuen Kulturmoral beseitigt werden muß.

Versuche der kritischen Analyse werden in dieser Wahrnehmung in der Regel mit Begriffen wie »Friedensstörung« oder »Polarisierung« belegt, womit eine nachhaltige, gesellschaftliche Stigmatisierung erreicht werden soll. Gleichzeitig kommt damit auch zum Ausdruck, daß man offenbar gewillt oder gezwungen ist, sowohl dem Eigenen als auch dem Geist des Eigenen, d.h. der herkömmlichen *Rationalität,* jedwede Friedensfähigkeit abzusprechen, und den »Frieden«, wie immer er auch gestaltet sein mag, ausschließlich im Anderen zu finden.

Die hier entstandenen Wiederholungsmuster sind durchgängig geprägt von monotonen, wenig aussagekräftigen und nicht minder unbewiesenen Pauschalsätzen – »der Islam ist eine friedliche Religion«, »der Islam ist kein Monolith«, »der Fundamentalismus ist nicht der Islam« – und versperren mit massiven Kritikverboten einen emanzipierten Zugang zu diesem Faktor, der mit nahezu der Hälfte der Ausländer und hoher Reproduktionsrate ein erhebliches Veränderungspotential für die Lebensumstände der deutschen Gesellschaft bereithält. Wenn die Evangelische Kirche Hessen-Nassau ohne qualifizierende Rahmenbedingungen fordert, daß »alle Deutschen den Islam wollen müssen« und ein ehemaliger Bundespräsident dem Islam die Rolle eines »Wegweisers in die Moderne« zuweist, dann tritt das strukturelle Defizit an historisch verwertbarer und gesellschaftlich sinnvoller Information umso klarer hervor.

Eine Analyse, die die Entwicklungsperspektive des Islam als eines neuen Machtfaktors in der bundesdeutschen Wirklichkeit erfassen will, sollte also vor allem die auffallend stereotypen Feindbilder und Zwangsmuster des interkulturellen Dialogs in den Blick nehmen, um ihre möglicherweise ideologische Herkunft sowie ihren Einfluß auf bzw. Beeinflussung durch die Strukturen des Islam und das Verhalten seiner Vertreter freizulegen. Eine solche Betrachtung kann sich aus methodischen Gründen naturgemäß nicht der gleichen, unpräzisen Begriffsschablonen bedienen, wie sie im Dialogbetrieb üblich sind. Hier empfiehlt sich eher, auf die distanzierteren Methoden der Systemanalyse zurückzugreifen, die gegenüber der unergiebigen, dialogischen Begriffsbildung den Vorzug besitzt, umfassendere und vor allem genauere Betrachtungsebenen und Bewertungsmaßstäbe für unsere Vergleichsobjekte bereitzustellen.

Derartige übergeordnete Beurteilungsebenen stellen uns nicht nur die Systemanalyse, sondern auch und vor allem die einschlägigen Ergebnisse der Zivilisations- und physikalischen Zeitforschung zur Verfügung. Da auch in Dialogkreisen das westlich-naturwissenschaftliche Weltbild noch für weitgehend plausibel gehalten wird, ist die Anwendung seiner Kriterien auf gesellschaftliche Gegegebenheiten nicht nur möglich, sondern angesichts der den Dialogaussagen eigenen Ambivalenz strikt geboten. Wie ausführlich darzulegen ist, hat sich die »Argumentation« des interkulturellen Dialogs als im wahren Wortsinne »herrschende Meinung« und für die Gesellschaft verbindliche, weltbildartige Leitvorstellung verfestigt, obwohl sie – mehrheitlich eine Mischung aus Pauschalurteilen, Denkgrenzen und Faktenmangel – bislang den Nachweis schuldig geblieben ist, eine konsensfähige Zukunftsperspektive anzubieten.

Diese dominante »Leitkultur« enthält als formgebende Konturen das »Konzept« eines Deutschland als Einwanderungsland ohne nennenswerte Anforderungen an Qualifikation und Integration der Einwanderer, eine im Prinzip uneingeschränkte Förderung aller sich in diesem Rahmen einrichtenden Kulturen, eine weitgehend bedingungsfreie Zulassung zu den sozialen Solidarsystemen, die Auffassung von sozial-politischen Pflichten als Verfügungsmasse, auf die im Minderheitsrahmen verzichtet werden kann, und die damit korrespondierende, grundsätzliche Bereitschaft zur kulturorientierten Anpassung der Rechtssubstanz und -auslegung.

Das Bewußtsein um mögliche Diskrepanzen zwischen dieser Leitkultur und der gesellschaftlichen Mehrheitsrealität drückt sich in Herrschaftsbegriffen wie »Ausländerfeind, Rechtsradikalismus, Rassismus« u.ä. aus, die bislang offensichtlich geeignet waren, ihren Hauptzweck, die Verhinderung einer mündigen Einwanderungs- bzw. Islamdiskussion, erfolgreich zu erfüllen. Hieraus erschließt sich unmittelbar ebenso, daß eine solcherart vorgefaßte, kurzfristig orientierte Vorgehensweise den angemessenen Blick auf die langfristig authentische Dynamik zwischen islamischem und westlichem Werteverständnis in der aktuellen Begegnung versperrt. Noch weniger Sinn – zumindest scheinbar – machen die in diesem Kontext immer wieder vorgetragenen Vorschläge, die gesellschaftliche Verantwortung an übergeordnete Gremien als »europäische Lösung« weiterzureichen.

Die authentischen Bedingungen, unter denen sich die aktuelle Expansion des Islam vollzieht, ergeben sich natürlich nicht aus kurzfristig als gut und richtig verordneten Leitbildern, sondern aus historisch gewachsenen Musterbildungen. Diese Muster prägen die Gesellschaftsdynamik einer Kultur so stark, daß einer externen, dieser Prägung konträren Wunschvorstellung nach rationalen Kriterien kaum eine nachhaltige Erfolgschance eingeräumt werden kann. Dabei sind es diese rationalen, in naturwissenschaftlichen Methoden und Denkwegen üblichen Kriterien, die uns die systematischen Formationen in gesellschaftlichen Entwicklungen erschließen.

Wer sie für unzulässig hält, kann sich nicht nur in der angebotenen Literatur, sondern auch im täglichen Finanzmarktgeschehen als dem Paradebeispiel psychischer Prozesse und bevorzugtem Praxisobjekt einschlägiger Analysen vom Gegenteil überzeugen. Dieses Vergleichsobjekt hält zahllose Beispiele dafür bereit, wie irrelevant ein kurzfristiges Kauf- oder Verkaufsengagement und das darin enthaltene Wunschdenken für das langfristige Verhalten des Gesamtmarktes ist, das sich aus einer komplexen, allerdings *tendenziellen* Geschichte herleitet.

Ebenso irrelevant sind kurzfristige, ideologisch bedingte Wunschbilder, die dem Verhalten langfristig gewachsener Kulturen unterstellt werden, deren Weltbilder wiederum auf gänzlich andere Weise, in historisch völlig unterschiedlichem Kontext entstanden sind. Wenn der interkulturelle Dialog dem Islam z.B. ohne weitere, historische Differenzierung und systematische Korrelation das Merkmal der generellen Toleranz zuweist, so kollidiert er unmittelbar mit der systemstiftenden Vorbildfunktion des Verkünders Muhammad, der auf Basis koranischer Offenbarungen sowohl religiöse als auch politische Toleranz als für den islamischen Glauben im Grunde nicht vertretbar formulierte und damit die Richtung des Kollektivverhaltens der *umma*, der islamischen Gemeinschaft, *tendenziell* vorgab.

Im Islam dominiert dieses Kollektivverhalten eindeutig die individuelle Glaubensausübung, die heilsmäßig in sie und von ihr untrennbar eingebettet ist. Häufig entzieht sich dem westlichen Verständnis dieser Zusammenhang, da der moderne Begriff der Religionsfreiheit eher das Individuum in den Vordergrund stellt. Während einerseits dem

Islam dialogseitig immer wieder zugemutet wird, sich der Toleranzvorstellung westlich-aufgeklärter Provenienz zu unterwerfen, verstößt die dem Toleranzgebot innewohnende Faktenabwehr andererseits gegen eine wesentliche Grundlage der eigenen Kultur, nämlich die aufklärerische Vernunft.

Diese war einst angetreten, dem Menschen gegen weltliche Herrschaft – in Gestalt eines zynischen Adels – und gegen Gott – in Gestalt eines nicht selten ebenso zynischen, kirchenfernen Klerus – zum Durchbruch zu verhelfen. Wenngleich sich hier die christliche Freiheit zum Glauben in eine liberale Freiheit zum Unglauben wandelte, so hatten die Aufklärer für die weitere Entwicklung des Humanismus und Liberalismus in die abendländische Fortschrittsgesellschaft keinesfalls auch die Befreiung vom korrelativen Denken insgesamt eingeplant, wie sie in der reflexartigen Tatsachenabwehr und dem Wiederholungszwang des dialogischen Toleranzkatechismus zum Ausdruck kommt.

»Von Gott zu Allah« als Titel dieses Buches trägt der Tatsache Rechnung, daß mit Christentum und Islam zwei Religionen in die Geschichte getreten sind, deren – überaus gegensätzlicher – heilsgeschichtlicher Wahrheitsanspruch sich im Verfallsprozeß der Moderne völlig unterschiedlich verhält. Der Titel deutet bewußt die Möglichkeit der Entwicklung von einer Gottesvorstellung zu einer anderen an, wobei natürlich zunächst weniger an einen direkten Übergang zu denken ist.

Wie der Untertitel ergänzend nahelegt, ist vielmehr von einem dynamischen, gesellschaftlichen Geschehen die Rede, das im Rahmen des westlichen Fortschritts eine Krise des Christentums bei einer gleichzeitigen Expansion des Islam erwarten läßt. Bei letzterer scheint es sich um einen umfassenden Ausdehnungssprozeß mit eigenen Strukturen zu handeln, die seit geraumer Zeit mit Moscheen, Muezzinen, Ghettos und Kopftüchern zunehmend intensiv in das Bewußtsein der Menschen und die öffentliche Diskussion treten. Allein dieser Prozeß verdeutlicht, daß sich »der Islam« um einen Verhaltenskern gruppiert, der natürlich nicht völlig »monolithisch« sein kann, sich allerdings keineswegs so differenziert, wie es der Dialog behauptet.

Da die Wahrheitsfrage im modernen Diskurs ohnehin ganz ausdrücklich ausgeklammert bzw. sogar als unbrauchbar angesehen wird, konnte eine Dialogform entstehen, die sich logischer und praktischer Kompetenz entfremdet und nicht nur generelle Zuwanderung, sondern in deren Rahmen auch den Verzicht auf eigenkulturelle Ansprüche fordert. Von diesem verordneten Strukturwandel und seiner Institution, dem interkulturellen Dialog, wird in diesem Buch ausführlich zu sprechen sein.

»Von Gott zu Allah« wird sich nicht auf die reine Beschreibung eines Prozesses beschränken, der innerhalb weniger Jahrzehnte den Islam in Europa und Deutschland zu einem neuen gesellschaftlichen Faktor ersten Ranges formte. Es wird ebenso die historischen Stationen darstellen, die sowohl die religiösen als auch politischen Voraussetzungen dieses Prozesses vorbereiteten. Dabei ist es der Islam selbst, der uns den Rahmen für eine solche Darstellung vorgibt. Seine ganzheitliche Struktur, die alles gesellschaftliche Leben unter die Ägide des Koran stellt, trifft im Westen auf eine sich zwischen Religion, Staat und Wissenschaft spaltende Säkularisierung, die den Fortschritt im Aufbau des Vernunftbezugs und Abbau des Gottesbezugs erkennt. Während im Westen somit die traditionellen Rückbindungen schwinden, bilden sie im Islam in Gestalt des allumfassenden Gottesgesetzes (*shari'a*) – allen zivilisatorischen Auflösungsversuchen zum Trotz – die zentrale Existenzbasis.

Die langfristig orientierte Identität des Islam speist sich aus den Ursprüngen der koranischen Schriftoffenbarung und dem prägenden Vorbild der prophetischen Urgemeinde. Immer kürzerfristig orientiert steht ihr dagegen die »Identität« des Westens gegenüber, deren fortschrittsorientierte Bezugsbasis auf Kosten transzendentaler Bezüge ständig neue, wirtschaftlich-wissenschaftliche Prioritäten schafft. Eines der wichtigsten Resultate dieser Prioritätenverschiebung ist der pluralistische Schwund nicht nur des sozialen Zusammenhangs, sondern kulturorientierten Denkens überhaupt, ein Sachverhalt, der ein konsensfähiges Urteil über die eigene Kultur, geschweige denn Multikultur zunehmend zu erschweren beginnt.

Die muslimischen Beteinrichtungen in Deutschland konnten sich zwischen 1970 und 2000 um knapp 1000% vervielfachen, ohne daß dieses Wachstum von einer proportionalen Steigerung des öffentlichen Islamwissens begleitet gewesen wäre. Auf der Grundlage einer historischen Verlaufsanalyse ist es daher die Aufgabe dieses Buches, zum einen eine systematische Basis zur Bewertung der Islamexpansion im Rahmen ihrer westlichen Randbedingungen verfügbar zu machen; zum anderen soll es die Gründe aufzeigen, die die Einrichtungen des Dialogs und die gesellschaftlich Verantwortlichen offensichtlich daran hindern oder es ihnen zumindest erschweren, die ihnen anvertrauten Menschen über die Strukturen des Islam und ihre Langzeiteffekte rational aufzuklären. Dabei ist ergänzend die Möglichkeit zu berücksichtigen, daß in der durchaus begrüßenswerten, allerdings doktrinär angestrebten Absicht, außerkulturelle Migrationsprobleme zu vermeiden, neue, innerkulturelle Konfliktpotentiale erzeugt werden.

Mit den Mitteln der interkulturellen Meinungsherrschaft wurden bisher die Bedingungen, unter denen sich die islamische Zuwanderung *vollziehen soll*, weitgehend diktiert, wobei diejenigen Bedingungen, unter denen sie sich *tatsächlich vollzieht*, ebenso weitgehend ungeklärt blieben. Die Expansion des Islam ruft zwar unverkennbare Veränderungen hervor, trifft bei den Betroffenen jedoch auf eine begrenzte, uninformierte Urteilsreichweite, welche die Relevanz dieser neuen Gemeinschaft für ihre zukünftigen Lebensumstände kaum erfaßt. Die Veränderungen werden zur Kenntnis genommen, ohne von ihrem Wesen her langfristig eingeordnet werden zu können. Die gesellschaftlich Verantwortlichen fordern die ständige Verinnerlichung von *Toleranz*, ohne allerdings gleichzeitig mitzuteilen, aufgrund welchen konkreten *Interesses* die aufnehmende Bevölkerung die islamische Zuwanderung fördern sollte. Es fehlt die Information, womit ein solches Interesse zu begründen wäre und auf welcher Art von *Identität* die neue Toleranz aufzubauen hätte.

Es ist jedoch gerade dieser Aspekt des gesamtgesellschaftlichen, nach offizieller Sprachregelung »wohlverstandenen Interesses«, der uns ganz besonders »interessiert«. Denn nicht zuletzt ist es auch und ganz besonders der Gesichtspunkt der Globalisierung, unter dem die Migration im Sinne eines Wirtschaftsfaktors betrachtet wird, der nicht nur fehlendes Know-how im Arbeitsbereich, sondern auch die langfristig sinkenden Rentenbeiträge auffüllen soll. Insoweit erhält der zuwandernde Islam neben seiner *geistig-kulturellen* Bedeutung auch eine *politisch-ökonomische* Relevanz, deren Vernachlässigung sich kaum vertreten läßt, weil das wirtschaftliche Element zu den wesentlichen Motivationen des westlichen Fortschrittsdenkens zählt.

Unsere Darstellung kann sich somit nicht – wie die Majorität des Dialogs – mit der Wiederholung offizieller Leitbilder vom Islam erschöpfen, welche dieser von sich selbst traditionell erzeugt hat. Um solcherlei Zirkelschlüsse zu vermeiden, wird »Von Gott zu Allah« eher einen Deutungsrahmen anbieten, der nicht nur die Lebensbedingungen des Islam in der westlich-abendländischen, speziell deutschen Gesellschaft beschreibt, sondern auch die laufenden Ereignisse der weiteren, aktuellen Islamexpansion für eine Zukunft, in der sich diese Bedingungen nicht wesentlich ändern, hinreichend erklärt. Um die Nachhaltigkeit eines solchen Erklärungsmodells zu gewährleisten, werden wir uns auf den historischen Kontext stützen und diejenigen geistesgeschichtlichen Stationen und Faktoren hervorheben, die beiden Kulturen ihre entscheidenden Prägungen ursächlich verliehen haben.

In der fachübergreifenden Vielfalt eines solchen Kulturvergleichs liegt die Notwendigkeit der Beschränkung. Es ist offensichtlich, daß zentrale Bereiche wie Theologie, Philosophie und Geschichte ebenso angesprochen sind wie Soziologie, Anthropologie und Psychologie, wenn es darum geht, die formgebenden Aspekte einer Religion und Kultur zu erkennen. Um in der Detailbeschränkung zu verbindlichen Aussagen zu gelangen, filtert daher unsere Darstellung die in einem kollektiven Verhaltensverlauf *systemhaft* erkennbaren *Tendenzen und Bilanzen* heraus und zieht wesentliche Einzelaspekte als beispielgebende Hinweise heran, um eine als wahrscheinlich erkannte Tendenz zu verdeutlichen. Somit wird die in unserer Zeit gebräuchlich Pro- oder Kontra-Brille der *Fixierung auf Einzelaspekte* vermieden, die aus verlaufsanalytischer Sicht zur Gefahr, aus politisch korrekter Sicht zum Ziel der ideologischen bzw. *tendenziösen* Verzeichnung führt.

Unverzichtbar für das Grundsätzliche unserer Darstellung ist das Verständnis der Faktoren, die den Westen und den Islam historisch geprägt haben und – dies ist systemanalytisch ausschlaggebend – *weiterhin prägen.* Auch wenn zuweilen der Eindruck entstehen mag, wir hätten bei der Beschreibung der Entwicklung des Guten ein wenig zuviel getan, so wird in den zusammenfassenden Bewertungen erkennbar werden, wie entscheidend die historische Prägung für beide Kulturen ist. In den Darlegungen des Dialogs mögen die schönsten Beispiele für die ersehnten Gemeinsamkeiten mit dem Islam aufgeführt sein – sie ändern nichts am diametralen Antagonismus zwischen der sakralen Langzeitidentität des Islam und der profanen Kurzzeitidentität des Westens, der sich nicht zuletzt das interkulturelle Einheitsstreben verdankt.

Der wesentliche Vorteil dieses Vorgehens für den Leser liegt darin, daß die erarbeiteten Ergebnisse weder die persönliche Meinung des Verfassers, noch die herrschende Meinung einer zeitgerecht opportunen Interessenrichtung, sondern faktenbedingte Realitäten widerspiegeln, wie sie sich aus einer historischen und/oder logischen Bedingungskette entwickelt haben. Diese realen Sachverhalte, insbesondere ihre etwaige Musterbildung, spielen in der Beurteilung kulturell-gesellschaftlicher Prozesse und Wahrscheinlichkeiten eine große Rolle und sind als direkte Bezugsbasis unserer Untersuchung unverzichtbar. Eher nach irrationalen Zufallsprinzipien bzw. willkürlich ausgewählte, politisch opportune oder auch wirtschaftlich lukrative Annahmen, wie sie die Beiträge der Dialogparteien kennzeichnen, können einer rationalen, systemorientierten Analyse nicht zugrunde liegen. Sie bilden allerdings eine wichtige Basis unserer Betrachtung des Dialogs als Phänomen fortschrittsliberaler Denkverflachung.

In insgesamt 33 Kapiteln entwickelt »Von Gott zu Allah« zunächst ausgewählte Stationen der abendländisch-islamischen Geistesgeschichte im »Westen und Islam«, die im historischen Verlauf einander abwechselnd gegenübertreten. Dabei stützt sich der erstere, abendländische Bereich auf 1. antike Philosophie und frühes Christentum, 3. christliche Macht im Mittelalter, 5. die Entwicklung der liberalen Vernunft in Renaissance, Reformation und Aufklärung und 7. den modernen Wirtschafts- und Wissenschaftsglauben. Der zweite, islamische Bereich setzt sich zusammen aus den Abschnitten 2. Muhammad und koranische Tradition, 4. klassische Machtstrukturen, 6. islamische Orthodoxie und Philosophie sowie 8. die »Islamisierung« der Moderne. In beiden Abteilungen wird großes Gewicht auf den Aspekt der Macht gelegt, die sich im Christentum aus der zentralen, klerikalen Vermittlung und im Islam aus der dezentral geübten Lehre ergab.

Während in dieser Gegenüberstellung die Stationen des Islam diejenigen des Abendlands inhaltlich leicht überwiegen, treten sie im gemeinsamen Umfang gleichgewichtig der nachfolgenden Betrachtung des interkulturellen Dialogs und der westlich-islamischen Gegenwart – »Liberale Moraldoktrin und Islamexpansion« – gegenüber, die aus drei etwa gleich großen Abschnitten über 1. Interreligion, 2. Multikultur und 3. Dialogmoral besteht.

Der erste Abschnitt behandelt den sogenannten »interreligiösen Dialog« am Beispiel seiner Erscheinungsform in der katholischen Kirche. Aufgrund ihrer homogenen Tradition läßt sich in dieser Kirche der epochale Wandel von einer Offenbarungsreligion zur liberalen Ideologie eines sich zum Islam entgrenzenden, päpstlich propagierten Religionsglaubens ungewöhnlich klar nachzeichnen. Das zweite Kapitel setzt sich mit der politisch-multikulturellen Seite des Dialogs auseinander. Am Beispiel der türkischen Kulturkolonie und der konzeptlosen Einwanderungspolitik in Deutschland können diejenigen Mechanismen entwickelt und erläutert werden, die auf Basis undemokratischer Parteistrukturen eine doktrinär-liberalistische Dialogstrategie mit der Folge einer systematischen Islaminstallation erzeugen.

Der dritte Teil schließlich und damit der Schluß des Buches untersucht das Ausmaß der ideologisch vereinheitlichten Denkstarre, die das übergreifende, dominante Kennzeichen einer großen Zahl von Dialogteilnehmern in Kirche, Politik und Wissenschaft bildet. Die auffallende Monotonie der hier geübten Argumentationsweise wird auf den Prüfstand einschlägiger, von der Zivilisations- und physikalischen Zeitforschung vorgegebener Kriterien gestellt.

Im Ergebnis wird als kollektives Fortschrittsmerkmal ein fundamentaler Bewußtseinsschwund durch systematische Zeitverengung erkennbar, innerhalb dessen sich das Erfassen von übergreifenden Zusammenhängen in dem Maße abbaut, in dem die Entwicklung des Einzelwissens fortschreitet. Der sich daraus ergebende Verlust korrelativen Denkens liefert nicht nur ein – hiermit zur Falsifizierung freigegebenes – Erklärungsmodell für Monotonie und Stringenz der dialogischen Zwangstoleranz, sondern auch eine fundamentale Bestätigung für die totalitären Potentiale in den konkreten Entwicklungsperspektiven der zukünftigen, neo-liberalen Gesellschaftsstrategie.

Es liegt auf der Hand, daß die Darstellung der formativen Stationen – zumindest die abendländische Entwicklung betreffend – nicht für jeden Leser erforderlich ist. Wer sich hier als bereits ausreichend informiert ansieht, kann die einschlägigen Abschnitte übergehen und wird nicht zuviel versäumen, weil jeder Folgeabschnitt kurze Zusammenfassungen des Vorangegangenen enthält. Unsere Untersuchung erlangt somit ein wenig den Anstrich eines Handbuchs, welches die für die Geistesentwicklung unserer beiden Betrachtungsobjekte maßgeblichen Aspekte zusammenstellt und durchaus auch die Lektüre eines Einzelabschnitts ermöglicht, ohne den gesamten Kontext vorauszusetzen. Weil wesentliche Teile dieser Entwicklung zum gesicherten Wissen gehören, beschränken sich die Anmerkungen auf bestimmte Zitate und Gesichtspunkte, die für unsere Aussage besonders wichtig sind und aus der jeweiligen Literatur hergeleitet werden.

Zwar werden im Verlauf der Betrachtung gewonnene, ausgewählte Ergebnisse vielleicht öfter wiederholt als für manchen Leser nötig; ihre gezielte Erwähnung ist allerdings – im jeweils geeigneten Kontext – im Hinblick auf den »selbstähnlichen« Aufbau des Buches, d.h. den relativ eigenständigen Informationsgehalt der einzelnen Abschnitte, erforderlich. Im Rahmen eines *rationalen* Erklärungsmodells empfiehlt sich ihre Wiederholung auch im Hinblick auf den enormen, zuweilen *irrationalen* Grad an islamorientierter Desinformation, den sich erhebliche Teile des Islamdialogs inzwischen angeeignet haben. Nicht zuletzt handelt es sich z.B. bei dem Kampf des Islam um seine Offenbarungsidee um einen grundlegenden Vorgang, den gerade das westlich-aufgeklärte Weltbild sich umso intensiver zu vergegenwärtigen hat, je konsequenter es sich darum bemüht, seine eigenen religiösen Wahrheitstraditionen abzustreifen.

Uns geht es daher nicht um die religiöse Wahrheitsfrage, sondern um die Frage nach der Fähigkeit zur Dimension der *Rationalität,* welche die religiöse Dimension bedingt. Daß der Islam aus interkultureller Dialogsicht als *tolerant* und friedfertiger Bestandteil einer künftigen Multikultur zu gelten hat, ist aufgrund stereotyper Wiederholung seit mehreren Jahrzehnten bekannt. Der faktenorientierte Leser soll anhand unserer komplementären Information überprüfen können, ob dem Islam diese Qualität auch aus rationaler Sicht, d.h. unter Korrelation mit historisch, politisch und theologisch relevanten Zusammenhängen zuzumessen ist.

Dabei sind es allerdings eher die Denkverengung und fremdbestimmte Faktenabwehr, die als wesentliche Merkmale der westlichen Fortschrittszivilisation hervortreten. Es ist dieses dominante Merkmal *systematischer Irrationalität*, das mit wachsender Stringenz der westlichen Gesellschaft uniformierte, d.h. interkulturelle Glaubens- und Kulturformen aufzuzwingen beginnt. Hier scheinen sich unter geeigneten Bedingungen Potentiale für eine globalistische Massenideologie mit »terrorfähigen Eliten« herausbilden zu können.[1]

Ein solches Szenarium verhilft den interkulturellen Leitgremien in Kirchen und Parteien zu konkreter Macht und dem Islam als ihrem Vorteilsnehmer zu einer historischen Expansion in Europa. Zurück bleibt der Anteil der Gesellschaft, der weder gefragt noch informiert und mit dem Negativsiegel des Rechtsradikalismus ausgestattet wird, wenn er kritische Fragen stellt. In ihm ist allerdings auch jenes Potential zu vermuten, dessen Interesse an einer rational begründeten Identität und einer Einwanderung unter wirtschaftlich und kulturell vertretbaren Aspekten mit fortschreitender Zeit zur wichtigsten Größe in der Behandlung kommender Kulturkonflikte wird.

Dementsprechend richtet sich dieses Buch an jene Leser, die sich durch die bisherige, innergesellschaftliche Islamdiskussion nicht zufriedenstellend informiert fühlen. Wer zudem in ideologischen Leitbildern und Zwangsformeln eher eine Gefahr für eine politische, wissenschaftliche und nicht zuletzt auch religiöse Emanzipation erkennt, und zudem seine Kenntnis der Geistesgeschichte des Islam und des Abendlands in wesentlichen Aspekten ergänzen möchte, wird hier in vieler Hinsicht ausreichende Information vorfinden.

Es richtet sich ebenso an jene, die für die eigene Sinnfindung und Standortbestimmung innerhalb der gesellschaftlichen Verwerfungen unserer Zeit eine sachbezogene Orientierung suchen, um zu einer pragmatischen Beurteilung der jeweils zu beobachtenden Entwicklungen zu gelangen. Die fremdorientierten Feindbilder der »Eliten« richten sich tendenziell gegen das Mehrheitsinteresse der Eigenkultur. Sie sind daher weder an einer realistischen Information interessiert, noch werden sie langfristig ohne weiteren Demokratie- und Bildungsverlust lebensfähig sein.

Die im interkulturellen Islamdialog verankerte Verantwortungsferne stellt den Gesamtkonsens über das Einwanderungsproblem in Frage, weil eine effiziente Zukunftsplanung und Wirtschaftlichkeitsrechnung fehlt. Auf eine solche wird jedoch im Zeitalter der Globalisierung, der grassierenden Staatsverschuldung und des Steuerwettbewerbs zwischen den Staaten auf Dauer kaum verzichtet werden können.

Die globale Dynamik in Richtung steigender Rentabilität bei sinkendem Altruismus steht vor einem grundsätzlichen Problem. Im Rahmen eines systematischen Geistverfalls als Kennzeichen des Westens tritt sie als Ursache eines interkulturellen Konfliktpotentials auf, das sie zum eigenem Überleben lösen muß. Solange allerdings die Denkgrenzen des Dialogs dominieren, welche den Abbau des Solidarinteresses fördern, wird sich sein Machtanspruch aus Migration eher verstärken.

So wendet er sich seit langem mit zunehmender Stringenz gegen rationale Problemanalysen, weil diese seine geistigen Mittel überfordern und seine Existenzbasis gefährden. »Pauschalurteile«, »Feindbilddenken« , »obskure Quellen« etc. sind monotone Standardfloskeln, mit denen die Unfähigkeit kaschiert werden soll, sich qualifiziert mit kritischen Untersuchungen seiner Ideologie und den zukünftigen Folgen auseinanderzusetzen.

Die »Planungen« des Islam und seiner Einrichtungen bleiben davon insofern nicht unberührt, als sie aus diesem Verhalten wachsende Vorteile ziehen. Seine Identität und Interessen sind auf die Bildung autonomer Strukturen ausgerichtet. Je näher er diesem Ziel rückt, desto konkreter wird sich sein Wohlverhalten, das auch eine Frage von Finanzquellen ist, von denjenigen Gesellschaften abkoppeln, die darauf verzichten, ihr rationales – nicht nationales – Interesse an einer Kontrolle und Steuerung ihrer Identitätsveränderung im Migrationsgeschehen wahrzunehmen.

Dabei wird die Nagelprobe dieses Interesses auf spezifischem Terrain stattfinden: in der Lage der islamischen Frau. Die westlichen Verfassungen »tolerieren« die Fortsetzung der traditionellen Frauenunterdrückung auch im Diaspora-Islam, der nicht mit dem Dialogphantom des »Euro-Islam« zu verwechseln ist. Wenn er sein existentielles Bedrohungspotential, die Frauenemanzipation, weiterhin umgehen kann, wird sich die Expansion des Islam in Europa nach Mustern vollziehen, die sowohl den klassischen Vorbildern historisch bewährter Dominanz, als auch den westlichen Wunschbildern – als Spiegelmuster ihrer islamischen Vorbilder – folgen. Dabei wird von ebenso entscheidender Bedeutung sein, in welchem Ausmaß die westlichen Islamideen – insbesondere nach der Katastrophe von New York – ihre bisherige Resistenz gegen die islamische Realität weiter konservieren können.

Auf diese grundlegenden Musterbildungen wirkt zum einen die koranische Offenbarung ein, die dem individuellen Glauben der Muslime und der islamischen Kultur zugrunde liegt. Um zum anderen zu einer systematischen Vergleichsebene der Religionen gelangen zu können, betrachtet unsere Darstellung das Christentum ebenso aus der Warte seiner Offenbarung in Jesus Christus als geistiger Existenzbasis des »traditionellen« Christen und als Herzstück der europäischen Kultur, wobei dem klerikalen Problem der Kirche ein kritischer Seitenblick gewidmet wird.

Gerade weil dieses singuläre Menschheitsereignis im Bewußtsein der modernen Fortschrittsgesellschaft einem klaren Prozeß der Entfremdung ausgesetzt ist, erweist sich diese Vorgehensweise für die Untersuchung und ihre wesentlichen Ziele auf dem Weg »von Gott zu Allah« als unverzichtbar: 1. eine Würdigung der christlich-europäischen Geistesentwicklung im Vergleich mit derjenigen des Islam, 2. das sich daraus ergebende Verständnis für die kirchliche Glaubenswende zur modernen Zivilreligion, 3. die auf ihr aufbauenden, interkulturellen Dialoge sowie letztlich 4. eine vertiefte Einsicht in den Zusammenhang zwischen dem »aufgeklärten« Abbau des europäischen Geistes und der Verdrängung der christlichen Offenbarung als einer möglichen Voraussetzung für das Entstehen dieses Abbaus.

Wenn es zutrifft, daß der christliche Glaube als wesentlicher Impuls des europäischen Geistes zu sehen ist, dann sollte als logische Folge akzeptiert werden können, daß ein Verschwinden dieses Glaubens auch zum Verschwinden eben dieses Geistes führt, dem von Beginn an die Befreiung der menschlichen Vernunft – in Verantwortung vor Gott – innegewohnt hat.

Teil I
Der Gang des Geistes im Westen und Islam

I
Antike und frühes Christentum

A. Das Weltbild der Griechen

1. Die Basis

Wenn von der Entwicklung des Geistes gesprochen wird, so ist nach westlichem Verständnis in allererster Linie vom Geist des Menschen die Rede, der darum bemüht ist, seine Stellung im Kosmos, in der Schöpfung und zum Schöpfergott selbst zu begreifen. Dabei war abendländisches Denken von seinen frühesten Wurzeln an von dem tiefen Eindruck beseelt, daß der menschliche Geist in denjenigen Geist eingebettet ist, der die kosmische Ordnung hervorgebracht hat. Somit sind ihm Fähigkeit und Verpflichtung gegeben, seine diesseitige Existenz zur Entwicklung von Gottes- und Naturerkenntnis zu nutzen, um sie in einen jenseitigen, metaphysischen Zusammenhang zu stellen. Die sich aus der Dialektik zwischen Gott und Kosmos ergebenden komplementären geistigen Energien in Glaube und Vernunft, Spiritualität und Rationalität, Intuition und Analyse, Theologie und Philosophie, Allmacht Gottes und Macht des Menschen wurden zu den entscheidenden Kraftfeldern der europäischen Kultur, insbesondere nachdem das Christentum begonnen hatte, in die Entfaltung westlichen Denkens einzugreifen.

Die Fundamente des abendländischen Geistes ruhen auf Sokrates, Platon und Aristoteles, dem Dreigestirn griechischer Philosophie, des Weltgeistes schlechthin. Sokrates, über dessen Leben wenig bekannt ist, gilt als erster, der ein im Menschen verankertes Sittengesetz vertrat, selbst von unbestechlicher moralischer Integrität und intellektueller Redlichkeit bis hin zum Tod durch den Giftbecher. Auf ihn ist das für antikes Denken revolutionäre Prinzip der Seele als Sitz des individuellen Bewußtseins zurückzuführen, dessen Hauptanliegen im Erwerb eines rational-tugendhaften Charakters auf der Basis von Bildung und Wissen begründet lag.

Je gebildeter und kenntnisreicher der Mensch unter Einsatz einer skeptischen Vernunft wurde, desto weniger stand er in der Gefahr, schlecht zu handeln. Nach Sokrates lag es im Wesen des Wahren und Guten, daß es – einmal aufgrund erworbenen Wissens erkannt – auch gewollt wurde, denn jedes Leben, das sich nicht ständig prüfte, war sozusagen nicht wert, gelebt zu werden.

Das eigentliche Vermächtnis des Sokrates ging noch einen Schritt über die Individualisierung des Bewußtseins hinaus. Er konzipierte das Wahre und Gute als transzendente Instanzen, die unabhängig von ihren äußeren Erscheinungen Bestand hatten und universell-philosophische Ziele des menschlichen Geistes bildeten. Es war diese vitale Verbindung aus Intellekt als Erkenntnisquelle und Intuition als moralische Kraft, die den

Menschen befähigte, seinen Geist als wesenhaft verknüpft mit der göttlichen Macht zu verstehen und somit nicht nur der eigenen Existenz, sondern auch der Gesellschaft einen wahrhaft sittlichen Sinn zu verleihen.

Platon, dessen »Dialogen« wir den Einblick in die charismatischen Lehren des Sokrates verdanken, entwickelte die Welt der Ideen, die hinter allem Geschehen standen und von einer allmächtigen, transzendenten Intelligenz als »König des Himmels und der Erde« in einer Dialektik aus Geist und Materie geordnet und gesteuert wurden. Dabei verbanden sich Geist mit Ratio sowie Transzendenz mit Spiritualität, während die Materie dem Irrationalen, Sinnlichen und Instinkthaften entsprach. Das im Diesseits durch Zufall und Unregelmäßigkeit entstehende Phänomen des Bösen und Ungeordneten bestätigte die prinzipielle Überlegenheit der göttlichen Intelligenz und die Verpflichtung des Menschen zur philosophischen Bildung des Geistes in Entsprechung zum universellen Geist, dem Logos, der Idee des Guten.

Das rationale Erfassen der Welt in intuitiver Verwandtschaft mit der Ideenordnung des Kosmos ermöglichte Platon die Synthese aus überkommenem, mythischem Diesseitsverständnis und spiritueller »Seelenresonanz« als Vorstufe zu einer religiösen Dimension. Die sich in seinen Lehren aufbauende Interaktion zwischen Ratio, Logik und Mathematik einerseits sowie Mythos, Intuition und Phantasie andererseits bildet – aufbauend auf dem Sittengesetz des Sokrates – einen ersten Hauptpfeiler der griechischen Philosophie.

Die Hervorhebung der archetypischen, d.h. urbildhaften Ideenlehre mit starker Betonung des intuitiv-spirituellen Moments ließ die Betrachtung der eigentlichen Erscheinungen des diesseitigen Geschehens in den Hintergrund treten und provozierte eine systematische Ergänzung, die empirische Beobachtung der realen Natur. Dieses Bereichs nahm sich Aristoteles an, in Charakter und Lehre die perfekte, komplementäre Ergänzung zur Lehre Platons und zusammen mit diesem das entscheidende Fundament des westlichen Denkens. Im Gegensatz zu Platon konnte Aristoteles hinter den Objekten und Erscheinungen der Welt nicht nur transzendente Ideen erkennen. Für ihn erschienen die Dinge in Kategorien des Seins, wobei er die eigentlichen Objekte Substanzen nannte, die als primäre Kategorien existierten und deren diverse, z.T. gemeinsame Eigenschaften in Form sekundärer Kategorien auftraten. Der Gemeinsamkeit von Eigenschaften lag keine archetypische Idee zugrunde, sondern – und hier lag das neue, bahnbrechende Konzept des Aristoteles – eine vom menschlichen Geist erkannte Wesenheit, die für den jeweiligen Augenblick Bestand hatte, jedoch keine eigenständige, nach seinem Sprachgebrauch »substantielle«, sondern nur eine »kontingente«, also eine mögliche, dabei allerdings nicht wesensnotwendige Existenz aufwies.

Die allgemeinen Eigenschaften konnten den Substanzen kategorial zugeordnet werden, existierten jedoch nicht ohne den Erkenntnisprozeß des menschlichen Geistes. Um nicht nur die Dinge selbst, sondern auch ihre Bewegungen und die Veränderungen im Universum erfassen zu können, ging Aristoteles einen Schritt weiter. Die Substanz war nicht nur ein Stück Materie, sondern strukturierte Materie, eine Form, die ihrerseits durch ihre spezifische Verbindung mit der Materie in der Lage war, nicht nur aktuelle, sondern auch potentielle Strukturen zu erzeugen, die unter geeigneten Bedingungen Aktualität erlangen konnten.

Besonders augenfällig wurde diese Entwicklungsdynamik am Beispiel von Pflanzen, deren Strukturfolge sich bereits durch ihre Anlage im Samenkorn ausdrückte. Materie stellte sich als Komplement, als Ergänzung zur Form dar, die sie aus virtuellen, also möglichen Zuständen über dynamische Strukturen in tatsächliche Zustände der aktuellen Wirklichkeit überführte. Auf diese Weise wurden in allen Substanzen angelegte Potentiale prozeßhaft verwirklicht, die sich in einer unübersehbaren Fülle zum Gesamtprozeß der Natur vernetzten. Die Dynamik der Natur war nicht Ausdruck übernatürlicher Ideen, sondern konkreter Formprogramme, die die Materie in die ihnen potentiell eingewurzelten Strukturfolgen des Werdens und Vergehens trieben.

Während Platon aufgrund des Ideenkonzepts der Sinneswahrnehmung kein gesteigertes Gewicht beimaß, erhielt sie bei Aristoteles primäre Bedeutung. Sein Konzept der natürlichen Formdynamik verband sich mit dem Konzept vom menschlichen Geist, dessen Erkenntnisapparat, selbst Bestandteil der Natur, auf die Wahrnehmung der Gemeinsamkeiten dieser Formen und Strukturen perfekt abgestimmt war. Dem mit Vernunft begabten Menschen stand es von nun an offen, die Formen und Strukturen der natürlichen Prozesse zu beobachten, zu vergleichen, auszuwerten und aus all diesem Schlußfolgerungen zu ziehen.

Wenngleich Aristoteles mit diesen Kriterien die Grundlagen der gesamten empirischen Wissenschaft gelegt hatte, hieße es sein Genie und die Beeinflussung durch seinen Lehrer Platon zu unterschätzen, wenn nicht auch er die eigentliche Bestimmung der menschlichen Erkenntnisfähigkeit jenseits der rein empirischen Sinneswahrnehmung und Datenaufnahme gesehen hätte. Als erster führte er das Prinzip einer Vorstufe zur unsterblichen Seele ein, indem nach ihm dem Menschen eine zusätzliche kognitive Qualität verliehen war, die ihn befähigte, die rein empirische Ratio zu überschreiten und unter Aktivierung intuitiv-transzendenter Denkkategorien zur Erfassung letzter Wahrheiten vorzudringen. Dabei war letztlich die potentielle Erkenntnis, die Teilhabe am ewigen Geist Gottes, notwendigerweise selbst unsterblich und fundamental zu unterscheiden von der Seele, die als Form des Körpers mit diesem dem Tode anheimgegeben war.

Mit der analytischen Erfassung der in der Natur angelegten Zusammenhänge durch den kompatibel strukturierten menschlichen Geist hatte Aristoteles die transzendente Ideenebene auf die immanente, unmittelbar wahrnehmbare Objektebene verschoben und dem Menschen einen völlig neuen Horizont seines Daseins in der Natur eröffnet. Vom abhängigen Objekt war der Mensch erstmals zum aus der Natur gehobenen Subjekt geworden, das die Struktur der natürlichen Objektentwicklung, ihre Dynamik und ihre Ziele distanziert beobachten und kontrollieren konnte. Was mit Sokrates begonnen hatte und von Platon fortgeführt worden war, fand in Aristoteles' Lehre seinen vollständigen Ausdruck als fundamentale Gestaltungskraft des westlichen Weltbilds: Der Wille des Menschen, in Ehrfurcht vor der letzten Wahrheit Gottes, seines Schöpfers, die Welt rational zu verstehen.

2. Der philosophische Gott

Gemäß der Materie/Form-Dynamik, die potentielle Konstellationen in aktuelle Zustände überführte, mußte nach Aristoteles das gesamte Universum als umfassende Dynamik, als eine höchste, vollkommen verwirklichte Form existieren, die gänzlich immateriell und in sich ruhend die Bewegung des Kosmos steuerte. Diese höchste Form, absolute und erste Ursache des Universums, ist bekannt unter dem Begriff des »unbewegten Bewegers«.

Der aristotelische Gott als reiner Geist bildet für alle Bestandteile des Universums im Rahmen eines laufenden Schöpfungs- und Vernichtungsprozesses das Prinzip und Ziel dieser Entwicklung, ohne selbst Schöpfer zu sein. Ebenso wie der kompatible Geist des Menschen Objekte und Zusammenhänge der äußeren Welt in ihren kontingenten Erscheinungsformen erfassen und werten kann, so kann nach Aristoteles auch die Frage nach der Ethik aus bestimmten Zusammenhängen kontingent beurteilt werden. Tugend und Moral sind keine Werte an sich, sondern richten sich nach rational zu entscheidenden Situationen, nach dem Maßstab pragmatisch ausgewogener Kompromisse. Während Platon die Vernunft brauchte, um die erfaßbare Welt zum Transzendenten zu überschreiten, nutzte Aristoteles sie, um innerhalb der erfahrbaren Welt eine immanente Ordnung zu erkennen. Platonische Intuition und die Ahnung einer hinter den Objekten stehenden, transzendenten Ordnung sowie aristotelische Analyse und die Erwartung einer die Objekte steuernden Gesetzmäßigkeit bilden die beiden grundlegenden, komplementären Elemente des einen Hauptpfeilers abendländischer Geistesaktivität und Kultur. Der zweite Pfeiler sollte das Christentum werden, das drei Jahrhunderte nach Aristoteles in die Geschichte eintrat.

Der Individualismus der klassischen Philosophie und ihre Kontingenz der Moral hatten in der politisch-sozialen Verfassung Griechenlands deutliche Spuren hinterlassen und insbesondere die ehedem so beispielhafte Stabilität der Polis, des demokratischen Stadtstaats, erschüttert. Schon kurz nach dem Tod des Aristoteles (- 322), bildeten sich die Schulen der Stoiker unter Zenon und der Epikureer unter Epikur heraus, deren Zielrichtung in einer weniger umfassenden, mehr auf die unmittelbaren Lebensumstände der Menschen gerichteten Philosophie lag.

Die Stoa legte den Schwerpunkt auf ein moralisch tugendhaftes Leben im Einklang mit der göttlichen Weisheit, die Epikureer betonten die Notwendigkeit einer angstfreien, lustorientierten Lebensführung unter Rückzug in die Privatsphäre, die sich mit der unpersönlichen Leere einer atheistisch-atomistischen Kosmologie begnügte. Beide Richtungen entsprachen eher als die anspruchsvollen klassischen Denksysteme dem aktuellen, verunsicherten Umfeld laufender politischer Umbrüche und sozialer Desintegration.

Wachsende orientalische Einflüsse im Gefolge der Eroberungen Alexanders des Großen und zunehmender Druck aus dem Westen in Gestalt des Römischen Reiches erzeugten im Griechenland der zwei vorchristlichen Jahrhunderte ein geistiges Kraftfeld, das immer tiefer in die Einflußbereiche widerstreitender Strömungen gezogen wurde. Während die Stoa das Göttliche als unausweichlich bestimmend und der Epikureismus es als für sich irrelevant betrachteten, war es in der Sicht der an Sokrates anknüpfenden Skeptiker dem menschlichen Zugriff gänzlich entzogen. Nach ihnen gab es keinerlei endgültige Wahrheiten, wie sie die Giganten Platon und Aristoteles entwickelt hatten. Widersprüche zwischen scheinbaren Wahrheiten konnten auf immer weniger faßbaren Ebenen der Verallgemeinerung aufgelöst werden, eine ausweglose Spirale, der wir im Relativismus der postmodernen Fortschrittsgesellschaft wieder begegnen werden.

Der betonte Rationalismus der klassischen Philosophen und der manipulative Umgang mit dem Göttlichen durch die gesellschaftlich orientierten Richtungen des vorchristlichen Hellenismus erzeugten Nachholbedarf im Bereich des Magischen und Spirituellen. Durch ihn erhielten die vornehmlich aus den Orient stammenden Mysterienreligionen stärkende Impulse, konnten sich aber mit ihren mythischen Kulten gegen widerstreitende Konzepte der Erlösung vom Weltlichen nicht durchsetzen.

Auch die epochale Systematisierung von Astronomie und Astrologie durch Ptolemäus und damit verbundene, erweiterte Gottesvorstellungen, die dem Menschen eine Perspektive aus sterblicher Gebundenheit in die ewige Freiheit kosmischer Transzendenz eröffneten, waren nicht in der Lage, den sich laufend ausdifferenzierenden Strömungen der Zeit einen angemessenen, geistigen Überbau zu geben. Hierzu eigneten sich eher die Denkwege einer erneuerten Inspiration, die sich wesenhaft an Platon anlehnten und den Geist der Vernunft und des religiösen Gefühls zu dem System der Gnosis zusammenfaßten. Diese Richtung entsprach der Geistesverfassung des ersten vorchristlichen Jahrhunderts kongenial und fand nicht nur im späteren Neuplatonismus des Plotin (gest. 270) zu einer wesentlichen Fortentwicklung. Die Gnosis sollte darüber hinaus zu einer weiteren, wichtigen Orientierung des abendländischen Geistes zwischen Ratio und Intuition heranreifen, die bis in die moderne Gegenwart eine ständige Herausforderung des Christentums darstellte.

Im System der gnostischen Erkenntnis teilte sich das Eine und Gute als höchstes kosmisches Prinzip in hierarchischen Emanationen, in Ebenen geistiger Ausflüsse von abnehmender Vollkommenheit, bis hin zur geschaffenen Welt mit. In diesem Rahmen war auch das Böse in dem Maße ermöglicht, in dem der Mensch der Bindung ans Materielle verhaftet blieb. Das gesamte Universum bildete eine Fluktuation des Geistes vom absoluten Einen zur Vielfalt des Geschaffenen, aus der hinwiederum durch Läuterung und Spiritualisierung die Hinwendung zum Einen, getragen von dieser Geistesfluktuation, angestrebt werden konnte.

Das Eine war identisch mit dem göttlichen Intellekt, der alles umfassenden Weisheit des Universums. Besonders die Ideenordnung hinter den Dingen kehrte nun zurück, sie erschien als allgegenwärtige Weltseele, in die alle Wirklichkeit des Geistes und der Materie in einem ewig verschmelzenden und auflösenden, hierarchischen Kreislauf des Werdens und Vergehens der Seelen und Objekte eingewoben war. Der Mensch als

Einheit aus Seele und Körper konnte an dieser Hierarchie des Geistes in dem Maße teilhaben, in dem er sich in gnostischer Sinn- und Erkenntnissuche von der Materie löste.

In einer letzten Anstrengung waren klassischer Rationalismus, Elemente der Mysterienreligionen, Astrologie und anderer, vor allem lichtmystischer Impulse aus den Kontakten mit dem Orient zu einem synkretistisch-ästhetischen System hellenistischer Prägung verbunden worden, das sich teilweise auch das erstarkende Rom zu eigen machte. Insgesamt konnte dieses System jedoch keine dauerhaft integrative Kraft entfalten. Die für den Hellenismus so kennzeichnenden Spaltungen zwischen Dogmatismus und Skeptizismus, Synkretismus und Atomismus waren zu tiefgreifend, als daß sie sich dem vorrückenden Einfluß des orientalischen Konzepts von der übernatürlichen Allmacht Gottes hätten nachhaltig verschließen können. Auch das vom griechischen Logos abgeleitete, konkret-praktische Denken der Römer entwickelte zwar klare Prinzipien des Rechts und Strukturen der Verwaltung, blieb jedoch ohne wissenschaftliche Substanz und somit ohne selbsttragende Dauer. Schrumpfende Bevölkerung, dekadente Führung und multikulturelle Zerfaserung höhlten den Bestand sowohl der griechischen Gesellschaft als auch des Römischen Reiches unablässig aus.

In die Verbindung aus politisch-sozialem Niedergang, griechischer Philosophie, römischem Pragmatismus, magischen Mysterienreligionen und frühgnostischem Synkretismus trat dann allerdings das singuläre Ereignis des Jesus Christus, dessen göttliche Vollmacht und mitreißende Lehre sich von epochaler, unnachahmlicher und für die kulturelle Existenz des Abendlands unverzichtbarer Wirkung erweisen sollte.

B. Der Geist der Christen

1. Das Fundament der Offenbarung

Das Sprechen, Wirken und Sterben Jesu Christi als gelebte Offenbarung Gottes und die Evangelien als ihr schriftlicher Ausdruck bilden die abgeschlossene Grundlage des christlichen Glaubens mit der Kirche als Gemeinschaft der Gläubigen und exklusivem Mittler zwischen Offenbarung und Mensch. Aufbauend auf dem Glauben der Juden, die sich als historisch legitimierter Verkünder des Gottesreiches mit messianischer Dimension verstanden, erscheint Jesus zwar als Verstärker der Endzeiterwartung, jedoch mit der entscheidenden Zukunftshoffnung einer umfassenden Ethik, die den Menschen von der Stringenz des jüdischen Gesetzes befreit und ihn in die Verantwortung für sich selbst und die Welt stellt, eine rationale Verantwortung, die auf dem Glauben an Gott und an Jesus selbst, den Sohn und inkarnierten Logos Gottes sowie integralen Schlüssel zu diesem Glauben fußt.

Die außergewöhnliche Ausstrahlungskraft Jesu bereits zu Lebzeiten, sein Kreuzestod und seine Auferstehung verbanden sich mit der ineinander verschränkten Akzentsetzung der Evangelien zu dem neuen Glauben der Christen. Die hier erfolgte Verbindung zwischen Gott und Mensch sollte eine für die Menschheitsgeschichte einzigartige Heilsausstrahlung und kulturelle Wirkmacht entfalten. Dieser Glaube überschritt sowohl die geschichtliche als auch messianische Dimension seiner jüdischen Basis, deren apokalyptische Version des Gottesreiches er in die neue, christliche Freudenbotschaft eines liebenden Gottes wandelte. Dieser Gott hatte sich in Jesus offenbart, um sich mit den Menschen zu versöhnen und ihnen im Glauben an diesen Erlöser und seine Lehre einen neuen, dauerhaften Weg aus der Sünde zu weisen. Die den Tod übersteigende, transzendente Perspektive und die eigendynamische Ethik Jesu erzeugten eine ungeheure, bislang nicht gekannte Aufwertung der Glaubenserfahrung des einzelnen Menschen, die sich nun optimistisch in den Dienst dieser neuen Bewegung stellte.

Die Vorbilder des Petrus und Paulus als bereuende Missionare und ihr exemplarischer Märtyrertod in Rom wurden zu fundamentalen Prägeformen für die junge Gemeinschaft und alle nachfolgenden Generationen. In ihnen hatte sich die gewaltige Überzeugungskraft manifestiert, die dem christlichen Auferstehungsglauben von Beginn an innewohnte. Einer ungewöhnlichen Anzahl der frühen Christen waren bereits Offenbarungen zuteil geworden, bestätigt durch die Autorität des Paulus, welche ihnen die Wiederherstellung Jesu auf göttlicher Ebene und die Einheit mit dem Schöpfer zur Erlösung der Menschen und Vollendung des Gottesreiches zur Gewißheit machten.

Mit Jesus war die jüdische Erwartung des Messias zur geschichtlichen Wirklichkeit geworden. Das Christentum war das neue Fundament für die Vereinigung der Menschen mit Gott, der den Gott der Philosophen überschritt, indem er eine neue Form personaler Gnade in der Menschwerdung seines Geistes in Christus erkennbar werden ließ. Nur über den Glauben an diesen allmächtigen Gott, den Schöpfer des Universums und den Herrn der Geschichte, und an seinen Sohn Jesus Christus war es den Menschen aller Völker möglich geworden, den Weg der Erlösung zu gehen.

Diese neue Dynamik brach sich mit unübertroffener Überzeugungskraft Bahn in den hellenisch-römischen Raum, dessen kosmisch-philosophische Gottesvorstellung der Allmacht eines sich persönlich offenbarenden Gottes wich, eines Gottes, der alles Geschehen in allen Zeiten umgriff und doch jeden einzelnen Menschen, der an ihn und seinen Geist glaubte, gnadenhaft erfaßte und mit neuer Würde ausstattete. Dieses Christentum verschmolz mit dem hellenistischen Erbe der Philosophie zu einem fundamentalen Denksystem, das Glaube und Vernunft, Heiliges und Profanes, Religion und Politik zu einer Synthese mit richtungweisender Langzeitwirkung verknüpfte. Das historische Zusammentreffen von jüdischem Gesetz, griechischer Denkfreiheit und römischer Herrschaftspraxis hatte diese evolutionäre Wende der Menschheitsgeschichte ermöglicht.

Die griechische Philosophie wurde so zur von Gott geschaffenen Ordnung, die der Spiritualität des christlichen Glaubens als rationale Struktur eingewoben wurde. Jesus als menschgewordener Logos, als geschichtliche Weisheit Gottes, war Ursprung und Ziel der inneren Ordnung des Menschen, Mittler seines Bewußtseins zwischen Welt und Gott in der Ausrichtung auf die Erlösung, umgriffen von der glaubensspendenden Gnade des Heiligen Geistes. Das trinitarische Konzept des christlichen Glaubens an einen einzigen Gott, der in der Dreiheit aus Geist, Macht und Erlösung über die Offenbarung in Jesus dem Menschen diesseitige Würde, transzendente Hoffnung und Gottes Liebe erschließt, wurde schon im Jahre 325 vom Konzil in Nizäa zum Dogma erhoben.

Diese Maßnahme spiegelte nicht nur das Erkennen eines singulären Ereignisses aus dem Abstand von drei Jahrhunderten wider. Sie trat auch gezielt Arius von Alexandria (gest. 336) entgegen, der in demagogischen Reden die Göttlichkeit Christi geleugnet und seinen Geist in den Bereich des Zeitlichen gestellt hatte.[2] Mit dem Arianismus war die Basis für viele weitere Lehren gelegt, die im geschichtlichen Verlauf dem Herzstück des Christentums zuleibe rückten, u.a. auch die Lehre, die drei weitere Jahrhunderte später Muhammad beim Entwurf des Islam den Vorwand liefern sollten, die Sonderrolle Jesu zu entkräften (s. u. S. 69f.).

In Überschreitung des unbewegten Logos im griechischen Universum hatte Jesus den lebendigen Geist des göttlichen Plans offenbart, der bis zur erlösenden Wiederkehr durch die Einwirkung auf jeden einzelnen Menschen zum Herrn der Geschichte wurde. Die kosmische Weisheit Gottes, die Unsterblichkeit der Seele, die eigenverantwortliche Existenz des Menschen und der Tod als Übergang in ein Leben in Jesus als Gott waren Vorstellungen, die sich leicht mit der Spiritualität des platonischen Geistes vereinbaren ließen und eine frühe, harmonische Verbindung mit dem Denken klassischer Philosophie begündeten. Die Mittlerrolle Jesu zwischen diesseitiger Ratio und jenseitiger Transzendenz pflanzte dem Christentum eine komplementäre Dynamik zwischen philosophischem und religiösem Denken ein, deren wesenhafte Funktion sich in einem historisch wachsenden Zusammenwirken von Glaube und Vernunft ausdrücken sollte. Eine jüdisch-christliche Theologie mit platonischer Metaphysik war somit in der Lage, das göttliche Schöpfungsgeheimnis mit rationalem Verständnis der weltlichen Realität zu vereinen.

Mit der Offenbarung in Jesus Christus hatte Gott die Schöpfung erneuert, indem er dem Menschen die Teilhabe an der Erlösung einräumte: die Verbindung aus Zeitlosem und Geschichte, absoluter Transzendenz und relativem Diesseits, göttlichem Geist und menschlichem Bewußtsein. Christi Leben und Geist enthüllte die in Gott eingebettete Wahrheit des menschlichen Seins. Die Gnade Gottes hatte den Menschen aus Schuld und Versagen geführt und ihm in Jesus den diesseitigen Weg in Würde und Hoffnung auf das Jenseits gewiesen. Aus dem »unbewegten Beweger« der klassischen Philosophie wurde der schöpferische Geist Gottes, der aus dem Nichts schafft und die Ordnung seiner Schöpfung sowohl absolut als auch durch den Glauben der Menschen durchdringt. Dieser christliche Logos, die lebendige Offenbarung und die Einheit der Schöpfung in Gott und den Menschen überwanden das hierarchische Weltbild der Ideen des Platon. Aus jüdischem Monotheismus und platonischer Transzendenz, aus dem jüdischen Dogma und der platonischen Abstraktion war eine endgültige Wahrheit hervorgegangen, deren authentische Vermittlung einer Kirche oblag. Das Christentum wurde zur universalen, durch den Glauben an Jesus geöffneten Quelle allen Heils, zur Geborgenheit einer neuen Gemeinschaft, die sich aus den Vollmachten eines Glaubens, einer Schrift und einer Institution speiste.

Christlicher Glaube und platonisches Denken vereinigten sich zu dem geistigen Fundament des spätantiken-frühmittelalterlichen Abendlands, das in Augustinus seinen kongenialen Exponenten fand. Der christliche Verstand war identisch mit der Fähigkeit zur Erkenntnis der Offenbarung, einer Fähigkeit, die vollends erst durch den Glauben, ermöglicht durch die Gnade Gottes, erschlossen wurde. Geist und Seele des glaubenden Menschen wurden durch die göttliche Offenbarung in Jesus auf eine Ebene gehoben, die ihm die Freiheit des individuellen Weges zur Transzendenz und Erkenntnis Gottes öffnete, eines Weges, der den großen Augustinus zu später Bekehrung brachte: »Ich glaube, um zu verstehen!«

2. Die Ambivalenz des Lehramts

Nach Augustinus konnten Erkenntnis und Forschung ohne den Gedanken an Gott, ein Erfassen der realen Phänomene ohne Einbindung der spirituellen Sphäre nicht gelingen. Die Wahrheit war nicht nur durch den Intellekt, sondern auch und gerade durch den Glauben an Jesus Christus, die biblischen Inhalte und vor allem durch die Lehren der Kirche zu erlangen. Den ganzen Menschen formten nach christlichem Verständnis die Gesamtheit der Vorstellungen vom trinitarischen Glauben, der im auferstandenen Jesus unsterblichen Seele, vom individuellen Gewissen, das sich aus Eigenverantwortung gegenüber dem Glauben und Skepsis gegenüber der weltlichen Macht ergab, und dem Gemeinwohl und der Familie, die einen tiefverwurzelten Selbstwert statt flacher Selbstverwirklichung vermittelten.

Mit zunehmender Strukturierung der frühchristlichen Kirche begann die durch Jesus ermöglichte, individuelle Beziehung zum Schöpfer, eingebettet in die institutionell ritualisierte Glaubensausübung, ihre eingewobene Verbindung zur rational verstandenen Gottesordnung zu verlieren und sich auf die Vorstellung von einer nur durch die Kirche vermittelbaren Wahrheit zu verengen. Der Gedanke der sich in Jesus Christus offenbarenden, erlösenden Gnade Gottes, der den Christen der ersten Jahrhunderte zu enormer Inspiration und dynamischer Verbreitung verholfen hatte, war immer weniger der freien Glaubenswelt und Spiritualität des einzelnen Gläubigen zugänglich. Heilswirksamer Glaube wurde somit weniger durch den Gnadenweg Christi, sondern durch die legitimierende Autorität der Kirche möglich. Nicht das Vermächtnis Jesu und seine Wirkmacht, sondern die Zugehörigkeit zur Kirche und die Vermittlung des Priesters wurden zu primären Klauseln des authentischen Glaubens und des Erlösung erschließenden Heils.

Die machtvolle Befreiung des Menschen durch die göttliche Vollmacht Jesu Christi, der den Menschen weltlicher Macht entzogen, das jüdische Gesetz in Frage gestellt, den Zugang zum antiken Rationalismus erschlossen und den Glauben des Einzelnen emanzipiert hatte, wurde graduell ersetzt durch den Machtanspruch der kirchlichen Autorität über die individuelle Glaubenswelt, um diese in einer Aneignung autonomer Weisungsbefugnis einer neuen Kollektivierung zuzuführen. Dem ganz wesentlichen Grundgedanken christlicher Existenz, der individuellen Geborgenheit in Gott durch den Glauben an Jesus Christus in der Gemeinschaft der Gläubigen, setzte die Kirche zunehmend die Gedanken der Schuld und Entfremdung entgegen, die untrennbar mit dem Schicksal des Menschen verbunden und nur durch kollektive Unterwerfung unter die Glaubensregeln der Kirche zu mildern waren.

Der somit in das Lehramt der Kirche verlagerten Erlösungsfunktion Jesu trat eine sich immer strenger konturierende Richterfunktion zur Seite, die dem Menschen eine umso schuldhaftere, unwürdigere Wesenheit zuwies, je umfassender der kirchliche Machtanspruch sich entfaltete. Die existentielle und spirituelle Entwicklung des Gläubigen war immer weniger in die Gnade Gottes, sondern zunehmend in das Ermessen der kirchlichen Hierarchie und ihrer Vollmachtsinhaber gestellt. Eine Annahme und Erlösung des Menschen durch Gott wurde mithin nicht mehr durch den Glauben an Jesus Christus und seine Lehre im Sinne einer eigenständigen, dem Menschen entzogenen Wirkmacht, sondern durch die Regularien der Kirche als Legitimationsinstanz des Glaubens entschieden. Die Offenbarung Gottes und ihre Heilsfunktion für den Menschen sollte sich nicht primär im authentischen Glauben der Menschen zur Geltung bringen, sondern als Grundlage institutioneller Machtbefugnis dienen.

> »Der stolze Amtsträger ist dem Teufel zuzuordnen. Die Gabe Christi wird deswegen nicht befleckt; was durch ihn ausfließt, behält seine Reinheit; was durch ihn hindurchgeht, bleibt lauter und gelangt zum fruchtbaren Boden ...« (ev. Jo. 5,15)

Diese unabdingbare Bindung der Wirkmacht Christi an die Vertreter der Kirche – unabhängig von ihrer Eignung – wurde zwar durch die Autorität des Augustinus ab dem 5. Jahrhundert zur herrschenden Lehre, stand jedoch in deutlichem Gegensatz zum christlichen Grundereignis und seiner befreienden Botschaft. Auf Basis einer unzweifelhaften Vollmacht hatte Jesus in kürzester Zeit ein im Grunde einfaches, jedoch in sich geschlossenes, selbsttragendes Netzwerk fundamental aufeinander abgestimmter Aussagen und Handlungen entwickelt, das die Weitergabe der Vollmacht an seine Kirche als apostolische Nachfolgerin einschloß. Diese Kirche hatte indessen die sakramentale Ausübung dieser Ermächtigung in einer Weise auszudehnen begonnen, die geeignet schien, den Glauben an Gott auf die Vermittler des Glaubens und der Sakramente zu übertragen und das Prinzip der Gnade, das Wirken des Heiligen Geistes, in den Bereich des Gestaltbaren zu ziehen.

Jesus dagegen hatte im Rahmen eines nicht diesseitig orientierten Reiches Regeln aufgestellt, welche die Sündenvergebung der Gnade Gottes sowie Glaube und Gewissenserforschung des Menschen seiner der Kirche gegebenen Vollmacht unterstellten, zugleich allerdings die Reuelosigkeit und Heuchelei der Religionsgelehrten konsequenter Verdammnis anheimgaben (»... der werfe den ersten Stein!«). Überdies ließen diese Regeln seine Kirche bereits dort beginnen, wo sich nur wenige in seinem Gedenken zusammenfanden und von der Gnade des Glaubens an seinen Geist, das inkarnierte Wort Gottes erfassen ließen.

Die frühe, bewegte Kirchengeschichte zeigt die Suche nach kongenialen Strukturen, die mehrheitlich dem dynamischen, selbsttragenden Charakter dieser Lehren und der sensiblen Schnittstelle zwischen individueller Glaubenserfahrung und sakramentaler Einbettung hätten gerecht werden können. Es schien sich allerdings eine Institutionsform zu entfalten, welche die religiösen Vorstellungen der gerade integrierten, rationalen Denkordnung wieder teilweise entzog und der engmaschigen Kontrolle einer hierarchisch gegliederten Glaubensautorität unterwarf. In diesem verstärkten Kontrollcharakter spiegelte sich nicht nur die neue Abwehr des philosophischen Intellekts wider, der sich noch in den gnostischen Frühchristen ausgedrückt hatte; auch die Einflüsse durch Strukturen römischer Herrschaftspraxis und jüdischer Gesetzespraxis traten wieder hervor, die gemeinsam – je länger die ursprüngliche Endzeiterwartung unerfüllt blieb – die Kirche einer sich historisch verfestigenden Zweideutigkeit auslieferten.

Zum einen entwickelte sie sich zur homogenen, kollektiven Wächterin einer Glaubenswahrheit universalen Ausmaßes, die nicht nur die Kultur des Abendlandes begründete, sondern die gesamte Menschheit prägte, zum anderen wuchsen so viele ihrer Vertreter in die Rolle von individuellen Glaubensrichtern, daß ihre Autorität mit fortschreitender Zeit mit dem Glauben selbst gleichgesetzt wurde. Die intellektuelle und spirituelle Attraktivität des christlichen Glaubens, die Ausstrahlung der Offenbarung Christi auf die Menschen waren von so großer, kollektiver Auswirkung, daß im Zuge der christlichen Expansion nicht nur die mißbräuchliche Einengung der individuellen Glaubenswelt, sondern auch die – ebenfalls mißbräuchliche – Inanspruchnahme weltlicher Macht durch die Inhaber kirchlicher Macht zu integralen Elementen des Christentums werden konnten.

Die übernatürliche Qualität des Weihesakraments erlaubte ihren Inhabern, im Status auch einer ungeprüften, rein nominellen Glaubensautorität zu verharren. Indem ihnen ein authentischer Glaube unterstellt und damit virtuell ein Verhalten ermöglicht wurde, das sich nicht immer mit konventionellen Glaubensvorstellungen vereinbaren ließ, lieferten sie nicht nur einen Vorwand für die Kritik des Islamverkünders Muhammad (s. u. S. 69f.), sondern begründeten ein strukturelles Problem der Rolle des Klerus für Glaube und Kirche.

Was Jesus seinen Jüngern und damit der nachfolgenden Kirche evolutionär eingepflanzt hatte, und was ihn fundamental von allem anderen vor und nach ihm unterschied, war die Freiheit, sich für ihn zu entscheiden oder von ihm abzuwenden. Diese Freiheit blieb zwar nicht ohne Konsequenzen, denn wer dieser Entscheidung auswich, stand vor der Folge der Verdammnis. Es war jedoch diese Verbindung aus Freiheit und Heilsgewißheit im Glauben, die den epochalen Siegeszug des Christentums in Europa begründete, allerdings auch von Beginn an die Ambivalenz der Kirche zwischen geistlichem Höchstniveau und Intoleranz, christlicher Liebe und Machtzynismus sowie Todesbereitschaft für den Glauben und niedriger Heuchelei prägte.

Jesus hatte letztlich weit mehr als nur eine Botschaft vermittelt; mit Gottes Vollmacht war er in die Welt getreten, um die Teilnahme des menschlichen Seins am Göttlichen selbst zu schaffen. Dieses Ereignis, Leben, Sterben und Auferstehung des Gottmenschen, überschritt die Ebenen des Mythos und Gesetzes und ermöglichte eine völlig neue Glaubensqualität, deren fundamentale Unmittelbarkeit einen hohen Anspruch an die Wahrhaftigkeit des Menschen richtete und – unter dem Erlösungssymbol des Kreuzes – so anfällig für den Mißbrauch war.

C. Kirche und Staat

1. Die Formation der römischen Kirche

Schon Paulus, der die Perspektiven für eine rasche Ausbreitung des Glaubens über Palästina hinaus öffnete, hatte im Rahmen seiner weiträumigen Missions- und Gründungstätigkeit betont, daß die neuen Christengemeinden sich an den gegebenen Ordnungen des öffentlichen Lebens orientieren, »ein jeder in seinem Stand bleiben« und die Grundlagen von Staat und Gesellschaft respektieren sollten. Darin war nicht die aktive Mitarbeit eingeschlossen, da das weltliche Reich als dem göttlichen, dessen baldigem Kommen man entgegensah, nachgeordnet betrachtet wurde. Als »Gäste und Fremdlinge in dieser Welt« (1. Petr. 1,17) standen die frühen Christen den jeweiligen Staatsordnungen abwartend gegenüber, richteten sich nach den Glaubensvorschriften und »gaben dem Kaiser, was des Kaisers war«.

Mit nachlassender Endzeiterwartung und wachsender Größe der Gemeinden indes wurde ihre Haltung konkreter, indem sie dem Staat Legitimation und Gefolgschaft zuerkannten, solange dieser sich innerhalb seiner weltlichen Grenzen bewegte und religiöser Einflußnahmen und Übergriffe enthielt. Aus dennoch stattfindenden Verfolgungen ergaben sich die Einrichtungen der Fürbitte bei Gott für den unwissenden Herrscher und der apologetischen Erläuterung der Absichten christlicher Religionsausübung gegenüber den verantwortlichen Staatsorganen.

Bereits in der ersten Hälfte des 3. Jahrhunderts legten Clemens (gest. um 216) und Origines (gest. 254) von Alexandria die für das christliche Staatsverständnis entscheidenden Grundlagen. Clemens bestätigte die den Logos Christi vorbereitende Funktion des philosophischen, insbesondere platonischen Denkens und übertrug das aristotelische Prinzip der lenkenden Vernunft auf den weltlichen Herrscher. Origines entwickelte erste Strukturen für die Unterscheidung zwischen kirchlicher und weltlicher Ordnung.

Der Jurist Tertullian (gest. nach 220), aus Nordafrika stammend und in Rom als Anwalt praktizierend, hatte diesem Denkrahmen konkrete Strukturen gegeben, indem er den Christen die Obrigkeit als gottgewollte Ordnungsmacht vor Augen hielt. Der Kaiser rückte zum »zweitem nach dem ersten« auf, eine ganz entscheidende Aufwertung, die ihm nun – als Gott unmittelbar nachgeordnet – einen Platz in der göttlichen Monarchie mit einer aus christlicher Sicht kaum noch antastbaren Machtfülle zuwies.

Damit waren weltliche Herrschaft und christliche Erwartung in ein tendenzielles Potential umgewandelt worden, dessen Realisierung ein Römisches Reich nach christlichen Geboten bedeutete. Zuvor jedoch, in der zweiten Hälfte des 3. Jahrhunderts, hatten die Christen durch die Prüfung schwerer Verfolgungen zu gehen, die mit dem spektakulären Umschwung von brutalster Unterdrückung unter Diokletian zur Konversion Kaiser Konstantins zum christlichen Glauben und dem Toleranzedikt von Mailand (312/313) endeten.

Die Christen waren jetzt keine Fremdlinge mehr in einem Staatswesen, in dem sich christliches, philosophisch geprägtes Erlösungsdenken mit römisch strukturiertem Rechtsdenken zur Grundlage einer neuen, universal erweiterten Kirche verbanden. Sie begannen am weltlichen Herrschaftsprozeß unmittelbar mitzuwirken, worin sie keinen Gegensatz zur Jenseitsperspektive, sondern eher die Realisierung eines sich seit den Zeiten des Clemens und Origines abzeichnenden Ideals erkannten. Während sich die östlich-byzantinische Kirche in diesem Prozeß eher zurückhielt und bald den Anspruch auf Mitsprache in den politischen Angelegenheiten aufgab, wurde im westlichen Bereich das neue Denken einer Kirche vorangetrieben, die sich auf der Basis eines selbstbewußt vertretenen Glaubens zunehmend in die Teilhabe an der weltlichen Macht einschaltete.

Der im Westen betonte Vorrang des Glaubens im argumentativen Gegenüber von Kirche und Obrigkeit über die Geltungsansprüche der göttlichen und weltlichen Ordnungen kommt erstmals unmißverständlich bei Ambrosius (gest. 397) zum Ausdruck, der Anwalt und Statthalter in Oberitalien war, bevor er Bischof von Mailand wurde. Nach ihm war die Obrigkeit Folge des naturgesetzlichen Zusammenlebens der menschlichen Gemeinschaft, die in Gestalt des römischen Staatsdenkens, verbunden mit christlicher Gerechtigkeit und Nächstenliebe zu hoher Blüte gelangt war.

Der aus Palästina stammende, in Rom tätige Kirchenlehrer Hieronymus (gest. 420) verlieh dem Akzent des Glaubens und der Vorherrschaft des Gottesgesetzes über das weltliche Geschehen zusätzliche Bedeutung. Er stand unter dem übermächtigen Eindruck des fortschreitenden Verfalls der Gesellschaft sowie der Eroberung und Verwüstung Roms durch den Goten Alarich im Jahre 410. Der Rückzug aus der sündigen Welt und die Warnung vor dem Antichristen der Apokalypse traten so stark in den Vordergrund, daß mit dem Namen des Hieronymus der Gedanke einer Auflösung der schicksalhaften Bindung des Christentums an die Weltstruktur Roms verbunden ist, eine Überlegung, welche die universale Heilsbestimmung des Christentums für die gesamte Menschheit wieder in den Mittelpunkt der geistigen Betrachtung rückte.

In dieser für Bestand und Charakter der Kirche wichtigen, wenn nicht entscheidenden Frage trat nun mit Augustinus (gest. 430) die größte Gestalt der christlichen Spätantike ins Blickfeld. Der Einfluß seines Lehrers Ambrosius wurde erkennbar, als er die inzwischen durch das Konzil von Nizäa formulierte, orthodoxe Lehrstruktur des trinitarischen Gottesbegriffs und ihren Herrschaftsanspruch noch einmal umfassend ausarbeitete. Dogmatische Widerstände verschiedener Sekten, der traditionelle Skeptizismus der heidnisch gebliebenen Oberschicht und vor allem der Zerfall der römischen Strukturen brachten Augustinus zu einem epochalen Neuentwurf der Kirche, der ihn in die Geschichte des Christentums und des Abendlands überhaupt eingehen ließ.

In einer ausgreifenden Gegenüberstellung des Gottesreichs (*civitas dei*) und des Weltstaates (*civitas terrena*) gelang es dem großen Kirchenlehrer, durch eine grundlegende Wiederbelebung der Gottesreichsidee die Umklammerung durch die römische Reichsideologie zu sprengen und das Christentum erneut auf die universale, für alle Völker und Zeiten bestimmte Heilsbasis zurückzuführen, die Jesus selbst für seine Gemeinschaft bestimmt hatte.

Welt- und Gottesstaat trennten ihre Bewohner in solche, die – von Selbstliebe, Stolz und Herrschsucht getrieben – ihr Glück nur im Besitz von Gütern erkannten, und jene, die Gottes Frieden und Gerechtigkeit anstrebten und in seiner Liebe Demut und Gehorsam übten. Da Geschichte und Gegenwart sich laufend durchdrangen, konnten auch diese Existenzebenen nicht in reiner Form, sondern nur in ständig wechselnder Durchmischung ihrer Bewohner und Weltbilder auftreten, die erst im Endgericht einer klaren Trennung und Beurteilung zugeführt wurden. So konnten Gute und Böse sowohl in der Kirche als auch im Bereich des Profanen gleichzeitig koexistieren und die Gewichte unentwegt verändern, indem sie durch die Qualität ihres Denkens und Handelns laufende Grenzüberschreitungen und Schwerpunktverlagerungen vollzogen.

Überschattet wurden der geniale Geist des Augustinus und seine großartige Leistung für die universale Entfaltung der Kirche durch den Konflikt mit den Häresien seiner Zeit, vornehmlich den Donatisten, einer rigoristischen Gegenkirche mit Schwerpunkt in Nordafrika. Ihre Anhänger traten mit Nachdruck, z.T. Fanatismus für soziale Reformen und die Zwangstaufe von Ketzern ein und schreckten auch nicht vor Gewalt gegen die tolerantere, orthodoxe Seite zurück. Nach langen erfolglosen Versöhnungsversuchen stimmte Augustinus schließlich einer folgenschweren Regelung zu, die es vorschrieb, Häretiker und Heiden zum Eintritt in die Kirche zu zwingen.[3] Luther, Calvin und die Inquisition sollten sich später auf Augustinus und eine Bestimmung berufen, der Christus nicht den geringsten Vorwand geliefert hatte.

Auch der aus Britannien stammende Mönch Pelagius bedeutete für Augustinus ein Problem. Er lebte bis etwa 410 in Rom und hatte aus Begegnungen mit Manichäern, die das sittlich Gute leugneten, eine ethisch hochstehende, allerdings antikirchliche Lehre entwickelt. Nach ihm entstand das Verdienst der Tugend nicht aus der Gnade Gottes, sondern aus dem Willen des Menschen. Gott stellte dem Menschen lediglich Handlungsoptionen zur Wahl, die seine moralische Entscheidungsfreiheit begründeten – eine Vorform der kantischen Vernunft. Diese mit einem positiven Menschenbild besetzte Leugnung des christlichen Prädestinationsgedankens bildete immer wieder eine latente Reibungsfläche in der Kirchendogmatik, verlieh der humanistischen Aufklärung starke Impulse und lebte in wichtigen Aspekten des 2. Vatikanischen Konzils fort. So werden grundlegende Aspekte wie die Allerlösung und die Rücknahme des eigenen Geltungsanspruchs, die eine wichtige Rolle im modernen Religionsdialog spielen, auf den Einfluß des Pelagianismus zurückgeführt.[4]

Die Erfahrungen mit den Donatisten ließen Augustinus der pelagianischen Willenslehre wiederum mit Härte und Leidenschaft entgegentreten, die 418 zur Verurteilung als Häresie führte und Pelagius zur Flucht in den Nahen Osten zwang, wo er unter ungeklärten Umständen um 422 starb. Augustinus hinwiederum wurde erneut zur Autorität Luthers und Calvins, diesmal weil er im Kampf gegen eine Häresie – irrtümlich – als besonderer Feind des freien Willens erschien.

2. Die byzantinische Herrschaft

Das Reich der Byzantiner verstand sich mit der Gründung von Konstantinopel im Jahre 330 durch Konstantin I. als Fortsetzung Roms. Byzanz bildete keine neue Identität aus, sondern schloß da an, wo Konstantin I. in Rom begonnen hatte, entwickelte jedoch anders als die römische Herrschaftstheorie für den Inhaber der Macht das Konzept des Gottkaisers, verstärkt durch die arianische Diskussion um die Göttlichkeit Christi. Konstantin war der erste Kaiser, der als Abbild Gottes, aber ihm untertan, den Thron bestieg. Bis zum Ende des Reiches, durch die gesamte Konfrontation mit dem Islam hindurch, blieb diese Legitimation bis zur Eroberung Konstantinopels im Jahre 1453 unangetastet: Es war Gott allein, der den Untertanen mit guten oder bösen Herrschern Zeichen seiner Gnade oder Strafe gab.

Stärker als im westlichen Rom hatte sich im östlichen Byzanz die Vorstellung erhalten, derzufolge mit dem Monotheismus Jesu Christi die Monarchie des Augustus als Alleinherrschaft bestätigt wurde. Demnach war jeweils nur ein Herrscher legitimiert und nicht mehrere, ebenso wie nur Gott die himmlische Herrschaft innehaben konnte und nicht viele Götter wie einst im heidnischen Pantheon. Eine Wechselwirkung zwischen göttlicher und weltlicher Macht mit der Kirche als impulsgebendem Zentrum, wie sie sich in Rom über die ersten fünf Jahrhunderte so eindrucksvoll herausgebildet hatte, fand in Byzanz nicht statt. Im byzantinischen Herrscher als dem Abbild Gottes konzentrierte sich die Macht an sich, absolut und unangefochten, weil von Gott unmittelbar verliehen. Zur Abwehr von Mißbrauch gaben die sogenannten »Tugendkataloge« Anleitungen zum rechten Verhalten des Herrschers, die über Generationen fortgeschrieben wurden und einen im Grunde stabilen Handlungskanon mit Forderungen wie Frömmigkeit, Gerechtigkeit, Gesetzesgehorsam, Besonnenheit, Bildung etc. lieferten. Abweichungen vom Ideal geschahen oft genug, mußten jedoch zur Bewahrung der Identität als temporäre Erscheinungen ohne grundsätzliche Konsequenzen für das Konzept akzeptiert werden.

Die Verankerung der Herrschaft im Metaphysischen vermittelte der byzantinischen Gesellschaft schon früh den Eindruck, natürlich oft auch die Illusion der Superiorität. Über die Institution des Gottkaisers wuchs ein unerschütterliches Selbstverständnis als durch Gott auserwähltes, wahres Volk und wahre Kultur. Diese Wahrnehmung trug wesentlich dazu bei, die Bereitschaft und die Fähigkeit zur Realisierung anderer Weltbilder und Religionsformen zu dämpfen, eine nicht unerhebliche Schwächung im Umgang mit den immer wieder vorgetragenen Angriffen der muslimischen Eindringlinge, die als Barbaren abqualifiziert und sträflich unterschätzt wurden.

»Gott braucht nichts und niemanden, der Kaiser braucht allein Gott« war eine gängige Aussage, welche zwar die Herrschaftsideologie korrekt wiedergab, aber eine nachhaltige Bewältigung der konkreten Staatspraxis nicht gewährleisten konnte. Immerhin ermöglichte das byzantinische System der weitgehenden Abhängigkeit des Herrschers von Gottes Willen einen offenen Zugang zur Macht. Mit Herkunft und Eignung sowie Konsens der Privilegierten wurden Kriterien vorausgesetzt, welche mit einigem Geschick auch von Menschen genutzt oder manipuliert werden konnten, die zwar aus weniger vornehmem Geblüt stammten, aber zur Macht entschlossen waren. Die grundsätzliche Scheu vor einer autonomen Instanz neben Gott spiegelte sich ebenso im Fehlen einer ausgeprägten Bürokratie wie z.B. einer damit üblicherweise einhergehenden Ämterpatronage wider, die so kennzeichnend für die römische Kirche wurde.

Die göttliche Legitimation des Herrschers geriet immer wieder in Konflikt mit der theologischen Legitimation der Kirche. Dieser Gegensatz drückte sich jedoch weniger in Fragen der Religion, sondern eher der politischen Machtausübung aus, da im Gegensatz zur Westkirche die Verwaltung der Religion und ihrer Hierarchien nicht konkret geregelt war, sondern der uneingeschränkten Autorität der Kaiser oblag, welche die Patriarchen nach Gutdünken ein- und absetzten. Durch die Dominanz des Gottkaisertums blieb das Verhältnis von Kirche und Staat in Byzanz insgesamt unklar, indem der Patriarch traditionell und der Kaiser nach der jeweiligen, realen Situation handelte. Wenngleich mehrheitlich das Wohl der Untertanen anstrebend, rieben sich beide unter der Vormacht des Herrschers auf. So absorbierte dieses System erhebliche Teile konstruktiver Kraft und erwies sich langfristig als dem Islam unterlegen.

Dies hinderte nicht daran, daß die Untertanen durch den Einsatz doktrinär-religiöser Mittel gesteuert wurden, indem sich auch und gerade in Byzanz die Komplementarität durchsetzte, welche für religionsbestimmte Gesellschaftsformen generell prägend ist. Im Christentum fand sie ihre Ausformung in einer Wechselwirkung, die später mit dem Begriff des »Cäsaropapismus« umschrieben wurde: die Realisierung kirchlicher Interessen durch vom Herrscher verordnete Zwangsmaßnahmen und die weltliche Machtsicherung durch die kirchliche Legitimation.

Mit der Durchsetzung dieses generell auf Dominanz des Gottkaisers geschalteten Herrschaftssystems ging in den zweieinhalb Jahrhunderten zwischen Konstantin und Justinian (gest. 565) eine deutlich ansteigende Neigung zu allumfassender Gesetzgebung und ein folgerichtiges Abrücken vom philosophischen Denken einher, das in der Schließung der Philosophischen Akademie in Athen im Jahre 529 seinen konkreten Ausdruck fand. Die Gesamtheit der Gesetze sollte in eine sich laufend verändernde Welt Ruhe und Überschaubarkeit bringen, drang dabei jedoch – ähnlich dem späteren Islam – in alle Lebensbereiche mit einer Regelungsflut vor, deren Mangel an rationaler Verallgemeinerung eine Tendenz zum Stillstand begründete.

Mit Eintritt ins 7. Jahrhundert und der beginnenden Konfrontation mit der islamischen Eroberung hatte die Masse der Reglementierungen die durchführenden Organe umfassend überfordert und den gesamten Staatsapparat weitgehend gelähmt. Kaiser Justinian, wahrscheinlich derjenige, der ohnehin die meisten Gesetze überhaupt erlassen hat, war sich seiner Sache jedoch zeitlebens sehr sicher, wenn er mehrfach verkündete, daß sein Reich, mithin immer auch Gottes Reich, nur »mit Waffen und Gesetzen zu regieren« war. Solcherart nach innen destruktiv orientiert und von außen durch einen langen Konflikt mit den persischen Sassaniden erschöpft[5], war Byzanz alles andere als gut gerüstet für das aufkommende Zeitalter des Islam. Während sich die römische Westkirche der Christianisierung Europas zuwandte, ging die byzantinische Ostkirche wesentlich unsichereren Zeiten entgegen.

II
Grundlagen des islamischen Systems

A. Der Verkünder

1. Die Schwelle zum Islam

Das 6. Jahrhundert als Feld der politisch-sozialen Vorbereitung des Islam sah ausgedehnte, nahezu ruinöse Machtkämpfe zwischen Byzanz und Persien, aus denen letztlich keine der beiden Großmächte in den betroffenen Gebieten – Syrien, Ägypten, Mesopotamien – ein entscheidendes Übergewicht entwickeln konnte. Im Gegenteil: Beider Einflußsphären wurden so geschwächt, daß sich vermehrt neue, regionale Kräfte etablierten. Auf der arabischen Halbinsel waren Hauptnutznießer dieser Entwicklung die Beduinenstämme, die bereits seit längerem beträchtliche Vorteile aus logistischen Hilfsdiensten für die christlichen und persischen Streitkräfte gezogen hatten. Dergestalt gestärkt, konnten sie sich nun in zunehmendem Umfang auch in den gewachsenen Handel zwischen Nord- und Südarabien mit einem lokalen Knotenpunkt in Mekka einschalten.

Aus diesen Aktivitäten ergab sich Wohlstand, der nicht ohne eine auflösende Wirkung auf die Stammesstrukturen blieb, auf traditionelle Solidaritäten, die über lange Zeit den Ausgleich des internen Gefälles zwischen Reich und Arm sichergestellt hatten. Nun jedoch begann sich eine mit den Großmächten paktierende Feudalschicht herauszubilden, die zu Beginn des 7. Jahrhunderts als herrschende Klasse von Mekka sich immer deutlicher von der Mehrheit unterprivilegierter Stammesangehöriger abgrenzte.

Die Masse der Araber sah sich somit nicht nur zunehmend von der Versorgung durch die überkommene Wohlstandsverteilung, sondern auch von der unmittelbaren Wahrnehmung geistiger Alternativen abgeschnitten. Die durchaus attraktiven Religionen und Weltbilder der Christen, Juden und Manichäer kamen nicht in Betracht, zumal sie machtpolitisch mit genau derjenigen Herrscherklasse verknüpft waren, die sich gerade von den Pflichten des Stammessystems losgesagt und die ihnen Anvertrauten im Stich gelassen hatte.

Sowohl von der etablierten Kaufmannskaste Mekkas, als auch der neuen beduinischen Oberschicht zunächst unbeachtet, entstand somit ein für die Region völlig neues, religiös-soziales Vakuum, das sich aus wirtschaftlich Benachteiligten mit abnehmendem Interesse für die alten Stammesmythen zusammensetzte. Es fehlte diesem Vakuum noch eine geeignete Ausdrucksform, doch sollte es seine enorme Dynamik bald unter Beweis stellen können, als es dem Faktor begegnete, dem die Akivierung dieser spezifischen Kräftekonstellation vorbehalten war.

Dies war das Umfeld, in das hinein Muhammad Ibn Abdallah um 571 geboren wurde.

Der frühe Tod seiner Eltern wird von mehreren Autoren für diverse psychische Aufälligkeiten verantwortlich gemacht[6] und war zumindest prägend für die Kindheit, über die – gemessen an seiner historischen Bedeutung – überraschend wenig bekannt ist. Muhammads Familie gehörte zu den Hashim, einer Seitenlinie der Quraysh, jener Führungsschicht, die mit der Karawanen- und Heiligtumsverwaltung Mekkas das gesamte Handels- und Finanzmonopol des Hidjaz, der westarabischen Provinz, beherrschte. Die persisch-byzantinischen Auseinandersetzungen hatten dieses Geschäft zusätzlich gefördert, indem beträchtliche Teile der Asien/Europa-Fernroute an den westlichen Rand der arabischen Halbinsel ausgewichen waren.

Zunächst hatte Muhammad keinen Anteil an der so entstandenen neuen Prosperität. Jahrelang schien er einen bescheidenen Lebensunterhalt aus der Mitarbeit bei seinem Onkel bestritten zu haben, der sich mit der Ausstattung und Führung von Karawanen bis nach Syrien und in den Irak beschäftigte. In diesem Kontext wird oft ein legendenhafter Bericht erwähnt, nach dem der syrische Mönch Bahira die große Begabung des Knaben erkannt und dem Onkel empfohlen haben soll, ihn »vor den Juden zu behüten«.[7]

Auf diesen Reisen entwickelte Muhammad offenbar großes Geschick in kaufmännisch-organisatorischen Angelegenheiten, vor allem auch ein intelligentes, selbstsicheres Auftreten, das seinem Leben eine entscheidende Wende geben sollte. Nicht zuletzt diese Eigenschaften trugen ihm die Aufmerksamkeit Khadidja Bint Khuwaylids ein, einer zweimal verwitweten, wohlhabenden Geschäftsfrau um die Vierzig, die das Angenehme mit dem Nützlichen zu verbinden wußte und dem seinerzeit etwa 25jährigen die Heirat anbot. Auch wenn zunächst pragmatische Motive der gegenseitigen Unterstützung und materiellen Absicherung im Vordergrund gestanden haben mögen, so hat sich diese Liaison jedoch ganz offensichtlich zu einer Verbindung des aufrichtigen Respekts entwickelt, aus der immerhin sechs Kinder hervorgingen – zwei Söhne, vier Töchter – von denen die zwei Söhne allerdings früh starben.

Für Muhammads weitere Entwicklung ausschlaggebend war die nun erreichte materielle Unabhängigkeit, die ihm eine konzentrierte Beschäftigung mit seinen eigentlichen Interessen, den religiösen und moralischen Fragen der Zeit ermöglichte. Die Führung der Geschäfte Khadidjas und die damit verbundenen Reisen brachten ihn erneut mit Menschen zusammen, die diese Fragen bei früheren Gelegenheiten in ihm angeregt hatten und nun in vielen Gesprächen weiter intensivierten. Die Waise, die im eigenen Stamm über lange Jahre ein benachteiligtes Schattendasein geführt hatte, konnte nun die Freiheit entfalten, über die moralisch-religiösen Defizite eben dieses Stammes und seiner Zeit systematisch nachzudenken und das in ihm angelegte spirituell-visionäre Potential graduell zu aktivieren. Die Systematisierung des arabischen Geistes schien vonnöten, denn immerhin hatte schon der Talmud u.a. die beunruhigende Ansicht verbreitet, daß »neun von zehn Teilen Wahnsinn« den Arabern vorbehalten war.[8]

Seine ans Pathologische grenzende Sensibilität[9], sein stetig wachsendes Bewußtsein einer übergeordneten Sendungseignung für die Wahrnehmung der gesellschaftlichen Interessen seines gesamten Umfeldes und seine klar erkennbare Intellektualität verschafften Muhammad den Ruf eines *kahin*, eines Angehörigen jener bevorzugten Seherkaste, deren visionäre Anlagen gern von arabischen Fürsten zur Ergänzung ihrer politischen Planung in Dienst genommen wurden. Dieser Rahmen war für ihn jedoch zweifellos zu eng gezogen. Muhammads Dimension griff weit darüber hinaus.[10]

2. Erste Schritte in Mekka

Der heilige Bezirk Mekkas mit der Kaaba als religiösem Zentrum war bereits zu vorislamischer Zeit eine der wichtigsten Kultstätten Arabiens, zu der zahlreiche Stämme pilgerten, um dort die traditionellen Riten zu vollziehen, die der Islam später als heidnisch und einer Epoche der »Unwissenheit« (*djahiliya*) zugehörig abqualifizieren sollte. Zu dieser Unwissenheit gehörten möglicherweise auch christliche Elemente, von denen in Verbindung mit der kultischen Ausstattung der Kaaba immer wieder die Rede ist.[11] Ohnehin stellte sich die religiöse Situation Arabiens zu Beginn des 7. Jahrhunderts deutlich komplexer dar, als es die offiziellen Lesarten der islamischen Lehrbücher gemeinhin glauben machen wollen.

Schon lange vor Muhammad hatten sich die dualistisch-manichäischen Weltbilder des Iran in Südarabien, der jüdische Gesetzesglaube in Medina und im Jemen sowie der Glaube der Christen in Mekka und in Nordarabien etabliert. Einhergehend mit einer beginnenden Auflösung der genealogischen Stammesstruktur hatten alle diese Glaubensalternativen seit langem Vorstellungen in Umlauf gebracht, die gegenüber den arabischen Mythen eine neue Individualisierung des menschlichen Bewußtseins begünstigten.

Die arabischen Menschen hatten sich bereits in wachsendem Maße vom Glauben an die überkommenen Naturgötzen ab- und den umlaufenden, fast revolutionären Gedanken zugewandt, die eine neue Solidarität und Sittlichkeit der Menschen forderten und ein Weltgericht ankündigten, vor dem die Lebensbilanz eines jeden Einzelnen zur Verantwortung gezogen werden würde. Die Hanifen (*hunafa'*), wie die Verfechter dieser neuen Religiosität genannt wurden, traten in Mekka als die Nachfolger Abrahams auf, dem sie die Urheberschaft ihres universellen Glaubens und nicht zuletzt auch die Errichtung der Kaaba zuschrieben.

Muhammad gab sich mit der Rolle als selbständiger Kaufmann umso weniger zufrieden, je weiter seine spirituelle Entwicklung voranschritt und je konkreter in ihm die Erkenntnis einer tatsächlichen, visionären Berufung heranreifte, die ihrer Verwirklichung nun immer machtvoller entgegendrängen sollte. Sowohl in Mekka als auch auf seinen wiederholten Reisen in den arabischen Norden hatte er wiederholt Gelegenheit, sich mit dem Gedankengut der Hanifen und ihren Originalvorlagen, den Schriften der Juden und Christen, zu beschäftigen.

Nicht zuletzt war es auch und gerade den Bemühungen der jüdischen und christlichen Glaubensgemeinschaften um nachhaltige Ausweitung ihrer Geltungsbereiche zuzuschreiben, daß sich die religiös-soziale Umbruchsituation Arabiens zur Zeit Muhammads ganz entscheidend verstärkte. Gerade bei den christlichen Gruppen – ihrerseits durch die byzantinische Großkirche an den Rand des Reiches gedrängt – handelte es sich mehrheitlich um Sektenformationen, die in der arabischen Diaspora um Einfluß rangen.

Während die Juden als einheitliche Gemeinschaften mit einem geschlossenen Glaubenssystem auftraten, boten die Christen Arabiens daher ein wesentlich weniger homogenes Bild. Unter byzantinischem Druck konnten sie keine organisierte Gemeinschaft in Form einer Kirche entwickeln, sondern zerfielen in eine Reihe theologisch widerstreitender Sekten eher volksfrommer Prägung. Sie alle beschrieben jedoch, ob Juden oder Christen, den gleichen, den einen Gott, der von jedem einzelnen Menschen Rechenschaft verlangte, ob über das Gesetz des Moses oder über die Offenbarung in Jesus Christus. Es waren konsequente Vorstellungen, die Muhammad nicht nur durch ihre Treue zur Einheit Gottes, sondern auch durch ihre offensichtliche Fähigkeit überzeugten, hochstehende, Arabien überlegene Kulturen hervorzubringen. Schon Waraqa Ibn Naufal, Neffe Khadidjas und gläubiger Christ, hatte verschiedene Gelegenheiten genutzt, ihm die Grundlagen des christlichen Glaubens zu erläutern.[12]

Ein 15 Jahre währender Prozeß der Vorbereitung auf die Rolle des Verkünders, intensiviert durch die Beschäftigung mit den Juden und Christen Arabiens als wesentlicher Einfluß auf den späteren Koran, neigte sich seinem Ende entgegen. Der Spannungsaufbau aus Speicherung und Verinnerlichung religiösen Gedankenguts sowie aus der wachsenden Erkenntnis realpolitischer Konfliktpotentiale verband sich mit den mystisch-spirituellen und rational-intellektuellen Aspekten der Persönlichkeit Muhammads zu jenem ungewöhnlichen Prozeß, der um das Jahr 610 in die Weltgeschichte einzugreifen begann. Etwa 40 Jahre eines individuellen Lebens hatten sich gleichsam als bündelndes Brennglas auf die Zeit und ihre kollektive Dynamik auf eine Weise gerichtet, die die laufende Epoche kongenial erfassen und welthistorisch überschreiten sollte.

Muhammad trat in einen Kommunikationsrhythmus mit einer von ihm transzendierten, einheitlichen und zunächst für die Araber reservierten Gottesvorstellung ein, die er nach arabisch-aramäischem Sprachgebrauch »Allah« nannte. Im Wege auditiv-visionärer Eingebungen erhielt er in unregelmäßigen Abständen Mitteilungen Allahs, die er Offenbarungen oder Wunderzeichen (*ayat*) nannte, in aufrüttelnden Verkündungen, Mahnungen und Drohungen an die Menschen Mekkas weitergab und alsbald zur Grundlage seines Anspruchs auf den Status eines Propheten machte. Seine Berufung wurde ihm nach eigenem Bekunden mehrfach durch den Engel Gabriel mitgeteilt, wobei die ersten Begegnungen offenbar sowohl psychisch wie physisch von übermächtigen Erfahrungen begleitet waren. Der Überlieferung zufolge soll Muhammad – von Gabriel bis zum Ersticken niedergedrückt – von größtem Erschrecken vor der göttlichen Heiligkeit erfüllt und seiner Sinne nahezu beraubt gewesen sein.

Khadidja, die gereifte Gefährtin seines Lebens, die schon immer Verständnis für die Ungewöhnlichkeiten seiner Persönlichkeit gehabt hatte, war zur Stelle. Sie nahm Muhammads neue, für ihn selbst beängstigende Ausnahmezustände ernst. Sie tröstete den Verstörten, gab ihm Sicherheit und Schutz vor aufkommenden Irritationen aus der näheren Umgebung und konsultierte den Vetter Waraqa Ibn Naufal – seinerseits Christ – der sich seiner Sache sofort sicher war und die Erscheinung dem Judentum zuordnete. Er sprach vom *namus* und der Thora als dem Gesetz der Juden, in dessen Tradition Muhammads Inspirationen nach seiner Beurteilung zu stellen waren.[13]

Der rasch wachsende Bestand seiner Eingebungen betonte immer klarer die Anliegen der Zeit und kursierte alsbald unter der Bezeichnung »Koran« (arab.: *qur'an* = Rezitation; aram.: *qiryan* = Liturgie) in den ärmeren Kreisen der kritisierten, mekkanischen Gesellschaft. Die lange, sorgfältige Reifezeit seiner spirituellen Potentiale begann nun allmählich, ihre Früchte zu zeitigen. Dabei konnte es nicht darum gehen, eine vollkommene, literarische Darstellungsform hervorzubringen – mit der den mekkanischen Aussagen des Koran eigentümlichen Prosa konnte er ohnehin nicht vertraut gewesen sein; Muhammads Forderungen zielten einzig und allein auf den ungeteilten Glauben an Allah, den einen Gott der Araber, die Ausrichtung der Menschen auf eine endzeitliche Verantwortung vor diesem Gott und auf den illegitim erworbenen Einfluß der mekkanischen Klasse.

Als »irrtümliche« Trübung dieses Monotheismus schob sich ein vorübergehendes Zugeständnis an die Kultautorität der Quraysh in die frühe Verkündungstätigkeit, das ihren formativen, unsicheren Charakter in der Anfangsphase verdeutlicht. Um seinem Umfeld zu entsprechen, schrieb Muhammad den drei wichtigsten Gottheiten und traditionellen Stammessymbolen der Region (*al-Lat, al'Uzza, Manat*) gottähnliche Eigenschaften zu, die Allah allerdings durch spätere Mitteilungen korrigierte (53/19f), nachdem er seinem Verkünder bewußt gemacht hatte, daß es sich hier um »satanische Einflüsterungen« handelte.[13a]

Indem er die Kult- und Handelsprivilegien der Quraysh grundsätzlich in Frage stellte, mußte er allerdings auf Dauer die Aufmerksamkeit der Herrschenden auf sich ziehen. Durch die Bündelung der universellen Bedarfslage der Zeit in aufrüttelnden Verkündigungen völlig neuen Inhalts hatte Muhammad die religiös-sozialen Defizite der Quraysh offengelegt und den Herrschenden letztlich keine Wahl gelassen. Sie begannen, seine wenigen Anhänger unter systematischen Druck zu setzen, wobei sich in der Stammesgesellschaft Mekkas das Instrument des moralischen Boykotts als besonders wirkungsvoll erwies.

Zwar soll es zu Folterungen einzelner Anhänger Muhammads gekommen sein, doch war eine systematische Verfolgung der neuen Sekte nicht möglich, da die einzelnen Mitglieder dem Schutz ihrer jeweiligen Sippe unterstanden. Allerdings konnten die Lebensumstände moralisch und wirtschaftlich von den dominanten Quraysh in so unerfreulicher Form beeinflußt werden, daß auch arabischer Stammesstolz und seine Loyalität mit Angehörigen, die abweichende Auffassungen vertraten, nicht unbegrenzt belastbar waren.

Muhammad war zu sehr Mitglied der mekkanischen Gesellschaft, um diesen begrenzten Loyalitätsbonus nicht erkennen zu können. Bereits ein Jahr vor Verlassen Mekkas hatte er nicht nur Fühler zu den Nachbarorten Yathrib (Medina) und Ta'if ausgestreckt, sondern auch eine Abordnung nach Abessinien entsandt, um alternative Möglichkeiten für eine konstruktivere Entwicklung seiner Gemeinschaft zu sondieren. Diese Aktivitäten führten schließlich zu Kontakten in Medina, die sich zur Aufnahme seiner abschmelzenden Anhängerschar bereit erklärten. Bevor die neue Lehre unter dem Druck der qurayshitischen Herrscher verschwand, konnte Muhammad sie durch die berühmte *hidjra* des Jahres 622 retten. Die »Auswanderung« von Mekka nach Medina setzte den Beginn der islamischen Zeitrechnung und – vor allem – das Signal zur Herausbildung eines grundlegenden Merkmals islamischer Identität.

3. Das Modell von Medina

Die *hidjra* wurde von keinem der Betroffenen als Zeichen der Schwäche, sondern als Ausdruck eines pragmatischen Ausweichens vor den Verhältnissen in Mekka empfunden. Indem die neue Gemeinschaft sich von den bekämpften Zwängen der alten qurayshitischen Ordnung befreite, war nun die Voraussetzung geschaffen, den Status der teils lästigen, teils belächelten Sekte abzustreifen und unbehindert durch Repressalien und Diffamierungen ein originäres Profil sowie eine Ordnung eigener Prägung zu entwickeln.

Die Situation in Medina kam Muhammad in dieser Hinsicht sehr entgegen. Jahrelange, religiöse Streitigkeiten zwischen den dortigen Stämmen der Aus und Khazradj über ihren traditionellen Glauben an die Schicksalsgöttin *Manat* hatten die Parteien ausgezehrt und schließlich zu dem gemeinsamen Willen gebracht, sich unter diesem neuen Verkünder und seiner überzeugend wirkenden Glaubenslehre an den einen Allah zu vereinigen. Die neuen medinensischen Gefolgsleute Muhammads gingen in die Geschichte des Islam als die »Helfer« (*ansar*) ein, die den »Auswanderern« *(muhadjirun)* nicht nur eine dauerhafte Zufluchtsstätte ermöglichten, sondern auch die Ausgangsbasis für die geschichtliche Entwicklung der neuen Religion schufen.

Unter der alles erfassenden Universalität des Eingottglaubens an Allah wies Muhammad nun dem Menschen eine neue Rationalität zu. Der Zufallsabhängigkeit des arabischen Lebens setzte er die ordnende Macht Allahs und eine neue Denk-, Verhaltens- und Gebetsordnung entgegen. Ziel- und Zügellosigkeit stammesmythischer Verhaltensmuster sollten der Unterwerfung unter das Gesetz Allahs weichen, das Hingabe im Glauben und die Ausrichtung auf das Endgericht in der Hoffnung auf sein Erbarmen forderte. In dem Maße, in dem die neue Gemeinschaft die Fesseln alter Religions- und Stammesidentitäten abstreifte, stärkte sie die Herausbildung eigener Konturen, die ihren Ausdruck in der Ausarbeitung allgemeiner, u.a. als »erste Gemeindeordnung des Islam« propagierter Regeln und Normen fanden.

Die jüdischen Elemente in den mekkanischen Verkündigungen bildeten für Muhammad den geeigneten Anknüpfungspunkt für Gespräche mit den starken jüdischen Stämmen Medinas, deren geschulte Theologen indes seine Unkenntnis der jüdischen Überlieferung rasch bloßlegten. Sie zweifelten seine Propheteneignung an, lehnten sein Ansinnen eines Übertritts als entlegen ab und trugen ihre Stellungnahmen überdies in einer unübersehbar ironisierenden Form vor. Eine derartige Strategie mußte sich allerdings nicht nur hinsichtlich Muhammads dominanter Persönlichkeit als ungeeignet erweisen; sie drohte auch, seine Stellung in der sich neu formierenden Gemeinschaft in Zweifel zu ziehen. Unmißverständliche Konsequenzen konnten und durften nicht lange auf sich warten lassen.

Im Jahre 624 wurden die Stämme der Nadir und Qaynuqa unter Einbehalt ihrer Besitztümer nach Khaybar in Nordarabien vertrieben, 627 ging Muhammad gegen den noch verbliebenen Stamm der Qurayza vor, deren Kontakte zu den nach wie vor feindlich gesinnten mekkanischen Quraysh den willkommenen Vorwand boten, ein radikales Exempel zu statuieren. In einem fast zwei Tage währenden Massaker ließ er eine nicht näher bekannte Anzahl (600 bis 700) männlicher Personen in ein eigens hergerichtetes Massengrab steigen und in seiner Gegenwart hinrichten.[14] Die Frauen und Kinder wurden in die Sklaverei verkauft bzw. unter die Gefolgsleute verteilt. Daß er eine der Witwen, die 18jährige Rayhana Bint Zayd, für den eigenen Konkubinenbestand rekrutierte, schrumpfte vor der Monstrosität des Vorgangs zur Randnotiz.

Die psychologischen Auswirkungen dieses Massakers auf die Umgebung Muhammads können jedoch kaum überschätzt werden. So schlagartig wie das Ereignis auf die Menschen wirkte, so nachhaltig hatte sich jeder Zweifel an seiner Machtposition im allgemeinen und am Prophetenstatus im besonderen verflüchtigt. Bei seinen Anhängern verbliebene Skrupel wurden durch einschlägige Offenbarungen beruhigt.[15] Selbst seine mekkanischen Widersacher, die keine Gelegenheit ungenutzt gelassen hatten, seinen Aufstieg zu verhindern und ihn dabei möglichst auch noch der Lächerlichkeit preiszugeben, waren nun sehr nachdenklich geworden.

Die Zeit zwischen 624 und 627 bezeichnet nicht nur die nachhaltige Beseitigung des jüdischen Widerstands gegen Muhammads neue Lehre; sie steht für die ebenso rigorose Überwindung der arabischen Dichterkritik und vor allem für die wirtschaftliche Festigung der Gemeinschaft durch eine Reihe erfolgreicher Raubzüge, wie sie für die Zeit und die Region üblich waren. In kurzer Reihenfolge ließ Muhammad 624 die unbequeme medinensische Dichterin Asma' Bint Marwan und den angeblich 100jährigen Abu Afak im Schlaf umbringen. Beide hatten sich durch Spottgedichte mißliebig gemacht und ihr Leben entsprechend verwirkt. Im Jahre 627 folgte Ka'b Ibn Ashraf, ein Halbjude, der den mekkanischen Erzfeind zu Maßnahmen gegen Muhammad aufgerufen und damit ebenfalls Todesmut bewiesen hatte. Ihre und anderer Gegner Beseitigung durch eine »Elite« innerhalb einer steigenden Zahl williger Auftragstäter – ohne wirksame Option zu Gegenaktionen für die betroffenen Stämme – verdeutlicht die faktische Usurpation des Rechts durch den Verkünder sowie seine Heraushebung über die noch geltende Blutrache.

Die Beseitigung religiös-politischer Gegner unter Rückgriff auf Muhammads aktive Vorbildfunktion wurde rasch zu einem integralen Bestandteil und Verhaltensmuster islamischer Machtsicherung, wie sich unschwer dem einschlägigen Katechismus des andalusischen Qadi 'Iyad al-Yahsubi (gest. 1149) entnehmen läßt.[16] Das Todesurteil (*fatwa*) gegen den indo-britischen Autor Salman Rushdie ist das bekannteste moderne Beispiel für die im Prinzip bis in die Gegenwart unverändert gebliebene Geltung dieser Handlungsoption.

Zeitgleich mit der konsequenten Überwindung von Widerständen, die eine nachhaltige Durchsetzung der neuen Lehre und ihres Führungsanspruchs gefährdeten, wurde ihre wirtschaftliche Absicherung betrieben. Ertragreiche Raubzüge wie das Scharmützel von Badr (624) und der nach der Niederlage von Uhud (625) moralisch aufrüstende sogenannte »Grabenkrieg« im gleichen Jahr machten die Gemeinschaft von Medina nicht nur materiell, sondern auch ideologisch zu einem Modell von wachsender Überzeugungskraft. Die endgültige Herausforderung der mekkanisch-qurayshitischen Vorherrschaft in religiösen und politischen Angelegenheiten schien nur noch eine Frage der Zeit.

Muhammad nutzte die Gunst der Stunde, auf die er mit Geschick, Geduld und Gewalt hingearbeitet hatte. Mit unfehlbarem Gespür für das politisch Machbare instrumentalisierte er das neue Siegerprofil und die enorm gestiegene Finanzkraft zu einem Überraschungscoup in Mekka. Nicht weniger als 1500 Mann führte er 628 vor die Tore der Stadt, um »die Pilgerriten durchzuführen«, wohl wissend, daß die Gegenseite sich hierauf nicht einlassen konnte. Dabei schüchterte die imposante Streitmacht die Mekkaner derart ein, daß sie sich Verhandlungen und einen Friedensvertrag über zehn Jahre mit dem Beginn der Pilgerriten im Folgejahr aufzwingen ließen. Unter der zusätzlichen Signalwirkung dieser Aktion entwickelte sich das Modell von Medina in den zwei darauffolgenden Jahren endgültig zum bedeutendsten Machtfaktor auf der Halbinsel. Weitere Raubzüge und Razzien in der Region stärkten Ansehen und Besitz der Gemeinschaft so nachhaltig, daß ihr die Konvertiten nun zu Tausenden zuströmten.

So konnte Muhammad bereits im Jahre 630 vertragswidrig mit einem für die Zeit gewaltigen Heer vor Mekka erscheinen und seinen alten Widersacher, den qurayshitischen Statthalter Abu Sufyan, zur Übergabe der Stadt zwingen. Widerstände der mekkanischen Sippen gegen den verhaßten Emporkömmling zerstreute dieser durch reiche Beuteverteilung und Geschenke in so generöser Form, daß sie erhebliche Proteste seiner treuen medinensischen Helfer mit der Gefahr eines ernsten Zerwürfnisses provozierten. Nur durch sein Versprechen, »auf immer in ihrer Mitte« bleiben zu wollen, waren sie letztlich zu besänftigen. Zusammen mit dem Verkünder konnte die neue Gemeinschaft dann allerdings den ungeheuren Triumph des erstmaligen Vollzugs der umgestalteten Wallfahrt auskosten. Ritus und Heiligtum waren nun Abraham als der von Muhammad für den Islam beanspruchten Urgestalt des monotheistischen Glaubens gewidmet. Die Quraysh hielten sich derweil klug zurück, denn wenig später sollte sich herausstellen, daß sie Einfluß und Privilegien nur für den Moment verloren hatten.

Zwei Jahrzehnte hatten dem Gesandten Allahs genügt, in einem zweischichtigen Entwicklungsprozeß auf spiritueller und politischer Ebene die Basis für das kommende Buch des Islam zu legen und zugleich seiner Gemeinschaft, der *umma*, diejenigen Denk- und Verhaltensmuster aufzuprägen, die für ihre gesamte weitere, historische Entfaltung von entscheidender Bedeutung sein sollten.

Hierzu gehörten vor allem die bedingungslose Unterwerfung unter das Gesetz Allahs, die unbedingte Treue zur Glaubensgemeinschaft der *umma*, die Hingabe des persönlichen Lebens an den Ritenvollzug, die rigorose Verfolgung islamischer Interessen bis zum Einsatz von Gewalt und die Vereinnahmung größtmöglicher Vermögen zur Alimentierung sowohl der Obrigkeit als auch der Schwächeren unter den Gläubigen.

Da der Gemeinschaft eine kollektive Heilsbestimmung zugeordnet wird, und die Obrigkeit als von Allah eingesetzt gilt, stehen beide in einem unauflöslichen Spannungsbezug, auf den wir in der Darstellung der islamischen Machtstrukturen eingehen werden. Im späteren Dialogteil werden wir darüber hinaus sehen, daß im modernen Kontext diese Machtstrukturen, die von Muhammad gesetzten Komponenten des politischen Handelns, verbunden mit gezielter Gewalt, weit hinter das religiöse Element zurücktreten und im Positivprisma des Westens die Gestalt eines historischen Toleranzvorbilds annehmen können.[17]

Nachdem das Medina-Modell das arabische Heiligtum übernommen hatte, reichten zwei weitere Jahre aus, die Herrschaft Allahs auf die gesamte Halbinsel auszudehnen. In sich wiederholenden Ablaufmustern erklärten die Stammesfürsten ihre Loyalität und unterwarfen sich dem neuen, mit einer Zwangsabgabe verbundenen Ritus. Zur dauerhaften Kontrolle dieser Absprachen bildete sich ein neuer Typus von »Vertrauensleuten« heraus, die in einer pragmatischen Kombination von Glaubenslehre und Steuereintreibung die kontrollierte Installation des Islam auf der arabischen Halbinsel endgültig sicherstellten.

4. Die Formation einer politischen Religion

Mit der Übernahme Mekkas hatte Muhammad die zu seinen Lebzeiten wichtigste Entwicklungsphase abgeschlossen. Er hatte seine neue Religion mit den überkommenen sakralen Gewohnheiten und Riten sowie mit einem übergreifenden, arabischen Stammesgedanken verschmolzen. Mit genialem Blick für den religiös-politischen Bedarfsrahmen seiner Zeit und sicherem Instinkt für das in der jeweiligen Situation Richtige hatte er sich Schritt für Schritt für Maßnahmen entschieden, die unter inspirativer Einbindung seines persönlichen Charisma die Menschen und das geistige Vakuum seiner Zeit zu einer neuen, spirituell-politischen Dynamik verknüpften.

In der Rückschau zeigt sich das Leben Muhammads von einem ungewöhnlich ganzheitlichen, mystisch-rationalen Reifeprozeß gekennzeichnet, der ihn zu einer arabisierten Synthese der zeitgenössischen Glaubens- und Gesellschaftssituation befähigte. Spirituell betonte, mekkanische Eingebungen und praktisch orientierte Verkündungen in Medina spiegeln bereits deutlich die im kommenden Islam angelegte Doppelfunktion als Religions-und Staatskonzept wider. Die einfließenden jüdischen und christlichen Elemente spielen, wie wir ausführlich diskutieren werden, eine grundlegend formative Rolle, die der Religion Muhammads eine antagonistische Struktur als Antithese – insbesondere zum Christentum – verlieh.

Die *hidjra* von Mekka nach Medina setzte den Maßstab für die sich vorbereitende, historische Expansion des Islam. Die mekkanischen »Auswanderer« brachen für die neue Idee Brücken ab und bildeten mit den »Helfern« ihres Zielorts eine funktionale Verbindung höchst pragmatischen Zuschnitts mit weitreichenden, wenngleich nicht immer dauerhaften Synergieeffekten. Die neue Ordnung regelte nicht nur das religiöse und soziale Zusammenleben der jungen Gemeinschaft, sondern gab ihr zugleich gegenüber den traditionellen, ausgelaugten Strukturen eine neue, unverwechselbare Identität, die den mythischen Stammesrahmen Arabiens eindeutig sprengte.

Die neue Identität einer universalen Gottesidee auf arabischem Boden erlangte rasch den Charakter des Elitären, das sich kompromißlos von den etablierten Großmächten und Hochreligionen emanzipierte. Sie vermittelte zusätzliche Attraktivität durch die funktionale Verbindung mit dem wirtschaftlich Machbaren, das sich vor allem in der rigorosen Übernahme und Nutzung vorhandener Ressourcen und der entsprechenden Zunahme sichtbaren Erfolgs niederschlug.

Bereits im Stadium der formativen Entfaltung des islamischen Unterwerfungsprinzips wurde die untrennbare Synthese aus Glaube und Herrschaft mit konkreten, politisch-fiskalischen Folgen erkennbar. Die Stämme Arabiens unterwarfen sich, weil sie – beeindruckt durch Muhammads Erfolgsweg – teilhaben wollten an der sich unübersehbar formierenden neuen Macht des Islam. Die ihnen abverlangten Steuerzahlungen wirkten in ihren Augen gering im Vergleich zu vermiedenen Repressalien und der nun erworbenen Zugehörigkeit zu einer überlegenen Ordnung, die einen klaren, offensichtlich ganz selbstverständlichen Führungsanspruch erhob, den Stammesfürsten jedoch einen regional weitreichenden Handlungsrahmen beließ.

Die Zusammenfassung der Stämme Arabiens unter der einigenden Idee der *umma* als Gemeinschaft Allahs und der disziplinierenden Ordnung, die in der koranischen Sammlung göttlicher Verkündungen ihren fundamentalen Kodex erhalten sollte, bildet Muhammads historische Leistung. Das globale Potential seines Systems konnte er nicht vorhersehen – die Ausweitung des arabischen Horizonts auf eine universalistische Gesellschaftsordnung als Kernzelle für eine Weltreligion steht jedoch in ihrer spezifischen Verknüpfung von Glaube, Staat und Vorbildprägung durch ihren Gründer ohne Beispiel.

Bedingungsloser Glaube, treue Orientierung am elitären Medina-Original und stetige Durchsetzungsgeduld, verbunden mit wirtschaftlichem Realitätssinn und dosierter Gewaltbereitschaft, sind die Ingredienzien, die sich als Erbe Muhammads zu historisch bestätigten Formelementen eines religiös-politischen Systems entwickeln werden, das in unserer Zeit mit eben diesen Attributen neue Aktualität erlangt.

Wer von einer Lehre, die ihre praktischen Bestimmungsfaktoren derart personenorientiert entwickelt, durchgängige Kontinuität erwartet, wird auch und gerade von dem komplexen Genie Muhammads keine restlose Klärung erhalten. Der in einer vielfältigen Literatur ausführlich und kontrovers diskutierte, inhaltliche und stilistische Gegensatz zwischen mekkanischen und medinensischen Eingebungen, zwischen Glaubens- und Gesetzesvorschriften, zwischen machtvoll-sakraler und tagesorientiert-profaner Sprache wird einerseits als Bruch interpretiert; er wird andererseits allerdings mit der gleichen Berechtigung auch als die notwendige, integrative Verbindung, als eine repräsentative Spiegelung der persönlichen Entwicklung des Gesandten Allahs vom religiösen Seher zum politischen Planer aufgefaßt, aus der sich hinwiederum der ganzheitliche Charakter der neuen *umma* sowie ihre Rückkoppelungen mit dem religiös-politischen Umfeld Arabiens entwickeln konnten.

Die in diesem Kontext entscheidende Funktion der *hidjra* kann in ihrer Wichtigkeit für die januskköpfige Formation des Islam zwischen Religion und Politik kaum überschätzt werden. Sie bildet zum einen den individuellen Systemsprung vom religiösen zum politischen Geist des Verkünders und zum anderen die kollektive Verbindung zwischen innerer Religiosität und externer Stoßkraft der *umma*. Ohne eine *hidjra* läßt sich die real-islamische Identität als politische Religion nicht denken. Es ist ihre simultane Funktion als Bindeglied und Trennstelle in einem endzeitlich verstandenen Weltbild, die dem Islam die ihm eigentümliche Flexibilität zwischen Sakralität und Profanität, innerer Spiritualität und äußerer Gewalt, Stagnation und Expansion ermöglicht.

Neben der zu überwindenden Zeitlücke in den Glaubensgrundlagen war es eben dieses dynamische Zusammenwirken der richtungweisenden »Auswanderer« mit ihren strukturgebenden »Helfern«, das im Modell von Medina eine klare Abgrenzung erzeugte und in der Nutzung fremder Ressourcen diejenigen Synergien aktivierte, welche die rasche Formation einer stabilen Gemeinschaftsidentität sicherstellen konnten. Wie wir sehen werden, sollte die anschließende, weltweite Expansion, in der sich diese Synergien musterhaft wiederholten, von diesem Modell nicht nur spirituell, sondern auch politisch entscheidend profitieren.

Die Einebnung polytheistischer Mythen zugunsten eines monotheistischen Gottesbildes, dem die arabische Stammesgesellschaft und später die gesamte Menschheit zu unterstellen waren, eine als prophetisch empfundene Führergestalt und eine religiöse Schriftbasis in arabischer Sprache (*kitab*) traten nun umso mehr aus dem Schatten der jüdischen und christlichen Hochreligionen, je nachdrücklicher sich die Konturen der islamischen Religionsgemeinschaft abzuzeichnen begannen. Die Änderung der Gebetsrichtung von Jerusalem nach Mekka gehört ebenso in diesen Kontext wie die Reklamation Abrahams als Urgestalt des muslimischen Glaubens und Erbauer der Kaaba sowie seines Sohnes Ismael als Erzvater der Araber.

Vor diesem Hintergrund erscheint unerheblich, daß Muhammad sich zuweilen auch dann des von allen uneingeschränkt respektierten Mittels der inspirativen Eingebung bediente, wenn es darum ging, sich persönliche Vorteile, z.B. im Bereich seines Umgangs mit den Frauen, zu verschaffen.[18] Die Entwicklung von einem unbedeutenden Mitglied einer gleichermaßen wenig bedeutsamen Sippe zur wichtigsten Figur der gesamten Region rechtfertigte in einer patriarchalischen Gesellschaft durchaus den Anspruch auf ungewöhnliche Privilegien.

Je unangefochtener sich Muhammads generelle Führungsposition festigte, desto weniger Widerspruch regte sich in speziellen Streitfragen, unabhängig vom Wesen des in

Rede stehenden Problems. Indem er allerdings die prophetische Qualität von Leitlinien des Grundsätzlichen auf Erfordernisse des Einzelnen ausweitete, schränkte er das Merkmal der pragmatischen Vernunft ein und schuf eine wesentliche Grundlage für die spätere Starre seiner Lehre.

Sowohl die freie Verfügbarkeit von Frauen als auch die Vertreibung und Beseitigung im Wege stehender Parteien, z.B. der Juden, somit die unterschiedlichsten Anliegen persönlicher und allgemeiner Art, wurden gleichermaßen mit »Offenbarungen« geklärt, einem für seine Anhänger durchaus eindrucksvollen Mittel, dessen Überzeugungskraft allerdings in der Gefahr stand, mit der Häufigkeit seines Einsatzes nachzulassen. Abdallah Ibn Sa'd, ein früherer Sekretär Muhammads, gab den Glauben auf und floh, nachdem er erkennen mußte, daß der Verkünder Einschübe, die der Sekretär zur Überbrückung von Satzlücken vorgenommen hatte, als Urtext ausgab.[19]

Muhammads erkennbarer Opportunismus bestätigt zwar die historische Authentizität und Gerichtetheit seines Wirkens, zeigt indes auch die Problematik auf, die sich für das langfristige Schicksal seiner Gemeinschaft aus dem grundsätzlichen Ersatz der menschlichen Urteilskraft durch die inspirativ gewonnenen Anweisungen Allahs ergab. Sämtliche Bereiche des Lebens und Denkens wurden nun zunehmend durch die koranischen Verkündungen, d.h. diejenigen Aussagen Muhammads geregelt, die schon zu seinen Lebzeiten in der Gemeinschaft als gesicherter Glaubensbestand kursierten.

Die autonome Urteilskraft des Menschen, soweit sie sich in der arabischen Spätantike bemerkbar machen konnte, zog sich vor der Allmacht Allahs und denen, die ihre Interessen vertraten, zurück. Der Erfolg vorangegangener Eingebungen zwang Muhammad, diesen Weg weiter zu beschreiten und die Anweisungen Allahs immer enger am tatsächlichen Geschehen zu orientieren. Die Grenzen zwischen der Herabsendung des göttlichen Willens und konkreter Beeinflussung der Wirklichkeit, zwischen objektivem Sendungsbewußtsein und subjektivem Praxisbezug, begannen zu verschwimmen.

Je mehr Menschen von dieser Entwicklung erfaßt wurden, desto absoluter erschien die Macht des Verkünders und desto begehrenswerter die Zugehörigkeit zu seinem unmittelbaren Kreis. Der Prophetengenosse und spätere Kalif Umar Ibn al-Khattab (gest. 644) rühmte sich dreier von ihm gegebener Ratschläge, die sich in späteren Anweisungen Allahs wiederfanden, und gab hinsichtlich eines bestimmten Problems offen zu, daß »wäre der Prophet Allahs noch am Leben, dieser Punkt durch den Koran abgeklärt werden würde«.[20] Ibn Sa'd, der ehemalige Sekretär, hätte zwar diesen Sachverhalt aus unmittelbarer Anschauung bestätigen, Umars religiösen Pragmatismus jedoch ganz offensichtlich nicht vollständig teilen können.

Bereits zu seinen Lebzeiten hatte Muhammad somit erreicht, was vielen Ideologien trotz intensiven Bemühens nicht gelungen ist: Eine egalitäre Gemeinschaft mit charismatischer Führung und elitärem Dominanzverständnis, die am Vorabend einer religiöspolitischen Expansion begann, die Großmächte ihrer Zeit das Fürchten zu lehren.

Nur wenige seiner Zeitgenossen zweifelten noch daran, daß die *umma* von einem göttlich inspirierten Propheten geleitet und für alle Zukunft mit einer unantastbaren

Botschaft ausgestattet war. Der Glaube an diese Botschaft, die Unterwerfung unter das Gottesgesetz im Sinne einer gemeinschaftlichen Ausrichtung auf das Endgericht bedeuteten die Teilhabe an der Allmacht Allahs und an der Macht seiner Gemeinschaft, die magnetartig täglich neue Gläubige an sich zog. Die unter diesem Vorzeichen zusammengefaßten arabischen Stämme formten eine neue, expansive Identität, die zu Aufbruch und Eroberung drängte. Muhammad als ihr Schöpfer hatte bereits ihre Strukturen systematisch auf die Überwindung alles anderen, alles Unislamischen ausgerichtet, weil die historische Perpektive ihm diese Richtung gewiesen hatte.

Die Zeit hätte nicht geeigneter sein können. Die verbrauchten Herrschaftseliten sowohl im Bereich des arabischen Stammeswesens als auch der klassischen Großmächte hatten einem grundlegenden Wandel keine entscheidenden Widerstände entgegenzusetzen. Die Araber und der Islam waren zu einem Machtfaktor potentiellen Weltformats herangereift. Das Feld war bestens bestellt, als ihr Führer, Muhammad Ibn Abdallah, am 6. Juni 632 in Medina starb.

B. Der Koran – Umrisse der Entstehung

1. Der Spiegel des Propheten

Daß der Koran unter ganz wesentlicher Mitwirkung Muhammads entstanden ist, wird selbst von herben Kritikern nicht bezweifelt. Zu authentisch spiegeln insbesondere die medinensischen Suren sein Vortasten in eine neue Gesetzgebung wider, als daß die unmittelbare Urheberschaft hier unklar sein könnte. Der mekkanische Teil, wenngleich unterschiedlichen Stils und Inhalts, wird ihm ebenso – zumindest in indirekter Autorenschaft – zugeschrieben. Wie wir gesehen haben, öffneten sich ihm über eine ausgedehnte Vorbereitungszeit von mindestens 15 Jahren vielfältige Möglichkeiten, durch geeignete Kontakte sein religiös-soziales Umfeld in sich aufzunehmen und das gespeicherte Wissen mit reifender Spiritualität und politischem Instinkt zu verschmelzen.

Daß sich aus islamischer Sicht im Entstehungsprozeß des Korans Allah selbst offenbart hat, bildet zwar die zentrale Glaubensgrundlage der Muslime, kann uns hier jedoch nicht als solche, sondern nur in dem Kontext beschäftigen, in welchem der Islam ihn zur Systembasis einer politisch relevanten Ideologie und zur Maxime der Behandlung Andersgläubiger macht. Der Koran interessiert uns daher weniger als Basis individueller Religiosität, sondern als Grundlage des Gesamtglaubens, als treibendes Element des kollektiven islamischen Systems und Motor politischen Handelns. Insofern kann und muß auf die zahlreichen, z.T. polemischen Stellungnahmen verzichtet werden, die Muhammad als Lügenpropheten und den Koran als mediokres Machwerk abqualifizieren, und damit den Zugang zu wertvollem Aussagematerial versperren, das für den analytischen Blick auf das Herzstück des islamischen Glaubens unverzichtbar ist.

Bis zu dem derzeitigen Stadium unserer Untersuchung konnte sich vielmehr die Erwartung verdichten, daß das Buch des Islam sehr wohl als sensibler Spiegel des Lebens

Muhammads, der formativen Entwicklung seiner Gemeinschaft und der religiös-politischen Schwerpunkte seiner Region und Zeit in Erscheinung tritt, Reflexionen, denen wir uns nun etwas detaillierter zuzuwenden haben.

2. Wirren um das Wort Allahs

Muhammads Charisma stand zu dominant im Mittelpunkt der aktuellen Entstehungsgeschichte des jungen Islam, als daß man es hätte als Notwendigkeit empfinden können, die koranischen Aussagen bereits zu seinen Lebzeiten gezielt zu sammeln und zu kodifizieren. Also hatten etliche seiner Zeitgenossen große Teile der Verkündigungen auswendig gelernt oder – wie es der Brauch der Zeit zu sein schien – auf die verschiedensten Materialien wie Leder, Holz, Knochen, Palmblätter etc. geschrieben, um einen ersten Wissensfundus von Allahs Wort und Willen zu sichern.

Abu Bakr (gest. 634), erster Kalif des Islam nach Muhammads Tod und über die Verheiratung seiner Tochter A'isha dessen Schwiegervater, schien die unabdingbare Notwendigkeit einer authentisch gesicherten Sammlung der koranischen Verkündigungen früh erkannt zu haben. Berichten der islamischen Tradition zufolge war er sehr beunruhigt darüber, daß durch den Tod vieler Kämpfer in der Schlacht von Yamama (Mittelarabien), die Muhammads Eingebungen auswendig gekannt hatten, wertvollstes Wissen unwiederbringlich verloren und Allahs Wort in akuter Gefahr des Vergessens war.

Er soll daher Zayd Ibn Thabit, Muhammads langjährigen Sekretär, beauftragt haben, möglichst rasch und vollständig die umlaufenden und ihm selbst geläufigen Verkündigungen zu sammeln und aufzuzeichnen. Das Ergebnis dieser Bemühungen, ein erstes Koranexemplar von weitgehend unbekannter Zusammensetzung, wurde nach Abu Bakrs Tod von dessen Nachfolger Umar Ibn al-Khattab übernommen und nicht an dessen Nachfolger Uthman, sondern an Umars Tochter Hafsa weitergereicht, eine Handlungsweise, die mehr als eigentümlich anmutet.

Hafsa verfügte zwar über ein ausgezeichnetes Gedächtnis, was sie zur Memorierung von Teilen der Offenbarung befähigt hätte[21], doch stößt die angebliche Handlungsweise Umars hinsichtlich der eminenten Bedeutung des prophetischen Erbes auf berechtigte Skepsis. Die fundamentale, existentiell unverzichtbare Grundlage einer enorm wachsenden Bewegung, nicht weniger als das Wort Allahs und zugleich das unschätzbare Vermächtnis seines gerade verstorbenen Verkünders, soll von einer vergleichsweise unbedeutenden Person, die zwar Muhammads vierte Frau war, aber in dem Gesamtgeschehen keine Rolle spielte, aufbewahrt worden sein?

Wir werden der Mühe, diesem Bericht Glauben zu schenken, allerdings rasch enthoben, denn weder scheint man Hafsas Exemplar unzweifelhafte Authentizität zugeschrieben, noch sich überhaupt um den Inhalt gekümmert zu haben. Zudem war wenige Jahre später erneut erhebliche Kritik am Umgang mit dem Glaubensgut laut geworden, diesmal von Seiten der militärischen Führer, die über zahlreiche, unzulässig abweichende und politisierte Lesarten des Koran in den verschiedenen Provinzen klagten. Die Zukunft des Islam und seines heiligen Buches erschien in entsprechend düsterem Licht.

Wiederum war es Zayd Ibn Thabit, der diesmal von Uthman (gest. 656), dem dritten Kalifen, damit beauftragt wurde, sich um eine vereinheitlichte Fassung zu bemühen. In den 20 Jahren, die seit der ersten Version verstrichen waren, soll Ibn Thabit eine weitere Sammlung in eigener Regie erstellt haben, die er mit seiner von Hafsa verwalteten Erstversion verglich und vereinigte. Ganz beiläufig erfahren wir, daß die kritisierten Koranvarianten überdies – neben ihren aramäischen Urfassungen – in den verschiedensten Dialekten umliefen, da Zayds Auftrag die Anweisung enthielt, den neuen, zusammengefaßten Text in den seinerzeit dominanten arabischen Dialekt, den der mekkanischen Quraysh, zu übertragen. Die nun entstandene neue Fassung soll in fünf Exemplaren von den Zentren der frühislamischen Gelehrsamkeit – Kufa, Basra, Damaskus, Mekka und Medina – in Verwahrung genommen worden sein, wobei Befehl erging, alle anderen Versionen zu vernichten.[22]

Die ältere außerislamische Koranforschung, d.h. vor dem 2. Weltkrieg entstandene Untersuchungen, haben große Schwierigkeiten, diesen Berichten hinreichende Plausibilität abzugewinnen. Nach welchen Kriterien war die Version Abu Bakrs eigentlich für nicht ausreichend befunden worden? Nach welchen Gesichtspunkten hatte man unter den zahlreichen, im Lande kursierenden Varianten gerade diejenige Fassung ausgewählt, die Uthman dann reinigen und verteilen ließ? Läßt der zweimalige Auftrag an Zayd Ibn Thabit die Vermutung zu, daß es weder eine klare Korankompetenz gab, noch eine Kontrollinstanz, die über die Einhaltung einer klar definierten Version hätte wachen können? Wie anders ist es zu erklären, daß man den Umlauf einer steigenden Variantenzahl zuließ, obwohl man über Abu Bakrs Erstversion, sozusagen wohlaufbewahrt in Hafsas Schublade, verfügte?

Hier stauten sich wichtige Fragen, auf die der offizielle Islam jedoch nicht antwortet, weil es nach seiner Auffassung keine Veranlassung zur Beantwortung von Fragen gibt, die für ihn schlicht nicht existieren. Das Wort Allahs war von Beginn aller Zeiten an existent, so daß die jetzige Koranversion mit derjenigen, die auf Muhammad herabkam, als im Prinzip identisch zu betrachten ist.

Die Koranforschung sah allerdings noch einen anderen Sachverhalt, der ihre Skepsis genährt und die Annahme logischer Varianten entscheidend verstärkt hat: Wie konnten Muhammad und die Vielzahl der sich mit seinen Eingebungen beschäftigenden Gefolgsleute über einen Zeitraum von insgesamt immerhin 25 Jahren einen Großteil seiner Verkündungen so perfekt auswendig lernen, memorieren und weitergeben, ohne daß Allahs Wort während dieses Prozesses auch nur um ein Jota in der Muhammad gesandten Form verändert wurde?

Wenngleich die aufgeworfenen Fragen bereits an sich Zweifel an einer unbeeinträchtigten Originalität der uns heute vorliegenden Fassung rechtfertigen, so erscheinen sie doch deutlich relativiert gegenüber einer ganz anderen Ebene textverändernder Einflüsse, nämlich der grammatikalischen Dimension, die gerade im Arabischen von besonders variantenreicher Qualität sein kann.

Die Wahrscheinlichkeit einer erheblichen Zahl kursierender Koranversionen erhält dadurch eine ganz andere Größenordnung, daß der Bedeutungsvarianz des Koran durch die Struktur des Arabischen selbst beträchtliche Freiräume geschaffen wurden. Zur Zeit Muhammads und der Nachfolgergenerationen verfügte die geschriebene Sprache noch nicht über die erst um die Wende vom 9. zum 10. Jahrhundert entstandene diakritische Punktierung und Vokalisierung. Es handelt sich hierbei im wesentlichen um den Einsatz von Punkten zur Definition von Buchstaben, deren unterschiedliche Verwendungsmöglichkeiten durchaus relevante, nicht selten tiefgreifende Änderungen von Wortbedeutungen sowie evtl. ganzen Satzinhalten nach sich ziehen können (z.B. bewirkt der Zusatz eines Punktes den Wechsel von b zu t, f zu q, r zu z etc.). Erst vor diesem Hintergrund wird das Variantenwachstum des 7. und 8. Jahrhunderts erklärbar, welches nicht nur die politisch einflußreichen → Koranleser (*qurra'*), sondern auch eine Reihe diverser Lesarten hervorbrachte (zunächst sieben offizielle Lesarten reduzierten sich später auf drei).

Abgesehen davon, daß sie in der westlichen Islamforschung keine intensive Bearbeitung erfahren haben, wird islamischerseits mit den Lesarten des Koran gern der Eindruck erweckt, als habe es sich hier nur um unterschiedliche Rezitationsstile statt z.T. grundlegender Abweichungen im Einsatz von Wortbedeutungen und der Exegese ganzer Satzinhalte gehandelt. Die Konsistenz der Formen und Inhalte im Koran konnte unter der Voraussetzung der freien Kombinierbarkeit der betroffenen Buchstaben natürlich unter keinen Umständen gewahrt werden. Während bei einer solchen, schon rein statistisch zu erwartenden Textvarianz formale und logische Bedeutungsalternativen nicht nur unvermeidbar, sondern als in einer sehr großen Anzahl sicher erscheinen und daher nur bedingt mit der Fassung Muhammads in Einklang stehen können, muß umso mehr der Optimismus des deutschen Koranübersetzers R. Paret verwundern.

Dieser konnte in den diakritischen Zeichendivergenzen kein nennenswertes Veränderungspotential für die koranischen Textinhalte erkennen und schrieb in kühner Entschlossenheit die Gesamtheit aller virtuellen und realen Varianten der Autorenschaft des Islamverkünders zu:

> »Wir haben keinen Grund anzunehmen, daß auch nur ein einziger Vers im ganzen Koran nicht von Muhammad selber stammen würde«.[23]

Gerade der Kalif Uthman hätte diesem Ausmaß an Schriftgläubigkeit nicht folgen können. Denn weil mit fortschreitender Zeit nicht nur die Variantenzahl, sondern auch die Gefahr der inhaltlichen Entfernung vom Urtext wuchs, war er mit der weitsichtigen Entscheidung eingeschritten, das Unwesen der kursierenden Versionen zu beenden und die Auslegung auf die fünf Lehrzentren zu konzentrieren. Daß er mit der Endfassung auch Abweichungen festschrieb, gehörte zu den unausweichlichen Folgen, die er billigend in Kauf nahm, um Schlimmeres zu verhüten.

Gleichzeitig entzog er damit den Koranlesern eine lukrative Existenzgrundlage. Der immense Einfluß, den diese auf die gläubige Masse ausübten, hatte rasch auch politischen Charakter angenommen, der sich durch gezielte Umdeutungen jeweils geeigneter Passagen leicht steuern ließ. Was sich zunächst als Institution der moralischen Volksbildung etabliert hatte, entpuppte sich nun als konkrete Gefahr für die Obrigkeit und den ideologischen Zusammenhalt der *umma*. Die Koranleser verbreiteten nicht nur Kritik an der Weltlichkeit des Kalifen, sondern auch nicht enden wollende Veränderungen am heiligen Wort Allahs, die – ob unabsichtlich oder geplant – eine zwangsläufige Aufweichung der Glaubensriten und damit eine ernste Erosion der Glaubenssubstanz insgesamt bewirken konnten.

Diesen religiös getarnten Agitatoren gegen die islamische Herrschaft war nur mit dem Ende jeder Interpretation und der gleichzeitigen, kontrollierten Vereinheitlichung des Glaubensguts beizukommen. Mit seiner Maßnahme in Richtung einer verbindlichen Koranversion bewies der Kalif Uthman ein hohes Maß an religiösem Gespür und politischem Weitblick und ist zu Recht in die Geschichte des Islam eingegangen, wenngleich er andererseits eine unrühmliche Rolle im Vorfeld des islamischen Bürgerkriegs spielte, auf die noch einzugehen ist.[24]

Mit den unterschiedlichen Bedeutungsmöglichkeiten aufgrund der Varianz aus unklar definierten arabischen Konsonanten und/oder Vokalen waren die Wirren um das Wort Allahs allerdings noch nicht gänzlich ausgeschöpft. Laut der älteren Koranforschung hatten wir bereits festgestellt, daß der arabische Begriff »*qur'an*« = Lesung auf den syro-aramäischen Terminus »*qiryan*« = Liturgie oder Lektionar, also auf eine Begrifflichkeit zurückzuführen war, die auf eine frühchristliche Herkunft wesentlicher Teile der mekkanischen Koranphase schließen ließ.

Der Linguist C. Luxenberg hat eine schlüssige Darstellung der Zusammenhänge zwischen der ursprunglichen, syro-aramäischen Lektionarfassung und ihrer daraus abgeleiteten arabischen Koranfassung in Verbindung mit einer Fülle überzeugender Fallbeispiele vorgelegt, die unter Abgleich des Korankommentars des großen Muh. Ibn Djarir at-Tabari (gest. 923) mit weitgehender und dabei teilweise frappierender Authentizität die syrisch-christliche Provenienz der einschlägigen Koranpassagen belegen.[25]

Mehrfach wird im Koran betont, er sei in arabischer Sprache herabgesandt worden (z.B. 12/2, 13/37, 16/103), wobei offen bleibt und auch Muhammad selbst sich darüber ausschweigt, um welche Sprache genau es sich hierbei gehandelt haben könnte – naheliegenderweise seinen eigenen Dialekt, den seiner qurayshitischen Sippe. Da, wie erwähnt, die arabische Schriftsprache erst knapp 200 Jahre später – noch dazu durch nichtarabische Philologen – komplett vorlag, und die Übersetzung von der syro-aramäischen in die arabische Lesart unweigerlich zu Irrtümern, Verlesungen und damit zu einem erheblichen Potential unklarer Bedeutungen führte, spricht die islamische Tradition hinsichtlich des Koran von einem sprachlichen Wunder, das mithin auch als Synonym für die Unfähigkeit bzw. Unmöglichkeit eines angemessenen Zugangs zum Koran als arabisch gedachter Urversion stehen kann.[26]

Wenn es sich, wie Luxenberg nachweist, beim Koran ursprünglich um ein *qiryan*, ein Lektionar, eine liturgische Lesevorlage für den christlichen Gottesdienst, gehandelt hat, würde dies die bis heute vorherrschende Unsicherheit über eine Fülle betroffener Textstellen – der Autor spricht von mindestens einem Viertel des Gesamtinhalts – erklären helfen. In diese Richtung weisen zahlreiche Bezugnahmen auf die sogenannte *Schrift*, vorliegend das Alte und Neue Testament, als deren »erläuterter« bzw. »vergleichbarer« Teil sich der Koran versteht[27], wobei gleich mehrere Stellen darauf verweisen, daß eine fremdsprachliche »Urschrift« die Vorlage für die arabische Koranversion bildete, um die Botschaft Gottes den Menschen vermitteln zu können.[28]

Daß es sich hier, wie uns die islamische Tradition nach wie vor suggeriert, um die etablierte arabische Hochsprache gehandelt hat, war seit jeher zweifelhaft und gerät nun vollends ins Abseits der Spekulation. Mit den neu eruierten Gesichtspunkten bietet die syro-aramäische Grundlage nicht nur eine Fülle überzeugender Bedeutungsklärungen an, sondern verknüpft nicht zuletzt auch Muhammad selbst noch enger als zuvor mit den christlichen Inhalten seiner Zeit und ihren Vertretern auf der Halbinsel.

Als besonders beeindruckenden Beleg für diese Zusammenhänge führt Luxenberg die Sure 96 (*al-a'laq*, »Der Lehm«) an, die zur Teilnahme am Gottesdienst und zur *Eucharistie* auffordert, wobei in einer Parallelstelle in Sure 5/115 (»Die Tafel«) demjenigen, der die von Gott gesandte *Liturgie* leugnet, die allerschwersten Strafen angedroht werden. Daß diese christliche Begrifflichkeit, im koranischen Kontext dem Vergessen anheimgegeben, der islamischen Tradition für die Zeit Muhammads als durchaus bekannt und gebräuchlich bestätigt wird, geht aus dem Bericht des Abu'l-Faradj al-Isfahani (gest. 967) in seinem *kitab al-aghani* (Buch der Gesänge) hervor, einer mit Traditionen und Anekdoten angefüllten Geschichte der arabischen Dichtung, in der u.a. beschrieben wird, wie der Dichter 'Adi Ibn Zayd (gest. um 590) »am Gründonnerstag in die Kirche von Al-Hira (Irak) ging, um an der Eucharistiefeier teilzunehmen« und die dort gleichfalls anwesende Hind Bint an-Nu'man, Tochter des letzten Lakhmidenkönigs An-Nu'man III. (gest. 602), zu sehen.[29]

3. Der Koran als Prägeform

Bei allen sprachlichen, inhaltlichen und exegetischen Unklarheiten hatte der Kalif Uthman mit der neuen Standardfassung des Koran zunächst einmal vor allem eine wichtige Grundlage für eine einheitliche Glaubensbasis, einen kollektiven Orientierungsfokus als sakrosankten Nenner des religiös-politischen Gemeinwesens, die Plattform einer frühen Orthodoxie begründet, die allerdings noch nicht als allgemein akzeptiertes Buch vorlag. Das Wort Allahs war somit zwar noch nicht der linguistischen Interpretation, jedoch eindeutig der Zerfaserung in eine bedrohliche Varianz von unkontrollierbaren Dimensionen entzogen, die Möglichkeit des pluralistischen Zerfalls oder gar der Vermischung mit alternativem, z.B. christlichem Gedankengut weitgehend abgewehrt.

Dementsprechend war vor Beginn des 8. Jahrhunderts weder den Christen noch den Juden ein Buch der »Hagariten«, wie die Muslime zu dieser Zeit genannt wurden (s. u. S. 330), bekannt[30], so daß ein latentes Gefährdungspotential bestehen blieb. Nicht nur von innen in Gestalt der christlich-liturgischen Wurzeln oder auch der Koranleser und ihres politischen Partikularismus, sondern auch von außen drohte die Gefahr einer Verwässerung der neuen Lehre. Sowohl die Monophysiten in Ägypten und Syrien als auch die persischen Nestorianer neigten dazu, in ihren Konflikten mit der byzantinischen Kirche mit den arabischen Eroberern zu fraternisieren, dies umso eher, als diese ihrerseits »Anweisung hatten, die Christen und Mönche zu begünstigen«[31] und sich damit umso leichter taten, je deutlicher jene sich gegen die abgelehnte Großmacht Byzanz stellten.

Während zu dieser Zeit, d.h. im Bereich der Wende vom 7. zum 8. Jahrhundert, nach allem, was uns die Entstehungsgeschichte des Koran zugänglich macht, eine offiziell redigierte Version sich erst allmählich als allgemein verbreitete Glaubens- und Identitätsgrundlage der *umma* zu etablieren begann, gehört zu den fundamentalen Dogmen des Islam die Vorstellung vom Koran in der uns heute vorliegenden Fassung als unerschaffene Hervorbringung Allahs, irrtums- und fehlerfrei sowie seit Ewigkeit existent wie das Göttliche selbst.

Die mehr als tausendjährige Verfestigung dieser Überzeugung macht es Muslimen unmöglich, sich der Basis ihres Glaubens in der Weise analytisch zu nähern, die sich z.B. das Christentum im Verlauf der kritischen Moderne zu eigen gemacht hat. Wie sich uns im weiteren Fortgang der Untersuchung erschließen wird, wurde der Koran vielmehr zum universalen Standard erhoben, an dem sich alle Bereiche des geistigen und materiellen Lebens zu messen hatten.

Ob Wissenschaft, Literatur, Philosophie oder arabische Sprache, sie alle entfalteten im Islam kein dauerhaftes Eigenleben, weil Koran und auf ihm basierender Glaube sich kokonartig um alle Menschen dieser Gemeinschaft zu schließen begannen, sobald ihnen die Existenz einer verbindlichen Einheitsversion kollektiv bewußt und durch eine Orthodoxie zum Maßstab des Lebens gemacht worden war. Je konsequenter sich die islamische Identität auf dieser Basis konturierte, desto selbstverständlicher wurde es, wie sich besonders deutlich am Beispiel der philosophischen Vernunft zeigen läßt, daß jeder Gedanke, jede Entwicklung, jede geistige Dynamik den Filter der Vereinbarkeit mit der koranischen Formprägung zu passieren hatte.

Vor dem Hintergrund der frühislamischen Wirren um das Wort Allahs erscheint die Verewigung der Verkündigungen an seinen Gesandten weniger als sich harmonisch und selbsttragend anbietende Konsequenz, sondern als retroaktive Ideologie, die zwar der politischen Lage Remedur und der Gemeinschaft einen Glaubensnenner verschaffte, jedoch keineswegs der welthistorischen Leistung Muhammads gerecht wurde.

Dieser hatte die Stämme und Polytheisten Arabiens nicht dadurch unter einem neuen Gottesstaatskonzept vereinigen und zum Kern einer Weltmacht formen können, daß er sich selbst ein vorgefertigtes Handlungskorsett verordnete, sondern daß er ganz im Gegenteil sich genau die virtuellen Gestaltungsräume und Optionen reservierte, die zur Beeinflussung sich wandelnder Bedingungen erforderlich wurden. Denn es galt nicht nur die reale Entwicklung seiner Gemeinschaft nach den obwaltenden Verhältnissen seiner Zeit optimal voranzutreiben, sondern auch einen Rahmen zu schaffen, der hinreichend flexible Gestaltungskriterien für die Zukunft der Gemeinschaft beließ.

Herausragendes Merkmal des historischen Genies Muhammads ist das offene System, dessen Strategie sich ein effizientes Arsenal abgestimmter, religiös-politischer Direktiven zur Aktivierung vorhandener Potentiale schuf. Das bilaterale Vakuum, das überregional durch abgewirtschaftete Großmächte und regional durch verbrauchte Herrschaftsstrukturen entstanden war, wurde daher nicht durch irgendeine, sondern eine ganz spezifische, hochkompatible Alternative besetzt, aus der sich eine neue, der historischen Konstellation entsprechende Gesellschaftsalternative bildete. Die hierfür erforderliche Paßform lieferte Muhammads Prinzip der flexibel eingesetzten Kriterien, dem geschmeidigen Wechsel zwischen geduldigem Abwarten, entschlossenem Handeln und dosierter Gewalt, durch die sich die zeitgerechte Öffnung und praxisgerechte Nutzung virtueller Möglichkeiten konkret aktualisieren ließen.

Der Gedanke der menschlichen Existenz, die durch die neue Verantwortlichkeit vor Allahs Weltgericht aus der Anonymität der arabischen Mythen herausgehoben wurde, dieses Signum aber nur durch die Zugehörigkeit zur *umma* in aggressiver Abgrenzung zu den anderen Religionen und in der Konzentration auf das Vorbild von Medina erlangte, verdankte sich in ganz besonderem Maße dem temporären Fehlen einer festgeschriebenen Glaubensgrundlage.

Gerade weil eine Phase der transitorischen Bedeutungsvarianz zu überwinden war, erlangte das Medina-Modell schon in der islamischen Frühphase die entscheidende identitätsstiftende Bedeutung. Eine frühe Fixierung des koranischen Kodex hätte also weder den für die Formation der neuen Gemeinschaft und für Muhammads Strategie typischen Spielraum gewährleisten können, noch ist sie – wie wir hier dargestellt haben – überhaupt historisch erkennbar. Über die Gründe, die den Verkünder des Islam bewogen, auf eine schriftliche Festlegung seiner Eingebungen zu verzichten, braucht daher nicht spekuliert zu werden. So wie er zu Lebzeiten durch das Offenhalten von Optionen und das sichere Erfassen realistischer Möglichkeiten seinem System eine optimierte Effizienz verlieh, so schien er für die Zeit nach ihm mit einiger Berechtigung auf die gleiche Systematik der flexiblen Machtorientierung zu vertrauen, ein Erfolgsrezept, das immerhin von Allah selbst gesandt war.

Die langfristige Stabilisierung der islamischen *umma* als souveräne, etablierte Identität kann daher ohne Muhammads sicheres Gespür für das religiös Richtige und politisch Machbare nicht gedacht werden. Endzeitliche Ausrichtung, egalitärer Ritus, elitäre Abgrenzung gegen alles Nichtislamische und eine expansive Erfolgsorientierung waren die wesentlichen Funktionen, die der Islamgründer seiner Gefolgschaft unumkehrbar implantiert hatte, als er auf dem Höhepunkt seines Schaffens starb.

Dieser strategischen Systematik entsprechend und bestätigt durch einen sich lawinenartig verstärkenden Erfolg hatte Muhammad hinsichtlich des »Buches der Araber« keinen Grund gehabt, von der Mixtur aus mündlicher Gedächtnisrezitation und fragmentarischen Schriftzeugnissen abzuweichen. Verteilt über zahlreiche Zeitgenossen und in gewissem Umfang kontrolliert vom Sekretär Zayd Ibn Thabit, konnte diese Methode als Basis des kommenden Koran einen Aussagefundus von erheblicher Ergiebigkeit und Tragfähigkeit sicherstellen, der die besonders nach seinem Tod eintretende Verunsicherung der *umma* überbrückte. Die neuen Strukturen hatten nun ohne Muhammads steuernde Eingriffe eine entscheidende Bewährungsprobe zu bestehen.

Geistig-rituelle Vereinheitlichung und politischer Expansionswille als dominante Merkmale seiner Glaubens- und Funktionsgemeinschaft konnten die Phase der sich zunehmend fragmentierenden Koranvarianten schadlos überdauern, weil eben diese Merkmale sich in den postmedinensischen Jahrzehnten als selbsttragender, durch die historische Entwicklung bestätigter Konsens, auf den wir im kommenden Kapitel eingehen werden, etablierten. Die Glättung und Filterung der Koranvarianz in eine Standardversion universaler Geltung unterstreicht die Tragfähigkeit der umlaufenden Bedeutungsinhalte, die sich als unverlierbares Vermächtnis des Verkünders im kollektiven Gedächtnis seines Gemeinwesens festgeschrieben hatten. Ob dabei auch das für Muhammad so grundlegende Element der strategischen Steuerung, der offenen Optionen für die aktive Gestaltung der Wirklichkeit erhalten blieb, sah sich allerdings erheblichem Zweifel ausgesetzt.

4. Systemwandel im frühen Islam

Für unsere Darstellung ist es hinreichend und wichtig, festzuhalten, daß der Koran im Zuge der nachmuhammadanischen Wirren zwangsläufig gewisse Bedeutungsveränderungen erfahren hat; es ist jedoch irrelevant, herauszufinden, welche dies im einzelnen gewesen sein mögen. Ebenso muß die kritische Analyse die Grenzfrage unbeantwortet lassen, ob bei einem Werk, dessen Form und Inhalt über nahezu drei Jahrzehnte einer breiten Front z.T. zufallsabhängiger Einflüsse ausgesetzt waren, von einer seit ewig existenten und in allen Details feststehenden Offenbarung die Rede sein kann, oder ob sich in dem Phänomen der Koranvarianz um einen unverlierbaren Bedeutungskern eher die lebendige, kollektive Zwiesprache der Muslime mit Allah in einer Weise ausdrückte, die kongenial an die vom Verkünder vorgezeichnete, offene Systematik der pragmatischen Evolution anknüpfte.

Von entscheidender Bedeutung ist allerdings, daß die sich nachfolgend herausbildende islamische Orthodoxie die vom Kalifen Uthman redigierte Koranversion zum ewigen, unerschaffenen Wort Allahs erhob. Darüber hinaus unterwarf sie die Interpretation der Inhalte einer stringenten, kaum wandelbaren Kontrolle und unterband damit nicht nur jede weitere Teilhabe an der offenen Dynamik des Islamgründers, sondern beschnitt zudem die kollektive Intelligenz der islamischen Gemeinschaft. Das von Muhammad kreierte Paradigma der pragmatischen Evolution, des aktiven Abgleichs der eigenen Grundlagen mit den Potentialen der aktuellen Realität, mußte nun dem Paradigma der ideologischen Kontrolle, der passiven Restriktion auf das Medina-Modell als Maßstab der Realität weichen.

Indem die Wirklichkeit für alle Zeit mit dem idealisierten Glaubensleben der Medina-Gemeinde und den unerschaffenen Inhalten des Koran gleichgesetzt wurde, verschwand das Element der offenen Souveränität, mit dem sich Muhammad das Gesetz des autonomen Handelns gesichert hatte. Der orthodoxe Verzicht auf die von Muhammad praktizierte, aktive Orientierung in der Gestaltung der Gemeinschaft, der gesetzgeberischen Verkündigung und deren Einfügung in die Risiken und Chancen einer sich wandelnden historischen Wirklichkeit bedeutete nichts weniger als den *Verlust der autonomen Handlungsfreiheit*, einer Komponente, die für das Entstehen des Islam grundlegend, wenn nicht ausschlaggebend war. Von der alerten und aktiven Systematik des Verkünders schaltete die weitere, orthodoxe Entwicklung um auf eine inerte und reaktive Orientierung, die das offene, dynamische System der Gründerzeit in die geschlossene, statische Ordnung des historischen Islam zwischen Riten- und Staatsvollzug überführte.

Wie wir sehen werden, waren die Folgen dieses grundlegenden Systemwandels von gleichermaßen fundamentaler Tragweite. So wie im historischen Verlauf eine rituell reglementierte, passive Religiosität die philosophisch-aktive Rationalität verdrängen sollte, so wich im materiellen Bereich die zunächst zumindest potentiell produktive Ausrichtung einer klar passiv-konsumptiven Orientierung, die sich in einem ersatzlosen, fiskalisch-ökonomischen Verbrauch der in den eroberten Gebieten übernommenen Vermögen und Ressourcen erschöpfte.

Beide Bereiche sollten zunehmend in die Machtsphäre des orthodoxen Schriftglaubens und struktureller Gewaltmechanismen geraten, die sich in dem Maße etablieren mußten, in dem man sich von der Freiheit autonomen Handelns trennte. An die Stelle des vom Verkünder kreierten Ordnungsrahmens eines Abgleichs der Wirklichkeit mit der Allmacht Allahs trat als Maßstab der Wirklichkeit die in der Momentaufnahme des Medina-Ideals geronnene Ordnung selbst. Um diese Ordnung besser verstehen zu können, bedarf es allerdings eines Blicks auf die geistig-spirituelle Grundlage des Korans und seiner zentralen Inhalte.

C. Der Koran – Akzente der Bedeutung

1. Die Basis der Gemeinschaft

Der Koran bildet die alleinige Basis allen islamischen Lebens, aller Religion, Politik und Kultur. Er wurde durch den Islamgründer Muhammad in arabischer Sprache verkündet als das Buch der Araber und Erneuerung des monotheistischen Glaubens, der, wie er meinte, bereits mehrfach in der Menschheitsgeschichte verloren war und über eine Kette von Propheten immer wieder ins kollektive Gedächtnis zurückgerufen werden mußte. Mit dem arabischen Buch des Islam war der Glaube an den einen Gott durch ihn, Muhammad, wiederbelebt und zudem auf die Urgestalt des kompromißlosen Eingottglaubens, Abraham, zurückgeführt worden, dem er überdies den Bau der Kaaba zuschrieb, des regionalen Mekka-Heiligtums, das er dem Heidentum entrissen, dem neuen Wallfahrtsritus des Islam zugeeignet und zum universalen Fokus der Gemeinschaft umgeformt hatte.

Nach islamischem Verständnis stellt der Koran das unerschaffene, seit ewig, bereits vor Schöpfung der Welt auf einer »Tafel im Himmel« existente Wort Allahs dar, das Muhammad als dem auserwählten, allerdings schriftunkundigen Verkünder übermittelt wurde, um es fortan durch fortlaufende Rezitation im Gedächtnis der Menschen festzuschreiben. Er gliedert sich in 114 Suren, die mit Ausnahme der Eröffnungssure (*al-fatiha*) der Länge nach, endend mit der kürzesten, angeordnet sind. Die Verse (arab.: aya=Wunderzeichen), aus denen sich die Suren zusammensetzen, weisen in der mekkanischen Periode das ausgeprägte Stilelement der Reimprosa auf, das sich im medinensischen Entstehungsabschnitt stark abschwächt und einem profaneren Erzählstil weicht.

Die redaktionelle Vereinheitlichung des Koran zog zwangsläufig eine Aufspaltung des thematischen Zusammenhangs nach sich, wenngleich sie die Zeit der unerwünschten Varianten, welche die Gefahr der inhaltlichen Manipulation und des politischen Mißbrauchs heraufbeschworen hatte, nachhaltig beendete. Dieses Problem, das eine ungeschmälerte Authentizität des Koran direkt zu gefährden schien, spielte für die deutsche Koranforschung noch zu Beginn des 20. Jahrhunderts eine ganz erhebliche Rolle. In der zeitgenössischen Orientalistik sind dagegen – bis auf wenige Ausnahmen im angelsächsischen Bereich[32] – die quellenanalytischen Aspekte einer Koransicht gewichen, die sich eher am islamischen Selbstverständnis orientiert. Wir werden diese Entwicklung als Ausdruck der unkritischen Moderne kennenlernen, die im christlichen Religionsdialog mit dem Islam eine Intensivierung in Form weitreichender, inhaltlicher Konsensbereitschaft erfahren sollte.

Soweit sich das nach der Vereinheitlichung durch den Kalifen Uthman verbleibende Variantenbild nicht mehr weiter bereinigen ließ, einigte sich die islamische Koranwissenschaft auf sieben kanonische Lesarten, die auf Autoritäten des 8. Jahrhunderts zurückgeführt und von dem überragenden Korangelehrten Ibn Mudjahid (gest. 936) zusammengefaßt wurden. Nach gängiger Auffassung waren es diese Lesarten, die in Interaktion mit der sich gleichzeitig herausbildenden Punktierung/Vokalisierung des Arabischen zu einer Art »Mainstream« der Rezitation in einer als verbindlich erklärten Version verschmolzen. Die Gesamtheit aller virtuellen oder auch realen Veränderungen an einer Ursprungsversion hat – und dies allein ist nicht nur für unsere Untersuchung, sondern auch für alle Muslime wichtig – eine Koranfassung hervorgebracht, die nach islamischem Glauben das ewige, von Muhammad authentisch vermittelte Wort Allahs darstellt, die unveränderbare, historische Prägeform des Islam. Die thematischen Akzente dieser Form lassen mithin ebenso authentische Rückschlüsse auf die religiös-politische Tiefenstruktur zu, deren Grundlinien wir nachfolgend skizzieren wollen, um uns einen Eindruck von ihren wesentlichen Schwerpunkten zu verschaffen (Suren in Klammern).[33]

2. Die Religion des Verkünders

In den frühen mekkanischen Suren zeichnet Muhammad erste Umrisse seines religiösen Weltbilds, das den Menschen in eine von Naturerscheinungen geprägte Schöpfung stellt und zur ständigen Läuterung anhält, um sich auf das Endzeiturteil eines allmächtigen Schöpfers und Richters vorzubereiten (51, 69, 77, 79, 81, 82, 84, 99, 100, 101), immer wieder bestätigt durch Schwurformeln, die nach altarabischem Brauch als Wahrheitsbeleg herangezogen wurden. Letztere erschienen umso notwendiger, je mehr die Umgebung Muhammads ihn in die Nähe des Wahrsagers (*kahin*) und Besessenen rücken wollte (s. o. S. 44f.), statt seine prophetische Berufung anzuerkennen. Deren Glaubwürdigkeit hatte er durch Berichte über Begegnungen mit dem Engel Gabriel zu unterlegen begonnen, wobei das für ihn eminent wichtige Konzept der Einheit Allahs zunehmend in den Vordergrund rückte (21, 26, 36, 37, 81, 96).

Indem Muhammad sich graduell vom Ausdrucksstil der Wahrsager löste und die eindringliche Argumentationsweise eines Warners annahm, schien er verstärkte Überzeugungskraft entwickeln zu können. Wiederholte Appelle an die Einsichtsfähigkeit der Menschen, sich weniger an äußeren Erscheinungen und hohlem Besitz, sondern an gottgerechtem Verhalten als Dank für die Barmherzigkeit des lebensspendenden Allmächtigen zu orientieren, entsprachen nicht nur der Unzufriedenheit mit den herrschenden sozialen Umständen, sondern auch der religiösen Umbruchsituation Arabiens zwischen Heidentum und Monotheismus. Dabei konnten theologische Anleihen bei den Hochreligionen der Juden und Christen die eigene Lehre unterstützen. Ewige Verdammnis durch Unglaube am Beispiel des Pharao, aber auch Vergebung des Fehlverhaltens bei Einsicht in die Allmacht Allahs am Beispiel Josephs in Ägypten verdeutlichten die Notwendigkeit der aufrichtigen Ausrichtung auf ein jenseitiges Weltgericht (6, 18, 28, 79).

Solcherart umrissene, grundsätzliche Welt- und Glaubensvorstellungen, die sowohl die politisch-sozialen Umstände als auch den mythischen Polytheismus seiner Zeit angriffen, stattete Muhammad mit ersten Handlungsanweisungen aus. Den Glauben begleitende Regeln des Gebets, des Almosengebens und allgemeiner Werkfrömmigkeit begann er mit Polemik gegen Religionen Andersgläubiger zu verknüpfen, nicht nur um die eigene Lehre, sondern vor allem auch die eigene Person als deren Exponent zunehmend abzugrenzen (2, 3, 4, 7, 13, 14, 29, 47).

Mit den Nachrichten über die Entwicklung der Lehre ist untrennbar die Funktion des Koran als Quelle für die Biographie Muhammads verbunden. Die beherrschende Rolle der gottlosen Quraysh und Geißelung ihrer Oberflächlichkeit, der formativ wichtige Einfluß Khadidjas und ihr Verständnis für Muhammads z.T. obsessive Religiosität als Begleiterscheinung des Berufungserlebnisses werden intensiv dargestellt. Die ständig wiederholten Warnungen vor den endzeitlichen Folgen der Unmoral und frivolen Besitzdenkens zeigten erste Spuren, vor allem bei den Benachteiligten der mekkanischen Herrschaft.

Diese Erfolge, verbunden mit Angriffen auf den heidnischen Kult, blieben nicht ohne Eindruck auf die Quraysh, die mit Bedrohung und Erpressung auf Schwächung der noch unsicheren Anhängerschaft Muhammads abzielten. Ernsthaften Weiterungen entzog dieser sich und seine Gemeinschaft durch die »Auswanderung« nach Yathrib (Medina), eine Entscheidung, die durch den Tod der Khadidja und seines Onkels Abu Talib (619) sicherlich erleichtert wurde (9, 11, 43, 71, 89, 92, 106).

Großen Raum nimmt die Auseinandersetzung der neuen Gemeinschaft in Medina mit den Quraysh und ihre wirtschaftliche Absicherung durch erfolgreiche Raubzüge ein, die als Beistandsbeweis Allahs gewertet wurden, zumal Racheaktionen Mekkas wirkungslos blieben. In Medina konturierte sich die Kampfgemeinschaft aus mekkanischen Auswanderern und medinensischen Helfern, gestärkt durch die Strafmaßnahmen gegen Medinas Juden (8, 9, 59).

Der Vertrag von Hudaybiya (629), der eine Teilnahme an den Pilgerriten im Folgejahr einschloß, leitete nicht nur den Triumph über die Quraysh, sondern auch die wankelmütigen Beduinen ein, und festigte die bereits zuvor beginnende Einsicht Muhammads, daß für die Stabilität der Gemeinschaft seßhafte Städter von größerer Bedeutung sein würden als nomadisierende Beduinen. Mit der Zerschlagung der Götzen Mekkas wurde die Umwidmung des Heiligtums unter islamischem Vorzeichen und Einsetzung des »abrahamitischen« Kaaba-Kultes durchgeführt, der Verkünder selbst vollzog kurz vor seinem Tod die »Abschiedswallfahrt« (48, 110).

Immer wieder werden Aufrufe zur Verinnerlichung der Allmacht Allahs, zur Abkehr von äußerem Gepränge und entsprechender Bewußtmachung des jenseitigen Maßstabs eingestreut. Muhammad ist dabei zwar nur Mensch, welcher hinter die Botschaft zurücktritt, aber auch zunehmende Autorität durch einen abstrakten Sendungsbezug erhält, der in der sich laufend entfaltenden Wirklichkeit der Gemeinschaft unwiderstehliche Konkretisierung erfährt (3, 7, 17, 25, 53, 71, 74).

Nach koranischer Auffassung treten Propheten in die Geschichte, um immer wieder Glaubensbotschaften an die Menschen zur Mahnung an das Weltgericht zu erneuern, die zuvor durch menschengemachte Verflachungen der Religionen verfälscht und verwässert worden sind. Auf diese Weise ist eine Kette der prophetischen Glaubenserneuerung entstanden, an deren unübertreffbarem Ende nun die Verkündung des Islam als nicht mehr verfälschbarer Botschaft steht. Die Unmittelbarkeit der Muhammad in arabischer Sprache gewährten Eingebungen ist den illegitim veränderten Lehren der Juden und Christen in Hebräisch und Griechisch überlegen, die sich allerdings läutern können, indem sie sich dem islamisch legitimierten Abraham-Kult zuwenden (2, 3, 4, 5, 10, 11, 23, 27, 28, 29, 57, 62).

3. Schöpfung und Geschichte

Nach altarabischer Zeitvorstellung war der Mensch als Glied einer Ahnenkette einem zyklischen Zeitfluß ausgeliefert, der ihn erzeugte und einem Tod ins Nichts entgegentrieb. Die Hochreligionen hatten das kollektive Prinzip des Zeitkreises in einen individuellen Zeitpfeil umgewandelt, indem einer graduellen Vernichtung ohne Transzendenz die Vorstellung eines Schöpfergottes gegenübergestellt wurde, dem sich alle Menschen verdankten und in jenseitiger Auferstehungserwartung zuordneten. Der Wandel von richtungslosen mythischen Kreisläufen zur Ausrichtung des Menschen auf einen Schöpfergott und sein Endgericht erzeugte zudem den evolutionären Schritt ins geschichtliche

Bewußtsein, dem epochale Ereignisse und Gestalten einen neuen, existentiellen Bestimmungsrahmen gaben.

Der Koran greift den Gedanken der Zielrichtung auf eine jenseitige Beurteilung vehement auf. Die Bewältigung des menschlichen Diesseits liegt nicht in der pessimistischen Hinnahme wiederkehrender Erscheinungen, sondern in der dankbaren Hinwendung zum Schöpfergott, der sich in den Naturphänomenen ausdrückt. Das Bewußtsein des Endgerichts bringt durch Glaube und gottgerechtes Verhalten eine verantwortliche Lebensgestaltung hervor im Gegensatz zum Heidentum, das in Angst vor der verrinnenden Zeit und dem Tod im Nichts sinnlose Raffgier und Genußsucht erzeugt (56).

Die Wiederkehr des Gleichen im Kollektiv der arabischen Ahnen entfaltet sich zu einer Kette individueller Ereignisse, die sich für jeden Menschen zum sinnvollen und zielgerichteten Ratschluß Allahs verdichten. Weltschöpfung und Weltgericht als Geschichtsbeginn und Menschheitsbestimmung öffnen die zeitliche Enge materieller Kreisläufe für die jenseitige Weite der göttlichen Transzendenz, die der Existenz des Menschen eine das Diesseits überschreitende Gerichtetheit verleiht.

Noah, Hud (ältester »arabischer« Prophet und Ahnherr der Hebräer), Lot, Moses, Jesus – sie alle fordern im Koran zum rechten Glauben auf, der immer wieder in Vergessenheit geraten und ganz besonders von den Mächtigen zurückgewiesen worden ist. Allah bestimmt den Lauf der Geschichte, nicht der Mensch, der ohne Rechtleitung durch Allah eine verantwortliche Diesseitsgestaltung verfehlen muß. Die Verstoßung des Menschen aus dem Paradies als Basis für immer wieder eindringlich vorgetragene und unermüdlich wiederholte Ermahnungen Muhammads zu gottgerechtem Verhalten wird zu einem für die Zeit neuen Wesensbezug, der dem Prophetenanspruch und dem Gemeinwesen wachsende Überzeugungskraft gibt.

Dies umso mehr, als alle Menschen als grundsätzlich fehlerhaft im Glauben (nicht erbsündig) dargestellt werden, womit ihre Gemeinschaften zwangsläufig in Verfälschung und Unglauben abgleiten und in die göttliche Rechtleitung zurückgeführt werden müssen. Muhammad schafft diese Möglichkeit der Erneuerung mit der Verkündung des Islam, der für alle Zeit von allen Irrtümern gereinigten Lehre, deren universale Durchsetzung im Gesetz Allahs angelegt ist und daher alle Mittel rechtfertigt (7, 36, 79).

Welt und Natur sind Allahs Schöpfung, die sich nach der Ersterschaffung als permanentes Geschehen laufend weiterentwickelt. Tief verborgen in dieser natürlichen, den Menschen einschließenden Kontinuität ruhen Allmacht und Güte Allahs, der die Gaben der Natur und alles Materielle als sekundäre Begleiterscheinungen der primären Glaubenshingabe an ihn spendet. Als alleiniger Schöpfer und Eigentümer der dynamischen Naturentwicklung und des kosmischen Anfangs bindet Allah den Menschen in eine doppelte Prozeßform: die Gabe der laufenden Fortpflanzung und die bewußte Ausrichtung auf die eschatologische Bestimmung. Die sich ständig erneuernde Schöpfung bringt somit den neuen Menschen des Islam hervor, der sich im Gegensatz zu früheren Religionsformen der Heilsnotwendigkeit einer authentischen Hingabe an das fortdauernd allmächtige Wirken Allahs bewußt ist, anders als im Juden- und Christentum, deren Gott nach dem Schöpfungsakt ruht und in der Gefahr der Verfälschung steht (7, 10, 11, 16, 23, 25, 27, 30, 41, 75, 96).

Während der Koran für Gottesferne und Undank die Strafen der Hölle ankündigt, öffnet sich das mögliche Erbarmen Allahs denjenigen, die sich im ungeteilten Glauben ihm und dem Jenseits zuwenden. Im monolithischen Bewußtsein der Allmacht Allahs unterwirft sich die Gemeinschaft der Gläubigen dem Willen dieses einen Gottes, der als gütiger Schöpfergott und zugleich strenger Richtergott sein Endgericht in absoluter und dennoch nicht berechenbarer Gerechtigkeit vollzieht. Die kategoriale Einmaligkeit und lineare Unumkehrbarkeit der menschlichen Existenz in der Schöpfung, die vor Allah alle Menschen gleich machen, erheben die unablässige Selbstprüfung und die allgemeine Kontrolle des Diesseitsverhaltens zu Kardinalforderungen der islamischen Gemeinschaft (18, 23, 39, 55, 78, 80).

Wer den Zusammenhang zwischen der Allmacht Allahs in Natur und Kosmos und der fundamental heilsnotwendigen Unterwerfung des Menschen als integrales Mitglied der Schöpfung nicht anerkennt, ist ungläubig. Wer sich hingegen um dieses Erkennen bemüht, kann mit der gerechten Unterscheidung Allahs zwischen Gut und Böse rechnen, so daß die mit Allahs Zustimmung mögliche Fürsprache beim Endgericht, z.B. durch Engel oder Muhammad, die Ausnahme bleibt.

Während der Mensch auf seinem Weg zum Jüngsten Tag an einem Zeitatom des Weltengangs teilnimmt, ist er, ohne bei Irrtum auf die Gnade Allahs hoffen zu können, auf sich und die Intensität seiner Glaubens- und Ritenhingabe angewiesen (»keiner trage des anderen Last«). Dabei hat er sich immer wieder seiner integralen Einbettung in die Natur zu vergewissern, deren Erschließung nur Allah, dem Grund allen Seins, vorbehalten ist. Seine vollkommene Transzendenz als Ursprung der Schöpfung verbietet einerseits die autonome Analyse der Natur und gebietet andererseits die spirituelle Annäherung des Menschen auf dem Weg des totalen Glaubens (2, 16, 26, 34).

4. Die Gemeinschaft und Andersgläubige

Der im mekkanischen Heiligtum installierte Kult, der in Abraham den Erbauer der Kaaba sieht und in ihm den kompromißlosen Eingottglauben erneuert, unterstreicht den immer offener von Muhammad erhobenen Absolutheitsanspruch der neuen islamischen Botschaft. Durch unzulässige Betonungen und Veränderungen ihrer Lehren haben Juden und Christen Forderungen wie Speisegesetze und Mönchstum entwickelt, die die eigentliche Gottesordnung verfehlen. Wenn sie allerdings den Islam annähmen, könnten sie sich von den hoffärtigen Rabbinern und Priestern befreien, die sich eine größere Autorität anmaßten, als sie die Lehre selbst darstelle. Durch eine immer kompliziertere Lehrauslegung sei eine immer größere Glaubensferne entstanden, die nur durch die Unmittelbarkeit und Reinheit der islamischen Botschaft überbrückt werden könne. Das Paradies öffne sich nur demjenigen, der korangerecht und nicht demjenigen, der priestergerecht lebe, ein Anspruch, den der schriftunkundige Verkünder zunehmend erfolgreich gegen die »Schriftbesitzer« durchsetzen konnte (3, 57, 61).

Abrahams Hinwendung zu Gott, sein vollständiger »Islam«, liegt zeitlich vor den Juden und Christen, die im Koran als Sonderform des vom Islam erneuerten Urglaubens verstanden werden. Es ist als ernste Verfehlung anzusehen, wenn Andersgläubige diese echte, von Allah verliehene Authentizität des Islam ablehnen, die auf Abraham als den Stifter nicht nur des Glaubens, sondern der Religionen an sich basiert, ein universaler Urgrund, den die »Schriftbesitzer« in frevelhafter Umformung ihrer Lehren verfälscht haben. Muhammads Prophetenanspruch, die geschichtliche Legitimation des Islam und die Verknüpfung mit dem Kaaba-Heiligtum werden durch die Verschmelzung mit Abrahams universaler Glaubensautorität für alle Zeit sowohl in der Wirklichkeit als auch und vor allem im vorgeformten Urgrund der monotheistischen Religionen verankert. Der Massenmord an den Juden Medinas erhält am Maßstab dieser Dimension eine andere, übergeschichtliche Qualität (2, 3, 4, 16, 98).

Alles Sein verdankt sich der Schöpfung Allahs und ist auf seine Ordnung gerichtet. Der Koran ist göttlicher Ausdruck dieser Ordnung und bildet die Grundlage der von Muhammad gestifteten Daseinsform, der Gemeinschaft der Gläubigen, die sich der universalen Ordnung Allahs unterwerfen. Wer glaubt, betet, Almosen gibt und sich und sein Vermögen dem Kampf für die Verteidigung und Ausbreitung der Gemeinschaft der Gläubigen (*umma't al-mu'minin*) widmet, der kann ruhigen Sinnes und in der Erwartung des Paradieses vor das Weltgericht Allahs treten.

Da Allah Urgrund allen Seins, des Glaubens, der Gemeinschaft und ihrer fortlaufenden Existenz ist, entwickelt sich als Ausdruck der Gottesfurcht die tiefwurzelnde Forderung nach ungeteiltem Gehorsam gegenüber dem Gesandten und seinen Beauftragten, die mit der Vollmacht zur Sicherung der *umma* nach innen und außen ausgestattet sind. Sie sind die Sachwalter Allahs auf Erden, die ein korangerechtes Verständnis seiner Ordnung und Verhalten seiner Gemeinschaft gewährleisten.

Ungläubige, welche der Ruf des Islam in diesem Sinne erreicht, und die ihn nicht befolgen, verwirken ihr Leben. »Schriftbesitzer« erhalten einen Sonderstatus, indem sie die Wahrung ihres Glaubens durch Steuerzahlung erkaufen können. Beduinen werden von einer konkreten Regelung ausgenommen, weil ihre dezentrale Lebensform sie einer kontinuierlichen Eingliederung und Kontrolle entzieht. Es beginnt sich der ungeteilte Geltungsanspruch des Islam abzuzeichnen, der auf der Grundlage der exklusiven Gotteserfahrung Muhammads und alleingültigen, koranischen Gottesordnung nach innen gegenüber der Gemeinschaft und nach außen gegenüber den Andersgläubigen durchzusetzen ist (4, 5, 9, 42).

Beginn und Ende der Welt liegen in der Hand Allahs, einer Gottesvorstellung, deren konsequente Einheitlichkeit sich durch den gesamten Koran zieht. Als schriftloser Verkünder geißelt Muhammad die »Schriftbesitzer«, insbesondere die Christen, die Jesus Christus als Sohn Gottes ansahen und Ideen von seiner Kreuzigung und Auferstehung verbreiteten. Nach seiner Auffassung, die er teilweise den Lehren der frühchristlichen Doketensekte entlehnt hatte[34], handelte es sich hier um grundlegende Irrlehren, die durch »Beigesellung« (*shirk*) die Einheit Gottes verfälschten und damit einen Rückfall in die Vielgötterei darstellten. In zahlreichen Aussagen werden diese und andere christliche Glaubensinhalte in z.T. rigorosen Verkündigungen bekämpft (19, 21,34, 43), auf die wir im Abschnitt über den interreligiösen Dialog detaillierter eingehen werden.

Die nach koranischem Tenor spezifisch christliche Neigung zu Vielgötterei und »Vermittlerglaube«, die wiederholt erwähnte Entwicklung von Priestervollmachten, die ihre Herrschaft über die Autorität der Lehre hinaushoben, sowie insbesondere die unmißverständliche Ablehnung des trinitarischen Gottes bilden Aspekte von, wie auch die Diskussion des christlich-islamischen Dialogs zeigen wird, zentraler, identitätsstiftender Bedeutung. Wahrer Verstand drückt sich im ungeteilten Glauben an das von Muhammad verkündete Eingottkonzept aus, das die gesamte Hingabe des Menschen an den Einen und seine Zuordnung auf das als unerschaffen verstandene Gotteswort fordert. Allah ist einerseits der persönliche Schöpfer und Richter, der sich jedoch andererseits dem Menschen in vollkommener, unansprechbarer Transzendenz entzieht. Muhammad erlahmt nicht in seinem Bemühen um wiederholte Klarstellung: Nichts ist Allah gleich, er ist der Urgrund des Seins ohne »Beigesellung«, er ist Beginn und Ende der Schöpfung, er gibt Lohn und Strafe im Endgericht, er ist der Erbarmer und Vernichter, er ist der Gott des im Islam erneuerten, abrahamitischen Glaubens (13, 22, 25, 53).

5. Glaube und Ethik

Wenngleich der Gesandte Allahs dem Koran noch keine theologisch entwickelte Gedankenführung mitgeben konnte, mußte die Gesamtheit seiner Eingebungen bereits bald nach seinem Tod, noch im Status der umlaufenden Variantensammlung, als Grundlage aktuell entstehender, praktischer Fragen des Glaubens und täglichen Lebens dienen. Im Zuge der frühislamischen Eroberungen und Auseinandersetzungen mit den betroffenen Kulturen und Religionen sowie des rasanten Wachstums der *umma* und damit verbundenen Fragen der inneren Machtregelung und religiösen Bindung der Obrigkeit entstand allerdings sehr bald eine Flut vielfältiger, schwieriger Fragestellungen.

Daß diese mit dem Koran allein nicht lösbar waren, zeigte sich rasch in der Herausbildung einer weiteren Entscheidungsgrundlage in Form des sogenannten → *hadith* (Prophetentradition), einer Fülle auf Muhammad zurückgeführter Mitteilungen, die von einer Schicht theologisch-juristischer Spezialisten (*fuqaha'*) in den beiden ersten islamischen Jahrhunderten zu einem verbindlichen Gesetz (*shari'a*), in dem sich hinwiederum die wesentlichen koranischen Schwerpunkte widerspiegeln, verknüpft wurde. Auf die wesentlichen Aspekte dieser Tradition gehen wir im Folgekapitel ein.

Ein immer wieder dominant betonter Gesichtspunkt ist der persönliche Besitz, der für Muhammad oft Veranlassung zu harscher Kritik am frivolen Verhalten der mekkanischen Herrscherclique bildete. Zwar waren irdische Güter nicht bereits an sich als verwerflich zu betrachten, doch konnten sie erst wirklichen Wert erlangen, wenn sich der Gläubige nicht persönlich von ihnen abhängig machte, sondern sie als Almosen oder sonstige gute Zwecke auf die Gemeinschaftebene stellte. Entsprechend dem starken Jenseitsbezug des islamischen Glaubensentwurfs ist alle Materie integraler Bestandteil des Diesseits, der Positives nicht durch Präsenz und Aneignung, sondern durch Abwesenheit und Trennung erzeugt.

In seiner transitorischen Diesseitsphase und in der Sachwalterschaft Allahs in der Natur ist dem Menschen Besitz nur leihweise gewährt und kann erst dann wirkliche Relevanz, nämlich Anrechnung im Endgericht erfahren, wenn der Gläubige die Distanz vom Materiellen als einen für ihn wesentlichen Aspekt begreift. Wenngleich nach dem Willen Allahs die Güter der Welt sich auf sehr unterschiedliche Weise verteilen, die als Disziplinierung des Neids der Armen und des Prunks der Reichen gedacht ist, so bildet der Besitz nach koranischer Einordnung keinesfalls einen Gradmesser für den Wert des Menschen, sondern eines der wichtigsten Gestaltungsmittel für die Rechtleitung im Diesseits (2, 5, 6, 14, 15, 17, 33, 34).

Ebenso sind Natur und Welt dem Menschen zum Nießbrauch überlassen, um sie nach pfleglicher Nutzung als Lebensgrundlage kommenden Generationen zu übergeben. Gerade weil er nicht in Sündhaftigkeit verstrickt, sondern sich der heilsnotwendigen Hinwendung zu Allah bewußt ist, liegt in der Weltgestaltung nach göttlichem Willen, sozusagen als Sachwalter Allahs, eine besondere Dimension der Diesseitsbewährung. Als »Treuhänderschaft« wird dabei der Verstand gedeutet, der den Menschen über alle anderen Geschöpfe hinaushebt und für die Stellvertretung Allahs in der Weltgestaltung besonders geeignet, aber auch durch die ständige Irrtumsgefahr besonders anfällig für Fehlentwicklungen macht.

In dieser bewußt anzustrebenden Ausgewogenheit zwischen Pflege der Schöpfung und einem Bewußtsein um die Gefahr des Irrtums liegt die koranische Idealvorstellung von einer Menschenwürde, die weltliche Naturnutzung und eschatologische Glaubensorientierung verbindet. Menschliche Schwächen in der Schicksalserfahrung, kleinliches Hadern mit dem Negativen oder hoffärtige Vereinnahmung des Positiven hindern allerdings an der rechtgeleiteten Würdigung der von Allah geschenkten Bewährungschance im Diesseits, eine grundsätzliche Glaubensablenkung, die ständig zu bekämpfen ist (2, 42, 89, 90, 95).

In nicht endenwollenden Variationen predigt Muhammad seiner Gemeinschaft die Gebrochenheit der Menschen zwischen diesseitigem Versagen und jenseitiger Heilsnotwendigkeit, ein grundsätzlicher, naturgegebener Defekt, der nach seiner Meinung Juden und Christen in die Irre führte, aber durch den Islam aufgehoben wird. Dankbarkeit für die Existenz, die Chance zu einer rechtgeleiteten Lebensspanne in der Welt, verbinden sich mit einer kompromißlosen Gottesorientierung als unabdingbarer Voraussetzung für die eigentliche Bestimmung, die Annahme im Jenseits. In der ganzheitlichen Gemeinschaftserfahrung vollständiger Gotteshingabe formt sich das islamische Menschen- und Glaubensbild, mit dem der Stifter die vermeintlichen Defekte vorangegangener Religionen und Glaubensformen zu überwinden glaubte (5, 18, 39, 46).

Der fundamentale Kampf zwischen Gut und Böse, die Dichotomie zwischen Gottesnähe und Gottesferne, wird als eschatologisch bestimmter Konflikt in jedem Menschen durch Wächterengel und teuflische Kräfte ausgetragen und kommt im Endgericht zur Abrechnung. Der Teufel (*iblis*), selbst aus dem Paradies verstoßener Engel, lenkt die Menschen vom Glauben ab, verführt sie zu Hochmut und Unmoral und bildet mithin den Hauptgrund für kollektiven Unglauben und die folgerichtig in der Menschheitsgeschichte immer wieder hervorbrechenden Glaubenserneuerungen der Propheten. Als Mensch oder Dämon (*djinn*) nähert sich Satan dem Menschen, der einerseits in der vom Verstand unterstützten Treuhänderschaft für die weltliche Ordnung Allahs steht, andererseits jedoch einer besonderen Qualität der Versuchung ausgesetzt ist. Dabei ist es Allah selbst, der Satan mit der Vollmacht zum Bösen und zur Ablenkung vom Glauben ausgestattet hat. (6, 8, 15, 16, 22, 32, 40, 45, 50, 113, 114).

Die Möglichkeit der Entscheidung für das Böse (abweichend von der Erbsünde) wird abgewendet durch die ungeteilte Hinwendung zu Allah, durch die ehrliche Gottsuche, die die Freiheit zur Entwicklung gottwidriger Gedanken und Handlungen einschränkt, hingegen nie gänzlich ausschließt. Die Freiheit des Menschen liegt in der rechtgeleiteten Glaubensausübung, welche die endzeitliche Weggabelung ins Paradies oder in die Hölle bestimmt.

Dabei bleibt der Gegensatz zwischen der hoffenden Aufrichtigkeit des menschlichen Glaubens und der richtenden Allmacht Allahs unauflöslich. Dennoch – so die stete Forderung Muhammads – sollen Glaube und Hinwendung, auch wenn das Böse und der Unglaube scheinbar triumphieren, nicht schwanken, denn die Gemeinschaft des Islam ist es, deren Bestand letztendlich alle Anfechtungen überdauern wird (6, 9, 10, 16, 32, 76).

Das bei Allah für jeden Menschen niedergelegte »Verzeichnis« des individuellen Verhaltens, ein von Muhammads Kaufmannspraxis geprägtes Konzept einer Diesseitsbilanz, stellt die heilsauslösenden Handlungen den Verfehlungen gegenüber, wobei auch bei größter Tugendhaftigkeit nicht alle Taten der Aktivseite zugeschlagen werden können, weil Allah sich in jedem Falle einen dem Menschen unbekannten Beurteilungsspielraum vorbehält. Das gleiche gilt umgekehrt für die Anerkennung bereuter und gebüßter Verfehlungen, die sich auf der Passivseite nicht gänzlich abbuchen lassen.

Die Abkehr von Allah liegt ganz wesentlich in Hochmut und Ungehorsam, in Begriffen teuflischer Versuchung, die nur durch Umkehr und Buße getilgt werden können oder Abfall und Verdammnis nach sich ziehen. Die permanente Vergewisserung einer intakten Hinwendung zu Allah, die Wahrung eines in Gedanken und Ritenvollzug rechtgeleiteten Glaubens und die ständige Abwehr die Gemeinschaft gefährdender Einflüsse, inkl. die klare Abgrenzung gegen Andersgläubige, bilden die unverzichtbaren Grundsubstanzen, die fundamentalen Maßstäbe der islamischen Existenz.

6. Die Anfänge der Vernunft

Wie wir sehen konnten, unterstützt der Verstand die »Treuhänderschaft« des Menschen als Sachwalter Allahs in der Nutzung der Natur und Gestaltung der Welt. Darüber hinaus bildet er die entscheidende Erkenntnisbasis für die Notwendigkeit des Glaubens als Heilsbasis und verwirft alle dem Islam vorausgegangenen und insbesondere – wie Juden- und Christentum – parallel mit ihm weiterexistierenden und konkurrierenden Religionen und Weltbilder.

Die von Muhammad vermittelte Direktschau Allahs sowie seine persönliche Tradition sind den Menschen in Koran und *hadith* zur Vergewisserung und Stärkung ihrer Diesseitsleitung zugänglich. Der Verstand ist insofern nicht nur Glaubensstütze, sondern auch Denkbrücke, deren strukturelle Logik zur ständigen Erkenntnis einer laufend zu erneuernden Hinwendung und Gottesnähe führt. Ebenso befähigt er den Menschen, die Wahrheit der Gebote zu erkennen und seinen Weg in der Schöpfung zu deuten, um seiner Zuordnung zum Schöpfer- und Richtergott Stabilität und Wahrhaftigkeit zu verleihen (2, 19, 31).

Dieses Spektrum unterschiedlicher Ausprägung und Intensität der Gottessuche, das individuell für jeden Menschen in der koranisch postulierten Diesseitsbilanz nachgezeichnet wird, und sich kollektiv als eine Art Glaubenssumme der Gemeinschaft auffassen läßt, erhielt später eine gesetzliche Kodifizierung durch das Gesetz des Islam (→ *shari'a*), die auf Koran und Gründertradition gründende Ordnung der Gemeinschaft, ihrerseits Ausdruck des göttlichen Willens und feste Grundlage der orthodoxen Theologie. Die Bestimmung des Menschen verlagerte sich vom individuellen Bemühen um die Heilseignung zur kollektiv gewährleisteten Heilseignung, die sich aus der bloßen Zugehörigkeit zur *umma* ergab. Aus einer persönlichen Entwicklung zum Heilserwerb wurde ein uniformes Verhalten in einem a priori als heilsbestimmt verstandenen Gemeinwesen.

Wie die noch von Muhammad selbst niedergehaltene, früheste Kritik angedeutet hatte, so stießen seine uniformierenden Lehren auch in der weiteren, formativen Entwicklung des Islam immer wieder auf intellektuellen Widerstand, dem Muhammads Glaubensvernunft als Gedankengefängnis erschien. Eine der frühesten und wichtigsten Streitschriften stammt von Ibn ar-Rawandi (gest. um 870), dem ersten der drei klassischen Ketzer des Islam[35]. In seinem »Buch des Smaragden« (*kitab az-zumurrud*) leugnet er generell die Prophetenschaft und spricht Muhammad und Koran jede Geltung ab[36]. Er verwirft dabei in der Hauptsache die der Vernunft zuwiderlaufenden koranischen Glaubensregeln und führt als Gewährsleute die indischen Brahmanen an, die schon immer den Verstand der Prophetie vorgezogen hätten:

> »Denn durch das, was in der Vernunft gegeben ist, können wir jenes entbehren, und in diesem Sinn ist die (prophetische) Sendung falsch. Steht aber (seine Sendung) im Widerspruch zu dem Urteil über Gut und Böse, der Erlaubnis und dem Verbot, wie sie in der Vernunft gegeben sind, so sind wir dessen ledig, an seine Prophetie zu glauben«.[37]

Der Koran, der sprachlich ohnehin ein mediokres Werk sei, könne somit auch inhaltlich für den denkenden Menschen keine verbindliche Bedeutung haben. Neben den angeblichen »Wundern« seien gerade seine zentralen Aussagen – insbesondere die Behauptung der jüdisch-christlichen »Schriftverfälschung« – aus eben diesen Vernunftgründen konsequent zurückzuweisen:

> »Ist es statthaft, daß er (der Prophet) jene gewaltige Menge, reich an Zahl, der Fälschung bezichtigt und sie der Lüge und Falschheit zeiht, so ist es umso eher möglich und erlaubt, die kleine (verächtliche) Schar von Leuten, die ihm diese Berichte überliefern, zu verwerfen, und das aufgrund der Satzung, die er selbst bestimmt, und der Regel, die er selbst in seiner Torheit und seinem Hochmut eingesetzt hat« [38].

Indem die gesamte nachfolgende Elite der islamischen Theologie – inkl. des großen Al-Ghazali (s. u. S. 196f., 204f.) – von diesem Ketzer abschrieb, offenbarte sie den extremen Wiederholungs- und Uniformierungszwang des islamischen Systems. Sie übernahm ungeprüft die – von Ibn al-Rawandi erfundene – brahmanische Ablehnung des Prophetentums, hinter der dieser seine gefährlichen Thesen vortragen konnte, ohne sein Leben unmittelbar aufs Spiel zu setzen.[39]

Der Koran läßt zwar das Schemen einer Glaubensindividualität erkennen, die sich im ständigen Bemühen um ein gottesgerechtes Diesseitsverhalten und in einem Spektrum unterschiedlichen Heilsfortschritts ausdrückt, läßt jedoch, wie wir sehen konnten, keinen Zweifel an der exklusiven Glaubenswirksamkeit in der Gemeinschaft. Die formative Entwicklung des Islam in den ersten zwei nachmuhammadanischen Jahrhunderten hat diese ursprüngliche Mischsituation zu einer klaren gesetzlichen Ordnung entwickelt, für die sich göttlicher Wille in einer kollektivierten Verhaltenskontrolle der Gemeinschaft abbildet, auf ideale Weise realisiert im Modell von Medina.

Die islamische Ordnung, gleichgesetzt mit dem Islam schlechthin, fordert die individuelle Hingabe im Ritenvollzug mit Gebet, Fasten, Almosen, Wallfahrt und – weniger deutlich – Glaubenskampf. Diese Hingabe manifestiert sich in einer absoluten Loyalität zur Gemeinschaft als notwendiger Voraussetzung für eine rechtgeleitete Lebensgestaltung, ergänzt durch koranische Regeln des Familien- und Erbrechts, und bildet die Basis des islamischen Staates. Während das Fundament dieses Zusammenhangs ausschließlich im Koran gründet, war im historischen Aufbau der neuen Ordnung eine Fülle religiös-politischer Reglementierungen zu entwickeln, die sich nicht aus dem Koran ableiten ließen.

Was lag näher, als sich an der mächtigen Gestalt des Islamgründers zu orientieren, dessen Tod eine gewaltige Lücke hinterlassen hatte? Binnen weniger Jahrzehnte entstand eine immense Zahl auf ihn zurückgeführter Überlieferungen der verschiedensten Aussagen und Handlungsweisen, der »*sunna*« des Propheten, die die Erklärungslücken des Koran graduell füllten und sich zur zweiten, fundamentalen Quelle islamischer Rechtsfindung als Basis des sunnitischen Islam (*hadith*) entwickelten. Nicht nur ihre Wichtigkeit, sondern auch unverkennbare Ähnlichkeiten ihrer Entstehungsgeschichte mit der des Koran machen einen Blick auf diese dem Islam so eigentümliche Glaubensgrundlage unverzichtbar.

D. Die Tradition des Verkünders (hadith)

1. Umrisse der Entstehung

Das dynamische Charisma des Islamgründers, das sich in den kursierenden Koranvarianten noch latent hatte ausdrücken können, war als systemprägendes Element zunächst in den Hintergrund gerückt. Die Koranleser hatten den Inhalt des Koran – wenngleich z.T. politisch modifiziert – der gläubigen Masse noch als durch den Verkünder vermittelte Glaubensgrundlage bewußt gemacht. Wenig später waren sie allerdings – als sich eben herausbildender Berufsstand der religiös-moralischen Bildung – weitgehend verdrängt worden, nachdem das »Buch der Araber« begann, eine letztlich verbindliche Aussageform anzunehmen.

Ein großer Teil ihrer älteren Generation hatte Muhammad jedoch noch selbst erleben und in Berichte über seine Persönlichkeit, Aussagen und Handlungen fassen können, die an die nachfolgenden Generationen weitergereicht wurden. Ihre Schilderungen bilden einen nicht unwesentlichen Bestandteil des im ersten islamischen Jahrhunderts umlaufenden Materials über das Leben und Wirken Muhammads, das Eingang in die erste Prophetenbiographie des Ibn Ishaq (gest. 768) und deren Redaktion durch Ibn Hisham (gest. 834) gefunden hat. Sie können als formative Ausgangsbasis für die islamtypische und in ihrer Form einzigartige Ausdrucksform des *hadith* (arab.: Mitteilung) gelten, in der sich die islamische Gemeinschaft auf ihren Gründer zuordnete. In dieser Rückorientierung auf die Muhammad zugeschriebene Tradition brach sich eine gewaltige Bezugskraft Bahn, wobei die Aussagen des Koran sich ohnehin rasch als unzureichend für den wachsenden Regelungsbedarf der *umma* erwiesen hatten.

Im *hadith*, das im Verlauf des 9. Jahrhunderts als vollwertige Glaubensgrundlage neben den Koran trat und seine offizielle Kodifizierung in den sechs unten angegebenen, kanonischen Sammlungen erfuhr (s. u. S. 80), wurde über Ketten vermeintlich zuverlässiger Gewährsleute eine beeindruckende Fülle von Stellungnahmen und Verhaltensweisen Muhammads zu den verschiedensten Aspekten des geistigen und materiellen Lebens überliefert.

Diese Überlieferungstätigkeit nahm sehr bald in ihrem schieren Detailreichtum so umfassende, ans Absurde grenzende Ausmaße an, daß die Authentizität der ungeheuren, dem Gesandten Allahs zugeschriebenen Anzahl von Sprüchen und Taten ernsthaft in Zweifel zu ziehen war. Ignaz Goldziher, eine der Gründergestalten der deutschen Orientalistik und bis heute unangefochtene Autorität der *hadith*-Kritik, hielt einen großen Teil der Überlieferungen im 8./9. Jahrhundert – selbst noch nach Überprüfung durch die islamische Traditionskritik – für gefälscht, da ihre Gestaltung anhaltender, politischer Manipulation ausgesetzt war.[40]

Al-Bukhari (gest. 870), der bekannteste unter den Traditionssammlern, war sich dieser Gefahr offensichtlich bewußt, als er einem zu seiner Zeit umlaufenden Bestand von ca. 600 000 Überlieferungen nur etwa 7000 entnahm und in seinem mit dem vielsagenden Titel »Das Echte« (*as-sahih*) geadelten Werk zusammenstellte. Diese tiefgreifende Selektion bestätigt zwar einerseits die augenscheinlich inflationierende Rückführung sämtlicher Lebensaspekte auf das prophetische Vorbild, doch dokumentiert sie zugleich die frühislamische Selbstorganisation, die nach einer einheitlichen Identitätsbasis suchte und dabei einen zu sorglosen Umgang mit dem normsetzend gedachten Medina-Modell wirksam disziplinierte. Je weiter sich das *hadith* als die theoretische Grundlage der Überlieferung in akzeptierte Übereinstimmung mit der *sunna*, der durch Muhammad und seine Genossen vorgelebten Praxis, bringen ließ, desto authentischer konnte es sich als neuer, integraler und vor allem verbindlicher Glaubenskodex etablieren.

Goldziher gehört zu den wenigen westlichen Islamforschern, die das spezifische Phänomen des *hadith* als kollektives Medium erkannt haben, in dem sich die islamische Gemeinschaft auf ihre medinensische Urform im Sinne einer eigendynamischen Selbstproduktion ausrichtete. In seinen »Muhammedanischen Studien« führt er u.a. aus:

> »Das Hadith … bietet uns ein unschätzbares Material für den Entwickelungsvorgang, den der Islam während jener Zeiten durchmacht, in welchen er sich aus einander widerstrebenden Kräften, aus mächtigen Gegensätzen zu systematischer Abrundung ausformt. Und in dieser Bedeutung des Hadith liegt die Wichtigkeit der gehörigen Würdigung und Kenntnis derselben für die Erfassung des Islam, dessen merkwürdigste Entwickelungsphasen von der successiven Entstehung des Hadith begleitet sind«.[41]

Ähnlich den Koranvarianten erfuhr auch die inflationär anschwellende Überlieferungsflut des *hadith* eine politische Instrumentalisierung. Schon in der Zeit der Umayyaden (661–750), der den vier »rechtgeleiteten« Kalifen Abu Bakr, Umar, Uthman und Ali nachfolgenden ersten Dynastie des Islam mit neuem Aktionszentrum in Damaskus, wurden in großer Zahl Hadithe in Umlauf gebracht, die geeignet waren, die jeweilige politische Opposition zu diskreditieren und die eigene Legitimation ins entsprechend positive Licht zu rücken. Renommierte *hadith*-Spezialisten standen in großer Zahl bereit, der Obrigkeit ihre Autorität gegen Bezahlung oder lukrative Ämter zur Verfügung zu stellen, eine ganz besondere Art des religiös-politischen Opportunismus, dem wiederum nicht wenige fromme Gelehrte unter Inkaufnahme von Haft und Repressalien durchaus widerstanden.

Im allgemeinen Leben der Gemeinschaft erlangte die *sunna* der Altvorderen, das Vorbild des Medina-Modells, zunehmend normative Gestaltungskraft. Für alle Wechselfälle des täglichen Verhaltens, der Sitten und Gebräuche im öffentlichen und privaten Leben suchte und fand man Gewährsleute mit Nachrichten über Sprüche und Gewohnheiten des Verkünders, die eine kollektive Nachahmung einschlägiger Leitlinien und Präzedenzen zu einer immer gängigeren Praxis werden ließen. Zwar war den Muslimen noch des 8./9. Jahrhunderts durchaus bewußt, daß die großen Traditionssammlungen trotz extremer Auslese viele Fälschungen enthielten, doch stand in der Skala der frühislamischen Hochschätzung die Authentizität eines *hadith* deutlich unter seiner religiösen Korrektheit in der Vereinbarkeit mit der Praxis der Urgemeinde. Mit anderen Worten: Im Vordergrund des Gemeinschaftswillens der *umma* stand die kollektive Identifikation mit dem prophetischen Genius, den man sich umso umfassender erschließen zu können glaubte, je detaillierter man seinem – konstruierten – Vorbild folgte.

Der weitgehende Verzicht auf Authentizität erzeugte allerdings nur scheinbare Flexibilität. Die Ausweitung des *hadith* auf alle Lebensbereiche bewirkte eher das Gegenteil. Die Totalität, mit der die Gemeinschaft sich auf das Medina-Modell projizierte, beendete die Möglichkeit in die Zukunft offener Optionen, die den beginnenden Islam so erfolgreich in die Dynamik eines sich wandelnden Umfelds eingebettet hatte.

Mit der Festschreibung alles Zukünftigen auf Basis des Verkünders und des medinensischen Ideals als ewiger Momentaufnahme wiederholte die islamische Selbstorganisation den am Koran demonstrierten Wandel vom offenen zum geschlossenen System. Im Bestreben um einen universalen Nachvollzug des Propheten verfehlte die Gemeinschaft seinen gestalterischen Genius und verharrte auf der Ebene der selbstbeschränkenden Nachahmung. Mit der verbindlichen Gesamtsakralisierung der islamischen Welt durch die konformierenden Vorschriften des Koran und des *hadith* bildete sich der Systemrahmen einer Gemeinschaft heraus, deren historische Entwicklung sich weniger als aktive Prägeform der externen Wirklichkeit, sondern eher als passive Kopienfolge des Medina-Modells ausdrücken wird. Muhammads Denken kehrt nicht auf der Ebene eines strategischen Gestaltungsfaktors der laufenden Realität, sondern eines kollektiven Vorbildreflexes wieder, der sich selbst zur Voraussetzung der Wirklichkeit macht. Die doktrinäre Durchsetzung dieses auf Ritenvollzug und Staatskonzept zentrierten Selbstzwecks wird zur Identität des historischen Islam, dessen Existenzsicherung die Mittel heiligt und dabei allein durch formale Anlehnung an die prophetische Autorität deren expansives Element ideologisch bewahrt, wie der Verkünder es bereits selbst erkannte:

> »Nach meinem Hingange werden die mir beigelegten Aussprüche sich vermehren … Was man euch nun als meinen Spruch mittheilt, das müsst ihr mit dem Gottesbuch (Koran) vergleichen; *was mit diesem in Einklang ist, das ist von mir, ob ich es nun wirklich selbst gesagt habe oder nicht.*« (Bet.d. Verf.).[42]

Was Muhammad hier empfiehlt, ist nicht mehr und nicht weniger als der Vergleich eines virtuellen, im Entstehen begriffenen Aussagekomplexes mit einem anderen virtuellen, im Entstehen begriffenen Aussagekomplex. Denn wie wir wissen, wird dem Kalifen Uthman zwar die Festlegung einer Koranvariante in seiner Zeit zugeschrieben, doch unterlag sie weiterer, zumindest begrenzter Interpretation, weil die abschließende Punktierung und Vokalisierung und damit endgültige Textbedeutung nicht vor dem Ende des 9. Jahrhunderts vorgelegen haben konnten.

Damit ist die Vermutung legitimiert, daß in den ersten zwei Jahrhunderten islamischer Existenz weniger eine fest umrissene, religiöse Identität, sondern das Suchen nach einer solchen im Vordergrund des Geschehens gestanden hat. Diese Vermutung wird nicht nur durch den hohen Anteil gefälschter Traditionen, sondern vor allem durch den Prozeß der Überlieferungsentstehung unterstützt. Die explosive Ausweitung des *hadith* im 8. Jahrhundert steht natürlich in unmittelbarem Zusammenhang mit der islamischen Expansion und den durch sie hervorgerufenen Fragestellungen der Politik und des Rechts neben vielen anderen, vom Koran nicht abgedeckten Aspekten.

Wie J. Schacht (gest. 1973), anerkannter Experte des frühislamischen Rechts, feststellt, zeigte die erwähnte Überliefererkette (*isnad*) im Verlauf der *hadith*-Entwicklung die unwiderstehliche Neigung, sich von der Generation der Prophetennachfolger über diejenige seiner Genossen bis zu ihm selbst *auszudehnen*. Während sich ältere Traditionen zunächst mit ihren Zeitgenossen als Gewährsleuten begnügten, entwickelten sie später den Ehrgeiz möglichst großer Nähe zum Verkünder, die entsprechende Glaubwürdigkeit zu gewährleisten schien:

> »Goldziher … has … shown positively that the great majority of traditions from the Prophet are documents not of the time to which they claim to belong, but of the successive stages of development of doctrines during the first centuries of Islam … Traditions from Companions and other authorities underwent the same process of growth, and are to be considered in the same light, as traditions from the Prophet … the isnads show a tendency to grow backwards and to claim higher and higher authority until they arrive at the Prophet … the evidence of legal traditions carries us back to about the year 100 A.H. (eighth century C.E.) only …« [43]

Mit den sechs großen Traditionssammlungen, die im wesentlichen gegen Ende des 9. Jahrhunderts vorlagen, und zu denen als siebte zumeist auch das Überlieferungswerk des Ahmad Ibn Hanbal gezählt wird (s. u. S. 80f.), war die Entwicklung sowohl des *hadith* als auch des Koran als abgeschlossen zu betrachten.

Nun hatte z.B. Ibn Hanbal aus dem kursierenden Bestand von 600 000 etwa 30 000 Überlieferungen ausgewählt und damit also etwa 570 000 zurückgewiesen. Aus dem akzeptierten Bestand wiederum stammen 1710 Traditionen vom Prophetengenossen Ibn Abbas, dem 50 Jahre zuvor zwei *hadith*-Experten allerdings nur 9 bzw. 10 auf den Verkünder zurückgeführte Traditionen zugeschrieben hatten. Es entstand die Frage, woher diese beiden – etwa um das Jahr 800 – den Wissensstand des Ibn Abbas kannten, der weitere 170 Jahre vorher zustande gekommen war. Wenn die zehn ihm zugestandenen Überlieferungen authentisch sind – welche der 1710 bei Ibn Hanbal sind es, oder befinden sie sich vielleicht ganz oder teilweise unter den 570 000 ausgesonderten?

Dieser Beispielfall[44] steht stellvertretend für die erhebliche Problematik, die der Islam mit der behaupteten Authentizität seiner Grundlagen hat, eine Problematik, die sich indessen auch noch aus einem anderen Blickwinkel stellt. Die kanonischen Sammlungen (inkl. Ibn Hanbal) enthalten etwa 40 000 Hadithe, wobei etwa ein Drittel Redundanz, d.h. das mehrfache Vorkommen gleicher oder ähnlicher Traditionen, berücksichtigt ist. Sie alle führen sich auf den Verkünder zurück. Dieser hat also im Verlauf seines aktiven

Prophetendaseins von 20 Jahren bei einer angenommenen Wachdauer inkl. Gebetszeit von 17 Stunden pro Tag etwa alle drei Stunden Aussagen oder Verhaltensweisen erzeugt, die für Fragen der späteren Islamentwicklung wichtig waren.

Dies bedeutet auch, daß sich seine Genossen und die nachfolgenden Generationen im Rahmen eines riesigen Bestands – ca. 600000 Traditionen und ca. 11000 Personen – zum fraglichen Zeitpunkt in ihrer Gesamtheit als authentische Überliefererkette für die jeweils erforderliche Information retroaktiv verfügbar machten. Es bedarf nur geringer Phantasie, sich den niedrigen Wahrscheinlichkeitsgrad eines solchen Ablaufs zu vergegenwärtigen.

Natürlich hat die formative Phase der *hadith*-Entstehung mit dem Glauben der Muslime, dem die abendländische Form der historisierenden Religionsbetrachtung fremd ist, nichts zu tun. Eine konkrete Relevanz kommt allerdings sehr wohl ins Spiel, wenn der Islam auf diesen hochvirtuellen Grundlagen dogmatische Aussagen mit konkreten politischen Auswirkungen aufbaut.

2. *Akzente der Bedeutung*

Im Zuge der *hadith*-Entstehung entfaltete sich eine rege Reisetätigkeit, in der die Adepten die Sitzungen der Spezialisten besuchten, um die Traditionen von ihnen zu hören, aufzuschreiben und an andere weiterzugeben, bis sie selbst zu Spezialisten und anerkannten Autoritäten aufgestiegen waren, die ihrerseits zur Weitergabe ihres Wissens besucht wurden. Nachdem die Grundlagen gelegt waren, verlegte man sich im weiteren Verlauf allerdings zunehmend – bei abnehmender Authentizität – auf die Methode des Abschreibens, um rascher zu umfassenden Sammelwerken zu gelangen, die sich dann über die Jahrhunderte zu immer gewaltigeren Kompendien ausweiteten.

Wesentliche Bedeutung erlangten in diesem Prozeß neben der führenden Autorität des Al-Bukhari die kanonischen Sammlungen von Muslim (gest. 875), Abu Da'ud (gest. 888), Al-Tirmidhi (gest. 892), Al-Nasa'i (gest. 915) und Ibn Madja (gest. 886). Sie gelten als glaubwürdig, weil ihre Inhalte – im wesentlichen die erlaubten, empfohlenen und verbotenen Handlungen sowie historische und dogmatische Überlieferungen – von weniger plausiblen Aussagen bzw. Überlieferern befreit wurden.

In diesem Prozeß spiegelt sich das Entstehen der wesentlichen Rechtsschulen. Als erste Sammlung juristischer Bestimmungen nimmt das Werk des Malik Ibn Anas (gest. 795) eine Sonderstellung ein, die auf den theologischen Aktivitäten in Medina aufbaut und Zeichen in Richtung des selbständigen Rechtsdenkens setzte. Im Irak entwickelten Abu Hanifa (gest. 770) und Sufyan al-Thauri (gest. 778) methodische Maßstäbe der Rechtsfindung durch persönliche Einsicht (*ra'y*) und den Analogieschluß (*qiyas*). Letzterer griff zusätzlich den wachsenden Einfluß der Traditionarier auf und leitete in die Synthese zwischen menschlicher Einsicht und den göttlichen bzw. prophetischen Grundlagen des Koran und *hadith* über, die im bis heute maßgeblichen Rechtskodex des Al-Shafi'i (gest. 820) ihren Abschluß fand (s. u. S. 84). Am *hadith*-Rand dieses Spektrums spielt die Sammlung des erwähnten Ahmad Ibn Hanbal (gest. 855) eine Sonderrolle, die in ihrer starken Betonung der Prophetentradition sowohl als Basis einer Rechtsschule als auch der sunnitischen Orthodoxie an sich gilt.

Mit dem *hadith* stehen wir erneut vor dem wichtigen – von uns so genannten – Phänomen des »kreativen Chaos« der zwei sich etwa parallel entwickelnden Glaubensgrundlagen des Koran und *hadith*, die sich in gegenseitigem Wechselbezug bedingen und somit auch die gemeinsame Grundlage des schariatischen Gottesgesetzes bilden. Sie stimmen dabei, wie wir hier haben deutlich nachvollziehen können, in einem weiteren Aspektpaar überein: Einerseits haben sie zu der Zeit, als Muhammad starb, nicht in der uns vorliegenden Form existiert, andererseits sind sie ohne die laufende Verknüpfung der aktuellen Entwicklung des jungen Islam mit der Bezugsgestalt seines Verkünders nicht denkbar.

Die Problematik einer mangelnden dogmatischen Relevanz wird besonders deutlich erkennbar in der Qualifikation der Christen und Juden als »Schriftverfälscher«. Eine Schrift wie der Koran, der seinen göttlichen Ursprung in endlosem Zirkelschluß und wechselseitiger Bestätigung mit dem *hadith* begründet, konnte ihrerseits erst nach vielfältigen, inhaltlichen und formalen Varianten zu einer endgültigen Fassung gelangen. Die Idee, vorgängigen Religionen die Verfälschung der jeweiligen Wahrheit vorzuwerfen, war nicht neu und schon von Mani (gest. um 276), dem Begründer des gnostischen Manichäismus, eingesetzt worden, dessen Gedankengut hinwiederum Muhammad beeinflußt zu haben schien.[45]

Ob und auf welcher Basis und in welcher Entstehungsphase nun eine Schrift wie der Koran zur Erkenntnis der Verfälschung anderer Schriften vordringen und dabei die Qualität der schlichten Behauptung übersteigen konnte, ist eine auch schon von frühislamischen »Ketzern« erkannte Fragestellung (s. o. S. 74f.). Die formativen Kontakte Muhammads zu seiner Zeit und die externen Kontakte seiner expandierenden Gemeinschaft trafen auf ein dynamisches Umfeld, in dem sich in den zwei Jahrhunderten nach seinem Tod die Antworten auf alle entstehenden Fragen des Korans, der Politik, des Rechts, der Ethik etc. erst aus einem anfänglichen, vakuumähnlichen Zustand heraus entwickelten. Wie wir gesehen haben, weist nicht zuletzt auch Muhammads Leben selbst die gleiche ominöse Zeitlücke auf: Nicht nur liegt es mit den ersten 40 Jahren weitgehend im Dunkeln; nach Koran und Tradition liegt auch die Prophetenbiographie (*sira*) erst knapp 200 Jahre später in einer allgemein akzeptierten Fassung vor.

Wir können also feststellen, daß Koran, Tradition und Muhammads Biographie die Gemeinsamkeit teilen, im Verlauf der ersten zwei Jahrhunderte des Islam virtuelle Phasen zu durchlaufen, aus denen heraus sie graduell zu der ihnen jeweils eigenen Authentizität gelangten. Diese Phasen interagierten mit der historisch formativen Zeit von den »rechtgeleiteten« Kalifen über die Umayyaden bis hin zu den Abbasiden (ab 750), von denen im nächsten Islamabschnitt die Rede sein wird. Diese Wechselwirkung führte hinwiederum zur Herausbildung einer universellen Gemeinschaftsform sowie der maßgebenden Rechtsschulen und mündete ab etwa Mitte des 9. Jahrhunderts in den Beginn der Orthodoxie.

Wir haben somit zur Kenntnis zu nehmen, daß die Grundlegung des Islam ganz offensichtlich von der frühen Historie wesentlich beeinflußt wurde, in seiner formativen Zeit eine zwar kreative, dabei jedoch dem analytischen Zugriff weitgehend entzogene Phase, sozusagen ein historisches Vakuum, aufweist. Der Islam präsentiert seine Grundlagen als von Beginn an authentisch, obwohl sie nachweislich eine Phase des Werdens durchlaufen haben und dabei sich untereinander als wechselseitige Beweismittel benutzen, ohne auf externe Bezüge zugreifen zu können. Im Zentrum dieses Prozesses steht das Charisma des Verkünders, über dessen Leben trotz extremer Bedeutung nur wenig bekannt ist, und der trotz hoher Intelligenz im allgemeinen und als Kaufmann im besonderen als Analphabet auftritt.

Da koranische Offenbarung und prophetische Tradition die Historizität meiden und sich auf die Transzendenz Allahs zurückziehen, bleibt ihnen nur noch, sich zu einem *Bild der Macht* zusammenzufügen, das seine sakrosankten Brennpunkte im Verkünder und im Modell von Medina finden wird. Diese Macht weitet sich in das historische Vakuum aus und muß auf der Informationsebene einer Komposition verstanden werden, die Zeit und Raum überwindet und die Existenz des Menschen ganzheitlich erfaßt. Auf dieser Ebene können die Grundlagen nicht mehr als zeitliche Ereignisse hinterfragt, sondern nur noch als ewig gegebene Strukturen einer zeitlosen Komposition akzeptiert werden.[46]

Je spürbarer sich die eigentümliche Diskrepanz zwischen religiöser und historischer Authentizität der Glaubensgrundlagen öffnete, desto stärker mußte sich das Bedürfnis entfalten – vertreten vor allem durch die aufkommende Klasse der Religionsgelehrten – die Bestandslücke in Koran, Tradition und Prophetengedenken von nahezu zwei Jahrhunderten durch den Direktbezug auf die Urgemeinde zu schließen. Der Verkünder selbst hatte diesen Weg ein wenig präjudiziert, indem er durch die höchstmögliche Entscheidungsebene, nämlich die Offenbarungen Allahs, so unterschiedliche Fragen wie den Judenmord und den Ehestreit klären ließ (s. o. S. 54). Im Verlauf des 9. Jahrhunderts begann nun die Transzendenz Allahs, verkörpert durch die sich verfestigenden Grundlagen des Gottesgesetzes und des Medina-Modells, in ähnlich pauschaler Weise das Verhalten der *umma* und die Lebenssituationen eines jeden einzelnen Muslim, unabhängig von ihrem jeweiligen Bedeutungsgrad, zu regeln.

Während sich in einem gewachsenen System – wie z.B. der Struktur des Baumes – auch der kleinste Vortrieb über kontinuierliche Zwischenstufen der verschiedenen Verzweigungen letztendlich auf den Stamm zurückführen läßt, wird jede Systemstufe des Islam direkt und ohne kontinuierliche Verbindungen auf den präexistenten Stamm des Koran sowie die idealisierte Tradition der Urgemeinde zurückgeführt. In der Betrachtung der islamischen Philosophie werden wir sehen, daß die berühmte Frage nach dem »Warum«, dem Ursprung des Glaubens nicht gestellt wird (*bi la kayfa*). Sie kann nicht gestellt werden, nicht nur, weil die Transzendenz Allahs die Rationalität des Menschen abwehrt, sondern auch, weil sie die existentielle Zeitlücke zwischen Muhammad und der von ihm gespendeten Glaubensbasis sichtbar werden läßt.

So gehört zu den Kennzeichen des Islam vor allem die Wiederholung auf allen Systemebenen. Die Muster des islamischen Staatswesens, des täglichen Gebets- und Ritenvollzugs, der literarischen Variation über die gleichen Themen in Koran- und Rechtsinterpretation oder der unter dem Bilderverbot stehenden, künstlerischen Ornamentik sind dem gleichen Regime der göttlichen Transzendenz unterworfen, die alles direkt und ganzheitlich erfaßt und auf Dauer keinerlei Differenzierung oder Analyse zuläßt – weder im Denken, noch im Verhalten, noch im Gestalten.

Diese Logik der transzendenten Ausschließlichkeit führte nicht nur zu wichtigen, historisch dominanten Musterbildungen und einem exklusiven Gemeinschaftsverständnis, sondern auch einem ausgeprägten Freund/Feind-Weltbild, das wenig Raum für andersdenkende Toleranz ließ (s. u. S. 344f., 491). Der zeitgenössische Orientalist T. Nagel beschreibt die sich früh andeutende, kurz nach dem Tode Muhammads herausbildende Differenzierung zwischen den »Gläubigen« (*al-mu'minun*), mit denen man die Kämpfer der alten Gemeinschaft meinte, und den »Muslimen« (*al-muslimun*), die alle neu hinzukommenden Mitglieder bezeichneten und allein durch ihre Überzahl einen sich wandelnden Charakter der *umma* von einer reinen Kampf- zu einer universellen, vorwiegenden Ritengemeinschaft herbeiführten:

> »Der kriegerische Charakter, der dieses Gemeinwesen einst prägte und der im Koran so deutlich zum Ausdruck gebracht wird, tritt ein Stück weit in den Hintergrund. Der Gottesgesandte ist nun zuallererst der Verkünder der rituellen Ordnung und des Gesetzes, der Mann, der als Sprachrohr Gottes die Regeln anordnete, nach denen die Gemeinschaft lebte, lebt und leben wird, der Mann, der ins Werk setzte, was jetzt und in alle Zukunft – und ohne Ansehung der besonderen Umstände im Medina der ›Auswanderer‹ und ›Helfer‹ – für den ›Muslim‹ von Belang ist.«[47]

Wie Nagel weiter ausführt, konnte sich die kämpferische Glaubensform der Urgemeinde der real entstehenden und wachsenden *umma* nicht mehr dominant aufprägen, doch lebte sie als im Medina-Modell verklärte und jederzeit abrufbare Vorbildhaltung konkret weiter. Wenngleich die Muslime ihre Lebensmitte zunehmend im Ritenvollzug sahen, so konnten sie sich doch, wenn die Umstände es denn erfordern sollten, der Verpflichtung zum Kampf als Glaubensausübung, die vom medinensischen Ideal so überzeugend vorgelebt worden war, kaum entziehen.

Neben spiritueller und ritueller Anleitung hatte der Gesandte Allahs vor allem auch den Kampf und die Überwindung von Widerständen demonstriert, eine Vorbildfunktion, die zur wesentlichen Verhaltensorientierung des Islam schlechthin wurde. Durch die Bündelung aller Existenz in der Person Muhammads gelang die Überwindung von Raum und Zeit, in der die Transzendenz Allahs mit Glauben, Denken, Handeln und Gewalt zu einer jenseitsorientierten Diesseitsgemeinschaft verschmelzen und die Historizität der koranischen Glaubensbasis in den Hintergrund treten konnte.

Die frühislamische Religiosität etablierte sich somit in einer grundlegenden Komplementarität zwischen dominantem, zeitlosem Ritenglauben und latentem, zeitbedingtem Kampfglauben, deren letzterer sich wiederum in zwei Aspekten des bekannten

»Heiligen Kriegs« (*djihad*) ausdrückt (s. u. S. 256f., 346f.): In einer permanenten »Glaubensanstrengung« sicherte der Kampfglaube nach innen den Ritenglauben ab, nach außen, in einer historisch beispiellosen Eroberungsfolge, trug er den Islam »auf dem Wege Allahs« in andere Kulturen. Durch Inanspruchnahme fremder Ressourcen und lokale »Helfer« entfaltete sich »die beste Gemeinschaft, die unter Menschen je entstand« (3/111) militärisch und wirtschaftlich zur Weltmacht. Wir werden sehen, daß nicht nur der Islam, sondern auch seine moderne Variante des → Fundamentalismus in dieser Dualität ihre ganz natürliche Ausdrucksform finden konnte.

Der militärische Elitarismus, aus dem sich bald die urbane Neigung zum Handel und Handwerk sowie entsprechende Abneigung gegen die Nomaden und die Landwirtschaft entwickelten (s. u. S. 122), soll denn auch bereits von Muhammad selbst vorgegeben worden sein:

> »Der Unterhalt meiner Gemeinde beruht auf den Hufen ihrer Rosse und den Spitzen ihrer Lanzen, solange sie nicht den Acker bestellen; wenn sie aber anfangen, das zu tun, so werden sie wie die übrigen Menschen«.[48]

Insgesamt wurde erkennbar, daß sich im formativen Wandel vom offenen, aktiven Gestaltungswillen des Verkünders zur geschlossenen, reaktiven Nachahmung seines Vorbilds eine wesenhafte und richtungweisende Veränderung des frühislamischen Systems vollzogen hat. Koran und *hadith* bilden die obligatorische Richtschnur für eine mit der Gemeinschaft verklammerte, individuelle Glaubenswelt und damit des islamischen Kollektivverhaltens. Das aus dem »kreativen Chaos« der ersten zwei Jahrhunderte gegossene Modell von Medina bildet die reflexhafte Prägeform für alle nachfolgenden Generationen. Durch sie wird im Grunde somit jedes neue Leben vorgeformt sein, indem alle gläubigen Muslime nicht ihr Leben tatsächlich leben, sondern dasjenige der Altvorderen – vor allem des Propheten selbst – nachahmen.

Vor diesem Hintergrund ist nicht die objektive Authentizität koranischer Offenbarung und prophetischer Tradition relevant, sondern die umfassende Rückorientierung vieler Menschen im Islam auf die Leitfunktion Muhammads und des Medina-Ideals als normsetzender Vergangenheit und omnipotenten Maßstabs aller Wirklichkeit. Je systematischer der Islam sich im historischen Verlauf als Folge dieser universalen Gleichschaltung von der Freiheit autonomen Handelns und aktiver Zukunftsgestaltung zu trennen begann, desto enger wurden die rationalen Spielräume der Koran- und Traditionsauslegung zur kreativen Bewältigung einer sich wandelnden Gegenwart – zentrale Vorgänge, deren historische Entfaltung im weiteren Fortgang unserer Betrachtung zu beobachten sein wird.

Mit koranisch orientierter Staatsidee und prophetisch orientiertem Lebensvollzug sind gegen Ende des 9. Jahrhunderts die Grundlagen des Islamsystems gelegt. Aus einem kreativen Wildwuchs religiös-politisch und sprachlich-grammatikalisch bedingter Koranvarianten sowie einer immensen Anzahl detailliertester Einzelvorschriften in Form der Prophetentradition sind als nun verbindliche Bereiche der kollektiven Fixierung eine der freien Exegese nicht zugängliche Koranversion und ein sakrosankter *hadith*-Regelkomplex herausgefiltert worden. Gemeinsam spiegeln sie das Bestreben der islamischen Gemeinschaft nach Projektion auf und Kommunikation mit dem Goldenen Zeitalter des Medina-Modells wider, das durch den Gründer Muhammad in genial-strategischer Erfassung seiner Zeit auf den Weg gebracht worden war.

Umfassende Sakralisierung und Reglementierung des gesellschaftlichen und individuellen Lebens unter geistig-politischer Rückbindung an die Allmacht Allahs und die Urgemeinde beschränken die autonome Handlungsfreiheit und offene, aktive Zukunftsgestaltung auf eine geschlossene, reaktive Gegenwartswahrnehmung und kanalisieren die individuelle Glaubenserfahrung in geregelte Zugänge zur Spiritualität des Verkünders. Sie begründen zugleich den Machtanspruch einer Orthodoxie als legitimer Wächter der allgegenwärtigen, auch die Obrigkeit verpflichtenden Koran/*hadith*-Basis, der sich nach innen egalitär-repressiv und nach außen elitär-expansiv ausdrücken wird.

Dieser Machtanspruch wird – offiziell – weder ideologische Eliten noch einen hierarchischen Klerus benötigen, sondern in der kollektiven Forderung nach »dem Islam« gründen. In Gestalt des Medina-Ideals erscheint somit das nicht hinterfragbare Machtbild des Islam, dessen Durchsetzung prinzipiell jedem offensteht, der eine Gefährdung erkennt und die Erneuerung dieser Grundorientierung wirksam anstrebt. Die Glaubensgemeinschaft, die in diesem Sinne politisch instrumentalisiert und universal realisiert wird, bildet das tragende Element des historischen Islam, dessen politischer Machtentwicklung wir uns im nächsten Abschnitt widmen werden.

III
Christentum im Mittelalter

A. Kirche und Herrschaft

1. Beginn der Trennung

Während sich die byzantinische Ostkirche dem zunehmenden Druck der arabischen Eroberung ausgesetzt sah, hatte die römische Westkirche die Christianisierung Europas in Angriff genommen. Nach dem Ende des Römischen Reiches und der Ausbreitung des Christentums in den fränkisch-germanischen Raum zwischen dem 6. und 8. Jahrhundert begann sich hier allerdings eine Gesellschaftsform ohne denjenigen Staatsbegriff herauszubilden, den die Antike zuvor in der Wechselwirkung mit der frühen Kirche so prägend entwickelte.

Der große Augustinus hatte in seinem epochalen Entwurf der sich gegenseitig legitimierenden Machtformen die *civitas Dei* als geistigen Körper konzipiert, in dem sich der Bau der Kirche als mystische Vereinigung der Menschen mit Jesus Christus vollzog. Während seines Weges durch die Periode weltlicher Existenz war der Gottesstaat auf die Unterstützung irdischer Herrschaft in Gestalt der *civitas terrena* angewiesen, die ihre Macht im Dienste Gottes einzusetzen hatte, indem sie ihre zeitlich vergänglichen Aufgaben im Lichte göttlicher Gesetze versah und als Dienstfunktion für die Kirche dazu beitrug, die Menschen in ihrer zeitlich begrenzten Erdenbürgerschaft auf ihre eigentliche Bestimmung der Gottesbürgerschaft vorzubereiten.

In diesem Zusammenwirken dienten Leib und Seele als Metapher, in welcher der Leib als Weltelement durch die Seele als Geistelement Leitung und Leben empfing, und beide der Allmacht Gottes unterworfen waren. Ebenso hatten – gleichermaßen den Gesetzen Gottes anheimgestellt – der Gottesstaat die Leitungsfunktion und der Weltstaat eine irdisch ordnende, dem Gottesstaat zuarbeitende Dienstfunktion, um die endzeitliche Bestimmung der das Diesseits durchwandernden Menschen zu gewährleisten. Ähnlich einem universalen Organismus, in dem die Tradition kosmischer Philosophie anklang, griffen die Teile des Ganzen umso harmonischer ineinander, je gottgerechter sich Gut und Böse, Befehl und Gehorsam zu einer Einheit aus Glaube, Ordnung und Frieden, dem mystischen Leib Christi, zusammenfügten.

Das europäische Mittelalter, dem der irdische Staatsbegriff als eigenständig wirkende Einheit fremd war, konnte diese hochentwickelte Vorstellung einer Wechselwirkung zwischen Geist und Welt im Sinne von Herrschaft und Dienst als irdischem Spiegel göttlicher Ordnung zunächst nicht aufgreifen. Herrschaft bestand aus sich selbst heraus und manifestierte sich im Fürsten und Bischof als parallele Glieder der auf das Gottesreich gerichteten menschlichen Gemeinschaft, die in einer gegenseitigen Einflußnahme zu geistlicher Führung der weltlichen Stände bzw. weltlicher Leitung geistlicher Ordnungsfunktionen führten.

Erst ab dem 9. Jahrhundert, mit der Zusammenfassung des Reiches unter Karl dem Großen (gest. 814), begann sich eine begriffliche Trennung der beiden Machtbereiche zwischen Fürsten- und Priesterherrschaft, zwischen dem profanen *regnum* und dem sakralen *sacerdotium*, abzuzeichnen. Dabei erschien allerdings die weltliche Herrschaft als Funktion der Kirche, ganz wie sie bereits im augustinischen System der komplementären Machtzuweisung unter der Leitfunktion des Gottesreiches gedacht worden war.

Kirche und Staat, mit Papst und König jeweils einem Haupt unterstehend, traten immer deutlicher als Glieder des Leibes Christi hervor, wobei die Kirche ihrerseits sich in die Stände der Kleriker und Laien teilte. In diese Zeit der Strukturierung, ganz entscheidend von Gregor VII. (gest. 1085), dem »Canossa-Papst«, geprägt, kehrte das augustinische Bild vom harmonisch funktionierenden Organismus zurück, in dem die Kirchenlehrer die Augen, die Lehrverkünder der Mund und die Gehorsamen im Glauben die Ohren der Kirche, die Krieger ihre Rüstung und die Bauern ihre Nährer waren.

Alle Funktionen, ob sakral oder profan, waren in friedlich geordnetem Zusammenwirken auf die christliche Heilsgemeinschaft zu beziehen; Störungen der Einheit zwischen *regnum* und *sacerdotium* bedeuteten ernsthafte Eingriffe in das Heil der Christenheit. Aus der notwendigen Harmonie aller Teile ergab sich die Gleichberechtigung kirchlicher und weltlicher Macht, der die Investitur, die Ausstattung mit den Insignien der geistlichen Würde, nicht versagt werden konnte – ihrerseits Gegenstand des historischen Streits zwischen Papst Gregor und Heinrich IV. Jegliche Störung, insbesondere Zwietracht und Spaltung im Zusammenspiel zwischen den Häuptern der Welt und der Kirche, mußte das subtile Gleichgewicht zum Nachteil des Gottesreichs Christi entscheidend beeinträchtigen und zugleich den Effekt einer zunehmenden Selbständigkeit ihrer Wirkungsbereiche hervorrufen.

Auf der Basis einer sich immer klarer herausbildenden Kirche als unabhängige Funktionseinheit erhob der Papst den alleinigen Anspruch auf die Herrschaft sowohl über die kirchliche Organisation als auch die gesamte christliche Gemeinschaft, dem das Königtum mit dem weltlichen Reichsanspruch folgte. So wie der Papst nun auf der Basis der mystischen Stellvertreterschaft zum Herrscher der Gottesmonarchie wurde, machte sich der König zum Reichsmonarchen auf der Grundlage des Gottesebenbilds, der überkommenen rational-kosmologischen Tradition.

Jede Form der Herrschaft erschien nun als Spiegel der kosmischen Hierarchie mit der zusätzlich ermöglichten Betonung der menschlichen Vernunft als Reflexion der göttlichen Ratio in der Schöpfung, womit ein weiterer, noch entscheidenderer Schritt getan war. Die weltliche Herrschaft unterstellte sich zwar nach wie vor in geistlichen Aspekten (*spiritualia*) der kirchlichen Autorität, beanspruchte ihrerseits nun allerdings den Vorrang vor der Kirche in den weltlichen Angelegenheiten (*temporalia*), die den Einfluß auf die Besetzung von Bistümern und Abteien einschloß.

Obwohl das Mittelalter des 11. und 12. Jahrhunderts die Prinzipien der hierarchischen Ordnung und organischen Verbundenheit geistlicher und weltlicher Herrschaftsbereiche nach wie vor als heilsbestimmt aufeinander bezogen verstand, so hatte doch ein irreversibler Trennungsprozeß eingesetzt, der Kirche und Staat in eine Tendenz zunehmender Entflechtung und entsprechend wachsender Selbständigkeit einmünden ließ. So wie die Stände graduell aus ihrem naturrechtlichen Status in eigene, historische Identitäten hinaustraten, so gerieten die Bischöfe in die Gefahr der Profanisierung, sobald sie wie die Fürsten dem Einflußbereich weltlicher Ernennungsmacht unterstellt waren. Papst und König begegneten sich, wie das Wormser Konkordat von 1125 deutlich machte, auf einer neuen, pragmatisierten Ebene. Mit einem allmählichen Rückzug des Gottesreichs Christi aus dem Vordergrund des Bewußtseins begann sich auch graduell die sakrale Einheit der mittelalterlichen Gesellschaft zu differenzieren.

2. Umbruch der Gesellschaft

Zwischen dem 10. und 14. Jahrhundert vollzog sich im Spannungsfeld dieser Kirche/Welt-Dialektik eine gesellschaftliche Umwälzung, die das lange Zeit wirkende Vorurteil vom »dunklen Mittelalter« mit einer einheitlichen und unbeweglichen Gesellschaftsordnung in Struktur, Glaube und Weltanschauung widerlegt. Der innere Trennungsprozeß zwischen kirchlichem und weltlichem Herrschaftsbereich bewirkte in beiden Verstärkungs- und Abgrenzungstendenzen, die sich in langfristigen Umstrukturierungen der Gesellschaft niederschlugen. Der exzessiven Adelsherrschaft, aber auch ihrem eigenen Glaubensverfall setzte die Kirche einen massiven Ausbau ihrer Seelsorge-Organisation in den Klöstern und Orden entgegen. Die Neugründungen der Franziskaner und Dominikaner zu Beginn des 13. Jahrhunderts konnten allerdings den Glaubwürdigkeitsverlust des traditionellen Machtverbunds nur teilweise mildern. Denn in dem Maße, in dem dessen geistiger Überbau, das Gottesreich Christi, begonnen hatte, als Orientierung allen Denkens zu verblassen und eine Entflechtung der gemeinsamen, sakralen Legitimation einzuleiten, hatte eine zunehmende Verflechtung der faktischen Institutionen eingesetzt.

Die unter dem Begriff des Reformpapsttums bekannte Kirchenordnung konnte sich zwar in ganz Europa als neu definierte, seelsorgerische und hochorganisierte Institution einrichten, hatte dabei jedoch die weltliche Obrigkeit weitgehend aus ihrer traditionell-sakralen Verankerung gelöst. Damit waren die Grundlagen für die nationale Strukturierung des Adels, die Teilbefreiung von bäuerlicher Leibeigenschaft sowie differenzierte Aufstiegsbewegungen geschaffen. Hier begannen sich aus den Ständen selbständige Gewerbe, ein Bürgertum und eine neue Intelligenz als gesellschaftliche Faktoren von zunehmender Autonomie und rasch wachsender, gesellschaftlicher Bedeutung zu entfalten.

Diese fundamentale Aufbruchsbewegung, die das gesamte Europa des 11. bis 14. Jahrhunderts erfaßte, wird von der Geschichtsforschung als »erste Aufklärung« bezeichnet.

In dieser Phase vollzog sich der tiefgreifende Wandel eines eher noch mythisch-archaisch verwurzelten Bewußtseins, das Herrschaft – gerade auch die tyrannische Herrschaft -als Gottes Strafe verstand, zu einer neuen Rationalität in Denken, Glauben und Moral. Diese neue Ratio begann, weltliche und kirchliche Herrschaft genaueren Kriterien der Vernunft und die eigene Religiosität einer erwachenden Individualisierung zu unterziehen.

Die Befreiung der Arbeit hatte große Wanderströme und neue Formen der Seelsorge in Gang gesetzt, die schon vor den großen Ordensgründungen des beginnenden 13. Jahrhunderts neue Orden wie insbesondere die Zisterzienser als Reformorden der bereits seit dem 6. Jahrhundert bestehenden Benediktiner ins Leben riefen. Sie widmeten sich einer erneuerten Verbreitung der christlichen Botschaft, u.a. den mobilen Massen an den Handels- und Pilgerwegen, um der Armut als dem dominierenden Problem dieser Epoche durch geistliche Betreuung einen erträglichen Rahmen zu verleihen.

Die früheren *pauperes*, die armen Zwangsarbeiter der *potentes*, der Mächtigen und der Grundbesitzer des mittelalterlichen Feudalismus, hatten sich aus den Dienstverbänden der sogenannten *familiae* gelöst und waren in eine neue Existenzform gestellt, die in einer steigenden Mobilität in Stadt, Land, Handel und Handwerk die umfassende Umformung der Gesellschaft und ihre Entfaltung in ein strukturiertes Beamten-, Bürger-, Bauern- und Arbeitertum vorantrieb. Eine derartig universale Dynamik mußte zunehmend mit den Ordnungsvorstellungen der Kirche kollidieren, die zwar die spirituelle Gleichheit der Menschen gepredigt, allerdings ihre tiefe Ungleichheit in arm und reich, machtlos und mächtig als unveränderbare Gegebenheit den von Gott legitimierten Herrschaftsbereichen unterstellt hatte. Hier begann sich eine unzulässige Vereinfachung abzuzeichnen, die ein wachsendes Konfliktpotential für die neuen Gesellschaftsstrukturen sowie ihre ebenso wachsende Bildung und Kritikfähigkeit bildete.

Während in der feudalen Phase der Zeit vom 8. bis 10./11. Jahrhundert die fundamentale Ungleichheit – immerhin gehörten über 90% aller Menschen Westeuropas zu den Armen – als von Gott gesetzter, integraler Bestandteil der kollektiven Existenz empfunden wurde, hatte sich in der Aufbruchsepoche der »ersten Aufklärung« ein Erkennen der Kluft zwischen Anspruch und Wirklichkeit der Herrschaftsallianz von Kirche und Adel angebahnt. Eine neue, zunächst noch sehr begrenzte Elite begann sich unter dergestalt veränderten Gesichtspunkten mit den Glaubensgrundlagen auseinanderzusetzen und sie auf den Prüfstand des Vergleichs zwischen Kirchentheorie und -realität zu stellen. Die Vollmacht Jesu Christi, die als Basis der Herrschaftsbereiche in der Entflechtung zwischen Kirche und Welt in den Hintergrund getreten war, stand nun umso mächtiger in Gestalt des Kreuzessymbols für Armut und Knechtschaft im Denken derjenigen auf, die Reichtum und Hoffahrt als Symbol der weltlich-kirchlichen Machtallianz erkannten.

Die Arbeit, durch das Christentum mit ethischem Sinn versehen, trat als völlig neue, von überkommenen Herrschaftsebenen emanzipierende Wertvorstellung in das Bewußtsein der Menschen. Die zuvor ohne Ausnahme gültige Formel der Gleichsetzung von Arbeit und Armut war in eine Sphäre umfassender Auflösung getreten, die dem einzelnen eine gänzlich veränderte Perspektive seiner religiösen und materiellen Existenzmöglichkeiten eröffnete. Eine Folge dieser epochalen Differenzierung war eine neue, rationale Dynamik des Geistes in Philosophie und Theologie mit den ersten Universitätsgründungen im 13. Jahrhundert, eine zweite die enorme Steigerung des wirtschaftlichen Wohlstands durch intensiviertes Nutz- und Gewinndenken, technisch verbesserte Produktion, vergrößerte Absatzmärkte infolge des durch gesteigerte Mobilität erweiterten geographischen Horizonts und ein erhebliches Wachstum zahlreicher Städte in Frankreich, Deutschland und Italien als den Zentren der aufblühenden europäischen Kultur.

Gewaltige Kräfte sowohl des Glaubens und der Häresie als auch eines erwachenden Sozialbewußtseins brachen sich Bahn. Ob das Armutsideal eines Franz von Assisi, das Geistchristentum der ketzerischen → Katharer oder das aufkommende Phänomen der Wanderprediger, die als Laien in die Domäne der Kleriker einbrachen und zudem eine erste Welle der Frauenemanzipation auslösten – sie alle hielten als vielgestaltige Armutskirche der Pomp und Reichtum zur Schau tragenden Machtkirche den Spiegel ihrer zynischen Abweichung vom Kreuzessymbol vor.

Das Christentum erhielt über seine religiös-spirituelle Dimension hinaus eine ethisch-sozial erneuerte Bedeutung, die Jesus längst gestiftet hatte, die nun allerdings mit großer gesellschaftlicher Dynamik revitalisiert wurde. In diesem Rahmen breitete sich ein universales Freiheitsdenken zugunsten eines in Glaube und Leben emanzipierten Individuums aus. Den Menschen ergriff ein grundlegend verändertes, religiöses Selbstverständnis und die Gesellschaft eine völlig neue, wirtschaftlich orientierte Initiativkraft, die in ihrem Zusammenwirken zu umwälzenden Folgen für die gewachsenen Machtstrukturen führen sollten.

Diese Strömungen lösten zunächst allerdings die Reaktion eines erneuerten und verstärkten Dominanzanspruchs des offiziellen Papsttums aus. Ein deutlicher, historischer Ausdruck war ihm im Investiturstreit verliehen worden, im Rahmen dessen der Papst die sakrale Legitimation des Königs bestritten und die Kirche zum Richter aller Herrscher aufgewertet hatte. Auch die vielschichtige Motivation der → Kreuzzüge führte sich – in allerdings geringerem Umfang – auf den Willen der Kirche zur Wiederherstellung einer integralen Führungsposition innerhalb der gesamten Christenheit zurück.

Gegen Ende des 12. Jahrhunderts war mit dem Papstkaisertum Innozenz' III. (gest. 1216) der Höhepunkt der kirchlichen Machtfülle erreicht. Alle Religiosität befand sich nun unter der alleinigen dogmatischen und judikativen Kontrolle einer feudalen Imperialkirche, die weder den Konflikt mit der Armutskirche scheute, noch vor Bündnissen mit »häretischen« Formationen wie der Mailänder Pataria zurückschreckte, welche die grassierende Adelsherrschaft und Ämterpatronage in der Kirche zurückdrängen wollte.

Die Pataria bildete die Ausgangsbasis für eine wesentliche Erweiterung der kirchenkritischen Tendenz. Sie forderte die Kontrolle des bischöflichen Lebenswandels als Vorbildsicherung kommunalen Zusammenlebens und leistete wesentliche Beiträge zur Emanzipation der Laien vom generellen Kirchendiktat, wie sie sich allmählich auch in Frankreich und Deutschland abzuzeichnen begann. Dabei wurde das Armutsideal der Wanderprediger und »Ketzer« auch zu einem Leitbild der sich neu herausbildenden

Bürgergesellschaft, die Bischof und Klerus zunehmend als Bestandteil der kommunalen Gemeinschaft absorbierte. In einem gewandelten, sich von archaischer Statik zu religiöser Dynamik verlagernden Verhältnis von Gott und Welt hatte ein grundlegender Ablösungsprozeß begonnen, der den Geist des Menschen, seinen Glauben, seine Vernunft und seine Arbeit aus der traditionellen Dialektik zwischen Kirche und König in eine Gesellschaftsstruktur mit neuen, geistigen Qualitäten überführte.

Glaube als bewußte Nächstenliebe und das Ideal der Armutskirche, Vernunft als pragmatisch-bürgerlicher Gemeinsinn sowie Arbeit als persönliche Leistung wuchsen zu einem Netzwerk sich fortlaufend differenzierender Aktivität, in dem sich Mensch, Geist und Materie zu neuen Strukturen der Initiative, Selbständigkeit und Stabilität als Gegenpol zur Kirche verknüpften. Es schien, als könnte sich hier eher der Gott der menschlichen Zuwendung als der Gott dogmatisch-judikativer Distanz vergegenwärtigen.

Die Machtkirche indes bewies erneut ihre ungeheure Erneuerungs- und Integrationskraft hinsichtlich gesellschaftlicher Umwälzungen. Abaelard von Paris (gest. 1142), der mit seinem Konzept »konkurrierender Wahrheiten« dazu beitrug, Kirche und Papsttum mit dem gefährlichen Konzept der Armut, den *pauperes Christi*, zu versöhnen, und besonders Franz von Assisi mit seinem Orden der sozialen Armutsreligion waren Gestalten, die der Kirche überzeugende Richtungen der Seelsorge wiesen. Die Rückgewinnung von Handlungsfähigkeit und Glaubwürdigkeit war allerdings nachhaltig nur dann zu sichern, wenn sich auch die Stellung des Menschen in der Kirche wandelte.

3. Mensch und Machtkirche

Ungeheure Zuversicht und Glaubensstärke in Verbindung mit dem Konzept der von Gott verliehenen Herrschaftsbereiche zwischen Kirche und Staat hatten innerhalb von 1000 Jahren, ausgehend vom Orient und unter Aneignung des römischen Strukturdenkens, die germanischen »Barbaren« zivilisiert, ganz Europa missioniert und dabei eine neue Kultur hervorgebracht, die sich im Konflikt zwischen Armuts- und Machtkirche immer differenzierter zu entfalten begann. Wenngleich durch die Geschichte und innere Struktur des Christentums der Gegensatz zwischen Religion und Philosophie – wie wir bald sehen werden – hier ganz anders entschieden wurde als im Islam, so bildeten doch die neuen Gesellschaftsschichten der aufkommenden »ersten Aufklärung« des Mittelalters trotz ihres dynamischen Wachstums zunächst noch eine Minderheit gegenüber der Mehrheit der Menschen, die sich dem Bereich der souveränen Kirche und ihrer strukturellen und inhaltlichen Glaubensvermittlung zugehörig fühlten.

Im Verlauf des mittelalterlichen Entwicklungsprozesses war erkennbar geworden, daß der Kampf der Machtkirche gegen die Angriffe der religiösen Aufbruchsbewegungen nicht nur eine bemerkenswerte Erneuerungskraft nach außen, sondern auch eine wichtige Disziplinierungstendenz nach innen aktivierte. Hier wurde eine Dialektik sichtbar, welche von Beginn an in der Gefahr stand, die Christen als Bevorzugte der Liebe und

Gnade Gottes und als Verworfene in Sünde und Schuld wesenhaft zu unterscheiden. Schon Paulus hatte die Notwendigkeit der Vermittlung zwischen diesen Extremen erkannt und sowohl vor spirituellem Hochmut und nachlässigem Lebenswandel gewarnt als auch Fehlererkenntnis und Glaubensdisziplin eingefordert.

Die Gegensätze zwischen der Allmacht Gottes und menschlichem Sein erhielten eine zunehmend pauschalisierte Gleichsetzung mit Gut und Böse, die nach Ansicht der Kirche nur durch eine über sie vermittelbare Gnade des Glaubens überwunden werden konnte. So wie die Gnostiker sich von der unbelehrbaren Masse oder die Philosophen von intellektueller Unfähigkeit abgrenzten, so verstärkte die Kirche im Kampf um Glaubwürdigkeit die Funktion des exklusiven Wahrheitshüters und Glaubensrichters. Die Wahrheit, der vor Gott einzig wirksame Glaube, war dabei umso nachhaltiger zu vermitteln, je stabiler sich Schuld- und Sündhaftigkeit im Bewußtsein der Menschen verankern ließen.

Die Gnade Gottes, die dem frühchristlichen Menschen enorme Zuversicht eingeflößt und seinem Leben einem Gott und der Welt verantwortlichen Sinn verliehen hatte, wandelte sich in der Sündenbetonung der nachfolgenden Jahrhunderte zu einem von der Kirche verwalteten Heilsunterpfand. In dem Maße, in dem die Bedeutung des Gehorsams gegenüber diesem Regelwerk wuchs, mußten die Tiefe der Spiritualität und der Wert des Diesseits abnehmen.

Indem sich die Kirche auf der Basis eines verselbständigten Sündengedankens in die Heilsfunktion Christi schob und die Herrschaft des Lehramts verabsolutierte, geriet sie in die historische Negativspirale einer Institution, die Macht aus der Schwächung der Direktwirkung ihrer Lehre gegenüber den Menschen bezog. Denn es waren Tod und Auferstehung Jesu Christi, die den Menschen direkt erfaßten und mit der Gnade, einer neuen Freiheitsqualität des Glaubens, seinem Diesseits eine erlösende und zugleich verantwortliche Perspektive gegeben hatten. Es war gerade jene feine, nicht weniger deutliche Trennlinie zwischen Eigenwirkung des Glaubens im Menschen und einem Mißbrauch der Lehrvermittlung als profanem Druckmittel gewesen, auf die Jesus die Pharisäer warnend hingewiesen hatte.

Das erneuerte Mönchstum hielt der Machtkirche die Forderung einer Rückbesinnung auf diese spirituelle, mit ethischer Eigenverantwortung verbundene Befreiung zum Glauben entgegen. Dabei richtete sie den Fokus aller menschlichen Existenz rigoros auf das Kreuz. Wenn Gehorsam geleistet werden sollte, dann dem transzendenten und zugleich realen Sinn- und Bedeutungsgehalt dieses fundamentalen Symbols, der Verpflichtung des Menschen zum Ausgleich zwischen Glaubens- und Weltverhalten in der Ausrichtung auf Christus.

Die Kirche setzte alles Materielle und Körperliche mit dem Unreinen und Bösen gleich und war damit nicht nur in wiederholte, thematische Nähe zum gnostisch-manichäischen Dualismus geraten, sondern hatte auch die archaische Stellung der Frau als biologisches Instrument konserviert. Zudem war die Einschränkung des freien Willens insgesamt zum Prinzip des Handelns erhoben worden, da die im Menschen angelegte Neigung zum Bösen und Sündhaften den Willensmißbrauch zu bedingen schien.

Nur unter der gnadenvermittelnden Leitung der Kirche konnte den verunsicherten Menschen spirituelle Führung, geistige Bildung und moralische Weisung zuteil werden – eine Richtung, die Paulus und seiner Unterscheidung zwischen Buchstabenglauben und Kadavergehorsam sowie der von Jesus gespendeten Freiheit zur Glaubenswahrheit direkt zuwiderlief:

> »Das Gesetz wurde durch Moses gebracht, aber die Gnade und Wahrheit kam durch Jesus Christus« (Joh. 1/17).

Mit dem Armutsideal und seinen Durchbrüchen zu den im Kreuz Jesu Christi vereinigten Wahlfreiheiten für Glaube, Liebe, Hoffnung und Geist hatte das Mittelalter den Versuch in Richtung eines würdigen Diesseits gewagt, der geeignet schien, den Menschen – und nicht nur den Mann – in eine neue Sphäre des Glaubens und Denkens, der Gemeinschaft und Wissenschaft sowie der Arbeit ohne Armut zu emanzipieren. Die Machtkirche indes blieb die Antworten auf die historischen Herausforderungen dieser Entwicklung in der ihr eigenen, dialektischen Weise erneut nicht schuldig.

Den Strömungen des Aufbruchs stand eine kirchliche Organisation gegenüber, die strukturell geneigt war, das spirituelle Erlösungswerk ihres Stifters politisch umzudeuten. Während die Armutskirche gelebtes Christentum als praktischen Ausdruck göttlicher Gnade einforderte, traten in der Machtkirche Autorität, Hierarchie und Gesetzgebung an die Stelle dieser Gnade, die weniger durch den authentischen Glauben an den Erlöser, sondern eher durch die minutiöse Erfüllung äußerer Vorschriften und Handlungsanweisungen als Voraussetzungen für den »richtigen Glauben« zu erreichen war.

Mit dem Papst an der Spitze war im hohen Mittelalter eine streng durchstrukturierte Organisation der Lehr- und Moralautorität entstanden, die eine akribische Buchhaltung über die guten und schlechten Taten führte, genaue Prüfkriterien zur Einhaltung der vielfältigen Glaubensregeln erarbeitete und nicht zuletzt umfassende Überwachungsverfahren für das laufende Verhalten der Gläubigen mit besonderer Berücksichtigung ihrer Sexualität entwickelte. Ein derart perfektioniertes Kontrollsystem, das sich auf die erprobten Strukturen römischer Gesetzgebung und Verwaltungspraxis stützte, schien geeignet, der kirchlichen Institution einen einheitlichen, dauerhaften Aufbau mit machtvoller Führung und wirksamer Durchsetzung des Gehorsams zu garantieren. Auf dieser Basis überantwortete die Besetzung der erlösenden Heilsfunktion der Kirche göttliche Autorität und ihren Gesetzen faktische Immunität – eine scheinbar auf ewig unangreifbare Konzentration imperialer Macht.

Die seit dem 5. Jahrhundert schwelende und im Jahre 1054 offiziell vollzogene Trennung Roms von der byzantinischen Ostkirche, die ihrerseits auf die Entwicklung einer nennenswerten, politischen Einflußnahme verzichtet hatte, besiegelte im Westen die eigenständige Identität der römischen Kirche zur fundamentalen Kulturbasis des mittelalterlichen Okzident. So einheitlich diese allerdings auch durchgeformt sein mochte, so bildete sie doch eine hochkomplexe und – wie ihre weitere Geschichte bewies – hochsubtile Synthese aus jüdischen, griechischen, gnostischen, neuplatonischen und römischen Elementen, die sich unter der singulären Katalysatorwirkung der christlichen Offenbarung zu einer Struktur von epochaler, religiös-politischer und geistig-kultureller Ausstrahlung zusammenschloß.

Gott als Weltschöpfer und Geschichtsherrscher hatte sich in Jesus offenbart, um dem Menschen einen neuen Erlösungsweg durch Teilhabe an seiner Transzendenz zu weisen, und ihn zugleich in den Stand zu versetzen, die Natur zu erschließen und seine Geschichte zu gestalten. Beides war nur möglich durch eine ausgewogene Reziprozität von Glaube und Vernunft, der Jesus durch eine selbsttragende, sich unmittelbar an den Menschen wendende Lehre Ausdruck gab. Dabei verlieh der ins Jenseits weisende Opfertod dieser Lehre jene göttliche Dynamik, die den Menschen transzendental umgriff und ihn zugleich mit einer neuen Qualität spiritueller Diesseitsdynamik ausstattete.

Das dieser Dynamik innewohnende trinitarische Prinzip der durch Jesus vermittelten Entscheidungsfreiheit für oder gegen den Glauben, für oder gegen die eigene Würde, für die Hinwendung zur immanenten Natur oder für die Öffnung zur transzendenten Gnade besetzte unmittelbar und fundamental Existenz und Bewußtsein des Menschen und lieferte ihn einer grundlegenden Entscheidung aus, die ihm auf Dauer auch institutionell nicht erspart blieb.

Die Armutskirche hatte diese der Menschheit wesenhaft eingewurzelte Bedeutung des Christus am Kreuz, der Dreiheit aus Gnade, Glaube und Liebe wiederbelebt und in einer gewaltigen Rückbesinnung Wirklichkeit werden lassen, indem sie einem machtkirchlich verklausulierten Glaubens- und Erlösungsanspruch eine dem Kreuz entlehnte, religiös-ethische Gesellschaftsdynamik entgegenstellte.

Abgesehen vom eher symbolischen Begriff der Armut – viele gehörten der Armutskirche an, ohne arm zu sein und kritisierten weniger den Reichtum der Bischöfe als ihren Ämterschacher und Zölibatsbruch –, beruhte diese Eigendynamik im wesentlichen auf der tendenziellen Aufwertung des Menschen und dem Vertrauen in sein durch den Glauben erhöhtes Denken und Handeln. Die Kirche war zur Durchsetzung ihres Gesetzesglaubens zum Gegenteil gezwungen: die grundsätzliche Abwertung der menschlichen Natur mit Verdammung der Sexualität, insbesondere derjenigen der Frau, die Schaffung kollektiver, psychischer Abhängigkeiten durch eine umfassende Abwertung der menschlichen Natur, die Abstraktion der Priesteramtsausübung von jeder Fehlbarkeit, die Verdrängung der eigenen, philosophischen Herkunft in der Abwehr rationaler Lehrauslegung und schließlich die Ablehnung der Mobilität als generelle Quelle der Emanzipation.

In der Lockerung dieser Denk- und Verhaltensgrenzen liegt die enorme Leistung des mittelalterlichen Armutsideals. Mit der Befreiung von Intellekt, Spiritualität und Arbeit aus den systematischen Beschränkungen durch das Kirchendiktat wurde die Grundlage zum »Aufbruch« in eine gänzlich neue, dynamisch differenzierte Gesellschaftsform gelegt. Denn so begrenzt die Fähigkeiten des Menschen zu jener Zeit noch gewesen sein mochten, die Aufwertung des Menschen und seine Sündenbefreiung im Sinne einer vom Glauben geleiteten, würdigen Weltgestaltung gehörten eher zur Botschaft des Christusereignisses als ihre strukturelle Unterdrückung und Rückkehr zum Glauben an den

Buchstaben. Auf die souveräne Geltung seiner Lehre und die Aussichtlosigkeit von Veränderungsversuchen hatte immerhin Jesus selbst unmißverständlich hingewiesen:

> »Himmel und Erde werden vergehen, aber meine Worte vergehen nicht« (Luk. 20/33).

B. Kirche und Philosophie

1. Aufbruch des Verstands

Während sich der fundamentale Umbruchprozeß der »ersten Aufklärung« mit neuen Schichtungen und Strukturen in einer ersten Entfaltung befand, war das Leben der mittelalterlichen Gesellschaft insgesamt immer noch mehrheitlich von christlicher Religiosität der überkommenen Art durchdrungen – die weltlichen Herrscher handelten in der Regel nach den Maßgaben des Papstes und der Bischöfe, die Autorität der Kirche blieb im wesentlichen unangetastet.

Die Dominanz der religiösen über die weltlichen Angelegenheiten ließ die Beschäftigung mit dem klassisch-griechischen Denken für lange Zeit unwichtig erscheinen. Zwar hatten die spirituellen Akzente des Neuplatonismus erneuten Eingang in die Theologie gefunden, doch war durch die Konzentration des Sündendenkens auf die erlösende Vorschriftenerfüllung im Diesseits das Interesse an den Wissenschaften und der Philosophie im Sinne einer rationalen Naturbetrachtung einstweilen in den Hintergrund getreten.

In der Zeit, in der sich das islamische Kalifat an den Rand der Existenz gedrängt und zur Rettung seines Pseudo-Vorrangs gezwungen war, Machtprivilegien an die Regenten der Teilreiche zu vergeben (s. u. S. 130f.), befand sich die christliche Kirche Europas – herausgefordert durch die alternative Dynamik der Armutskirche – ihrerseits auf dem Höhepunkt der Macht. Erste Erfindungen wie Windmühle, Wasserrad und schwerer Pflug hatten den allgemeinen Wohlstand gefördert, die neue Dynamik der »ersten Aufklärung« ausgelöst und ein verstärktes Interesse an Bildung und Wissenschaft – traditionelle Domäne der Klöster und Orden – geweckt. Die eigene Dominanz erlaubte es der Geistlichkeit, nicht nur sich selbst, sondern auch den Laien die Beschäftigung mit der Natur und ihren metaphysischen Aspekten zu gestatten, ohne die etablierte Lehre unmittelbar zu gefährden.

Mit dieser Geistesbelebung öffneten sich neue Außenkontakte, die Zutritt zu dem umfangreichen Schrifttum der klassischen Philosophie und Wissenschaft verschafften. Damit wurde ein Wissen zugänglich, das durch die islamischen Eroberungen im Osten für lange Zeit versperrt war und nun in wachsendem Umfang der Übersetzung ins Lateinische, aber auch in Form der arabisch-islamischen Überarbeitung offenstand.

Das hohe, nicht nur dogmatisch, sondern auch systematisch geprägte Niveau der christlichen Theologie strebte nun die erweiterte Verbindung platonischer Spiritualität mit aristotelischer Rationalität an, die über die neu entdeckten Schriften verstärkten

Eingang ins christliche Denken fand. Materieller Wohlstand und eine beginnende Lockerung der kirchlichen Stringenz ließen nahezu schlagartig zahlreiche Universitäten und Bildungsstätten in ganz Europa entstehen, in denen Wissenschaft nicht nur im Dienste des Glaubens, sondern nun auch im neuen Lichte aristotelischer Logik und Analyse betrieben werden konnte.

Der menschliche Verstand, für lange Zeit dem Glauben nachgeordnet, nahm als Quelle der Erkenntnis eine dem Glauben ebenbürtiger werdende Qualität an, wobei der große Anselm von Canterbury (gest. 1109) die neuen Prioritäten klar vorgegeben hatte. Nach seiner Ansicht mußte umso rationaleres Verstehen der Glaubensinhalte und der Welt möglich sein, je sicherer der Gottesglaube der Menschen wurde.

Mit dieser Verknüpfung hatte Anselm einen erheblichen Beitrag zur Verstärkung einer bereits im 11. Jahrhundert beginnenden, rationalen Tendenz geleistet. Die Basis für die Scholastik war geschaffen, jene für das Christentum so grundlegende Geistesrichtung, die sich die Verbindung von Theologie und Philosophie, von Glaube und Vernunft, zur zentralen Aufgabe gesetzt hatte und ihren fulminanten Zenith in der aristotelisch geprägten Summa Theologica des Thomas von Aquin (gest. 1274) fand. Dieser wurde 1226 bei Neapel geboren, trat 1244 in den Dominikanerorden ein und lehrte in Paris und Rom. Sein platonisches Pendant mit ähnlichem Lebenslauf bildete der 1243 in den Franziskanerorden eingetretene Bonaventura (gest. 1274), dessen Theologie weniger in der rationalen Erkenntnis, sondern im Willen des Menschen fußte, sich Gott eher auf mystischem Wege zu nähern.[49]

2. Der Vernunftglaube des Thomas von Aquin

Die unausweichliche Dialektik zwischen Geist und Natur, Offenbarung und Logik, Glaube und Vernunft war mit der Wiederbelebung der aristotelischen Rationalität wieder verstärkt sichtbar geworden und mußte in einen umfassenderen, philosophischen Denkrahmen gestellt werden. Diese epochale Aufgabe blieb Thomas von Aquin vorbehalten, einem der größten Denker nicht nur des Christentums, sondern des Abendlands überhaupt.

In den Mittelpunkt des thomistischen Denkens rückten wieder jene Aspekte, die zwar der christlichen Lehre eingewoben, aber durch das herrschende Schulddogma für lange Zeit verdrängt waren: die Schönheit der Schöpfungsordnung unter dem Gesichtspunkt des Menschen als Ebenbild Gottes, d.h. die Stützung des Glaubens durch die Naturerkenntnis des Menschen. Die rationale Durchdringung der physischen Welt sollte ihren inneren religiösen Gehalt bestätigen, da Glaube und Vernunft auf die eine Quelle zurückgingen: die göttliche Offenbarung.

Nach Thomas war die Vernunft integraler Teil der Schöpfung, von Gott geschenktes Ordnungsprinzip, das frei und autonom als Instrument der Naturerkenntnis einzusetzen und darüber hinaus als Leitstruktur der Selbstentfaltung des Menschen schlechthin zu begreifen war. Die dem Menschen eigentümliche Erkenntnisform wurde als Angelpunkt, als Schnittstelle zwischen dem Rationalen und dem Spirituellen verstanden, die – selbst Teil der Schöpfung – das Verständnis der Natur und die Annäherung an Gott zur Deckungsgleichheit brachte. Je intensiver sich der Mensch um die Aufdeckung der Naturgesetze bemühte, desto deutlicher mußte für ihn ihre ursächliche Verknüpfung mit der Offenbarung zutage treten. Über ihre Funktion als integraler Teil der Schöpfung bewegte sich die Vernunft nicht nur im Gleichklang mit dem Glauben, es war ihr darüber hinaus der ausdrückliche Auftrag erteilt, die spirituelle Erschließung der Schöpfung durch die verstandesgemäße Naturerkenntnis zu unterstützen.

Im Mittelpunkt dieses Prozesses der wechselseitigen Emanzipation von Glaube und Vernunft stand der Mensch als das durch die Menschwerdung Gottes in Jesus Christus erhöhte Wesen, dessen Geist zur miteinander verknüpften Gottes- und Naturerkenntnis berufen war. So wie Sinne und Intellekt sich im Glauben und Schöpfungsverständnis ergänzten, so bildeten Körper und Geist eine notwendige Einheit zur gottesgemäßen Bewältigung des Diesseits. In Entfernung von Platon und Annäherung an Aristoteles betrachtete Thomas die Sinne und den Intellekt nicht als Gegner, sondern sich komplementär ergänzende Elemente im Erkenntnisprozeß, dem ein ganzheitliches Körper/Geist-Verständnis zugrunde lag.

Die Erscheinungen der physischen Welt waren keine Bilder platonischer Ideen, sondern die aristotelischen, durch Materie realisierte Formen, die der Erforschung durch den menschlichen Verstand offenstanden. Die besondere Leistung des Thomas von Aquin bestand in der Zusammenführung der spirituellen und rationalen Dialektik menschlichen Seins. Er stellte die epochale Verbindung zwischen der von Gott vermittelten Teilhabe am Schöpfungsgeheimnis und einem ausgewogenen Erkenntnisspektrum zwischen diesem Sein und dem laufenden Entstehen des Aktuellen aus dem Potentiellen in Geist und Natur her. Gott selbst war Ursprung und höchstes Muster der Schöpfung, und der durch sie bedingte Geist des Menschen war berufen, ihren Prozessen und damit auch sich selbst inspirative und rationale Ausdrucksformen zu geben.

Platonische Transzendenz und aristotelische Rationalität verankerten sich im christlichen Bild der Allmacht und Liebe Gottes, der seiner Schöpfung durch den Akt der Offenbarung, ein gewolltes geschichtliches Ereignis, die Erkenntnis ihres eigenen Seinsgrundes erschloß. Der menschliche Geist, befähigt durch göttlich vermittelte Erkenntnis, erhielt durch rationales Verstehen des empirisch gewonnenen Einzelnen einen Zugang zum Allgemeinen der Natur sowie durch Schließen vom sinnlich Erfahrbaren ein Verständnis des universell Gültigen. Die Vernunft bezog ihre Kraft aus der göttlichen Wahrheit, die – außerhalb des von ihr Geschaffenen stehend – alle Ideen und Formen schöpferisch in sich barg.

Sein und Wissen waren aufeinander bezogen, indem der menschliche Geist – vermittels der ihm eingeprägten Schöpfungsordnung – über ein Zusammenwirken von Glaube und Vernunft und die Erkenntnis der Objekte und Formen zur Gottesschau selbst vordringen konnte. Dieser Prozeß führte sich jedoch auf dasjenige göttliche Element zurück, welches die institutionelle Kirche lange Zeit zum Alleinbesitz gemacht hatte: die aktive und spontane Mitwirkung des Heiligen Geistes. Die Verbindung aus rationalem

Verstehen und spirituellem Erkennen begann sich aus der machtkirchlichen Verwaltung zu befreien und sich wieder der alten Forderung des Evangeliums anzunähern, nach der für den Christen »der Heilige Geist weht, wo er will«.

Damit war Thomas von Aquin zu derjenigen epochalen Synthese vorgedrungen, an der etwa ein halbes Jahrhundert zuvor die Kette der islamischen Philosophen in ihrem Kampf gegen den orthodoxen Vorrang endgültig gescheitert war: die dynamische Verknüpfung der menschlichen Vernunft mit den Kriterien des Glaubens. Im Islam, wie wir im nächsten Abschnitt sehen werden, wurde das Bemühen um rationale Geistesfreiheit mit der Unterdrückung des Averroes zugunsten einer regulativen Vorschriftenherrschaft beendet. Thomas hatte dagegen die Weichen des abendländischen Geistes in Richtung einer aktiven Teilhabe des menschlichen Verstandes am Schöpfungsgeist Gottes, der endlichen Existenz an der göttlichen Zeitlosigkeit, des physischen Relativen am transzendenten Absoluten gestellt.

Während im Islam die methodischen Angebote der philosophischen Denkkategorien zur Systematisierung des Menschen in der Natur sowie der Natur in Allahs Schöpfung zu einer strengen Fixierung auf eine ideologisierte Glaubensstruktur führte, reaktivierte Thomas das erste Fundament christlicher Offenbarung: die Freiheit des menschlichen Geistes im Glauben an den menschgewordenen Schöpfer und im Wissen um die eigene, abhängige Einbettung in die Schöpfungsordnung. Diese Weichenstellung richtete allerdings einen hohen Anspruch an die Verantwortung des Menschen und einen noch höheren an die Verantwortlichen der Kirche, dem diese, wie sich bald herausstellen sollte, alles andere als gerecht wurden.

Thomas von Aquin hatte ein komplementäres System der wechselseitigen Verpflichtung von Glaube und Vernunft geschaffen, das die wesenhaft unlösbare Dialektik zwischen Offenbarung und Diesseits in eine kongeniale Balance brachte. Gegenüber dem Islam hatte Thomas allerdings das entscheidende Argument des trinitarischen Prinzips, der Aufwertung des Menschen durch Jesus Christus, auf seiner Seite, das die fundamentale Grundlage dieses neuen Gleichgewichts des Geistes bildete und dem westlichen Denken Dimensionen neuer Dynamik öffnete. Zudem hatte die Philosophie bei der Geburt des Christentums sozusagen Pate gestanden. Die christliche Offenbarung wendete sich in ganz besonderem Maße an den Menschen, um seiner Existenz konkret-ethische Orientierung in der Welt und eine perspektivische Ausrichtung auf die göttliche Transzendenz zu geben. Die Freiheit zum Ergriffenwerden durch die Offenbarung hatte die Freiheit zum Ergreifen philosophisch erkannter Menschenwürde zum Angebot des Christus verantwortlichen Ebenbildes Gottes erweitert.

Mit der Summa Theologica hatte Thomas von Aquin den Stillstand der machtkirchlichen Sündendoktrin aufgebrochen, Offenbarung und Erlösung wieder an die Spitze geistlicher Prioritäten gesetzt und den Willen des christlichen Gottes zur Befreiung des Menschen in Jesus entscheidend in den Vordergrund gerückt. Trotz seines frühen Todes im Jahre 1274 war es dem »Aquinaten« gelungen, seiner Kirche eine erneuerte Geistesbasis und Handlungsfreiheit auf den Weg zu geben, eine dynamisch erweiterte Synthese aus tradiertem Glauben und individueller Verstandesaktivität, die ihrerseits eine beginnende Eigenverantwortlichkeit des Menschen ermöglichte, seine Welt rational zu verstehen, sie spirituell zu überschreiten und im Glauben an die Offenbarung in Jesus Christus zum schöpferischen Ursprung zurückzukehren. Der Islam hingegen, selbst antitrinitarisch und antirational konzipiert, mußte, wie seine Geistesgeschichte eindrucksvoll belegt, im islamischen Machtinteresse, das sich in der Gleichschaltung der *umma* mit dem Medina-Ideal ausdrückt, die Zugänge zu Kategorien der Glaubens- und Handlungsfreiheit nachhaltig verschließen.

Bezeichnenderweise spielte die Philosophie des Averroes in der nach dem Tode des Aquinaten einsetzenden, theologischen Diskussion in der Kirche eine überaus wichtige Rolle. Wie unsere Darstellung der islamisch-philosophischen Entwicklung zeigen wird, verstand Averroes Logik und Vernunft als ergänzende Instrumente, die auf Basis des Analogieschlusses zu komplementären Erkenntnisquellen neben Koran und dem *hadith*, der Tradition des Verkünders, werden sollten (s. u. S. 95f.). Da in diesem Konzept der Verstand als separates Kontrollorgan der Offenbarung erschien, war es für die islamische Tradition ebensowenig akzeptabel wie für die christliche, welche die averroistische Philosophenschule an der Pariser Universität als ketzerisch verwarf.

Umso attraktiver mußte allerdings wenig später das thomistische Konzept in Erscheinung treten, das Offenbarung, Glaube und Vernunft in einer metaphorischen Dreieinigkeit so miteinander verwob, daß der Verstand ursächlich auf die ihn hervorbringende Schöpfung zurückverwiesen war. Suhrawardi, den Zeitgenossen des Averroes und genialen Mystikphilosophen, dessen Lehre dem Aquinatensystem nahestand und es in wichtigen Aspekten sogar vorweggenommen hatte, kostete die geistige Nähe zum Gedanken des göttlichen Ursprungs der menschlichen Vernunft das Leben (s. u. S. 197f.).

Die Kirche hatte dem thomistischen Vorschlag zugunsten einer Wiederbelebung der christlichen Offenbarung und einer prinzipiellen, geistigen Unabhängigkeit des Menschen und damit einer Entwicklung zugestimmt, die nicht nur ihre eigene strukturelle Einheit in Frage stellen konnte. Es sollte sich in der abendländischen Entwicklung ebenso herausstellen, daß von einer uneingeschränkten Entfaltung der Vernunft, die sich von der Offenbarung als existentieller Basis abkoppelte und autonom verselbständigte, langfristig eine grundsätzliche Gefahr für ihre systematische Funktionsfähigkeit ausging. So wie eine doktrinäre Glaubensvermittlung unter Ausgrenzung der Vernunft zum Selbstzweck des kirchlichen Machterhalts wurde, so konnte die Vernunft unter Ausgrenzung des Glaubens zum Ausgangspunkt menschlicher Überhöhung und zum Selbstzweck weltlichen Machterhalts werden.

C. Strukturen der Gewalt

1. Machtklerus und Ketzertum

Wie gesehen, waren um die Wende vom 12. zum 13. Jahrhundert als Antwort auf die klerikalen Mißbrauchstendenzen machtvolle Bewegungen der Glaubensabweichung, aber auch der Glaubenserneuerung in den Orden der Franziskaner und Dominikaner in Erscheinung getreten. Welche Art von häretischen Abweichungen waren das nun eigentlich, und in welcher Weise und aus welchem Grunde schien die Machtkirche ihrerseits so weit vom Pfad der Glaubenstreue abgewichen zu sein, daß ihr der Tugendspiegel nicht nur aus den eigenen Reihen in Gestalt der Armutsorden, sondern auch in Form alternativer Glaubensrichtungen der sogenannten »Ketzer« vorgehalten wurde? Warum waren angesichts der gewaltigen Kirchenorganisation, die zur fraglichen Zeit den Höhepunkt ihrer Macht erreicht zu haben schien, neue Orden notwendig, die sich nicht nur die Armut, sondern die Verbreitung eines erneuerten Christentums als friedlichen Kampf gegen das Ketzertum auf die Fahne geschrieben hatten?

Das Entstehungs- und erste Aktionsgebiet der Orden, Norditalien, Südfrankreich und Nordspanien, ist denn auch weitgehend identisch mit dem Verbreitungsgebiet der klassischen Ketzergemeinschaften wie der Waldenser und Katharer, auf die wir später kurz eingehen werden. Zunächst müssen wir uns der Frage zuwenden, was die wesentlichen Gründe für den offensichtlichen religiösen Abstieg waren, der innerkirchliche Erneuerungen und außerkirchliche Alternativen hervorrief.

Die kirchliche Hierarchie hatte ganz Europa und seine Menschen unter ihre Herrschaft gebracht und das gesamte geistig-religiöse und – in Verbindung mit dem Adel – auch das politische Leben in den Griff genommen. Wille und Weisung des Papstes setzten sich über die Bischöfe in den Diözesen bis in die lokalen Priesterbereiche durch. Die diesseitige Existenz der Menschen – Geburt, Ehe, Tod – war der vollständigen Verfügung und Verwaltung durch die Prälaten und ihrer übernatürlichen Qualifikation unterworfen. Da diese in Person und Besitz immun waren, d.h. nicht der weltlichen, sondern nur der kirchlichen Gerichtsbarkeit unterstanden, verfügten sie über eine weitgehende Handlungsautonomie, die im geschichtlichen Verlauf über ein Netzwerk des Mißbrauchs religiöser Vollmachten und hierarchischer Begünstigungen zu einem Aktionsbereich nahezu uneingeschränkter Willkür ausgeufert war.

Die Maschen dieses Willkürnetzes zogen sich um den mittelalterlichen Menschen, dessen Glaube und Leben existentiell vom Wohlverhalten der Kirche abhing, in einer Form totaler Unausweichlichkeit zusammen. Statt ihre Kommunikation mit der christlichen Gemeinschaft auf den Prinzipien der Demut und Güte im Sinne dem Erlöser verantwortlicher Glaubensweisheit aufzubauen, hatten sich Strukturen klerikaler Verselbständigung und Rechtsanmaßung herausgebildet, die das Seelenheil der Menschen nicht in den Mittelpunkt verantwortlicher Glaubenslehre und -vermittlung stellte, sondern in eine Perspektive zynischer Gehorsamsforderungen, die bei Nichtbefolgung Repression und Verfolgung auslöste.

Da sich zu dieser Zeit schon längst die Unsitte der Simonie (Ämterkauf) durchgesetzt hatte, wurden offene Prälatenstellen nicht nach Gesichtspunkten der Glaubenseignung, sondern eher nach denjenigen des erzielbaren Preises besetzt, wobei bestimmte Anteile an die jeweils höhere Ebene weitergereicht wurden. Da Papsttum und Kurie hiervon besonders profitierten, waren durchaus vorhandene Reformversuche meist schon im Ansatz zum Scheitern verurteilt. In einer nominell religiösen Struktur konnte sich ein Auswahlsystem entwickeln, das weniger erlösungs-, sondern eher erlösorientierte Motivationen und somit ein »Personal« begünstigte, das Glaubensregeln zur Gewinnmaximierung einsetzte.

Im weiteren Verlauf konnte sich diese Struktur zu einer fest vernetzten Interessengemeinschaft aus profit- und machtorientierten Klerikern, Adligen und sonstigen Systemprofiteuren verdichten, deren erste Priorität eindeutig in der Gewinnoptimierung der Pfründe, – d.h. der Ämter und Liegenschaften – und nicht im Seelenheil der Menschen lag. Anstatt eine Einheit aus Klerus und Laien zu bilden, zerfiel die Kirche in eine Klasse klerikaler Nutzer, die der Klasse der genutzten Laien gegenüberstand. In dieser Konstellation erlangte der kirchliche Sprachgebrauch von den »Hirten« und ihrer »Herde« einen entsprechend hintergründigen Sinn.

Es baute sich ein drückendes Gebührensystem für alle denkbaren Kirchenleistungen auf, angefangen von der Taufe bis zum Tod, dessen horrende Preisgestaltung keiner Kontrolle unterlag. Da auch die Kirchengerichte an diesem System partizipierten, und die Prälaten bei ihrem Vorgehen ohnehin weitgehende Immunität genossen, waren Proteste sinnlos. Wer dennoch Widerspruch erhob, wurde mit der Exkommunikation konfrontiert, einer existenzbedrohenden Maßnahme, da gleichbedeutend mit dem Ausschluß aus der mittelalterlichen Gesellschaft. Auf diese Weise konnte die straffreie Erpressung zum dominanten Kennzeichen klerikaler Amtsausübung heranreifen, das den Auftrag zur Vermittlung der Heilsbotschaft in die Wahrnehmung der eigenen Macht- und Besitzinteressen, einhergehend mit einem umfassenden Sittenverfall, ummünzte. Von solchen Geistlichen erwarteten die Zeitgenossen zuallerletzt eine angemessene Glaubensunterweisung:

> »Wenn ihr Gott mehr kränken wollt, als es alle übrigen Sünder tun, dann werdet ein bischöflicher Beamter …« [50]

Aufgeschreckt durch die Verachtung der Bevölkerung, aber auch die Erstarkung alternativer Glaubensbewegungen, forderten das Konzil von Avignon 1209 und vor allem dasjenige von Rom 1215 von seinen Klerikern mehr engagiertes Predigen sowie eine sorgfältigere Auswahl des »Personals«, und der zeitgenössische Troubadour Izarn faßte die allgemeine Meinung dahingehend zusammen, daß »die Ketzerei sich niemals so hätte ausbreiten können, wenn es gute Prediger gegeben hätte«[51].

Der Mißbrauch der Beichte als Einnahmequelle zog als logische Folge eine massive Intensivierung des Sündenbewußtseins nach sich – mit anderen Worten: Je widerstandsloser die Menschen – in Umkehrung der christlichen Botschaft – sich in Abhängigkeit von der klerikalen Absolution halten ließen, desto einträglicher gestaltete sich das Geschäft mit der Sünde.

Aufwendiger Lebenswandel und chronischer Geldmangel ließen die Phantasie laufend neue Möglichkeiten der Finanzierung ersinnen und auch die letzten religiösen Skrupel schwinden. Sogar die Eucharistie oder das Sterbesakrament konnten so zu kostenpflichtigen Diensten werden, die zu verweigern waren, wenn säumige oder unwillige Zahler zum gewünschten Wohlverhalten gezwungen werden mußten. Hierzu gehörten vor allem auch Legate zum Erwerb des Ablasses von einem möglicherweise sündigen Leben, während dessen allerdings schon jahrzehntelang zuvor eine Fülle von Zahlungen geleistet worden war.

Der garantierte Wohlstand, die fehlende Eignungskontrolle und die praktische Straffreiheit bei Fehlverhalten begünstigten mehrheitlich nicht nur diejenigen Kleriker, die schwach im Glauben waren; sie lockten vor allem Personen an, die in keinster Weise an der Einhaltung des Zölibats interessiert waren. Die Beziehungen der geistlichen Leitung zu ihrer Gemeinde mußten sich in diesem Punkt umso delikater gestalten, je weiter das Verhalten der »Hirten« von ihren Ansprüchen an die Sittlichkeit der »Herde« divergierte. Keuschheit war im Klerus der Wende zum 13. Jahrhundert nahezu unbekannt. Ausschweifungen waren hier deutlich verbreiteter als bei den Laien, allein aufgrund des höheren und vor allem sicheren Einkommens. Nur eine Heirat vermochte die lebensfrohen Prälaten in Schwierigkeiten zu bringen.

Es ist evident, daß unter derartigen Bedingungen der Klerus weder zu einem nützlichen Gliede der Gesellschaft, geschweige denn zu einem würdigen Vermittler einer spirituell und ethisch anspruchsvollen Religion werden konnte. Ganz im Gegenteil: Da die aufkommenden Ketzerbewegungen die christlichen Tugenden der Demut und Bescheidenheit reaktivierten, konnte es geschehen, daß ein glaubenstreuer, asketischer Priester in den Verdacht der Häresie geriet!

Die Mönchsorden waren vom Papst graduell aus der bischöflichen Jurisdiktion herausgelöst worden, um sie in direkter Regie als Macht- und Kontrollistrument gegen die Bischöfe einzusetzen und den Zugriff auf ihre Einkünfte zu sichern. Auch sie konnten allerdings der Systematik allgemeiner Verantwortungs- und Sittenlosigkeit letztlich nicht entgehen. Zudem sank das geistliche Niveau hier noch schneller als im Klerus, weil sich die Klöster mit Straftätern füllten, die sich durch das Gelübde oder Ablasszahlung der Hinrichtung oder langer Kerkerhaft entzogen. Das Konzil von Padua entschied bereits im Jahre 1129, daß Wegelagerer und Frauenschänder verbannt werden oder ins Kloster gehen sollten.[52] Auch hier führten Reformversuche zu eher noch schlimmeren Zuständen. Denn selbst wenn es gelang, die Klosterdisziplin zu stärken und in eine gottgerechte Bahn zu lenken, war es oft das Gottesvolk selbst, das durch dankbare Spenden erneuten Wohlstand und Rückfall ins Lotterleben bewirkte.

Beichte und Buße, deren vermeintliche Schwere sich in Geldzahlungen widerzuspiegeln hatte, waren keineswegs geeignet, die Seele eines christlichen Menschen würdig zu bilden und den Glauben so zu festigen, wie es Jesus und Paulus verkündet hatten. Eine solche Sicht versperrte die Zugänge zu qualifizierter Unterweisung im Glauben und ernsthafter Spiritualität, welche die Scholastik und neue Kriterien des systematischen Denkens zur Trennung des Glaubens von der Schuld gerade zu öffnen begonnen hatten. Statt dessen faßten die mittelalterlich-heidnischen Neigungen zu Fetischdienst, Aberglauben, Gauklertum und Wahrsagerei verstärkt Fuß, umso stärker wiederum bekämpft vom Machtklerus mit Bußzahlungen und dem Instrument des Ablasses, das sich rasch wachsender Beliebtheit erfreute.

Damit wiederholte sich der Regelkreis der klerikalen Einkommenslogik, die eine für die Prälaten überaus günstige Eigenschaft entfaltete. Je krasser sie im Glauben versagten, desto fester konnten sie im Schutze ihrer Immunität die Gebührenschraube anziehen, womit sich das Dilemma der Kirche weiter verschärfte: Sie beherbergte einen Klerus, dessen finanzielle Einkünfte mit seinem spirituellen Defizit anstiegen.

Thomas von Aquin hatte das Konzept vom »Schatz der Verdienste« Christi und der Heiligen entwickelt, der die Quelle des Ablasses als Ersatz für die Buße des Sünders darstellte. Damit wurde nicht nur die Flexibilität der Buße, sondern vor allem die Liquidität des Papstes erhöht. Während früher Bischöfe über die Bußpfründe, die über 40 Tage hinausging, noch selbst verfügen konnten, durften sie nun nur noch als Vollstrecker des Papstes auftreten, der sie fürderhin direkt vereinnahmte.

Der Ablaß wurde zu einer gigantischen und wahrscheinlich einer der einträglichsten Geschäftsformen der Weltgeschichte. Jeder Gerichtsbarkeit entzogen, pumpte er jahrhundertelang riesige Beträge in die päpstliche Schatulle und entwickelte sich damit zum wichtigsten Regulator der Rekrutierung von Kreuzfahrern sowie nicht zuletzt zum Auslöser der Reformation. Er mutierte zum sichersten Zerstörer des Glaubens, nicht nur weil er die häßliche Gestalt des Ablaßkrämers hervorbrachte, sondern weil er nun den Gläubigen das Heilsmonopol der Prälaten als direkte Funktion ihrer Geldgier ungeschminkt vor Augen führte. Während früher die kirchlichen »Dienstleistungen« einzeln verhandelt und abgerechnet werden konnten, lief die gesamte Sündentransformation über die zentrale Institution des Ablasses, deren Funktion als finanzielle Grundlage klerikaler Ausschweifung sich dem Gottesvolk nun in ihrer vollen zynischen Nacktheit präsentierte.

Natürlich waren nicht alle Prälaten schlechte Prälaten, aber die guten waren nicht gut genug, die glaubenszerstörende Wirkung der schlechten aufzufangen. Weil die christli che Vollmacht nicht zur spirituellen Stärkung des Menschen genutzt, sondern zur finanziellen Stärkung des Klerus mißbraucht wurde, begann eine unheilvolle Entwicklung ihren Lauf zu nehmen. Schon Potho, Bischof von Prüm, hatte geklagt:

> »Es gibt keinen einzigen Priester, der würdig wäre, sich zum Mittler zwischen Gott und den Menschen zu machen und dem göttlichen Throne mit dem Rufe nach Gnade zu nähern«.[53]

Der Niedergang des geistlichen Standes war allerorten so sichtbar geworden, daß man im Jahre 1215 ein Laterankonzil mit dem Hauptzweck einberief, die Crux der klerikalen Lasterhaftigkeit zu bessern. Wenig später klagte Papst Honorius III.:

> »... die Diener des Altares, schlimmer als in ihrem Kot liegende Tiere, brüsten sich wie in Sodom mit ihren Sünden ... so kommt es, daß die Ketzereien blühen«.[54]

Im Zentrum des Problems stand natürlich die Frage, ob die von einem unwürdigen Priester gespendeten Sakramente überhaupt Gültigkeit erlangen konnten. Dieser schon von den Donatisten im Streit mit Augustinus geäußerte Zweifel lag allen aufkommenden Ketzerlehren zugrunde. Das Kirchenrecht enthielt zwar dem Buchstaben nach das Verbot, an von Priestern durchgeführten Messen teilzunehmen, die mit einer Frau zusammenlebten, doch wurde in der Praxis weiter angenommen, daß die übernatürliche Qualität der Wandlung (Gegenwart Christi in der Eucharistie) nicht suspendiert und prinzipiell von keinerlei Voraussetzung abhängig sei.

Es genügte, wenn sich der Priester nominell aus der zentralen Fähigkeit, nämlich der *in persona Christi* vollzogenen Wandlung, definierte. Für alle weiteren Handlungen, sämtliche übrigen Verhaltensweisen war diese Person mithin nicht zur Verantwortung zu ziehen. Vom Priester wurde also nicht erwartet, sich seines sonstigen Daseins bewußt zu sein – eines Daseins, das jeder Beurteilung entzogen war, obwohl es dem höchsten Anspruch des von ihm vermittelten Glaubens zu genügen hatte.

Der Glaubensintegrität desjenigen, dem das wichtigste Element des christlichen Ritus oblag, nicht weniger als die Gegenwart des Erlösers in der Gemeinschaft der Gläubigen, wurde also der niedrigstmögliche Maßstab zugrundegelegt. Es verwundert nicht, daß eine solche Diffamierung der eigenen Religionsbasis auf Dauer im Gewissen der Menschen bleibende Spuren hinterließ.

Die für die Zeit relativ selbständige Denkungsart und der hohe kulturelle Entwicklungsstand Südfrankreichs hatten einen besonderen Standard der Bildung und Toleranz hervorgebracht, der nicht nur den Juden besondere Rechte, sondern auch alternativen Glaubensrichtungen allgemeine Entwicklungsmöglichkeiten einräumte. In einem solchen Umfeld, noch dazu begünstigt durch die moralische Selbstdemontage des Priesterstandes, konnten sich die Lehren der »Ketzer« wie ein Lauffeuer ausbreiten. Der hl. Bernhard umriß die Lage:

> »Die Kirchen sind ohne Volk, das Volk ohne Priester, die Priester ohne die ihnen gebührende Ehrfurcht und die Christen ohne Christus«.[55]

Für die Waldenser, benannt nach ihrem Stifter Petrus Waldes (gest. 1217) aus Lyon, standen denn auch im wesentlichen vier Forderungen im Mittelpunkt, die die kirchliche Autorität bei den Armen bis ins Mark erschütterten und später in der Reformation in ähnlicher Form wieder auftauchten: die Erneuerung des apostolischen Auftrags und des Predigeramts, der Gehorsam gegenüber Gott statt gegenüber dem Papst, die Abhängigkeit der religiösen Legitimation des Priesters von der Legitimation seines Glaubens und die Verwerfung des Ablasses. Die Waldenser und ihre eher ethisch geprägten Lehren breiteten sich rasch in ganz Europa aus und wurden, nachdem die Kurie um die Wende zum 13. Jahrhundert zu ihrer Verfolgung aufgerufen hatte, erstmals von den Regenten von Aragon mit dem kirchlichen Bannfluch belegt.

Eine wesentlich problematischere Richtung erwuchs der Kirche in den *Katharern*, welche die gesamte kirchliche Glaubensorganisation verwarfen. Sie hingen einem manichäisch-gnostisch gefärbten Christentum an, das in der Identifikation des Geistes mit dem Guten und der Materie mit dem Schlechten eine strenge Askese und mithin die Abkehr von allem forderte, was in irgendeiner Weise die Sinne ansprach.

Diese Art strenger Sittlichkeit fand trotz ihres Verzichtsanspruchs großen Zulauf und beeindruckte die späteren Inquisitoren durch ihre unbeugsame Opferbereitschaft. Ob allerdings der katharische Antimaterialismus mit seiner konsequenten Ablehnung jeglicher Naturbeherrschung eine Gefahr für die Kirche und eine langfristig lebensfähige Alternative hätte darstellen können, unterliegt großem Zweifel. Während Deutschland von dieser Bewegung weitgehend verschont blieb, fand sie starke Verbreitung in Frankreich, Flandern und Italien, wo sie in Mailand als die erwähnte »Pataria« bekannt war. Nicht zuletzt bildeten die »Katharer« den Inbegriff der religiösen Abweichung überhaupt. Von ihrem Namen leitet sich immerhin der Begriff des »Ketzers« selbst ab.

Die Kirche hatte sich und die Unzulänglichkeit ihrer Vertreter einmal mehr als Quelle der religiösen Gegenbewegungen erkannt. Papst Innozenz III. fand im Lateranskonzil von 1204 noch einmal klare Worte zum Dilemma der eigenen Fehlschaltung:

> »Die Verderbnis des Volkes hat ihre Hauptquelle in dem Klerus. Hieraus entspringen die Übel des Christentums: der Glaube schwindet, die Religion nimmt ab, die Freiheit ist in Fesseln gelegt, die Gerechtigkeit mit Füßen getreten, die Ketzer vermehren sich, die Schismatiker werden kühn, die Ungläubigen stark, die Sarazenen siegreich«. [56]

So wie zuvor das Papsttum selbst integrale Beiträge zur Verursachung dieser Mißstände geleistet hatte, fand auch dieser Papst nicht die Kraft zu einer wirklichen Erneuerung. Das Übel der Kirche an seiner Wurzel zu fassen, hieß die christliche Vollmacht des Klerus neu zu definieren, sie der direkten, persönlichen Manipulation zu entziehen, nicht weniger als die völlige Neuordnung der sakralen Gewaltenteilung, eine gänzliche Umwälzung des kirchlichen Selbstverständnisses, das seit dem Mailänder Toleranzedikt auf der Gleichsetzung des Glaubens mit dem Amt und seiner Durchsetzung mit dem »weltlichen Arm« beruht hatte.

Wiederum vermied die Kirche den Weg der Selbstprüfung. Erneut zog sie die Reaktivierung der eingefahrenen Mißbrauchsinstrumente einer Revision der klerikalen Fehlentwicklung vor. Wie den Kreuzfahrern wurde nun den Ketzerjägern lebenslanger Ablass angeboten. Nochmals zog dieses Verfahren den Pöbel an, und wiederum war der Klerus einer Verhaltensüberprüfung enthoben. Ganz im Gegenteil: Zwar war man durch den Papst entmachtet, doch konnte man nun, da die Verfolgung der Häretiker systematisch in Gang kam, sich umso ungenierter den überkommenen Gewohnheiten der Bereicherung und Ausschweifung widmen.

Die Fortsetzung der Entchristlichung und nochmalige Verhärtung kirchlicher Machtpolitik begann sogar, die Ketzer und gläubigen Katholiken im Glauben an Jesus Christus zusammenzuschmieden. Im Jahre 1205 lehnte die Bürgergemeinschaft der Stadt Bézier die Auslieferung der Ketzer an die vom Papst gesandten Verfolger ab, die daraufhin in einem beispiellosen Blutbad etwa 20000 Menschen – von Kind bis Greis, von Katholik bis Ketzer – blindlings niedermachten.

Wie es sich bei besonderen Vorkommnissen der Geschichte immer wieder erwies, so verhielt es sich auch mit der Signalwirkung dieses Ereignisses. Der systematische Mißbrauch christlicher Autorität überwand so die letzten Schwellen des Skrupels und brach sich in bislang ungekannter Brutalität Bahn. Die Schere zwischen klerikaler Glaubwürdigkeit und der mentalen Belastbarkeit des Gottesvolks begann sich in den Bereich der Unüberbrückbarkeit zu öffnen. Erbarmungslose Strenge gegen kleinste Glaubensabweichungen der Laien stand der Straflosigkeit des sündhaften Klerus gegenüber. Wer als Ketzer erkannt zu sein schien, stand immer mehr in der Gefahr, auf dem Scheiterhaufen zu landen, eine Strafe, die nicht nur auf Diokletian und seinen Umgang mit den Manichäern zurückging, sondern sich anmaßte, Gott die Bestrafung abzunehmen und die Hölle ins Diesseits zu verlegen. Die Inquisition hatte begonnen, ihre Schatten vorauszuwerfen.

2. Armutsorden und Inquisition

Nach einer langen, nahezu zweihundertjährigen Übergangszeit des Schwankens und der Unentschlossenheit hinsichtlich der Behandlung von Glaubensabweichlern bestand im 13. Jahrhundert keinerlei Zweifel mehr daran, daß der Ketzer kein Mitglied der menschlichen, mithin kirchlichen Gemeinschaft sein konnte, wenn er nicht abschwor und Buße tat. Waren keine Zeichen der Reue erkennbar, blieben nur Exkommunikation, Konfiskation des Besitzes und in der letzten Konsequenz die Verbrennung. Eine als »Glaube« maskierte, totalitäre Ideologie begann auch die letzten noch verbliebenen Winkel menschlicher Beziehungen, die engsten Verwandtschaftsverbindungen mit dem Ketzerverdacht zu besetzen, um dem Machtanspruch der Kirche Geltung zu verschaffen. Auch Thomas von Aquin, der große Theologe und Philosoph, blieb hier ganz Sohn der Kirche:

> »Ketzer dürfen nicht geduldet werden. Die liebevolle Barmherzigkeit der Kirche gestattet ihnen zwei Warnungen, worauf sie im Falle der Hartnäckigkeit dem weltlichen Arme überlassen werden müssen, um durch den Tod aus der Welt geschafft zu werden«. [57]

Diese Sichtweise spiegelte nichts anderes als das umfassende Pflichtgefühl wider, das die Usurpation der christlichen Vollmacht ihren Inhabern vermittelte: als Vollstrecker Gottes auf Erden aufzutreten, allerdings nicht in der Interessenwahrung des Glaubens, sondern in der Interessenwahrung der Macht. Das Versagen des Klerus in der Wahrnehmung der Glaubenspflichten gegenüber der »Herde« hatte die Herausbildung der Ketzer provoziert, deren Existenz letztlich nicht zu Einkehr und Nachdenken führte, sondern eine neue Stufe der Gewalt und damit eine erweiterte Dimension des Versagens öffnete. Wer auch nur in einem Punkte vom »Glauben« abwich, war Ketzer und dabei so unrein, daß neben ihm sogar Juden und »Sarazenen« rein wurden[58]. Mitleid – angewandt auf die Qualen des gefolterten Ketzers – wandelte sich von einer christlichen Tugend zur Todsünde, und dementsprechend wurde die Verfolgung der Abweichler zum Werk der Nächstenliebe an den verirrten Seelen. Vor allem jedoch diente die Unterdrückung dieser religiösen Bewegung dem Erhalt kirchlicher Macht und Privilegien.

So wie das klerikale Fehlverhalten das Ketzertum als externe Reaktion hervorrief, so bewirkte es als interne Reaktion die Herausbildung dynamischer Bewegungen der Glaubenserneuerung, der mehrfach erwähnten Armuts- oder Bettelorden. Schon 1228 bzw. 1234 wurden die Gründer der beiden erfolgreichsten Orden jener Zeit und der Kirche überhaupt, der Franziskaner und Dominikaner, heiliggesprochen. Franziskus aus Italien und Dominikus aus Spanien hatten binnen weniger Jahrzehnte machtvolle Organisationen aufgebaut, die es sich zur Aufgabe machten, nicht nur die Ketzer zu bekehren, sondern ihre Scharen frommer Prediger auszusenden, um die von der Kirche seit langem unterlassene Unterweisung der Massen im christlichen Glauben wiederzubeleben.

Die weit verzweigte Organisation und ihre absolute Loyalität machten die Orden zum wirkungsvollsten Werkzeug des Papsttums, wenn es darum ging, auf Basis ständig fließender Informationen aus dem *Imperium Ecclesiae* mögliche Widerstände in den Diözesen oder weltlichen Herrschaftsbereichen laufend zu erkennen und präventiv zu bekämpfen. Auf Kosten der Gläubigen wuchs hier ein dem Papst vollständig ergebener, von jeglicher Gerichtsbarkeit befreiter Leibkader heran, dessen Eifer und Effizienz kaum zu übertreffen waren. Seine kurialen Vollmachten bewirkten nicht nur die Entwicklung eines europaweiten Überwachungsnetzes, sondern vor allem die weitgehende Entmachtung der Bischöfe, deren nach wie vor vernachlässigte Aufgaben gegenüber der »Herde« dieser Kader nun – insbesondere in Predigt und Beichte – schrittweise übernahm.

Wer den Papst im Rücken hatte, konnte die zuweilen aufkeimende Konkurrenz zum Episkopat schnell zu seinen Gunsten entscheiden. Die zunehmend klandestine Ausrichtung und Einbindung in politische Spezialaufträge hatte den Charakter der Orden erheblich verändert und ihnen im Laufe des Jahrhunderts dabei eine Machtfülle zuwachsen lassen, die es zuweilen auch für den Papst selbst problematisch werden lassen konnte, sich gegen ihre Interessen zu stellen. Innozenz IV. (gest. 1254), Johannes XXI. (gest. 1277) und Honorius IV. (gest. 1287) waren als entschiedene Gegner der Orden bekannt und starben sämtlich unter ungeklärten, z.T. ausgesprochen mysteriösen Umständen. Johann Gerson, der führende Theologe der Pariser Universität zu jener Zeit, zählte neben Tyrannen, Ketzern und dem Antichrist die Bettelorden zu den »Verfolgern der Kirche«.[59]

Keine Organisation eignete sich für den Kampf gegen das Ketzertum besser als die solcherart zu Geheimgesellschaften mutierten Orden, die ihrerseits ohnehin bereits damit begonnen hatten, dem Armutsideal zu entsagen und sich dem Standardmuster klerikalen Verhaltens, der Bereicherung und Sittenlosigkeit, anzunähern. Dies behinderte allerdings keineswegs ihre Eignung für den Aufbau der Inquisition als Institution, in dem zunächst Dominikaner in Erscheinung traten. Nachdem die lokalen Diözesen in der Ketzerbekämpfung versagt hatten, und die Kurie nun über ein perfektes Instrument der vertraulichen Überwachung und Informationsbeschaffung verfügte, lag es nahe, es auch zur Ausrottung der Häresie heranzuziehen.

Es blieb dem für seine Toleranz gegenüber dem Islam bekannten Staufer Friedrich II. vorbehalten, die weltliche Gesetzgebung mit der kirchlichen zu einem weitgehend einheitlichen »Antiketzergesetz« zusammenzufassen und der Inquisition zur Verfügung zu stellen, eine Maßnahme, die sein chronisch angespanntes Verhältnis zum Papst günstig beeinflussen sollte.

Das vom Stauferkaiser entworfene Gesetzeswerk, das den ungeteilten Beifall der Kirche fand, begründete in wesentlichen Aspekten eine neue Form vollständiger Rechtlosigkeit, deren Maschinerie jeden der Ketzerei auch nur Verdächtigen einem unentrinnbaren Verfahren aussetzte. Es enthielt dabei ebenso Bestimmungen, die sogar den Besitz von Bibelübersetzungen verboten und jedem, der im Besitze eines derartigen Buches angetroffen wurde, also auch dem gläubigen Katholiken, den Ketzerprozeß androhten!

Wer sich für Ketzer einsetzte, nahm diesen Status unverzüglich selbst an. Auch wer den öffentlichen Verbrennungen fernblieb, mußte damit rechnen, selbst der Häresie angeklagt zu werden. Kleriker neigten zuweilen dazu, ihnen bekannte Ketzer zu verschweigen, weil sie in unversöhnlichem Haß zu den Ordensleuten standen, welche die Untersuchungen durchführten. Auch sie entgingen der sich fortlaufend perfektionierenden Maschinerie der Inquisition nicht.

Je deutlicher sich herausstellte, daß es sich beim Ketzertum um ein etabliertes Problem handelte, dessen Beseitigung erheblichen Zeit- und Sachaufwand erfordern würde, desto konkreter wurde die Inquisition als integraler Bestandteil der Kirchenorganisation betrachtet. Wenn die Inquisitoren zur Einleitung einer neuen Untersuchung erschienen, wurde dies unter Teilnahme der weltlichen Obrigkeit in einer öffentlichen Ankündigung, dem sogenannten »Autodafé«, der Bevölkerung mitgeteilt. Der »weltliche Arm« trug dafür Sorge, daß alle bekannten Ketzer zur Anzeige gebracht, verhaftet, eingekerkert und bei Aussageverweigerung gefoltert wurden. In einem weiteren Autodafé wurden nach Abschluß der Untersuchung die Urteile verkündet und gegebenenfalls öffentlich vollstreckt.

Stadt, Untersuchungsbeamte, Bischof und Inquisition teilten sich in das eingezogene Vermögen. Wer sich dem päpstlichen Befehl zur Aufnahme des Gesetzes in die lokale Rechtsprechung oder dem konkreten Vorgehen selbst widersetzte, wurde exkommuniziert. Somit war gewährleistet, daß den Inquisitoren in jeder Jurisdiktion ein weltlicher Assistenzapparat von gleichgerichteter Effizienz und Motivation zur Verfügung stand. Bei Bedarf hatten sich Sachverständige bereitzuhalten, um die Untersuchung mit speziellen Kenntnissen zu unterstützen. Der gesamte Staat, die gesamte Gelehrsamkeit, die gesamte Bevölkerung wurden somit im Rahmen eines umfassenden Denunziationssystems der Inquisition dienstbar gemacht.

Im Rahmen ihrer Tätigkeit waren die Inquisitoren von jeglicher Kontrolle und Verantwortlichkeit befreit, ihre Amtsdauer praktisch unbegrenzt und nur vom Papst zu beenden. Eine solche, mit absoluten Machtmitteln ausgestattete Allgegenwart, verschränkt mit weltlichem und bischöflichem Gehorsam, mußte zum Inbegriff der Allgewalt selbst werden. Im Verlauf entstehende Anredeformen wie »Eure religiöse Majestät«[60] entsprachen dieser Logik. Dem Inquisitor war somit der gleiche Gehorsam zu leisten wie dem Papst, oft eine Vorstufe zu Bischofs- oder Kardinalswürden. Wer dieser Institution widersprach oder entgegenwirkte, stellte sich außerhalb der Gesellschaft, wurde exkommuniziert und nach einem Jahr Objekt der Verfolgung.

Der inquisitorische Prozeß beruhte auf den Strukturen des römischen Rechts, allerdings mit drei entscheidenden Modifikationen: Ankläger und Richter waren identisch, die Zeugen blieben anonym und die Verteidigung war praktisch ausgeschaltet, da jeder, der sich für Ketzer einsetzte, in der Gefahr stand, diesen Status rasch selbst anzunehmen. Der gesamte Ablauf war nicht nur geheim, sondern hatte ein Ergebnis »zugunsten des Glaubens« zu zeitigen, zumal die Akteure sich in der Vollmacht Gottes wähnten. Es genügte in der Regel der bloße Verdacht – im umfassenden System der Denunziation eine unproblematische Voraussetzung – die Automatik der inquisitorischen »Beweisaufnahme« mit feststehendem Ergebnis in Gang zu setzen.

Drohte der Delinquent, sich dieser Automatik durch intelligente Argumentation oder widrige Faktenlage zu entziehen, war es Aufgabe des Inquisitors, durch irreführende Fragestellung und – als ultima ratio – durch die Folter ein schuldgerechtes Geständnis zu erzwingen. Denn die Logik dieses Verfahrens hatte nicht die Perfidie des unausweichlichen Urteils, sondern die Barmherzigkeit der Kirche im Auge, die in der Bekehrung des Ketzers die Rettung seiner Seele sicherte. Allerdings hinderte diese Sichtweise die Untersuchungsbeauftragten nicht daran, auch jene Vorteile zu erkennen, die sich für sie mit der Enteignung des Delinquenten sowie Erpressung von Geständnissen und Geldzahlungen, häufig befördert durch jahrelange Untersuchungshaft, verbinden ließen.

In einem solchen System fiel es auch strikter Strenggläubigkeit schwer, die Authentizität des Glaubens »glaubwürdig« nachzuweisen und sich damit selbst vor den Tentakeln des Überwachungsnetzes nachhaltig zu schützen. Nur die tiefe Verinnerlichung einer umfassenden Heuchelei und die aktive Inanspruchnahme der Verdienste, die sich mit Denunziationen erwerben ließen, konnte hier eine wirksame Schutzfunktion bewirken. Den eigentlichen, wirklichen Schutzpanzer katholischer Gläubigkeit konnte sich der Mensch des Mittelalters daher nur durch die totale Verinnerlichung des Glaubens an den Papst, die Verkörperung der Inquisition und der Barmherzigkeit der Kirche anlegen. Nur wer seinen Glauben solcherart durch den Papst und diesen durch jedes Mittel gerechtfertigt sah, bewies die Fähigkeit, ein unchristlich ausgeübtes Papstamt als das Fundament der Kirche und den klerikalen Machtmißbrauch als Glauben zu verstehen.

Das spektakulärste Beispiel für die effiziente Funktionsfähigkeit der Inquisition ist die Vernichtung des Templerordens. In zynischer Kooperation zwischen Papst Clemens V. und König Philipp II. von Frankreich wurde die mächtigste vorinquisitorische Organisation, ruhmreicher Kreuzfahrerorden und Kreditgeber zahlreicher europäischer Fürstenhäuser, unter den Verdacht der Ketzerei gestellt. Da die Macht des Ordens eine latente Gefahr für die Macht des Papstes darstellte, und die französische Staatsschatulle sich in vollständiger Abhängigkeit von den Krediten des Ordens befand, erkannten Papst und König in kongenialer Perfidie die Inquisition als das ideale Instrument zur Lösung ihres gemeinsamen Problems.

Im 1310 eigens einberufenen Konzil von Vienne wurde der Orden kollektiv und ohne Anhörung wegen Ketzerei mit der Begründung verurteilt, mit priesterlichen Anmaßungen und blasphemischen Riten eine neue Religion angestrebt zu haben, eine Anschuldigung, der man angesichts der wirtschaftlich-militärischen Tradition des Ordens und seines ungeheuren Prestiges schon zu jener Zeit wenig Vertrauen schenkte. Die Ordensbrüder hatten sich zur individuellen Aburteilung bei den zuständigen Bischöfen unter der obligaten Androhung der Exkommunikation bei Fernbleiben zu melden. Das unermeßliche Vermögen des Ordens – natürlich das eigentliche Ziel dieser Aktion – wurde unter dem Hospitaliterorden, der Kurie und einem Teil der Fürstenhäuser aufgeteilt.

Als Hauptakteur und -profiteur trat Philipp II., auch »der Schöne« genannt, auf, der in einer generalstabsmäßig geplanten und durchgeführten Razzia die Templer Frankreichs als Ketzer verhaften und zu langer Kerkerstrafe bzw. Verbrennung verurteilen ließ, der im Jahre 1313 auch der französische Großmeister und späterer Märtyrer der Freimaurerei, Jakob de Molay, zum Opfer fiel. Spekulationen, nach denen der König sich der Templer entledigt haben soll, um einer angeblich geplanten Okkupation Südfrankreichs zuvorzukommen, besitzen dagegen nur geringen Wahrscheinlichkeitswert.[60a]

Nicht nur waren durch diesen Schlag Philipps Finanzprobleme gelöst, sondern auch in der Folge bereicherte sich das französische Königshaus am unzulässigen Einzug der weitverzweigten Templerforderungen in einer Weise, die zu jahrelangem, unwürdigem Gezänk mit der Kurie Anlaß gab. Wenngleich in diesem Falle der »weltliche Arm« die Oberhand behielt, so hatte die Kirche ihre Stärke schulmäßig unter Beweis gestellt: die Sicherung der Macht und der Pfründe, die auch die eigenen Strukturen nicht verschonte.

Die Armutsorden waren entstanden, um die christliche Lehre und die Tugenden der Demut und Bescheidenheit, die so lange vom Klerus vernachlässigt worden waren, durch das eigene Vorbild zu erneuern und zu verkünden. Sie waren nun der Kern einer hocheffizienten Organisation, die – selbst die interne Reaktion auf das klerikale Versagen repräsentierend – mit der Ketzerei die externe Reaktion auf dieses Versagen ausmerzte. Das Papsttum als höchste Instanz des kirchlich legitimierten Vollmachtsmißbrauchs hatte sich der christlichen Erneuerung bemächtigt, um die Reaktion auszurotten. Es hatte mit der Inquisition eine neue Stufe der Gewalt erklommen, um den Erhalt reiner Macht, das System des Versagens im Namen des Christentums, zu konservieren. Im Papsttum wurde die Instanz erkennbar, die den Kampf gegen die eigenen geistigen Prinzipien zum Inhalt der Lehre machte. Nicht die Förderung der christlichen Tugenden war die Triebfeder päpstlichen Handelns, sondern die Durchsetzung der Macht mit dem inquisitorischen Regime des Schreckens nach außen und dem Gehorsamsdruck der Hierarchie nach innen.

Die Verselbständigung der Verfolgung und Vernichtung konnte schwerlich als religiöse Tugend und überzeugende Vermittlungsform der christlichen Erlösungsbotschaft erscheinen. Nichts konnte die vollständige Fehlschaltung der klerikalen Herrschaft besser kennzeichnen als das Netz des Grauens sowie der anonymen und realen Bedrohung, das die kirchliche Inquisition für ein halbes Jahrtausend um die Menschen Europas spannte. Im Namen Christi, des Symbols der Gewaltlosigkeit, hatte das Papsttum die größte und bestorganisierte Gewaltorganisation der Geschichte geschaffen, der nur derjenige entgehen konnte, der sich ihren Prinzipien unterwarf. Diese bestanden jedoch nicht in der Verkündung der christlichen Lehre im Sinne göttlicher Zuwendung an den Menschen, sondern in der Gehorsamserzwingung unter die Kirche des Papstes im Sinne der Macht des Menschen über den Menschen. Wer allerdings die Herrschaft derart verabsolutierte und die christliche Vollmacht ins »weltliche Reich« verschob, forderte langfristig eine mächtige Konkurrenz, den »profanen« Geist des Menschen, heraus.

3. Akzente der Kreuzzüge

Im Großrahmen der west-östlichen Auseinandersetzungen zwischen den Griechen/Perser-Kriegen der Antike und der imperialistischen Kolonisation der Moderne nehmen die Kreuzzüge des Mittelalters aufgrund ihrer vielschichtigen Entstehungsgeschichte eine herausgehobene Sonderstellung ein. Der anscheinend plötzliche Aufbruch großer Menschenmengen unter dem Zeichen des Kreuzes zur Rückeroberung des Heiligen Landes aus den Händen der muslimischen »Sarazenen« bietet bei oberflächlicher Betrachtung ein Bild der Aggression, das der Moralideologie der Postmoderne häufig als Beweis christlicher Intoleranz und Gewaltbereitschaft erscheint. Mit der gleichen »Berechtigung« der unhistorischen Betrachtung würde sich die Feststellung vertreten lassen, daß der postmoderne Religionsdialog als ideologische Aggression des Islam zu interpretieren wäre.

Im Sinne der systemorientierten Abstraktion kann natürlich die mittelalterliche Expansion der Christen in das Land Jesu Christi ebenso wenig als einseitig begründeter Angriff verstanden werden wie die zeitgenössische Expansion des Islam in Europa. Beide Phänomene verdanken sich übergeordneten geistig-politischen Kraftfeldern, zu deren Verständnis das Umfeld der Kreuzzüge nicht unwesentlich beitragen kann.

Wir werden in den beiden Folgekapiteln über die Macht- und Geistesstrukturen des Islam erkennen, daß bereits im 10. Jahrhundert ein rapider Machtverfall des Bagdader Kalifats einsetzte, der im 11. Jahrhundert zur Formulierung eines bis heute gültigen Machtprivilegs des islam- d.h. orthodoxietreuen Herrschers führte. Vor diesem Hintergrund konnten sich etwa ab dem 12. Jahrhundert Entwicklungen etablieren, die eine graduelle Vernichtung der philosophischen Rationalität bzw. – als nicht ganz zufällige Ausweichreaktion – eine sich gleichzeitig entfaltende mystische Spiritualität im Islam begünstigten.

Politisch hatte sich zwischen der Militärdynastie der Seldschuken, die seit 1055 den Abbasidenkalifen in Bagdad faktisch beherrschten, und den schiitischen Fatimiden in Kairo im islamischen Zentralgebiet ein Machtvakuum gebildet, das insbesondere in Syrien und Palästina durch sich laufend bekämpfende Kleinfürsten in raschem Wechsel gefüllt wurde. Mit dieser Entwicklung ging eine schon vom Fatimiden Al-Hakim (gest. 1021) initiierte Welle der Christenfeindlichkeit einher, die zwar in gewissem Gegensatz zur ansonsten eher toleranten *dhimmi*-Politik der Fatimiden stand[61], das generelle Klima jedoch nachhaltig verschlechterte.

Zu tiefen Einbrüchen in die christlich-byzantinischen Positionen kam es im Jahre 1071 nach dem Sieg des Seldschuken Alp Arslan bei Manzikert, der Konstantinopel in höchste Gefahr brachte und zudem die christliche Pilgerroute über Kleinasien gefährdete. Fatimidische Rückeroberungen und Raubzüge lokaler Usurpatoren verunsicherten die gesamte Mittelmeerregion und zogen auch die klassischen Pilgerstationen auf dem Weg nach Jerusalem wie Askalon, Akka und Tyros in Mitleidenschaft. Insgesamt stand die westliche Pilgeraktivität, die unter dem Eindruck der nach dem Jahre 1000 deutlich zunehmenden Endzeiterwartung ständig angestiegen war, einer enorm wachsenden Rechtsunsicherheit gegenüber, die eine geregelte Durchführung der Wallfahrt nahezu unmöglich machte.

Im Gegensatz zu Spanien und Süditalien bzw. Sizilien, die seit Beginn des 8. Jahrhunderts unmittelbare und wiederholte Bekanntschaft mit dem Islam und seinen Verhaltensnormen gemacht hatten, war diese Religion in Zentraleuropa bis auf wenige Ausnahmen in der Schweiz, wo die Muslime Mitte des 10. Jahrhunderts bis nach Chur und St. Gallen vordrangen, weitgehend unbekannt geblieben. Dafür hatte, wie wir ausführlich dargestellt haben, hier eine Bewegung begonnen, sich gegen die Machtkirche unter dem Kreuzsymbol in einer Wiederbelebung des Armuts- und Erlösungsgedankens abzugrenzen. Unter den in der Zeit intensiv wirkenden endzeitlichen Vorstellungen mußte der Entzug der Wallfahrt durch die muslimischen »Barbaren« daher umso schwerer ins Gewicht fallen.

Aber es waren nicht nur die *pauperes*, die Armen, die den Beweis ihrer Religiosität mit der Flucht aus einer materiellen Misere und der Aussicht auf eine attraktivere Alternative verbinden konnten; auch für viele der *potentes*, der Mächtigen und Besitzenden, verband sich die Teilnahme am Kreuzzug mit Idealen der Zeit. Das Rittertum, mit besonderer Ausprägung in Frankreich, hatte etwa zeitgleich mit christlich-sittlichem Lebenswandel, Treue zum Lehnsherrn, Schutz der Schwachen und ethischer Standesverantwortung Tugenden entwickelt, die ihre systematische Eignung als militärische und mentale Träger des Heiligen Krieges unter Beweis stellen konnten.

Das Heilige Grab, der Ablaß von Schuld, die Aussicht auf Lohn im Diesseits und die Bestrafung der Heiden potenzierten sich zu einer gebündelten Zielvorstellung, die Papst Urban II. in seiner historischen Ansprache vom November 1095 zu ungeheurer Begeisterung anspornte. Der Ruf »Dieu le veut – Gott will es« einte die Menschen zu Hunderttausenden in ihrem Willen zur Befreiung Jerusalems, die bereits 1099 – allerdings in einem Massaker ohnegleichen – Wirklichkeit wurde. Es mag dahingestellt sein, inwieweit sich Bernhard von Clairvaux' demagogische Aufforderung zu »Tod oder Taufe« von 1096 in diesem historischen Gewaltakt abgebildet hat und inwieweit sie vor allem von den inneren Problemen der Machtkirche ablenken sollte. Papst Gregor VII. (gest.

1085) hatte zuvor bereits wichtige Beiträge zum Konzept des Kreuzzugs geleistet, seine faktische Durchführung allerdings skeptisch beurteilt:

> »Die christliche Religion und der wahre Glaube sind so tief gefallen, daß sie nicht nur zum Spott des Teufels geworden sind, sondern auch zum Spott der Juden, Sarazenen und Heiden«.[62]

Auch im weiteren Verlauf hat die Kirche den Kreuzzug als Konzept nicht weiterverfolgt. Zu keiner Phase konnte die Idee des Heiligen Kriegs im Christentum den Rang einer vorrangigen, geschweige denn normativen Glaubenspflicht erlangen. Die verbreitete Vorstellung, nach der das Papsttum eine Art Einheit mit dem Kreuzzugsgedanken bildete, ihn sogar hervorgebracht hat, ist daher kaum ernsthaft vertretbar.[63]

Die von Rom eingeschlagene Richtung einer eigenständigen Machtpolitik hatte sich bereits in der 1054 ausgesprochenen Trennung von Byzanz und vor allem im Bann gegen den deutschen Kaiser Heinrich IV. und französischen König Philipp I. ausgedrückt. Der von Gregor VII. zu Ende des 11. Jahrhunderts begonnene und von Innozenz II. zu Beginn des 13. Jahrhunderts vollendete Weg zur absoluten Machtspitze verdeutlichte die Prioritäten jener Zeit. Gegenüber dem Ziel, der geistlichen Macht auch die weltliche hinzuzufügen, spielten die Kreuzzüge eine vergleichsweise untergeordnete Rolle.

Ebenso konnten in diesem Kontext auch die Normannen, die Süditalien Mitte des 11. Jahrhunderts Byzanz entrissen hatten, nicht überdauern. Friedrich II. (gest. 1250), dem berühmten Stauferkaiser, war in einem Privatkreuzzug 1228/29 auf dem Verhandlungswege die Rückgabe Jerusalems gelungen, das im – durch den Tod Kaiser Barbarossas gescheiterten – zweiten Kreuzzug 1187 verlorengegegangen war und 1244 endgültig in muslimische Hände überging. So respektiert der Staufer als Freund der Muslime und vielseitiger Naturwissenschaftler war, so hartnäckig wurde er von der Kirche als Gefahr für das Papsttum bekämpft. Friedrich wollte Rom zum Zentrum eines universalen Kaiserreiches machen und den Papst zum Bischof von Rom reduzieren. Ohne Illusionen hinsichtlich seines Glaubens waren sogar auch seine muslimischen Freunde, die ihn »als Materialist und sein Christentum als Spiel« betrachteten.[64] Die strenggläubigen Templer schienen ihn deshalb sogar zeitweilig auf ihre Todesliste gesetzt zu haben, bevor sie selbst, wie vorstehend geschildert, der Inquisition zum Opfer fielen.

Die Kirche belegte Friedrich mehrfach mit dem Bann und konnte sich in einer letzten Kraftanstrengung noch einmal gegen seine Nachfolger durchsetzen. Den entscheidenden Beitrag zur eigenen Entmachtung, den das französische Königtum seit längerem im Auge gehabt hatte, leistete sie jedoch selbst, indem sie Anfang des 14. Jahrhunderts der Verlegung des Papstsitzes nach Avignon zustimmte.

Dieser Machtverlust hatte sich nicht nur politisch, sondern auch in dem Entstehen eines neuen, wissenschaftlichen Geistes angekündigt. Nicht zuletzt hatten gerade die Kreuzzüge durch vielfältige Kontakte mit antiken Quellen und ihren arabischen Rezeptionen den Boden für die nahende Renaissance bereitet. Der Stauferkaiser – selbst mit einem Werk über die Falknerei bekannt geworden – hatte sich mit dem genialen Mathematiker Leonardo von Pisa, genannt Fibonacci (gest. um 1240), eines der spektakulärsten Beispiele dieses Wissenstransfers an den Hof geholt. Ausgehend vom frühislamischen Mathematiker und Astronomen Al-Khwarizmi (gest. ca. 850) führte Fibonacci mit den arabischen Zahlen und der von Indien kommenden Null ein völlig neues Zahlensystem in Europa ein und steuerte mit einem Buch über den Abakus die algorithmische Basis für die neue Arithmetik und Algebra bei. Epochale Bedeutung erlangte Fibonacci allerdings durch die Entdeckung einer elementaren Wachstumsreihe (1,1,2,3,5,8,13 etc.), die von universeller Bedeutung für die Strukturbildung in der gesamten belebten und unbelebten Natur ist. Auch für die moderne Chaosforschung sind diese Zahlen von aktualisiertem Interesse, und da sie selbst für so hochdynamische Anwendungsbereiche wie die laufende Analyse komplexer Finanzmarktprozesse eine wichtige Rolle spielen, sind Fibonacci und seine Zahlenverhältnisse auch im elektronischen Zeitalter von weltweiter Bedeutung. Nicht zuletzt gehört zu diesen Faktoren der »Goldene Schnitt«, die fundamentale, irrationale Zahl Phi (0,618), die sich im Pyramidenbau der Ägypter, dem Tempelbau der Griechen, dem Kirchenbau des Abendlands, dem Moscheenbau des Islam und zahllosen Zusammenhängen der Natur, u.a. auch – nicht ganz zufällig – im kognitiven Bewußtseinsprozeß des Menschen, findet.

Insgesamt scheinen die Kreuzzüge, die sich in mindestens sechs klar erkennbaren Schüben über knapp 200 Jahre vollzogen, also auf das Zusammentreffen einer singulären Faktorenkombination zurückgeführt werden zu können, die sich zu einer historischen Dynamik der beschriebenen Art verband. Dabei ebbte der Enthusiasmus der ersten Stunde rasch ab. Die Aggressionen ließen in dem Maße nach, in dem die Kreuzfahrer ihre eigenen Erfahrungen mit den Muslimen als Individuen machen konnten. Auch die theologische Polemik wich einer nüchterneren Einschätzung, wie sie vor allem bei dem Vorläufer der Orientalistik, dem Cluniazenser Petrus Venerabilis (gest. 1156) zum Ausdruck kam. Er verband die Islamerfahrung der Kreuzzüge mit der Vernunft der »ersten Aufklärung« des Mittelalters zu einer insgesamt moderateren Beurteilung als sein Ordensbruder Bernhard von Clairvaux.[65]

Wer allerdings letzterem die harte Devise »Tod oder Taufe« vorhält, sollte nicht verschweigen, daß er viele deutsche Juden vor dem sicheren Tod rettete. Im Vorfeld des ersten Kreuzzugs hatten landlose Bauern, Marodeure und simple Verbrecher die entstandene Ausnahmesituation zu Plünderungen und auch Judenpogromen im Rheinland mißbraucht. Dieses Phänomen drohte sich auch vor dem zweiten Kreuzzug 1147 mit Schwerpunkt in Würzburg zu wiederholen und wurde durch Bernhards entschiedene Intervention wenn nicht verhindert, so doch deutlich abgeschwächt.

Wie so häufig in Zeiten des Umbruchs waren auch die Lehren des Petrus Venerabilis uneinheitlich und enthielten neben Elementen des Ausgleichs nach wie vor auch solche der scharfen Kritik, wie u.a. in seiner Schrift gegen die Muslime (*contra sectam saracenorum*), in der er Muhammad als »gottlosen Menschen« und den Islam als »teuflische Irrlehre« bezeichnete. Dennoch begannen sich allmählich Aspekte der theologischen Mäßigung durchzusetzen. Sie konnten in den historischen Begegnungen des Islam mit dem Christentum eher als zunehmend gehandhabte Praxis beobachtet werden.

»Am Ende erschöpften sich alle, ohne ihr Ziel zu erreichen.« So lautete ein bekanntes Fazit des Katalanen Raimundus Lullus (gest. 1316), des christlichen Mystikers und Bewunderers des Islam, über die Ausweglosigkeit der permanenten Konfrontation in Spanien. Als »Philosoph der Wahrheit« *(ars magna)* hatte er die Wesensgründe des Christentums und des Islam miteinander versöhnen und die Muslime – vor allem in Nordafrika – in den christlichen Glauben einführen wollen. Indem diese allerdings ihren eigenen Glauben nachdrücklich vorzogen und Lullus schließlich zu Tode steinigten, wurde er zur tragischen Symbolfigur der fundamentalen Unvereinbarkeit beider Kulturen. In der langfristigen Auseinandersetzung konnte dieses exemplarische Geschehen natürlich nicht zur Norm der christlichen Position werden.

Ob als Reaktion auf die islamische Eroberung, auf die Okkupation Spaniens oder auf die ständigen Angriffe der Muslime auf Byzanz – anfängliche Aggression und ideologische Diffamierung wandelten sich im Spektrum zwischen theologischer Reflexion und politischem Konflikt oft zu einer differenzierteren Beurteilung bis hin zu pragmatischem Realismus. Das Ergebnis, zu dem man in diesem Prozeß in erstaunlicher Regelmäßigkeit gelangte, war die Erkenntnis, daß es sich beim Islam um eine christliche Häresie handelte, die auf den Arianismus zurückzuführen war,[66] jene die Gottheit Christi leugnende Lehre, die das trinitarische Dogma im Konzil von Nizäa ausgelöst hatte.

IV
Die Machtstrukturen des klassischen Islam

A. Die Formation der Macht

1. Die Kalifen der »Rechtleitung«

Im einführenden Kapitel über die Grundlagen des Islam haben wir gesehen, welch ungeheure Fülle koranischer Bedeutungsvarianten und prophetisch begründeter Denk- und Handlungsweisen der Tod des Verkünders auslöste. Aus einem »kreativen Chaos« hatten sich in wenigen Jahrzehnten eine für alle verbindliche, allerdings sprachlich immer noch begrenzt veränderbare Koranbasis und in einem ähnlich komplexen Prozeß die ergänzende Prophetentradition herausgebildet. Als geistig-religiöse Grundlagen erlangten sie eine umfassende, normsetzende Bedeutung für Glaube, Gesellschaft, Staat und Kultur des Islam. In einer dynamischen Kommunikation mit diesem Prozeß begann sich rasch auch die politische Expansion der neuen Gemeinschaft zu entfalten, die – noch vom Verkünder selbst in Gang gesetzt – zu historischen Dimensionen gelangen sollte.

Die ersten vier Kalifen bzw. Nachfolger Muhammads (arab.: *khalifa* = Nachfolger, Stellvertreter) – Abu Bakr (Schwiegervater Muhammads), Umar Ibn al-Khattab, Uthman und Ali (Schwiegersohn Muhammads) – stehen einzeln für normativ wichtigste Aspekte des Islam und bilden in ihrer Gesamtheit die Basis der »Rechtleitung«, einer als perfekt gedachten Glaubenspraxis, die mit dem Modell der prophetischen Medina-Gemeinde zu einer Höchstform der rechtgläubigen Urgemeinschaft, dem in der Geschichte nicht mehr übersteigbaren Glaubens- und Staatsideal der islamischen Orthodoxie verschmolz. Diese Verbindung des Medina-Modells mit der sich nach Muhammad öffnenden, historischen Zeit, repräsentiert durch die »Rechtleitung«, bildet den Mittelpunkt der obligatorischen Glaubensausrichtung, der sich bis in die Moderne als sakrosankter Fokus der islamischen Religionspolitik mit zunehmend ideologischer Funktion verfestigte.

Abgesehen von der ihm zugeschrieben, wenig glaubwürdigen Koranredaktion steht Abu Bakr (gest. 632) für die endgültige Einigung der arabischen Stämme. Hauptsächlich in Südarabien und der mittelarabischen Provinz Yamama hatte man die nach dem Hinscheiden des Verkünders entstandene Verunsicherung zum Anlaß genommen, die Tributzahlungen an Medina einzustellen und sich wieder den eigenen, regionalen Interessen zuzuwenden. Diese vorübergehende Tendenz, die unter dem Begriff der *ridda* (arab.: Abfall) in die islamische Geschichtsschreibung einging, besaß allerdings keine Aussicht auf Erfolg. Khalid Ibn al-Walid (gest. 641), konvertierter Qurayshit und maßgeblich beteiligt an den frühen islamischen Eroberungen, führte den Auftrag Abu Bakrs zur Niederwerfung und Rückführung der aufständischen Stämme in die Tributgemeinschaft des Islam rigoros aus und konnte dabei bereits seine außerordentliche, militärische Begabung eindrucksvoll unter Beweis stellen. Abu Bakr werden auch erste Schritte zur Systematisierung des Glaubenskrieges (*djihad*) zugeschrieben, der sich u.a. gegen die christlichen Mönche richtete:

> »... Ihr werdet auf Leute stoßen, die ihre Schädel geschoren haben, so daß nur noch ein Haarkranz übrig ist; schlagt sie mit dem Schwert«. [67]

Umar Ibn al-Khattab (gest. 644) gilt als die Idealgestalt des »Auswanderers«, des konsequenten *muhadjir,* der die *umma* in allererster Linie als Kampfgemeinschaft verstand, die Weichen endgültig auf *djihad*, die kriegerische Expansion, stellte und sich den Titel des »Herrschers der Gläubigen« (*amir al-mu'minin*) erwarb. Obwohl er versuchte, die Quraysh, Widersacher aus den alten, zusammen mit Muhammad durchstandenen Kampftagen, bei der Beuteverteilung aus den anlaufenden Eroberungen zu benachteiligen, konnte er nicht verhindern, daß diese ihre gewachsene Herrschaftserfahrung gezielt einsetzten, die frühere Dominanz graduell zurückgewannen und sich letzlich auch im neuen, islamischen Kontext mit der Folge einer deutlichen Politisierung der Gemeinschaft durchsetzten. Das überkommene Prinzip der *muhadjirun* hingegen, das sich vorwiegend in einer kampforientierten Identität ausgedrückt hatte, begann – zumindest in der alten Medinaform – in den Hintergrund zu treten. Umar starb durch Mörderhand – wie die anderen »Rechtgeleiteten«, die mit Ausnahme Abu Bakrs allesamt umgebracht wurden.

Als dritter »rechtgeleiteter« Kalif erscheint Uthman (gest. 656) in historischem Zwielicht. Einerseits wird, wie wir ausführlich beleuchtet haben, seine Koranredaktion in höchstem Maße gewürdigt, andererseits lastet ihm die Geschichtsschreibung den islamischen Bürgerkrieg an, der sich während seiner Regierungszeit vorzubereiten begann. Die latente Unzufriedenheit der medinensischen »Helfer« (*ansar*), die seit der milden Behandlung der Quraysh durch Muhammad bei der Einnahme Mekkas durch wiederholte Benachteiligungen gegenüber den qurayshitischen *muhadjirun* genährt worden war, erhielt entscheidenden Zündstoff durch überdimensionierte Beutezuteilungen, die Uthman seiner Sippe – ihrerseits zu den Quraysh gehörend – hatte zukommen lassen. Schon Muhammad selbst hatte die medinensischen »Helfer« offensichtlich mit gravierenden Vorbehalten betrachtet, wenn er nur *muhadjirun*, nicht jedoch *ansar* für geeignet hielt, ohne Diesseitsprüfung Zugang zum Paradies zu erlangen.[68]

Es hatte Uthman nichts genützt, daß er unentwegt gegen den erneuten Sittenverfall predigte, der im Gefolge des aus den Eroberungen zufließenden Wohlstands zu beklagen war, und daß er zahlreiche ordnungschaffende Maßnahmen in den Heerlagern – Kufa (Irak), Fustat (das spätere Kairo) und Qayrawan (Nordafrika) – veranlaßt hatte; auch er starb durch Mörderhand, welche diesmal jedoch von einem Muslim geführt wurde, eine vom Koran strengstens untersagte Tat, die sich nun indessen erstmals nach innen, gegen die eigene Gemeinschaft richtete.

Während man die Eroberungen der nichtislamischen Gebiete als kriegerische Glaubensübung (*djihad*) und mithin die Tötung des Nichtmuslim als entsprechend glaubensbedingte Handlung betrachtete, mußte die innermuslimische Tötung als schwere Sünde von großer kollektiver Tragweite gelten. Uthman hatte eine empfindliche Bewegung ausgelöst, in der die Dauerkränkung der *ansar* zwar einen wichtigen Faktor bildete, in der sich jedoch eine Reihe weiterer, kontroverser Strömungen vorbereitet hatte, deren Gesamtheit den islamischen Bürgerkrieg (*fitna*) zur notwendigen Konsequenz machte.

Ali Ibn Abi Talib, Schwiegersohn Muhammads, riß die Macht an sich. Er war über einige Frauen, die er nach dem Tode der Prophetentochter Fatima (633) geehelicht hatte, mit eben den Stämmen verbunden, die von dem Qurayshiten Khalid Ibn al-Walid in der *ridda* gedemütigt worden waren, und hatte sich allmählich zum Sachwalter derer gemacht, die im Erstarken der Quraysh eine Renaissance der alten Zeit, der durch den Islam überwunden geglaubten mekkanischen Machtpolitik sahen. Dieser Klientel schlossen sich naturgemäß – allen voran die medinensischen »Helfer« – jene an, die den gemeinsamen Nenner der Gemeinschaft nicht in der alten genealogischen Stammeszugehörigkeit, sondern im neuen islamischen Glaubensverdienst sahen.

Mu'awiya Ibn Abi Sufyan, Statthalter Syriens und Sohn Abu Sufyans, dem Muhammad Mekka entrissen hatte, sammelte Alis Gegner, zu denen sich sogar Å'isha, Lieblingsfrau des Verkünders gesellte, zu einer Koalition, die in Ali vor allem den Auftraggeber zu dem Sakrileg des Kalifenmords zu erkennen glaubte. Nach einem Zwischenerfolg Alis in der berühmten »Kamelschlacht« von Basra 656 kam es 657 zu einer Gegenüberstellung beider Heere, die nicht zu wesentlichen Kampfhandlungen, sondern zu der Vereinbarung führte, die Frage der Berechtigung zur Tötung Uthmans durch ein Schiedsgericht klären zu lassen, ein Schachzug Mu'awiyas, der Alis Schicksal besiegeln sollte.

Ein erheblicher Teil seiner Streitkräfte, der den Kampf als Gottesurteil gesucht hatte, trennte sich in Feindschaft und bildete die Basis der zukünftigen *kharidjiya*-Sekte (arab.: *kharadja* = hinausgehen). Die Wirren der Folgejahre, in denen Mu'awiya seine Position in den Provinzen – mit Ausnahme Persiens – zielbewußt festigte, endeten 660 mit der Ermordung Alis durch die Hand eines Kharidjiten, eines ehemaligen Mitstreiters und – einmal mehr – eines Muslims.

Erneut war der Kalif, der Herrscher der Gläubigen und oberste Autorität im Glauben (*imam*) durch einen – wenngleich in erweitertem Sinne – Angehörigen der Gemeinschaft beseitigt worden. Der Sündenfall der *fitna* war in seiner höchstmöglichen Form, der sich vom Imam durch Mord befreienden Gemeinschaft, bestätigt worden. Drei der vier »Rechtgeleiteten« waren eines gewaltsamen Todes gestorben, die letzten zwei durch Muslimhand, einer von ihnen – Uthman –, weil er sich zu sehr für die Interessen der wiedererstarkenden Quraysh eingesetzt, der andere – Ali –, weil er sich zu sehr gegen dieselben engagiert hatte.

Beide fielen dem aufkommenden Phänomen einer abstrakten, sich von der Unmittelbarkeit des frühislamischens Glaubens abkoppelnden Machtform zum Opfer, die den jeweiligen Imam beseitigte, weil er in seiner Zeit und seiner Situation die »Interessen des Islam« nicht ausreichend gewahrt hatte. Diese Machtform begann von der Gemeinschaft Besitz zu ergreifen, ohne sich an der Forderung des Glaubensverdienstes messen zu lassen, jener kämpferischen Werteorientierung, die noch nach der Vorstellung der *muhadjirun* als alleiniger Maßstab des Menschen im Islam zu gelten und sich in Phasen des *djihad* in entsprechenden Beutezuteilungen niederzuschlagen hatte.

Die neue Machtform war allerdings nicht nur dabei, sich von dieser naiv-rigorosen Glaubensmentalität zu lösen, sondern auch von der tiefverwurzelten Institution der arabischen Stammeszugehörigkeit, die in dem Maße ihre Bindungskraft verlor, in dem die Expansion des islamischen Reiches voranschritt. Ali hatte den Anspruch eines Kalifen und damit eines Imam des Islam auf die verwandtschaftliche Nähe zu seinem Vetter, dem Propheten, gegründet, dessen Glaubensautorität und Charisma nach seiner Auffassung nur durch ihn und seine Linie bewahrt und weitergereicht werden konnte.

»Alis Partei« (*shi'a*) entwickelte die Argumentation ihres Gründers, dessen Ermordung ihn zum Märtyrer machte, zu der unter diesem Namen bekannten schismatischen Islamabspaltung mit späterer Hauptverbreitung in Persien, dem Gebiet hinwiederum, in dem sich Alis Gegenspieler Mu'awiya nicht hatte dauerhaft festsetzen können. Der Märtyrertod Alis trug in das religiöse Denken der *shi'a* das Element der Passion, das sich in Form einer göttlichen Qualität im »wiederkehrenden Imam« bzw. *mahdi* fortsetzte – ein Konzept, das der orthodoxen *sunna*, der späteren Hauptrichtung des Islam, stets fremd blieb (s. u. S. 188f.).

2. Die arabischen Umayyaden

Der Weg Mu'awiyas (gest. 680) zur Gründung der ersten Dynastie des Islam und zu einem neuen Kalifat war indes nicht mehr aufzuhalten. Er ließ sich im Jahre 661 als »Stellvertreter Allahs« (*khalifa't Allah*) und damit nicht mehr – wie noch die »Rechtgeleiteten« – als Stellvertreter des Propheten ausrufen. Diese hatten mit der Eroberung Syriens, des Irak, Persiens, Agyptens und Armeniens sowohl den Zerfall des persischen Sassanidenreichs beschleunigt als auch eine empfindliche Schwächung der Byzantiner eingeleitet. Denn nach dem Verlust Ägyptens ging noch unter Mu'awiya mit der vollständigen Überwindung des christlichen Nordafrika und der Einrichtung des Heerlagers Qayrawan (670) ein wesentlicher Teil des christlichen Einflußbereichs verloren, der dann als Ausgangsbasis für den späteren Eroberungszug über Gibraltar (711) bis zum vorläufigen Endpunkt bei Tours und Poitiers (732) diente.

Das Jahr 711 bezeichnet überhaupt eine wichtige raumzeitliche Marke der islamischen Expansion, denn in dieser Zeit waren die Muslime in Richtung Westen bis an die Grenzen Europas und in Richtung Osten bis zum indischen Subkontinent vorgedrungen. Mit Ausnahme des südostasiatischen Archipels sollte dem Islam keine weitere wesentliche Ausbreitung über diese Marken hinaus gelingen. Auch die Stabilisierung innerhalb dieses Bereichs gelang nur auf Kosten der Einheit.

Die Geschwindigkeit der islamischen Ausbreitung verdankte sich neben der Aussicht auf Vermehrung des persönlichen Wohlstands für die muslimischen Kämpfer in erster Linie einer gering ausgeprägten Widerstandsbereitschaft der eingesessenen Bevölkerungen. Wie wir sehen konnten, hatten besonders die monophysitischen und nestorianischen Christen wenig Veranlassung, den orthodoxen Byzantinern ungeteilte Loyalität entgegenzubringen, zumal man von ihnen weder die Annahme des Islam noch Steuern verlangte, deren Höhe die bislang gezahlten Abgaben überstieg. Nicht wenige von ihnen stellten ihre höhere Bildung in den Dienst der Eindringlinge und erleichterten den neuen Machthabern eine nachhaltige Übernahme und Instrumentalisierung der gewachsenen Strukturen für die politische Führung und steuerliche Verwaltung. Wenngleich die koranischen Grundlagen schnell Eingang in das Vertragswesen mit der lokalen Bevölkerung fanden, so war diese erste Eroberungswelle nicht unbedingt von missionarischem Eifer im Sinne von Zwangsbekehrungen zum Islam geprägt.

Die unmißverständliche, faktische Dominanz, die die winzige muslimische Herrscherminorität nur in einer Kombination aus Kollaboration und Gewalt sichern konnte, besaß zunächst hinreichende Überzeugungskraft.[69] Diese pragmatische Vorgehensweise in Verbindung mit fehlender konkret-militärischer Planung sicherte der Expansion zudem eine historisch einmalige Weiträumigkeit, die sich zudem – als spezifisch islamisches Phänomen – zunächst auf das Netz der städtischen Zentren konzentrierte und somit eine rasche Installation und Absicherung der Macht gewährleistete.[69a]

Dergestalt mit der urbanen Intelligenz konfrontiert, geriet der Glaube schon früh in theologische Auseinandersetzungen mit den lokal zu überwindenden Kulturen mit zuweilen schwierigen Erklärungszwängen. Aus diesen Disputen entstand ein historisch wachsender Mischcharakter aus apodiktischen und apologetischen Positionen,[70] der langfristig durchaus geeignet war, der *umma*-Idee und ihrer Verankerung in den verschiedensten Kulturen eine tragfähige Grundlage mit »praxisnahem« Wechsel zwischen Bedrohung und Ausgleich zu verleihen.

Die Regierungszeit der Umayyaden wurde von einer Fortsetzung der unter den ersten vier Kalifen begonnenen, kollektiven Suche nach der neuen, islamischen Identität gekennzeichnet. Die sich schon unter Uthman und Ali anbahnende Herrschaftslegitimation auf Basis des Medina-Ideals, die sich vom arabischen Stammesprinzip und der Kampfgemeinschaft emanzipierte, verstärkte nun die Tendenz zu Verallgemeinerung und Verselbständigung.

Anhaltende Stammeszwistigkeiten im Hidjaz und Irak und stark anschwellende, außerarabische Konversionen zum Islam, die sogenannten *mawali* (arab.: Klienten), konfrontierten die Obrigkeit nun mit einem neuen, eher universalistischen Weltbild, welches das alte Konzept des arabisch geprägten Glaubensverdienstes verdrängte und auch ihre eigene Herleitung vom qurayshitischen Stamm der Umayya nicht mehr uneingeschränkt akzeptierte. Immer wieder hervorbrechende Richtungskämpfe, die sich vor allem in nord/süd-arabischen Stammesfehden ausdrückten, kämpferische bzw. charismatische Glaubensorientierungen, die wachsende *shi'a*-Opposition und die anhaltende Frustration des unmuslimischen Bürgerkriegs trugen in aller Gegensätzlichkeit zur Formgebung der eigentlichen muslimischen Einheitskontur bei: zur Einsicht in die Notwendigkeit eines kompromißlosen Vollzugs der vom Propheten gespendeten Riten in der Rückwendung auf das Modell von Medina als dem Realität gewordenen Ideal islamischer Gemeinschaft. Abd al-Malik (gest. 705), dritter Umayyadenkalif, hatte versucht, dieses Kollektivverhalten, das sich machtvoll verstärkte und immer öfter als »der Islam« bezeichnet wurde, für seine Dynastie zu vereinnahmen, die sozusagen als Ursprung dieses reinen Glaubens zu verstehen sei, von Allah selbst eingesetzt, um die Einheit der Muslime zu vollenden.

Die Zeit war jedoch bereits über die historische Eignung der umayyadischen Herrscher hinausgewachsen. Auch der von Abd al-Malik angeordnete Bau des Felsendoms als Symbol der muslimischen Einheit konnte weder einen solcherart erneuerten Legitimationsanspruch überzeugend stützen, noch die kollektive Erinnerung an die rigorose Art und Weise auslöschen, mit der die Umayyaden auf dem Weg zur Macht die Idee der prophetischen Ureintracht in Medina zerstört hatten.

Denn es war keineswegs vergessen, wie rücksichtslos die Umayyaden sich des Kalifatsanspruchs der Söhne Alis, Hasan und Husayn, entledigt hatten. Mu'awiya hatte Hasan durch Bestechung ruhigstellen und später durch eine Konkubine vergiften lassen, während sein Sohn und Nachfolger Yazid im Jahre 680 Husayn, der kurz nach dem Tode Mu'awiyas einen Aufstand der »Partei Alis« angezettelt hatte, den Kopf abschlagen ließ. Diese Vorgehensweise führte nur zu sehr kurzfristigem Erfolg und veranlaßte zudem Al-Djahiz (gest. 869), den großen Satiriker und Abbasidenfreund, das Umayyadenkalifat in die Nähe des verhaßten byzantinischen Cäsarentums zu rücken.[71]

Langfristig bewirkte dieses Verfahren allerdings die Verklärung der Ali-Linie zu Märtyrern und entrückten Imamen, die sich unumkehrbar zu den aktuellen Herrschaftsformen ihrer Zeit abgrenzten. Weder die neue Machtbasis der Rückwendung auf Medina noch die alten qurayshitischen Herrschaftsstrukturen konnten das Bedürfnis nach einem Glaubensausdruck verhindern, der über die Verwandtschaft Alis mit dem Propheten den Anschluß an dessen Charisma suchte und sich folgerichtig in einer auf die Zukunft gerichteten, messianischen Imam-Idee gegenüber der sunnitischen, vergangenheitsorientierten Herrschaftsbasis niederschlug. In der *shi'a* des Iran hat diese Islamform bis in unsere Zeit einen sehr konkreten Bestand wahren können.

Im Zusammenhang mit der Entwicklung struktureller Machtgrundlagen im Islam muß der hohe Stellenwert des Landbesitzes in den Blick gerückt werden, ein Aspekt von ausgeprägter Langzeitbedeutung, der sich bereits in der Zeit der Umayyaden abzuzeichnen begann und das sozio-ökonomische Gesamtbild des Islam erheblich beeinflußte. Es hatten sich drei wesentliche Landtypen herausgebildet – konfisziertes, mit einer Kopfsteuer *(djizya)* belegtes »Muslimland«, zu nichtmuslimischen »Schutzbefohlenen« *(ahl al-dhimma)* gehörendes, mit hoher Ertragssteuer (*kharadj*) belastetes »Vertragsland« und der herrenlos gewordene persische Großgrundbesitz, der die wichtige Grundsatzfrage verschärfte, ob sich Land größeren Umfangs überhaupt in Privathand befinden durfte.

Wie oben gesehen, lohnte es sich sowohl für die muslimischen Eroberer als auch die einheimische Verwaltung, die gewachsenen Strukturen für alle anfallenden Zwecke, mithin auch die Eintreibung der neuen Steuern einzusetzen, deren Zustrom allerdings in dem Maße abzunehmen drohte, in dem sich die Landbevölkerung zum Islam bekehrte. Um eine Auszehrung der Staatsfinanzen zu vermeiden, setzte sich hier schon früh eine Regelung durch, welche die Konversion ohne fiskalische Auswirkung auf die Person beschränkte und somit die – von den Konvertiten zumeist angestrebte – gleichzeitige Senkung des Steuersatzes verhinderte.

Ähnlich wie im Urislam eine religiös-genealogisch verwurzelte Privilegienspaltung zwischen den qurayshitischen *muhadjirun* (Auswanderer) und den nichtqurayshitischen *ansar* (Helfer) entstanden war, bildete sich nun eine steuerlich-soziologisch verursachte Privilegienspaltung zwischen »Originalmuslimen« einerseits sowie den neuen Konvertiten (*mawali*) bzw. nichtmuslimischen »Schutzbefohlenen« (*ahl al-dhimma*) andererseits heraus. Diese neuerliche und dabei universale Spaltung hatte nicht nur eine generelle Abwertung landwirtschaftlicher Tätigkeit, sondern auch eine damit einhergehende Landflucht und Aufwertung der städtischen Existenzform zur Folge.

Die klassenorientierte Störung der muslimischen Einheit war von der regionalen Stammesebene auf die universale Ebene einer erweiterten *umma* ausgedehnt, das mentale Gefälle zwischen städtischer und ländlicher Lebensform verstärkt worden. Wir stehen hier einem tiefgreifenden, soziologisch formativen Vorgang gegenüber, der sich zudem dadurch beschleunigte, daß im Gegensatz zur Landbevölkerung den Händlern und Handwerkern, ohnehin eher städtische Schichten, mit der Konversion auch die steuerliche Gleichstellung mit Muslimen zugestanden wurde.

Urbane Konzentration und der wachsende Ursprungsglaube an das Medina-Modell bildeten die geeignete Umgebung für eine enorme Ausweitung der Überlieferungstätigkeit über eben dieses Glaubensideal und das Vorbild seines Schöpfers, die Lebens- und Glaubenspraxis des Propheten (*sunna*). Diese übernatürliche Richtschnur allen Denkens und Verhaltens machte die Unzulänglichkeit der umayyadischen Herrschaftsform und die Mittelmäßigkeit ihrer Kalifen umso deutlicher, je detaillierter und konkreter die entstehenden Traditionssammlungen des *hadith* das Ideal der Urgemeinde in das kollektive Bewußtsein der aktuellen Gemeinschaft schrieben.

3. Die islamischen Abbasiden

Die Politik der Umayyaden war nicht in der Lage gewesen, dem machtvollen Trend zu Universalität im Glauben und im Begriff der Gemeinschaft, der die arabische Dimension längst überstiegen hatte, in angemessener Form gerecht zu werden. Darüber hinaus hatte die von den Aliden eingeleitete Verknüpfung der Legitimation für Glaubens- und Herrschaftsautorität mit der Familie des Propheten sich inzwischen ausgeweitet auf die gesamte Sippe der Hashim, die mit der Bewegung der Hashimiya – bezeichnenderweise im persischen Khorasan – die Basis für den Umsturz bildete. Sie verband sich mit der Linie der Abbasiden, die sich vom Prophetenonkel Abbas herleiteten und sich schließlich unter Führung Abu Muslims, eines hervorragenden politischen

Organisators, an die Spitze einer vielschichtigen, seit Jahrzehnten schwelenden Opposition setzten.

Die Machthoffnungen der alidischen *shi'a* zerschlugen sich erneut, als im Jahre 750 der mit dem wenig verheißungsvollen Beinamen »der Blutvergießer« (*as-saffah*) belegte Abbaside Abu'l-Abbas zum ersten Kalifen der neuen Abbasidendynastie ausgerufen wurde. Wie At-Tabari, der große Historiker des Islam, zu berichten wußte, konnte Abu'l Abbas in der ersten Euphorie der Machtübernahme nicht umhin, der gerade übernommenen Herrschaft eine endzeitliche Bestandsperspektive zu verleihen, als er verkünden ließ:

> »So wisset denn, daß wir die Herrschaft innehaben, und sie wird uns erst dann verlassen, wenn wir sie Jesus, dem Sohn der Maria, übergeben!«.

In der Bezugnahme auf Jesus spiegelte sich die seinerzeitige Vermischung des schiitischen Messias-Imams mit der beginnenden Einbindung Jesu in eine erweiterte Eschatologie, die seine messianische Rolle später für den Islam instrumentalisieren sollte (s. u. S. 331). Mit der ewigen Sachwalterschaft für den Glauben, die durch die Verwandtschaft mit dem Propheten eine unverbrüchliche Rückbindung erhielt, gelang den Abbasiden eine erfolgreiche, weil religiös überhöhte Abgrenzung zu den als gottlos ausgewiesenen, »satanischen Kalifen« der Umayyaden.[72]

Zudem konnte man mit einem entschiedenen Eintreten für das Vorbild der Urgemeinde nicht nur auf Distanz zur *shi'a* gehen, die eben jener Unglauben unterstellte, weil sie bei der Wahl des Prophetennachfolgers Ali übergangen hatte; mit dieser Haltung war es zugleich auch möglich, sich einer beginnenden sunnitischen Orthodoxie anzunähern, die das medinensische Verhaltensmodell als unverzichtbaren Kern islamischer Glaubensidentität forderte, an dessen universeller Bewahrung wiederum die Umayyaden gescheitert waren.

Nachdem ihnen im allgemeinen Blutbad des Machtwechsels der Umayyade Abd ar-Rahman entkommen war, der 756 eine neue Dynastie im spanischen Cordoba gründete, konnten und mußten sich die Abbasiden nun der Hashimiya zuwenden, die den neuen Machthabern in den Sattel geholfen hatte und unbequemes Mitspracherecht anmeldete. Um sich von ihr und allen anderen Störfaktoren, insbesondere der *shi'a*, wirksam distanzieren zu können, entwickelten die ersten Abbasidenkalifen ein geschlossenes Staatsdogma, das ihre fundamentale Legitimation über Abbas direkt vom Propheten herleitete und durch ebenso direkte Weitergabe des Kalifats an vom Kalifen selbst zu bestimmende Nachfolger – sozusagen als Vermächtnis des Verkünders – sicherstellte.

Die Abgrenzung drückte sich auch geographisch aus. Kalif Al-Mansur (gest. 775), der als der eigentliche Gründer der Abbasiden gilt, verlegte mit der Gründung Bagdads im Jahre 762 das Zentrum des Islam von Damaskus um einen weiteren Schritt nach Osten, womit nicht nur Damaskus an Bedeutung verlor, sondern auch Medina endgültig der politischen Provinzialität anheimfiel. Bagdad hingegen sollte sich zum unumstrittenen Mittelpunkt des islamischen Weltreichs entwickeln.

Kennzeichnend hierfür war vornehmlich der Aufbau eines funktionierenden Rechts- und Verwaltungswesens, an dem nichtmuslimische Spezialisten wie der persische Manichäer Ibn al-Muqaffa' besonderen Anteil hatten. Dessen Bildung und geschliffener Intellekt hatten zwar grundlegende Beiträge zum abbasidischen Staatswesen geleistet, zugleich allerdings durch beißenden Spott an der theologischen Plumpheit der orthodoxen Glaubensvorstellungen den Zorn der Religionsgelehrten auf sich gezogen. Um ihn nachhaltig zum Verstummen zu bringen, ereilte ihn im Jahre 756 die Vierteilung.

Zur Grundlegung eines Rechtswesens unter Einbindung der neuen Herrschaftsideologie war man auf die Unterstützung prominenter *sunna*-Gelehrter angewiesen, deren koranisches Wissen, verbunden mit ihrem Ansehen in der Bevölkerung, der Obrigkeit zu doppeltem Vorteil gereichen konnte. Nicht alle ließen sich allerdings zu solchen Diensten herbei.

Schon Al-Mansur hatte sich trotz massiver Drohungen und Verfolgungen vergeblich um die Dienste des berühmten Sufyan al-Thauri (gest. 778) bemüht, der das ihm angebotene Richteramt mehrfach ablehnte und Abu Hanifa, den Gründer der noch heute geltenden hanafitischen Rechtsschule, öffentlich verhöhnte, weil dieser sich dem Ansinnen obrigkeitsfreundlicher Rechtsentwicklung beugte. Sich vor dem Zugriff des erzürnten Kalifen versteckt haltend, hatte er zusammen mit Al-Auza'i (gest. 759), einem gleichermaßen renommierten Juristen in Syrien, die Legitimation der Abbasiden als Nachfolger der Umayyaden angegriffen und einen Rechtskodex im Sinne des umayyadischen Herrschaftsanspruchs entwickelt, der sich über Nordafrika nach Spanien ausbreitete und folgerichtig zur Grundlage des Kalifats in Cordoba wurde.

Wenngleich Al-Thauri als Jurist und Koranexeget galt, der der eigenen rationalen Entscheidungsfindung (*ra'y*) größeres Gewicht als den *hadith*-Traditionen beimaß (s. o. S. 80), so setzte er diese Ratio sowohl zur Unterstützung des – umayyadischen – Staatsdogmas als auch zur vernunftorientierten Auslegung und Weiterentwicklung der koranischen Rechtssubstanz im Sinne der prophetischen Rückorientierung ein. Diese Verfahrensweise machte ihn zum Vorläufer allgemein-islamischer Rechtssystematik, wie sie sich in der heute überwiegend geltenden shafiitischen Rechtsschule niederschlug.[73]

Im Staatsdenken der Abbasiden verselbständigte sich die systematische Vernunft zu einer als »Rationalismus« bezeichneten Tendenz. Zwei Söhne des durch den Erzählzyklus »Tausend und eine Nacht« im Westen bekannt gewordenen Abbasiden Harun ar-Rashid (gest. 805), Amin und Al-Ma'mun, repräsentierten zwei klassische, im Islam miteinander unvereinbare Herrschaftsideen.

Während Amin, der Thronprätendent, das medinensische Modellvorbild unter verklärendem Einschluß der vier »rechtgeleiteten« Kalifen vertrat, das sogar den Makel des Bürgerkriegs übertünchte, stand Al-Ma'mun, zweiter Thronfolger, unter dem Einfluß der Barmakiden, einer persischen Wesirsfamilie, der unter Harun weitreichende Vollmachten eingeräumt worden waren. Sie führten eine Art Nebenhof mit theologisch-politischen Zirkeln, die in freigeistigen Disputationen rationalistische Weltbilder des Glaubens und der Staatsführung entwickelten und sie schließlich sogar in den Verdacht der Kollaboration mit der khorasanischen, auf Restauration sinnenden Hashimiya brachten.

In der Absicht, einen möglichen Bruderzwist zu vermeiden, wich Harun von der bisherigen Erbfolge ab und bestimmte Al-Ma'mun als Thronfolger seines Bruders Amin, eine Maßnahme mit äußerst weitreichenden Folgen, nicht nur für die abbasidische Herrschaft, sondern für das gesamte Machtverständnis des historischen Islam.

Nach Haruns Tod begann sein Vermächtnis rasch das Gegenteil seiner Absicht zu bewirken. Das fundamentale Mißtrauen zwischen den Brüdern, Amin in Bagdad, Al-Ma'mun in Khorasan, führte zu verschärften Konflikten, die sich in einem erneuten Bürgerkrieg, einem Bruderkrieg im wahrsten Wortsinne, der gefürchteten *fitna*, entluden. Unter Führung Tahir Ibn al-Husayns, eines Vertrauensmannes, der in der Tradition der Hashimiya stand, drangen die Truppen Ma'muns in verwickelten Auseinandersetzungen mit den Streitkräften Amins in den Jahren 811 bis 813 nach Bagdad vor, wo sie den Kalifen im Palast töteten. Ein alidischer Aufstand, der die Gunst der Stunde nutzen wollte, wurde niedergeschlagen, ein von Amins Kräften ernannter Gegenkalif floh; die Macht stand Al-Ma'mun indes nur scheinbar offen, als er 819 in Bagdad einzog. Er mußte Tahir zum Statthalter von Khorasan machen, womit bereits der Keim zum Zerfall des abbasidischen Reiches gelegt war.

4. Aufstieg der sunnitischen Orthodoxie

Zur Zeit des Bürgerkriegs hatte Al-Ma'mun ein Manifest herausgegeben, das seine Herrschaft auf eine rational-theologische Grundlage stellte. Der Kalif – als »Imam der Rechtleitung« in direkter Herleitung vom Propheten – hatte den Auftrag Allahs zur Herrschaft über die Gläubigen, zur Vermittlung der koranischen Botschaft als Erkenntnisbasis der göttlichen Einheit und zur Aufrechterhaltung seiner Ordnung in Form der muslimischen Gemeinschaft, die im Kalifat somit den Ausdruck göttlichen Willens erkennen konnte.

Die Realität der abbasidischen Einheit stellte sich ganz anders dar. Die Widerstände der Bevölkerung in Bagdad gegen die von Al-Ma'mun propagierte Verstandestheologie waren umso weniger zu überwinden, als hinter letzterer mit Recht die traditionell abgelehnte, mit der Person Al-Ma'muns verbundene persische Intelligenz vermutet wurde, die nach den Pressionen des Bürgerkriegs und der faktischen Verselbständigung Khorasans unter Tahir verstärkten Ressentiments ausgesetzt war. Die rationalen Spekulationen über den Koran und den vom Propheten gestifteten Glauben wurden zunehmend als illegitime Angriffe auf die eigene religiöse Integrität empfunden, die den in den Hintergrund gedrängten Sunniten neuen Auftrieb gaben. Diese konnten nun das idealisierte Verhalten der Medina-Gemeinschaft und der »rechtgeleiteten« Kalifen in den gewünschten Kontrast zu dem inakzeptablen Glaubenskonstrukt der aktuellen Obrigkeit bringen, das in krassem Gegensatz zu Grundforderungen dieses Ideals und damit auch zum eigenen, auf den Auftrag Allahs gegründeten Herrschaftsanspruch stand.

Al-Ma'mun antwortete mit deutlichen Gegenmaßnahmen. Per Dekret unterdrückte er das positive Gedenken Mu'awiyas und erhob Ali zum hervorragendsten Prophetengenossen, beides Zumutungen für den gläubigen Sunniten. Die Spitze der Konfrontation provozierte der Abbaside indes mit der auf den Verstand und die Erkenntnis des Menschen gegründeten Forderung, sich zur Erschaffenheit des Koran zu bekennen, ein für die *sunna*, die sich formierende Orthoxie des Islam, inakzeptables, blasphemisches Ansinnen. Diese Vorstellung steht im Zentrum der spekulativen Theologie, der später zu diskutierenden → *mu'tazila* (s. u. S. 186ff.).

Anhaltendem Widerstand wurde mit inquisitorischen Maßnahmen begegnet, die hinwiederum Ablehnung in der Bevölkerung und Bereitschaft zum Märtyrertum verstärkten. Es entstand eine gegen die eigene Gemeinschaft gerichtete Spirale der Gewalt, welche die auf dem Verstandesglauben basierende Machtideologie in dem Maße untergrub, wie sie die sunnitische Alternative des Ritenglaubens an das Medina-Ideal glorifizierte.

Der Islam des 9. Jahrhunderts sprach dem Verstand die Legitimation als dynamisches Element des Glaubens nachhaltig ab, weil er die Aufgabe übernommen hatte, den Glauben an die übernatürliche, ins Unfaßbare entrückte Entstehung des Koran und das unverzichtbare Vorbild der Prophetengemeinde nicht zu ergänzen, sondern zu zerstören. Durch die Gewalt der Inquisition hatte sich die Freiheit der rationalen Glaubens- und Gesetzesauslegung in eine Doktrin gewandelt, die dem Dogma des obligatorischen Ritenglaubens letztendlich weichen mußte, weil die Freiheit des islamischen Menschen nun nur noch in der ausschließlichen Orientierung auf den Ritenvollzug in der Gemeinschaft zu finden war.

Al-Ma'mun hatte nicht nur den Anspruch göttlich legitimierter Herrschaft, sondern auch die Gestaltung individueller Glaubenswege beendet. Er hatte den Verstand als universal tragenden Aspekt aufgefaßt, der – allen Gläubigen in vergleichbarem Umfang gegeben – Glaube, Herrschaft und Gemeinschaft zu einer Allah und dem Schaffen des Propheten verpflichteten Einheit verband. Hierzu hätte es allerdings eines dergestalt mit dem Glauben zusammenwirkenden Verstandes und der Unterstützung durch ein gewachsenes Lehramt bedurft. Derartigen Einrichtungen stand jedoch in fundamentaler Weise der Glaubensreflex auf das Medina-Modell, jene sunnitische Instanz entgegen, die eine verbindliche, die gesamte Existenz dominierende Erinnerung forderte.

Ahmad Ibn Hanbal (gest. 855), Gründer der hanbalitischen Rechtsschule und Exponent der zeitgenössischen *sunna*, hatte Haft und Folter widerstanden und die Prinzipien sunnitischer Glaubensorientierung – die Unerschaffenheit des Koran, den Ausschluß der menschlichen Einsicht und die über jeden Zweifel herausgehobene Urgemeinde – kompromißlos vertreten. Seine ungeheure Autorität bei den Gläubigen blieb nicht ohne Wirkung. Al-Mutawakkil (gest. 861), Nachfolger Al-Ma'muns, beendete dessen gescheiterte Religionspolitik offiziell und ermöglichte den Sunniten eine freie Entfaltung ihrer Lehren, die sich jedoch nicht ganz vom Einfluß rationaler Denkweisen hatten fernhalten lassen, wie die Betrachtung der philosophischen Entwicklung des Islam verdeutlichen wird.

Zur Basis eines erneuten Staatsdogmas ließen sich diese Lehren allerdings nicht mehr instrumentalisieren; der Ritenglaube in der auf ein Ideal fixierten Gemeinschaft wirkte bereits zu eigendynamisch als primäre Kraft aus sich selbst heraus, als daß er wie noch der Rationalismus sich einer verordneten Doktrin hätte unterwerfen können. Wie sich im Gegenteil später in vielfältigem Kontext bestätigen sollte, entwickelte sich diese primäre Kraft ihrerseits zu einer umfassenden Ideologie, die alle Aspekte des geistigen und politischen Lebens im Islam in den Bereich des Sekundären verwies.

Al-Ma'muns Versuch, seiner von Allah hergeleiteten, auf den Verstand gegründeten Legitimation durch Gewalt Glaubwürdigkeit zu verleihen, hatte der Sache der rationalen Theologie irreparablen Schaden zugefügt und das schwierige Wechselspiel zwischen Glaube und Vernunft im Islam nachhaltig gestört. Dem Verstand war auf Dauer jeder konstruktive Zugang zu den Glaubensgrundlagen verwehrt, zum alleinigen Maßstab jedweder – sunnitischer – Gläubigkeit wurde nun der Glaube ohne autonome Einsicht, der auch nur im gemeinschaftlich realisierten Ritual volle Authentizität erlangen konnte. Die rasch wachsende Macht dieser Glaubensform forderte natürlich die Ironie des Al-Djahiz heraus:

> »Die Frömmigkeit der Theologen besteht darin, diejenigen als Ungläubige anzuschwärzen, die eine andere Meinung vertreten«. [74]

5. *Machtzerfall durch Fremdmächte*

Etwa zeitgleich mit dem Übergang der religiösen Autorität vom abbasidischen Kalifat auf die sunnitische Gelehrsamkeit hatte sich mit dem faktischen Abfall Khorasans eine politische Tendenz zur Desintegration angedeutet, die im nachfolgenden 10. und 11. Jahrhundert in eine rapide Aufsplitterung des ursprünglichen Kalifatsgebiets in autonome Teilreiche überleitete. Die Tuluniden und späteren Fatimiden in Ägypten, die persischen Samaniden und diverse regionale Usurpatoren – die andalusischen Umayyaden ohnehin – konnten sich graduell von der abbasidischen Zentralhoheit lösen, eine eigene Politik unterschiedlicher Selbständigkeit betreiben und vor allem die Steuereinnahmen zunehmend in die eigenen Kassen lenken. Letztere flossen wie zur Umayyadenzeit weitgehend aus der Besteuerung von Erträgen aus der Bewirtschaftung von muslimischem Vertragsland und nichtmuslimischem »Schutzland«, dessen Steuersatz (*kharadj*) zwar individuell ausgehandelt wurde, jedoch traditionell das Doppelte des Vertragslands ausmachte.

Zwischenzeitlich hatte sich allerdings eine weitere, aus der chronischen Finanznot der abbasidischen Kalifen geborene Steuerart entwickelt. Diese neue Besteuerung hing unmittelbar mit der politischen Fragmentierung zusammen, die Teilreiche wachsender Autonomie und – als typisch islamisches Phänomen – Machteliten außerislamischer Herkunft begünstigte. Das Bagdader Kalifat, inzwischen auf den Status einer formalen Anerkennungsinstanz für die selbständigen Teilregenten herabgesunken, war zur Aufrechterhaltung einer Mindestsouveränität auf eine Söldnerarmee angewiesen, die sich schon seit Ende des 9. Jahrhunderts – ab Mitte des 10. Jahrhunderts auch in Ägypten – aus türkischen Sklaven rekrutierte. Da die Einnahmen aus Landbau stetig zurückgingen und städtische Handels- und Handwerksstände sich nach wie vor privilegierter Niedrigsteuern erfreuten, stand ein strukturell schwacher Fiskus unter der Kostenlast einer aufwendigen Armee, die zur Schaffung neuer Einnahmequellen zwang.

Zur Aufbesserung der Finanzen und gleichzeitigen Vereinfachung des Eintreibungsverfahrens vergab das Kalifat wachsende Teile seiner Staatsdomänen als Lehen an die Militärs, die nun die Steuern direkt zur Deckung des Solds heranzogen und sonstige Überschüsse – wenn überhaupt – an die Staatskasse abführten. Da dieses Verfahren – die Lehen waren nicht vererbbar – Betrug, Bereicherung und Schutzgelderpressung in großem Stile hervorrief, konnten besonders die Emire, die Führungsoffiziere der Armee, in kürzester Zeit ganze Landstriche in ihren Besitz bringen, die militärische Abhängigkeit des Kalifats um die wirtschaftliche erweitern und graduell in die Rolle der faktischen Machthaber im Reich wachsen.

Die fremdgebürtige Söldnergarde, deren Aufgabe zunächst lediglich in der Sicherung des Kalifats bestand, hatte konsequent die sich öffnenden Macht- und Wirtschaftspotentiale genutzt und sich selbst zur realen Führungsstruktur des Staatswesens entwickelt. Diese besondere Kaste von Militärsklaven, die nach einer gewissen Dienstzeit freigelassen wurden und in Offiziersränge aufsteigen konnten, errichteten in diversen Teilstaaten veritable Militärdynastien – z.B. die Mamluken in Ägypten – mit straffen Führungs- und Verwaltungsstrukturen und stellen so ein spezifisch auf den Islam beschränktes, in keiner anderen Kultur auftretendes Phänomen dar.

Der Grund für die ungewöhnliche Bereitschaft islamischer Herrschaft, auf wichtige Kompetenzen zu verzichten und sich in weitgehende Abhängigkeit mit der Gefahr des Machtverlusts zu begeben, harrt der Erforschung. Die Vermutung, die arabischen Muslime hätten sich durch den Militärdienst nicht von der Glaubensausübung ablenken wollen und daher die Verteidigung an externe Kräfte übertragen,[75] kann kaum überzeugen. Wie wir sahen, übte der Dienst an der Waffe im Gegenteil große Attraktivität aus, solange er mit Glaubensausübung im Sinne des *djihad* gleichgesetzt werden konnte, der mit der Übernahme von Land auch allemal verknüpfte Beute versprach. Die Glaubensautorität hätte noch uneingeschränkt beim Kalifat angesiedelt sein müssen, wenn die Militärkompetenz zugunsten des Glaubens aufgegeben worden wäre, eine Voraussetzung, die mit dem Erstarken der sunnitischen Orthodoxie bereits ausgangs des 9. Jahrhunderts nicht mehr bestand.

Die große, wenn nicht ausschlaggebende Rolle der Landbesteuerung für islamisches Wirtschaften überhaupt mag eher in die Richtung weisen, in der die Gründe für die dem Islam so eigentümliche Institution der externen Militäraristokratie zu suchen sind. Der in der Frühzeit dominante Kampfglaube hatte im Zuge der historischen Expansion und anderskultureller Einflüsse in der Umayyadenzeit einer moderateren, universalistischen Form weichen müssen, die schließlich in einen dominanten Ritenglauben mündete, seinerseits Ergebnis der Legitimationskrise abbasidischer Obrigkeit zwischen religiöser und weltlicher Autorität. In diese Legitimationslücke, die sich durch die unproduktive

Fixierung auf ein repressives Steuersystem verstärkte, schob sich die Institution der Militärkaste.

Die sunnitische Orthodoxie konzentrierte sich, wie wiederholt deutlich geworden ist, ganz ausdrücklich auf die Wahrung des an den Altvorderen orientierten Ritenvollzugs, und mischte sich in die Belange der Staatsmacht nicht mehr als für den eigenen Machterhalt nötig ein. Denn die wirtschaftliche Basis kalifischer Machtausübung war zu keiner Zeit in der Lage, die enge Funktionalität fiskalischer Landausbeutung zu reformieren, noch die Privilegierung städtischer Berufsstände des Handels und Handwerks abzubauen.

Zu einem späteren Zeitpunkt werden wir auf das sich hier abzeichnende Stadt/Land-Gefälle einzugehen haben, das für einen stabilen religiös-soziologischen Zusammenhalt der islamischen Gesellschaft unerläßlich war und mit gewissen Einschränkungen auch heute noch ist. Zunächst soll es ausreichen, auf die fundamentale Abhängigkeit realislamischer Staatsfinanzierung von landgebundenen Steuersystemen hinzuweisen. Denn nicht nur der Zerfall religiöser Autorität, sondern vor allem die strukturellen, fiskalischen Ausbeutungsgrenzen trieben die grassierende Desintegration des Kalifats in Teilreiche und Militärlehen weiter voran.

6. Das Machtkonzept des Islam

In den ägyptischen Fatimiden (ab 969) – die sogenannte Siebener-Schia und damit den aggressiven Herrschaftsanspruch über den gesamten Islam vertretend – und den persischen Buyiden (ab 945) mit Sitz in Shiraz und Residenz in Bagdad – der Zwölfer-Schia und damit der defensiveren, messianischen Imam-Idee anhängend – war den Abbasiden in Bagdad so mächtige Konkurrenz entstanden, daß von einer Machtausübung realistischerweise keine Rede mehr sein konnte.

Über die steuerliche Nutzung der übertragenen Gebiete hinaus übten die Teilregenten bald weitere Funktionen wie die Heeresverwaltung, Polizeigewalt, Münzausgabe und Teile der Rechtsprechung aus, mithin zentrale Hoheitsbereiche, die sie von Bagdad weitgehend unabhängig machten und sie sogar befähigt hätten, dem Marionettenkalifat in Bagdad, dessen faktische Macht in der nachträglichen Absegnung schon längst geschaffener Verhältnisse bestand, nun ein konkretes Ende zu setzen.

Daß dies dennoch nicht geschah, wird nicht nur mit der in der zweiten Hälfte des 10. Jahrhunderts einsetzenden Rückeroberung Syriens und Palästinas und der drohenden Wiedereinnahme Jerusalems durch die Byzantiner erklärt; ganz unübersehbar hatte sich ein übergreifender Konsens darüber gebildet, daß im Bagdader Kalifat eine den gesamten Islam symbolisierende Autorität zu sehen war, deren Glaubensloyalität zwar ständig von der Orthodoxie beargwöhnt wurde, deren übergeordnete, integrative Ausstrahlung jedoch ihre Abschaffung – bis auf weiteres – verhinderte. Sogar die persischen Ghaznawiden, seit etwa dem Jahre 1000 neue Herrscher des ehemals feindseligen Khorasan, stärkten diesen Konsens durch Huldigung des Kalifen Al-Qadir (gest. 1031).

Dieser revanchierte sich seinerseits mit einem Dekret gegen die rational-theologische *mu'tazila* und die fatimidische *shi'a*, deren Agenten die Bevölkerung aufzuwiegeln und den sunnitischen Ghaznawiden das Regieren zu erschweren suchten.

Eben diese Ghaznawiden konnten sich nicht lange ihrer Bestätigung durch den Kalifen erfreuen. Die Seldschuken, sunnitisch konvertierte Turkmenen, hatten um die Mitte des 11. Jahrhunderts unter der Führung eines gewissen Toghrilbeg in weiten Landstrichen Persiens und des Irak Angst und Schrecken unter dem Volk verbreitet und nach diversen Drohmanövern den Kalifen gezwungen, sie als neue Schutzmacht zu akzeptieren. Im Zuge dieser Aktion waren die letzten Vertreter der schiitischen Fatimiden aus der Region vertrieben worden, so daß sich die Seldschuken – obgleich ohne jede islamische Tradition – als die Erneuerer des sunnitischen Islam bezeichnen konnten. Dieses Gütesiegel prägte ihnen gezwungenermaßen – als Repräsentant der Ordnung Allahs auf Erden – der Kalif selbst auf.

Die fundamentale Fehlentwicklung der eigentlichen Machtbestimmung des Kalifen als Sachwalter des Gottesgesetzes konnte nicht mehr deutlicher zutage treten. Der Kalif, der in der Theorie der Wahrung der göttlichen Ordnung nach dem Vorbild der prophetischen Urgemeinde verpflichtet war, hatte sich in der Praxis seit längerem jedem zu beugen, der ihm den Anspruch auf Glaubens- und damit Machtlegitimation hinreichend nachdrücklich deutlich machte.

Abu'l-Hasan Al-Mawardi (gest. 1058), Qadi von Bagdad und als brillianter Rechtsgelehrter (*faqih*) vom Kalifen gelegentlich auch auf diplomatische Missionen entsandt, kannte Toghrilbeg, den rohen Seldschuken, und die durch seine Leute angerichteten Verwüstungen aus eigener Anschauung. Er hatte auch und vor allem die entsetzte Reaktion der Bagdader Bürger auf diese Menschen erlebt, die einer gänzlich anderen Welt zu entstammen schienen.[76] Die intellektuelle Erkenntnis einer grundsätzlichen, systematischen Fehlentwicklung verband sich mit der Unmittelbarkeit dieser persönlichen Erfahrung zu einer bahnbrechenden Abhandlung, die Al-Mawardi neben anderen staatstheoretischen Werken über die »Regeln der Herrschaft« (*ahkam as-sultaniya*) verfaßte.

Al-Mawardi versuchte, die seit der Inquisition des Al-Ma'mun klaffende Wunde des Kalifats zu schließen, indem er für den Kalifen mehr forderte als die inaktiven Funktionen des reinen Nachfolgers (des Propheten) oder Stellvertreters (Allahs). Diese verschwommenen Formulierungen hatten sich in der Praxis als der Ursprung aller Diskrepanzen, sowohl der Zerwürfnisse mit der sunnitischen Gelehrsamkeit als auch des fortgesetzten Mißbrauchs durch fremde Kräfte bis hin zu zynischer Manipulation und vollständiger Machtlosigkeit erwiesen.

Der große Staatstheoretiker stellte die zentrale Forderung nach dem Kalifen als dem *imam*, dem aktiven religiösen Führer, der die Fundamente der Glaubensgemeinschaft im Sinne der *sunna* des Propheten und des Gesetzes der *shari'a* wahrte, Neuerungen (*bid'a*) abwehrte, die Sicherheit des Rechts und des Staates sowie eine gerechte Steuereintreibung und -verteilung gewährleistete, die Grenzen zum Nichtislamland und die Aufrechterhaltung des Glaubenskampfes (*djihad*) sicherte und nicht zuletzt fähige und geeignete Männer zur Ausführung dieser Funktionen – Wesire, Statthalter, Rechtspfleger, Steuerbeamte, Militärführer – einsetzte sowie über sie die oberste Kontrolle versah.

Dem solcherart als aktiver *imam* definierten Kalifen war das Gesetz des im Auftrage Allahs Handelnden zurückgegeben. Wo immer nun ein Usurpator die Macht an sich riß, übertrug der Kalif mit der Delegierung von Herrschaft und Verwaltung auf der Basis des Gesetzes der *shari'a* die göttliche Legitimation. Kein zukünftiger Machtanspruch konnte mehr als islamisch gelten, der nicht diesem Akt der Legitimierung unterworfen wurde. Umgekehrt hatte jede Form von Machtausübung und Interessenwahrung als islamisch legitimiert zu gelten, die sich unter diesem kalifischen Siegel auf dem Boden des *shari'a*-Gesetzes vollzog. Denn nur durch die Legalisierung kraft dieser *imam*-Autorität entstand ein legitim-islamisches Gemeinwesen als die exklusive, unverzichtbare Voraussetzung für die Heilsbestimmung aller Gläubigen.

Der positive Impuls, den Ahmad Ibn Hanbal der sunnitischen Sache durch seinen Triumph über Al-Ma'muns Inquisition der rationalen Theologie geben konnte, hatte sich in einem immer deutlicher hervortretenden Sunnitentum als religiös-moralischer Instanz fortgesetzt. Dieser Autorität war es zwischen dem 9. und 11. Jahrhundert gelungen, sich zum allgemein verbindlichen Orientierungsrahmen der muslimischen Gemeinschaft zu verstetigen und einer sich erkennbar auflösenden weltlich-kalifischen Instanz gegenüberzutreten.

Der Gehorsam gegenüber der Ordnung Allahs, unveränderbar niedergelegt in Koran und Prophetentradition, war mehr als je zuvor oberste Pflicht eines jeden Muslim, wobei die Leistung Al-Mawardis darin bestanden hatte, zunächst diesen Gehorsam als selbständige Grundforderung der sunnitisch orientierten *umma*[77] zu formulieren und dann mit der neudefinierten Instanz des aktiven *imam* zu verbinden. Damit war man zu einer Vereinheitlichung der Teilreiche unter einem authentisch islamischen Imamat oder – wie es nun hieß – Sultanat gelangt, dessen politische Funktion an die Seite der religiösen Autorität des Kalifats trat.

Die Synthese aus einer im Ordnungsrahmen Allahs vollzogenen Glaubensausübung und einer mit der gleichen Ordnung verknüpften Machtausübung schaffte die rechtgeleitete, dem Heil zugewandte Gemeinschaft, den eigentlichen Islam, der sich nun – allein durch die Existenz des aktiven *imam* – laufend authentisch realisierte. Demgemäß konnten diejenigen Muslime, welche in einer solcherart verfaßten, der göttlichen Ordnung gewidmeten Gemeinschaft lebten, auf die transzendente Anrechenbarkeit ihrer täglichen Glaubensriten hoffen.

Andererseits war ebenso jede Machtausübung legitimiert und der Loyalität ihrer Gläubigen sicher, die sich der Interessenwahrung des Islam auf Basis der Gottesordnung verschrieb und dem gleichermaßen orientierten *imam* unterstellte. Hier war ein Zirkelschluß entstanden, der allerdings dem maroden Kalifat durch das Prinzip des aktiven *imam* neue Autorität verlieh, und mit dem Modell von Medina und der schariatischen Ordnung Allahs als fundamentalen Grundlagen die sunnitische Orthodoxie in den Rang einer Staatsdoktrin erhob.

7. Das sunnitische Privileg

Mit der auf die Grundordnung Allahs gegründeten Verklammerung individueller Glaubensausübung und kollektiver Machtausübung sollte sich für das islamische Staats- und Gesellschaftsverständnis ein ganz natürlicher Handlungsspielraum ergeben, welcher denjenigen zuwuchs, die den Anspruch erhoben oder durch ihr Verhalten die Vermutung erlaubten, die Interessen des Islam im Sinne des vom Propheten übermittelten Gesetzes (*shari'a*) und des damit verknüpften religiös-politischen Wohls der Gemeinschaft hinreichend zu vertreten.

Al-Mawardi hatte sein Staatskonzept der faktischen Entmachtung des Kalifen angepaßt und dessen neue Rolle auf die übergeordnete Ebene eines charismatischen Prinzips gehoben, das sich die inzwischen verbreitete Geltung der sunnitischen Glaubensbasis zunutze machte. Es war ein neuer, virtuell erweiterter Handlungsspielraum entstanden, der sich im weiteren Verlauf des historischen Islam von der real besetzten, nachträglich legitimierten Macht spätabbasidischer Teilherrscher zu einem potentiellen Machtprivileg für alle »rechtgeleiteten« Imame entwickeln sollte, welche in Zukunft den Anspruch auf »islamische«, d.h. auf die Ordnung Allahs gestützte Machtausübung erheben würden.

Ein solcher Anspruch sollte nach Al-Mawardi auch derjenigen Obrigkeit zugestanden werden können, von der keine ausreichende Kenntnis des Gesetzes bekannt, aber anzunehmen war, daß sie geregelte Konsultationen mit den – sunnitischen – Gelehrten der religiösen Tradition durchführte. In erweiterter Auslegung schließt das Machtprivileg somit eine nichtislamische Obrigkeit ein, die hinreichend unter Beweis stellt, daß sie das Wohl der *umma* und die Durchsetzung der *shari'a* im Auge hat.[78]

Die Umayyaden hatten ihre Machtübernahme mit der Wiederherstellung der islamischen Einheit nach dem Bürgerkrieg und mit der Beilegung des Stammeszwists begründet; die Abbasiden betonten als ihre Grundlagen die genealogische Herkunft von der Prophetenfamilie und die erneuerte Interessenwahrung für den Islam.

Beide fließen in die Staatstheorie Al-Mawardis ein, die immer dann islamische Herrschaft als gegeben und legitimiert annimmt, wenn sie eine muslimische Gemeinschaft nach den Geboten Allahs steuert, die im prophetischen Modell von Medina ihren idealen Ausdruck finden, wenn also der Imam auf dem festen Boden sunnitischer Rechtleitung steht. Die vier Jahrhunderte zwischen dem Tod des Verkünders und dem Privileg des Al-Mawardi sind die Geschichte des konfliktbeladenen Anspruchs zwischen dem Ideal des Medina-Modells und der Realität politischer Interessenwahrung. Der praktische Spagat zwischen individueller Glaubenswelt und kollektiver Herrschaft, verstärkt durch die auflösende Wirkung der Militärlehen, wurde scheinbar bewältigt durch die nachträgliche Legitimierung regionaler Machtansprüche in der Gestalt eines Imams, der sich *a priori* auf zentraler, sunnitischer Gesetzesbasis legitimierte.

Der charismatische Charakter dieses zentralen Bezugs öffnete islamischen Machthabern einen erheblichen, ideologischen Handlungsspielraum. Gottesgesetz und Medina-

Reflex machten als sunnitische Staatsdogmen nun die Verfolgung allgemeinpolitischer und persönlicher Machtinteressen zur Heilsbasis der *umma*. In der Interaktion zwischen islamischer Macht und muslimischer Gemeinschaft entstand ein neues Kraftfeld aus Wahrung der Glaubensidentität, konkreter Herrschaft und Gehorsam der Gläubigen, in dem sich das pragmatische Prinzip des Islamgründers ein wenig widerzuspiegeln schien:

> »Ihr müßt euch von der Aufwiegelei fernhalten. Ihr dürft eure Waffen nicht gegen die Imame erheben, seien sie auch ungerecht … Wenn er (der Herrscher) euch unterdrückt, übt Geduld; wenn er euch beraubt, übt Geduld«.[79]

Natürlich hat sich das Machtprivileg des Al-Mawardi nicht überall in reiner Form durchgesetzt. Es wurde jedoch zur – abgestuft intensiven – Prägeform aller islamischen Gesellschaften, da die Gewalt demjenigen obliegt, der die Wahrung und Stärkung der islamischen Glaubensidentität gewährleistet. Die Universalität des Islam gründet sich auf eben diese Konservierung des für alle Gläubigen geltenden und verbindlichen, von Muhammad vermittelten Glaubensgutes, mochten die Kulturen auch noch so unterschiedlich sein, die im Zuge der islamischen Expansion und Regionalisierung überwunden bzw. absorbiert wurden.

Der Zusammenhang zwischen Islamwahrung und Macht ist somit unmittelbar, ursächlich und interaktiv, d.h. das Eintreten für die Belange des islamischen Glaubens und seiner Gemeinschaft stärkt vorhandene und erzeugt neue Herrschaftsstrukturen, die sich mit vorhandenen verbinden und dynamisch vernetzen. Trotz deutlicher Elemente der Akkulturation, insbesondere im asiatischen und schwarzafrikanischen Raum, bleibt das universelle Substrat der gemeinsamen Identität des Glaubens an den einen Allah und seinen wirkmächtigen Verkünder.

Die Macht des Islam kommt aus dieser Glaubensbewahrung und ihrer ständigen Erneuerung im gemeinschaftlichen Ritenvollzug, der die Individuen nach innen bindet und die *umma* nach außen eint. Sie kommt zu demjenigen, der sich auf das Gottesgesetz und das Medina-Ideal beruft, sie flieht denjenigen, der diese Herrschaftsbasis zu ändern versucht, und sie richtet sich – früher oder später – unnachsichtig gegen alle, die die Belange des Islam nachhaltig stören oder schädigen. Muhammad selbst hatte die Maßstäbe einer »strategischen Vernunft« für den planvollen Aufbau islamischer Strukturen gesetzt. Zur Formung des Medina-Modells hatte er die förderlichen Möglichkeiten seiner Gegenwart variabel instrumentalisiert sowie materielle und geistige Hindernisse unter Einsatz geeignet erscheinender Mittel – inkl. individueller und kollektiver Gewalt – konsequent beseitigt.

Al-Mawardi führte dieses Grundkonzept sunnitischer Glaubensorientierung auf der Ebene kollektiver Herrschaftslegitimation fort. Auf der Basis des universell geltenden Gottesgesetzes entstand Macht nun überall dort, wo islamische Interessen mit vorhandenen Strukturen in Einklang gebracht wurden. Der hierfür erforderliche Gestaltungsspielraum entstand durch die Entlastung der Herrschaft von vordergründigen, kurzfristig hinderlichen Glaubensvorschriften zugunsten des übergeordneten, langfristigen Grundsatzziels der Ausbreitung des Islam und der Aktivierung hierfür nützlicher Potentiale, die auch und gerade den *djihad*, den Einsatz des »kämpferischen Glaubens« nahelegten.

Das abschreckende Beispiel der marodierenden Seldschuken hatte Al-Mawardi den fundamentalen Verfall der Kalifatsgewalt vor Augen geführt, zugleich aber die Chancen verdeutlicht, die auch primitivste Kräfte, einmal gebändigt und in nutzbare Kanäle gelenkt, der langfristigen Entwicklung islamischer Interessen eröffnen konnten. Jeder Muslim – oder auch Nichtmuslim – der sich in den virtuellen Gestaltungsraum islamischer Machtpotentiale im Sinne des rechtgeleiteten Imamats einschaltete, wandelte ihn in Elemente realer Herrschaftserweiterung um und trug – soweit es sich um Muslime handelte – mit der damit einhergehenden, gemeinschaftlichen Stärkung zum Wohlwollen Allahs und dem eigenen Heil bei.

Mit Recht wird daher in der analytischen Orientalistik auf den hohen Abstraktionsgrad der *umma*-Idee hingewiesen,[80] die eine verbindlich sakralisierte, globale Gesetzesbasis zur heilsnotwendigen Lebensform für den Menschen macht. Aus dieser Funktion heraus werden laufend lokale, realpolitische Machtansprüche erzeugt, die sich zwar nicht überall in gleicher Weise realisieren, aber im bewährten Zirkelschluß – allein durch Akklamation legitimiert – in einer ausweg- und gnadenlosen Endlosschleife den Willen Allahs vollziehen:

> »Die Unterdrückung des Unterdrückers und die Tyrannei des Tyrannen können keinem Mann etwas anhaben, der seine Religion bewahrt und der Sunna seines Propheten anhängt ...«[81]

Dieser Wille Allahs, seine von Muhammad verkündete, vollkommene und unüberbietbare Botschaft, dies sei noch einmal in Erinnerung gerufen, steht am Ende einer Kette vorangegangener, z.T. durch die Menschen verfälschter Botschaften, die durch Abraham, Moses und Jesus beglaubigt waren, in ihrer Unvollkommenheit jedoch nur Vorstufen zum Koran bilden, in dem sich die gesamte Heilsgeschichte der Menschheit nun vollendet. Die Bedeutungsfülle des Koran ist vom menschlichen Verstand letztlich nicht erfaßbar und schafft somit eine unergründliche, nicht hinterfragbare Orientierungsquelle für die rechtgeleitete Diesseitsgestaltung und Hinwendung zum Endgericht als dem Sinn menschlicher Existenz. Dieser als Offenbarung Allahs verstandene Text, verkündet in arabischer Sprache durch seinen Gesandten Muhammad, begründet den aus muslimischer Sicht einen, wahren Glauben des Islam, der einst nach Überwindung aller anderen Religionen den Erdkreis umspannen wird.

Muhammad ist Verkünder der Botschaft und zugleich Urheber der politischen Dimension des Islam. Der Aufbau der medinensischen Gefolgschaft unter sicherem Erspüren der vom zeitgenössischen Umfeld geöffneten Potentiale ließ dieses Gemeinwesen zum sakrosankten Modell der sunnitischen Glaubensideologie werden. Ein zunehmend als Prägeform verstandenes Vorbild schliff sich den Machtstrukturen der nachfolgenden Generationen über Umayyaden und Abbasiden bis hin zur Mawardischen Ideologie des islamwahrenden Machtprivilegs als naturhafter Reflex ein.

Die einzigartige Verbindung aus spiritueller Veranlagung, politischem Spürsinn und konsequenter Gewalt in der historischen Individualität Muhammads hat dabei ihre formativen Spuren im islamischen Kollektivverhalten hinterlassen. Sein Charisma rief das ebenso einzigartige Phänomen des *hadith* hervor, der neben dem Koran zweiten fundamentalen Säule der sunnitischen Glaubensdoktrin. Sämtliche Fragen des religiös-politischen Lebens wurden in einem zweihundertjährigen Entstehungsprozeß in den Traditionskomplex auf den Propheten zurückgeführter Aussagen und Handlungen eingearbeitet. Über das Medium dieses umfassenden Regelwerks setzte sich der kollektiv prägende Einfluß des Verkünders auf die individuellen Denk- und Verhaltensmuster der Gläubigen zur Formung einer einheitlichen *umma* fort. Beide sunnitischen Grundlagen, Koran und Prophetentradition, verbinden sich zum göttlichen Gesetz der *shari'a,* der unverzichtbaren Basis jeder Rechtleitung im Sinne des Mawardi-Privilegs, der die Vorstellung von Allah als dem Einen und Spender der Macht zugrunde liegt.[82]

Nur wer die Wirklichkeit im Lichte der *shari'a* sieht, kann das Machtprivileg zu einer rechtgeleiteten Führung der *umma* so in Anspruch nehmen, daß die Nutzung aktueller Potentiale mit der Wahrung islamischer Interessen grundsätzlich nicht kollidiert, sondern eher mit ihr identisch ist. Der islamische Machthaber nach Al-Mawardi ist daher mit systematischer Langzeitwirkung bis in unsere Zeit immer auch und zuallererst ein sehr pragmatischer Machthaber, dessen Autorität nicht zuletzt als von Allah verliehene Notwendigkeit zu sehen ist.[83] Solange ihm von der religiösen Gelehrsamkeit die Rechtleitung bescheinigt wird, bedarf er somit außerhalb der Militär- und Verwaltungshierarchien keinerlei Institution oder zusätzlicher Legitimation.

Wenige Jahrzehnte später griff der Staatsrechtler 'Abd al-Malik al-Djuwayni (gest. 1085) das Konzept des Imam als Wahrer islamischer Interessen auf und setzte die von Al-Mawardi begonnene Abstraktion fort. Die Delegation der Macht an die Usurpatoren hatte nur nachträglich einen Zustand legitimiert, der sich faktisch etabliert hatte: Die Macht gehörte dem, der sie ergriff; die Herrschaftsgewalt des Kalifats war letztlich eine Fiktion.

Al-Mawardis Gewaltenregelung hatte die Einheit des islamischen Reiches wahren wollen, die an die Idee des prophetischen Ursprungs als Quelle jeglicher Macht anknüpfte. Al-Djuwayni verselbständigte diesen Gedanken zu dem Prinzip, daß nun jeder Imam werden konnte und sollte, solange er – unabhängig von Herkunft und Frömmigkeit – zur islamgerechten Regentschaft fähig war. Da sie sich nicht mehr mit der Gottesordnung allein, sondern nun primär mit der Ausübung konstituierte, erlangte die Macht einen Status *sui generis*:

> »Denn der Imam wird doch allein deshalb ernannt, damit er die Belange des Islam wahrnehme und wachen Auges die Angelegenheiten der Menschen überprüfe. Wenn er lieber im Nichtstun verharrt und sich der Ruhe hingibt, verläßt er seinen Posten und ist dem gleich, der das Imamat nicht ausübt«.[84]

Indem Herrschaft dort entstand und islamisch legitimiert war, wo sie wirksam praktiziert wurde, drehte sich das Konzept ihres Entstehens um: Nicht mehr die Gottesordnung und ihr schariatisches Gesetz kreierten Macht, sondern der fähige Imam, dessen Eignung die Legitimation zu seiner Durchsetzung erzwang:

»Angenommen, jemand erfüllt alle Bedingungen (des Imamats) und erreicht in der Frömmigkeit sogar den höchsten (denkbaren) Grad, und nehmen wir an, es gebe noch einen anderen, der fähiger als er ist und noch besser bewandert in den Pfaden der Herrschaft und Staatskunst, dem ersteren aber in der Frömmigkeit nachsteht, so ist dieser (zweite) fähigere vorzuziehen«.[85]

Nach dieser erweiterten Auslegung konnte also allein die Fähigkeit des Imams zur Herrschaft, abgestützt durch die islamische Gelehrsamkeit, die richtigen Entscheidungen (*idjtihad*) für das Gute und gegen das Schlechte und damit die Führung »der besten aller Gemeinschaften« auf Basis der *shari'a* absichern.

Die sich hier abzeichnende Differenzierung zwischen profaner Herrschaft und sakralem Recht schuf einen Maßstab für die neuen seldjukischen Machthaber und die Grundlage für das politische Sultanat, wie es sich bei den späteren Osmanen voll ausbildete. Sie ist verschiedentlich auch als Ansatz zu einer islamischen Form der Säkularisierung gesehen, in diesem Sinne allerdings eher überinterpretiert worden. Denn bei aller Betonung der Fähigkeit zur Herrschaft stand zunächst das Gottesgesetz im Vordergrund, dessen Verwirklichung durch Al-Djuwaynis Abstraktion nun allerdings eine echte Systembasis erhalten hatte.

Durch die Verteilung auf die religiöse Autorität und weltliche Ausübung wurde die Staatsgewalt dem anonymisierten und damit wesentlich sichereren Kontrollbereich des Gottesgesetzes überantwortet, einem Maßstab, der zuvor durch Einzelpersonen offenbar nur sehr unvollkommen dargestellt worden war. Nun war die illegitime Macht immerhin deutlich von der legitimen zu unterscheiden. Dabei ging der neue Abstraktionsgrad sogar auch noch über diese Stufe hinaus. Die gottgewollte Ordnung spiegelte sich letztendlich nur noch in der Einhaltung derjenigen Pflichten, die durch die schariatischen Ge- und Verbote eindeutig geregelt waren.

Alle Macht des Islam war an der Sicherstellung dieser unverzichtbaren Maxime als Grundvoraussetzung einer funktionsfähigen *umma* zu messen. Die *sharia* war auf die Ebene eines selbsttragenden, eigendynamischen Prinzips entrückt, das keiner personalen Verkörperung bedurfte, sondern der funktionalen Realisierung sicher sein konnte. Denn solange es islamische Menschen gab, würde es Imame geben, die auf Basis des religiösen Rats die Befähigung zur weltlichen Führung der *umma* besaßen. Die Regentschaft mußte sich somit verweltlichen, um der Ausübung des göttlichen Gesetzes gerecht zu werden – mit Säkularisierung hatte dieser Vorgang ersichtlich nichts zu tun. Die Frage nach dem – letztlich menschenbezogenen – Zweck der Herrschaft durfte nicht gestellt werden, weil die Ratio der Grundlage der Herrschaft nachzuordnen war. Damit hatte sich das Bildungsgesetz des Islam erneut und schicksalhaft bestätigt: Jedes menschliche Tun und jede Machtausübung unterlag dem Maß des Gottesgesetzes.

Theologisch fand die sunnitisch-orthodoxe Profilierung ihren Höhepunkt und Abschluß in der Lehre des berühmten Ibn Taymiya (gest. 1328), der gegen die Einsheit des Seins sowohl im spekulativen (→ *kalam*) als auch mystischen (→ *sufiya*) Sinne predigte und die akribische Einhaltung der schariatischen Einzelbestimmungen forderte. Immer wieder geriet er mit der Obrigkeit in Konflikt, weil er ihr die fehlerhafte Anwendung der Gottesgesetze vorwarf. Er hatte den Machthabern den Mawardischen Freiraum der pragmatischen Wahrnehmung islamischer Glaubensinteressen gerade nicht zugestanden und so sein Leben in Kerkerhaft beenden müssen. Spekulative Theologie als vom Verstand beeinflußte Glaubensdiskussion, die mystisch verinnerlichte Gottsuche und die schiitisch-messianische Imam-Auffassung, sie alle bekämpfte Ibn Taymiya als häretische Abweichungen, die den direkten sunnitischen Weg zum unverfälschten Glaubenserlebnis im Ritenvollzug und Prophetenvorbild behinderten. Denkalternativen der analytischen Logik und der mystischen Vereinigung waren nach ihm unzulässige Umwege, die den von allen Trübungen befreiten Glauben an Allah, seinen Verkünder und das Modell der Urgemeinde schwächten, wenn nicht gar versperrten.

Ibn Taymiya besaß nicht nur persönliche Autorität als sunnitischer Gelehrter, sondern auch eine gewaltige Volkspopularität, die ihm durch den unerschrockenen Einsatz gegen die zumeist verhaßte, weltliche Herrschaft und seine aktive Teilnahme an Kämpfen gegen die Schiiten und die Mongolen, die 1258 Bagdad erobert hatten, zugewachsen war. Dennoch konnten seine Lehren das Einfließen volksfrommer Heiligenverehrung in die nachfolgende *sunna*-Entwicklung nicht verhindern. Diese zusätzlichen Elemente weiteten den Glauben zu einem theologisch-politischen Dreiklang aus Herrscher, Gelehrten und Heiligen, aus Staatsgewalt, Ritenvollzug und Spiritualität aus und verwoben sich zur integrierten Grundlage einer jeden islamischen Gesellschaftsdynamik. Hier verbanden sich Schriftglaube mit städtischer und Volksglaube mit ländlicher Kultur zu einer stabilen Interaktion, die nicht nur eine weiträumige Reichsbildung verhinderte, sondern auch irreversibel den engen Wirtschaftshorizont der Landbesteuerung festschrieb.

B. Das religiös-soziale System

1. Die Analyse des Ibn Khaldun

Während Ibn Taymiya als extremer Exponent der reinen, eher unpragmatischen sunnitischen Orthodoxie gilt, kann Ibn Khaldun (gest. 1406) als die Krone der islamischen Wissenschaft überhaupt bezeichnet werden. Dieser hispano-arabische Universalgelehrte, 1332 in Tunis geboren, wirkte etwa zwei Drittel seines Lebens in Nordafrika und Spanien, bevor er nach Kairo übersiedelte, wo er an der Azhar-Universität lehrte und als Qadi Recht sprach. Gegen Ende seines Lebens traf er mit Timur dem Eroberer zusammen, lehnte allerdings dessen Berufung als Hofjurist ab.

Akademisch arbeitete er als Religionsphilosoph, Staatstheoretiker und Kulturhistoriker, wobei im Zentrum dessen, was die Zeit überdauert hat, die Prolegomena (*muqaddima*) stehen. Diese Einleitung zu einem geplanten, aber nicht zustande gekommenen Geschichtskompendium hat in Europa höchstes Lob als Werk eines völlig unabhängigen, geradezu modernen Geistes mit zahlreichen Übersetzungen und Kommentaren erfahren.[86] Ibn Khalduns souveräner Umgang mit historischen Fakten und seine Fähigkeit zur systematischen Einordnung in strukturelle Zusammenhänge heben ihn weit über die ansonsten eher zu inkohärenter Detailfülle neigende arabische Geschichtsschreibung hinaus. Kein geringerer als A. Toynbee sieht in ihm sogar »die herausragendste Persönlichkeit der Zivilisationsgeschichte«.[87]

Ibn Khaldun ist nun auch derjenige, dessen kulturgeschichtliche Sicht des Islam uns wertvolle Einsichten in die nach seiner Analyse wesentlichen Träger der islamischen Gesellschaft geben kann.[88] Nach ihm haben sich Eigenschaften und Charakter der Menschen nicht individuell, sondern in der Prägung durch die Gemeinschaft entwickelt. Während das Leben im Stamm politisch-gesellschaftliche Tugenden hervorbrachte, bildeten sich im städtischen Leben kulturelle und zivilisatorische Feinheiten heraus, die indes dem gesellschaftlichen Verantwortungsbewußtsein nicht zuträglich waren.

Die Religion des Islam und die göttliche Ordnung haben nach Ibn Khaldun den Arabern allerdings »eine geregelte Führung gebracht«, wobei wir uns erinnern, daß auch Muhammad bereits auf die Kontrolle der Beduinen als kaum durchführbar verzichtete. Ibn Khaldun sah in den Nomaden im Vergleich zu den Städtern ebenso eine zu dynamische Lebensform, um mit den letzteren gemeinsam kontrolliert werden zu können, und leitete hieraus das Kriterium zur Verknüpfung der sich scheinbar ausschließenden Lebensbereiche ab: Der Stamm hatte ein eigenes System der Kontrolle und Verteidigung entwickelt, während die Stadt Funktionen der Herrschaft an andere übertrug.

Die intellektuelle Vielfalt und hohe soziologische Differenzierung der Stadtbevölkerung förderte die Etablierung einer Schriftreligion, insbesondere einer gesetzmäßig stark kodifizierten Religion wie der des Islam, die sich nach eigenem Verständnis im Besitz einer Schrift absoluter Unveränderbarkeit und Kontinuität befand. Der differenzierte Kodex der Prophetentradition kam dabei der städtischen Vielgestaltigkeit und ihrem komplexen Regelungsbedarf zusätzlich entgegen.

Wenngleich die Angehörigen der Stämme durch ihre weitmaschige, zwischen den Städten verteilte Lebensweise keinen intensiven Bezug zum Schriftglauben entwickeln konnten, so erzeugten regelmäßige Kontakte zu den Städten und der gemeinschaftsfördernde Geist des Gottesgesetzes und seiner Sprache eine im Verlauf immer fester werdende, harmonische Verbindung. Demgemäß konnten so unterschiedliche Zivilisationsformen wie Nomadentum und Stadtkultur in eine soziale Interaktion treten, im Rahmen derer die nomadischen Stammesfürsten ihre historisch gewachsene Erfahrung in ländlicher Kontrolle graduell in städtische Herrschaftsfunktionen umwandelten.

Ibn Khaldun ist überzeugt, daß die Städter umso mehr auf den Führungswillen der Nomaden und die integrative Wirkung ihres Gemeinschaftsgeistes angewiesen sind, je höher die Wohlstands- und Bildungsstandards steigen. Die dergestalt Beherrschten verfügen jedoch ihrerseits über ein Spezialistentum – Händler, Handwerker, Gelehrte, Ärzte etc. – welches den Nomaden gänzlich fehlt und somit dort auf ein komplementäres Nachfragepotential stößt. Die eigentliche Macht sollte jedoch sinnvollerweise in dem Bereich angesiedelt bleiben, der über den stärksten, gemeinschaftlichen Zusammenhalt verfügt – beim Stamm.

Nun zeigen allerdings Macht und Privilegien die Neigung, den Gemeinschaftsgeist, also die Ursache, der sie sich verdanken, allmählich auszuhöhlen, so daß in dem Maße, in dem sich die interne Loyalität auflöst, zur Aufrechterhaltung der Sicherheit auf externe Söldner zurückgegriffen werden muß. Mit schwindender Anhängerschaft sinken die Abgaben, ein Teufelskreis, dem die Stadt jedoch nicht anheimfällt, weil sie als den Herrscher legitimierende Instanz und Wächterin des Schriftglaubens sich auf starke Grundlagen stützen kann, die auch auf andere, alternative Schutzstämme attraktiv wirken. Wenngleich dieses System der lokalen, komplementären Kooperation keine wesentliche Zentralisierung zuläßt, so hat es doch nach Einschätzung des Ibn Khaldun durch den verbindenden Glauben des Islam eine erhebliche Stabilisierung erfahren.

2. Die Interaktion zwischen Stadt und Land

Bei der Beschreibung Ibn Khalduns fällt der stark komplementäre Bezug der Stadt/Stamm-Kooperation auf, der eine geringe Neigung zu größerer Vernetzung und dementsprechende Tendenz zu Fragmentierung und Isolation vermuten läßt. Dieses Schema funktioniert auch ohne gezielt zentralisierte Staatsmacht, weil die Schutzmacht des Stammes nur gelegentlich in Anspruch genommenen werden muß. Aus dem gleichen Grund kann auf Institutionen verzichtet werden, die Ibn Khaldun ohnehin ablehnt, weil sie die Einheit des Glaubens und des Gesetzes unmittelbar in Frage stellen. Die durch diese Glaubenseinheit begünstigte, dezentrale Ausgewogenheit des Systems erzeugt zugleich eine Tendenz zu mittleren Größenordnungen der schutzgebenden Stämme, so daß nur unter besonders günstigen Bedingungen größere Einheiten entstehen, die den Staat ablösen können, ein Vorgang, der die Bildung der Teilreiche im Abbasiden-Kalifat begünstigte.

Aus der somit ermöglichten, strukturellen Fragmentierung der religiös-sozialen Stadt/Land-Dynamik des Islam, in der eine nennenswerte Institutionalisierung nicht stattzufinden brauchte, bezogen die Teileinheiten auf Basis einer inneren Selbstähnlichkeit in Glaubenseinheit und politisch-ökonomischer Ergänzung ein ganz spezifisches, übergeordnetes Gleichgewicht.

Die Schutzfunktion der Stämme allerdings, die im Rahmen ihres Gewaltmonopols ein strukturelles, immer nur vorübergehend bewältigtes Aggressionspotential repräsentierte, stellte diese empfindliche Balance systemisch in Frage und verordnete sich in Gestalt des volksfrommen Heiligen eine überaus effiziente Selbstkontrolle. Während christliche Heiligkeit ein individuelles Ausnahmecharisma erfordert, gründet sich islamische Heiligkeit auf die Zugehörigkeit zu Heiligendynastien, die sich sakralisierend in Rechtsakte zwischen den Gruppen der Gesellschaft einschalten.

Dabei verkörpert sich im Widerspruch zum abstrakten Schriftglauben das Heilige als eine Instanz, die gezielt persönlich und loyal zur Gruppe handelt und vermittelt. Die Rechtsregelungen in der Stadt erfolgen dagegen über vom Herrscher eingesetzte Richter. Beide Islamformen stehen sich in ihren Wirkungsbereichen somit recht unterschiedlich gegenüber: Stadtislam als schriftgebunden-kasuistische und Volksislam als interpretativ-populistische Variante.

Dabei stützen sich allerdings beide Exekutiven, Stadt- und Volksislam, auf das Gesetz Allahs, das von einer schriftkundigen Gelehrsamkeit verwaltet und von der Herrschaft nicht verändert wird. In diesem spezifischen Zusammenwirken von Stadt und Stamm unter dem kontrollierenden Einfluß der Gelehrten und Heiligen hat der Islam ein System von ungewöhnlicher Dezentralität und gleichzeitiger Stabilität hervorgebracht, das bekanntlich keine Institutionen benötigt, statt dessen allerdings sich auf ein ausgesprochen konformistisches Denken stützen kann. Dementsprechend droht dem System allenfalls dann Gefahr, wenn die Kompetenz des Herrschers sowohl von der städtischen Gelehrsamkeit als auch vom eigenen Stamm in Zweifel gezogen wird. Gottlosigkeit, Verstöße gegen die Gemeinschaft etc. können den Machthaber die Stellung kosten und zu seinem Austausch führen, stellen jedoch das System selbst nicht in Frage. Es bleibt unverändert, weil es als Verbund aus dem Gesetz Allahs und der sozial-religiösen Koppelung zwischen Stamm und Gelehrsamkeit nicht zur Disposition steht.

Daß eine solche Konstruktion – ähnlich der Situation auf der übergeordneten Lehensebene – der religiös legitimierten Korruption, Bereicherung und Schutzgelderpressung Vorschub leistet, liegt auf der Hand und bildet ein strukturelles Problem des real existierenden Islam, das durch Landflucht und Verelendung der Städte laufend verschärft wird. Enorm steigende Armut erzeugt neue Formen der Volksfrömmigkeit, die teils über dynastisch legitimierte Heilige harmlose, magisch-spirituelle Techniken zur Diesseitsverdrängung, teils jedoch radikal-islamische Ideologien vermitteln, die ein kaum berechenbares, politisches Risikopotential vorbereiten.

3. Schriftglaube und Volksfrömmigkeit

Mit der zunehmenden Ausdifferenzierung des religiösen Vorschriftensystems in den ersten islamischen Jahrhunderten wuchsen die Präsenz des Schriftglaubens und das Interesse der nichturbanen, volksfrommen Bevölkerung an dieser ganz andersartigen Form religiösen Denkens. Einer steigenden Anzahl von Menschen wurde mit Koran und Prophetentradition eine homogene Bezugsbasis ins Blickfeld gerückt, die zwar seit langem bekannt war, die nun jedoch konkreter in das mystisch-magisch geprägte Bewußtsein der nomadischen Bevölkerung einsank und auch dort begann, die Herausbildung einer islamischen Identität zu fördern.

Eine diffuse Mischung aus Restmythen heidnischer Vorzeit, Amulett- und Aberglauben und islamisch-mystischer Spriritualität begann sich mit den klaren Strukturen schriftgläubigen Denkens und Verhaltens auszustatten. Zwar blieb im Rahmen der laufenden Stadt/Land-Interaktion die volksfromme Spiritualität nicht ohne Einfluß auf die abstrakte Orthodoxie, doch vollzog sich dieser Prozeß der gegenseitigen Durchdringung unter eindeutiger Dominanz des doktrinären Schriftglaubens. Die orthodoxe Islamisierung der Landbevölkerung im Verein mit einer schwächeren Spiritualisierung der urbanen Regionen wurde zu einem mächtigen Trend in der gesamten islamischen Welt, der das kollektive Bewußtsein um die klassische Glaubensbasis und die sunnitische Verbindung aus Orthodoxie und Volksmystik entscheidend stärkte und bis heute einen systematischen Nährboden für den Fundamentalismus darstellt.

Diese fundamentale Durchdringung gehört zu den ganz wesentlichen Gründen dafür, daß die islamische Gesellschaft im politischen Chaos der spätabbasidischen Diadochenkämpfe nicht auseinanderbrach, sondern ihre traditionell dezentrale, egalitäre Struktur unverändert beibehielt. Die Macht blieb in ihrer religiös-wirtschaftlichen Motivation weiterhin angesiedelt in dem interaktiven Stadt/Stamm-Austauschsystem, in dem sich Herrschaft und militärischer Schutz mit religiöser Autorität und urbanen Dienstleistungen zu einem kooperativen Netzwerk verbanden.

Es ist diese eigentümliche Austauschdynamik, auf der das gesamte Selbst des Islam gründet. Die Macht, von der sich die Muslime erfassen lassen, ist diejenige des dominanten Schriftglaubens, der sich zwar in einem pragmatischen Abhängigkeitsverhältnis zur Herrschaft befindet, diese jedoch letztlich legitimiert. Daher bleibt jede politische Autorität im Islam, ob auf regionaler oder übergeordneter Staatsbasis, strukturell schwach, wenn sie ihre Legitimation nicht durch die Autorität der Orthodoxie erhält oder sich mit dieser in anderweitiger Form arrangiert.

Dieser exklusive Wechselbezug und seine totalitär bestimmende Rolle, die sich durch die Berufung auf die Allmacht Allahs beliebig verstärken läßt, erzeugt allerdings eine tendenzielle Neigung zu Bürgerferne und Korruption, die sich durch die Abwesenheit institutioneller Kontrolle strukturell etabliert. Der totalitäre Überbau der religiösen und politischen Minimalisierung des einzelnen Menschen mag als die Meta-Institution des Islam betrachtet werden.

Wie wir gesehen haben, stellt in diesem System der urbane Bereich Glaubensautorität und wirtschaftliche Orientierung, der nichturbane die reale Herrschaft und militärischen Schutz, eine Funktion, die in der Vielfalt der islamischen Herrscherfamilien und Dynastien ihren historischen Ausdruck findet. Indem sich eine nichturbane, volksfromme Autorität in die religiöse Kontrolle durch und wirtschaftliche Abhängigkeit von urbanen Instanzen begibt und dabei dieselben faktisch beherrscht, entsteht jene eigentümliche Verschränkung religiös-spiritueller, politisch-militärischer und wirtschaftlich-sozialer Ebenen, deren fundamentale, eigenwirkende Tragfähigkeit das historisch gewachsene, allerdings oft auch problematische Markenzeichen des Islam darstellt.[89] Die systemimmanente Problematik besteht in der ständigen Spannung in den Regionalregimen, die als Teile eines sakralen Ganzen durch Korruption und Machtmißbrauch immer wieder in profane Legitimationskrisen geraten.

Eingebettet in diese multilaterale Interaktion finden wir zudem das islamtypische Landsteuersystem wieder, das der nichturbanen Herrschaft untersteht und neben dem erheblichen Eigenbedarf das urbane Dienstleistungsspektrum speist, das sich seinerseits durch steuerliche Präferenzen privilegiert sieht.

Die Dominanz des Schriftglaubens – in der frühislamischen Eroberungsphase ohnehin kaum entwickelt – übte auch in der historischen Islamentfaltung systematische Zurückhaltung in der Fesselung der nichturbanen, volksfrommen Spiritualität. Diese Kräfte machten nach außen ein flexibles Reservoir zur Angleichung fremder Religionen und Kulturen verfügbar und konnten nach innen die Frustrationen aus ethischen Diskrepanzen abfangen, die sich zwischen dem Anspruch des Schriftglaubens und der Armutswirklichkeit weiter Bevölkerungskreise öffneten.

Ein dynamisches, selbstorganisierendes Gleichgewicht in dem interaktiven Abhängigkeitsgefüge aus orthodoxer Glaubensautorität, Schutzherrschaft, Wirtschaftsressourcen, Landsteuersystem, Volksfrömmigkeit und Stammesstrukturen bildet das im Westen kaum durchschaute, jedoch nicht minder systematische Funktionskonzept der islamischen *umma*. Die Vernetzung dieser Abhängigkeiten, deren Beachtung durch das schariatische Kontrollsystem diesseitig-jenseitiger Belohnung, Bedrohung und Bestrafung wirksam abgesichert wird, ermöglicht ein dezentral selbsttragendes, nahezu institutionsloses Zusammenwirken von Religion und Gesellschaft, Wirtschaft und Verwaltung ohne wirklich konkret übergreifende Kontrollgewalt.

Das System der verhaltensabhängigen Bedrohung, das dem Volksglauben politische Herrschaft über den Schriftglauben und diesem eine abgestufte Kontrolle über beide übertrug, wobei die Landbesteuerung das städtische Wirtschaftsspektrum ermöglichte, fand seinen speziellen Ausdruck in der Sklaverei.[90] Diese Einrichtung – mehrheitlich angewandt in der sozialen Oberschicht – konnte dem Stamm und den Armen der Stadt ihre grundsätzliche Entbehrlichkeit und die Notwendigkeit ihres Wohlverhaltens vor Augen führen. Analoges traf auf das Söldnertum zu, dessen fremde Herkunft die Austauschbarkeit der einheimischen Kräfte auf doppelte Weise deutlich machte: die Unabhängigkeit der Herrschaft in der Auswahl ihrer Schutzmacht und die im Vergleich zur Basisbevölkerung geringeren Kosten der in der Regel aus Zentralasien einwandernden Militärsklaven, ein bei der chronischen Auszehrung islamischer Etats wichtiger Aspekt.

Die Zeit der islamischen Expansion hatte den Eroberern die Abschöpfung ungeheurer Vermögen ermöglicht, die sich in erheblichem Umfang aus der Besteuerung des übernommenen Landes rekrutierten. Das Entstehen der Militärlehen hatte darauf hingedeutet, daß islamisches Wirtschaften in der Dimension konsumptiver Ausbeutung von Fremdvermögen erstarrt und nicht in der Lage gewesen war, alternative Finanzquellen in Form einer konstruktiven, eigendynamischen Wirtschaftsordnung zu erschließen, welche die traditionellen Ebenen der Landbesteuerung und Handelsaktivität hätte überschreiten können.

Die komplementäre Stadt/Stamm-Selbstorganisation zwischen Orthodoxie und Herrschaft sowie Schrift- und Volksglaube bewegte sich innerhalb einer begrenzten

Subsistenzwirtschaft unter dem Primat des schariatischen Gottesgesetzes. Sie hatte dabei ein ausgesprochen konsistentes, allerdings eher selbstbestätigendes System geformt, das sich auf einen Glauben mit Gewalt stützte. Es war zwar stark genug, eine unabhängige, islamische »Kirche« zu verhindern,[91] nicht aber, eine aktive, offene Bewältigung der laufenden Realität zu leisten:

> »... Sichert sich jemand auf diese Weise das Imamat durch Gewalt, und erhebt sich dann ein anderer, der den ersten durch seine Macht und seine Armee besiegt, so wird um des Wohlergehens der Muslime und ihrer Einheit willen ... der erste abgesetzt und der zweite zum Imam erklärt«.[92]

Vertreten durch die orthodoxe Gelehrsamkeit bildet das Gesetz Allahs oberste Priorität und Orientierung in der Hierarchie interaktiver Abhängigkeiten und Machtbereiche in Religion, Politik, Wirtschaft und Gesellschaft, in deren Abstufung die orthodoxen, städtischen Gelehrten das obere und die volksfrommen, ländlichen Armen das untere Spektrum abschließen. Dieses System des islamischen Selbst erzeugt keine Institutionen und sichert die innere Funktionalität durch eine mehrheitlich religiös begründete Struktur der Unterwerfung und Bedrohung ab, die tendenziell große Teile der Bevölkerung von der Möglichkeit einer nennenswerten Willensbildung ausgrenzt. Überall da, wo es sich als möglich, vorteilhaft oder aus den gegebenen Umständen als erforderlich erweist, greift das islamische Selbstsystem auf die Nutzung fremder Mittel zur Stützung, Ergänzung oder zum Ersatz eigener Kräfte zurück, ohne dabei freilich die Basisstruktur, geschweige denn die Gewaltbasis des Glaubens zur Disposition zu stellen.

Die im uniformierten Ritenvollzug angestrebte Gleichheit der Muslime vor Allah erfährt in dieser Systematik eine tiefgreifende Störung in bezug auf die ländlichen Armen. Sie werden durch das städtische Gewerbeprivileg massiv benachteiligt und durch die Zwangseinbindung in das volksfromme Heiligenwesen von den Einsichtsquellen orthodoxer Bildung, so begrenzt sie sein mögen, nachhaltig getrennt. Die Ballung großer, arbeitsloser Volksmassen in den Vorstädten der islamischen Metropolen, in denen radikale Mystiker wachsenden Zulauf finden, sind moderne Auswirkungen eines Systems, dessen gewachsene Grundstruktur intakt blieb, nun allerdings ständig zunehmenden Spannungen ausgesetzt wird.

Am oberen Rand des islamischen Spektrums ist die Wechselwirkung zwischen Machthaber und Orthodoxie im Sinne der Machtprivilegien nach Al-Mawardi bzw. Al-Djuwayni weitgehend erhalten. Der Herrscher ist als solcher legitimiert, wenn ihm von der Orthodoxie die Fähigkeit zur Wahrung islamischer Interessen im Sinne der Glaubensgrundlagen attestiert wird. Auch hier hat die Moderne, wie unser einschlägiger Abschnitt bestätigen wird, keine nennenswerten Veränderungen in der islamischen Gesellschaftsdynamik bewirkt (Kap. VIII).

Wie das Folgekapitel in der Islamdarstellung erhellt, hat das islamische Selbstsystem auch die wiederholten Angriffe durch die philosophische Geistesfreiheit des hohen Mittelalters ohne wesentliche Modifikationen überstanden. Seine bemerkenswerte Resistenz gegen Einflüsse der rationalen Vernunft als Grundlage aktiver Wirklichkeitsbewältigung bewahrte das Vermächtnis des Islamstifters in Form einer unverbrüchlichen Bindung ans Gottesgesetz und sein medinensisches Modell. Diese Treue muß, da sie unter allen Umständen die Anarchie vermeiden will, im wahrsten Wortsinne bis zur Selbstaufgabe gehen, d.h. den prophetischen Stil inhaltlich nachvollziehen und sich methodisch auf seine Nachahmung mit Gewaltakzenten beschränken, die sich sowohl gegen Nichtmuslime als auch Muslime richten kann.

Das islamische Selbst erschöpft sich als stabile Dauerkopie des vom Verkünder geschaffenen Medina-Modells. Ein minimalistisches, dieser Kopie verpflichtetes Menschenbild kann somit keine pragmatische Vernunft im Sinne einer aktiven Realitätsgestaltung entwickeln, eine Denkverfassung, die dem Machtverbund aus Gelehrsamkeit und Obrigkeit entspricht. Die Gemeinschaft dieser *individuell* eher zu Inaktivität neigenden Menschen lebt daher dann bevorzugt zu vermehrter, *kollektiver* Dynamik auf, wenn sich ihr Konstellationen öffnen, die ihre systemisch verankerte und historisch bestätigte Abhängigkeit von Fremdpotentialen überbrücken und damit das übergeordnete, »islamische Interesse« fördern.

V
Kirche und Mensch im Neuzeitwandel

A. Die Renaissance

1. Welt im Übergang

Thomas von Aquin hatte den Extremen zwischen Glaubensdoktrin und Glaubensabfall vorbeugen wollen und eine Lehre entwickelt, die sich an Offenbarung und Erlösung orientierte. Ihm schwebte eine Weltgestaltung durch die Vernunft des Menschen vor, die sich in den Glauben an seine Abhängigkeit von der transzendenten, der Erkenntnis nicht zugänglichen Schöpferkraft Gottes stellte. Der Charakter kirchlicher Machtausübung hatte sich inzwischen weit von den Vorgaben ihres göttlichen Gründers entfernt. Sie dehnte sich über den religiösen Bereich hinaus in die politischen und fiskalischen Belange und untergrub seit langem durch Reichtum, Korruption und Sittenlosigkeit der Kleriker ihre geistliche Legitimationsbasis.

Zunehmende gesellschaftliche Differenzierung und der unübersehbare Zerfall kirchlicher Überzeugungskraft verstärkten fundamentale Kräfte des heraufziehenden abendländischen Kulturumbruchs im 14. Jahrhundert: der politische Anspruch der europäischen Monarchien, der religiöse Anspruch der mystischen Armutskirche und der geistige Anspruch der erwachenden Wissenschaft. Über viele Jahrhunderte war der christliche Überbau in der Lage gewesen, die verschiedensten Strömungen in Religion, Philosophie, Politik, Wissenschaft und Kunst aufzunehmen, umzuformen, sich anzugleichen und in das unvergleichliche Kultursystem des Abendlands zu integrieren. Ausgangs des Mittelalters schickte sich diese Kultur nun an, den Antagonismus zwischen dem Machtanspruch der Kirche und dem von der Offenbarung gewahrten Freiheitsanspruch des Menschen aufzulösen.

So wie die Summa Theologica des Thomas das theologisch-philosophische Weltbild des Mittelalters abschloß und mit dem Schlüssel der Vernunft eine neue Kirchenepoche öffnete, so bildete die Divina Commedia des Dante Alighieri (gest. 1321) ein Schlüsselwerk für das religiös-kosmologische Denken der Zeit in der Umbruchphase zwischen mittelalterlichem Kollektiv und individueller Entfaltung. Die ptolemäischen Sphären und den aristotelischen Makrokosmos verband Dante mit den Ebenen der christlichen Vorstellungswelt. Die höchsten Himmelskreise, die Engelsscharen und die Abgründe der Hölle, in denen bekanntlich auch dem Verkünder des Islam ein Platz zugewiesen war, verschmolzen zu einem universalen, christlich-kosmischen Seinssystem der Menschheit, umschlossen von der ordnenden Allmacht Gottes.

Die rationale Durchdringung des Christlichen durch Dante und die christlich begründete Notwendigkeit der Vernunft des Thomas setzten am Ende des Mittelalters epochale Signale für die endgültige Lösung des Individuums vom Kollektiv und der Ratio von der Religion. Sie bilden richtungweisende Momentaufnahmen der abendländischen Kultur und bündeln die geistige Gesamtsituation in den Brenngläsern des Christentums und der antiken Philosophie. Was sie uns vor allem exemplarisch und unmißverständlich verdeutlichen, ist der Wandel des Menschen vom Objekt zum Subjekt, der ihn vom manipulierten Gegenstand zum wählenden Beobachter emanzipierte.

Die Glaubwürdigkeitsdiskrepanz, die zwischen der Kirche und den Menschen entstanden war, konnte durch die Wiederbelebung der Offenbarungsbedeutung, der Aufwertung des Menschen und der Befreiung des Glaubens, vertreten durch die mystischen und rationalen Bewegungen des ausgehenden Mittelalters, entscheidend gemildert werden. Die Menschen des gesamten Kontinents, die ihre Tradition, Geschichte und Kultur von einer singulären Gestalt und ihrer erlösenden Botschaft hatten prägen lassen, öffneten sich ihr erneut auf der Grundlage ihrer beginnenden Emanzipation als aktive Gestalter ihrer eigenen Welt. Parallel zu den Verirrungen der Inquisition begann die Kirche nach Wegen zu suchen, sich mit diesem grundsätzlichen Wandel der Bedingungen zu arrangieren, wenngleich ihr ein kompatibles Konzept nach wie vor fehlte.

2. Die Idee des Humanismus

Der Geist eines sich erneuernden Christentums sammelte sich im ausgehenden Mittelalter immer weniger im Sinne einer Kirche,die jahrhundertelang die unterschiedlichsten Strömungen kollektiv absorbiert hatte, sondern im Namen einer freien Entwicklung des Menschen, eines »humanistischen« Ideals. Epochemachende Gestalten wie Petrarca, Erasmus, Macchiavelli und viele andere brachten ihr Werk nicht primär zu Ehren Christi, sondern zum Beweis menschlicher Leistungskraft hervor. Wenngleich mehrheitlich tief gläubig, so hatten sie sich weitgehend bereits von der Kontrollautorität der Kirche gelöst und ihren Geist in den Dienst eines christlichen Humanismus gestellt, genährt von einer völlig neu inspirierten Rationalität und Ästhetik.

Grundlegende Erfindungen wie Kompaß, Uhr und Druckerpresse aktivierten neue Dimensionen der Mobilität, des Raum/Zeit-Verständnisses, der Wissenschaft und nicht zuletzt der Geldwirtschaft, die den Wahrnehmungskreis der europäischen Wirklichkeit explosiv ausweiteten. Allerdings sah sich auch die kirchliche Lehrautorität einer erweiterten Belastung ihrer Legitimation ausgesetzt. Der geistige Freiheitsanspruch des Menschen im Rahmen eines mehrdimensional expandierenden Kulturhorizonts – bekannt unter dem Begriff der humanistischen Renaissance – schuf die Voraussetzung und die Ausgangsbasis für die Entwicklungsdynamik abendländischer Vernunft.

Die humanistische Emanzipation des Menschengeistes von der Kontrolle kirchlicher Standardisierung sollte zum Impuls für weitere epochale Ablösungsprozesse werden: die reformatorische Trennung des Glaubens von den Werken und die aufklärerische Trennung der Vernunft von der Offenbarung als Grundlagen der modernen, säkular-wissenschaftlichen Pluralisierung. Gesellschaftliche Differenzierung im Rahmen rascher Urbanisierung, wachsender Wohlstand in Handel, Handwerk und neuen Arbeiterständen, expandierende Märkte bei beginnender Herausbildung von Nationalstaaten und die Förderung der Bildung und Wissenschaften lieferten den Unterbau eines fundamentalen Kulturwandels.

Nach der Scholastik, einem akribisch inhaltsgebundenen, analytischen Denken, das auf der aristotelischen Logik aufbaute, wurde im Humanismus ein neues Bildungsideal sichtbar, das den Schwerpunkt von der Betrachtung der Natur auf die Wissenschaften vom Menschen verlagerte. Begleitet von einer Wiederbelebung Platons rückte der Fokus des Interesses vom wissenschaftlich-strukturellen zum philosophisch-moralischen Denken. Der Fall Konstantinopels (1453) leistete einen unfreiwilligen Beitrag zu dieser Entwicklung, indem eine große Anzahl griechischer Intellektueller nach Europa, vornehmlich Italien, vertrieben wurde, welche die Sprache Platons förderten.

Die gedankliche Präzision der scholastischen Analyse begann der humanistischen Reflexion zu weichen, die sich auf Sprache, Begriffe und Argumentation stützte, um – oft in der Form des Dialogs – zu den Sachverhalten vorzudringen. Dabei wurde ein neuer Raum der Interpretation geöffnet, der im streng deduktiven Denken der Scholastik nicht üblich und auch nicht möglich war. Der Verlust der analytischen Strenge wurde kompensiert durch einen Begriffsrahmen von Argumenten und Interpretationen – an die Stelle der Logik trat die Rhetorik. Damit war auch der Denkraum des Glaubens einer erheblichen Veränderung unterworfen, denn der Wert des Menschen und seine Ideale waren nun aus antik-heidnischem Blickwinkel mit der gleichen Überzeugungskraft zu vertreten wie aus dem christlichen. Der übernatürliche Denkrahmen des Glaubens war in den natürlichen Begriffsraum der sprachlichen Beschreibung verlagert, wo er von nun an auch den Kategorien der beginnenden gesellschaftlichen Diskussion ausgesetzt werden konnte.

Auch wenn die Humanisten ihr Ziel der sprachlichen Verfeinerung gegen den Vorwurf der begrifflichen Verwässerung immer wieder vehement verteidigt haben, so bleibt doch festzustellen, daß der Wechsel vom analytischen zum argumentativen Denken, von der Philosophie zur Philologie, von definitorischer Klarheit zu rhetorischer Ambivalenz der abendländischen Entwicklung zu den großen Ideologien entscheidenden Vorschub geleistet hat.

Das sich aus der hochmittelalterlichen Aufbruchsbewegung entwickelnde Bürgertum erhielt durch das Bildungsideal des Humanismus erheblichen Auftrieb – die gesamte Stellung des Menschen in der Geschichte erfuhr eine umfassende Neubeurteilung. Neben den Kriterien der Herkunft und des Besitzes, die nach wie vor Adel und Klerus – zunehmend auch die neuen Mächtigen des Handels- und Bankgeschäfts – begünstigten, wurde die wahre Bildung zum Maßstab, aus dem heraus der Mensch sich als völlig neue Spezies verstand, unabhängig von Stand und Glaubensrichtung, allein dem Geist seiner Zeit verpflichtet.

Die Geschichte war demgemäß nicht mehr ein von Gott in Richtung des Endzeitereignisses gelenktes Geschehen, sondern das kollektive Ergebnis eines vom Menschen bestimmten Handlungsrahmens, der durch die Bildung des Einzelnen zu einem ethischen Ganzen geformt wurde. Die diesem Prozeß zugrunde gelegten Ideale der Freiheit und Selbstbestimmung des Menschen mußten sich dabei eher auf die Kategorien der antik-philosophischen Rationalität als auf den von Christus gespendeten, transzendenten Freiheitsbegriff der Offenbarung beziehen – eine wesentliche Voraussetzungen für das Prinzip der modernen Menschenrechte.

In einer beeindruckenden Verbindung aus grenzenlosem Synkretismus, umfassender Bildung und dem unbändigen Willen zur Realisierung der edelsten Eigenschaften, des potentiell Göttlichen im Menschen, hatte sich das Weltbild der humanistischen Renaissance geformt, in dessen Mitte der Mensch als autonomer Selbsterlöser und von allen Fesseln des diktierten Glaubens befreiter Weltgestalter stand, die wiederhergestellte Idealvorstellung der philosophischen Antike.

In der »Rede an die Menschenwürde« setzte der brilliante Pico della Mirandola (gest. 1494) der voraufklärerischen Emanzipation von der Offenbarung ein oft zitiertes Denkmal, das auch in unserem Zusammenhang nicht fehlen sollte:

> »Keinen bestimmten Sitz, keine eigentliche Gestalt, kein besonderes Erbe haben wir dir, Adam, verliehen, damit du habest und besitzest, was du immer als Wohnung, als Gestalt, als Wesensausstattung dir wünschen mögest. Alle anderen Wesen in der Schöpfung haben wir bestimmten Gesetzen unterworfen. Du allein bist nirgends beengt und kannst dir nehmen und erwählen, das zu sein, was du nach deinem Willen zu sein beschließest. In die Mitte der Welt habe ich dich gestellt, damit du frei nach allen Seiten Umschau zu halten vermögest und erspähest, wo es dir behage. Nicht himmlisch, nicht irdisch, nicht sterblich und auch nicht unsterblich haben wir dich erschaffen. Denn du selbst sollst, nach deinem Willen und zu deiner Ehre, dein eigener Werkmeister und Bildner sein und dich aus dem Stoffe, der dir zusagt, formen. So steht es dir frei, auf die unterste Stufe der Tierwelt herabzusinken. Doch kannst du dich auch erheben zu den höchsten Sphären der Gottheit«. [93]

Ausgehend von Italien breitete sich dieses Denken als eine genuin europäische Entwicklung rasch auch nach Deutschland, Frankreich und England aus. Eine radikale Verselbständigung ließ den Menschen sich erstmals direkt gegen seinen transzendenten, schöpferischen Urgrund wenden und einen eigenen, autonomen Schöpfungsrahmen ohne jede systematische Begrenzung begründen. Sie schuf einen völlig neuen Typus von Wahlfreiheit und existentieller Unabhängigkeit, der im Grunde jedes Potential im Guten wie im Schlechten freizusetzen in der Lage war, der jedoch eines ganz gewiß nicht mehr war: christlich.

Während Petrarca (gest. 1374), der große Dichterkönig Roms, Christentum und klassische Kultur als sich gegenseitig befruchtende Pole einer harmonischen Einheit empfand, hatte sich ein gutes Jahrhundert später dieses integrative Denken bei Pico und seinen humanistischen Enthusiasten zu einer vollständigen Ablösung von der offenbarten Glaubensbasis gewandelt. Der Mensch war der Erlösung nicht mehr zugeordnet; er hatte ein System geschaffen, das ihm die Entscheidung über Art, Ort und Zeit einer selbstgewählten Erlösungsform überließ. Dabei bestimmte der Mensch nicht nur über die eigene Freiheit; er war nun auch prinzipiell Herr über die Wahl der Freiheit anderer geworden.

Die politische Wirkung der humanistischen Idee vom autonom denkenden Menschen war gleichermaßen tiefgreifend. Mit laufend sinkender Integrationskraft von Papst- und Kaisertum und dem unaufhaltsamen Aufstieg des Individualismus hatten die Ergebnisse der neuen Geistesaktivität, die ethischen Bildungsideale der Zeit, begonnen, als eigenständige Wesenheiten den Herrschaftsordnungen von Kirche und Welt gegenüberzutreten, statt wie bisher von ihnen absorbiert oder verhindert zu werden.

Die hochentwickelte Ethik der Renaissance-Denker erzeugte einen systematischen Zwiespalt hinsichtlich des Wirkungsbereichs, dem sich die neue Autonomie des Menschen vorzugsweise zuzuwenden hatte – dem öffentlichen Bereich der politisch-wirtschaftlichen Aktivität oder dem privaten Bereich der geistig-philosophischen Kontemplation. Trotz abnehmenden Einflusses der römischen Tradition spielten die klassisch-römischen Exponenten dieser Aktionsebenen, Cicero und Seneca, eine wichtige Rolle in der argumentativen Verarbeitung. Eine fruchtbare Literatur trat im Verlauf des 15. Jahrhunderts unter wesentlicher Beteiligung des berühmten Macchiavelli in eine Diskussion über die richtige Staatsform ein und leitete mit ersten Ansätzen zu einem modernen Demokratiekonzept über.

Beide Richtungen – politischer und literarischer Humanismus – sahen in ihren jeweiligen Ordnungsvorstellungen Wege einer angemessenen Selbstverwirklichung des Individuums, wobei erkennbar wurde, daß sich die politisch-rhetorische Cicero-Fraktion systematisch und wesenhaft unvereinbar von der ästhetisch-analytischen Seneca-Fraktion abgrenzte. Mit diesen Konturen legte der Humanismus der Renaissance erste Grundlagen für die spätere Dialektik der Moderne zwischen Ideologie und Reaktion. Von nun an – mit neuer Aktualität in unserer Gegenwart – wurde die Geistesgeschichte des Okzident von der antagonistischen Dynamik aus aktiver politischer Interpretation und reaktiver analytischer Kritik bestimmt, die sich entweder in den Dienst für oder den Kampf gegen die herrschenden politischen Systeme stellten.

Der »neue Mensch« der Renaissance hatte mit der Entwicklung eines säkularen Geistes aus ethischer Willensstärke, Weltlichkeit und religiöser Individualität begonnen. In der zweiten Hälfte des 15. Jahrhunderts brach sich dieser Geist epochale Bahn: mit Kolumbus und Magellan in der Entdeckung neuer Welten in Amerika und Ostasien, mit Leonardo und Michelangelo in der Erschließung neuer Dimensionen der Kunst und mit Kopernikus und Kepler in der Grundlegung neuer Erkenntnissphären der Wissenschaft.

Dennoch sah er sich noch immer einer Kirche gegenüber, die wiederum, trotz aller fundamentaler Zentrifugalkräfte der Zeit, eindrucksvoll in der Lage gewesen war, die historische Kraft ihrer spirituellen Ausgleichs- und Wächterfunktion zwischen Gott und Mensch, Offenbarung und Synkretismus, Scholastik und Humanismus, Tradition und Entwicklung unter Beweis zu stellen. Michelangelo zierte die Decken und Wände der Sixtinischen Kapelle mit genialen Fresken von höchster Religiosität, und Thomas Morus stellte sein Leben gegen den weltlichen Herrschaftsanspruch zu einer Zeit, in der die Legitimation der Kirche nicht nur geistlich, sondern nun auch vom neuen Menschen des Abendlands in Frage gestellt wurde.

Trotz der anscheinend weiterhin wirkenden Bindungskräfte der Kirche schienen die neuen Entwicklungen durch den autonomen Menschen allerdings Geister geweckt zu haben, die in dieser Form bislang unbekannt gewesen waren. Die erweiterte Weltlichkeit des wachsenden Wohlstands hatte Zeichen der Krise in der Gestalt neuer Begehrlichkeit und Kriminalitätsformen erzeugt. Marodierende Banden raubten gezielt diejenigen aus, die zuvor als Mäzene von Kirche, Kunst und Politik in Erscheinung getreten waren. Niemand mochte sich auf eine Diskussion darüber einlassen, ob es diese neue Wohlstandsform, der schwindende Offenbarungsglaube oder die Verbindung aus beidem war, die magische Kulte, Satansmessen und Gräberschändung ebenso ins Kraut schießen ließ wie klerikale Unzucht und kirchliche Inquisition. Die Pest hatte ein Drittel der europäischen Bevölkerung dahingerafft; das beginnende Nationalbewußtsein ließ religiöse Konflikte zu internationalen Kriegen werden; im Hundertjährigen Krieg hatten sich England und Frankreich weitgehend ruiniert. Wie es schien, bestand die Zeit der Renaissance nicht nur aus Ästhetik und Geist.

B. Die Reformation

1. Das sozio-religiöse Umfeld

Die ausgangs des Mittelalters einsetzende gesellschaftliche Differenzierung hatte neue Formen der Arbeiterschaft in Stadt und Land hervorgebracht, die eingangs des 16. Jahrhunderts in wirtschaftliche Bedrängnis gerieten. Zwar traten die ökonomischen Probleme der ausgehenden Renaissance gemildert in Erscheinung, doch hatte der Zustrom von Edelmetallen aus der Neuen Welt den Geldumlauf erhöht und bei gleichbleibender landwirtschaftlicher Produktion eine drastische Preissteigerung für Grundnahrungsmittel ausgelöst. Der davon ausgehende inflationäre Schub erfaßte die gesamte Gesellschaft der Zeit.

Die Feudalschichten wälzten die Preissteigerungen über erhöhte Abgaben auf die Bauernstände ab und schmälerten die Einkommenssituation des Landvolks – immerhin 90% der Gesamtbevölkerung – wodurch auch die Kaufkraft der städtischen Unterschichten in Mitleidenschaft gezogen wurde. Die Folge war eine einschneidende Verschärfung der Kluft zwischen Arm und Reich.

Während jahrhundertelang eine weitgehende Vermögensbalance zwischen Stadt und Land bestanden hatte, öffnete sich nun zwischen den neuen Bevorteilten in Handel, Handwerk und Bürgertum einerseits sowie dem breiten Arbeiterteil andererseits eine enorme, in diesem Ausmaß bislang unbekannte Wohlstandsschere, die einen fundamentalen Umbruch aus neuer gesellschaftlicher Differenzierung und beginnendem Kapitalismus widerspiegelte. Das in dieser Entwicklung übermächtig wirkende Unbekannte löste eine allgemeine Atmosphäre der Angst aus, die durch ein rigoroses Preisdiktat neu entstehender Monopolgesellschaften im Handelsbereich zusätzlich verstärkt wurde.

Die religiösen Einflüsse des Ketzertums und der verheerende Vertrauensabbau durch die Inquisition hatten die Verwurzelung der Religion im kollektiven Bewußtsein gelockert. Der ethische Individualismus der Renaissance begann sich mit dem neuen, sozial-ökonomischen Prozeßdenken zu einem veränderten, selbständigeren Religionsverständnis, dem Gedanken der Reformation, zu verbinden.

Während die Gebildeten die Entwicklung durchschauten, sah die Masse in den tiefgreifenden Umwälzungen Vorzeichen des Weltendes, das nur durch eine fundamentale Umkehr, eine Reformation der Religion zu überwinden war. Die Kraft der Kirche zur Integration war durch die vielfältigen Strömungen aus Philosophie und Humanismus überlastet und ihre Legitimation als unangreifbare Lehrautorität durch die immer drückendere päpstliche Dominanz sowie das bekannte klerikale Fehlverhalten hinreichend diskreditiert.

Die neuen Standards der humanistischen Bildung hatten auch der Frömmigkeit breiterer Bevölkerungsschichten ein neues Bewußtsein der Emanzipation gegenüber der Verstrickung des Klerus in weltliche Angelegenheiten verliehen. Dessen Streben nach Macht, Ansehen und Besitz und die ständige Schädigung seiner sakramentalen Integrität hatten die seit langem geübte Kirchenkritik zu einem grundsätzlichem Mißtrauen gegenüber einer solcherart verfaßten Kirche und ihrem Lehramtsanspruch vertieft. Nicht nur der Geist, sondern auch die unmittelbare Frömmigkeit der Menschen strebten nach Unabhängigkeit innerhalb einer zu reformierenden Kirche. Die Erneuerung wurde als Bewahrung eines Glaubensguts verstanden, das von bedrängenden Unklarheiten – unter Einschluß seiner Vermittler – zu befreien war.

Der konkreten Verbreitung dieser Ideen kam nicht nur die gestiegene Mobilität und Kommunikation der reformatorisch gestimmten Gesellschaften in Europa zugute, sondern vor allem ihre deutliche Alphabetisierung, die in den Städten die 10%-Marke überschritten hatte. Dabei konnte allerdings in keinem Land die politisch-soziale Komponente eine so enge Verbindung mit dem theologischen Denken eingehen, wie sie sich in Deutschland dann machtvoll durchsetzte.

2. Die Reformation des Martin Luther

Über viele Jahrhunderte war das Wissen von der Weisheit Gottes und das daraus fließende Geheimnis der Menschwerdung Christi in einem gewachsenen Komplex aus Bibel, Evangelien und spirituell-sakralen Handlungen an die Laien überliefert worden, um den vom göttlichen Gründer gestifteten »mystischen Leib Christi«, die einheitliche Gemeinschaft der Gläubigen, zu sichern. In diesen sakramental inspirierten Prozeß hatte die dominante Institutionalisierung des Lehramts einen Mechanismus der

Machtsicherung installiert, der eine emanzipiert geplante Glaubensgemeinschaft zu einer Gemeinschaft des geplanten Glaubens, der Verteilung der »Verdienste Christi« umformte.

Anstelle einer Vermittlung des Erlösungsgedankens als allein vom Erlöser selbst zu spendende Gnadentat hatte sich eine weitgefächerte, sakrale Bürokratie der Sünden- und Bußverwaltung etabliert, die sich zunehmend aus dem Amt als Glaubensgegenstand definierte. Diese mißbräuchliche, dem christlichen Gedanken gegenläufige Vorstellung war schließlich so akribisch kultiviert worden, daß die klerikale Organisation sich als die erlösende Instanz selbst verstand.

Die Erlösungstat Jesu Christi, unter dem Begriff der »Verdienste« zusammengefaßt, befand sich unter der Verwaltung eines kirchlichen »Schatzamtes«, das den sündig Gewordenen gegen den Nachweis von Wallfahrten, Bußleistungen und vor allem gegen Geldzuwendungen Absolution erteilte. Der ständig steigende Finanzbedarf der Kurie, insbesondere im Zusammenhang mit dem Ausbau kirchlicher Pracht in Rom, hatte zu dem an früherer Stelle erwähnten Ablaßhandel geführt. Diese Einrichtung bewirkte die Aufhebung der Bußen gegen Geld, eine Praxis, die nicht nur den religiösen Inhalt des Bußsakraments aushöhlte, sondern auch absurde Formen in der faktischen Ausübung annahm. Wie im Finanzmarktbereich mit Termingeschäften die Befreiung vom Kursrisiko erkauft wird, so betrieb die Machtkirche einen schwunghaften Terminhandel mit Ablaßpapieren, mit denen die Absolution von zukünftiger Buße – nicht der Schuld – erkauft wurde.

Martin Luther, 1483 in Eisleben geboren, hatte Rechtswissenschaften studiert und das Priesterseminar der Augustiner absolviert, bevor er im Jahre 1517 seine Thesen gegen diese Praktiken veröffentlichte. Nicht nur die banale Umwandlung spirituellen Einflusses in zählbare Münze wurde hier angeprangert, sondern die Irrtumsfreiheit des Papsttums und der Konzilien insgesamt in Zweifel gezogen. Auch eine deutsch-nationale Note kam ins Spiel, indem Luther den Papst mit dem Antichristen gleichsetzte und ihm vorwarf, die ehrlichen, gottesfürchtigen Deutschen nicht nur um ihr Geld, sondern auch um ihr Seelenheil geprellt und an den Teufel verkauft zu haben.

Statt den geforderten Widerruf zu leisten, verbrannte er 1520 die päpstliche Bannbulle und wurde nach erneuter Ablehnung des Widerrufs vor dem Reichstag in Worms 1521 in die Reichsacht getan. Gleichzeitig entstanden Luthers Hauptschriften, in denen er die inneren und äußeren Linien seiner Kirchenkritik – Entfernung von der Bibel und Hinwendung zu weltlicher Macht und Besitzdenken – darlegte (*»Von der Freiheit eines Christenmenschen«, »Von der babylonischen Gefangenschaft der Kirche«, »An den christlichen Adel deutscher Nation«*).

Im Zentrum des lutherischen Denkens steht das grundlegende Konzept der Rechtfertigung des Menschen allein durch den Glauben. Die Gerechtigkeit Gottes war nicht durch das Bemühen des Menschen um das gottgerechte Verhalten zu erlangen, sondern fiel ihm unter Voraussetzung des Glaubens an das Wort Gottes (*sola fide – sola scriptura*) als Gnadenerweis zu (*sola gratia*). Damit war nicht nur Luthers Gerechtigkeitsbegriff vom Aspekt der Strafe, sondern jeder Mensch auch von jeglicher priesterlicher Mittlerschaft befreit. Der Gläubige konnte Sünder und zugleich vor Gott gerechtfertigt sein (*simul iustus et peccator*).

Um zu dieser Auslegung vordringen zu können, mußte Luther sich nicht nur von der scholastischen Verbindung zwischen Gesetz und Evangelium, sondern vom thomistischen Vernunftbegriff insgesamt trennen. Dieser hatte im Zusammenwirken zwischen Glaube und Vernunft jenes göttliche Element entdeckt, das dem Menschen das ständige Bemühen um das rechte Verhalten, um die gottgefälligen Werke einpflanzte und ihn seinem Erkenntnisgrad entsprechend der Schöpfungsordnung und damit der Gnade Gottes teilhaftig werden ließ. Hier war ein gänzlich anderer Gnadenbegriff am Werk, der in der Unterstützung des Glaubens die Rechtfertigung bedingen und somit von den drohenden Lasten der Erbsünde befreien konnte.

Diesen entscheidenden Akt der in der Offenbarung begründeten, gnadenhaften Befreiung vollzog Luther nicht nach. Das Erlösungswerk Christi wirkte nicht mehr im einzelnen Menschen, sondern stand als Kollektivleistung den Menschen gegenüber. Gott konnte nun die Sünde »übersehen« und den Gläubigen auf Basis der »Verdienste« Christi rechtfertigen, ohne die Befreiung von der Erbsünde, der Sündhaftigkeit an sich, in Aussicht zu stellen. Das Element des Heiligen Geistes, dessen Gnade den individuellen Glauben erhöhte, war aus dem Denken der lutherischen Reformation verschwunden. Der Mensch blieb innerlich Sünder auf alle Zeit, er konnte sogar »durch die Sünde gerecht werden«, wobei ihm äußerlich die Anrechnung der Sünde durch den Glauben an Jesus erspart wurde.

Dieser Glaube konnte Jesus folgerichtig nicht als integralen Teil der Trinität, sondern allenfalls als dieser nur »hinzugefügt« (*additus ad eam*) sehen, so daß er letztlich nicht nur auf sich selbst verwiesen war, sondern als autonome Glaubensinstitution auch über den Glauben anderer entschied:

> »Durch das innere Urteil urteilt jeder, durch den Heiligen Geist oder die besondere Gabe Gottes erleuchtet, mit höchster Sicherheit und entscheidet die Dogmen und Meinungen aller … Dies gehört zum Glauben und ist jedem Christen, auch einem Laien notwendig zum Heil … Es muß ein jeglicher allein darum glauben, daß es Gottes Wort ist und daß er inwendig befinde, daß es Wahrheit sei«.[94]

Somit war nicht nur das Urvertrauen des Menschen in Gott und sein heiligendes Einwirken auf die Seele zerstört, auch das Ringen um ein gegen die Sünde gerichtetes, vernunft- und verantwortungsbestimmtes Gewissen war beseitigt.

Gegen die machtkirchliche Sündenlehre, die in der praktischen Handhabung dem Offenbarungssinn zwar zuwiderlief, ihn jedoch nicht außer Kraft setzte, hatte Luther nun seine reformatorische Vorstellung gesetzt. Hier erschien der Mensch verderbt und erlösungsunfähig, mithin von derjenigen Offenbarungssicht abgeschnitten, welche die Erlösungstat Christi als Sündenbefreiung und Angebot zur zukünftigen Rettung verstand. Die Gnade Gottes beruhte nicht mehr auf individualgläubigem Zwiegespräch mit Gott im Ringen um Rechtfertigung, sondern sie rechtfertigte jeden Menschen unabhängig vom individuellen Verhalten. Die Entscheidung für das Böse konnte sich auf den gleichen Schatz der »Verdienste« Christi berufen wie diejenige für das Gute. Die Vernunft als Stütze des Glaubens im Bemühen um die Erkenntnis Gottes, der Natur und ethischen Handelns trat in der Reformation Luthers in den Hintergrund.

Die lutherische Verneinung der Möglichkeit eines aktiven Beitrags zur individuellen Erlösung leugnet nicht nur den tieferen Bedeutungsinhalt der christlichen Offenbarung, die ganz ausdrücklich die Willensfreiheit des Menschen zum rechten Handeln im Glauben voraussetzt. Die ideologische Umwandlung einer Offenbarung, die sich individuell an jeden Menschen wendet, in ein kollektiv verfügbares Erlösungspotential, die egalitäre Abwertung des Menschen auf eine Ebene ohne den christlichen Geist der individuellen Erhöhung und der sich daraus ergebende, radikale Prädestinationsglaube griffen im Prinzip auf eine philosophische Sonderform zurück, die sich 200 Jahre zuvor unter dem Begriff des Nominalismus etabliert hatte.

Der Oxford-Professor William von Ockham (gest. 1349) hatte in Weiterentwicklung der aristotelischen Analyse ein System entwickelt, das die Existenz allgemeiner Ideen und Begriffe außerhalb der menschlichen Vorstellung und Sprache leugnete. Alle Wirklichkeit setzte sich aus empirisch erfahrbaren Wesenheiten zusammen, so daß alles Wissen nur auf dem Realen, Individuellen und als konkrete Einzelheit Erfaßbaren beruhte. Eine metaphysische Wirklichkeit hinter den Dingen stehender, allgemeiner Verbindungen, wie sie Platon geschaffen hatte, wurde so nachhaltig entfernt, daß dieses Vorgehen unter der Bezeichnung »Ockhams Rasiermesser« in die Geistesgeschichte eingehen konnte.

Der Mensch war keine generell gültige Wesenheit, sondern allenfalls eine geistige Abstraktion, die im Wege der den Individuen eigenen Ähnlichkeiten wahrgenommen wurde. Demgemäß konnte von Wahrnehmungen dieser Art auch kein Schluß auf Gott oder religiöse Fragen gezogen werden. Alles hing absolut und undefinierbar vom allmächtigen Willen Gottes ab. Mithin war der Mensch auf zwei Wirklichkeiten angewiesen, die ein solcherart konstruierter Kosmos offenließ: Gott in der Offenbarung und Welt in der Erfahrung. Eine Erkenntnis, die – wie die christliche Offenbarung – diese Dialektik hätte überschreiten können, war nicht zugelassen. Eine auf die rein sinnliche Ebene verwiesene menschliche Wahrnehmung konnte sich Gott nur auf Basis des Glaubens ohne eine durch den Verstand differenzierte Erkenntnis nähern. Da nur das reale Einzelne existierte, konnte es auch nur physikalisch in den Blick genommen werden. Spekulative Vernunft und Metaphysik gingen ins Leere. Menschliches Wissen war zufällig, abhängig und vorläufig, jedenfalls alles andere als aus eigener Kraft erkenntnisfähig.

Der Wille Gottes, Gut und Böse, konnten von derart fragmentarischen Strukturen nicht erfaßt werden. Das vom Aquinaten genial geknüpfte Band zwischen Ratio und Religion, Philosophie und Theologie wurde von »Ockhams Rasiermesser« getrennt. Zwischen Gott und Welt bestand kein dem menschlichen Erkenntnisvermögen zugänglicher Zusammenhang.

Luthers Studium der Theologie am Augustinerseminar in Erfurt stand unter erheblichem Einfluß dieser nominalistischen »Philosophie«. Die für ihn alles überragende

Frage nach der Gerechtigkeit Gottes war vom scholastischen Realismus dahingehend beantwortet worden, daß Gott nicht zwei entgegengesetzte Entscheidungen fällen konnte, ohne ungerecht zu sein. Derlei menschliche Konventionen waren für den Nominalismus und damit für die in dieser Tradition entwickelte Theologie Luthers unannehmbar. Allmacht und Willensfreiheit Gottes ließen alles Gewollte auch gerecht sein. Eine Offenbarung, die den Menschen und seine Verstandeskräfte über den Glauben hinaus zur Mitwirkung an seiner Heilsbestimmung ansprach, konnte nicht in der Lage sein, die Gerechtigkeit Gottes zu gewährleisten, weil die menschliche Erkenntnis im Spiele war.

Nur eine Form der Offenbarung, die eine Mitwirkung des menschlichen Verstandes und des Menschen überhaupt vollständig ausschloß, konnte die reine, unanfechtbare Form der Gerechtigkeit sichern, einer Gerechtigkeit, die jedes Handeln, jedes Geschehen, unabhängig von menschlichen Ansichten über Gut und Böse, rechtfertigte. Damit hatten der Dekalog und die Gebote Christi ihren das Gewissen bedrängenden Charakter verloren, die »Freiheit eines Christenmenschen« hatte sich im Vertrauen auf den kollektiven Erlösungsschatz über die Furcht vor Übertretungen hinausheben, die Bedrohung durch die immanenten Forderungen des Sittengesetzes überschreiten können. Wie der Gnostiker durch den Vorstoß zum Höchsten geadelt wird, steht der reformierte Christ auf einer durch das Vertrauen in die kollektive Erlösung erhöhten Glaubensstufe, die durch Sündhaftigkeit nicht mehr befleckt werden kann, weil sie in der Rechtfertigung durch Gott steht.

Die offenbarte Öffnung des christlichen Gottes für die individuelle Glaubenserfahrung und Erlösungssuche, die den Willen zum ethischen Handeln wurzelhaft voraussetzten, hatte Luther zugunsten eines Glaubens beendet, der sich selbst rechtfertigte, indem er die religiöse Autorität von der Kirche in das Individuum verlagerte und damit die Verantwortlichkeit vor Gott beseitigte.

3. Luther und Islam

Luthers – in der Wissenschaft umstrittener – Ockhamismus, seine nominalistische Vorstellung vom prädestinierten Willen des Menschen, dessen Erkenntnisfähigkeit auf den an der Schrift orientierten Glauben beschränkt ist, rückt die reformierte Variante des Christentums in die Nähe zum Islam. Wie wir sehen konnten, wird dort für Allah ein Allmachtsbegriff entwickelt, der den menschlichen Willen und seine diesseitigen Denk- und Verhaltensnormen auf den schriftgebundenen Gestaltungsraum des Glaubens und dabei die Beteiligung des Verstandes auf die Beschäftigung mit diesem Glauben beschränkt.

Mit seiner Lehre der in systematischer Sündhaftigkeit verankerten Prädestination, die der ethischen Handlungsverantwortung – und damit dem Humanismus seiner Zeit – keine Relevanz und dem Menschen keinen Beitrag zu eigenen Rettung einräumte, wurde der grundsätzliche Zweifel Luthers – nicht zuletzt auch in Gestalt eines »addierten Christus« – an der Wirksamkeit der christlichen Offenbarung überhaupt deutlich.

Diese Sicht forderte den entschiedenen Widerspruch des großen Humanisten Erasmus von Rotterdam (gest. 1536) heraus, der die Gottesebenbildlichkeit des Menschen eben gerade in einem an der Offenbarung in Christus orientierten Glauben erkannte, durch den er befähigt wurde, in seinen Handlungen und Entscheidungen am göttlichen Erlösungswerk mitzuwirken.

Die durch die Prädestination geschaffene Ähnlichkeit mit dem Islam wird durch Luthers gebrochenes Trinitätsverständnis erheblich verstärkt. So bestätigt denn auch die Stellungnahme des Erasmus auf Luthers Humanismuskritik diese offensichtliche Verwandschaft. Er nimmt sich sorgfältig – dabei nicht ohne Ironie – der grundlegenden Bedeutung der Prädestination für das christliche Offenbarungsverständnis an und könnte in der Klarheit der Aussage im Glaubensbekenntnis eines jeden Muslim Platz finden, der nicht weiß, daß sie von einem aufgeklärten Christen stammt:

> »Offenbar ist es … höchst angemessen, wenn der Mensch ganz vom Willen Gottes abhängt, wenn er … ferner sich dessen Willen ganz unterwirft, einerlei, ob er ihn retten oder vernichten will; wenn er auf Grund seiner guten Werke keinerlei Lob für sich in Anspruch nimmt und vielmehr alle Ehre dessen Gnade zuschreibt in der Erwägung, daß der Mensch nichts anderes sei als ein lebendiges Werkzeug des göttlichen Geistes, das … er nach seiner unerforschlichen Weisheit lenkt und richtig leitet; ferner in der Erwägung, daß es dabei nichts gebe, was jemand als seine eigene Leistung in Anspruch nehmen könnte; und wenn er dann doch in festem Vertrauen von Gott das ewige Leben als Lohn erhofft, nicht weil er es durch eigene gute Werke verdient hätte … wobei dann der Mensch die Aufgabe hat, Gott beständig um Gewährung seines Geistes und um dessen Mehrung in uns zu bitten, für jedes Gelingen ihm zu danken und in allen Fällen Gottes Macht zu verehren …« [95]

Wie wir inzwischen wissen, erschließt diese prädestinatianische Nähe dem Muslim natürlich nicht die dem reformierten Christen nun geöffnete, autonome Freiheitsform, die durch das Vertrauen in eine durch Gott gerechtfertigte Sündhaftigkeit entsteht. An der von der lutherischen Reformation theologisch und in der Praxis paradox verstärkten Liberalisierung menschlichen Handelns kann der Islam nicht teilhaben.

Die Konsequenzen, die Islam und lutherische Reformation aus der Leugnung der Willensfreiheit ziehen, könnten denn auch gegensätzlicher nicht sein. Während im Islam die Frequenz des Handelns außerhalb des Ritenvollzugs generell gedämpft und damit auch das Sündenrisiko verringert wird, erfährt in der lutherischen Lehre die Dynamik der menschlichen Aktivität eine entscheidende Verstärkung, weil die gerechtfertigte »Freiheit eines Christenmenschen«, die sich auf die Garantie der kollektiven Erlösung berufen kann, die Bedrohung durch sündigen Irrtum und ethischen Skrupel auflöst.

Beiden – Islam und Lutherismus – gemeinsam ist hinwiederum der Prädestinationsglaube als ideologische Basis, obschon erneut gegensätzlich formuliert. Während im Islam die Allmacht Allahs alle Gläubigen in einer hochgeordneten Ritengemeinschaft unter einer göttlich gestifteten Gesetzgebung zusammenfaßt, bringt nach lutherischem

Verständnis die Allmacht Gottes einen hochindividuellen Glauben hervor, der aufgrund einer pauschal gewährten Heilsvollmacht nur in der Verantwortung vor sich selbst steht, ohne sich auch in Werken ausdrücken zu müssen.

Die Kollektivierung der Erlösungstat, auf deren Grundlage sich der konkret-pekuniäre, machtkirchliche Ablaßhandel vollzogen hatte, verlagerte sich nun in den ideologisch-gesellschaftlichen Bereich. Dort konnte Luther sie als Bezugsrahmen für die Rechtfertigung eines Glaubens instrumentalisieren, der sich in fortschreitender Entfremdung vom Sündenbegriff im wahren Wortsinne zur »selbstgerechten« Grundlage moderner Liberalisierung und Pluralisierung entwickelte.

Erasmus hatte in seiner Kritik die lutherische Willensbeschränkung beim Wort genommen, weil er als klassischer Humanist der tätigen Vernunft als gestaltendes Element der ethischen Glaubensbildung verpflichtet war. Die »Freiheit eines Christenmenschen« stand nur in scheinbar paradoxem Widerspruch zur Allmacht Gottes; er wurde aufgelöst durch die Umdeutung des ursprünglichen Offenbarungsinhalts, der sich als individuelle Hinwendung Jesu Christi zu jedem glaubenden Menschen ausdrückte, in eine anonyme Glaubensbasis, die dem Menschen die pauschale Absolution von Sünde und Irrtum erteilte. Während der Ablaßhandel die Buße, nicht die Sünde aufhob, bedeutete Luthers Rechtfertigung die faktische Befreiung des Menschen von struktureller Unvollkommenheit. Diese bestand im Konzept der Erbsünde, einer Vorstellung, die den Menschen in die fundamentale Abhängigkeit von der christlichen Erlösung, also in nicht weniger als das Christentum schlechthin stellte.

Die ständige Rede Luthers von der »Gnade« Gottes, die sich dem Menschen in seinem pauschalen Rechtfertigungssystem mitteilte, hat ihn oft enger mit der Sündenlehre des Augustinus in Verbindung gebracht, als sich dies aus den vorliegenden Sachverhalten herleiten ließe. Ein wesentlicher Grund für diese Tendenz liegt im von Luther rigoros abgelehnten Begriff der »Werke«. Augustinus' Gegenspieler → Pelagius (s. o. S. 39f.) hatte die guten Taten als für den Heilserwerb wesentlicher angesehen als die Gnade, die von Augustinus hinwiederum nicht wie bei Luther pauschal, sondern im individuellen Heilsbemühen des Menschen, also dem »orthodoxen« Offenbarungsdenken entsprechend betrachtet wurde.

Zwischenzeitlich hatten die Wirren der Reformation den Osmanen Gelegenheit gegeben, ihre Präsenz in Südosteuropa zu verstärken. Da Luther eine grundsätzliche Trennung der geistlichen von den weltlichen Angelegenheiten vertrat, sprach er sich in Opposition zur Kirche auch gegen militärische Maßnahmen wider die Türken aus. Unter Hinweis auf die negativen Kreuzzugerfahrungen empfahl er eher Gebet und Buße als Abwehrmittel gegen die Eindringlinge, die als – inzwischen vor Wien stehendes – Strafgericht Gottes zu betrachten waren.

Durch diese Sichtweise erlangte der Islam endzeitliche Qualität, die ihn als Vorboten des Antichristen erscheinen ließ. Dieser war kein anderer als der Papst selbst – Luthers ärgstes Feindbild – der sich in seinen Augen als innerer Feind mit den Muslimen als äußere Bedrohung gegen alle wahren Christen verbündet hatte. Als »zwischen Apostel und Antichrist schwankender Gestalt« bildeten Papst und Islam somit eine gemeinsame

Bedrohung des Christentums insgesamt, wobei Luther allerdings keine Veranlassung zum Handeln – z.B. den Einsatz weltlicher Macht – sah, sondern von einer getrennten, religiös-politischen Auseinandersetzung ausging. Diese Sicht entsprach zwar seinem Weltbild der »getrennten Regimenter«, ließ dabei jedoch das islamische Weltbild von Glaube und Staat als Gesamtheit außer Acht.

Im weiteren Verlauf hat sich Luther mit den seiner Zeit verfügbaren Koranübersetzungen und -kommentaren auseinandergesetzt, wurde dabei allerdings sowohl von der allgemeinen Türken- als auch seiner persönlichen Kirchenfeindlichkeit an einer nüchternen Bestandsaufnahme gehindert. Insbesondere die ausgleichende Islamsicht des Nicolaus Cusanus, der seinerseits nach anfänglicher Distanz in den Dienst der Kurie getreten war, schien ihm die Sicht vollends zu versperren. Die Gleichsetzung des Islam mit dem Papsttum als antichristliche Gefahr verlieh Luthers Kirchenbild einen endzeitlichen, unzulässig verzerrenden Anstrich,[96] der Schatten auf seine intellektuelle Souveränität wirft, und ihm den Vorwurf eingetragen hat, Theologie zur Heilung seiner psychischen Bedrängnisse betrieben zu haben.[97] In diesem eher pathologischen Sinne ist auch seine bekannte Schmähschrift gegen die Juden zu sehen, in der er den reformierten Christen u.a. riet:

> »... daß man ihre Schulen und Synagogen mit Feuer anstecke ... daß man ihre Häuser und desgleichen zerbreche und zerstöre ... daß man den jungen, starken Juden und Jüdinnen Axt, Hacke, Spaten, Rock und Spindel in die Hand gebe, und lasse sie ihr Brot verdienen im Schweiße ihrer Nasen ...« [98]

4. Die Spaltung der Kirchenmacht

Im Gegensatz zu den zeitgenössischen Reformatoren der Schweiz wie U. Zwingli (gest. 1531) und J. Calvin (gest. 1564), die den Einsatz der weltlichen Herrschaft zugunsten der Ausbreitung des Christentums befürworteten, vertrat Luther die Ansicht, daß Christen sich mit Ausnahme einer milden Mahnerfunktion prinzipiell nicht an den weltlichen Angelegenheiten zu beteiligen hätten. In der Gemeinschaft standen sich die Geltungsbereiche der Geistlichkeit und Weltlichkeit gegenüber, ohne – abgesehen von Grundsatzfragen – in das jeweils andere Ordnungssystem einzugreifen. Die Obrigkeit erhielt ihre Legitimation zwar ebenfalls von Gott, unterstand dabei allerdings Recht und Gesetz. Weltlichem Mißbrauch der Herrschaft konnte daher nur mit dem Wort, nicht durch Widerstand begegnet werden, eine Ausrichtung, die den Protestantismus in eine grundsätzliche, historisch wachsende Nähe zum politischen Bereich bringen sollte.

Die in grundsätzlichen Dingen mögliche Einmischung der Christen in weltliche Fragen – bei Luther im Gegensatz zu dem Systematiker Melanchthon (gest. 1560) nur in genereller, verschwommener Form vertreten – kam allerdings im Bereich der Sozial- und Wirtschaftsethik in wesentlich konkreterer Weise zum Ausdruck, die dann auch für die Entwicklung des westlichen Kapitalismus richtungweisend wurde.

Hier bestand ein tragender Aspekt in Luthers Auffassung von der Arbeit als der Ausführung eines »göttlichen Auftrags« im Rahmen der den Menschen gegebenen Berufe und Stände, eine grundlegende Sicht, die Max Weber als die »Heiligung der Arbeitswelt durch den Protestantismus« bezeichnete,[99] und die uns verstärkt in der Betrachtung des Globalismus beschäftigen wird. Der zweite wichtige Gesichtspunkt der lutherischen Wirtschaftsethik beruht auf einer Dämpfung der in seiner Zeit bereits aufkommenden Tendenz zur Gewinnmaximierung durch ein System des wechselseitigen Nutzens der Wirtschaftsfaktoren mit einer an der Bedarfsdeckung orientierten Gewinnbildung.

Luthers Eigentumsbegriff ergab sich als Grundlage eines dem Gemeinwohl verpflichteten Zusammenwirkens von Kapital und Arbeit, das Habgier und Müßiggang ausschloß. Dieser eher auf sozialen Ausgleich gerichteten Sicht war auch seine begrenzte Zulassung des Zinsgeschäfts verpflichtet, das strenger Kontrolle durch die Obrigkeit unterliegen sollte, um die in diesem Sektor besonders stark ausgeprägte Neigung zum Eigennutz wirksam zu unterbinden. Ebenso sollten unter öffentlicher Kontrolle die Arbeitsunwilligen in die Arbeitspflicht genommen werden, wie auch diejenigen, die unverschuldet in Not geraten oder zur Arbeit unfähig waren, der obrigkeitlichen Fürsorge anheimfielen.

Wenngleich die Bauernkriege dem Friedensgebot Luthers zuwiderliefen, so haben sie in ihrer antifeudalistischen Richtung seiner Reformation doch eine erhebliche Gestaltungskraft gegenüber den Landesherren verliehen, eine Auswirkung, in die auch seine Gegnerschaft zu Thomas Müntzer (gest. 1525) wies. Dieser vertrat im Rahmen einer endzeitlich orientierten Theologie ein Widerstandsrecht gegen die Obrigkeit und warf Luther vor, »ein Schmeichler des Hofes« zu sein. Während er Partei für die Bauern ergriff, war letzterer der Ansicht, sie »wie tolle Hunde totschlagen« zu müssen, wobei er den Fürsten zugerufen haben soll, »jetzt könne man sich mit Schlachten und Würgen von Bauernvieh das Himmelreich erwerben«.[100]

Auch Luthers allein von der Schrift geleiteter Glaube konnte nach Müntzers Auffassung der unmittelbaren Glaubenserfahrung, die nur in der Offenbarung (*imitatio Christi*) möglich sei, nicht in vollem Umfange gerecht werden. Seine Widerstandstheologie, die von der marxistischen Geschichtsschreibung später als revolutionär mißverstanden wurde, hatte mit diesen Einsichten erneut das fundamentale, innerchristliche Spaltungsproblem offengelegt. Zwischen dem von ihm vertretenen, rationalen Offenbarungsglauben, der sich mit endzeitlicher Spiritualität verband, und dem von Luther entwickelten, autonomen Schriftglauben öffnete sich die reformatorische Kluft kasuistischer Äußerlichkeit, die sich in wesentlicher Weise »Ockhams Rasiermesser« und Luthers extrem kirchenfeindlicher Trennung aller Erkenntnis von den Angeboten der Offenbarung verdankte.

Neben seinem antischolastischen Motiv wird wiederholt Luthers tiefreichende Antipathie gegen das Papsttum deutlich. Dieses hatte als Exponent einer Macht- und Prachtkirche zu seiner Zeit die ganze Fülle ihres hellenistisch-römisch geprägten Säkularismus entfaltet und seiner reformatorischen Stoßkraft vielfältige Ansatzpunkte geliefert. Daß er auch hier zu Grenzüberschreitungen griff, wenn er »seine Hände im Blut der Päpste und Kardinäle waschen« wollte,[101] hat neben zahlreichen ähnlich dubiosen Äußerungen wie denjenigen gegen die Bauern und die Juden die Integrität seiner Persönlichkeit in ein zuweilen umstrittenes Licht getaucht. Nachhaltige Bedeutung für Luthers historische Wirkung – vor allem als bahnbrechender Bibelübersetzer – haben sie indes nicht hinterlassen, wenngleich sich auch hier eine umfangreiche Literatur mit theologischen Widersprüchen seiner sprachlichen Bibelinterpretation beschäftigt.

Wie sich in der Betrachtung der Inquisition überdeutlich feststellen ließ, hatte die Kirche bereits seit langem und zu Recht in der Kritik gestanden, die Erlösungsfunktion selbst übernommen und den Glauben an Christus gegen einen Gehorsamsglauben an die Inhaber der Glaubensämter und der mißbräuchlich eingesetzten und kommerzialisierten Sakramente ausgetauscht zu haben. Sie konnte der reformerischen Realität nicht länger ausweichen, mußte jedoch im Konzil von Trient (1545-1563) ihr grundsätzliches Dilemma erkennen. Nicht nur hatte sie als Sachwalterin der christlichen Lehre auf Dogma und Autorität zu bestehen; sie hatte auch in ihrem integrativen Bestand als Gefäß der historischen Geistesströmungen eine so komplexe Identität angenommen, daß eine herkömmliche Reform nicht nur unmöglich, sondern überhaupt als das falsche Konzept erschien.

Die von Luther angestrebten Veränderungen griffen mit der klerikalen Identifikation von Glaube mit Macht das unverzichtbare Zentrum der päpstlichen Machtausübung an. Mit dem absolutistischen Lehramt, das sich selbst statt seines ursprünglichen Auftrags als maßgebliche Instanz den Gläubigen voransetzte, hatte die Kirche ein hochkomplexes Weisungsnetz aus hierarchischen, kultischen und inhaltlichen Denkanweisungen und Verhaltensnormen entwickelt. Dieser Komplex, der sich der persönlichen Glaubenserfahrung nur schwer erschließen und auch aus dem Geist der Offenbarung nicht in allen Aspekten schlüssig herleiten ließ, wurde zur Hauptzielscheibe der Reformdynamik.

Die Kirche verstand sich hingegen als harmonische Ganzheit aus den gewachsenen Glaubensgrundlagen und Sakramenten, die göttliche Gnade und menschliche Verdienste zu einem in der Kirche vereinten Erlösungswerk verknüpften. Wer diese Verbindung aus göttlichem Auftrag und historischer Integration nicht erkennen oder sogar stören wollte, gefährdete die Einheit der Kirche. Die institutionelle Machttradition und der Glaube an die Offenbarung bildeten nach diesem Verständnis keinen Gegensatz, sondern eine interaktive Ergänzung, die den universalen Anspruch Christi und das Leben seiner übernatürlichen Botschaft in die Welt trug.

Der Bruch der Reformation mit diesem kirchlichen Selbstverständnis war nicht mehr zu heilen. Für Luther war die Kirche durch ihr weltliches Gepränge diskreditiert und damit der Weg zu Gottes Gnade versperrt, der nach seiner Auffassung einzig und allein in einer kollektiven Rechtfertigung im Rahmen einer persönlichen Glaubensgestaltung zu öffnen war. Die Spiritualität der dogmatischen Tradition als einheitliche Interpretation der Offenbarung war für ihn erloschen, der Glaube an Jesus durch den Glauben an das Lehramt widerrechtlich besetzt worden, so daß nur die individuelle Hinwendung zu Gott die Gnadenerfahrung wiederherstellen konnte.

Die Glaubwürdigkeit dieser Sichtweise war allerdings ihrerseits durch Luthers pessimistische Menschensicht und gebrochene Persönlichkeit getrübt. Obwohl er die Selbständigkeit des menschlichen Gewissens gegenüber einer uneingeschränkten Allmacht Gottes – vor allem gegenüber der kirchlichen Autorität – einforderte, wurde dem Menschen keinerlei Fähigkeit zugestanden, jemals die ihm angeborene Verstrickung mit dem Bösen rational oder spirituell überschreiten zu können. Nur die kollektive Sündenbefreiung in der glaubensbedingten Rechtfertigung konnte die sündhafte Willenlosigkeit des Menschen überwinden und den Weg zur Erlösung – unabhängig von persönlichen Verdiensten – freilegen.

Schon Joachim von Fiore (gest. 1202), italienischer Zisterzienserabt, hatte den Grundstein für diesen epochalen Richtungswechsel gelegt, indem seiner mystischen Systematik zufolge ab dem Jahre 1260 ein »Drittes Reich« des Heiligen Geistes den Reichen des Alten Testaments und der Kirche Christi nachfolgen sollte. Dieses Reich war der Beendigung des Jenseits in Christus und dem Geist des Menschen geweiht, der sich nach göttlichem Plan der Einheit des Menschengeistes und der Erfüllung der Geschichte im Diesseits widmen würde, ein fundamentales Prinzip, das alle säkularen Konzepte keimhaft in sich trug. Indem das Ende der Geschichte dem Jenseits entzogen wurde, kehrte sich die Richtung der Menschheitsentwicklung um: von der gottgelenkten Entfaltung in die Vielheit im Werden und Wachsen zur menschengelenkten Einfaltung in die Einheit im Denken und Handeln[102] – wie wir sehen werden, nicht weniger als das »Betriebssystem« der modernen Fortschrittsgesellschaft.

Indem jeder nun die Kirche in sich selbst verkörperte, waren die Weichen nicht nur in Richtung einer grundsätzlichen Auflösung der kirchlichen Einheit, sondern zugunsten einer prinzipiellen Zersplitterung gestellt, wie sie für den späteren Protestantismus so kennzeichnend geworden ist. Aus der Rebellion gegen die monolithische Autorität der Kirche und ihren Machtmißbrauch ging ein im Grunde unbeschränkter, religiöser Individualismus hervor, der nicht nur eine Vielzahl von Sekten inkl. den Religionspluralismus, sondern auch einen generellen Skeptizismus gegenüber jedwedem religiösen Anspruch bis hin zum völligen Glaubensverlust beinhaltete.

Im Rahmen dieser sich nun grenzenlos zwischen Offenbarung und Atheismus ausweitenden Glaubensautonomie konnte auch der religiöse Wahrheitsbegriff insgesamt verstärkt in den Hintergrund treten. Was mit den begeisterten Renaissance-Humanisten unter Führung des Pico della Mirandola begonnen hatte, und von Giordano Bruno, Baruch Spinoza (s. u. S. 166) und anderen weitergeführt worden war, mündete in den Einheitsglauben der idealistischen Aufklärung, der ein universales Gottesprinzip in der individuellen Spiritualität, im intuitiven Gefühl eines jeden Menschen begründet sah.

Die Ringparabel des Gotthold Ephraim Lessing (gest. 1781) (s. u. S. 179f.) und der westöstliche Diwan des Johann Wolfgang von Goethe (gest. 1832) sind künstlerische Meilensteine dieses epochalen Zeitempfindens, das Friedrich Schleiermacher (gest. 1834) in einer Religionsphilosophie der Alloffenbarung, gerichtet vor allem an seine »Brüder der Freimaurerei«, zusammenfaßte.[103] Nach dieser Sicht besitzt jeder Mensch die Wahrheit in seiner ganz persönlichen »Illumination«, die allerdings nicht von Gott an ihn herangetragen wird, sondern in ihm selbst entsteht. Auch die Propheten und Religionsstifter bilden hier keine Ausnahme, sondern stellen Ausnahmekräfte in einem evolutionären Konzentrationsprozeß dar, der zur allumfassenden Wahrheit einer monotheistischen Weltreligion führt.

Mit einem solcherart beschleunigten Verblassen der übernatürlichen und doch persönlichen Gottesvorstellung der christlichen Offenbarung gingen eine »Naturalisierung« des Bewußtseins und eine rasant zunehmende Materialisierung und Verwissenschaftlichung des Denkens einher. Je weiter die Ablösung von der göttlichen Transzendenz fortschritt, desto deutlicher empfand man die Größe des Menschen gegenüber der Natur, das Entstehen neuer Selbstwert- und Autonomiedimensionen und damit verbundener, neuer Wahrheiten, die ihn von den alten Wahrheiten der Tradition emanzipierten, ihn sozusagen über sich selbst »aufklärten«.

C. Die Aufklärung

1. Geistige Weichenstellungen

Mit der Reformation war ein erweiterter Autonomiebegriff entstanden, der die Freiheit der Renaissance zur rational-ethischen Bildung auf eine neue Ebene der Verantwortung für und Herrschaft über die Natur hob. Zur humanistischen Autonomie des Denkens war nun die reformatorische Autonomie des Glaubens getreten. Kirchliche Tradition erschien als Verzerrung der christlichen Wahrheit, die durch »objektives« Studium der Bibel und kritisch-wissenschaftliche Untersuchung der Natur zu deuten war, wobei der persönlichen Interpretation gegenüber der objektiven Geltung wachsender Vorrang eingeräumt wurde. Aus der Wahrheit der einen Kirche entfaltete sich ein Pluralismus zunehmend säkularer Wahrheiten, der die Macht der Kirche auf den Staat, vom Priester auf den Laien verschob. Protestantismus wurde zum Synomym für politische Freiheit, religiöse Toleranz und soziales Denken als Grundlage des erstarkenden, wirtschaftlichen Liberalismus.

Zugleich begann die Vorstellung einer übernatürlichen Wirklichkeit in den Hintergrund zu rücken, ähnlich den deistischen Konzepten der philosophischen Gnosis, die im Menschen ebenfalls den Gestalter der Welt sah und sich nun auch die biblische Anweisung aneignete, »sich die Welt untertan zu machen«. Das durch Luther in die Reformation eingeführte, kasuistische Element des Nominalismus förderte die positivistische Betrachtung biblischer Inhalte, die Despiritualisierung des religiösen Lebens und Denkens sowie zugleich eine sich rasant verstärkende Beschäftigung mit den empirischen Wissenschaften.

Religion und Wahrheitsfindung wurden zu innerlichen Privatangelegenheiten, das individuelle Selbst zum Maß aller Dinge. Während zuvor Christus im Zentrum des Glaubens gestanden hatte, geriet der durch die Rechtfertigung geadelte Glaube zur autonomen Wahrheit, zur gültigen Wertebasis an sich. Die zuvor der Kirche geltende, persönliche Loyalität der Menschen wurde nun eindeutig neu verteilt.

Wie Luthers Streit mit Thomas Müntzer angedeutet hatte, zeichnete sich schon früh die Neigung der Protestanten zum Adel ab. Sie begann eine Stärkung der Obrigkeit und des Nationalstaatsprinzips einzuleiten, eine Tendenz, die dem moralischen Legitimationsverlust der Kirche eine politische Komponente hinzufügte. Ein autonomer Glaube, der sich mit einer deutlichen Parteinahme für die politischen Kräfte der jeweiligen Zeit verband, legte die Grundlagen für die historischen Säkularisierungsbewegungen in Deutschland und Westeuropa.

Etwa gleichzeitig, in der ersten Hälfte des 17. Jahrhunderts, hatte sich mit der »kopernikanischen Wende« ein fundamentaler Wandel des kirchlich bestimmten, geozentrischen Weltbilds vollzogen. Die intellektuellen Freiräume des Thomas von Aquin hatten eine zunehmende Beschäftigung mit der empirischen Physik und Kosmologie des Aristoteles und anderer großer Griechen bewirkt, die den Boden der kommenden Wissenschaftsrevolution bereitete. So richtungweisend die thomistische Glaube/Vernunft-Theologie gewesen war, so stark hatten sich auch die Vorstellungen von Natur und Kosmos mit religiösen Bedeutungsinhalten gefüllt: Nahezu jede profane Erkenntnis der beginnenden Forschung mußte nun über die reformatorische Kränkung hinaus eine weitere, unmittelbare Schwächung der kirchlichen Wahrheitsautorität zur Folge haben.

Jedes Verbot einer unabweisbaren, wissenschaftlichen Wahrheit richtete sich nun gegen die reale Einsichtskraft gläubiger Christen, diffamierte die übergeordnete Geltung der betroffenen Dogmen und verstärkte den Glaubwürdigkeitsverfall der Kirche. Es schien, als wenn die klerikale Machthybris die sakrale Vollmacht inzwischen für zu selbstverständlich besetzt hielt, um zu einer intellektuellen Bewältigung mit der auf sie zurückenden Gefahr der modernen autonomen Vernunft – ob in ideologischer oder wissenschaftlicher Gestalt – überhaupt fähig zu sein.

2. Vernunft und Religion

Das Paradoxon der Reformation, die durch die Festlegung des Glaubens auf eine kollektivierte Rechtfertigungsidee eine neue Glaubens- und Denkautonomie hervorgebracht hatte, setzte sich auf philosophisch-wissenschaftlicher Basis fort. Der französische Philosoph Petrus Gassendi (gest. 1655) griff die auf Lust- und Glückserfüllung gerichtete Lehre des Epikur wieder auf, verleibte ihr die Prinzipien eines unpersönlichen, göttlichen Wesens sowie der unsterblichen Seele ein und entwickelte das Konzept einer Tugend, die als mäßigendes Regulativ in die menschlichen Leidenschaften eingreifen und somit eine ausgewogen wirksame Vernunft gewährleisten sollte. Die Ideale der antiken Philosophie – das diesseitige Glück durch die Wahl der rechten Mittel, der Geist der Vernunft, die Bändigung der Triebe und das Erstreben der Seelenruhe – lösten den Menschen zunehmend aus dem transzendenten Schutzraum der Offenbarung und wiesen ihm die neue Rolle eines Weltgestalters und Selbsterlösers zu.

Von Seiten der erwachenden Naturwissenschaften wurde diese Entwicklung dynamisch unterstützt. Francis Bacon (gest. 1626) hatte die natürliche Lebensordnung zum Produkt menschlicher Erkenntnisfähigkeit erklärt, indem er das methodische Prinzip der Induktion einführte, mit dem die Welt der Erscheinungen gedanklich in ein System allgemeiner Begriffe überführt wurde. Johannes Kepler (gest. 1630) baute die kopernikanische Heliozentrik zu einem exakt berechneten Umlaufsystem der Gestirne aus und Galileo Galilei (gest. 1642) öffnete die Dimensionen der Kraft und Bewegung, die Isaac Newton (gest. 1727) ein knappes Jahrhundert später in einen kosmischen Anwendungsrahmen der Schwerkraft und Gravitation als das mechanische Weltbild der Moderne übertrug.

Giordano Bruno (gest. 1600), ein Philosoph, der mit ungewöhnlichem Weitblick in der kopernikanischen Wende einen radikalen Umbruch des alten, begrenzten Universums zu einem Weltbild der Unendlichkeit erkannte, mußte als Ketzer gelten, weil er die Dreieinigkeit leugnete und den Religionsdialog empfahl. Seine Hinrichtung symbolisierte die Grenzen der synkretistischen Belastbarkeit durch die Freiheit der neuen Vernunft.

Mit der Rasanz der Wissenschaftsentwicklung und des gleichzeitigen Zerfalls traditioneller Autorität schwand die Grundlage gesicherter Erkenntnis in vorher nicht gekanntem Maße. Schon die Reaktivierung des klassischen Skeptizismus durch Michel de Montaigne (gest. 1592) hatte zusätzliche Verunsicherung in die Zeit getragen, bevor der kritischste aller Rationalisten, der große René Descartes (gest. 1650) auf den Plan trat. Für ihn war die Vernunft der Inbegriff aller von Gott geschaffenen Ideen, der zur höchsten Wahrheitsebene selbst gehörte und somit die Deduktion, die Ableitung von Wahrheiten aus der Schau des eigenen Geistes, ermöglichte.

Sein berühmtes *cogito ergo sum* war nicht nur Beweis der individuellen Vernunft, sondern auch zukünftiger Maßstab für alle Tradition und Autorität. Ein streng mathematisch geordnetes Kontroll- und Axiomsystem sollte eine widerspruchsfreie Erkenntnis ermöglichen, die Wahrheit nur als Sachverhalt akzeptierte, der dem Verstand präzise, logisch und frei von jedem »vernünftigen« Zweifel zugänglich war. In der Überwindung des scholastischen, offenbarungsorientierten Vernunftbegriffs waren nach Descartes der Mensch und der ihm von Gott gegebene, analytische Verstand von Natur aus imstande, die Wahrheit zu erkennen und sie in klare Begriffe und Bedeutungen zu fassen, wobei es nur der rechten Erziehung bedurfte, diese Fähigkeit zu wecken und zu ihrem tugendhaften Gebrauch anzuleiten.

Damit war das pädagogische Programm der »Aufklärung«, der Anleitung zum rechten Gebrauch des gottgegebenen Verstandes und zur Emanzipation von überkommener Autorität geboren, dem sich auch die englischen Aufklärer, wenngleich aus unterschiedlichen philosophischen Annäherungen, prinzipiell anschlossen.

Für Thomas Hobbes (gest. 1652), der uns noch einmal im Zusammenhang mit der Geschichte des Kapitalismus begegnen wird, und John Locke (gest. 1700) war in Fortführung des Ockhamschen Nominalismus Vernunft nur in Verbindung mit empirischen Erfahrungswerten möglich, ein Denkweg, der den Kreis zu Gassendi und einer autonomen Vernunft, die weder die Offenbarung noch Gott selbst brauchte, geschlossen hatte.

Im Denken Descartes' gab es zwar nur noch eine Ebene, von der nicht mehr weiter abstrahiert werden konnte, nämlich der Zweifel und das Denken, das den Zweifel hervorbrachte; doch bestanden nach wie vor Objekt und Subjekt dieses Zweifels, die grundsätzliche Unvollkommenheit der Welt und der in und an ihr zweifelnde Mensch.

Sie bedingten den notwendigen Gedanken der Existenz des Vollkommenen, eines absoluten und allmächtigen Gottes, der dem menschlichen Verstand, so kontingent und endlich er auch sein mochte, das Licht der Einsichtsfähigkeit verlieh. Die *res cogitans*, Geist, Gewissen, denkerische Innenwelt des Menschen und die *res extensa*, Materie, objektive Welt, physikalisches Universum fanden im kognitiven Verstand und dem Körper des Menschen reale Entsprechungen, die von Gott geschaffen, aber nicht mit ihm verbunden waren.

Das gesamte Universum und der Mensch fungierten nach göttlichen Gesetzen, aber nach ihrer Erschaffung als selbständige Systeme. Die Abläufe der Natur folgten Regeln einer universalen Mathematik und Mechanik. Der menschliche Verstand, aus erfahrungsbedingter, logischer und gottverbürgter Notwendigkeit zur Erkenntnis befähigt, begann sich den Kriterien der Ebenbildlichkeit göttlicher Schöpfungskraft zu nähern, da Gottes Existenz in ihm begründet lag und nicht die Existenz des Verstandes in Gott, eine Denkweise, die die gesamte nachfolgende Theologie revolutionierte. Im Zentrum aller Fragen stand nicht mehr die göttliche Offenbarung, sondern das Licht des menschlichen Verstandes. Bis zur Aufklärung hatte die Offenbarung die Stellung einer unanfechtbaren Autorität halten können, nun hing ihre Geltung vom Urteil des Verstandes ab.

Während der christliche Glaube seine Gewißheit aus der erlösenden Gnade Gottes durch die Menschwerdung Jesu Christi bezog, strömte die neue Gewißheit des aufklärerischen Denkens aus dem Glauben an die methodische Klarheit der Vernunft, angelegt in der unzweifelhaften Existenz des denkenden Menschen als eines Systems, das nach den nachvollziehbaren Gesetzen Gottes funktionierte.

Damit hatte sich das neue Selbst des Menschen vom transzendenten Erkenntnisrahmen der Offenbarung als alles umgreifender Ordnungsperspektive gelöst. Nun konnte an allem außer diesem Selbst gezweifelt werden. Der Mensch stand als rational urteilende Instanz der Welt und der tradierten Autorität gegenüber, er war zum Herrn der Natur geworden, er hatte sich vom Schöpfergott selbst emanzipiert. In autonomer Erkenntnis war er nur sich selbst und den Kategorien seiner Vernunft verantwortlich, die sich mit dem Fortschritt der Wissenschaft zunehmend bestätigt sah.

Die Freiheit, die das Christentum einem subtilen Ausgleich zwischen Glaube und Vernunft im Verhältnis des Menschen zu Gott erschlossen hatte, war im Paradigma des modernen Weltbilds zu einem Ziel *sui generis* geworden, dem alles, den göttlichen Urheber einschließend, nachzuordnen war.

Der Glaube als die zur Vernunft komplementäre Seinssphäre des Menschen war den christlichen Grundlagen entzogen und in den Bereich der empirischen Naturerkenntnis verlagert worden. Der Glaube weitete sich nicht mehr in die Transzendenz des christlichen Gottes aus, sondern verkürzte sich auf die Ergebnisse der wissenschaftlichen Vernunft. Glaube und Vernunft waren nicht mehr sich gegenseitig ergänzende Seinsgründe in jenseitiger Hoffnung und diesseitiger Gestaltung, sondern verschmolzen zu einem trivialen Raster empirischer Erkennbarkeit.

Je weiter Naturerkenntnis und -beherrschung fortschritten, desto umfassender konnte sich dieser Selbstbezug als neuer Maßstab der menschlichen Existenz bestätigen. Je klarer sich der Glaube vom übernatürlichen Absolutum göttlicher Offenbarung auf das natürliche Relativum hinsichtlich der Erforschung der äußeren Erscheinungen verlagerte, desto rigoroser wurde der Wandel, der sich auf die Ziele der Erkenntnis und ihre Forderungen nach Moral und Toleranz richtete.

Der humanistischen Pluralisierung des Denkens war die reformatorische Pluralisierung des Glaubens gefolgt, der nun ihrerseits die aufklärerische Autonomisierung der Vernunft und eine daraus abgeleitete Pluralisierung des Handelns folgte. Diese umfassende Vernunft löste Gott als letzte Instanz ab und tauschte den Glauben an die offenbarte Transzendenz gegen eine neue, multiple Loyalität aus, die Formen und Ziele des Fortschritts in Wissenschaft, Wirtschaft und Gesellschaft zu Objekten neuer Identifikation erhob.

3. Der Geist des Menschen

Die Zeit des 17. und 18. Jahrhunderts gilt als grundlegend für die philosophisch-theologische Entwicklung des modern-aufklärerischen Weltbilds. Ausgehend von Giordano Bruno bildeten die pantheistischen Vorstellungen eines Anthony Shaftesbury (gest. 1671) oder Baruch Spinoza (gest. 1677) von der Allbeseelung der Natur insofern wichtige Zwischenstationen, als sie sich gegen die christliche Offenbarung richteten und der liberalistischen Debatte wesentliche Impulse gaben, inwieweit das Sittengesetz im Menschen ohne Rückgriff auf die Offenbarung wirksam sein konnte.

Im Zentrum dieser Auseinandersetzung standen Gottfried W. Leibniz (gest. 1716), David Hume (gest. 1776) und Immanuel Kant (gest. 1804), deren Thesen in den Grundlagen der neuen Denkwelt der Moderne übereinstimmten: die Forderung nach einer natürlichen Gotteserkenntnis durch die Vernunft und nach der Übereinstimmung jedweder religiöser Wahrheit mit dem Maßstab dieser nämlichen Vernunft. Das, was sich dem Menschen als Wirklichkeit darstellte, war ein Konstrukt aus der Erfahrung des Geistes, der Raum, Zeit und Kausalität zu vermeintlich kohärenten Mustern zusammenfügte. Was der Geist des Menschen somit erzeugte, war letzlich jedoch keineswegs die Wahrheit selbst, sondern nur die Spiegelung seiner Denkstrukturen.

Wahrheit, insbesondere religiöse und metaphysische Wahrheit, konnte nur als Momentaufnahme erfahren werden und keine allgemeingültige Struktur entwickeln. Damit war der Zugang zu jedem Ordnungssystem verschlossen, von dem sich vernunftgemäß nicht feststellen ließ, ob ihm außerhalb des menschlichen Geistes überhaupt irgendeine Existenzmöglichkeit zuzumessen war. Ganz besonders Hume und Kant entwickelten diese Überlegungen weiter, während Leibniz sich weniger auf die religiösen Aspekte dieses Denkwegs, sondern mehr auf seine kosmologischen Konsequenzen konzentrierte. Sein ungewöhnliches Prinzip der relationalen Dynamik alles Existenten, der »Identität des Ununterscheidbaren«, machte ihn zum genialen Vorläufer sowohl der Einsteinschen Relativitätstheorie als auch der folgenden Quantentheorie.

Kant stand vor dem Problem, die von Hume geforderte Rückführung menschlicher Erkenntnis auf die Beobachtung von Einzelfällen mit dem revolutionären Erfolg der Newtonschen Gesetzmäßigkeit zu harmonisieren, die zweifellos durch die Einsicht menschlicher Denkkategorien ermöglicht worden war. Die psychologische Übereinstimmung menschlicher Sinneseindrücke mit den äußeren Erscheinungen war kein Beweis für die Richtigkeit empirisch abgeleiteter Gesetze und dennoch hatte das mechanische Weltbild Newtons ein hohes Maß der Übereinstimmung zwischen Welt und Geist hervorgebracht.

Die ungewöhnliche Leistung Kants bestand in seinem radikalen Postulat dieser Korrespondenz zwischen Welt und Mensch, indem alle materielle Wahrnehmung eine vom Geist des Menschen vorgeformte Struktur darstellte. Im Prozeß der Erkenntnis konnten sich Wirklichkeitskonturen nur in dem Maße realisieren und abbilden lassen, in dem sie strukturell mit denen des menschlichen Geistes übereinstimmten. Wahrnehmung, Kausalität und Gesetzmäßigkeit richteten sich nach den Kategorien des menschlichen Denkens. Nicht der Geist formte sich nach den wahrgenommenen Eindrücken, sondern die äußeren Erscheinungen nahmen den Strukturen des Geistes entsprechende Gestalt an. Jedes erfahrbare Ereignis hatte seine Position in einem der Anschauung vorgegebenen Raum/Zeit-System, so daß Ursache und Wirkung nicht mehr dem Humeschen Einzelfall überlassen, sondern einem allgemeinen Kausalkontext anheimgegeben waren, in dem sich ein einheitliches Wahrnehmen und Verstehen von Substanz, Quantität und Relation auch und gerade im Newtonschon Sinne realisieren ließen.

Die Wirklichkeit des Menschen lag somit in ihm selbst begründet. Die faktische Ordnung der Welt wurde zur Projektion der inneren Ordnung des menschlichen Geistes, dem – der Ordnung dieser Harmonie strukturell verhaftet – transzendente oder kosmische Denkzugänge nun nachhaltig verschlossen waren.

Wenngleich damit Kants religiöse Erkenntnis auf »die Gestirne über und das Sittengesetz in mir« beschränkt war, so bildete sich zugleich seine umso nachdrücklichere Forderung nach dem bekannten »kategorischen Imperativ« heraus. Diesem Grundsatz zufolge war menschliches Handeln nach Maximen auszurichten, die auch zu allgemeingültigen Gesetzen erhoben werden konnten. Diese moralische Freiheit setzte indes den Glauben an eine dem menschlichen Geist übergeordnete Instanz voraus, so daß nach Kant Glaube und Religion möglich wurden, obwohl sie erkenntnismäßig und wissenschaftlich auszuschließen waren.

Durch die Dominanz einer Vernunft, die sich der Dimension der Transzendenz entfremdete, hatte der Glaube die Einbettung in das integrale Wechselspiel mit derjenigen

Ratio verloren, die sich göttlicher Herkunft verdankte. Nachdem Kants Vernunftkritik den Zugang zu übergeordneten Erkenntnisgründen ausgeschlossen hatte, sollte sich dieses Wechselspiel als nachhaltig gestört erweisen. Nicht nur Strukturen wie die Geometrie des Euklid und Newtons Mechanik, die Kant und seine Zeit noch als absolut angenommen hatten, bewiesen im weiteren Aufklärungsprozeß ihre Unfähigkeit zu letztlicher Gewißheit. Je autonomer sich die Vernunft als Grundlage der wissenschaftlichen Fortschrittsepoche entfaltete, desto relativer wurden die Grundlagen und desto enger wurden auch die Horizonte subjektiver Erkenntnis.

Alle Erfahrung strukturierte sich nach unbewußten, kollektiven Konturen, doch unterlagen diese Konturen mit Fortschreiten des westlichen Geistes einer unaufhaltsamen Fragmentierung erkennbarer »Wahrheiten« nach Zeit, Kultur, Klasse, Rasse, Sprache und letztlich auch Religion, die sich in einen unübersehbaren Kosmos der Pluralisierung aufspalteten. Die Homogenität des christlichen Weltbildes mit einem ausgewogenen, transzendentalen Erkenntnisgrund war beendet; begonnen hatte das Paradigma der Moderne, das weder für die Religion noch für die Wissenschaft einen stabilen Kontext des Erkenntnisgewinns bereithielt. Im Gegenteil: Als wesenhafte Systemeigenschaft zeigte dieses Weltbild die grundsätzliche Tendenz zu Erkenntnisverlust durch fortschreitende Relativierung und die ideologische Besetzung von Sachverhalten, die zu Wahrheiten erklärt wurden, obwohl sie der Subjektivierung unterlagen.

Der Mensch und seine Vernunft hatten den Schutzbereich der Offenbarung verlassen, der ihm die Freiheit der Entscheidung für oder gegen den Glauben eingeräumt, aber auch dogmatische Prinzipien für seine Existenz im Glauben auferlegt hatte. Die Geschichte des Christentums und seiner Kirche wurde entscheidend gekennzeichnet von der Spannung zwischen dem Anspruch der christlichen Offenbarung und der Wirklichkeit ihrer klerikalen Institution. Die graduelle Entflechtung der Vernunft vom Humanismus über das Paradox der Reformation bis hin zu ihrer gänzlichen Verselbständigung in den Denksystemen Descartes' und Kants war durch diese Spannung nicht nur ermöglicht, sondern geradezu herausgefordert worden.

Aus der vermeintlichen Befreiung der Vernunft aus den Gefängnissen des Dogmas und des kirchlichen Lehramts war eine eigentümliche Beschränkung der menschlichen Erkenntnisfähigkeit erwachsen, die proportional zur Entfremdung vom Einflußbereich göttlicher Transzendenz zunahm. Verstandesgemäße Durchdringung der religiösen Vorschriften und wissenschaftlicher Fortschritt vermittelten nicht die erwartete Ausweitung und Vereinheitlichung des menschlichen Erkenntnishorizonts; sie verursachten eine systematische Aufsplitterung der materiellen Weltobjekte sowie Relativierung der in ihr erkennbaren Wahrheiten in einem Ausmaß, das die Annahme homogener Strukturen im Sinne gesicherter Erkenntnis zunehmend ausschloß.

An die Stelle einer christlichen Glaubenswahrheit, die über einen Zeitraum von nahezu zwei Jahrtausenden trotz klerikaler Behinderung eine epochale Integrationskraft unter Beweis gestellt hatte, war ein Wissenschaftsglaube getreten, dem bereits in der Phase seines Entstehens die Tendenz zu systematischer Fragmentierung und grundsätzlicher Erkenntnisschwäche anhaftete.

Wie sich in der modernen Geschichte des Westens und seines aufklärerischen Relativismus herausstellen sollte, schien die Fragmentierung aller Erkenntnis auch die Dauerhaftigkeit seiner zentralen Werte wie Humanität, Frieden, Menschenrechte und Toleranz in Frage zu stellen. Alle Begriffe wurden zur Subjektivierung freigegeben, so daß sie sowohl zur Grundlegung demokratischen Rechtsstaatsdenkens als auch zur Rechtfertigung der Unrechtsideologien europäischer Diktaturen herangezogen werden konnten.

Die Doppelbödigkeit dieser Werte vollzog sich in der Verbindung aus ihrer Universalität und fragmentarisch-selektiven Anwendung. Ihre darin angelegte, utopische Systematik war bereits früh erkennbar geworden. Schon Thomas Morus hatte in seinem »Utopia« (1520) einen Vernunftstaat mit einer offenbarungsfreien Religion und einer zu tugendhaftem Verhalten verpflichteten Gemeinschaft als wesentliche Grundlage für die spätere englische Aufklärungsphilosophie des Deismus des 17. Jahrhunderts entworfen. Hier wurde die Übernatürlichkeit der christlichen Offenbarung in Abrede gestellt und folgerichtig von einem »natürlichen« Christentum gesprochen. Über David Hume, der diese Auffassung skeptizistisch weiterentwickelte, gelangte die Vorstellung von einem praktisch offenbarungsfreien, philosophischen Christentum zu den großen französischen Aufklärern des 18. Jahrhunderts wie Voltaire (gest. 1778), Rousseau (gest. 1778), Diderot (gest. 1784) und Condorcet (gest. 1794). Sie bereiteten den schrittweisen Abschied von der christlichen Orthodoxie und die damit einhergehende Förderung eines politisch-wirtschaftlichen Liberalismus vor.

Mit dieser Entwicklung ging allerdings eine entscheidende Umkehrung des Denkens an sich einher, die schon im Entwurf des Joachim von Fiore angelegt war (s. o. S. 161). Das integrative Denken, das Vernunft in große Korrelationen bis hin zum Glauben in transzendenten Ebenen einbettete, wandelte sich zum detailfixierten Fragmentdenken einer Fortschrittsvernunft, deren Erkenntnis, sich fortlaufend verengend, Religiosität zum Synonym von Unfreiheit erklärte. Immer klarer formierte sich die Diesseitsutopie eines Menschenbildes, das trotz schrumpfender Erkenntnisbereiche das Vertrauen in die eigene Vollendung nicht verlor und über die Idee des »Übermenschen« und seinen Schöpfer Nietzsche (gest. 1900) in das »Projekt« der postmodernen Gegenwart mündete.

Für die deutsche Aufklärung ist in diesem Zusammenhang der Mathematiker und Leibniz-Anhänger Christian Wolff (gest. 1754) zu nennen. In einem enzyklopädischen Werk unterzog dieser alle wesentlichen Wissensbereiche einer scholastisch-rationalen Analyse, mit dem Ziel, die deterministische Vernunft – insbesondere im Rahmen akribischer Bibelkritik – als eine alles erklärende und alles strukturierende Instanz unter Beweis zu stellen. Nach Wolff spielte der menschliche Geist die wesentliche Rolle bei der Ordnung der Begriffe und Phänomene, so daß auch das Sittengesetz keine Sache mehr der Offenbarung, sondern des Menschen selbst war. In seiner strengen Systematisierung aller Lebens- und Erkenntnisbereiche inkl. der Theologie bildete Wolff nicht nur eine wichtige Vorstufe zu Kant, sondern wurde auch zu einem nachhaltigen Impulsgeber der analytischen Aufklärungsphilosophien in Frankreich, England, Italien und Rußland.

Insgesamt hatten sich Mensch und Vernunft von ihren traditionellen Herrschaftsebenen, Kirche und Staat, gegen Ende des 18. Jahrhunderts hinreichend gelöst und dabei gegen deren Exponenten, Klerus und Adel, so starke Abwehrenergien aufgebaut, daß der Ausbruch der Französischen Revolution *ex post* nachvollziehbar schien, wenngleich vielen Zeitgenossen nicht unmittelbar einsehbar war, warum die neuen Ideale von Freiheit und Gleichheit, noch dazu vernunftbegründet, nur in einer Gewaltorgie mit einer Viertelmillion Opfern zu realisieren waren. Die Revolution hatte Mächte erkennbar werden lassen, deren Zerstörungskraft alles bislang Bekannte erschreckend überstieg.

Unter der Flagge der Vernunft war Macht gegen die weltliche und geistliche Obrigkeit auf eine Weise mißbraucht worden, deren Brachialität die Gewalt der etablierten Unterdrückungsmechanismen bei weitem in den Schatten stellte. Es sollte sich auf dem weiteren Weg des westlichen Geistes herausstellen, daß mit der Ablösung der Vernunft vom offenbarungsorientierten Glauben ein problematischer Prozeß der systematischen Auflösung tradioneller Autorität und Macht in Gang gesetzt worden war. Es wurde das Prinzip einer fundamentalen Gegenmacht erkennbar, die den Fortgang des Machtwechsels in Politik, Religion, Wirtschaft und Wissenschaft steuerte, je weiter sich der Geist des Menschen aus dem Griff der überkommenen Autoritäten und Traditionen befreite.

4. Die Institution der Gegenmacht

Mit dem Begriff und der Geschichte der Aufklärung, des englischen Deismus und des aufklärerischen Liberalismus untrennbar verknüpft ist das Entstehen der sogenannten Freimaurerei oder auch Masonismus (engl.: free masonry, franz.: franc-maçonnerie), einer Geheimgesellschaft, die sich aus den freien Bruderschaften des mittelalterlichen Dombaus (engl.: lodge, franz.: loge) herleitete und schon früh einen elitären Geist gegenüber den unwissenden »Profanen« entwickelte. Dieser Geist gründete auf der Vernunft der Aufklärung, wurzelte jedoch in der Gnosis, jener antik-philosophischen Erkenntnissuche, die sich im Rahmen weitgehend geheimer Kultbünde in einem dialektischen Kampfprozeß des Lichts gegen die Finsternis ansteigende Einsichtssphären erschloß.

In Abstraktion vom Dombau strebten die Masonisten nach dem Geistbau, einer Wahrheitssuche, die allein durch das Licht des menschlichen Verstandes in immer höhere Stufen der Erleuchtung, der Illumination, vordrang. Der gnostischen Tradition entsprechend wurde ein Kult der überlegenen Intelligenz entwickelt, der sich mit einer komplexen Symbolik aus dualistischer Magie, jüdischer Kabbalistik und esoterischem Okkultismus auflud, und in Verbindung mit strengster Geheimhaltung seinen Anhängern die Gewißheit elitärer Zugehörigkeit vermittelte. Die Idee einer höchsten Instanz richtete sich auf eine deistische, d.h. kosmisch-philososophische, unpersönliche Gottesvorstellung, die dem Menschen und dem Licht seiner Vernunft die Erkenntnis der Natur, die Gestaltung der Welt, die Schaffung eigener Gesetze und damit die Erlösung seiner selbst überließ.

Diese Selbsterlösung durch Naturerkenntnis war bereits in den Bewegungen der seit 1614 aktiven Rosenkreuzer – mit der Rose als Symbol der Natur und dem Kreuz als Symbol der Erlösung – sowie den Erleuchtungsgraden der späteren Illuminaten des bayerischen Kirchenrechtlers A. Weishaupt (gest. 1830) erkennbar geworden und verband sich mit den noch wesentlich älteren Idealen und Funktionen des Templerordens zu einer gänzlich neuen, rationalistisch-ökonomischen Denkweise. Wie erwähnt, wirkten die Templer seit Beginn des 12. Jahrhunderts nicht nur als Kampforden im Rahmen der Kreuzzüge, sondern auch als einflußreiche Finanziers, von denen zahlreiche europäische Fürstenhäuser abhingen.

Philipp II, »der Schöne«, von Frankreich hatte diese Situation für sein Land beendet, indem er zu Beginn des 14. Jahrhunderts die Templer unter inquisitorischen Druck setzte, viele von ihnen hinrichtete oder zur Flucht zwang und ihr Vermögen der Staatsschatulle einverleibte. Zahlreiche Flüchtlinge gelangten nach Schottland, wo der Elitarismus ihres gnostisch-ökonomischen Geistes nicht nur im keltischen Gralsglauben fortlebte, sondern sich vor allem im späteren »schottischen Ritus« der aufklärerischen Freimaurerei niederschlug. Ihrerseits in der erlösenden Eigentumstradition des Calvinismus stehend, gelangte diese Richtung zu einer ökonomischen, u.a. England und die USA prägenden Glaubensform.

Mit einer diffusen, antik-mittelalterlichen Geistestradition verband sich der liberalistische Vernunft- und Freiheitsbegriff der modernen Freimaurer zu einer Gemeinschaft, deren Geheimhaltungsgrad mit der graduellen Realisierung ihrer Ziele abnehmen konnte. Diese Gesellschaft entwickelte sich keineswegs uniform, sondern in einer weltweiten Vielfalt geheimer Bünde und Logen, die bei aller Individualität im Detail allerdings eine unverzichtbare Gemeinsamkeit aufwiesen. Auf der Basis gnostisch-mystischen Kultverhaltens wurden Freiheit, Gleichheit, Toleranz und Vernunft zu verbindlichen Maßstäben menschlichen Zusammenlebens erhoben, womit man sich nicht nur gegen die Herrschaft der Kirche und Monarchen wandte, sondern zugleich den Anspruch anmeldete, sich selbst als Gegenmacht an die Stelle traditioneller Autoritäten und dogmatischer Lehrmeinungen zu setzen.

Diese Gegenmacht verstand sich nicht als offiziell vertretener Anspruch, sondern als von der masonischen Idee getragene, systematische, aus sich selbst heraus aktive Eigenwirkung. Universalistische Begriffe wie Freiheit und Toleranz in Verbindung mit stringenter Ablehnung gewachsener Tradition sowie ein Vernunftglaube, der sich gegen alle Offenbarungsansprüche richtete, waren geeignet, die Automatik des Machttransfers aus Traditionsauflösung wirksam zu steuern. In einem unumkehrbaren Erosionsprozeß sollten sämtliche Strukturen und damit auch die Gegensätze aller Religionen, Staaten, Kulturen und des übergeordneten Geschichtswissens beseitigt und durch das »einigende Band« der Toleranz ersetzt werden, das die Einheit »aller Menschen guten Willens« zu einer globalen Kultur einheitlicher Vernunft formte.

Dabei strukturierte sich die masonische Gemeinschaft ihrerseits keineswegs egalitär. Seit den ersten Logengründungen im Jahre 1717 in London bzw. 1726 in Paris entwickelten sich nicht weniger als 33 »Dienstgrade«, die sich in die 3 Niedergrade – Lehrling, Geselle, Meister – sowie 30 weitere Hochgrade gliedern und nicht nur nach außen, sondern auch untereinander zu strengem Stillschweigen verpflichtet sind. Das Licht der Erkenntnis soll sich nicht zu frühzeitig auf die niederen Grade ausbreiten, sondern vielmehr dem Prozeß eines graduellen Aufstiegs in einer ausgeprägten Hierarchie und der Bewährung in der Loge anheimgegeben sein. Während einem solchen System die Tendenz innewohnt, immer neue Ebenen steigender Geheimhaltung zu erzeugen und die letzte Erleuchtung ins Unendliche zu verschieben, bildet sich generell eine Pyramide mit einer breiten Basis geringer und einer dünnen Spitze hoher Erkenntnis – ein Standardmuster elitärer Ideologien.

Es ist daher kein Zufall, daß sich die frühmasonischen Logen sowohl betont an die Eliten ihrer Zeit wandten, als auch ohne eigenes Zutun starken Zulauf aus Kirche, Adel und gehobenem Bürgertum erfuhren. In einer Zeit grassierenden Niedergangs der Kirche und aufkommenden Sektierertums erschien zahlreichen Gebildeten die masonische Vernunftreligion besonders attraktiv, zumal sie ihren jeweiligen Glauben symbolisch beibehalten konnten, wenngleich sie alle letztendlich der christlichen Offenbarung abzuschwören hatten.

Somit konnte sich die Kaskade der liberalen Erosion entfalten. Mit einer geheim organisierten, doktrinären Vernunft im Rücken hatte weder der Adel Schwierigkeiten, die Legitimation der Monarchie und der Kirche in Zweifel zu ziehen, noch hatten Bürger, Bankiers und Politiker Probleme, in die gewachsenen Privilegien des Adels einzudringen. Mit der Verneinung jeder Macht aus Tradition wuchs dem masonischen System eine zentrale Rolle der Machtverteilung zu, die für die drei Stände der Gesellschaft – Adel, Klerus, Bürger – auf die Frage der Zugehörigkeit zu diesem Verteilungssystem hinauslief. Mit anderen Worten: Wer keine »vernünftigen« Verbindungen zur masonischen Schattengesellschaft hatte, konnte bereits in der Gesellschaft des 18. Jahrhunderts kaum eine maßgebliche Rolle spielen. Dazu schreibt ein ehemaliger englischer Logenbruder:

> »... Ich konnte beobachten, wie das Ausgreifen dieser Lehren immer mehr und immer enger mit den verschiedenen freimaurerischen Systemen verbunden war. Schließlich sah ich eine Gesellschaft sich bilden, die nur ein Ziel hatte, nämlich alle religiösen Einrichtungen fast bis auf den Grund zu zerstören und alle in Europa bestehenden Regierungen zu stürzen. Ich sah, wie diese Gesellschaft ihre Prinzipien mit solchem Eifer verbreitete, daß sie fast unüberwindbar geworden war, und ich stellte fest, daß die Personen, die den Hauptanteil an der Französischen Revolution hatten, Mitglieder dieser Gesellschaft waren, daß ihre Pläne nach den Prinzipien dieser Gesellschaft gefaßt und ... durchgeführt wurden«.[104]

Diese Darstellung beschreibt nicht nur die masonische Vernetzung mit Kirche und Staat als verborgene Textur der Gesellschaft, sondern läßt keinen Zweifel an ihrer konkreten Beteiligung an Vorbereitung und Durchführung der Französischen Revolution. Der mit diesem Zusammenhang verbundene Einwand der »Verschwörungstheorie« (s. u. S. 183) wird durch den Umstand relativiert, daß als Reaktion auf die Umwälzungen in Frankreich die Monarchen von Preußen, Österreich, Deutschland, Rußland, Portugal und sogar England die Freimaurerlogen schließen ließen.[105]

Obwohl sie wie Friedrich der Große und Katharina II. teilweise selbst glühende Verehrer des aufklärerischen Geistes waren, lag ihnen letztlich am Machterhalt mehr als – wie im Falle Katharinas – an der Freundschaft zu Diderot und Voltaire, deren Thesen jeglichen Absolutismus mit Ausnahme desjenigen der Vernunft verwarfen. Sie hatten vorübergehend erkannt, daß die neue Gegenmacht des Liberalismus umso stärker wurde, je weiter das Zielobjekt, die Macht der traditionellen Autorität, sich ihr öffnete.

Insofern konnte die Idee der liberalen Erosion sehr gut mit dem Verschwörungsvorwurf leben. Es war die langfristige Auslegung ihres Konzepts, dessen Erfolg sich aus dem *tendenziellen Zweifel* an der traditionellen Bevormundung des Individuums ergab. Die Repression durch Kirche und Adel hatte lange Zeit selbst erhebliche Beiträge zur Überzeugungskraft dieses Zweifels geleistet.

5. Der Kampf der Kirche

Der neue Mensch des Masonismus und seine Vernunft waren zum Maßstab aller Dinge avanciert. So wie sich die eigene Existenz nicht mehr Gott verdankte, so hatte dieser als Schöpfer in den Hintergrund zu treten und die Rolle des »Architekten des Universums« zu übernehmen, dessen Gestaltung nun dem Menschen oblag. Ebenso waren Sittengesetz und Gewissen dem formenden Einfluß des Schöpfergottes entzogen und unterlagen jetzt nach jeweiliger Situation, Zeit und Zweck den autonomen Urteilsbedingungen des Menschen. Diese erhielten durch universale Begriffe wie Freiheit, Gleichheit und Toleranz eine verbindliche Zukunftsprojektion, der sich auf Dauer keine traditionelle Machtlegitimation entziehen konnte.

So wie dem Adel die politische Macht in Richtung Demokratie entglitt, so war die kirchliche Macht nach dem reformatorischen Einheitsverlust mit der Verachtung der Zeit für die klerikale Legitimation konfrontiert, die durch dieTraditionen des Machtmißbrauchs und der Inquisition dem besonderen Zweifel des neuen Freiheitsgeistes ausgesetzt war. Verkörpert durch den masonischen Menschen, den zur Erleuchtung berufenen Eingeweihten, für den sich christliche Offenbarung als überwundene Irrlehre und der Christ als profaner Unwissender darstellten, beanspruchte dieser Geist nun die Erlösung selbst.

Dabei war unerheblich, daß er im Rahmen seines Erkenntnissystems durch interne Geheimhaltungsstufen nur zu Lehrfragmenten zugelassen war und eine vollständige Erleuchtung unerreichbar schien; allein die kollektive Ausstrahlung der masonischen Glaubensautonomie, verbunden mit der auflösenden Verfallsmechanik permanenter Kleruskritik, stellte die Kirche vor enorm wachsende Probleme. Der große Montesquieu (gest. 1755) sah sich in der neuen Atmosphäre der öffentlichen Verachtung für Kirche und Papst, in der die Kleriker scharenweise zur Freimaurerei überliefen, zu einer zeitgerechten Auslegung veranlaßt:

»Ein (anderer, viel größerer) Magier ist der Papst, der glauben macht, daß drei nur eins ist; dieser Papst ist ein altes Götzenbild, das man aus Gewohnheit beweihräuchert«.[106]

Die vom Masonismus reklamierte Dogmen- und Ideologiefreiheit ließ sich allerdings nur indirekt und temporär vertreten. Insofern er keine feststehenden Wahrheiten anerkannte und humanistisch-ethische Ideale durch relativistische Toleranzforderungen vertrat, ließen sich in der Tat Dogmen kaum erkennen. Insofern hingegen Macht- und Moralansprüche aus Tradition und gewachsener Autorität kategorisch abgelehnt und zum Teil mit Gewalt bekämpft wurden, kamen überaus konkrete Dogmen ins Spiel. Seit Beginn der Aufklärung bis in unsere Zeit haben sich diese Dogmen unter der Begriffskette Freiheit, Gleichheit, Toleranz, Dialog, Multikultur und Globalität mit wachsender Intensität und ideologischer Härte etabliert.

Von der Französischen über die Deutsche Revolution von 1848 bis hin zu den großen Gewaltsystemen des 20. Jahrhunderts zogen sich die Gedanken von Freiheit, Gleichheit und Toleranz, begleitet von den Ideen der Menschenrechte und Demokratie. Angesichts der dabei auftretenden Gewalt war allerdings nicht immer unmittelbar erkennbar geworden, wovon der Mensch letztlich befreit wurde bzw. worin die tiefere Qualität der neuen Handlungsautonomie bestand, den die Gegenmacht der Vernunft aus derjenigen Freiheit entwickelte, welche sie der traditionellen Autorität jeweils abgerungen hatte.

Der begeisterte Aufklärer Montesquieu mag noch unter dem Eindruck der Bulle »In Eminenti« Papst Clemens' XII. von 1738[107] gestanden haben, in der die Kirche erstmals klare Stellung gegen die Freimaurerei als Gefahr für Glaube und Gesellschaft bezog. Neben konkreten Einblicken in die Logensituation der Zeit gab diese Stellungnahme wichtigen Aufschluß über ihr existentielles Selbstverständnis gegenüber dieser fundamentalen Bewegung:

»... daß sich gewisse Gesellschaften, Versammlungen, Vereinigungen oder Gemeinschaften, gewisse Konvente oder Konventikel bereits weit und von Tag zu Tag weiter ausbreiten, die für gewöhnlich Freimaurer genannt werden ... Sie verpflichten sich außerdem durch einen auf die Bibel geleisteten Eid und unter strengsten Strafen, alles was in der Dunkelheit des Geheimnisses geschieht, durch ein unverletzliches Stillschweigen zu verbergen ... Bedenken wir also, welche großen Übel für gewöhnlich aus dieser Art Gesellschaften oder Konventikel nicht allein für die Ruhe der weltlichen Staaten hervorgeht, sondern mehr noch für das Heil der Seelen«.

Dem Papst erschien die tatsächliche oder vermutete Wirkung der freimaurerischen Lehren auf Staat und Kirche offenbar grundlegend. Darüber hinaus stellte er detaillierten Handlungsanweisungen, die den einzelnen Gläubigen von jedwedem Kontakt mit freimaurerischen Einrichtungen sorgfältig abgrenzten, ein generelles und umfassendes Verbot voran:

»... aus anderen gerechten und vernünftigen Gründen haben Wir ... aus der Fülle Unserer apostolischen Gewalt Uns entschlossen und haben dekretiert, diese Gesellschaften und Versammlungen, Vereinigungen, Konvente, Kongregationen oder Konventikel, Freimaurer genannt oder unter gleich welcher anderer Benennung bekannt, zu verurteilen und zu verbieten, wie Wir sie hiermit verurteilen und verbieten durch diese Unsere Konstitution, *die auf immer Gültigkeit haben soll*!« (Bet.d.Verf.).

In einer Institution, die eine geoffenbarte Wahrheit teilweise selbst mit doktrinären Mitteln vertrat, sollte dem Hinweis auf »andere gerechte und vernünftige Gründe«, aus denen vor der Freimaurerei gewarnt wurde, nachgegangen werden. Sie finden sich in einem 18-seitigen Begleitbrief des Papstes, in dem die Klarheit der eigenen Lehre dem Obskurantismus und der Geheimniskrämerei der bekämpften Richtung gegenübergestellt wird. Diese Aussagen sind von teilweise so grundsätzlicher Bedeutung, daß wir ihnen den gebührenden Raum geben, weil sie bis in die gegenwärtige Kirche des Dialogs und des damit verbundenen, interreligiösen Liberalismus hineinragen:

... Was für ein Bedürfnis kann ein Katholik haben, andere Lehren zu bekennen und zu propagieren, wenn er bereits die seine hat, die von Gott kommt, weil von Christus? ... *Wir kennen sehr wohl die wahre Lehre und den wahren Sinn dieser Sekte*, der verdorbensten und der gefährlichsten von allen, eben weil sie mit der vollendeten Kunst der Kinder der Finsternis ihre wahre Natur verbirgt und ihre wahre Lehre in Dunkel hüllt ... *Wir halten für sicher, daß es nicht notwendig ist, über solche offenkundigen Dinge öffentlich zu disputieren*, denn das, was man in der Öffentlichkeit von ihnen weiß, genügt, um die Unverträglichkeit dieser Sekte mit der christlichen Denkungsart zu bestätigen ...« (Bet.d.Verf.).[108]

Während der Papst, dem die nachkonziliare Theologie Blindheit und Gedächtnisverlust vorwirft,[109] seiner Herde also die Fakten über das liberalistische Kirchenproblem vorenthält, dringt er zu dessen Kern vor, dem Austausch der Offenbarung durch einen hinter der Vernunftidee verborgenen, ideologischen Relativismus, der das Religiöse graduell verdrängt und den sich die Christen, ohne ihn zu erkennen, selbstzerstörerisch zu eigen machen:

»Eine Lehre, die nicht die tiefe Realität und die Wahrheit der Gottheit Christi anerkennt, des wahren Sohnes Gottes, der Mensch geworden ist für das Heil der Welt, kann sich nicht christlich nennen. *Sie ist sogar antichristlich, weil sie Christus das verweigert, was die Grundlage Seiner Offenbarung und Seiner Kirche ausmacht* ... haben diese Menschen (die Freimaurer) im Gegenteil, inspiriert durch ihre angeborene Bosheit – und da die Kinder der Finsternis in dieser Welt klüger als die Kinder des Lichts sind – *dieses hinterhältige System erfunden, Christus und Seine Kirche durch die Christen zu bekämpfen* ...

… deshalb haben sie die menschliche Vernunft als Gegenstand ihres Kultus eingeführt, sie als freie und einzige Kraft der Menschheit proklamiert und sie auf den Altar erhoben: anmaßende Anbetung, durch welche sie sich selbst anbeteten, monströser Stolz, der die Sünde Luzifers wiederholt, Revolte des Menschen gegen seinen Schöpfer und Herrn, dessen Existenz sie leugnen; *denn wenn Gott existiert, kann der Mensch nicht vom Menschen angebetet werden*«. (Bet.d.Verf.).

Die Verdrängung des Gottesgedankens durch die Vernunft hat also nach Clemens XII. eine hoffärtige Verselbständigung des Menschen nach sich gezogen, die ihn unter Anleitung der masonischen Gegenmacht zum Maß aller Dinge machte, statt zwischen der Erkenntnis seiner Abhängigkeit von göttlicher Schöpferkraft und der ihm möglichen Vernunftautonomie auszugleichen. Daß seine Vorgänger zuvor längst sich selbst zum Maß alles Glaubens gemacht und den Machtmißbrauch zum System erhoben hatten, läßt der Papst unerwähnt. Umso entschiedener ist nun dem Vernunftprinzip, das den christlichen Gott ablehnt und Freiheit, Gleichheit und Toleranz als Alternativen zu kirchlicher Autorität fordert, als fundamentaler Gegenmacht entgegenzutreten:

»… Das ist die wahre Lehre der Freimaurerei, einer Geheimsekte, die die Existenz Gottes leugnet, indem sie damit prahlt, sie nur als Symbol zu nehmen. Wer ist dieser Gott, der von eben der Vernunft geleugnet wird, die sie ins Zentrum des Universums versetzen? *Es ist der ›Oberste Baumeister des Universums‹*. Wo es etwas Höheres gibt, muß es notwendigerweise auch etwas Untergebenes geben, das mit diesem nichtalleinigen Gott das Universum gebaut hat und weiter baut. Nun kann aber Gott, wie er sein muß, wenn man Ihn als den Allmächtigen, den Schöpfer und Herrn betrachtet, nur der alleinige Architekt des Universums sein, wie Er es für den wahren Christen in Seiner unteilbaren und einigen Dreifaltigkeit ist. *Eine Oberherrschaft dieses Gottes als Architekt des Universums zu behaupten, heißt praktisch die einzige vernünftige Möglichkeit der Existenz Gottes leugnen*« (Bet.d.Verf.).

Mit analytischer Schärfe hatte Clemens XII. als Kern der Moderne die Radikalisierung des antiken Philosophieglaubens ans Tageslicht gefördert: den Transfer des Göttlichen und Übernatürlichen in den Bereich des Natürlichen und Gestaltbaren, die Umformung des Menschen vom Ebenbild, das durch Gnade und Allmacht Gottes erlöst werden konnte, zum selbsterlösenden Partner eines Gottes, der als »Architekt des Universums« die menschliche Autonomie bedingte.

Mit der gleichen Schärfe hatte der Papst allerdings auch die systemhafte Unfähigkeit der Kirche zur Erkenntnis ihres zentralen Dilemmas offenbart. Wie die Strukturen ihrer Glaubensvermittlung verdeutlichten, waren es Klerus und Papst selbst gewesen, die ein Jahrtausend lang die Stärkung des menschlichen Denkvermögens als Instrument der Gotteserkenntnis verhindert hatten. Nach den Autonomiestufen der Renaissance und Reformation war es nun geradezu ein zwangsläufiger Schritt, diese Strukturen dem Rechtfertigungszwang der liberalen Erosion direkt auszusetzen. Es erschien somit unlogisch, dabei nicht minder tragisch, wenn sich das Papsttum auf eine Offenbarung berief, deren Vollmacht es über lange Zeit keineswegs im undoktrinären Sinne ihres Stifters verwendet hatte.

Davon, daß die neue, liberalistische Gegenmacht hier zu neuen Standards vorgedrungen wäre, konnte allerdings ebenfalls keine Rede sein. Im Kampf gegen die christliche Offenbarung hatten die Liberalisten auf Basis der Totalbegriffe von Freiheit und Toleranz nun einen Vernunfttypus als neue Erlösungsbasis installiert, innerhalb dessen den überkommenen Autoritäten keinerlei Argumentationsraum blieb. In einer den Glauben totalitär verneinenden Methodik wurde eine Vernunft propagiert, die den Menschen nur noch in einer von ihm zu gestaltenden Welt akzeptierte.

Ein Gottesbegriff, der sich vor dem prüfenden Blick dieser Vernunft zu verantworten hatte und seine Legitimation erst dann erhalten konnte, wenn er eine nicht- oder wie Clemens XII. formulierte, antichristliche Provenienz nachwies, stieß in völlig neue Dimensionen des gesellschaftlichen Selbstverständnisses vor. Er bedeutete den frontalen, ultimativen Angriff auf die unmittelbare Substanz, die vitale, unverzichtbare Lebensmitte der Kirche, dem das Lehramt allerdings nur dann wirksam begegnen konnte, wenn es seine eigene Fehlschaltung einer grundsätzlichen Selbstprüfung unterzog.

Wie sich in der weiteren kirchlich-liberalen Auseinandersetzung zeigen sollte, lag die Tragik der Kirche in eben dieser Unfähigkeit zur Selbstprüfung ihres Klerus begründet. Trotz aller Klarsichtigkeit blieb auch Clemens XII. verborgen, daß es seine Institution selbst gewesen war, die in einer umfassenden Unterdrückung des menschlichen Geistes nun diesen Geist der zwanghaften Freiheit gerufen und überhaupt ermöglicht hatte:

> »Die Zeit wird kommen, wo viele von ihnen sich zum Schluß als Atheisten beken nen werden. Aber es wird auch die Zeit kommen, wo sich der Geist vieler von diesen so arglistigen Banden befreien wird, wo viele aufbegehren werden gegen solchen Stolz und solche Anmaßung, die Uns veranlaßt zu sagen, daß diese Sekte satanisch ist, weil sie die Lehren verteidigt, denen die Sünde Lucifers innewohnt, und viele werden nach harten Anstrengungen in der wahren Kirche dieses Licht finden, die von Gott erleuchtete menschliche Vernunft, die sie heute vergeblich im Irrtum und Stolz suchen … Doch Christus wird kommen mit Kraft und Herrlichkeit. Festigen Wir uns also in der Geduld. Und während Wir, kraft unseres Lehramtes, den Weg der Wahrheit und des Lebens zeigen und kraft Unserer Gewalt auf solch feierliche Weise den Katholiken einen solchen Irrtum verbieten, daß niemand sagen kann, er sei nicht gewarnt worden, *erwarten Wir auch, daß, wie es die Regel ist, der Irrtum durch den Irrtum selbst zerstört wird*« (Bet.d.Verf.).[110]

Im Verlauf der Moderne und insbesondere ihrer kontemporären, »postmodernen« Gegenwart sollte sich ebenso zeigen, daß derjenige aufklärerische, offenbarungswidrige Geist, den Clemens XII. unter der Bezeichnung »Freimaurerei« in seiner Bulle »In Eminenti« von 1738 bekämpfte, sich als Liberalismus im 19. Jahrhundert etablierte und im 20. Jahrhundert in den modernen Fortschrittsglauben mündete. Die relativistische Moraldynamik dieser Glaubensform war in der Lage, sowohl das »Gemeinsame« aller Religionen zu absorbieren und sich zum »einigenden Band aller Menschen guten Willens« zu machen, als auch die modernen Ideologien ultrasozialistischer Gewaltsysteme und ultrakapitalistischer Einheitssysteme globalen Zuschnitts zu erzeugen. Die Ansprüche von Offenbarungsreligionen hingegen – ob christlich oder islamisch – können in einer solchen Konstellation keine dauerhafte Existenz finden, sind mit ihr nicht »kompatibel«.

Die Anhänger der liberalen Zivilreligion kümmerte dies wenig. Der Erfolg, der sich in den ihnen zulaufenden Adligen, Bürgern und Prälaten ausdrückte, gab ihnen recht. Sie konnten der Kirche ein Glaubensbekenntnis entgegensetzen, das nicht Gott, sondern jedem Menschen die Entscheidung über seine Vorstellung von Transzendenz überließ und ihm somit eine scheinbar souveräne Individualität verlieh:

> »... Du mächtiger Lenker der Gestirne, Du Schöpfer und Herr, Dich wollen wir preisen und erkennen immerdar; die enge Schranke der Form, die kindliche Gemüter entreißt dem Reich der Gedanken, sie sei für uns kein Zwang. Denn überall in der Welt fühlt man Dein mächtiges Wirken; in uns selbst sehen wir Deine Kraft, der alles entsprungen ... Gebieter des Weltalls; Jahrtausende, von Deinen Werken verehrt; Du olympischer Zeus der Hellenen; segenspendende Isis der Ägypter; Brahma der Inder; Sonnengott der Perser; mächtiger Allah des Islam; versöhnender Gott der Liebe Jesus, als Mensch am Kreuz gestorben. Immer dieselbe Kraft, auf verschiedene Weise verehrt; nach Volk, Sitte und Bildung stets das nämliche Streben; die ewige, unfaßliche Macht des Schaffens und Seins in faßliche Formen zu zwängen. Du Schöpfer des menschlichen Geistes, lasse uns fortschreiten in wahrer Erkenntnis, in der Arbeit der Veredlung des Denkens. In gleicher Liebe wechselseitig vereint, mögen Deine Völker preisen immerdar: den Herrn des Weltalls!« [111]

Was sich zunächst als geheimbundartige Institution der Aufklärung gegen die Kirche formiert hatte, konnte mit der neuen, unwiderstehlichen Dynamik aus der Freiheit von Autorität sowie dem Zweifel an Tradition jenen epochalen Machttransfer in Gang setzen, der – wie im zweiten Teil ausgeführt – den alten Absolutismus des christlichen Abendlands in den neuen Absolutismus der postmodernen, globalen Eliten überführte.

6. Das Prisma der Toleranz

Die konzeptlose Fixierung der Kirche auf die auflösenden Wirkungen der rationalen Aufklärung verhinderte über lange Zeit eine angemessene Beschäftigung mit den sich entfaltenden Wissenschaften. So wie die kopernikanische Wende des geozentrischen Weltbilds negiert wurde, so brachte sich die Kirche in eine intellektuell verstärkte Krise durch den Verzicht auf »aufgeklärte« Analysestrategien gegenüber den späteren Angriffen durch die Evolutionstheorie Darwins und die Psychologie Freuds. Eine kompetente

Annäherung an die Erkenntnisgründe der Natur und Übernatur stand den kirchlichen Repräsentanten nicht offen, weil in ihrem Kalkül die Natur der Macht die Übernatur der Offenbarung traditionell und systemhaft dominiert hatte.

Somit eher der Dimension profaner Einflußnahme verhaftet, begab sich die Kirche – besser der kirchenferne Klerus – unter der Bedrohung liberalistischer Entmachtung in einen weniger glaubens-, sondern herrschaftszentrierten Anpassungsprozeß. Statt die historisch problematische Diskrepanz zwischen christlicher Vollmacht und klerikalem Lehramt zu überprüfen, begann man sich vom theologischen Denkrahmen zu lösen, um sich einer zunehmend philosophischen Relativierung zu öffnen. Indem man die Ebene der analytischen Schärfe graduell gegen die intellektuelle Indifferenz der fortschreitenden Liberalisierung austauschte, pflegte der Klerus zwar eine lange Tradition des Machterhalts, begab sich diesmal allerdings auf gefährliches Terrain. Denn die Kriterien absoluter Sakralität und relativer Profanität bedingen sich zwar komplementär, schließen sich indes erkenntnismäßig in unvereinbarem Geltungsanspruch aus.

Zu einem der klassischen Vorläufer der Profanisierung traditioneller Lehrinhalte und Simplifizierung historischer Fakten wurde der Wolfenbütteler Bibliothekar und Freimaurer G.E. Lessing (gest. 1781). Er gab als erster die aufklärerische Bibelkritik des Reimarus (gest. 1768) heraus, ein Werk, das Christentum nicht auf die Offenbarung in Jesus, sondern auf Texte der Evangelien zurückführte. Es ist somit kein Zufall, wenn dem Freimaurer Lessing auch die vielzitierte Ringparabel über Nathan den Weisen, das unveränderte Symbol für Toleranz zwischen Christentum, Judentum und Islam, als Botschaft vom gemeinsamen Gott aus der Feder floß. Der große Ayyubide Saladin, in Lessings Stück Sinnbild der Güte und des Ausgleichs, historischer Gegner der abendländischen Kreuzritter, konnte sich allerdings auch als Henker des außergewöhnlichen Suhrawardi profilieren, der zusammen mit Averroes Höhepunkte in Freiheit und Kreativität des islamischen Geistes markiert hatte (s. u. S. 195–198).

In Anlehnung an die Allmacht Allahs, die Gutes und Böses ohne rationale Nachvollziehbarkeit hervorbringt, kann nach islamischem Verständnis auch vom irdischen Machthaber Güte und Willkür in erratischer Abfolge erwartet werden, ohne daß dies – wie wir inzwischen wissen – seine Legitimation schwächt, solange er die Interessen des Islam wahrt. Nicht nur mit der Hinrichtung des Suhrawardi hatte Saladin diese Bedingung erfüllt, sondern auch mit einem Massenmord an christlichen Kreuzrittern bei der Rückeroberung Tiberias, der ihm als Kriegshandlung zwar nicht unbedingt moralisch zur Last zu legen ist, aber ein zweifelhaftes Licht auf die zwanghafte Faktenunterdrückung der liberalen Toleranzideologie wirft.

In der unhistorischen Verzeichnung der Herrscherpersönlichkeit Saladins wurde die Ringparabel zur Prägeform modernen Wunschdenkens, das historische Fakten ausblendet oder umdeutet, um mit dem gleichen Nachdruck Toleranz für alles Fremde fordern zu können, wie sie sie für alles Eigene inkl. die Religion ablehnt. Während Lessings Parabelidee die lateinische Übersetzung einer zeitgenössischen Propagandaschrift vorlag, können wir uns im vorliegenden Fall auf den nüchternen Bericht des Saladin-Sekretärs Imad ad-Din stützen, der für seine historisch korrekten Kreuzzugsberichte bekannt ist. Dabei wollte es die Ironie der Geschichte, daß es größtenteils Templer, also geistige Teilvorfahren der Maurerbruderschaft Lessings waren, die hier einem grausamen, aus liberaler Sicht nicht minder verdienten Schicksal zum Opfer fielen:

> Montagmorgen, den 17. Rabi' II, zwei Tage nach dem Sieg, ließ der Sultan (Saladin) die gefangenen Templer und Hospitaliter suchen und sagte: »Ich will die Erde von den beiden unreinen Geschlechtern säubern.« Er setzte 50 Dinar aus für jeden, der einen Gefangenen bringe, und sofort brachte das Heer sie zu Hunderten. Er befahl, sie zu enthaupten, denn er zog es vor, sie zu töten und sie nicht zu Sklaven zu machen. Eine ganze Schar Gelehrter und Sufis und eine gewisse Anzahl Frommer und Asketen befanden sich bei ihm; jeder bat, ob er nicht einen von ihnen umbringen dürfe, zog das Schwert und krempelte die Ärmel auf. Der Sultan saß mit frohem Gesicht dabei, während die Ungläubigen finster blickten ... Es gab solche ... die laut lachten und mordeten; wieviel Lob ernteten sie, ewigen Lohn sicherten sie sich mit dem vergossenen Blut, wie viele fromme Werke vollbrachten sie mit den Hälsen, die sie durchhieben! ... *Wie viele Ungläubige töteten sie, um dem Islam Leben zu geben ... wieviel Vielgötterei rissen sie nieder, um den Eingottglauben zu bauen ...* (Bet.d.Verf.) [112]

Was bereits in der Renaissance mit der humanistischen Erhöhung des »Wahren, Guten und Schönen« im Menschen begann und sich in der Reformation mit der Verselbständigung des Glaubens fortsetzte, hatte in der Vernunft der Aufklärung ein ideologisches Prisma gefunden, in dem sich nun der Verstand der Menschen in tausendfacher Varianz brechen und entfalten konnte. So wie der Geist der Wissenschaft sich der Fesseln der Glaubensdoktrin entledigte und in die verschiedensten Bereiche der materiellen Lebenswelt vordrang, so ließ der aufklärerische Fortschritt die gewachsenen Traditionen religiös-weltlicher Herrschaftsstrukturen hinter sich, um auch im gesellschaftlichen Bereich dem Prinzip der individuellen Selbstbestimmung zu freier Verwirklichung zu verhelfen.

Der erstmals von der Freimaurerei – wenngleich okkult-geheim, nichtsdestoweniger institutionell – vertretene Anspruch auf das universal auszubreitende, für alle Menschen geltende Ideenbündel von Freiheit, Gleichheit und Toleranz wurde unter einer Fülle alternativer Begriffe wie Liberalismus, Relativismus, Pluralismus, Globalismus etc. zur neuen Richtschnur abendländischen Denkens. Während sich die Herrschaftsbereiche der Kirche und des Adels in die Strukturen der nationalen, säkularisierten Demokratien auflösten, entstand eine Gegenmacht der relativierten Moral, die jeden aus Tradition definierten Machtanspruch pauschal demontierte, ohne seine historische Entstehung und Leistung in Betracht zu ziehen. Natürliche Ungleichheiten wurden nun durch künstliche Gleichheiten ersetzt, deren Durchsetzung wiederum die Schaffung neuer Unfreiheit voraussetzte.

Im Verlauf der Moderne sollte sich die berechtigte Ablehnung von Fanatismus jeglicher Provenienz zu einer Ideologie der moralischen Toleranz wandeln. Diese neue Moral besetzte traditionelle Machtpotentiale, indem sie die Wahrung der Interessen aller Minderheiten gegenüber der traditionellen Autorität beanspruchte. Die Minderheitsinteressen wurden zur unabdingbaren Voraussetzung für den Herrschaftsanspruch der Gegenmacht, für die Demontage gewachsener Traditionsmacht. Mit der Aufklärung hatte sich eine *permanente Revolution* der Herrschaftsverhältnisse in Gang gesetzt, der unter dem Vorzeichen eines euphemistischen Freiheitsbegriffs demjenigen die aktuelle Macht zufallen ließ, dem die Verbindung aus der neuen Toleranzdoktrin und der Ausgrenzung der historisch autorisierten Traditionsinteressen optimal gelang.

Es entstand ein simultaner Prozeß der wissenschaftlichen Durchdringung, moralischen Pluralisierung, politischen Besetzung und kommerziellen Ausbeutung einer sich in Religionen, Ethnien und Kulturen vervielfältigenden Welt. In diesem Prozeß konnten die neuen, national-demokratischen Machtstrukturen in den Staaten und Gesellschaften Europas ihre Positionen allerdings auf Dauer nur sichern, wenn sie sich den neuen Orientierungen des wissenschaftlichen Fortschritts, des aufsteigenden Arbeitskapitalismus und der Fremdbestimmung durch Toleranz als moralischer Funktionsbasis öffneten. Je enger dabei der eigene Religionshorizont wurde, desto strikter sollte sich diese Moral auf Fremdkulturen und auf gesellschaftlichen Sphären ausdehnen, die – wie Ehe und Familie – im traditionellen Wirkbereich der Eigenkultur standen.

In der modernen Vernunft begann sich unter einer unausweichlichen Freiheitsforderung eine Fixierung auf Fortschritt, Arbeit und Minoritäten auszubreiten, die auf Kosten gesellschaftlicher Mitsprache die Herausbildung neuer Eliten begünstigte, ohne daß den Menschen der damit einhergehende Mitspracheschwund bewußt wurde. Im Verlauf des Übergangs von einem traditionell zu einem pluralistisch strukturierten Europa nahmen die Begriffe von Freiheit und Toleranz zunehmend doktrinären Charakter an. Je mehr Toleranz geübt wurde, desto weniger spiegelte die gesellschaftliche Praxis freiheitliches, sondern verordnetes Handeln wider. Toleranz bedeutete immer mehr die Machtverschiebung von alten Eigen- an neue Fremd- und Sonderbereiche, und Freiheit bedeutete immer mehr den Verlust gesamtgesellschaftlicher Autonomie.

Der Prozeß der fortlaufenden Pluralisierung, der permanenten Umschichtung von Allgemein- in Sonderinteressen, von gewachsenen Strukturen zu ideologisch konstruierten Orientierungen wurde erst im Europa des 19. Jahrhunderts mit dem Entstehen des vermeintlichen Gegensatzes zwischen Arbeitskapitalismus und Marxismus voll erkennbar. Die Träger der Geschichte allerdings, der Glaube der Kirche und der Gemeinschaftsgeist der Gesellschaft, wurden in diesem Prozeß in zunehmendem Maße zu fundamentalen Steinbrüchen, denen historisch gewachsene und praktisch gelebte Substanzen der Ethik und des Zusammenhalts entnommen wurden.

Begünstigte dieses Übertragungsprozesses waren neue Lenkungsebenen, die überall dort entstehen konnten, wo sich durch zeitgerechte Formulierung liberalistischer Forderungen die Auflösung gewachsener Autorität bewerkstelligen ließ. In zwei entscheidenden Aspekten mußte sich die Dynamik des universalen Liberalismus daher als unumkehrbar erweisen: in der Überwindung des christlichen Glaubens und des gesellschaftlichen Mehrheitsinteresses.

So weit war die liberalistische Lenkstruktur allerdings noch nicht gediehen, als sie im Jahre 1776 die Unabhängigkeit der Vereinigten Staaten von Amerika bewerkstelligte. Vorbereitet von den diplomatischen Aktivitäten des Masonisten Benjamin Franklin (gest. 1790) und begünstigt durch eine äußerst nachlässige Kriegsführung der britischen Kolonialtruppen, die in der Gefahr eines freimaurerischen Bruderkriegs standen,[113] wurde durch Thomas Jefferson (gest. 1826) eine föderalistische Verfassung ausgearbeitet, die sich weitgehend auf masonisches Gedankengut stützte.[114] Nicht zuletzt konnte der Freimaurer George Washington (gest. 1799) im Jahre 1789 zum ersten Präsidenten ausgerufen werden und 1793 mit Schürze und Kelle in die Grundsteingrube des Kapitols hinabsteigen, um dort das Zentrum einer Weltmacht unter Vollzug des freimaurerischen Rituals zu begründen. Sein Ritus war der schottische, jener sich von den Templern herleitende, ökonomisch inspirierte Geist, der sich in den calvinistischen Pilgervätern verstärkt hatte, und schließlich dem amerikanischen Impetus den modernen Stempel des rationalen Arbeitsrentabilismus aufdrückte.

Die Gründung der Vereinigten Staaten war als Chance begriffen worden, die heilige Geometrie der Freimaurer, die schon von Platon propagierte »Architektur des Universums«, auf die Strukturen und Funktionen einer Gesellschaft zu übertragen. Die herausgehobene Position des exekutiven Präsidenten und die ihm gegenübergestellten, legislativen Gremien, die eine fragmentarische Gesellschaft widersprüchlicher Minoritäten zu regieren hatten, spiegeln sowohl die elitäre Baumeisterfunktion als auch den esoterisch begründeten Vereinheitlichungswillen des maurerischen Kosmos wider. Mit der Bildung des neuen Staates war die Möglichkeit gegeben, das Weltbild einer neuen Vernunft zu realisieren. Diese Vernunft hatte sich von den alten metaphysischen Bindungen radikal gelöst und der Zukunft einen gänzlich anderen, ebenso radikal positivistischen Stellenwert zugewiesen.

Während die traditionell christliche Sicht auf das Endgericht ausgerichtet war und den diesseitigen Hoffnungshorizont begrenzte, erhielt im Denken des liberalen Fortschrittsglaubens die Zukunft einen Status eigener Ordnung. In der Trennung von den zunehmend negativ besetzten Erfahrungen der Vergangenheit und Leistungen der Geschichte wurde die Zukunft *vice versa* zum Synonym für positive Andersartigkeit. Die christliche Freiheit zum Glauben an die Erlösung war gewandelt zur Freiheit zum Glauben an den diesseitigen Fortschritt. Die Aufklärung hatte das transzendente, sakrale Heil der Offenbarung auf eine säkularisierte Form profaner, realisierbarer Heilsgeschichte verkürzt. Die Begrifflichkeit von Freiheit und Toleranz lieferte hierfür die ideologische Rechtfertigung.

Der geniale Leibniz hatte bereits die Inkompatibilität der beiden Prozessebenen miteinander verknüpfen wollen, indem er dem Universum eine Tendenz zur Vervollkommnung zumaß, an der der Mensch integralen Anteil hatte (*progressus est infinitum perfectionis)*. Ohne sich dem transzendenten Anspruch der Offenbarung zu verantworten, sollte der Mensch des Göttlichen teilhaftig werden. Hier erschien die zentrale These aller philosophischen oder ideologischen – notwendig antichristlichen – Denksysteme, angefangen von den Erkenntnisgraden der Gnosis über die magisch-mystische Esoterik des Mittelalters, die Rosenkreuzer der Reformation, die Freimaurer der Aufklärung bis hin zu den politischen Wissenschaftspropheten und Liberalstrategen der Gegenwart.

Wie erwähnt, haben das universale Konzept des Liberalismus gegen »Thron und Altar« und seine fundamentalen Auswirkungen immer wieder Theorien der Weltverschwörung um die Freimaurerei und ihr Bemühen um die globale Gesellschaft entstehen lassen. Dieser Vorwurf, dem zwar nicht seine historische Dimension, sondern eher der klandestine Charakter des Masonismus Vorschub geleistet hat, kann indes nicht Gegenstand dieser Darstellung sein.

Wie uns die Gegenwartsbetrachtungen zeigen werden, spiegeln die zeitgenössischen Strukturen der Vatikan-Kurie, der UN-Organisationen und des wirtschaftlichen Globalismus mit Weltbank, Währungsfonds, GATT sowie inoffiziellen Gremien wie der Trilateralen Kommission und den Bilderbergern den Fortgang des masonischen Einflusses auf die Veränderung der Machtverhältnisse im liberalistischen Sinne hinreichend klar wider. Auch wenn hier die enorm gestiegene Bedeutung des elitären Globalismus angloamerikanischer Prägung eine wichtige, formative Rolle spielt, sind Verschwörungstheorien weder notwendig noch in unserem Kontext hilfreich. Auch die traditionellen Kontakte des Vatikans im Wirtschafts- und Geheimdienstbereich mit den einschlägigen Organen der Weltordnungsgremien hat weniger konspirativen, sondern eher logischen Charakter mit Rücksicht auf die übergeordnete Dimension der hier involvierten, gemeinsamen Interessen (s. u. S. 357f.).

Das Instrumentarium dieser Untersuchung stützt sich auf die Kriterien der faktenorientierten Schwerpunktbetrachtung und damit auf Methoden der rationalen Analyse. In unserem Zusammenhang interessieren die Systemverwandtschaften und analytischen Parallelen zwischen Masonismus, Liberalismus, marxistischem International-Sozialismus, postmodernem Multikulturalismus und – wie wir noch sehen werden – pluralistischem Christentum, die mit ihren jeweiligen Akzenten die irreführende Schlagwortkombination Freiheit, Gleichheit und Toleranz bemühten und weiterhin bemühen. Es sind diese Parallelen, die eine immer wieder ähnliche Erosion etablierter Strukturen, zumeist mit stark antichristlichem Einschlag, erkennen lassen und aufgrund ihrer tendenziellen Vorhersagbarkeit die Beurteilung des Islam im Westen, unseres zweiten Analyseobjekts, erheblich erleichtern werden.

VI
Orthodoxe Abwehr islamischer Philosophie

A. Glaube und islamische Vernunft

1. Die spekulative Theologie (kalam)

Im Verlauf der Eroberungswelle zwischen dem 7. und 9. Jahrhundert konnten wir das Entstehen des *hadith*, der Tradition des islamischen Propheten, als Spiegel einer neuen, universalen Gemeinschaft verfolgen. In einer Fülle auf den Verkünder zurückgeführter Aussagen hatte es sich zu einer vollwertigen Glaubensgrundlage entwickelt und als umfassender Vorschriftenkodex den Koran harmonisch ergänzt. Über die hier niedergelegten Mitteilungen waren Glaube und Leben der Muslime auf das Engste mit Muhammad und dem Vorbild seiner Gemeinde verbunden. Dabei war das Netz dieser normierenden Verhaltensanweisungen inzwischen so engmaschig geknüpft, daß kaum noch eine Situation vorstellbar war, die nicht durch eine Überlieferung vom Denken und Handeln des Verkünders geklärt werden konnte.

Wir sahen dabei, wie konsequent Ahmad Ibn Hanbal diese Grundlage gegen alle Verfolgungen durch die rationale Inquisition des Kalifen Al-Ma'mun vertrat und welche grundlegende Bedeutung das Werk des Juristen Al-Shafi'i erlangte, der das gesamte Recht des Islam auf den Koran und die *hadith*-Bestimmungen zurückführte. Beide wurden zu Grundpfeilern der sunnitischen Orthodoxie, die sich schließlich im Rahmen des Mawardischen Machtprivilegs als Gütesiegel jeder islamischen Machtausübung etablierte. Ebenso begegnete uns dieser kodifizierte Schriftglaube wieder in der politisch-religiösen Stadt/Stamm-Dynamik, in der sich auf soziologischer Ebene die unausweichliche Dominanz der orthodoxen Gelehrsamkeit als Garant für die kollektive Selbstorganisation islamischer Gesellschaften bestätigte.

Durch alle materiellen und geistigen Fährnisse, durch alle historischen Machtspaltungen hindurch hatte sich der kodifizierte Schriftglaube, der verbindliche, das Medina-Modell abbildende Ritenvollzug, als die oberste Legitimationsebene islamischer Macht bestätigt. Um an dieser Legitimation teilzuhaben, begannen alle Ebenen des religiösen, politischen und wissenschaftlichen Lebens, sich in einer uniformen Unterwerfungsstruktur auf diese Zwangsorientierung hinzuordnen.

Dieser einer Sedimentierung ähnliche Prozeß hatte städtische Gewerbe- und ländliche Stammesstrukturen, Schrift- und Volksglaube, Orthodoxie und Herrschaft zu einem System zusammengeschmiedet, dessen Funktionalität sich tendenziell nach innen orientierte und dabei die laufende Gegenwart dem Maßstab einer vereinheitlichenden Vergangenheit unterwarf. Man setzte die Welt somit nicht mehr einem aktiv gestaltenden Glauben aus, so wie ihn der Islamgründer selbst in der Bewältigung seiner Gegenwart noch gelebt und praktiziert hatte. Indem sich seine Nachfahren ganz auf Einzelvorschriften konzentrierten, die vom überlieferten Sprechen und Handeln des Verkünders abgeleitet waren, verließen sie die übergeordnete Ebene der gestalterischen Vernunft, des rationalen Auslotens offener Optionen, die als wesentliches Merkmal des Gesandten Allahs den Islam überhaupt erst ermöglicht hatten.

Dabei ging es keineswegs um den – unmöglichen – Nachvollzug des Muhammad eigenen Charismas aus Spriritualität und politischem Instinkt, sondern um den Einsatz rationaler Denkkriterien und -alternativen bei der Gestaltung des Diesseits und der Einordnung der menschlichen Glaubenswelt in die Ordnung Allahs. Es ging um eine vernunftorientierte Denkfreiheit, die bei der Entstehung des konformistischen *hadith*-Komplexes als einer Art Nebenoffenbarung keine Rolle gespielt hatte, deren Fehlen jedoch umso mehr die rationale Gottessicht der Muslime des 8. und 9. Jahrhunderts herausforderte.

Als Kontrapunkt zum *hadith*, der Sammlungen von als feststehend betrachteter Tatsachen über Handlungen und Aussagen des Islamverkünders beinhaltet, entwickelte sich der sogenannte *kalam* (arab.:Rede, Disput), der alle auftretenden Fragen des Glaubens und des Rechts dem Austausch logischer Argumente im Rahmen einer freien Diskussion aussetzte. Diese sich hier herausbildende intellektuelle Streitkultur – mit starken Zügen polemischer Spitzfindigkeit – ließ alsbald erkennbar werden, daß sie ohne Rückbindung an eine übernatürliche Glaubensbasis nicht geeignet sein würde, in die tiefen Fragestellungen der religiösen Metaphysik, insbesondere der Vorherbestimmung des Menschen und der Einheit Allahs, vorzudringen.

In geschickt inszenierten Wechselgesprächen versuchten die *kalam*-Theologen, ihre zentralen Themen in einer Weise zur Sprache zu bringen, die geeignet war, das apodiktische Dogma des sunnitischen Gesetzesglaubens zu durchbrechen. Das Wort Allahs sowie das in der Prophetentradition niedergelegte Glaubensgut sollten in den Bereich der spekulativen Meinungsbildung gezogen und ihre als besonders wesentlich erachteten Aspekte mit alternativ gegenübergestellten Argumenten beleuchtet werden können. Einer der wichtigsten dieser Aspekte war die oft gestellte Frage nach dem Verhältnis Allahs als dem einen Schöpfer des Geschaffenen zu der Vielheit der Welt, die sich sowohl in ihren unzähligen Erscheinungsformen als auch in den laufend veränderten Umständen ihres zeitlichen Wandels ausdrückte.

War der menschliche Verstand – selbst Bestandteil dieses universalen Raum/Zeit-Verbunds – in der Lage, den Lauf desselben durch autonome Willensregungen zu beeinflussen, oder war er zusammen mit allem anderen Geschaffenen der eigengesetzlichen und einheitlichen Allmacht Allahs ausgesetzt, die den Wandel der Welt in jedem Augenblick neu schuf? War die Einheit Allahs in einer sich permanent erneuernden Schöpfung so umfassend beschaffen, daß er alles menschliche Denken und Handeln bereits im Entstehen nach seinem – prädestinierenden – Willen vorprägte? Und wenn dem menschlichen Willen ein wie immer gearteter Spielraum gewährt wäre, hätten dann nicht die Propheten die freie Entscheidung darüber gehabt, ihre Offenbarungen ganz, teilweise, überhaupt nicht oder gar in verfälschter Form zu verkünden? Und wenn dem menschlichen Willen kein Spielraum gewährt, er also gänzlich der Ausdruck göttlichen Willens wäre, könnte dann aus der Widersprüchlichkeit menschlichen Handelns geschlossen werden, daß Allah sich widerspricht?

Mit der akribischen Diskussion derartiger Fragestellungen drangen die spekulativen Theologen (*mutakallimun*) zu Kernthemen der wesentlichen dogmatischen Richtungen jener Zeit vor. Ihr Anliegen war die rationale Begründung der koranischen Lehren – zum einen, um den eigenen Glauben abzusichern, zum anderen, um die dogmatischen Divergenzen innerhalb des Islam zu überbrücken und vor allem die Lehren nichtislamischer Religionen zu widerlegen.

Zum Beispiel kollidierten die sogenannten »Vertager« (*murdji'a*), welche die menschliche Sündhaftigkeit der Vorbestimmtheit ihres Entstehens zugute hielten und der Beurteilung durch das Endgericht überließen, mit der stringenten Sicht der Kharidjiten, die die Sünde mit Unglaube gleichsetzten. Ebenso konträr standen sich die sogenannten Qadariten (*qadar* = Schicksal) als Vertreter der menschlichen Willensfreiheit und die Djabriten (*djabr* = Zwang) als die Leugner derselben gegenüber. Dabei trat die politische Relevanz derartiger dogmatischer Präferenzen zuweilen unmittelbar und nicht selten massiv zutage. Die aufkommenden Sunniten argwöhnten z.B. in der murdjitischen »Vertagung« der Sündenbeurteilung die Möglichkeit eines unziemlichen Freibriefs für die politische Obrigkeit, sich nun ihrer Kontrolle entziehen und ungehemmt gegen die Vorschriften des Glaubens verstoßen zu können.

Der Begriff des *kalam* – ursprünglich als die Eigenschaft vom »Reden Allahs« verstanden – ging in der weiteren Entwicklung über die Bedeutung der spekulativ-theologischen Disputation hinaus und übernahm Elemente des auf die Antike (Demokrit) zurückgehenden Atomismus, einer hochentwickelten Feinstofflehre, die das Universum als ein Kontinuum von Materieteilchen und Zeitintervallen auffaßte. Wir haben gesehen, daß sich abendländische Varianten dieses Konzepts in Newtons Differentialrechnung und Leibniz' früher Quantentheorie niederschlugen. Vor allem jedoch leiteten die *mutakallimun* mit dieser Lehre in die *mu'tazila* über, der ersten systematischen Schule für rationale Dogmatik im Islam.

2. Al-Mu'tazila – die islamische Aufklärung?

Wie sich uns inzwischen aus diversen Aspekten erschlossen hat, erhielt der Islam bereits durch den Verkünder und dessen spezifisches Charisma seine integrale Grundlegung in Glaube und Politik. Das *hadith*, die Gesamtheit der Muhammad zugeschriebenen Aussagen und Handlungen, nahm immer mehr Gestalt an als ein aus religiöser Orientierung und politischer Notwendigkeit geflochtenes Vorschriftennetz. So konnten auch und gerade die intellektuellen Disputationen der spekulativen Theologen, die in großer Loyalität zu den koranischen Aussagen den Glauben einer verstandesgemäßen Analyse unterzogen, sich weder den politischen Einflüssen ihrer Zeit noch der Versuchung entziehen, selbst auf letztere einzuwirken.

Im Zuge dieser den frühen Islam so kennzeichnenden Wechselwirkung bildete sich gegen Mitte des 8. Jahrhunderts in Basra eine dogmatisch-politische Strömung heraus, die sich in einer simultanen Absetzbewegung graduell sowohl vom prädestinierten Sündengedanken als auch von der Parteinahme für den Herrschaftsanspruch der alidischen *shi'a* distanzierte. Aus frommen Theologenzirkeln unter der Führung des allseits geachteten Hasan al-Basri (gest. 728), die sich mit den Argumenten der frühen Sunniten und Mystiker auseinandersetzten, gingen betont rational orientierte Denker hervor. Sie schufen sich abstrahierte Freiräume zur Argumentation gegen überkommene dogmatische und politische Vorstellungen und gingen mit dieser Abgrenzung unter der Bezeichnung *mu'tazila* (arab.: *i'tizal* = Trennung) in die Dogmengeschichte des Islam ein.

Die erwähnten Juristen Al-Thauri und Al-Auza'i hatten noch frühislamische Frömmigkeit mit der rationalen Erkenntnis der Notwendigkeit verbunden, zur Leitung der Gemeinschaft rechtstheoretische Grundlagen zu entwickeln, die sie teils mit dem wachsenden *hadith*-Material und teils mit restaurativ-politischer Interessenwahrung für die abgelösten Umayyaden verknüpften. Diese praxisorientierte Verfahrensweise war zwar von erheblicher politischer Wirkung, ließ jedoch kaum Raum für übergeordnete, theologische Spekulationen.

Führende rationale Dogmatiker wie Wasil Ibn 'Ata' (gest. 748) und 'Amr Ibn 'Ubayd (gest. 762) hingegen öffneten die wortgebundene Koranauslegung und Prophetentradition für abstraktere Ebenen der Argumentation, die ohne Gefährdung der Glaubensbasis eine flexiblere Position zu dogmatischen und politischen Kontroversen der Zeit ermöglichten. Z. B. wies Wasil dem Sünder, den die Kharidjiten als einfachen Sünder, Hasan al-Basri als »Heuchler« und die Murdjiten als »vertagten« Gläubigen betrachteten, eine unentschiedene, seiner weiteren, tendenziellen Entwicklung überlassene Stellung zwischen Glaube und Unglaube zu. Auf diese Weise entstand argumentativer Freiraum zur Diskussion innerislamischer Differenzen, ohne die koranische Grundlage in Frage zu stellen.

Eine in der Methode analoge Position nahm die sich formierende *mu'tazila* im politischen Raum ein, indem sie sich vom Herrschaftsanspruch der alidischen *shi'a* distanzierte und auch Abu Bakr und 'Umar den Status der »Rechtleitung« zuerkannte, ein Standpunkt, der sie zur theologischen Grundlage der aufkommenden Abbasiden werden ließ. Dabei tritt als der wesentliche abstrakte Aspekt, der das mu'tazilitische Denken entscheidend prägt, die Scheu vor der Vermenschlichung der Transzendenz Allahs hervor.

Schon in der Frage der Sünde war die Problematik deutlich geworden, die mit dem Versuch verbunden war, Allah zustehende Urteile durch die Einstufung über menschliche Kriterien vorwegzunehmen. Ausgedehnt auf die Gesamtheit der Aussagen Allahs, die durch den menschlichen Filter des Verkünders gegangen waren, hieß dies, die Unerschaffenheit der koranischen Offenbarung überhaupt in Zweifel zu ziehen. Daß die entsprechend konsequente Auslegung des Dja'd Ibn Dirham (gest. 743), der die anthropomorphe Vorstellung von Abraham als »Freund Gottes« rundweg abstritt, diesen das Leben kostete, verdeutlicht das Gewaltpotential, mit dem sich – zuweilen aus diesen tiefgreifenden Kontroversen hervorbrechend – die strikte Anschauung vom Koran als unerschaffener Offenbarung Geltung verschaffte.

Dennoch wurde die Vorstellung vom erschaffenen Koran ganz entscheidend vorangetrieben durch den Perser Djahm Ibn Safwan (gest. 746), der – in Samarkand mit den abstrakten Gottesideen dort ansässiger Buddhisten konfrontiert – Allah als ein von jeglicher, dinglicher Vorstellung absolut getrenntes Konzept dachte, woraus sich der Koran als konsequent erschaffenes Phänomen und Basis der späteren *djahmiya* ergab. In der Betonung der Vorherbestimmung stand Djahm allerdings in krassem Gegensatz zum bereits erwähnten 'Amr Ibn 'Ubayd, der nicht nur den systematischen Bruch mit den *muhaddithun*, den Vertretern der vorschriftentreuen Prophetentradition, herbeiführte, sondern vor allem den freien Willen des Menschen propagierte.

Er weckte damit das Interesse vieler Qadariten, die ihrerseits in unversöhnlichem Gegensatz zu den Umayyaden standen und somit das pro-abbasidische Element der *mu'tazila* verstärkten. Zum Märtyrer dieses Dogmas und erneuten Opfer der orthodoxen Sicht, die Allahs uneingeschränkte Allmacht in der unerschaffenen Offenbarung des Koran vertrat, wurde Ghaylan al-Dimashqi (gest. 742), den der Kalif Hisham kreuzigen ließ, nachdem der – pro-umayyadische – Syrer Al-Auza'i ein entsprechendes Rechtsgutachten (*fatwa*) angefertigt hatte.

Über die Beschäftigung mit dem Problem des Sünders im Islam hinaus hatte Wasil Ibn 'Ata' rege Kontakte zu Vertretern des persischen Manichäismus (*zandaqa*) und Dualismus (*thanawiya*) unterhalten, deren Lehren letztlich jedoch verworfen, weil sie die Einheit Allahs (*tawhid*) gefährdeten. Seine Wandlung, sie schließlich sogar als Häresien zu bekämpfen, kann als Abwehrreflex gegen das beginnende Einsinken naturphilosophischer Elemente in Verbindung mit den gnostisch-hellenistischen Einflüssen der Zeit gesehen werden.

Daß deren Argumente dennoch aufgegriffen und zur Verteidigung des koranischen Glaubens herangezogen wurden, verlieh der *mu'tazila* einen chamäleonartigen Charakter, der aus dem modernen, westlichen Blickwinkel vielfach als Ansatz zu einer islamischen Aufklärung verstanden bzw. mißverstanden wurde.

Immerhin haben gnostisch-dualistische Elemente in der *shi'a*, besonders in ihrer radikalen Fraktion der *rafida* (»Abtrünnige«), die Skepsis und z.T. Feindschaft der *mu'tazila* auf sich gezogen, um nicht in den Verdacht zu geraten, ihre eigene Beschäftigung mit diesen islamfremden Wissens- und Glaubensinhalten könne etwa anderen Zwecken als der Verteidigung des Islam dienen, ein Schutzmechanismus, den die *shi'a* selbst erfunden zu haben schien (s. u. S. 191f.).

Insgesamt stellt sich die *mu'tazila* als philosophisch geprägte Richtung dar, die spekulativ in andere Religionen und Islamrichtungen eindrang, um sie mit logisch-intellektuellen Argumenten zu dem einzigen Zweck zu bekämpfen, die erschaffene Offenbarung des Koran als alleinige Quelle der Glaubensweisheit und -vorschriften zu verteidigen. In ihrer logisch-dogmatischen Orthodoxie war sie nicht weniger doktrinär als die von ihr ebenfalls bekämpfte sunnitische Orthodoxie, die das *hadith*, die vom Leben des Propheten abgeleitete Tradition, und die Unerschaffenheit des Koran als unverzichtbare Glaubensgrundlagen betrachtete.

Das Vorgehen der *mu'tazila* diente nicht der philosophisch-toleranten Freiheit des Geistes, sondern unter Anwendung philosophischer Argumente der Installation des Koran als exklusiver Basis allen, nicht nur islamischen Lebens. Obwohl ihr der Abbaside Al-Ma'mun bekanntlich über einige Zeit sogar inquisitorisch durchgesetzte Geltung verschaffte, zeigte der in Ahmad Ibn Hanbal personifizierte Triumph des sunnitischen Vorschriftenglaubens im 9. Jahrhundert, daß die historische Glaubensentwicklung des Islam nicht bereit war, philosophische Denkalternativen als Instrument der Glaubensdiskussion, geschweige denn als Teil des Glaubensinhalts zuzulassen. Wenngleich die Vielgestaltigkeit der mu'tazilitischen Lehren ihr selbst keinen langfristigen Bestand sichern konnte, so zwang doch ihre logische Polemik sowohl *sunna* als auch *shi'a* zur Auseinandersetzung mit ihren Argumenten und letztlich zur partiellen Aufnahme ihres Rationalismus in die jeweilige Theologie.

3. Die rational-sunnitische Theologie

Gut und Böse stehen nicht gegen die Einheit Allahs, da seine Weisheit nicht dem Maßstab menschlichen Nutzdenkens unterliegt. Allah schafft aus dem Nichts, und die Harmonie der Schöpfung zeigt die Einheit seines Willens. Die Folgen menschlichen Handelns in der Schöpfung, mithin auf Basis vorgegebener Bedingungen, sind mit menschlichen Maßstäben nicht zu erfassen und unterliegen dem göttlichen Ratschluß in der Welt und der letztendlichen Beurteilung am Jüngsten Tag. Im Rahmen aller Handlungen hat somit den Nutzüberlegungen vor allem der Glaube voranzugehen, um eine nach menschlichem Maß vertretbare, jedoch jederzeit im Ermessen Allahs liegende Diesseitsgestaltung zu gewährleisten.

Dies sind die auf einen vereinfachten Nenner gebrachten Vorstellungen des Al-Ash'ari (gest. 935), der – seinerseits unter dem Einfluß der *mu'tazila* – rationale Denkverfahren aus dem Koran abzuleiten suchte, allerdings nicht um zu übergeordneten, metaphysischen Abstraktionen vorzudringen, sondern zu einer Argumentationsebene zu gelangen, die den sunnitischen Schriftglauben rational absicherte. Nach Al-Ash'ari ist der *kalam*, das spekulativ-theologische Denken, ein offensichtlicher, wenngleich nicht hinreichend notwendiger Aspekt menschlicher Verstandesaktivität. Diese ergibt sich ihrerseits hinreichend notwendig aus dem Glauben an den unerschaffenen Koran und die Glaubenstradition seines Verkünders als verbindliche Richtschnur der *umma*.

Mit dem Bekenntnis, daß Allah in allumfassender Göttlichkeit wissend, mächtig, lebendig und vorhanden war, öffnete die sunnitische Theologie zwar ein ungeheures, virtuelles Potential theoretischer Durchdringung, auf dessen Nutzung sie jedoch real verzichtete, um nicht mit überkommenen, orthodoxen Kriterien zu kollidieren.

Sie beschränkte sich strikt auf die unreflektierte Verinnerlichung des Regelkomplexes aus Koran und *hadith* und schloß alternative Denkwege wie den Analogieschluß und die analytisch gewonnene Einsicht ausdrücklich aus. Die dynamisch-spekulative Vorgehensweise legte ihren Überlegungen hypothetische Voraussetzungen als vom theoretischen Ergebnis her gerechtfertigte Postulate zugrunde. Die *sunna* stellte dieser Methode eine Synthese aus spiritueller Glaubens- und rationaler Nutzenmotivation im Sinne einer einheitlichen *umma* entgegen. Nur ein solcherart ausgerichtetes Denken und Handeln war überhaupt von Allah zugestanden und hatte sich im Rahmen des kollektiven Ritenvollzugs in einem hoffnungsvoll hervorgebrachten Unterwerfungsverhalten auszudrücken.

Die Vernunft konnte demnach nicht als kreatives Gestaltungselement, sondern allenfalls als moderierender Zusatzaspekt des menschlichen Denkens zum Tragen kommen, als sekundäre Hilfsfunktion eines primären Schriftglaubens, der in ganz umfassender Weise vom Glauben an und das Wissen um die – unerschaffene – koranische Offenbarung Allahs und die sich in der *hadith*-Vielfalt manifestierende Vorbildpersönlichkeit des Verkünders bestimmt und geformt wurde. Mit der Theologie des Al-Ash'ari war die spekulative Vernunft sowohl im Bereich des individuellen Verstandes als auch des kollektiven Dogmas dem zentralen Glaubens- und Regelkomplex aus Koran und Prophetentradition verbindlich unterstellt worden.

Das Wissen um diese – sunnitische – Glaubenssubstanz ist identisch mit dem Wissen an sich und kann durch darüber hinausgehendes, spekulatives Denken weder beeinflußt noch verändert werden. Alternative Denkwege sind nur insofern zulässig, als sie geeignet sind, zu Aspekten bislang ungekannter Beweiskraft vorzudringen, welche die ohnehin sakrosankte Geltung des orthodoxen Glaubenskomplexes zusätzlich bestätigt und bekräftigt.

Somit sind nach sunnitischer Auffassung substantielle Änderungen an den Grundlagen des Islam für alle Zeit als zu Häresien führende Neuerungen (*bid'a*) zu verwerfen. Islamisches, jenseitsrelevantes Handeln kann sich nur im Ritenvollzug mit verbindlichem Gemeinschaftsbezug und Rückbindung an die Urgemeinde ausdrücken. Machthaber, die ihre Herrschaft in den Dienst einer solcherart verfaßten Gemeinschaft stellen, sind nach dem Mawardischen Herrschaftsprivileg islamisch legitimierte Regenten.

Spekulativ-theologische Alternativen, die dieses Prinzip bestätigen, sind ebenso zugelassen, wenn nicht sogar vorgeschrieben, wie auch pragmatisch-praktische Konzepte, welche die physische Ausbreitung des Islam begünstigen, da sie Bestandteile des zu jeder Zeit an jedem Ort präsenten Schöpferwillens darstellen, in dem sich der Islam als Beginn und Ende der Geschichte ausdrückt. Dieser selbstreferentielle Regelkreis lieferte den Denk- und Handlungsrahmen als erkenntnis- und seinstheoretische Basis des sunnitisch-orthodoxen Islam und einen verbindlichen, monotonen Argumentationsraum in den zukünftigen Begegnungen mit den fundamentalen Herausforderungen durch die Philosophie.

Der Koran, dessen Text nach muslimischer Tradition schon präexistent bei Allah aufbewahrt war, bevor ihn Muhammad den Arabern verkündete, ist die unerschaffene, jeglichen Wahrheitszweifel überschreitende Offenbarung für alle Muslime. Sie bildet zusammen mit der *hadith*-Überlieferung des Prophetenvorbilds und der Rückbindung an das Medina-Modell den sunnitisch-orthodoxen Glaubenskomplex als Basis der islamischen Existenz. Dieses Ideal hat die Orthodoxie, insbesondere gegen die rationalen Denkkriterien der Philosophie, in jahrhundertelangem Kampf bewahrt und zu einer Machtbasis entwickelt, der sich alle Bereiche islamischen Lebens und Geistes zu unterwerfen haben. Den wesentlichen Stationen dieses Kampfes haben wir uns nun gesondert zuzuwenden.

B. Die Vertreibung der Philosophie

1. Die islamischen Philosophen

Die Aktivitäten der *mutakallimun* und ihr Einsatz der Vernunft im Umgang mit den elementaren Grundlagen des Glaubens hatte die Gefahren deutlich gemacht, die in der Berührung zwischen der Offenbarung und den Argumenten der Logik lauerten. »Wer logisch argumentiert, ist ein Ketzer« hieß die spätere Devise der etablierten Orthodoxie, die sich schon im frühesten Islam mit der uthmanischen Koranversion abzuzeichnen begonnen hatte. Die Vernunft, die sich auf den Augenschein der Erfahrung und den Analogieschluß vom Sichtbaren auf das Unsichtbare stützte, wurde mehr als Risiko denn als Chance für den Bestand der koranischen Offenbarung angesehen.

Die zentrale Glaubensbasis aus dem Wort Allahs und der Praxis seines Verkünders sollte nicht in unmittelbare Konkurrenz zur philosophischen Metaphysik treten, deren abstrakte Denknormen die unsystematischen Andeutungen des Koran und die Vorschriftenfülle der Prophetentradition der Weltbetrachtung eines autonom tätigen, menschlichen Geistes aussetzen wollten. Die Frage nach dem Warum sollte nicht gestellt werden, zugunsten eines Glaubens, dem die Vernunft nur sekundär zugeordnet, nicht primär integriert war, ein Vorgehen, das sämtliche Wissenschaft, sämtliche Verstandestätigkeit im Islam dem Diktat des Glaubenswissens aus Koran und *hadith* unterwarf.

Das allumfassende Sein des einen Schöpfers, der in allem Geschaffenen präsent ist und dieses Sein zu jeder Zeit und in jedem Raum neu schafft, läßt die philosophische Verbindung von Schöpfer zur Schöpfung nicht zu. Die von der Philosophie angebotene Überbrückung dieser Seinskluft durch hypothetische Gleichstellung des menschlichen Geistes mit dem Geist der Schöpfung, die eine ethische Autonomie des Menschen und analytisch gewonnene Durchdringung und Nutzung der Natur anstrebt, fand trotz höchst qualifizierter Versuche im Glaubensboden des Islam keine sonderlich reiche Nahrung.

Die Ursprünge der arabisch-islamischen Naturwissenschaften gehen auf die legendäre Gestalt des Djabir Ibn Hayyan (gest. um 814) zurück, den das Geheimnis eines gewaltigen Werkes umgibt, um dessen Herkunft und Datierung in der Orientalistik seit Jahrzehnten gestritten wird. Djabir ist nicht nur wichtigste Quelle der mittelalterlichen

Alchimie, sondern auch der shiitisch-ismaelitischen Dogmatik, die sich intensiv mit völlig unislamischer Gnosis beschäftigt. Um die ständige Nähe zur Häresie zu kaschieren, vertritt diese Richtung das selbst im Islam seltene Credo, nach dem »die göttliche Wahrheit mit allen Mitteln durchzusetzen ist«.[114a]

Abgesehen von den sogenannten »Lauteren Brüdern von Basra« des 10. Jahrhunderts, die sich auf Djabir zurückführten und dementsprechend gnostisch gefärbte Philosophie mit Einfluß auf die Lichtlehren der *shi'a* betrieben, nehmen die philosophischen Lehren des klassischen Islam ihren Ausgang vom »Haus der Weisheit« (*bait al-hikma*) des uns bekannten Abbasiden Al-Ma'mun (gest. 833). Diese Einrichtung beschäftigte sich mit Übersetzungen medizinischer und antik-philosophischer, vornehmlich aristotelischer Texte und ist in enger Verbindung mit dem von Al-Ma'mun geförderten Gedankengut der Mu'taziliten zu sehen.

Als Exponent dieser Richtung trat der mit dem Ehrennamen »Philosoph der Araber« versehene Abu Yusuf al-Kindi (gest. 873) auf, der durch frühe Kontakte zu christlichen Übersetzern tief in das aristotelische Weltverständnis eindringen und rasch die Grenzen islamischer Zugeständnisse erkennen konnte. Al-Kindi ließ als erster der bis zum großen Averroes (Ibn Rushd/gest. 1198) reichenden Kette maßgeblicher Philosophen im Islam den strukturellen Antagonismus zwischen philosophischer Ratio und islamischer Offenbarung deutlich werden, indem er die Welt auf eine von ihm als Gott bezeichnete, ewige Ursache und nicht auf einen personalen Schöpferakt zurückführte. Diese ewige Ursache wirkte einheitlich und war keinem diffusen, sich ständig erneuernden Ratschluß unterworfen.

Geist und Stoff waren in einer gnostisch anmutenden Weltseele unter Einbindung der Menschenseele vereinigt. Die Dynamik des Entstehens und Vergehens in der Welt konnte in einer Mischung aus Wissenschaft, Vernunft und Gottesfurcht durchdrungen werden. Die Relativierung des Diesseits und Abstraktion des Jenseits durch den Intellekt befähigten den menschlichen Geist, die sinnliche und geistige Welt in eine Struktur des Denkens und Handelns als integralen Teil des ewigen Seins zu bringen.

Daß diese Auffassung in krassem Gegensatz zu islamischem Offenbarungsdenken und zur vollständigen Abhängigkeit des Menschen von Allahs Schöpfermacht stand, wurde Al-Kindi rasch von orthodoxen Zeitgenossen verdeutlicht, die eine philosophisch-rationale Emanzipation vom Unterwerfungsgedanken des islamischen Glaubenswissens als inakzeptable Anmaßung betrachteten. Nicht durch den Intellekt würde dem Menschen die Teilhabe an der sinnlichen und geistigen Welt ermöglicht, sondern einzig und allein durch den Glauben an die Grundlagen des Islam, nicht durch autonome Denkakte des menschlichen Geistes sei das Wesenhafte der Natur erkennbar, sondern allein durch die Offenbarung Allahs, die alles Wissen nach Maßgabe des Glaubens erschließen könne.

Al-Kindi hatte einzusehen, daß die von Allah gänzlich bestimmte menschliche Existenz alles Denken auf die Kenntnis und Einhaltung der göttlichen Vorschriften lenken und ihr daher die autonome Analyse der Schöpfung, deren Bestandteil sie selbst war, verschlossen bleiben mußte. Wissenschaft im islamischen Sinne konnte damit immer nur auf die Beschäftigung mit der koranischen Offenbarung, der prophetischen Tradition, dem daraus abgeleiteten Gesetz der *shari'a* und dem allgegenwärtigen Vollzug der Riten beschränkt sein. Sämtliche Wissensgebiete mußten ausschließlich unter dem obligatorischen Blickwinkel dieser zentralen Glaubensinhalte betrachtet werden.

Wenngleich Al-Kindi sich der faktischen Macht der zeitgenössischen Orthodoxie letztlich fügte, so ließ er doch keinen Zweifel an der aus seiner Sicht übergeordneten Funktion philosophischer Wahrheitssuche, die in ihr Streben nach dem Wissen um Gottes Ewigkeit das Wissen um die göttlichen Vorschriften und das von ihnen abgeleitete Denken und Handeln des Menschen einschließen mußte.

Kein islamischer Philosoph konnte sich jedoch auf Dauer der Logik eines von den Glaubensgrundlagen diktierten Denkens entziehen, wobei die konkreten Probleme für den einzelnen Denker umso größer wurden, je brillanter er seine Argumentation in der Auseinandersetzung mit der Orthodoxie gestaltete. Auch Muhammad al-Farabi (gest. 950), von türkischer Abstammung und einer der besten Köpfe islamisch-aristotelischer Philosophie unter starkem christlichem Einfluß, hat die Unvereinbarkeit des islamischen Gesetzes mit rationalem Denken in hochmodernen, auch für unsere Zeit gültigen Grundsätzen deutlich gemacht:

> »Wenn wir etwas wissen, weil es uns eingeboren ist, kann keine Rücksicht genommen werden auf die Meinung von Leuten, die widersprechen, weil sie glauben, daß die *shari'a* es anders verordne ... Prämissen, die verordnet sind ... oder Ansichten, die in einer Gesellschaft allgemein akzeptiert worden sind, ... werden bei diesem Vorgang nicht benutzt; in Philosophie und Logik bleiben solche Dinge außer Betracht«.[115]

Al-Farabi, dessen Denken von erheblichem Einfluß nicht nur auf die erwähnten »Lauteren Brüder«, sondern vor allem auf die großen Islamphilosophen Avicenna (Ibn Sina) und Averroes gewesen ist, brachte erstmals das Prinzip der Emanation, des Hervorgehens allen Seins aus dem unveränderlichen Göttlichen, zur vollen Ausbildung. In Aufhebung der Grenze zwischen Diesseits und Jenseits entwickelt Al-Farabi ein sechsstufiges, aus göttlichen Erkenntnissphären strömendes Ordnungssystem aus Gott, Geist, Vernunft, Seele, Form und Materie, in dem sich aus göttlicher Unbedingtheit die geistige und sinnliche Welt in ihrer bedingten Vielheit entfaltet. Dementsprechend wird die Regelung der menschlichen Welt in Form eines Musterstaats gedacht, der sich unter Führung eines der Vollkommenheit nahen Machthabers in fast perfekt aufeinander abgestimmten Hierarchien organisiert, und seine seinsmäßige Quelle, das übergeschichtliche Universum des vollkommenen Bewegers, geschichtlich widerspiegelt.

Ein solches, die Welt vom Geist in die Materie ausdifferenzierendes Konzept, das die Allmacht Allahs in der Vernunft zugänglichen Dimensionen einbettete, mußte von einer Schriftreligion, die ihre Gemeinschaft durch uniformierende Gesetzesnormen vereinheitlichte, als ihr völlig konträr entgegengestellte Antithese empfunden werden.

Al-Farabi konnte seinerseits den Islam allenfalls als vereinfachende Metapher für eine umfassendere Wahrheit begreifen, deren Betrachtung und Beurteilung den philosophischen Denkwegen und damit nur wenigen, dieser Kategorien mächtigen Privilegierten vorbehalten war. Er hatte Glück, daß ihm seine offensichtliche Verachtung für die einfachen Strukturen des Schriftglaubens – begünstigt durch die Gönnerschaft des schiitischen Hamdanidenfürsten Saif ad-Daula (gest. 967) in Aleppo – nicht weiter schadete und er hochbetagt eines natürlichen Todes starb. Die Zukunft seiner Zunft innerhalb des Islam hat er hingegen seherisch prognostiziert:

> »Wenn sie sich klarwerden, daß diese Religion eine gleichnishafte Darstellung der philosophischen Botschaft ist, werden die Philosophen die Religion nicht bekämpfen; die Exponenten der Religion dagegen werden die Philosophen bekämpfen ...«.[116]

Den Berichten zufolge mußte dem berühmten Perser Avicenna (gest. 1038), einem der größten Mediziner und Philosophen des gesamten Mittelalters, erst der Aristoteles-Kommentar des Al-Farabi in die Hände fallen, um die aristotelischen Lehren, die er nach vielfältigen Studien schon im jungen Alter von 18 Jahren auswendig kannte, in ihrem Gehalt vollends verstehen zu können. Seine schillernde, selbstbewußte Persönlichkeit als Philosoph, Kriegsheld – er nahm an einigen Eroberungszügen der iranischen Samaniden teil – und ausgewiesener Genußmensch sowie seine überragende Intelligenz provozierten zahlreiche Neider, die ihm durch allerlei Intrigen und Diffamierungskampagnen zu mehreren Jahren Kerkerhaft verhalfen. Dennoch vermittelten ihm ärztliche Kunst und philosophische Brillanz bei den Fürsten seiner Zeit immer wieder lukrative Verwendungen, die ihm die Finanzierung seines überaus aufwendigen Lebensstils ermöglichten.

Avicennas philosophische Grundstruktur stützte sich ebenfalls auf Al-Farabis Emanationslehre mit modifizierten Erkenntnissphären, die sich in Dreiheiten aus Intellekt, Seele und Körper ausdrückten. Dabei strömten diese Sphären aus notwendigem Sein, der göttlich ewigen Essenz, in mögliches Sein, der durch göttliche Veranlassung aktualisierten Existenz des vergänglich Erschaffenen. Natürlich stieß auch dieses rein theistische Bezugssystem auf wenig Gegenliebe seitens seiner orthodoxen Kritiker.

Allein der Titel seines Hauptwerks – »Die Heilung der Seele« (*shifa' an-nafs*) – ließ eher auf philosophisches Denken und menschliche Verselbständigung als auf eine Orientierung nach den koranischen Vorschriften schließen und trug Avicenna wiederholte Schwierigkeiten mit der sunnitischen Zensur ein. Zu besonderer Meisterschaft in der Camouflage seiner unislamischen Thesen brachte er es allerdings in der Beurteilung der prophetischen Eigenschaften des Verkünders:

> »Was die Echtheit der Prophetenschaft unseres Propheten Muhammad – Gott spende ihm Frieden und Heil – betrifft, so wird die Echtheit seines Aufrufs dem Verstand klar, wenn er zwischen ihm und anderen Propheten vergleicht. Wir verzichten daher darauf, uns weiter darüber zu verbreiten.« [117]

Aus den vielen Darstellungen und Details der Viten und Lehren dieser genialen Köpfe der islamischen Philosophie – selbst oft gläubige Muslime – wird immer wieder die tragische Isolierung deutlich, in die sie durch die theologische Einfallslosigkeit und dumpfe Gewaltmechanik der zeitgenössischen Orthodoxie gebracht wurden. Der spanische Dichterphilosoph Ibn Badjdja (gest. 1139) stellte nach zweimaliger Kerkerhaft in seiner exemplarischen Studie über die »Lebensweise des Einzelgängers« die Situation des philosophisch Entfremdeten dar, der in einer ihm islamisch-feindlich gesinnten Gesellschaft Techniken des geistigen und realen Überlebens entwickeln muß. Der Granadenser Ibn Tufayl (gest. 1185) schlug als Alternative eine Flucht in die kompensatorische Ironie vor, die sich u.a. mit hintergründigen Untersuchungen der *shari'a*-Qualität beschäftigte. Ibn Tufayl meinte, diese spreche für sich, indem sie auf Menschen zugeschnitten sei, deren Geisteszustand vom Koran selbst als »verwirrter als das Vieh« (25/44) eingestuft würde.

2. Averroes – Abschluß islamischer Philosophie

Den Schluß- und Höhepunkt der arabischen Aristoteliker bildet der Cordobese Abu'l-Walid Ibn Rushd (gest. 1198), auch und gerade in Europa bekannt unter dem Namen Averroes, der große Arzt, Philosoph und Jurist, der am Ende seines 72jährigen Lebens ebenfalls in erhebliche, politisch-dogmatische Konflikte mit den orthodoxen Juristen geriet. Ihm wurden in der Verbannung Studien- und Redeverbot auferlegt, seine Werke teilweise vernichtet. Sein methodisches Kennzeichen bestand vor allem in dem Bemühen um eine Verbindung der rationalen Vernunft mit dem Glauben an die Offenbarung, indem er für den logischen Schluß der Philosophie die gleiche Anwendungsberechtigung forderte wie für den Analogieschluß (*qiyas*) des islamischen Rechts (*fiqh*), mit dem in seltenen Ausnahmefällen im Koran nicht enthaltene Entscheidungsgrundlagen erschlossen werden.

Averroes zufolge sollte dem Denken der Philosophen nun also endlich gestattet werden, eine rationale Ergänzungsfunktion zu Koran und Vorschriftentradition zu übernehmen und dort erkennbar werdende Strukturlücken in einem logischen Beweisschlußverfahren zu schließen. Dabei wollte er seine im Ziel zwar praxisbezogene, in ihrer erkenntnistheoretischen Methode jedoch hochstehende Philosophie als eine exklusive, der Öffentlichkeit indes kaum zugängliche Wissenschaft verstanden wissen. Wenn überhaupt, dürften die philosophischen Aussagen den einfachen Gläubigen nur in Form allegorischer Bilder vermittelt werden, um ihren koranischen Glauben zu unterstützen.

Mit diesem Ansatz hatte sich Averroes den ironischen Anspielungen eines Avicenna oder Ibn Tufayl, den er noch persönlich kannte, nicht angeschlossen, sondern auf Basis konkreter, als Qadi in Sevilla und Cordoba gewonnener Rechtspraxis ein Konzept der methodischen Annäherung an die orthodoxe Tradition formuliert. Wenn es dieser um einen harmonischen Ausgleich zwischen religiöser Forderung und praktischer Notwendigkeit gegangen wäre, hätte sie Averroes' Vorgehen durchaus als konstruktive Kompromißgrundlage akzeptieren können, zumal er sich immer wieder explizit – zuweilen notwendigerweise rabulistisch – auf den Koran als Rechts- und Erkenntnisquelle stützte.

Die Hüter der allmächtigen Wahrheit waren auch zu diesem Kompromiß, der eine weitreichende Einschränkung des Verstandes und seine systematische Anpassung an die Erfordernisse der traditionellen Praxis anbot, nicht bereit. Über die pragmatische Brücke zwischen unerschaffener Offenbarung und rational geregelter Welt konnte die islamische Orthodoxie nicht gehen. Der metaphysische Gegensatz zwischen transzendentem Glauben und rationaler Vernunft wurde endgültig ideologisch besetzt. Der Geltungsbereich des islamischen Regelkomplexes aus Koran und Tradition zeichnete sich als *total*, der damit verbundene politische Geltungsanspruch als *totalitär* ab. Die Machtpriorität des islamischen Selbstsystems, das sich auf die kollektive Bewußtseinsgestaltung der *umma* richtete, blieb der Philosophie verschlossen, solange sie individuelle Kriterien der kritischen Vernunft und der religiösen Erfahrung einführen wollte.

Mit dem Tode des Averroes, dessen logische Kompromißformel zwischen Glaube und Vernunft den Okzident weit mehr als den Orient beeinflußt hat, wurde auch die klassisch-aristotelische Philosophie des Islam zu Grabe getragen. Kaum ein geistiger Prozeß könnte die fundamental antagonistischen Auffassungen, die sich hinsichtlich der Wechselwirkung zwischen Glaube und Vernunft im Islam und im Abendland herausgebildet haben, deutlicher symbolisieren als das enzyklopädische Ringen des Averroes um die Integration der Vernunft in das religiöse, politische und juristische Denken des Islam.

Diese Leistung wurde zwar wie alle ihre über 400 Jahre wirkenden philosophischen Vorgänger dem doktrinären Konformismus des orthodoxen Schriftglaubens unterworfen, lebte allerdings vital in der humanistischen Renaissance fort, um später nicht unerheblichen Einfluß auf die europäische Aufklärung zu nehmen. Durchaus unangemessene Betonung erfuhr dieser Einfluß, nicht nur weil der Averroische Vernunftbegriff vom Westen als autonom mißverstanden wurde, sondern auch weil die christlichen Humanisten seine Ablehnung der unsterblichen Seele verwarfen. Der Islam hingegen wiederholte erneut und diesmal nachhaltig die Abwehrreaktion gegen das rationale Denken und beendete die Zeit des philosophisch sprühenden Geistes.

Mit dem etwas kryptischen Titel eines seiner Hauptwerke, der »Widersprüchlichkeit der Widersprüchlichkeit« (*tahafut at-tahafut)*, in dem er auf die grundsätzlichen Vorzüge der Vernunft für die Tiefe des Glaubens, die Moral der Herrschaft und den Zusammenhalt der Gemeinschaft eingeht, nimmt Averroes Bezug auf zuvor an ihm geübter, vernichtender Kritik.

Der bedeutende Religionsgelehrte, Philosoph und Mystiker → Al-Ghazali (gest. 1111) hatte in seiner »Widersprüchlichkeit der Philosophie« (*tahafut al-falsafa*) die intellektuelle Arroganz einer elitären Minderheit bloßgelegt, die nach seiner Auffassung mit den häretischen Argumenten der Philosophie und Metaphysik die Substanz der islamischen Glaubenstradition auszuhöhlen suchte. Wie er im weiteren ausführte, war nur dieser Tradition ein endgültiger und unangreifbarer Platz in der geistigen, sozialen und materiellen Existenz aller Gläubigen vorbehalten.

In dieser umfassenden Vorstellung spiegelten sich die Brüche seiner persönlichen Vita wider. Al-Ghazali hatte sich – zeitweilig selbst vom Rationalismus tief verunsichert – über 20 Jahre vom akademischen Betrieb zurückgezogen und war dann mit einer argumentativen Gewaltleistung, zu der vor allem seine »Wiederbelebung der Religionswissenschaften« (*ihya' 'ulum ad-din*) gehört, an die Öffentlichkeit getreten. Ihm schien daran gelegen, die sunnitische Orthoxie auf eine dauerhafte theologische Basis zu stellen und sich selbst vom Trauma einer rationalen Sinnkrise zu befreien.

Nach Al-Ghazali war alles Wissen in Koran und Prophetentradition vorgeformt, nichts darüber hinaus erfahrbar und somit der *kalam*, die Spekulation über den Glauben, von den Menschen fernzuhalten. Wenn er dadurch auch die Philosophie als der Theologie klar nachgeordnet darstellte, so drang er nicht zu ihrer gänzlichen Verwerfung vor und offenbarte trotz aller Gegnerschaft erhebliche Einflüsse durch das Denken des Avicenna. Die geschaffene Welt war bei ihm nicht mehr – wie noch bei den rationalen Sunniten – reine Materie mit akzidentiellen Eigenschaften, sondern resultierte aus göttlicher Gestaltung, also notwendigem Sein, in das er die orthodoxe Tradition und nicht die Vernunft als Grundlage allen Handelns einbettete. Dabei bewies Al-Ghazali die ihm mit Recht zugeschriebene Universalität, indem sein Werk nun auch – als mögliches Ergebnis der 20jährigen Schaffenspause – die gesamte Sphäre sufischer Seinsschau enthielt (s. u. S. 204f.).

3. Suhrawardi – Die Vernichtung des Geistes

Ein jüngerer Zeitgenosse des Averroes, der aus Persien stammende Philosoph und Mystiker Abu Shihab as-Suhrawardi (gest. 1191), soll in unserem kurzen Abriß der islamischen Philosophie abschließende Erwähnung finden. Sein Werk und Wirken, seine intellektuellen und spirituellen Fähigkeiten waren von so ungewöhnlicher Art und Ausstrahlung, daß er binnen kürzester Zeit zahlreiche Menschen – man nannte sie Jünger – um sich scharte und rasch auch politisches Aufsehen erregte.

Sein Hauptwerk, das »Buch der Erleuchtung« (*kitab al-ishraq*) – obwohl zur Besänftigung der Orthodoxen mit Koranzitaten verbrämt – war von so unislamisch intellektuellem Geist, daß ihn schnell der Ruch der Ketzerei ereilte. Platonische Philosophie verband sich mit persischer Lichtmystik in einer modern anmutenden Welle/Teilchen-Struktur zu einem dynamischen Lehrsystem von hoher Attraktivität für die geistige Elite seiner Zeit, stand jedoch in gedanklicher und spiritueller Reife in krassem Gegensatz zum statischen Wiederholungszwang der sunnitischen Traditionsdogmatik. Das Universum des Suhrawardi bezog seine Dynamik aus verwobener Komplementarität von Licht und Finsternis, Geist und Materie, Seele und Leib, in deren Rahmen – soweit diesseitig erkennbar – dem Menschen eine autonome, Gott verpflichtete Gestaltungskraft zugewiesen war.

Suhrawardis ungeheuer charismatische Ausstrahlung, verbunden mit ans Übernatürliche grenzenden Fähigkeiten und Gaben, eine wachsende Anhängerschar mit rascher Tendenz zu überregionaler Ausbreitung, beginnende Parallelen zum Leben und Wirken Christi, gezogen von den eigenen »Jüngern«, ließen ihn in den Augen der Obrigkeit und der traditionellen Gelehrtenkreise zu einer konkreten Gefahr werden. Nach einer Reihe von in derlei Situationen offenbar unvermeidlichen Intrigen und Denunziationen gab kein Geringerer als Saladin, der von der westlichen Moderne als Exponent orientalischer Toleranz gelobte Ayyubidenfürst, die Anweisung zur Hinrichtung eines der brillantesten Geister, die der Islam je hervorgebracht hat. Die Vernichtung des Genies Suhrawardis durch die Allmachtsvertreter des islamischen Zwangsglaubens besiegelte bereits wenige Jahre vor dem Tod des Averroes die Selbstbefreiung des Islam vom Geist schlechthin.

Von den wiederholten Schlägen des doktrinären Schriftglaubens gegen die Philosophie und ihre rationalen Denkalternativen hat sich das geistige Potential der islamischen Welt nicht mehr erholt. Mit Avicenna und Averroes sind Denker unterdrückt worden, deren Ausstrahlung auf die westliche Wissenschaft kaum überschätzt werden kann. Umso absurder muß es wirken, wenn ihre Werke – von islamischen Eiferern verbrannt oder anderweitig vernichtet – von der westlichen Moderne als das »Vermächtnis des Islam« an das Abendland bezeichnet werden.

Suhrawardi, ein im Westen weniger bekanntes, mit außergewöhnlichen Fähigkeiten und hohen wissenschaftlichen Gaben ausgestattetes Genie, mußte 38jährig eines gewaltsamen Todes sterben, weil der inzwischen etablierte Regelglaube des Islam theologische Alternativen und Spekulationen umso weniger ertrug, je brillanter sich ihre geistigen Träger entfalteten. Weder theologische Verbindungen zwischen philosophisch durchdrungenen Glaubensebenen und Passagen des Koran und *hadith* noch intellektuell ausgefeilte Harmonisierungen zwischen kollektivem Zwangsglauben und individueller Gottesvorstellung konnten den konformistischen Geltungsanspruch des rückorientierten Regelglaubens aufbrechen.

Der Gradmesser aller individuellen Existenz und kollektiven Machtausübung im Islam ist die Unterwerfung unter dieses gewachsene Glaubensprinzip, das der Schweizer Orientalist J.C. Bürgel zutreffend mit »*Teilhabe* (an der Macht) *durch Unterwerfung*« bezeichnet hat. Dieses Prinzip hatte im Kampf gegen den philosophischen Geist zunehmend ideologische Züge angenommen, indem an einem Vergangenheitsideal ausgerichtete Denk- und Verhaltensnormen mit einem zwischen Bedrohung und Hinrichtung dosierten Gewaltspektrum durchgesetzt wurden. Indem sich das islamische Selbst von seinen eigenen Potentialen »selbst«-ständiger Ratio und Geistesaktivität befreite, war die »selbst«-lose Unterwerfung zur *ultima ratio* des islamischen Ich sowie Quelle und Grundlage jeglicher Machtlegitimation und -ausübung erhoben.

Wir hatten gesehen, daß die komplementäre Stadt/Stamm-Selbstorganisation des Islam eine eigentümliche Balance zwischen Orthodoxie und Herrschaft sowie Schrift- und Volksglaube erzeugen konnte, die sich im Zuge der islamischen Eroberungen aus der Nutzung und Ausbeutung fremder Vermögen und eines städtisch orientierten Steuersystems entwickelte und stabilisierte. In knapp 80 Jahren war es den Muslimen gelungen, an die Grenzen Spaniens und Indiens vorzudringen, und das Auswanderer/Helfer-Konzept des frühen Islam durch Indienstnahme vorhandener Strukturen als real dominierende, neue Herrschaftsform zu installieren.

Es bedurfte weiterer 500 Jahre, den Ritenglauben des prophetischen Medina-Modells als sakrosankte Grundlage der individuellen Vernunft und kollektiven Verhaltensnorm, als Maßstab einer universalen, islamischen Umformung durchzusetzen. In dem Maße, in dem sich dieser Geltungsanspruch etablierte und die übernommenen Gesellschaften graduell islamisierte, schrumpfte der Horizont des freien Geistes, der Raum für die intellektuelle Auseinandersetzung der rationalen Denkkriterien mit der traditionellen Glaubensbasis, und dies unabhängig davon, ob sie alternativ-kritisch oder konfirmativ-stärkend vorgetragen wurden.

Ob im frühen Konflikt zwischen spekulativer *kalam*-Theologie und konservativer *hadith*-Tradition, ob im rational-sunnitischen Theologieansatz des Al-Ash'ari oder ob in der hochentwickelten Kette aristotelisch-philosophischer Lehrsysteme des Islam – in allen sich über ein halbes Jahrtausend entfaltenden Phasen der rationalen Geistesgeschichte haben sich ihre z.T. sehr verschiedenen Inhalte unterschiedslos in einer Festigung der koranischen und prophetischen Grundlagen, d.h. des modellhaft formalisierten Schriftglaubens niedergeschlagen. Dabei war mit fortschreitender Zeit – in unwesentlichen geographischen Abstufungen – eine zunehmende Ideologisierung festzustellen, die nicht selten gewaltorientiert durchgesetzt wurde.

Der Verkünder Allahs hatte die neue Religion zu einer arabischen Sache gemacht, indem er die soziologische Stammesauflösung erkannte und unter dem Signum des Islam zu einer neuen Einheit brachte. Die praktische Funktionalität dieses Systems äußerte sich in schutzgeldähnlichen Steuern, deren Eintreiber Religionsunterricht erteilten. Nach innen wurde eine egalitäre Gemeinschaft spirituell und sozial durch eine Schrift stabilisiert, deren Entstehung er am aktuellen Wirklichkeitsverlauf orientierte. Nach außen wurde mit Razzien und Raubzügen eine materiell-politische Motivation begründet, die der *umma* den elitären Geist der Expansion und des natürlichen Anspruchs auf fremdes Land und Vermögen einpflanzte.

Das von Muhammad selbst kreierte, systemische Zusammenwirken der mekkanischen »Auswanderer« mit den medinensischen »Helfern«, die rigorose Beseitigung religiös-politischer Gegner und die anschließende Instrumentalisierung der mekkanischen Machtstrukturen zur pragmatischen Wahrnehmung realer Interessen hatten die Modellvorlage für die historische Musterbildung in der Ausbreitung und Installation des Islam in den verschiedensten Gesellschaften geliefert. Von einem »Buch der Araber« wandelte sich der Koran graduell zur Offenbarung einer universalen *umma* und mündete schließlich, ergänzt durch die sakralisierte Vorbildfunktion ihres Vermittlers, in die universell verbindliche Glaubensgrundlage des sunnitisch-orthodoxen Islam.

In einer fünf Jahrhunderte währenden Auseinandersetzung hatte diese Vorstellung die Individualität der Vernunft, die Kreativität der Wissenschaften und selbst den evolutionären Realismus des Verkünders einer ideologischen Modellidee, d. h. einem starren Zirkelschluß auf das Gesetz Allahs als Totalmaßstab aller Wirklichkeit geopfert. Der schariatische Glaubensreflex auf den heilsnotwendigen Ritenvollzug in einer gleichermaßen heilsbezogenen Gemeinschaft mußte jede alternative Geistesaktivität, selbst diejenige, die die Notwendigkeit dieses Glaubensreflexes auf alternativen Denkwegen bestätigte, konsequent ausschließen. An der Ausübung dieses totalen Machtanspruchs kann folgerichtig nur der teilhaben, der sich ihm uneingeschränkt unterwirft.

Die Unterwerfung der philosophischen Geistesfreiheit und der wissenschaftlichen Analyse unter das Gesetz Allahs und die Festlegung auf die heilsnotwendigen Vorschriften vereinheitlichten die Individualität des Bewußtseins, die persönliche Differenzierung des Glaubensguts und daraus fließende Gotteserfahrung zu einem umfassend sakralisierten Kollektiv des Denkens und Handelns. Die Formalisierung und zugleich Entpersonalisierung eines allmächtigen Gottesbildes förderte die Übertragung der individuellen Verantwortung an das islamische Kollektiv, das seinerseits den Verlust einer persönlichen Geisteskontur durch die Vermittlung der Zugehörigkeit zu einer elitären Gemeinschaft kompensiert.

Die Obrigkeit, die Allmacht Allahs in Politik und Religion repräsentierend, vermittelt dem Menschen die Teilhabe an der Macht durch Unterwerfung unter ein System, das die Gleichheit der Mitglieder im Glauben, die Aufgabe des individuellen Geistes, mit ihrer elitären Heraushebung über alles System- d.h. Islamfremde verbindet. Der Mensch und sein Geist erhalten ihre ausschließliche Legitimität durch den Glauben an den koranisch gespendeten Regelkomplex, die Wissenschaft erhält ihre Legitimität durch die Ausrichtung ihrer Denkkriterien nach den Forderungen der göttlichen Vorschriften, die Gesellschaft erhält ihre Legitimität und Identität aus dem Bewußtsein um das kollektive Zusammenwirken ihrer Glieder im gemeinsamen Ritenvollzug. Im Modell von Medina drückt sich die Vorbildprägung allen Denkens durch die Allmacht Allahs aus, die über Koran, *hadith* und *shari'a* in der *umma* und ihren Handlungen fortwirkt.

Der weltweite Geltungsanspruch des Islam erhält wirkmächtige Aktualisierung überall dort, wo seine historisch gewachsenen Funktionsmuster wie die Unterdrückung »unislamischen Geistes«, die Nutzung und Ausbeutung fremder Strukturen und Vermögen, die Wahrung »islamischer Interessen« und – vor allem – die Unterdrückung der Frau auf geeignete geistige Konstellationen bzw. materielle Förderpotentiale stoßen.

Unbeschadet der enormen Übersetzerarbeit des islamischen Mittelalters vom Griechischen ins Arabische und der Bewahrung wichtigster Texte in Philosophie, Medizin, Mathematik und Astronomie für eine rege Weiterverarbeitung durch die späteren Wissenschaften des Abendlands bleibt festzuhalten, daß der Islam die rationalen Kategorien griechischen Denkens und Forschens nach langer Prüfphase für sich selbst – soweit sie die Glaubens- und damit Machtbasis tangierten – grundsätzlich verworfen hat.

Der uns bekannte Ibn Khaldun, größter Geschichts- und Sozialwissenschaftler des Islam, hat dies nicht anders gesehen. Nach ihm »hing das Schwert des religiösen Gesetzes über ihnen (den Wissenschaften) und verhinderte ihre Forschung«. Letztere hielt er freilich ohnehin nicht mehr für notwendig, weil sich die Wahrheit der koranischen Offenbarung gegen die Neuerungen der *mu'tazila* und ihrer ketzerischen Nachfolger durchgesetzt hatte.

Ganz grundsätzlich räumte Ibn Khaldun die wesenhafte Unvereinbarkeit religiösen Offenbarungsdenkens mit dem Instrumentarium der Vernunft ein. Insoweit erschien ihm auch die vermittelnde Theologie des Al-Ash'ari zwischen sunnitischer Orthodoxie und rationaler Theologie *a priori* als gescheitert. Auf jeden Fall verwarf er kategorisch die Neigung der Rationalisten, logische Diskrepanzen zur Grundlage für Glaubenszweifel zu machen. Ibn Khaldun zeigte sich einmal mehr auf übergeordneter Ebene, gerade auch im Konflikt mit der Philosophie, als methodischer Abschluß islamischer Glaubensbewahrung. In distanzierter Analyse hob er die Verdienste des rationalen Denkens hervor, solange es die Glaubenswahrheit bestätigte, und beendete die historische, z.T. erbarmungslose Auseinandersetzung in akademischer Kühle.[118]

Das nun festgefügte Weltbild des Islam konnte auch von seinem größten Denker nicht mehr modifiziert, sondern allenfalls durch seine Autorität zusätzlich geadelt werden. Es ruhte fest auf dem tausendfach gestärkten Fundament des Koran, der Verhaltenstradition des Verkünders und seiner Urgemeinde, dem daraus abgeleiteten Gesetz Allahs als Basis des Islamstaats und dem sich allmählich in die *sunna* integrierenden Element des volksfrommen Heiligenkults.

Der Kontrast zwischen dem Absolutheitsanspruch der koranischen Offenbarung und dem philosophischen Postulat autonomer Logik blieb unüberbrückbar. Die rationalen Denker hatten logische Kriterien zur Erforschung des Urgrunds des Seins, der Rolle des menschlichen Geistes im Geist des Universums eingeführt und waren mit der provokanten Autonomie ihres Denkens oft genug in zuweilen lebensgefährlichen Konflikt mit der wachsenden Macht der islamischen Orthodoxie geraten. Diese hatte sich mit ihrer Maximalforderung nach vollständiger Unterwerfung unter das Gesetz Allahs und eines doktrinären Schriftglaubens bei entsprechender Kollektivierung der individuellen Gedanken- und Lebenswelt graduell durchgesetzt.

Somit war der von Europa beschrittene Weg in den Humanismus »in tragischer Unfruchtbarkeit« verschlossen.[119] Der moderne, interkulturelle Dialog hat dieses Abwehrverhalten in ein »Licht der Wissenschaft« tauchen wollen, das das »finstere Mittelalter und den Geist des Westens entflammte«,[120] doch blieb die Leuchtkraft dieses Lichts zweifellos begrenzt, weil die islamische Wissenschaft sich nur Diziplinen gestattete, die wie z.B. Mathematik, Physik und Medizin wenig Ansatzpunkte boten, mit der dominanten Glaubenswahrheit in Konflikt zu geraten.

Eine Geistesströmung, die ihre Argumente nicht auf diese zentrale, islamische Wahrheit zuschnitt, sondern in der Gefahr stand, sich in strukturellem Widerspruch zu derselben zu befinden, fand in der Glaubensgewißheit der Muslime keinen dauerhaften Platz. Beginnend mit den Einsichten der *kalam*- und *mu'tazila*-Theologen und endend mit der philosophischen Brillanz eines Averroes oder Suhrawardi vollzog sich das historische Drama der Ausmerzung des rationalen Geistes und autonomen Denkens. Der sich so verstetigende, islamische Konformismus, angelegt im Zwangsglauben an ein für ewig wahr und verbindlich erklärtes Verhaltensmodell, erhielt durch Ibn Khaldun die abschließenden Weihen als unüberschreitbare Basis aller Existenz und zeichnete fortan den Universalrahmen vor, in dem jedes einzelne Leben unausweichlich zu leben war.

Dies änderte nichts an der Schönheit islamischer Poesie und der Tiefe islamischer Mystik, doch bildeten sie offenbar immer einsamere, kostbarere Blüten in einem ansonsten intellektuell und ästhetisch immer unergiebigeren, eher ideologisch orientierten Biotop, das nicht nur der rationalen Logik, sondern immer wieder auch der Mystik als der individuellen Gottsuche zugewandten Spiritualität mit wachstumshemmendem Argwohn begegnete.

C. Der Islam und sein innerer Weg

1. Die Entwicklung der Mystik

So wie die *mutakallimun* und die rationalen Philosophen den Weg der äußeren Vernunft zur Überschreitung des kasuistischen Buchstabenglaubens beschritten, so schlugen die Vertreter der mystischen Askese (*zuhd*) den Weg der inneren Gottsuche, der Überwindung der weltlichen Triebseele (*nafs*) ein. Da diese Gottsucher sich in einfache Gewänder aus brauner Wolle (arab.: *suf*) zu hüllen pflegten, um sich vom flüchtigen Glanz weltlicher Oberflächlichkeit abzugrenzen, wurde ihre Kleidung zum Synonym für die Bewegung, die bis heute unter dem Begriff der *sufiya,* deutsch: Sufismus, bekannt ist und sich über die gesamte islamische Welt ausbreitete.

Das Ziel des Sufi ist dasjenige eines jeden Mystikers, die Einheit mit Allah, die Schau jener letzten Wirklichkeit, die nicht durch den rationalen Denkakt, sondern nur durch die rigorose Reinigung der Seele von jeglicher weltlicher Ablenkung erreicht werden kann. So und nur so kann die Voraussetzung der inneren Befreiung geschaffen werden, die den Weg zu Allahs Liebe erschließt. Daher bedeutet Sufismus »nichts zu besitzen und von nichts besessen zu werden«, um sich der göttlichen Gegenwart, dem Schöpfer als Geschöpf, uneingeschränkt hingeben zu können. Die Unendlichkeit der göttlichen Transzendenz und die Begrenztheit des menschlichen Erkenntnisstrebens können aus dieser Sicht keinesfalls durch den Intellekt überbrückt werden. Sie lassen dem Sufi nur die eine Alternative des selbstlosen, mystischen Pfades (*tariqa*) vom göttlichen Gesetz (*shari'a*) zur göttlichen Wahrheit (*haqiqa*).

Die ungeheure Fülle der islamischen Mystik in Literatur und Dichtung und ihre inhaltlich sowie historisch schwierigen Strukturen sind dabei so komplex und wenig erforscht, daß sie hier nur in ihren wesentlichen Ansätzen und Erscheinungsformen dargestellt werden können.

Wenngleich nach sufischem Verständnis die Innerlichkeit (*batin*) wahrer Gottsuche der Äußerlichkeit (*zahir*) des orthodoxen Vorschriftenglaubens überlegen war, so sahen sich die Asketen doch auf festem koranischen Boden (»er liebt sie und sie lieben ihn« – 5/54) und folgten der Orthodoxie, soweit deren Regeln ihrer kontemplativen Existenz nicht unmittelbar entgegenstanden. Ansonsten hatte letztere unstreitigen Vorrang, indem im Rahmen eines umfassenden Weltverzichts und Ritualverhaltens die Eigenschaften des Selbst und des Willens zugunsten fragloser Unterwerfung unter den Willen

Allahs zu überwinden waren. Auf dem Weg dorthin erreichte der Adept verschiedene Stationen (*manazil*), Stufen (*makamat*) und Zustände (*ahwal*) innerer Reinigungserfahrung (*safa*), die den Übergang in Allah *(fana')* vorbereiteten.

Die Ursprünge mystischen Denkens gehen auf Hasan al-Basri (gest. 728), die Zentralgestalt frühislamischer Theologie, zurück, der die Besitzsucht und mangelnde Frömmigkeit der Umayyaden gegeißelt und die Rückkehr zu koranischer Bescheidenheit gefordert hatte: »Alles, was auf Erden ist, wird vergehen außer seinem (Allahs) Angesicht« 28/88).[121] Auch Dja'far Ibn Sadiq (gest. 765), der sechste Imam der *shi'a*, wird mit der Gründerzeit – allerdings mit wesentlich entwickelteren Vorstellungen – in Verbindung gebracht.[122] Die ersten wichtigen, literarischen Zeugnisse der *sufiya* tauchen dagegen erst im 3./9. Jahrhundert auf. In Basra und Bagdad legten im Islam so berühmte Autoren wie Al-Muhasibi (gest. 857), Sahl al-Tustari (gest. 896) und Al-Djunayd (gest. 910), in Ägypten Dhu'n-Nun (gest. 859) und in Persien Bayezid Bistami (gest. 874) die Grundlagen, auf denen die sich rasch ausbreitenden Anhänger der späteren Sufi-Generationen aufbauen konnten. In diese Zeit gehört auch und vor allem die Ausnahmefigur des Al-Husayn Ibn Mansur al-Halladj (gest. 922), von der noch zu sprechen sein wird.

Wie so oft, stehen auch diese geistigen Grundpfeiler für bestimmte Schwerpunkte mit richtungweisender Funktion. Al-Muhasibi hatte sich mit dem logischen Instrumentarium der Mu'taziliten vertraut gemacht und entwickelte eine mystische Psychologie zur methodischen Bekämpfung der Triebseele. Al-Djunayd baute diese Methodenbasis zu einer ›Theorie des Entwerdens‹ (*fana*) aus, die dem Sufi systematische Verhaltensregeln für den Abbau seiner störenden Individualität an die Hand gab: »Nur Allah hat das Recht, Ich zu sagen«. Als einer der ersten Sufis trat Sahl al-Tustari mit einer auf dem ›Licht des Propheten‹ gründenden Lichtmystik hervor, die nicht nur für seine Seelen- und Heiligenlehre, sondern für die spätere Zeit insgesamt grundlegend werden sollte.

Diese Lichtmystik übte zusammen mit Al-Djunayds Überwindung des Ichs einen erheblichen Einfluß auf den erwähnten Halladj aus, der als Schüler beider Gelehrter zu einem der bedeutendsten Mystiker des Islam überhaupt wurde. Mit seinem fundamentalen Ausspruch »Ich bin die Wahrheit« (*ana'l-haqq*) ging er als unübertreffliche Bezugsautorität in die Geschichte der islamischen Mystik ein und brachte die sufische Einheitssuche auf einen provokanten Punkt der Polarisierung mit der Orthodoxie:

»Es gibt kein dringenderes Geschäft für Muslime als das, mich zu töten«.[123]

Als kontroverse, charismatische Persönlichkeit zog Halladj auf weiten Reisen zwischen Arabien und Indien große Volksmassen in seinen Bann, trat wiederholt als Kritiker der weltlichen Obrigkeit auf und machte sich den herrschenden Abbasiden als Freund der schiitischen Karmaten in Khorasan verdächtig. Ebenso mischte er sich in Fragen der Steuer- und Sozialpolitik ein und forderte mit harscher Kritik die führenden Klassen in Religion und Staat heraus. Im Jahre 912 wurde Halladj eingekerkert, und nach zehn Jahren Haft vollendete sich das von ihm vorausgesagte Schicksal auf grausame Weise: gevierteilt, gekreuzigt, enthauptet, verbrannt und von einem Minarett in alle

Winde verstreut. Halladjs Einheit mit Allah hatte nicht den Gefallen der Orthodoxie gefunden.

Die ungeheure Bandbreite der Gedanken Halladjs zwischen absoluter Transzendenz Allahs (*lahut*) und menschlicher Natur (*nasut*), die sich von islamischer Liebesmystik und seelischen Reinigungsübungen über den Pantheismus bin hin zur christlichen Inkarnationslehre spannt, hat die gesamte islamische Welt beeinflußt, dabei besondere Wirkung auf die späteren persischen Mystiker wie Baqli (gest. 1209), 'Attar (gest. 1220) und Rumi (gest. 1273) ausgeübt sowie im Westen eine umfassende Darstellung durch den französischen Orientalisten L. Massignon erfahren.[124]

Dieser vorläufige Höhepunkt leitete eine zweite Phase des klassischen Sufismus ein, der in die Zeit zwischen dem 9. und 11. Jahrhundert datiert und von der Erstellung großer Sammelwerke gekennzeichnet wird. Es war die Zeit der grundlegenden Handbücher über den Ausgleich zwischen der Nüchternheit des orthodoxen Schriftglaubens und der glühenden Ekstase mystischer Gottsuche (Al-Kalabadhi – gest. 990), die praktische Anleitung zur Gestaltung von Sufi-Gebeten und -Briefen (Al-Sarradj – gest. 998) und über die wesentlichen Grundlagen des Sufismus und seiner historischen Entwicklung und richtungweisenden Exponenten (Al-Makki – gest. 996).

Autoren der Folgezeit wie Sulami (gest. 1022) und Qushayri (gest. 1074) bauten diese Sammelwerke zu gewaltigen Kompendien aus, die das vielseitig verinnerlichernde Spektrum des Sufitums, aber auch seine tendenzielle Neigung zu so unislamischen Strömungen wie der Esoterik und Gnosis mit ihren neuplatonischen Elementen zum Ausdruck brachten. Letztlich war jedoch alles dem Pfad (*tariqa*) zur Wahrheit Allahs unterzuordnen. Die Überwindung des äußeren Buchstabens, die Überschreitung des Ich in den aufsteigenden Stufen der Erleuchtung zur Verschmelzung des Geschöpfs mit dem Schöpfer, die Einheit des Seins waren die unverzichtbaren Kriterien der sufischen Existenz.

Als eine weitere Ausnahmeerscheinung tritt in der zweiten Hälfte des 11. Jahrhunderts der uns bereits bekannte Al-Ghazali (gest. 1111) auf den Plan, der in seiner Abhandlung über die »Widersprüchlichkeit der Philosophie« versucht hatte, sich von den unislamischen Einflüssen des Verstandes zu lösen. Zuvor hatte er unter dem Einfluß des Seldschuken-Wesirs Nizam al-Mulk eine Streitschrift gegen die glaubensfeindlichen Auslegungen der schiitischen Ismailiya veröffentlicht, die als eine Art Extremabteilung den aggressiven Herrschaftsanspruch der fatimidischen Siebener-Shia Ägyptens verfocht (s. o. S. 129f.). Ihre Agenten versuchten, die sunnitischen Glaubensvorschriften als äußeren Schein zu untergraben, der den Zugang zum inneren Sinn des Islam und der Verehrung des unfehlbaren Imam versperre.[125] Den unter dem Begriff der ›Assassinen‹ bekannt gewordenen Exekutoren dieses »Glaubens«, deren rigorose Methoden Angst und Schrecken unter den orthodoxen Muslimen – und unter den Kreuzfahrern – verbreiteten, fiel 1092 auch der Wesir selbst zum Opfer.

Al-Ghazali – wenngleich zeitlebens von Fragen der philosophischen Metaphysik getrieben – wandte sich letztendlich dem inneren Weg der gottsuchenden Charakterbildung zu, den er mit der sunnitischen Theologie zu einer Art Sufi-Theosophie verband.

Sein Zentralwerk, die ›Wiederbelebung der Glaubenswissenschaften‹ (*ihya' 'ulum ad-din*), stützt sich zwar in weiten Passagen auf die Sammlungen Al-Makkis und Al-Qushayris,[126] bildet jedoch eine wesentliche Zusammenfassung der zeitgenössischen theologischen Thematik. In 40 Kapiteln werden die Glaubensvorschriften sowie die täglichen Sitten und Gebräuche, die wesentliche Bedeutung des Propheten und die eigentlichen, inneren Denk- und Verhaltensweisen abgehandelt, die den Menschen zur Verdammnis oder Heilsbestimmung führen. Der ungeheure Spannungsbogen zwischen Philosophie und Mystik in Leben und Werk Al-Ghazalis hat diesen zwar zu einer Zentralfigur der islamischen Geistesgeschichte, aber auch zum Symbol ihrer eigentümlichen Blockade zwischen prophetischem Kollektivismus und mystischem Individualismus werden lassen. Daß es der Intellekt in dieser Konstellation besonders schwer haben würde, mußte gerade Al-Ghazali, dem »Wissen leichter fiel als Handeln«,[127] besonders bewußt sein.

Nachdem bis weit ins 10. Jahrhundert hinein die Sufi-Literatur vom Arabischen beherrscht worden war, fanden zunehmend auch persisch schreibende Denker Gefallen an diesem Metier, das sich alsbald auch ins Türkische, Urdu und Hindi sowie die entsprechenden Verbreitungsgebiete ausdehnen sollte. In Persien wurde die Liebesmystik zu einem dominanten Element der Poesie, in der sich die Befreiung vom Korsett orthodoxer Gedankendürre auf ganz besonders beeindruckende Weise Bahn brach. Aber auch außerislamische Einflüsse wie der manichäische Dualismus und die gnostischen Erleuchtungsgrade wurden mit Schwerpunkten in Persien mit den islamischen Glaubensgrundlagen zu umfassenden, quasi-synkretistischen Denksystemen verknüpft, die die postklassische Phase des Sufismus begründeten.

Nach der Vorläufergestalt des Al-Hakim At-Tirmidhi (gest. 932), der eine Systematik sufisch-kosmischer Heiligkeit entwickelte, waren es vor allem die Theosophie des Yahya as-Suhrawardi (gest. 587) für den persischen und das gnostische Einheitssystem des → Ibn al-'Arabi (gest. 638) für den arabischen Raum, die den Sufismus aus dem Status fragmentarischer Denkinseln herausführten und auf das Niveau eines theologischen Systems brachten. Der »spätere Suhrawardi«, Abu Hafs (gest. 635), faßte diese Systeme in einem gewaltigen Sammelwerk (»Wissende der Erkenntnis«) zusammen, das sowohl für die arabische als auch besonders die persische Welt bis heute bleibende Bedeutung erlangte. Beide Suhrawardis sind nicht mit dem erwähnten Lichtmystiker und Hauptmärtyrer des islamischen Geistes Abu Shihab as-Suhrawardi (gest. 1191) zu verwechseln, der zur Unterscheidung denn auch den Beinamen »der Getötete« (*al-maqtul*) erhielt.

Insgesamt haben die verinnerlichte Gottsuche, die daraus abgeleitete, individuelle Heiligkeit ihrer sufischen Exponenten und die theologische Systematisierung einer von der Orthodoxie abweichenden Religiosität einen Unterbau geschaffen, der nicht nur die Herausbildung der → Sufi-Orden (s. u. S. 207ff.) begünstigte, sondern auch im Stadt/Land-Gegensatz der Volksfrömmigkeit gegenüber dem Schriftglauben eine paritätische Rolle mit politischem Potential zuwies.

2. Das »Mystiksystem« des Ibn al-'Arabi

Als der größte Mystiktheoretiker und zugleich Systematiker des Islam überhaupt gilt der im Jahre 1165 im spanischen Murcia geborene und 1240 in Damaskus gestorbene Ibn al-'Arabi, dessen universale Autorität nicht bestritten, dessen umfassendes Aussagespektrum jedoch von den Sufis und den Orthodoxen äußerst kontrovers eingestuft wird. Während erstere in Ibn al-'Arabi ihren »größten Meister« sehen, haben letztere Schwierigkeiten mit einer eindeutigen Einordnung und weisen ihm eher den Status eines unislamischen Philosophen oder gar Häretikers zu. Auch im Westen sind die Meinungen über ihn geteilt. Während die einen ihm eine statische Sicht der Gottsuche in Form der ›Einheit des Seins‹ (*wahdat al-wudjud*) zuweisen, sehen die anderen als dominantes Merkmal seiner Lehren das Gegenteil, die dynamische Beurteilung des Menschen im jeweiligen Kontext seiner existentiellen Position.[128]

Die Gegensätzlichkeit der Einschätzungen scheint eher geeignet, die augenscheinlich kaum begrenzbare Universalität dieses Genies zu bestätigen, denn zu widerlegen. Als beherrschendes Kennzeichen tritt die Fähigkeit zur Systematisierung hervor, mit der Ibn al-'Arabi die enzyklopädische Fülle der sufischen Vielfalt sowohl Punkt für Punkt darstellte, als auch nach bestimmten Kriterien strukturierte und kategorisierte. Auf diese Weise wurde dem Sufismus ein Theorieraster verliehen, in dem sich nicht nur jeder Sufi individuell wiedererkennen konnte, sondern auch die intellektuelle Basis für eine systematisch-ganzheitliche Erfassung und Betrachtung theologischer Aspekte geschaffen war. Dieses Koordinatensystem konnte dem einfachen Mystikadepten ebenso als Leitfaden durch die Einzelstufen der ich-abstreifenden Gottsuche dienen, wie er dem geschulten Geist ein umfassendes Instrument zur erleuchtenden Kontemplation und Seinsschau an die Hand gab.

Die Universalität dieses Rasters konnte den Gottsuchern in einem weiteren, noch grundlegenderen Aspekt wertvolle Hilfestellung geben. Nicht nur konnte er ein Kompaß durch die verwirrenden Paradoxien sein, die im Einheitsstreben mit Allah das bewußte Erinnern des Ich-Verzichts als Sünde erscheinen ließen, weil die menschlichen Eigenschaften Spiegelungen göttlicher Existenz waren; das geniale Lehrsystem des Meisters konnte ebenso fortan als fundamentales Koordinaten-Netz in der mystischen Positionsbestimmung aller Sufi-Werke in Kraft treten.

Alle Mystik unterliegt der unausweichlichen Dichotomie zwischen der differenzierenden (*furqani*) und integrierenden (*qur'ani*) Darstellung, die auch mit Analyse und Intuition oder Ratio und Poesie umschrieben werden kann.[129] So gelten denn die größten dichterischen Zeitgenossen Ibn al-'Arabis – 'Attar (gest. 1235) in Arabisch und Rumi (gest. 1273) in Persisch – als die komplementären Ideale in dieser fundamentalen Dialektik: die Poeten als Vollendung von Liebe und Schönheit und damit Allahs Vergegenwärtigung und Ibn al-'Arabi als Vollendung des menschlichen Denkens und damit Allahs Weg zu sich selbst und seiner Gegenwart.

Beide, göttlich inspiriertes Denken und göttlich inspirierte Liebe, bedingen einander; die Einheit des Seins in Allah ist ohne das Wissen um seine sich in den Eigenschaften des Menschen und der Welt spiegelnden Attribute nicht denkbar. So ausschließlich ergriff dieses System die Existenz des sufischen Menschen, so radikal besetzte es die Psyche eines vom bewußten Ich befreiten Selbst, daß er den kollektivistischen Vorstellungen des orthodoxen Schriftglaubens und seiner vordergründigen Vorschriften entglitt. So kann nicht verwundern, daß ein so kompromißloser Kämpfer für das orthodoxe Leitbild des Medina-Modells wie Ibn Taymiya (s. o. S. 137) das Mystiksystem des Ibn al-'Arabi massiv angriff, weil es den Menschen einer – für den Islam unverzichtbaren – allgemein gültigen Moral entzog.

Dem intellektualistisch geprägten Gedankengebäude des Ibn al-'Arabi fehlte – der lutherischen Rechtfertigung durch den Glauben nicht ganz unähnlich – die orthodoxe Komponente der real existierenden und für jeden erkennbar werdenden Werkfrömmigkeit (*'amal*). Daran konnte auch die ausgefeilte Theorie vom ›Vollkommenen Menschen‹ nichts ändern, über die Ibn al-'Arabi sein Denkgebäude mit der prophetischen Zentralgestalt Muhammads verknüpfte.

Dieser ist Höhepunkt jedweder menschlicher Erscheinungsform, in der Allah sich spiegelt und mitteilt. Die sufischen Formen und Zustände auf dem Weg zur Einheit sind Grade der Unvollkommenheit, die im Maße des mystischen Fortschritts schwinden. Die Schnittstelle der Spiegelung zwischen Subjekt und Objekt, der »Isthmus« zwischen weltlichem und göttlichem Sinn, zwischen Materie und Geist, wird durch die kognitive Fähigkeit der Imagination (*khayal*) geregelt, die ständiger Wandlung und Entwicklung unterliegt. Dieses Konzept wird uns als »Kairos«-Erkenntnisschwelle zwischen Transzendenz und Immanenz im Zusammenhang mit der christlichen Trinität als kognitives Prinzip wiederbegegnen (s. u. S. 440). Im Gegensatz zum Westen ist es im Islam durch die vereinheitlichende Wirkung des Koran und die Überwindung der Philosophie objektivistisch, d.h. zugunsten eines statischen Kollektivs und gegen die individuelle Glaubenserfahrung, entschieden worden.

Indem er das äußere Gesetz der *sharia* als integralen Bestandteil der Suche nach der inneren Wahrheit Allahs (*haqiqa*) ansah,[130] entschied Ibn al-'Arabi nicht anders, was ihn über das Prinzip der Einheit des Seins – vielleicht nicht ganz zu Unrecht – mit dem »Niedergang« des Islam insgesamt in Verbindung gebracht hat.[131] Für den Sufismus bleibt er indes die epochale Gestalt, der das Verdienst gebührt, die mit Abstand komplexeste Materie des Islam in eine grundlegende, bis heute wirksame Systematik gebracht zu haben. Die Forschung, die sich einer immensen Literatur und Stofffülle gegenübersieht, steht erst am Anfang eines faszinierenden Sujets.

3. Die Sufi-Orden

Wenngleich die deutsche Mystik-Spezialistin A. Schimmel darauf hinweist, daß eine Geschichte der politischen Rolle, die die Mystiker und ihre Orden in der historischen Entwicklung des Islam gespielt haben, noch geschrieben werden muß,[132] so kann kaum bezweifelt werden, daß ihnen eine generell hoch zu veranschlagende Bedeutung als Faktor der Volksfrömmigkeit im islamischen Staatswesen zuzumessen ist. Die Suche nach Verschmelzung mit Allah steht in diametralem Gegensatz zur orthodoxen Kluft zwischen Schöpfer und Geschöpf, die sich in der enormen Distanz zwischen der Allianz aus Obrigkeit und Religionsgelehrten einerseits und den Untertanen andererseits wiederholt.

Die im wahrsten Wortsinne »unorthodoxe« Verhaltensweise der Sufis konnte Sympathien bei einer Bevölkerung wecken, die nicht selten unter einer unsozialen Obrigkeit zu leiden hatte. Manche Sufis wie die sogenannte *malamatiya* (arab.: *malama* = Makel) verstießen bewußt gegen die Vorschriften, um sich nicht dem Vorwurf der Selbstgerechtigkeit auszusetzen und gegen die heuchlerischen Imame abzugrenzen. Sie stellen die spezielle Spitze einer generellen Qualität der *sufiya* dar: der Fähigkeit und Bereitschaft zur Überschreitung von der Orthodoxie gezogener Grenzen.

Die Liebe zu Allah verpflichtet den Sufi auf die Liebe zur Schöpfung, vor allem zum Mitbruder. Aus dem gemeinsamen Streben nach der Überwindung der störenden Eigenschaften auf dem mystischen Pfad entstand das Bewußtsein einer besonderen Qualität der sozialen Zusammengehörigkeit. Das gemeinsame Ziel der Entwerdung ließ die Grenzen zwischen Ich und Du zerfließen und eine geistige Heilsfamilie entstehen, die zum normierten und inflationären Ritenvollzug in einen grundsätzlichen und – wie zahlreiche Beispiele der Geschichte zeigen – teilweise provokanten Kontrast geriet.[133] In diesem Kontext bildete sich eine weitere Eigenschaft der *sufiya*: die Fähigkeit und Bereitschaft zum Zusammenschluß größerer Gruppen auf der Basis einer sozialen Qualität. Diese Eigenschaft grenzte sich gegenüber der orthodoxen Religiosität deutlich ab, weil deren Sozialität – trotz Almosengebens – eher als anonymer Kollektivismus empfunden wurde (»keiner trage des anderen Last«).

Aus anfänglichen, individuellen Lehrverhältnissen, in denen eine Sufi-Autorität einen Schüler bzw. Adepten im Rahmen eines über mehrere Jahre eingeübten, streng geregelten Verhaltenskodex in die sufische Gedankenwelt einführte, entstanden wachsende, zunächst lose Gruppierungen, die ab der Wende vom 11. zum 12. Jahrhundert die Form klar organisierter Orden annahmen.

In einer festen Hierarchie wurde die Spitzenposition von einer Führungspersönlichkeit eingenommen, der häufig übernatürliche, mit Heiligenlegenden verwobene, allerdings dem Mißbrauch offene Kräfte zugeschrieben wurden. In einem solchen Umfeld konnten Entwicklungen gedeihen, die mit den virtuellen Möglichkeiten der individuellen und sozialen Glaubenspotentiale nicht mehr in realen Einklang zu bringen waren. Der Mißbrauch der Glaubensbereitschaft durch die »Heiligen« ließ eine ehedem hochentwickelte Mystik in einen z.T. primitiven Amulettglauben abgleiten, der wesentlich zum Verfall des ländlichen Islam, aber auch zu verstärkter Manipulierbarkeit der Gläubigen beitrug.

Andererseits eigneten sich die schlichten Glaubensstrukturen der volksfrommen Ordenslehren – viel eher als die orthodoxe Kasuistik – hervorragend für die Mission, die besonders erfolgreich in Indien, Ostasien und Afrika betrieben wurde. Ein ganz wesentliches Element war dabei der Einsatz der lokalen Sprachen, der große Volksmassen rasch an einfache Formen des Islam heranführte und statt des Arabischen das Türkische, Urdu und Hindi zu neuen und sehr fruchtbaren Literatursprachen machte. Die Akkulturation des in Ostasien und Afrika besonders lebendigen Animismus mit der Prophetentradition erzeugte in diesen Regionen ein dynamisches Muhammadbild von mythischer, geradezu übernatürlicher Ausstrahlungskraft.

Die Vorform eines Sufi-Ordens entstand unter der Ägide des Khorasaners Abu Sa'id Ibn Abi'l-Khair (gest. 1049), der in der ersten Hälfte seines Lebens Askese und Selbstentsagung unter dem Motto predigte: »Der Sufi ist der, der mit allem zufrieden ist, was Allah tut, so daß Allah mit allem zufrieden ist, was er tut«.[134] Auf dieser Formel, die alle Sufis für sich akzeptieren können, baute Abu Sa'id eine Art Mönchskodex auf, dessen wesentliche Aspekte ebenfalls für alle späteren Orden Gültigkeit behielten.

Regeln über den Gehorsam, die Zurückgezogenheit, Reinlichkeit, Schweigsamkeit außerhalb der religiösen Übungen, das Gebet und die Einnahme der Mahlzeiten (wenn überhaupt) in der Gemeinschaft und vor allem den *sama'*, das rhythmische Hören und Tanzen sowie den *dhikr*, das auf mehreren Intensitätsstufen vollzogene Gottesgedenken, formen die bestimmenden Strukturen des mystischen Lebens. *Sama'* und *dhikr* stehen im Zentrum einer jeden Sufi-Existenz als Einzelwesen und Ordensmitglied und bilden die maßgebenden Medien auf dem Weg zur ekstatischen Vereinigung (*wadjd*), welche die Orden auch im Westen, z.B. als die ›Tanzenden‹ oder auch ›Heulenden‹ Derwische, bekannt gemacht haben.

Zur Mitte des 12. Jahrhunderts, etwa ein Jahrhundert nach den Machtkonzepten der Al-Mawardi und Al-Djuwayni zur Festschreibung des Imamats, entstanden die ersten großen Orden, die im Prinzip bis heute ihre generelle Bedeutung bewahrt haben. Um die charismatische Gestalt des 'Abd al-Qadir Djilani (gest. 1166), dessen 49 Söhne seiner Konversion vom hanbalitischen Rechtsgelehrten zum mystischen Asketen in den Augen der Gläubigen keinen Abbruch taten, bildete sich der bekannte Orden der Qadiriya, der ausgehend von Bagdad große Verbreitung in Kleinasien, Pakistan und Indien fand. Während diese Gemeinschaft breiten Zulauf durch die Massen erfuhr, orientierte sich der zweite große Orden jener Zeit eher an der Zustimmung der Obrigkeit und der herrschenden Klassen.

Auf die beiden erwähnten Suhrawardis und ihre grundlegenden Werke über die Sufipraxis geht die Gründung der Suhrawardiya zurück. Als Diplomat am Hofe des Abbasidenkalifen An-Nasir (gest. 1225) hatte der »jüngere« Suhrawardi enge Kontakte zum Herrscher und der oberen Gesellschaft, die nicht nur zu einer pragmatischen Ausrichtung des zukünftigen Ordens, sondern auch zu einer Wiederbelebung der *futuwwa* (arab.: Ritterlichkeit) beitrugen.

Letztere bildete eine gildenartige Mischung aus Berufsethos und Asketismus, die sich parallel zur *sufiya* entwickelt hatte, ihre Grundsätze wie vieles andere im Islam auch auf den Propheten zurückführte und in Riten und Symbolismus sogar von der Freimaurerei beansprucht wird.[135] Mit aktiver Unterstützung des Abbasidenkalifen verbanden sich die Prinzipien des islamischen Zunftwesens – Vertragstreue, Großmut, Widerstand gegen

Tyrannei – mit den Glaubensvorstellungen der neuen Suhrawardiya zu einer vergleichsweise weltoffenen, praxisbezogenen Gemeinschaft, die über ihre gesamte Geschichte hinweg – mit einer starken Repräsentanz auf dem indischen Subkontinent – die historisch gewachsene Neigung zu den Herrschenden und Besitzenden wachhalten konnte.

Etwa gleichzeitig begann im Maghrib Abu'l-Hasan al-Shadhili (gest. 1258) eine Lehre zu verbreiten, die sich an die Seelen und Herzen der Einzelnen wandte und ihre Bildung und Erhöhung im Bewußtsein um und die Dankbarkeit für die Güte Allahs anstrebte. Nachdem Abu'l-Hasan sich nach einigen Wanderjahren in Kairo niedergelassen hatte, breitete sich der Orden der Shadhiliya rasch in ganz Nordafrika und im islamischen Zentralgebiet aus. Die Attraktivität ihrer Lehren schien auf einer direkten, psychologisch kompetenten Ansprache der seelischen Innenwelt zu beruhen. Dem Menschen konnte – ohne in eine mystisch übersteigerte Ekstase eintreten zu müssen – der Weg zu einem sich individuell öffnenden Seelenraum der Vereinigung mit Allah im Sinne einer konstruktiven, täglichen Praxis gewiesen werden. Die Verwurzelung dieser Lehren mit orthodox beeinflußten Autoritäten wie Al-Muhasibi, Al-Makki und Al-Ghazali und ihre ausgewogene Einbettung in eine Seelenstruktur der kognitiven Nüchternheit hat die Shadhiliya zum Orden der ethischen Pflichterfüllung, der gehobenen Mittelklasse mit Beamten, Ärzten und Gelehrten werden lassen.

Als von den Lehrinhalten gesehen östliches Gegenstück der Shadhiliya kann der Orden der Nakshbandiya gesehen werden, der sich vorzugsweise in Anatolien, Zentralasien und Indien ausbreitete. Als seine Gründergestalt gilt der Zeitgenosse und Mentor Abd al-Qadir Djilanis, der »Imam seiner Zeit« Yusuf al-Hamadhani (gest. 1140), auf den der anatolische Zweig der Bektashiya und die zentralasiatische Yesewiya zurückgehen. Die zusammenfassende Hauptautorität und Namensgeber ist Baha'addin Nakshband (gest. 1390), der noch der geistigen Weihe durch den Schüler Hamadhanis, den Perser Ghidjduwani (gest. 1220), teilhaftig geworden war und somit die überaus wichtige Kontinuität der *silsila* (arab.: Kette), der lückenlosen Rückführung der Erkenntnistradition des Ordens gewährleistete.

Wie die Shadhiliya lehrt die Nakshbandiya die Läuterung der Seele nicht im sufischen Sinne der Triebabtötung, sondern als Herzensbildung, die einer laufenden Kontrolle des Denkens und Gottesgedenkens (*dhikr*) unterworfen ist. Der *dhikr* wird dabei nicht wie sonst laut, sondern schweigend vollzogen, wie auch der *sama'* nicht in der musischen Form des Tanzes sondern in einer eher abstrakten Version des inneren Lauschens praktiziert wird. Konsequenterweise führte diese Neigung zur nüchternen Abstraktion zu einer einerseits gering ausgeprägten Präsenz der Kunst und Poesie und zu einer andererseits deutlichen Affinität zur Orthodoxie und Politik. Über mehrere Jahrhunderte konnten die Nakshbandis auf diese Weise eine wichtige Rolle in der Politik Zentralasiens spielen, während sie ihr politischer Hang bei den späteren indischen Schiiten zeitweilig in Mißkredit brachte.[136]

Der in diesem Zusammenhang auftretende Ahmad Sirhindi (gest. 1624) formulierte eine besondere Form der orthodoxen Rehabilitation. Er befreite die sufische Einheitsschau von der ihr innewohnenden Versuchung, mit ihr die islamische Einheit mit allen

Religionen zu verbinden und führte das Prinzip der mystischen Einheit auf die exklusive Autorität Muhammads zurück, der die höchste Form des Prophetentums und der Religion an sich, nämlich des alleingültigen Islam repräsentiert.

Zum Abschluß unserer kurzen Übersicht soll auf eine Ordensgemeinschaft hingewiesen werden, deren Lehrinhalte in deutlichem Kontrast zu denen stehen, die wir bis hierher dargestellt haben und eine Idee von der bemerkenswerten, gedanklichen Bandbreite vermitteln können, die die islamische Mystik hervorgebracht hat. Die Rede ist von der Kubrawiya, einem Orden mit ausgeprägten mystischen Zielen, die er mit ungewöhnlichen psychologischen und systematischen Instrumenten erkenn- und erreichbar macht. Der Gründer, der Koranexeget Nadjm ad-Din Kubra (gest. 1220), verknüpfte die klassischen Ziele des sufischen Einheitsstrebens mit einer psychologisch strukturierten Metaphysik.

Reinheit, Fasten, Schweigen, Klausur, Gottesgedenken und Anleitung durch den Meister führen den Asketen, der als Mikrokosmos den Makrokosmos virtuell repräsentiert, über zehn Sphären der Erleuchtung, deren Realisierung über die Konzentration auf die Namen Allahs erfolgt. Die bereits angesprochenen, für die Stadien des sufischen Entwerdens so typischen Paradoxien treten in Form himmlischer oder satanischer Ideen auf, die durch eine raffinierte Farbenmystik erklärt und psychisch abgefangen sowie zusätzlich durch einen jenseitig konzipierten Doppelgänger – ähnlich dem christlichen Schutzengel – metaphysisch aufgelöst werden.

Diese sphärische Skala spannt sich vom Weiß des Islam über das Grün der Stille bis zum Schwarz des göttlichen Selbst, »das nicht gesehen werden kann, aber sehen läßt«,[137] und von der späteren Kubrawiya-Autorität Simnani (gest. 1336) mit Jesus Christus als dem »inneren Geheimnis« gleichgesetzt wurde.[138] Weiß und Schwarz, Islam und Christentum, stehen sich in dieser Farbmystik nicht als manichäischer Gegensatz von Licht und Finsternis gegenüber, sondern als Aspektkonstellation, in der das »leuchtende Schwarz« als Prisma der Erkenntnis alle anderen Farbaspekte erkennbar macht, was das Christentum als Grundlage aller anderen Religionen erscheinen läßt.

Während die Philosophie als elitäre Disziplin nur von wenigen kompetent betrieben und so durch die Beseitigung ihrer unbequemen Exponenten leicht ausgeschaltet werden konnte, hatte es die Orthodoxie mit den Sufis schon wesentlich schwerer. Trotz ihrer z.T. weit entwickelten Metaphysik und Nähe zur Philosophie war und ist die Mystik ein Massenphänomen, das über das volksfromme Element sozusagen »islamimmanent« integriert ist und dessen virtuelle Potentiale sowohl historisch aktiviert wurden als auch aktuell der Realisierung offenstehen.

Die teilweise hochpolitische Entwicklung der Orden beweist ihre keineswegs exklusive Spiritualität. Die Kämpfe der Qadiriya gegen die Kolonisierung Afrikas sind hier als Beispiel für die Reaktion auf externe Kräfte zu sehen,[139] während das Verbot der Orden in der Türkei im Jahre 1925 durch Kemal Atatürk eher als Prophylaxe gegen die sufische Verbindung mit internen Kräften erfolgte.

Die Mystik der Moderne hat mit großer Gewißheit eine konkrete Zukunft, weil die emanzipatorischen und sozialen Potentiale des Sufismus kaum vorhersagbar, aber umso realer vorhanden sind. Als eine strukturell wirksame Massenkraft reift der Sufismus mit dem typisch islamischen Bevölkerungswachstum und Analphabetismus zu einem Faktor außergewöhnlicher Ordnung heran. Einer neuen Riege heimlicher Machthaber von den Marabuts Nordafrikas bis hin zu den Pseudo-Heiligen Pakistans wachsen im wahrsten Wortsinne enorme Massen zu, die im Zeitalter des Globalismus sowohl religiös-konservativ als auch ideologisch-revolutionär manipuliert werden können. Die islamische Orthodoxie und ihre politischen Marionetten stehen auf einem schrumpfenden Boden religiöser Legitimität und werden sich um die Gunst der »Mystiker« ebenso bemühen müssen wie ihre westlichen Gönner, deren Alimentierung sie entgegennehmen, um den → »Fundamentalismus« ruhigzustellen. Es scheint nur eine Frage der Zeit, d.h. des Wachstums volksfrommer Truppen, bis das innerislamische Argument gegen den Sufismus, nämlich ihre Abneigung gegen den normierenden Buchstaben des *sharia*- Gesetzes, einer ernsthaften Prüfung unterzogen wird.

VII
Die Liberalisierung der westlichen Moderne

A. Die Spaltung des Geistes

1. Selbsterlösung durch Glaubensschwund

Die protestantische Reformation hatte die kirchliche Legitimation und ihre Lehrautorität als Sachwalter der göttlichen Offenbarung angezweifelt und damit ihrer theologischen und moralischen Identität sowie der Einheit des Christentums insgesamt schweren Schaden zugefügt. Etwa gleichzeitig hatte eine zweite, nicht minder schwere Serie von Angriffen auf die Integrität der Kirche begonnen, an deren Beginn der Umbau von einer ptolemäisch-geozentrischen zur heliozentrischen Weltsicht durch Kopernikus und Kepler stand.

Die Wahrheitsautorität der Machtkirche hatte trotz Thomas von Aquins Vernunftprinzip die Erkenntnis von Natur und Kosmos so stark mit religiösen Bedeutungen aufgeladen, daß jedes Ergebnis der profanen Forschung eine unmittelbare Schwächung der traditionellen Sichtweise herbeiführen mußte. Den dadurch ausgelösten Prestigeverfall förderte die Kirche zusätzlich, indem sie u.a. die Lehren Kopernikus' und Galileis verbot. Letzterer hatte ein Fernrohr konstruiert, das die Lichtfülle eines transzendenten Kosmos in eine Ansammlung erforschbarer Himmelskörper umwandelte, wobei deren Bewegungen – sozusagen als Nebenwirkung – die neue Lehre des Kopernikus bestätigten.

Das Verbot einer dogmenwidrigen, jedoch zweifelsfreien Wahrheit deckte das tiefgreifende, methodische und existentielle Dilemma auf, in das sich die Kirche durch Gleichsetzung von Amt, Glaube und Erkenntnis notwendig steuern mußte. Zuvor hatte der unauflösliche Gegensatz zwischen göttlicher Transzendenz und dem Geist des Menschen durch die christliche Offenbarung eine neue, dem Menschen zugewandte Qualität erfahren, die mit den Hinweisen »Mein Reich ist nicht von dieser Welt« und »Macht euch die Erde untertan« klare Aufforderungen zu einer glaubensorientierten Emanzipation enthielt. Das paulinische »Es ist alles euer« hatte dieser Freiheitsdimension eine integrierende Qualität gegeben, die trotz aller Elemente aus Platonismus und Hellenismus den immer wieder drohenden Synkretismus überwinden und die kontinuierliche Entwicklung einer christlich-dogmatischen Identität sicherstellen konnte.

Die thomistische Theologie hinwiederum hatte diese emanzipatorische Integrationskraft durch das Begriffspaar Glaube und Vernunft auf eine Ebene des pragmatischen Ausgleichs zwischen religiösem Geist und weltlicher Erkenntnis gehoben. Damit war der Kirche ein neuer, universaler Denk- und Handlungsrahmen zwischen den Spannungsfeldern der Theologie und Philosophie, Transzendenz und Immanenz sowie Religiosität und Intellektualität eingeräumt worden.

Die Kirche war diesem Angebot nicht konsequent gefolgt. Sie hatte das Ziel des Glaubens nicht im Sinne einer Christus verantwortlichen Religiosität dem Priesteramt vorgeordnet, sondern es im Gegenteil weit ins Amt verlagert und die Sakramente seiner Ausübung fest mit den übernatürlich befähigten Inhabern des – hierarchisch streng gegliederten – Amtes verknüpft. In einem auf klerikale Dominanz geschalteten System konnte weder individuelle Glaubenserfahrung noch materielle Naturerkenntnis auf Dauer den ihnen vom Aquinaten zugewiesenen Platz finden. Eine eingeengte Wirklichkeitswahrnehmung, die durch die Personalunion von Glaube und Amt entscheidend gefördert wurde, sowie mit diesem Amt verbundener profaner Einfluß drängten das christliche Wahrheitsbekenntnis und eine souveräne Intellektualität entscheidend in den Hintergrund.

Ein solches System konnte den wachsenden Bestand an neuer, vom Glauben abweichender, naturwissenschaftlicher Erkenntnis nur in sehr begrenztem Umfang und nur um den Preis eines rapiden Verfalls der rationalen und damit auch der religiösen Glaubwürdigkeit absorbieren. Denn in dem Maße, in dem sich die neuen Denkkriterien der materiellen Naturerkenntnis entfalteten, wurde auch das Ausmaß erkennbar, in dem das machtkirchliche Heilsmonopol die Eigenwirkung der christlichen Lehre aus dem Glauben der Menschen verdrängt hatte.

Die wissenschaftliche Forschung war ohnehin nicht mehr aufzuhalten. Aufbauend auf Galileis Bewegungslehre und dem antiken Atomismus hatte Descartes (gest. 1650) ein mechanistisches Trägheitsmodell entwickelt, das Newton (gest. 1727) unter Hinzunahme der Keplerschen Planetengesetze schließlich zu jener epochalen Gravitationslehre vereinte, die den kosmischen Aufbau erklärte und für zwei Jahrhunderte die europäischen Naturwissenschaften beherrschte. Die Gesetze der Newtonschen Himmelsmechanik verstärkten die philosophische und von der Aufklärung verstärkt aufgegriffene Lehre, nach der Gott sich nach der Schöpfung zurückgezogen und die innere Ordnung des Universums dem Menschen zur weiteren Erforschung und Nutzung überlassen hatte.

In diesem Rahmen konnte Wissenschaft in dem Maße Macht erzeugen, in welchem sie sich vom Einfluß der Theologie löste. Als Grundlage dieses Prozesses galt die laufende Datenanalyse, das kritische Experiment als klassisches Instrument moderner Forschung, das graduell an die Stelle tradierter Annahmen und Voraussetzungen trat. Indem er Geist und Erfahrung des Menschen zur maßgeblichen Instanz aller Fragen inkl. der religiösen Grenzen erhob, hatte Descartes den Glauben an die Offenbarung durch die Unfehlbarkeit mathematischen Denkens ersetzt. Natur und Verstand als von Gott getrennte und dabei autonome Wirkbereiche begründeten den Begriff der »objektiven« Wissenschaft.

Mit der Synthese von Verstand, Wissenschaft und Fortschritt war schließlich die Grundlage modernen Denkens gelegt. Hume und Kant hatten hierfür erkenntnistheoretische und moralische Kriterien entwickelt, die durch die Aufgabe des transzendenten

Maßstabs einen autonomen Selbstbezug des menschlichen Geistes und dabei einen sich ständig verengenden Horizont seiner Erkenntnisfähigkeit aktivierten. Mit der Autonomie hatte der Mensch einen Preis zu zahlen, dessen Bedeutung erst die nachfolgende Geistesgeschichte offenlegen konnte: die Verwiesenheit auf eine moralische Qualität, die auf diese Verengung beschränkt, ihr sogar definitorisch und unausweichlich ausgesetzt war.

Der enorme Erfolg des neuen Weltbilds lag in seinen nachprüfbaren Ergebnissen und in seinem unmittelbaren und unabweisbaren Fortschritt im Einzelwissen. In einer sich spektakulär beschleunigenden Folge von Freiheitsstufen, die in zunehmendem Umfang logisch nachvollziehbar und planbar erschienen, weiteten sich die Horizonte des autonomen Denkens und der Herrschaft des Menschen über die Natur aus. Selbsterfüllung und Selbsterlösung im Diesseits wurden zu erreichbaren Zielen, deren Realisierbarkeit im Maße des Fortschritts zuzunehmen schien. Allmählich zeichnete sich der selbstbewußte, autonome Mensch der Aufklärung ab, skeptisch gegenüber Orthodoxie und Autorität, offen für ein neues Verständnis der Natur und der eigenen Position sowie emanzipiert vom kirchlich vermittelten Gott.

Die Aufklärung definierte sich aus der rigorosen Ablehnung traditioneller, vor allem kirchlicher Autorität, deren Machtzynismus eine solche Option letztlich geradezu selbst erzwungen hatte. Die Diskrepanz aus christlichem Freiheitsgedanken und kirchlichem Vollmachtsmißbrauch hatte die klerikale Legitimation vollständig unterhöhlt. Renaissance, Reformation und Aufklärung, die Autonomien des Denkens, Glaubens und Handelns beendeten die kulturelle Dominanz der Kirche und brachten den autonomen, sich selbst erlösenden Menschen hervor, einen neuen Typus, der zum Träger des Wissenschaftsglaubens als neuer Maßstab westlicher Kultur wurde und empirisch gewonnene Theorien an die Stelle doktrinärer Glaubenswahrheiten setzte.

Mit dieser Wandlung war der Mensch selbst zur eigenen Autorität und Glaubenswahrheit geworden. Seine kulturellen Horizonte weiteten sich nun unaufhaltsam aus – mit einer planetarischen Erde konnte der Kosmos praktisch unbegrenzte Dimensionen annehmen. Nach Überwindung des Mythos, des religiösen Gesetzes und des antikchristlichen Handlungsrahmens hatte der Mensch die Sphäre der wissenschaftlichen Selbstverwirklichung betreten, eine völlig neue, veränderte Wirklichkeit, die ihm erstmals gestattete, sowohl die Gesetze der Natur zu entdecken als auch die Gesetze der eigenen Bestimmung zu entwerfen.

So wie die klare Struktur der Newtonwelt das Kaleidoskop des antiken Weltbilds ersetzt hatte, so sollte der autonome Verstand antiquierte Gesellschaftsformen in Strukturen überführen, die dieser Autonomie entsprachen. Dabei war das neue Weltbild keine gesetzte Einheit, sondern eine dynamische Form, die sich gemäß der sie antreibenden, kollektiven Fortschrittserfahrung entfaltete. Gewachsene, gottzentrierte Denkstrukturen wurden kontinuierlich umgeformt in selbstzentrierte Denkwege, deren Richtung der Mensch als alleiniger Gestalter souverän bestimmte. Während der mittelalterliche Kosmos von einem persönlichen Schöpfergott regiert wurde, fungierte die moderne Kosmosvorstellung nach selbstregierenden Prinzipien, allenfalls verbunden mit einer anonymen Wirkmacht, die eher immanent-profan als transzendent-göttlich gedacht war.

Die Ordnung des traditionellen, christlichen Kosmos war nur über die göttliche Offenbarung zu verstehen gewesen; in der neuen Version konnte auf diese Basis verzichtet werden, da der moderne Verstand die kosmische Ordnung rational und vor allem autonom begriff. Der Dualismus von Geist und Welt, Jenseits und Diesseits löste sich in einem subjektiven Bewußtsein des Menschen auf, das in rationalem Zusammenwirken mit objektiver Welterkenntnis nun zu diesseitiger Erfüllung gelangte. Die Wissenschaft konnte die Religion in ihrer Rolle als die dominante, kultur- und weltbildstiftende Autorität ablösen.

Menschlicher Verstand und experimentelle Beobachtung traten als neue Quellen der Naturerkenntnis an die Stelle der religiösen Grundlagen. Rationalismus und Empirismus bildeten die Säulen des neuen Weltbilds, in dem transzendente Vorstellungen nur noch sporadisch, als außerhalb menschlicher Erkenntnisfähigkeit angesiedelte, irrelevante Spezialitäten vorkamen. Im modernen Weltbild waren Glaube und Vernunft endgültig getrennt, ebenso wie der Verstand als von der Natur losgelöst und ihr überlegen begriffen wurde. Traditionell wichtige Erkenntnis- oder Erfahrungssphären wie Spiritualität, Ethik, Imagination und Ästhetik wurden nun – insbesondere im Kontext der christlichen Tradition – als verständnisverzerrend und geradezu belastend empfunden.

2. Erkenntnisverlust durch Wissenschaft

Der Kosmos des modernen Weltbilds war somit ohne innere spirituelle Bedeutung, die Gesetze der Natur ohne übernatürlichen Ursprung, der planetarische Himmel ohne transzendenten Raum.

So wie die Erde ihre Sonderrolle als Zentrum der Schöpfung verlor, so hatte der Mensch der Aufklärung mit dem Weg der autonomen Selbstbestimmung auch die Konsequenz der Erkenntnisbeschränkung in Kauf genommen, die sich erstmals in der beunruhigenden Evolutionstheorie des Charles Darwin (gest. 1882) ausdrückte. Die Idee einer wohlgeordneten Natur wandelte sich zur Vorstellung eines komplexen Entwicklungsprozesses zwischen Zufall und Auslese. In diesem Rahmen stellte der Mensch kein göttliches Ebenbild, sondern eines von vielen Experimenten dar, sozusagen ein spezielles Tier in hochentwickeltem Durchgangsstadium, dessen Endstatus noch abzuwarten war. Dennoch verblieb ihm eine geistige, psychische und spirituelle Unabhängigkeit, die sich nicht nur aus seiner Stellung zur Natur, sondern auch und ganz besonders aus seiner wachsenden Emanzipation von überkommenen Traditionen und Autoritäten ergab.

Trotz erster Erkenntniszweifel verfestigte sich ein säkulares – dabei notwendig utopisches – Zielbild, das Frieden, Weisheit, Wohlstand und Naturbeherrschung versprach, allein erreichbar durch die über die Vernunft erschlossenen Kriterien der Wissenschaft. Auf dem Wege dorthin waren Traditionen, wo immer möglich, abzuschütteln, um sich frei und unbehindert dem »Projekt« der Moderne verschreiben zu können. Sowohl das klassische Gegensatzpaar Platon und Aristoteles fiel dieser Traditionsvernichtung zum Opfer als auch der christliche Gott, der sich zu einer natürlichen Wirkmacht des Universums wandelte oder aber im Begriffe war, aus dem Denken des autonomen Menschen gänzlich zu verschwinden.

Mit der Auflösung der Glaubensdimension setzte sich der Prozeß des liberalen Machttransfers in Gang, dessen Dynamik die Rolle eines Gestaltungsfaktors von epochaler gesellschaftlicher Bedeutung übernahm. Da beide, antike Philosophie und christliche Scholastik, die rationale Dominanz des menschlichen Verstandes ermöglicht hatten, mußten sie »dem Geist, den sie riefen«, dem wissenschaftlichen Fortschrittsdenken, schließlich weichen.

Die religiösen Basisvorstellungen eines allmächtigen Gottes, sei es als natürlicher »Architekt des Universums« oder als übernatürliche Offenbarung in der Welt, wurden dabei zur Disposition gestellt oder in den »Schutz« der Subjektivität, der privaten Beziehung zwischen Gott und Mensch verschoben. Der öffentliche Ausdruck kollektiver Religiosität begann sich dafür nicht nur im Erscheinen sakraler Elemente in der Wissenschaft, sondern vor allem auch im Aufkommen alternativer Religionsformen auszudrücken – der christliche Gott hingegen wurde, wie der französische Mathematiker Laplace Napoleon verriet, zur »unnötigen Hypothese«.[140]

Mit fortschreitender Forschung im 19. und 20. Jahrhundert stieg das Maß der Unsicherheit. Die Maxwellschen Felder des Elektromagnetismus, die Boltzmannschen Hauptsätze der Thermodynamik, die Einsteinsche Relativitätstheorie, die Heisenbergsche Unschärferelation bis hin zu den diversen Entwicklungen der Quantendynamik – sie alle bildeten wesentliche Stufen zu einer unaufhaltsamen Zerschlagung des nun klassisch werdenden mechanistischen Weltbilds Newtonscher Prägung.

Das Universum ließ sich nicht mehr in den gewohnt berechenbaren Rahmen einordnen. Bewegung und Ort der Elementarteilchen waren nicht gleichzeitig meßbar. Die Tatsache, daß der Akt der Beobachtung ihr Verhalten und sogar ihren Zustand beeinflußte, führte zur tiefsten Verunsicherung seit Beginn der wissenschaftlichen Revolution. Die Teilchen zeigten lediglich eine Tendenz zur Existenz, anstatt eine solche wie gewohnt fest zu etablieren. Damit war eine neue Möglichkeit nichtlokaler, nicht erkennbarer Abhängigkeiten gegeben, die völlig neue Begriffe von Kausalität erforderten. Die vorherige Gewißheit kausaler Zusammenhänge zwischen den herkömmlichen, bestimmbaren Objekten klassischer Wissenschaft wich dynamischen Relationen und Prozessen mit Wahrscheinlichkeiten ihres Entstehens, Bestehens und Vergehens. Der dynamische, komplementär-hierarchische Aufbau der Natur eröffnete völlig neue Perspektiven der ganzheitlichen Weltinterpretation.

Neuartige Kenntnisse über selbstähnliche Strukturen im Prozeßverhalten natürlicher Systeme schienen sich auf die dynamischen Verläufe in Politik und Gesellschaft übertragen lassen zu können. Ebenso schienen sie geeignet, die klassischen Gegensätze zwischen Religion und Wissenschaft, Geist und Welt, Spiritualität und Rationalität mildern und in alternative, kooperativere Betrachtungsformen überführen zu können.

Der Druck des Wissenschaftsglaubens auf die Stellung des westlichen Menschen im Universum wurde dadurch allerdings nicht gelockert. Was sich in der ersten Hälfte des 20. Jahrhunderts in bezug auf die irrationale Kraft der unbewußten Psyche als bedrohlich abzuzeichnen begann, erschien im Bereich der Physik, der »Königin der Wissenschaft«, deren empirische Experimente zuvor als Ankerplatz der Erkenntnis gegolten hatten, nun ebenfalls als zunehmend verunsicherndes Moment. Die ehemals so klaren, als existent erkennbaren Strukturen der Natur hatten sich zu dynamischen Prozessen nicht vorhersagbarer Existenz und extrem erschwerter Verständlichkeit gewandelt.

Diffizile Ideen von Raum/Zeit-Kontinuen, gekrümmten Räumen, Welle/Teilchen-Dualitäten, das Entstehen der Phänomene durch Beobachtung etc. überstiegen jede Vorstellungskraft des Menschen und verstärkten noch seine grassierende Entfremdung von jeglicher Erkenntnisgewißheit und das Gefühl der Verstrickung in ein System ohne letztlichen Sinn. Denn mehr als je zuvor drängte sich der Eindruck auf, daß sich die Natur umso nachhaltiger dem menschlichen Erkenntnisprozeß entzog, je intensiver und detaillierter dieser in ihre Strukturen und Funktionen einzudringen versuchte. Die Physik beschrieb nicht die Natur an sich, sondern diejenige Form der Natur, die sich nach Art der jeweiligen Fragestellung ergab. Karl Popper faßte diese neue Physik und den Kantschen Pessimismus drastisch zusammen. Er brachte die menschliche Erkenntnisfähigkeit definitorisch auf Null, da diese außerstande sein würde, das Universum, einen Ereignisspeicher von virtuell unendlicher Gestalt- und Prozeßvielfalt, zuverlässig zu erfassen.

Sämtliche Theorien erschöpften sich in mehr oder minder phantasievollen Gedankengebäuden, deren Struktur sich danach gliederte, wie man zu einer gegebenen Zeit einen bestimmten Ausschnitt des Universums zu sehen glaubte. Die Wissenschaft selbst ging auf diese fundamentale Erkenntnisschwäche nicht ein, bestätigte sie aber permanent durch ihr Verhalten.

Im Rahmen einer vorgegebenen Lehrmeinung entwickelte sich eine Art automatischer Tendenz zur selektiven Auswahl von Fakten und Experimenten, deren Aussagen einzig und allein der Bestätigung einer vorgegebenen, »wissenschaftlichen« Wahrnehmung dienten. In ein und demselben Wissensbereich konnten und können daher zwei völlig konträre »Schulen« entstehen, die kunstvolle Beweissysteme für ihre jeweilige Richtung entwickeln und sich in ihrem ideologischen Gesinnungsdruck nicht selten dem Erscheinungsbild religiöser Sekten oder totalitärer Parteien annähern. Während die exakten Naturwissenschaften auch bei gegensätzlichen Methoden immerhin im nachprüfbaren Bereich blieben, mußte dieses Vorgehen der Entwicklung von »Wunschwissenschaften« im Bereich der Geistes- und Sozialwissenschaften zu kaum überbrückbaren Problemen führen.

Hier wurde etwa ab Mitte des 20. Jahrhunderts »Wissenschaft« zunehmend ohne Bewertungskriterien wie Problemlösungskompetenz, theoretische Kohärenz und konsistente Beweiskraft betrieben. Das bekannte Poppersche Prinzip der Falsifikationsresistenz war somit außer Kraft gesetzt, d.h. es bestand immer weniger Interesse an Theorien mit möglichst stabilem Bestand gegen Widerlegung. Unter derartigen Umständen waren der Vielfalt politisch oder ideologisch motivierter bzw. auf bestimmte Interessen fixierter Denksysteme keine Grenzen gesetzt. Sie konnten sich nach den jeweils gewünschten theoretischen Prämissen, dem gesellschaftlich-kulturellen Kontext, den jeweiligen »Glaubensordnungen« und/oder psychologischen Befindlichkeiten entfalten, ohne sich je einer sachlichen Überprüfung stellen zu müssen, ein Phänomen, das uns an späterer Stelle im Bereich der interkulturellen Dialoge ausführlich beschäftigen wird.

Die Naturwissenschaften wurden von einer ganz anderen Seite her bedroht. Über den Effekt der kurzfristigen Erkenntnisbeschleunigung, deren langfristige Auswirkungen als irrelevant behandelt wurden, weil sie in der Regel nicht unmittelbar vorhersagbar waren, standen sie in der Gefahr, in Gestalt ihrer technischen Ergebnisse am eigenen Erfolg zu ersticken. Die Resultate wissenschaftlicher Forschung mit ihren Belegen in allen Bereichen der Wirtschaft und Gesellschaft hatte einen so rasanten, technologischen Fortschritt mit laufender Rückkopplung von der Nutzerseite verursacht, daß im letzten Drittel des 20. Jahrhunderts klare Tendenzen zur einer unkontrollierten, den Menschen überfordernden Entwicklung erkennbar wurden.

Begriffe wie »Grenzen des Wachstums«, »menschenfeindliche Technik« und »Ausbeutung der Natur« erlangten übergeordnete Bedeutung, insbesondere seit die strukturellen Defizite der wirtschaftlichen Globalisierung auch für die Allgemeinheit deutlicher erkennbar wurden. Dennoch beschleunigte sich der Innovationszyklus – technisch und ökonomisch motiviert – ungehemmt und setzte den Menschen einer sich laufend verstärkenden Dynamik aus abnehmender Kontrollmöglichkeit, kollektiver Unübersichtlichkeit und individueller Verunsicherung aus. Zu einer dauerhaften Bewältigung dieses »Strukturwandels« fehlte ihm als systemhaft mitgestaltende Komponente allerdings jede intellektuelle oder emotionale Voraussetzung.

Denn weder hatte aufgrund interessenorientierter Wissenschaft die moderne Bildung mit der technologischen Dynamik und den mentalen Belastungen der Industriegesellschaft Schritt halten können, noch – und hier liegt der Kern des postmodernen Fortschrittszwangs – konnten liberaler Traditionsabbau und Machttransfer ein Interesse an der grundsätzlichen Veränderung eines Prinzips haben, das die wesenhafte Ursache ihres historischen Erfolgs darstellte.

Immer komplexere Wirtschaftsaktivität und Technologie in weltweit wachsenden, privaten Kapitalnetzen bei abnehmender Finanzkraft der Nationalstaaten und schrumpfendem Gesamtwissen der Menschen, des sogenannten »Humankapitals«, erzwangen die Fortsetzung dieses Prozesses. Ein Verbund von höchst dynamischer Wechselwirkung bereitete nach dem Glaubens- und beginnenden Bildungsabbau als nächste und entscheidende Erosionsstufe die klassische Diskrepanz der Globalisierung vor, die explosive Sozialschere zwischen Kapitalaufbau, Arbeitsabbau, Wissensschwund und Bevölkerungswachstum.

B. Glaubens- und Wissenswandel als System

1. Die Spaltung der autonomen Vernunft

Allmählich wurde deutlich, daß die Euphorie der autonomen Vernunft mindestens einen, wenn nicht mehrere Preise fundamentalen Charakters forderte. Kopernikus und Kepler hatten die Erde vom Mittelpunkt des Kosmos zu einem unbedeutenden Partikel in einem schlagartig ausgeweiteten Universum degradiert. Galilei, Descartes und Newton hatten diesen neuen Kosmos in ein deterministisches Weltbild gestellt und mit einer neuen Wissenschaft ausgestattet, die ihn berechnen und vorhersagen konnte. Als maschinenartiger Mechanismus war diese Kosmosidee von den vormodernen Kategorien der mythischen und spirituellen Bedeutungsinhalte für das Schicksal des Menschen befreit, die darauf aufbauende Position der philosophisch-theologischen Dogmen entscheidend geschwächt worden.

Im Rahmen einer sich rasant entwickelnden Wissenschaft deckte der Mensch – selbst weiterhin dem Drang nach Spiritualität und Erlösung verhaftet – immer tiefere Schichten der Natur und des Universums mit dem Ergebnis einer immer intensiver erlebten Dimension der Entfremdung und Erkenntnisschwäche auf. Je stärker quantitative Meßaspekte der äußeren Welt in den Vordergrund traten, desto konsequenter entzogen sich innere Kategorien wie Ethik, Spiritualität und Imagination der menschlichen Erfahrung. Eine Welt, in der das Profane das Heilige verdrängt hatte, blieb stumm auf die Fragen nach nicht meßbaren Sinngehalten menschlicher Existenz.

Indem der Mensch die äußere Welt vom Unmeßbaren befreite, durchschnitt er die Verbindung zur inneren Welt, die seine Existenz jahrtausendelang getragen hatte. Indem er sich vom Heiligen lossagte, reduzierte er den Erkenntniswillen und die Erkenntnisfähigkeit auf das Profane. Die stufenweise Demaskierung des kirchenfernen Klerus als Macht- statt Glaubensinstitution schwächte den christlichen Offenbarungsgedanken, diffamierte die Kirche als seine Institution und verwies den Menschen auf die alternativen Denkwege der materiellen Ideologie.

Die Tendenz der wissenschaftlich abgesicherten Selbstreduzierung zur unbedeutenden Randerscheinung des Kosmos, zum temporären Experiment der Natur, hatte einen ersten Höhepunkt in der erwähnten Evolutionstheorie Darwins gefunden, in einem der beherrschenden Ereignisse des 19. Jahrhunderts. Darwin stellte den Menschen als hochentwickeltes Erzeugnis eines komplexen biologischen Prozesses dar, der sich im Rahmen der Artenauslese aus Genmutation und Umweltselektion entfaltete. Verstand, Religion und Kultur fungierten als dem jeweiligen Entwicklungsgrad des Menschen entsprechende Instrumente der biologischen Überlebensstrategie, die seinem Status als höheres Tier allerdings keinen höheren Sinn verleihen konnten. So verstanden, begann er auch in gesellschaftlichem Sinne als ein Wesen zu erscheinen, das der sozialen ›Zuchtwahl‹ unterlag und zur Herausbildung ›natürlicher Eliten‹ geeignet war.[141]

Gerade durch den damit begründeten Sozialdarwinismus kündigte sich erstmals der konkrete Verdacht an, daß mit der Annahme des Wissenschaftsglaubens und seinen Konsequenzen der Erkenntnisschwäche und Eigenverdrängung unter Umständen ein unausweichlicher Automatismus der negativen Rückkopplung in Kauf genommen wurde, der im Rahmen des weiteren Fortschritts geeignet war, die Ergebnisse der Selbstreduzierung in immer bedrohlichere Bereiche einer eigendynamischen, existentiellen Infragestellung bis hin zur Selbstvernichtung voranzutreiben.

Dieser Verdacht wurde ganz entscheidend erhärtet durch die epochemachende Begründung und Entwicklung der Psychoanalyse durch Sigmund Freud (gest. 1939), der die individuelle Psyche mit Ich, Über-Ich und Es in einen überschaubaren Struktur- und Funktionszusammenhang brachte. Freud war klug genug, die erneut aufkommende Euphorie zeitgleich zu dämpfen. Er verschwieg nicht, daß sich dem nun neu erklärten Bewußtsein als grundsätzliches Antiprinzip ein kaum erklärbares Unbewußtes entgegenstellte. Dieses Antiprinzip steuerte den Menschen jenseits der aufklärerischen Ratio in überaus machtvoller, nicht vorhersagbarer Weise, deren unbändige Irrationalität die bewußte Psyche als zerbrechlichen Spielball erscheinen ließ.

Die vom Wissenschaftsglauben erzeugte Konsequenz der Selbstverdrängung war nun in das Bewußtsein des Menschen selbst, in das Zentrum seiner inneren und äußeren Existenz, vorgedrungen. So wie Newton und seine Vordenker Erde und Mensch an den Rand eines in Millionen Lichtjahren gemessenen Kosmos und Darwin den Menschen an den Rand einer in Milliarden Jahren gemessenen Schöpfung gedrängt hatten, so drängte Freud die bewußte Psyche an den Rand eines nicht meßbaren Innenkosmos, dessen irrationale Wirkmacht den Menschen und seine Ratio in existentieller Weise bedrohte. Es wurde nun überdeutlich, daß der Preis des Wissenschaftsglaubens, die Eigenreduzierung durch fortlaufende Schwächung der Erkenntniskraft, infolge einer auf empirische Daten beschränkten Weltsicht in den Bereich des Unbezahlbaren, an den Rand konstruktiver Identität und Existenz zu geraten drohte.

Die rationale Ausweitung der Naturhorizonte, d.h. die wachsende Beherrschung der konkreten Welt, verbunden mit einer systematischen Verengung des Erkenntnishorizonts für übergreifende Zusammenhänge, hatte zu einer sich gleichermaßen vergrößernden Distanz zum äußeren Lebensrahmen und zur inneren Psyche geführt. Gleichermaßen hatte sich eine umfassende Relativierung des gesamten rationalen Weltbildes im Verhältnis zur eigenen Geschichte und zu anderen Religionen, Kulturen und Weltbildern etabliert. Die daraus resultierende Verunsicherung begann jede individuelle und kollektive Identität im christlich-abendländischen Kulturkreis grundsätzlich in Frage zu stellen.

Was als liberalistische Auflösung traditionsbedingter äußerer Machtstrukturen begonnen hatte, schien nun den Empfänger dieses Machttransfers, die aufklärerische, demokratische Gesellschaft, auf innerer Ebene anzugreifen, indem die kollektive Psyche als Träger jeder Identität einem Prozeß der unabdingbaren Entleerung ausgesetzt wurde. Eine Identität, die durch die Automatik der Selbstverdrängung sowohl im Verhältnis zur externen Welt als auch zur internen Psyche auf immer wieder erneut reduzierte Zwischenstände schrumpfte, konnte sich nun nur noch in Kategorien der Selbstrelativierung verstehen und definieren.

Die wirkmächtige Dialektik von Freiheit und Toleranz erhielt nun ihre entscheidende Verinnerlichung und Intensivierung. Die Schwächung der Psyche bewirkte die Ausdehnung der Machtausübung vom kollektiven in den individuellen Bereich. Der kollektive Liberalismus weitete sich in seine individuellen Bestandteile aus. Im Freudschen Prisma der Triebseele konnte die Auflösungsformel »Freiheit und Zweifel« nun auch auf Glaube und Herkunft des Einzelnen angewandt werden. Während der kollektive Liberalismus sich in den Makro-Umbrüchen der Revolutionen vom 18. bis zum 20. Jahrhundert ausdrückte, die zahlreiche Menschen traditionellen Denkens noch nicht erreichten, war der individuelle Liberalismus bestens geeignet, sich in Mikroprozessen der Einzelpsyche dieser Menschen fortzusetzen und die Entwicklung der funktionalen Relativierung zum ideologischen Relativismus zu vollziehen.

Wir werden sehen, daß die von den westlichen Gesellschaften entwickelten – besser gesagt: verordneten »Dialoge« zwischen den Religionen und Kulturen sich dieser relativierenden Mechanismen bedienen. In vollständiger Ablehnung jeder rationalen Erkenntnis und positiven Geschichte bleibt außerhalb der mathematischen Naturwissenschaften kaum ein Denkrahmen, der auf analytisch gewonnene oder traditionell gewachsene Grundlagen zurückzugreifen vermag. Während sich diese Denkkriterien verschließen, wird die solcherart befreite Existenz in einen neuen Denkraum »politisch korrekter« bzw. moralisch opportuner Denk- und Handlungsanweisungen gesteuert, der seinerseits sakramentale Wirkmacht annimmt.

Während die technische Rationalität des Einzelwissens fortschreitet, beginnt sich im kollektiven Gesamtwissen eine neue Irrationalität abzuzeichnen, welche in der Dialektik von Freiheit und Zweifel alles zuläßt und nichts »ausgrenzt«, was dem Abbau gewachsener Grenzen, d.h. Strukturen und Identitäten, dient. Diese Systemlogik basiert auf der eingeschliffenen Antithese aus »Progressismus« und »Konservatismus«, in der letzterer für alles steht, das von ersterem noch nicht aufgelöst ist, der liberalen Logik folgend jedoch – hier ist jeder Zweifel überwunden – früher oder später aufgelöst werden wird.

Solange diese Mechanismen der Strukturauflösung, der Glaubens-, Wissens- und Arbeitsverdrängung sowie der damit verbundenen, kollektiven Zeitverengung für ein existentiell plausibles Weltbild gehalten werden, kann der Liberalismus die Ideologie des westlichen Fortschrittsglaubens bilden und sich als universal gültiger, quasi-naturgesetzlicher Vorgang vollziehen.

Die moderne Weltsicht, die überkommene Traditionen wie die religiöse Bindung und das moralische Gewissen abgetrennt und statt dessen die euphorische Vision einer naturbeherrschenden Weltgemeinschaft gezeichnet hatte, mußte allerdings zunehmend erkennen, daß ihre Funktionsweise einen dramatisch abnehmenden Erkenntnis- und Handlungsspielraum, das Gegenteil der angestrebten Autonomie, erzeugte. Die Relativierung des westlich-rationalen Weltbilds durch andere Kulturen und Religionen als Forderung der Toleranz und vermeintlicher Ausweg aus dem Teufelskreis der Selbstverdrängung mußte notwendigerweise auch die Relativierung ihrer Ursachen, der Ratio und der Fehlerforschung, enthalten.

Nach dem Verlust des Glaubens war als Folge der Erkenntniskrise nun jede Wirklichkeit durch das Prisma der Relativierung zu brechen. Nachdem die Aufklärung Tradition und Geschichte der systematischen Auflösung durch die Pauschalforderungen nach Freiheit und Toleranz anheimgegeben hatten, fügte die Moderne die skeptizistische Auflösung der wissenschaftlichen Vernunft hinzu, die nun ihrerseits zur Tradition geworden war. In der modernen Erkenntniskrise wurden nicht mehr nur *tatsächliche*, sondern nun auch *mögliche* Strukturen mit unerreichter ideologischer Kraft angezweifelt.

Für überkommene Wertsysteme wurde die Anwendung von Freiheit, Gleichheit und Toleranz mit der gleichen Stringenz ausgeschlossen, wie sie diese für alle anderen Wertsysteme alternativer Kulturen, Religionen und Weltbilder forderte. Jede Zukunft war damit nicht mehr auf den traditionellen Denkwegen des abendländischen Wechselspiels zwischen Glaube und Vernunft zu konzipieren, sondern unter wachsender Berücksichtigung aller anderen, nichteigenen Denk- und Wertsysteme ins Auge zu fassen. Eine konstruktive Weiterentwicklung konnte fortan weder ohne Aufnahme anderskulturellen Geistes noch anderskultureller Menschen gedacht werden.

Der beherrschende Aspekt jeder Entwicklung war nun der des Übergangs, des Wandels und Transfers vom Eigenen, Alten und Diskreditierten zum Neuen, Fremden und Akzeptierten. So wie mit dem Eigenen auch die abendländische Tradition der analytischen *Rationalität* entsorgt wurde, hatte im Bereich des Fremden alles als bewährt zu gelten, ohne analytisch geprüft worden zu sein, eine Tendenz, die mit wachsender *Irrationalität* verfolgt wurde.

Die Ideologie des Wandels vom Eigenen zum Fremden, der Auflösung von lokaler Tradition zugunsten einer globalen Zukunftsvision von Frieden, Freiheit und Toleranz erfaßte im Verlauf der zweiten Hälfte des 20. Jahrhunderts alle westlichen Gesellschaften. Die deutsche Nachkriegsdemokratie entwickelte dabei eine Intensiv-Variante durch eine doktrinäre Fixierung auf die Katastrophe der Shoa, indem sie ihrer Nachkommenschaft Hitlers Herrschaft von zwölf Jahren als historische Negativfolie und dauerhafte Bezugsbasis aufprägte. Durch eine kollektive Identifikation aus der Schuld gegenüber den Juden erfolgte eine umfassende Festlegung auf den Geist Hitlers, des Bösen an sich.

Dieser unaufhaltsame Prozeß der psychischen Selbstauslöschung ist zwar historisch bislang einmalig, im Kontext der Fortschrittsdynamik allerdings folgerichtig. Wie wir in den Bewertungen des interkulturellen Dialogs und seines Zeitbewußtseins sehen werden, beinhaltet das Phänomen der westlichen Fremdorientierung das komplementäre Element der Eigenabwehr, welches im deutschen Fall auf ein ungewöhnliches Extrem komprimiert wurde. Unter Ausschluß der Gesamtgeschichte ist nur noch der Bezug auf ein auf zwölf Jahre reduziertes Negativbild zugelassen, in dem – unschwer erkennbar – ein rationaler Argumentationsraum weder möglich noch gewollt ist.

2. Fortschritt durch Entchristlichung

Um dem Gang der Moderne, ihrer Dynamik des strukturvernichtenden Relativismus und der beschleunigten Liberalismusvariante in Deutschland allerdings nicht zu weit vorzugreifen, müssen wir zunächst wieder ihre formativen Grundlagen, den aufklärerischen Machttransfer und wissenschaftlichen Erkenntnisschwund, aufgreifen.

Die Übergangsphase zwischen philosophischer Theologie und Aufklärung hatte eine gemischte Gottesvorstellung von einem höchsten Wesen, einer ersten Ursache hervorgebracht, die sowohl ein rationales Naturverständnis als auch gemeinsame Gottesideen mit anderen Religionen ermöglichte. In einem rational objektivierten Kosmos konnte einem subjektiv relativierten Christentum kein absoluter Wahrheitsgehalt eingeräumt werden. Die Attribute des Vernunftgottes ließen sich aus der experimentellen Überprüfung seiner Schöpfung erschließen, ganz im Gegensatz zur Offenbarung des christlichen Gottes, die sich jeder Überprüfbarkeit entzog und die Kategorie des durch Gnade bedingten Glaubens zwingend einforderte. Dementsprechend konnten theologische und philosophische Durchdringungen von Gott, Transzendenz und Unsterblichkeit in den Hintergrund treten.

Wie schon Hume und Kant deutlich gemacht hatten, wußte der glaubende Mensch um die Existenz Gottes, konnte diese übernatürliche Erkenntnis jedoch nicht rational ausdrücken. Nur die eindeutig nachprüfbare Wirklichkeit, die diesseitige Materie der Natur, konnte Eingang in das neue Weltbild der Moderne finden. Die Ursprünge des Universums, des Lebens und des Bewußtseins, allesamt Wahrscheinlichkeiten weit außerhalb kosmischer Größenordnungen, konnten *qua definitione* vom Erkenntnisfortschritt nicht erfaßt werden. Hier mußte Gott eine Metapher, eine Struktur der Seele bleiben, die der Mensch als ihr Inhaber nicht als existentielle Instanz, sondern lediglich als Deutungsraster der Natur verstehen sollte.

Die »übernatürlichen« Grade der Wahrscheinlichkeit bzw. Unwahrscheinlichkeit, die ihn selbst im Universum ermöglicht hatten, blieben im Denkraum der Moderne unbeachtet. Es erschien u.a. keiner Diskussion wert, wie es zur Überwindung des Wahrscheinlichkeitsgrads von $1:10^{130}$ zur Erzeugung des Lebens gekommen war, während alle anderen Prozesse sich seit dem »Urknall« mit Größenordnungen um $1:10^{40}$ begnügt hatten. Welche Dimensionen der Unwahrscheinlichkeit das Bewußtsein und schließlich das Selbstbewußtsein erschlossen hatten, entzog sich einerseits ohnehin jeder Betrachtungsmöglichkeit, führte der Forschung indes überdeutlich vor Augen, daß ihre Umschreibung mit dem Hilfsbegriff »Zufall« andererseits nur geeignet war, ihre Erkenntnisnot zu enthüllen.

Der Naturphilosoph Rousseau (gest. 1778) hatte zuvor den rationalen Materialisten ein Konzept der religiösen Ehrfurcht vor Natur und Schöpfer in der Überzeugung entgegengesetzt, daß die Religion unverzichtbarer Bestandteil menschlichen Seins war und der extreme Materialismus seiner Zeit ein spirituelles Pendant benötigte. Das durch den fortlaufenden Prestigeverfall des Christentums erzeugte Vakuum wurde allerdings nicht nur durch die Rousseausche »Renaissance des Gefühls«, die Vorläuferin der Romantik, sondern auch durch den aufkommenden Sozialismus, der die Religion als Abwehr legitimer Volksinteressen ansah, und vor allem natürlich den Liberalismus genutzt, der statt christlicher Dominanz den religiösen Pluralismus forderte.

Im Verlauf des 19. Jahrhunderts verdichtete sich diese Entwicklung zu einer breiten Front fortschreitender Entchristlichung in den westlichen Gesellschaften, die sich in den zwei fundamentalen, einander komplementären Revolutionen des modernen Materialismus kompensierte: zum einen in der wissenschaftlichen Revolution und zum anderen in der sich enorm verstärkenden, industriellen Revolution, dem neuen Zusatzweltbild des Kapitalismus.

Trotz latenter Verunsicherung durch die Grenzen materieller Welterkenntnis blieb eine ausreichende Zahl vordergründiger Beweise für die empirische Funktionsfähigkeit der positiven Wissenschaft. Es konnte sich ein stabiles Bewußtsein eigener Machtvollkommenheit entfalten, das die christliche Offenbarung und ihren verpflichtenden Freiheitsgedanken weiter verblassen ließ. Der Glaube an sich selbst und die unmittelbar nachprüfbaren Fakten der Welt schienen dem Menschen eine wesentlich konkretere Basis zur Erreichung des Glücks und der Vervollkommnung zu öffnen als eine doktrinär verfremdete Heilsbotschaft. Die psychologische Disposition des Menschen war bereits gegen Ende des 19. Jahrhunderts endgültig und irreversibel von jenseitiger Erfüllungshoffnung auf diesseitige Erfüllungsgarantie geschaltet.

Die Gestaltungskraft des eigenen Verstandes und die – zumindest kurzfristige – Wirksamkeit des auf ihm aufbauenden, autonomen Urteils beendeten unwiderruflich die Legitimation jeglicher Autorität, nicht nur derjenigen, die sich auf eine gewachsene, geschweige denn verordnete Tradition stützte. Von einer zunehmend abgelehnten Vergangenheit weitete sich der Bezugshorizont in die Zukunft, die paradoxerweise auf Planung verzichten konnte, weil sie sich auf einen Verstand stützte, der sich aus überholten Strukturen definierte. Alles Neue, Andersartige und Verändernde erhielt nun die neo-absolutistische Legitimation unbezweifelbarer Souveränität.

Im kirchlichen Bereich hatte sich diese Systematik auf anderer Argumentationsebene schon längst durchgesetzt. Bislang zumindest hatte sich historisch im Klerus immer wieder die Tendenz verfestigt, den sakramentalen Vertrauensvorschuß der Gläubigen zur beliebigen Gestaltung einer nahezu unbegrenzten Handlungsautonomie zu nutzen.

Je tiefer und detaillierter dabei in die Lebenswelt des Einzelnen und der Gemeinschaft eingegriffen wurde, d.h. je profaner sich der sakral begründete Machtanspruch der Amtskirche gestaltete, desto umfassender konnte sich aus dem Bestand der Kirchenlehren ein unmittelbarer, in jedweder Situation anwendbarer Anweisungskatalog herausbilden, ein Mechanismus, der fatale Folgen in Gestalt der Inquisition gezeitigt und der liberalen Gegenmacht den Weg geebnet hatte.

Der religiöse Gehorsam geriet in diesem Kontext in die strukturelle Gefahr, sich eher auf die amtsmäßig verengte Priesterebene zu konzentrieren, als die Gefolgschaft auf die Vollmacht Christi selbst zuzuordnen, ein Mechanismus wiederum, der das Papsttum zu einer Heilsmacht mit profanen Handlungszwängen stilisierte. Ein solches System war nicht in der Lage, eine konstruktive Antwort auf den machtvollen Angriff des Liberalismus zu entwickeln, wie nicht nur der argumentativ verfehlte Kirchenkampf gegen den Masonismus, sondern auch das 1870 erfolgende Dogma zur Unfehlbarkeit des päpstlichen Lehramtes deutlich dokumentierten.

Der fundamentale Wandel vom christlich-traditionell zum säkular-autonom bestimmten Menschen vollzog sich nicht ohne Beibehaltung grundlegender Formelemente. So wie im Christentum eine Synthese aus Glaubenstreue und Vernunft fortlebte, die sich dem philosophischen Rationalismus verdankte, so bestanden in der Moderne ebenso – auf selbstreduzierender Basis – jüdisch-christliche Elemente weiter wie das elitäre Selbstverständnis kultureller Auserwähltheit, die Würde der individuellen Person, die ethische Verpflichtung zu eigenverantwortlichem Handeln, der universelle Geltungsanspruch für eine geeinte Menschheit und der Glaube an die Annäherung an eine endzeitliche Rechtfertigung.

Gerade diese eschatologische Erfüllung, von der jüdischen Prophetie evolutionär hervorgebracht, von der christlichen Offenbarung vollendet und im westlichen Menschen tief verankert, setzte sich im sendungshaften Glauben an den wissenschaftlichen und gesellschaftlichen Fortschritt wurzelhaft fort. In unerschütterlichem Vertrauen in den autonomen Verstand richtete sich der Blick der Moderne auf die unausweichliche, evolutionär empfundene Diesseitsutopie einer vereinigten Weltkultur und Globalreligion in Frieden, Freiheit, Gleichheit, Gerechtigkeit, Toleranz und Wohlstand.

Die Zwanghaftigkeit dieser Vorstellung sollte in dem Maße zunehmen, in dem sich der christliche Erlösungsgedanke zurückzog. Bereits gegen Ende des 19. Jahrhunderts zeigten sich die europäischen Gesellschaften vollständig vom christlichen Gott emanzipiert. Vernunft, Wissenschaft und Gesellschaft, nicht Religion und Glaube, wurden zu den Trägern des modernen Heilswegs.

Der Verlust des Glaubens durch Verselbständigung der Vernunft ohne Bezug zur Geschichte sowie der Verlust der Vernunft durch Verselbständigung des materiellen Details ohne Bezug zum systemhaften Zusammenhang, die Kompensation des ganzheitlichen Erkenntnisschwunds durch einen irrationalen Zukunftsglauben und die Unterwerfung des Menschen unter die aufkommende Arbeitsratio im Rahmen einer umfassenden Kapitalideologie wurden zu den formativen Grundlagen einer neuen Globalgesellschaft.

Die Welt der quantenphysikalischen Unbestimmtheit des 20. Jahrhunderts hatte jede verläßliche Erkenntnis in das Reich der Utopie verwiesen. Mit wachsendem Wissen über das Einzelne wurde das Allgemeine immer unverständlicher, der Satz vom »Ganzen, das mehr als seine Teile war«, nahm konkrete Formen an. Je weiter die Entwicklung in Wissenschaft und Technik fortschritt, desto nachhaltiger verfestigte sich das Gefühl der existentiellen Entfremdung und der grundsätzlichen Relativierung, der Nachordnung gegenüber den fundamentalen Zusammenhängen der Natur, die sich umso strikter verschlossen, je weiter das Detailwissen zunahm.

In der Antike als Mensch im Weltgeist und im Christentum als Mensch in der Schöpfung hatte sich weitgehend noch eine universale Gesamtschau verwirklichen lassen; im modernen Menschen wich das analytisch-integrative Denken in den Kontexten der Religion, Philosophie, Geschichte und Logik zugunsten eines ideologisch-fragmentarischen Denkstils, der sich auf aus Raum und Zeit isolierte Einzelaspekte beschränkte. Während nach klassischer Denkmethode ausgewählte Sachverhalte eine Reihe von Kennzeichen vergleichbarer bzw. logisch verknüpfbarer Kennzeichen aufweisen mußten, um eine brauchbare Beurteilung zu rechtfertigen, genügte dem modernen Denken nun ein einzelner Aspekt, um auf das Ganze schließen zu können.

In Verbindung mit dem inzwischen fest installierten Eigen/Fremd-Toleranzschema der Aufklärung bedeutete dies, daß ein einziges Negativmerkmal der Eigenkultur die negative Pauschalverurteilung nach sich zog, während ein Positivmerkmal einer Fremdkultur die entsprechend generalisierte Positivbeurteilung ermöglichte. Wenn z.B. die Kirche seit Entstehen des Islam keine Gemeinsamkeiten ihrer Gottesvorstellung mit derjenigen dieser Religion feststellen konnte, so war dies nach dem 2. Vatikankonzil u.a. mit der Begründung möglich geworden,daß es sich bei beiden Religionen um Eingottideen mit dem Attribut der Barmherzigkeit handele, ohne daß diese einer qualitativen Analyse zu unterziehen waren. Der gesamte Offenbarungskontext und heilsgeschichtliche Ordnungszusammenhang konnte in dieser Art Fragmentdenken somit unberücksichtigt bleiben.

Obwohl die Wissenschaft selbst mit Elementarphysik und Quantendynamik klare Warnzeichen hinsichtlich der Notwendigkeit einer ganzheitlichen Weltsicht setzte, zogen sich das Bewußtsein und sein grundlegender Denkansatz auf immer kleinere, spezialisiertere Betrachtungsfelder zurück und setzten in ihrer Gesamtheit an die Stelle von Ganzheitlichkeit eine fortschreitende Zersplitterung und Komplexität ohne Herstellung übergeordneter Zusammenhänge.

Das Wissen um die eigenen Erkenntnisgrenzen erzeugte nicht eine Rückbesinnung auf die klassische Synthese von Transzendenz und Immanenz, von Glaube und Vernunft sowie der Wirkung zwischen dem Teil und dem Ganzen, sondern stellte sich als selbstverstärkende, unumkehrbare Tendenz heraus, die eine sich fortlaufend intensivierende Pluralisierung aller gesellschaftlichen Bereiche in Wissenschaft, Politik und Kirche nach sich zog.

Zersplitterung des Wissens und Kanalisierung der herrschenden Meinung im Sinne einer negativ besetzten Eigen- sowie positiv besetzten Fremdkultur haben die westliche Gesellschaft – mit einer Idealversion in Deutschland – zu einer Monokultur geprägt, die sich systematisch gegen die Wahrnehmung eigener Interessen richtet. Damit konnten Multikulturalität und Interreligiosität zu höchsten Prioritäten aufsteigen, die durch alle Verantwortungsträger vertreten und durch verbindliche Formen des Verhaltens und der Sprache, einen Kodex der moralischen Opportunität, zunehmend auch durch eine kulturell gespaltene Anwendung des Rechts, geschützt werden.

Die Kompensation der abendländischen Entchristlichung in Gestalt des marxistischen Sozialismus und des liberalistischen Kapitalismus, beide im 19. Jahrhundert zu neuen, unübersehbaren Kräften der Moderne erstarkend, werden uns im nächsten Teilkapitel beschäftigen, bevor wir uns den Hauptthemen der Gegenwartskirche, der Modernisierung ihres Glaubens und dem Dialog mit dem Islam, zuwenden. Wir werden sehen, daß allen relevanten Kräften der aktuellen Moderne, dem multikulturellen Sozialismus, dem globalistischen Kapitalismus und dem interreligiösen Dialogismus das »einigende Band« des aufklärerischen Liberalismus innewohnt, der sich nach wie vor pauschal gegen jede gewachsene Tradition und Struktur wendet und aus ihrer Auflösung Macht bezieht.

Wir werden allerdings auch sehen, daß es sich bei diesem Auflösungsprozeß um eine systemimmanente Fortschrittseigenschaft handelt, die sich nicht selektiv auf voraufklärerische Autoritäten wie z.B. die Kirche konzentriert, sondern sich in immer schneller werdendem Zyklus ganz generell gegen gewachsene Strukturen richtet, die wie die Demokratie auch von ihr selbst hervorgerufen wurde. Sogar die Menschenrechte, der Dekalog der Aufklärer und einst sakrosankter Fokus des Liberalismus, können sich dieser Erosion ihrerseits nicht entziehen und stehen nicht nur seit dem Kosovokrieg einer situativ bedingten oder kulturorientierten Differenzierung offen.

Die Rechts- und Verfassungssysteme der europäischen Staaten verhalten sich seit Jahren gegenüber islamischen Strukturspezialitäten wie der Unterdrückung der Frau und der problematischen Stellung des schariatischen Gottesgesetzes zur Demokratie scheinbar konzeptlos. Sie deuten damit eine Tendenz an, an deren vorläufigem Ende eine fall- und kontextabhängige Disposition stehen könnte, die nach den jeweilig vorherrschenden, politisch-sozialökonomischen Vorgaben pragmatisch erfolgt.

Die aufkommenden Begriffe vom »Menschenrechtsfundamentalismus« oder »-kolonialismus« signalisieren unmißverständlich nicht nur die Bereitschaft zum fremdkulturell orientierten Abschied von Eigenstrukturen, sondern offenbaren auch die grundsätzliche Unfähigkeit der liberalen Auflösung zur Erhaltung und Anwendung auch der selbsterzeugten »Wertesysteme« über längere Zeit, eine Eigenschaft, welche u.a. zur Definition der »Postmoderne« herangezogen wird.[141a]

Somit kann die sich aus modernem Erkenntnisabbau ergebende Fragmentierung aller Wissens- und Gesellschaftsbereiche schließlich auch vor den eigenen Produkten nicht haltmachen. Dabei wird deutlich, daß in der Fremdorientierung eine der wichtigsten, bestimmenden Systemebenen für den Erosionsprozeß zu finden ist. Die Strukturen, die dieser neuen Stufe des Eigenabbaus vornehmlich ausgesetzt sind – Nation, Demokratie und kulturelles Gemeinwohl – sind im wesentlichen mit denjenigen identisch, die sich aus der aufklärerischen Entmachtung des Adels und der Kirche entwickelt haben.

Wie wir an früherer Stelle angemerkt haben, handelte es sich hier um eine kollektive, revolutionär ablaufende Phase, während sich die neue, sozusagen »postrevolutionäre« Phase gegen die Erzeugnisse der revolutionären Moderne wendet. Diese fügt der kollektiven Dimension der gesellschaftlichen Umwälzung eine individuelle hinzu, die jedem einzelnen Menschen eine tiefgreifende Umwälzung seiner selbst, die Auflösung seiner Identitäten in Glaube, Wissen und Herkunft auferlegt.

Nachdem die Entchristlichung den Wissenschaftsglauben und kollektive Zweigideologien wie Sozialismus und Kapitalismus ermöglicht hatte, konnten sich im modernen

Einzelmenschen Arbeit und Freizeit zu neuen Polen postrevolutionärer Existenz herausbilden. So wie der Mensch der Moderne sich mehrheitlich noch aus Glaube und Herkunft definieren und daher für die Revolution instrumentalisieren lassen konnte, führt der postmoderne Mensch seine Identität mehrheitlich auf Motivationen des Arbeitsplatzinhabers und Freizeitkonsumenten zurück, die mit der klassischen Form der eher ideell motivierten Revolution kaum korrespondieren.

Dies wirft die Frage auf, inwieweit eine mögliche Verknappung der materiellen Fetische und Ersatzreligionen postmoderner Freizeitexistenz, d.h. das Ende der Finanzierbarkeit der »Spaßgesellschaft«, die Bereitschaft zur »Postrevolution« ermuntern kann. Unsere Betrachtung des fortschrittsliberalen Zeitbewußtseins wird in dieser Hinsicht ergänzende Ergebnisse beisteuern können. Hier werden sich Hinweise darauf ergeben, daß dem Spaßmenschen der westlichen Gesellschaft bei weiter fortschreitendem Glaubens- und Wissensverlust die geistige Unabhängigkeit, die für ein autonomes Denken und Handeln erforderlich ist, nur noch bedingt unterstellt werden kann.

3. Der Momentismus der Postmoderne

Eine Ideologie, die sich unter dem dominanten Regime der fremdkulturellen Orientierung systematisch gegen alle überkommene Tradition und Eigenkultur richtet und dabei auch nicht diejenigen Strukturen verschont, die sie selbst erzeugt hat, muß notwendigerweise zwei wesentliche Richtungen verfolgen: Sie muß sich konkret gegen die eigene Gesellschaft wenden und in Richtung eines globalisierten Horizonts auflösen.

Durch Verdrängung historischer Identität und analytischer Objektivität erzeugt diese Ideologie eine neue Form der »Erkenntnis«, welche die systemhafte Beschränkung auf Einzelaspekte zur Entscheidungsbasis für eine neue, subjektive Realitätswahrnehmung macht. Postmodernes Denken stellt den Menschen in eine Existenz, in der nichts objektiv gültig, sondern alles subjektiv erzeugte Wirklichkeit und Konstruktion eines Geistes ist, der ständiger Veränderung unterliegt. In einer kontinuierlichen Beschleunigung dieser Relativierung verbirgt sich zugleich eine *systematische Radikalisierung*, die nach der Vernichtung der Transzendenz letztendlich alle Eigenschaften der Welt verneinen muß, die zeitlich vor dem Wahrnehmungsprozeß und sachlich außerhalb desselben liegen.

Der Wahrscheinlichkeitswelt der Quanten entsprechend gelangen alle Objekte durch den Vorgang der Betrachtung ins subjektive Sein und erhalten durch vielfältige Interpretationen und Interessen diverse Bedeutungen, die sich dem Einzelnen auf Dauer als unlesbar entziehen. Die zeitliche und sachliche Unbestimmtheit aller Fakten verhindert eine verbindliche Grundlage für ein übergreifendes, kohärentes Weltbild mit konkreten Leitlinien kultureller und historischer Kontinuität. Das moderne Universum ist offen und nicht planbar, jeder Anspruch – mit Ausnahme der Fremdsphäre – auf eigenständige oder dauerhafte Wahrheit oder Autorität geht durch den Freiheits- und Toleranzfilter des relativierenden Liberalismus mit der Folge zunehmender Zusammenhanglosigkeit.

Diese Art der Fragmentierung erhielt einen besonderen theoretischen Unterbau durch den Sprachphilosophen L. Wittgenstein (gest. 1951), der die Welt als eine Gesamtheit elementarer Aussagen interpretierte, wobei jede für sich eine symbolische Eigenständigkeit ohne logische Verknüpfbarkeit bewahrte. Der Mitbegründer der »Frankfurter Schule«, T. Adorno (gest. 1969), griff diese Sicht auf und formte das Konzept von der »negativen Dialektik«, die durch die Ablehnung traditioneller Macht in Einzelaspekten der werdenden Geschichte die Gegenwelt einer neuen Gesellschaft aufbaut – das zentrale Szenarium des modernen Konflikts zwischen der Einheit des Eigenen und Vielheit des Fremden.[141b]

Die westliche Postmoderne erscheint somit als übermächtiger Integrator, dessen Meta-Ideologie wir mit dem Begriff des *Momentismus* belegen wollen. Mit dem Zeitmoment und dem Bewegungsmoment wird das raumzeitliche, unzusammenhängende Spektrum umschrieben, innerhalb dessen der postmoderne Mensch Einzelaspekte erkennt, besetzt und zu ganzen Weltbildern und Identitätsfeldern ausdehnen kann. Da die Richtungen und Wertungen des Momentismus durch den Positivfilter der Fremdkultur und die Absicherung durch ein moralisch korrektes Lohn-und Strafsystem vorgegeben sind, wird jeder, der diese Leitidee unterstützt – zum Vorteilsnehmer des liberalen Machttransfers.

Wie sich der muslimische Mensch zur Teilhabe an der Macht des Islam dem Leitraster des Medina-Modells unterwirft, schafft die Postmoderne des Westens ein Belohnungssystem, an dem alle diejenigen teilhaben können, die sich der Eigen/Fremd-Dialektik öffnen, in den Dienst einer umfassenden Toleranz zugunsten fremdkultureller Einflüsse stellen und damit zugleich dem allgegenwärtigen Drohpotential politisch korrekter Denk- und Verhaltensnormen aus dem Weg gehen wollen.

Kaum ein Begriff umschreibt den neuen Kosmos westlicher Wirklichkeit bezeichnender als das Anathema des »Ausländerfeinds«, mit dem derjenige unausweichlich belegt wird, der die Funktionalität des Interkulturalismus bezweifelt. Im Umkehrschluß müssen alle diejenigen, die sich in diesen momentistischen Leitraster einfügen, ob sie wollen oder nicht, zu »Inländerfeinden« werden, da sie sich – jeder auf seine Weise und seinem Gebiet – an der Auflösung der Eigenstruktur und unkritischen Förderung fremdkultureller Einflüsse beteiligen.

Zu Inländerfeinden müssen sie in dem Sinne werden, in dem sie zur Auflösung von Strukturen beitragen, an deren Bewahrung eine unbestimmte Inländerzahl aus den verschiedensten Motiven interessiert ist. Dabei ist völlig irrelevant, ob sich dieses Interesse auf die Freiheit des christlichen Glaubens, das demokratische Mitspracherecht, die Objektivität der Wissenschaft, den Bestand des Arbeitsplatzpotentials, den Mißbrauch der medialen Meinungsbildung etc. richtet. Wir werden später sehen, daß der gedankliche Korrelationsverlust, der im momentistischen Einzeldenken erkennbar wird, weit über die politische Dimension hinausgeht, indem er durch den Verbrauch gesellschaftlich-geistiger Substanz eine fundamentale, *rational-irrationale* Spaltung begründet.

Der postrevolutionäre Momentismus ist angetreten, jede Form von Struktur und Einheit abendländischer Denktradition – Glaube, Vernunft, Wissen, Logik und Bewußtsein – zu verbrauchen und einer utopischen, globalisierten Zukunft zu überlassen. Für die Planung einer solchen Zukunft gibt es keine Vorgaben, da auch die logischen Kriterien als obsolet gelten. Die westlichen Momentisten überantworten ihren gesamten Kulturkreis einem fremdkulturellen und fremdreligiösen Kosmos, dessen Ideologie das Eigene zurückdrängt und dem Entgegengesetzten, dem unkritisch zu akzeptierenden Andersartigen, messianische Konturen zuzuweisen beginnt.

Freiheit, Gleichheit und Toleranz werden zu zwanghaften Einbahnstraßen in eine sich wandelnde Identität der westlichen Zivilisation, die sich dem Fremden er- und dem Eigenen verschließt. Die Steuerung dieses »Strukturwandels« öffnet die Besetzung der Macht und wächst den Eliten der gleichen Bereiche zu, die den Wandel durch ihren Substanzabbau ermöglichen. Während verbliebene Restrümpfe von Glaube, Erkenntnis, Nation, Demokratie und Gemeinwohl weiter fortschreitender Erosion anheimfallen, wachsen ihre Eliten in Kirche, Universität und Politik in erweiterte Machtebenen, deren Absolutismus und Korrumpierbarkeit mit dem Substanzverlust ihrer Klientel ansteigt.

Im ethischen Bereich bewirkt die momentistische Horizontverengung eine steigende Kommerzialisierung und Sexualisierung des gesamten gesellschaftlichen Lebens, das unter diesem Eindruck nicht nur Ehe und Familie der Vereinzelung aussetzt, sondern auch die eigenen Zeitränder – ungeboren und alt – ausgrenzt, um den Anforderungen der sich verselbständigenden Arbeitsrationalisierung gerecht werden zu können.

Die »Säulen des Abendlands«, Christentum und Wissenschaft, waren der Intensivphase des liberalistischen Strukturwandels in einer zeitlichen Stufenfolge von etwa 200 Jahren – beginnendes 18. bzw. 20. Jahrhundert – ausgesetzt, wobei die Kirche als geistliche Institution dieser Entwicklung zwar eine wesentlich stärkere Widerstandskraft entgegenzusetzen hatte, mit den Beschlüssen des 2. Vatikankonzils sich jedoch endgültig öffnete und heute, wie die Darstellung des Dialogs verdeutlichen wird, sich in einer den Universitäten vergleichbaren Phase der inhaltlichen und qualitativen Demontage präsentiert.

Die sich seit dem 19. Jahrhundert vermehrt in den Vordergrund schiebende dritte Kraft des Kapitalismus als Vorteilsnehmer der Entchristlichung und des wissenschaftlich-technischen Fortschritts konnte zum beherrschenden Faktor des westlichen Denkens werden, weil christlicher Glaube und wissenschaftliche Vernunft ihre Wirkmacht als Quellen transzendenter Entlastung und diesseitiger Erkenntniskraft im wesentlichen eingebüßt hatten. Im Zuge eines sich konsequent verengenden Erkenntnishorizonts mußten sich die Quellen der Erlösung weitgehend auf den materiellen Diesseitsbereich und auf den Menschen selbst beschränken.

Der Verlust des Glaubens und des Wissens und die quasi-religiösen Leitbegriffe der Freiheit, Gleichheit und Toleranz formten den »neuen Menschen«, der sich nach außen aus einer spirituell-ideologischen Orientierung auf das Fremde und Neue und nach innen aus einer konkret-materiellen Konzentration auf Arbeit und Körperlichkeit definierte. Unter Ausgrenzung des Negativen, das im Eigenen und in der Geschichte lag, waren das Positive und das Konstruktive im Materiellen, der Tolerierung alles Nichteigenen sowie in einer ungeplanten Zukunft zu finden.

Im dergestalt materialisierten und globalisierten Kosmos der Postmoderne konnten Wissenschaft und Mensch lediglich in ihrer kommerziell verwertbaren Form, als »Wissens- und Humankapital« begriffen werden. Christliche Religion und Liebe mutierten zu Esoterik und Erotik als dynamisch expandierende Geschäftsbereiche, flankiert von kommerzialisierten Fitness-, Sport- und Schönheitskulten, die das ewige Leben ins Diesseits zu verlagern schienen. Dabei stellten Versuchsmenschen in »Big Brother«-Containern die Weichen in einen kollektiven Voyeurismus als spielerische Vorbereitung auf eine weniger spielerische, zukünftige Totalkontrolle der Gesamtgesellschaft. Wie eine solche beschaffen sein könnte, läßt sich im bekannten *Panopticon* des englischen »Glücksphilosophen« J. Bentham (gest. 1832) verfolgen, im zooartigen Lebensraum einer liberalen Idealgesellschaft, deren Nützlichkeit mit ihrer Bereitschaft zunimmt, ihre Freiheit in Erzieh- und Beobachtbarkeit zu erkennen.

Die Wissenschaft, auf wirtschaftliches »Sponsoring« verwiesen, konzentrierte sich auf global und »human« verwertbare Projekte der Informations-, Waffen-, Umwelt- und Gentechnik, die nur über globale Kapitaldimensionen finanzierbar waren. Eine neue Spezies der »Global Players« und ihre Investmentbanker wurden zu selbsternannten Kontrolleuren der Unternehmen und ihrer Leistungsrelationen. Die Philosophie des »Shareholder Value« machte Produktivität und Arbeitseffizienz zur obersten Priorität, die nicht nur zur Globalisierung der Arbeit im allgemeinen, sondern den Menschen des Westens im besonderen zur Selbstdefinition aus der Arbeit zwang. Je effizienter der Mensch im Wettlauf mit der Elektronisierung arbeitete und die Produktivität der Unternehmen steigerte, desto rascher stand er in der Gefahr, seinen Arbeitsplatz zu verlieren, desto dynamischer entwickelten sich allerdings auch die globalen Börsen.

Die wachsenden Potentiale der Finanzmärkte versprachen endlosen Wohlstand und empfahlen sich als gradueller Ersatz der klassischen Altersversorgung, die sich hingegen strukturellem Bevölkerungsschwund und einer wachsenden Auszehrung durch unproportional steigende Arbeitslosigkeit infolge fortlaufender Arbeitsrationalisierung ausgesetzt sah. Dabei schuf die Finanzierung des langfristigen, weitgehend linear vorhersagbaren Rentenbereichs durch eher kurzfristig bestimmte, nichtlineare und nicht vorhersagbare Börsenpotentiale ein grundsätzliches, gänzlich unlösbares Problem der Globalisierung insgesamt, dessen Erörterung wir an dieser Stelle jedoch noch nicht vorgreifen wollen.

Die herkömmlichen Instrumente der Kapitalismuskritik mußten angesichts dieser paradigmatischen Entfaltung stumpf bleiben. Die westlichen Postsozialisten paßten sich dem neo-liberalistischen Wirtschaftsstil der USA nicht nur an, sondern setzten sich in den Ländern der EU mehrheitlich an seine Spitze. Was allerdings blieb, war eine generelle Kritik am Dominanzglauben der westlichen Zivilisation, und ein umso konkreteres, gegen alles herkömmlich Abendländische gerichtetes Sendungsbewußtsein, das sich mit dem antichristlichen Gedanken des Liberalismus verbinden konnte. Erneut wurde alles Nichtwestliche euphorisch umgriffen und die Strukturen des Glaubens, Wissens und Fortschritts, zaghaft hingegen auch die des neuen Wohlstands, ausgegrenzt als ein Weltbild des Bösen, das geeignet war, Frauen, Arbeiter und Minderheiten imperialistisch zu unterdrücken und auszubeuten.

C. Der Krisenfall des Kapitalismus

1. Der Aufbau der »schönen Maschine«

Wenn der westliche Mensch sich in der Befreiung von den Fesseln der Religion und in der autonomen Gestaltung des wissenschaftlichen Fortschritts selbst erlöste, wenn also Freiheit und Toleranz so teure Güter waren, wie konnte es dann zu der systemhaften Erosion aller gewachsenen Strukturen und Traditionen kommen? Warum bewirkte der Austausch metaphysischer Kriterien gegen materiell-wissenschaftliche eine derart konsequente Demontage des Sinns für übergreifende Zusammenhänge? Konnte eine rationale Weltgestaltung einen Altruismus hervorbringen, der seine Selbstverwirklichung in der Verneinung des Eigenen sah, um das Fremde bejahen zu können? Kann der neue, tolerante Mensch, der – intolerant gegen den tranzendenten Bezug – in einem sich verengenden Erkenntnishorizont auf eine zunehmend materielle Identifikation verwiesen ist, den Boden für eine Weltgesellschaft in Frieden, Freiheit und Wohlstand bereiten?

Zur Beantwortung dieser Fragen müssen wir noch einmal zur Ausgangsepoche der autonomen Vernunft zurückblenden. Es war die Zeit des 16. und 17. Jahrhunderts gewesen, die mit der Reformation, den antichristlich-liberalen Rosenkreuzern und Freimaurern, der Grundlegung der Naturwissenschaften und der Ausweitung des geographischen Horizonts auf den gesamten Erdkreis den Menschen in einen radikal veränderten Gestaltungsraum gestellt hatte. Der »beamtete« Klerus und seine Tendenz zur mißbräuchlichen Verwendung der Jesus-Vollmacht für eigene Herrschaftszwecke hatten den transzendenten Offenbarungscharakter des personalen Gottesbegriffs und den sozialen Kern der christlichen Lehre nicht unbeschädigt gelassen, zumindest so deutlich diskreditiert, daß die antichristlichen Liberalisten leichtes Spiel hatten.

Wenngleich die Aufklärung des 17. und 18. Jahrhunderts keine wirklich abrupte Abkehr vom christlichen Glauben bewirkte, so setzte sie doch eine sich klar verselbständigende und zugleich politisierende Vernunft frei, die sich in dem Maße vom Transzendenten löste, wie sie sich dem empirisch Ermittelbaren und direkt Machbaren zuwenden konnte. Nachdem die Reformation den Menschen allein durch den Glauben und die Pauschalisierung der Erlösung gerechtfertigt hatte, waren die Personalität der christlichen Offenbarung und ihre subtile, spirituell-soziale Wirkmacht in den Hintergrund gedrängt. Neben dem Wissenschaftsglauben konnte sich damit eine bislang sekundäre Kraft nahezu ungehindert entfalten: der Glaube an das Eigentum als neue, sinnstiftende Instanz des Menschen.

Während nach allgemeinem, christlichem Verständnis die Konzentration auf Eigentum und materielle Absicherung eher zur Selbstentfremdung beitrug und vom Vertrauen auf die göttliche Rechtleitung ablenkte, hatte sich in der Reformation, besonders ihrer calvinistischen Variante, eine deutliche Affinität zu Eigentum und Wohlstand herausgebildet, die zu einer Art inoffiziellen Gradmessers für die Auserwähltheit durch Gott heranreifte. Obwohl der Eigentumsbegriff zu keiner Zeit eine religiöse Zuordnung mit institutioneller Verankerung erfuhr, so erlangte er doch in der späteren Aufklärung, u.a. durch den intellektuellen Elitarismus der Freimaurerei, der den Wohlstand im allgemeinen und die Geldwirtschaft im besonderen einschloß, eine nachhaltige, formative Bedeutung.

In der Aufklärung verbanden sich die Begriffe der autonomen Vernunft und einer Arbeit, die über die Subsistenzwirtschaft des Mittelalters hinaus Eigentum schaffen konnte, zu einer neuen, gestaltenden Kraft, die von der Natur und der Lebenswelt der Menschen unwiderstehlich Besitz ergriff. Es entstand eine neue Dimension von Arbeit, die den unmittelbaren Lebensbedarf überstieg und Eigentum als zukünftig abrufbare Ressource mit exklusivem Verfügungsrecht erzeugte. Ein solcher Begriff war wie die Wissenschaft geeignet, das Bewußtsein der Menschen wirkmächtig zu besetzen und das Religiöse graduell zu verdrängen.

Dabei konnte dieser Begriff sich umso freier entfalten, je weniger er durch gesellschaftliche Auflagen bestimmt wurde. Dieser Sachverhalt, Erzeugung von Privateigentum durch Arbeit, die frei über Menschen und Infrastruktur einer Gemeinschaft abgerufen wurde, bildete die Grundlage des modernen Kapitalismus. Dabei prägte sich das Einzelinteresse an Eigentum schaffender Arbeit umso klarer aus, je nachhaltiger ein Rückbezug auf das Ganze, eine Beteiligung der Gemeinschaft an diesem Prozeß verhindert wurde. Zwar bildeten sich in den beginnenden Herstellungsabläufen des 17. und 18. Jahrhunderts die schon von Adam Smith (gest. 1790) beschriebene Arbeitsteilung und der durch Produktivitätszuwachs erzeugte »Mehrwert« heraus, doch verblieb das Wohlstandswachstum mehrheitlich in der individuellen Zugriffsebene, weil sich die exklusiv private Eigentumsvorstellung bereits als gesellschaftliche Institution etabliert hatte.

Obwohl die Gesellschaft die arbeitenden Mehrwertbeschaffer zur Verfügung stellte, hatte sie sich strukturell von der Teilhabe am laufend entstehenden Mehrwert ausgeschlossen, eine Systemschaltung, die bezüglich der Produktivität das Ganze von seinen Teilen trennte. Das entstehende Wirtschaftssystem der kapitalistischen Moderne war daher – und ist bis heute – kein vollwertiges dynamisches System im naturwissenschaftlichen Sinne, weil ihm die intakte Hierarchie für eine kontinuierliche, positive Rückkopplung fehlt. Das Wachstum eines solchen Systems kann sich nur im individuellen Ergebnis ausdrücken und nicht in den kollektiven, gesellschaftlichen Wurzeln verankern.

Somit ist es dem modernen Wirtschaftssystem, so komplex es sich im einzelnen entwickelt haben mag, nicht möglich, hinsichtlich der Arbeitsbewertung auf eine stabile Vernetzung mit dem gesellschaftschaftlichen Ursprung zurückzugreifen. Nach wie vor fehlt die Voraussetzung hierarchisch kommunizierender Ebenen, die allein in der Lage wären, das erforderliche dynamische Gleichgewicht untereinander fluktuierender und interagierender Kreisprozesse aufrechtzuerhalten. Schon die junge Geschichte der beginnenden Wirtschaftsentwicklung liefert eindeutige Hinweise auf eine defekte Funktionalität.

Die zwischen 1750 und 1850 in Europa ablaufende Zerstörung der unabhängigen Handwerkstrukturen und ihre Umwandlung in ein System lohnabhängiger, sich gegenseitig niederkonkurrierender Arbeitseinheiten, die einen historischen Niederschlag in den Weberaufständen fanden, gelten als die klassischen Schritte der »ersten industriellen Revolution«. Die Zerschlagung der Zünfte und Stände ging einher mit der Bildung demokratischer Staatswesen, die in einer Kettenreaktion von England über die Französische Revolution 1789 schließlich in der Deutschen Revolution von 1848 auch die dortigen Partikularstaaten erfaßte und 1871 zur Gründung des Deutschen Reiches führte. Diese neuen, nationalen Staatswesen nahmen zunehmend zentralistischen Charakter an und traten im entstehenden Weltmarkt sowohl in der Wirtschaft als auch in der naturwissenschaftlichen Forschung als Konkurrenten auf.

Die technologischen Ergebnisse dieser hochintensiven Konkurrenz ermöglichten dann die eigentliche Industrierevolution des 19. Jahrhunderts mit einer ungeheuren Mechanisierung der gesamten Arbeitswelt und einer fundamentalen Umschichtung der Gesellschaft durch Landflucht, verstärkte Umwandlung ehemals selbständiger in abhängige Arbeitseinheiten und eine enorme Ausweitung des Bürgertums. Im Rahmen dieser gewaltigen Umwälzung begann sich ebenso die Herausbildung des kapitalistischen Metasystems, eines globalen Kapital- und Finanzwesens anzubahnen.

Die Maschinisierung des vormals individuell betriebenen Handwerks hatte große Produktionsbereiche hervorgebracht, die auf eine ständig wachsende Anzahl vereinheitlichter Arbeitskräfte zugreifen konnten. Der auf Individualebene festgeschriebene Eigentumsbezug hatte zwischenzeitlich eine unternehmerische Rationalität erzeugt, die den aus immer billiger werdender Arbeit erwirtschafteten Produktivitätszuwachs reinvestierte bzw. technischen Entwicklungen zuführte, die ihrerseits auf eine weitere, beschleunigte Verringerung der Arbeitskosten ausgerichtet waren. Diese Logik ließ den ihr ausgesetzten Arbeitskräften keine Alternative zu einer vollständigen Unterwerfung unter das Diktat der marktorientierten Arbeitsbewertung und -verteilung.

Da der Prozeß der Maschinisierung die verschiedenen Bereiche nicht gleichzeitig und gleichmäßig erfassen und umformen konnte, verursachten die unterschiedlichen Stadien der Rationalisierung eine weitgehende, dabei nicht unwillkommene Verschleierung der tatsächlichen Verhältnisse. Denn dieses neue System der monobasalen Produktivkraftsteigerung konnte nur so lange funktionieren, wie die Produktion über das Maß der Arbeitsersparnis hinaus gesteigert wurde. Jean B. Say (gest. 1832), bekannter Schüler des Adam Smith und Schöpfer der Angebotstheorie, schuf auf dieser Basis die kapitalistische Wirtschaftsideologie des 19. Jahrhunderts, welche der Arbeit wie dem Produkt selbst die Kategorie der »Ware« zuwies und damit den Arbeitsmarkt vergleichbaren Konkurrenzbedingungen aussetzte. Der zu erwartende Überhang wegrationalisierter Arbeitskraft sollte durch überproportional expandierende Märkte aufgefangen und dem Wirtschaftskreislauf auf verbilligter Basis wieder zugeführt werden.

Say sollte zunächst recht behalten. Die Märkte wuchsen tatsächlich, allerdings in der Hauptsache infolge der Kolonisation, weniger durch Eigendynamik. Adam Smith und Jean B. Say gelten dennoch als die Väter des modernen Wirtschaftsliberalismus, in dem Arbeit, Produktion und technischer Fortschritt als Elemente eines »natürlichen«, sich selbst regulierenden Prozesses betrachtet werden, der als Interaktion von Angebot und Nachfrage, eingebettet in ein positives Umfeld ständig expandierender Märkte, unaufhörlichen und ständig steigenden Wohlstand erzeugend fortschreitet.

Das Spiel freier Kräfte in Arbeits- und Produktmärkten ist allerdings auf den ständigen Abbau vorgängig entstandener Strukturen bzw. die Inanspruchnahme vorhandener Potentiale angewiesen. Zum einen bedarf es bestehender Strukturen, auf die der technische Fortschritt im Sinne einer laufenden Arbeitsumwandlung zur Kostensenkung angewandt werden kann, zum anderen bedarf es neuer Arbeitsmärkte und Herstellungspotentiale, um freigesetzte Arbeitseinheiten wieder neu verwenden bzw. den steigenden Produktstrom störungsfrei absetzen zu können.

Dieser »Strukturwandel«, angetrieben durch die rentabilistische Gewinnratio des Wirtschaftsliberalismus, hatte die europäischen Kulturgesellschaften gründlich verändert. Da sich die Fixierung auf den individuellen, unternehmerischen Eigentumsbezug durch den kapitalistischen Impuls deutlich verfestigen konnte, war der kollektive Bezug der Produktivitätssteigerung auf die Ebene der Gemeinschaft in weite Ferne gerückt. Zu Beginn des 20. Jahrhunderts war ein Bürgertum entstanden, das einer teilnahmslosen Arbeitermasse gegenüberstand, wobei sich beide als integrale Bestandteile der laufenden Arbeitsrationalisierung betrachteten. Der Wirtschaftsliberalismus hatte sich als unverzichtbare Gesellschaftsgrundlage, als das neue Weltbild der Moderne etabliert.

Karl Marx (gest. 1883) hatte diesen Sachverhalt nicht erkannt, als er den Anspruch der Arbeiter auf die Produktionsmittel anmeldete. Wie sich an den späteren Beispielen der leninistischen und hitleristischen Revolutionen zeigen sollte, verharrten diese beiden fundamentalen Gewaltsysteme des 20. Jahrhunderts innerhalb des kapitalistischen Bezugssystems und bildeten somit Extremvarianten der »freiheitlichen« Demokratie als der angestammten politischen Lebensform des Kapitalprozesses.[142] Marx war entgangen, daß der Systemfehler des Kapitalismus, die Trennung der Gesellschaft vom Zugewinn ihrer Glieder, nicht mit einer einfachen Verstaatlichung der Produktionsmittel, sondern allenfalls mit einer Aufspaltung des arbeitsbedingten Gewinnzuwachses in Unternehmens- und Gesellschaftsteile zu beheben war.

Überdies mußte dem Atheisten Marx ebenso die antireligiös-asoziale Dimension der liberalistischen Arbeitsrationalisierung verschlossen bleiben. Die Maschine des Liberalismus, die sich auch im Kapitalprozeß erneut als strukturauflösend und machtvermittelnd bestätigte, hatte sich aus ihren speziell kirchenfeindlichen Anfängen nun in eine generell kulturfeindliche Profitmentalität mit universalem Geltungsanspruch hineinentwickelt, dessen Rigorosität denjenigen der Kirche bald weit in den Schatten stellen sollte. Schon Thomas Hobbes (gest. 1679), Erzvater des Liberalismus, hatte das Asoziale zum Prinzip des Wirtschaftens erhoben:

»Unter dem Naturrecht, von den Gelehrten gewöhnlich ius naturale genannt, versteht man die Freiheit jedes Menschen, seine Kräfte nach eigenem Ermessen zu gebrauchen, um für seine Selbsterhaltung, d.h. für die Sicherung seines Lebens zu sorgen … Sie (die Menschen) haben die Freiheit zu kaufen und zu verkaufen … und es ist ein Krieg, den jeder Einzelne gegen jeden führt«.[143]

Ebenso sah Adam Smith, der Begründer der modernen Nationalökonomie, in der Wirtschaft ein System natürlicher Verteilung von Herrschaft und Reichtum:

»… der Bettler, der sich neben der Landstraße sonnt, besitzt jene Sicherheit und Sorglosigkeit, um die Könige kämpfen … Es macht uns Vergnügen, die Vervollkommnung eines so großen und schönen Systems zu betrachten, und wir sind nicht ruhig, bis wir jedes Hindernis, das auch nur im mindesten die Regelmäßigkeit seiner Bewegungen stören oder hemmen kann, beseitigt haben«.[144]

Zynismus und Drohung, mit denen Adam Smith die liberalistische Systemkonsequenz und Rigorosität bestätigte, fanden ihre Fortsetzung und Verstärkung im Schriftgut des Robert Malthus (gest. 1834), das den Verdacht nahelegte, daß es sich bei der Arbeitsverwertung ohne gesellschaftliche Rückkopplung um ein Mangelsystem mit zweifelhafter Funktionsfähigkeit und Ethikverfassung handeln könnte:

»… die stille aber sichere Vernichtung von Menschenleben in großen Städten und Fabriken – und die engen Wohnungen und ungenügende Nahrung vieler Armer – hindern die Bevölkerung daran, über die Subsistenzmittel hinaus zu wachsen und, wenn ich eine Wendung gebrauchen darf, die zuerst gewiß befremdlich erscheint, überheben große und verheerende Epidemien der Notwendigkeit, zu vernichten, was überflüssig ist«.[145]

Hobbes' Sicht des Kapitalsystems als Ausdruck eines naturgesetzlichen Überlebenskampfes, Smith's zynisches Bild von der »schönen Maschine«, deren geräuschlose Funktion durch eine Herrschaftselite sicherzustellen ist, und Malthus' an das Profil des Schreibtischtäters erinnernde Forderung nach Beseitigung derer, die Arbeitsverwertung und Krankheit überlebt haben, bilden die klassischen Vorstufen zum modernen Wirtschaftsliberalismus. Die damit etablierte, ideologische Nähe zu einem radikalen Biologismus erhielt einen weiteren, historischen Impetus durch die bereits angesprochene Evolutionstheorie des Charles Darwin, der allerdings die theologische Gottesebenbildlichkeit des Menschen und seine anthropologische Sonderstellung in der Evolution nur scheinbar in Frage stellte.

Neben Selektion und Mutation, deren positives Veränderungspotential konstant klein bleibt, sind vor allem seine »Determinanten« Zufall und Zeit für eine Theorie problematisch. In ihrem Bereich extrem langfristiger Anwendung entziehen sie sich einer hinreichenden Überprüfbarkeit, worauf auch die widersprüchlichen bzw. fehlenden Fossilienbelege hindeuten. Darwins Bild des Menschen als eines durch andauernden Überlebenskampf getrimmten Organismus' stand nicht nur in logischem Gegensatz zu Basisprinzipien der Naturwissenschaften sowie der mehrtausendjährigen religiösen und historischen Erfahrung des menschlichen Geistes, sondern warf auch ein entlarvendes Licht auf die Rolle des Menschen im Verwertungssystem des Liberalismus:

> »Wir erkennen, daß das höchste Gut, das wir uns vorstellen können, nämlich die Entstehung der höheren Tiere, ein direktes Ergebnis von Tod, Hungersnot, Plünderung und dem verborgenen Krieg der Natur ist«.[146]

Vorbereitet von Hobbes, Smith und Malthus stieg Darwins Auslesetheorie vom Kampf ums Dasein zur zentralen Ideologie des Wirtschaftsliberalismus auf, die das Universalprinzip vom Recht des Stärkeren nicht nur in das ökonomische Selbstverständnis, sondern auch in die Politik der imperialen Nationen des 19. Jahrhunderts und den elitären Rassismus der späteren National-Sozialisten trug. Der Ausleseprozess der biologischen Überlebensstrategie lieferte die paßgenauen Koordinaten für die ökonomische Konkurrenzautomatik der kapitalistischen Arbeitsvernichtung sowie die innere, liberalistisch geschaffene Nähe zwischen Demokratie und Diktatur.

Bereits zur Mitte des 19. Jahrhunderts hatte sich in den führenden Ländern Europas neben die herkömmlichen Machtebenen eine neue Elite aus Politik, Wissenschaft und Wirtschaft geschoben, die sich vornehmlich mit der Absicherung der rentabilistischen Arbeitsmaschine beschäftigten. Hegel (gest. 1831), der die zynische Freiheitsdefinition als »Einsicht in die Notwendigkeit« formulierte, Comte (gest. 1857) und Gobineau (gest. 1882) entwickelten die Theorien der Zeit, welche einer naturgesetzlichen Dominanz weißer und intelligenter Menschen über andersrassige und inferiore Menschen das Wort redeten. Nietzsches Übermensch erhielt in diesem Rahmen ein negatives Gegenstück in Gestalt des »ewigen Juden«, des wucherischen Geschäftemachers, dem schon im Mittelalter die Schablone des parasitären Halsabschneiders aufgeprägt worden war, und der nun den modernen Liberalismus entlasten sollte:

> »Der religiöse Affekt des Mittelalters wandelte sich zum modernen Antisemitismus, der diesen Affekt auf das säkularisierte, quasi-religiöse Bezugssystem der kapitalistischen Weltmaschine übertrug und die Negativität der Verwertung des Werts als »jüdisches Wesen« definierte«.[147]

Eingangs des 20. Jahrhunderts, am Vorabend des 1. Weltkriegs, hatte sich die moderne Kapitalmaschine zu einem technologisch-militärisch hochgerüsteten Komplex um Absatzmärkte und Ressourcen (Kolonien) konkurrierender Nationen entwickelt. Die ursprünglich von der Aufklärung reklamierte Ablösung der absolutistischen Herrschaftsklassen des Adels und Klerus waren usurpiert worden durch eine neue, biologistisch legitimierte Herrenklasse des politisch-ökonomischen Liberalismus. Diese Klasse stand einer Gesellschaft zunehmend uniformer Arbeitseinheiten gegenüber, deren Individualität sich in der Zugehörigkeit zu einer – ebenso biologistisch überhöhten – Nation erschöpfte. Ein mental und militärisch enorm angespanntes Potential entlud sich im 1. Weltkrieg, einer technologischen Materialschlacht bislang ungekannten Ausmaßes, die mit 12 Millionen Toten auch den Materialcharakter des kapitalistisch vorgeformten Arbeitsmenschen bestätigte.

Die Sozialistische Internationale Europas legte dieser Entwicklung keine Steine mehr in den Weg. Sie war bereits weitgehend in die Arbeitsratio des Liberalismus eingeschwenkt und hatte durch ihre Kongruenz mit der nationalistischen Kriegsmentalität ebenso offenbart, daß sie sich keineswegs im Gegensatz zum Kapitalismus befand, sondern seine staatsorientierte Variante darstellte. Der bereits bei Marx aufgetretene Denkfehler einer Vergesellschaftung der Produktionsmittel hatte sich im Zuge der ersten großen kapitalistisch-technologischen Entfaltungswelle als fundamentale Systemschwäche bestätigt.

Indem die Sozialisten den Selbstzweck der Arbeitsratio unverändert ließen und lediglich das private Aktionärsinteresse durch den Staat und ein starres Preissystem ersetzten, verharrten sie auf der Ebene einer »unproduktiven« Kopie des liberalistischen Originals. Der schwerfällige Dirigismus einer sozialistisch gelenkten Kommandowirtschaft war dem effizienten Rentabilismus einer freiwilligen Unterwerfung unter die Identifikation mit dem Arbeitsdiktat innerhalb der »freien« Marktwirtschaft definitorisch unterlegen. Die entscheidenden Triebkräfte der Kapitalmaschine – die Preis- und Eigentumsimpulse der Investoren, die individuelle Motivation der Arbeitsrentabilität und die Effizienz der Gesamtproduktivität – waren hier außer Kraft gesetzt, behinderten den technischen Fortschritt und machten somit den »sozialistischen Arbeiterstaat« zum experimentellen Antimodell mit eingebautem Scheitern.

Zugleich konnten die Liberalisten sicher sein, daß ihr Konzept der Produktivität auf Basis sozialdarwinistischer Arbeitsverwertung der sozialistischen Variante langfristig überlegen sein mußte. Dies umso mehr, als das totalitäre Moment der liberalistischen Arbeitsdoktrin sich als gesellschaftlich akzeptierter Funktionsrahmen, als von der Masse der Menschen »natürlich« empfundenes, kollektives Bewußtsein etablieren konnte, während die ethischen und ökonomischen Legitimationsgrenzen der sozialistischen Gewaltsysteme sich täglich dokumentierten und ihren eigenen Zusammenbruch vorzeichneten. Ihr Untergang, ob in kapital- oder national-sozialistischer Version, war mithin integraler Inhalt ihres Systemprogramms. Dabei offenbarten die katastrophalen Auswirkungen ihrer Klassen- bzw. Rassenideologien einen unschätzbaren und – wie sich im postmodernen Neo-Liberalismus herausstellen sollte – durchaus willkommenen Vorzug: Beide Ideologien hatten entscheidende Vorarbeiten in der Diffamierung und Zerschlagung gewachsener Gesellschaftsstrukturen geleistet und somit den Weg zur Massenideologie der Gegenwart geebnet, jener alle Fehler früherer Intoleranz überschreitenden Heilslehre, die eine interkulturelle Einheitsgesellschaft in globalem Frieden und Wohlstand verkündete.

2. Aufbruch in die Globalisierung

In der Folgezeit des Weltkriegs führten rüstungs- und kriegsbedingte Arbeits- und Güterverknappung, die inflationäre Aufblähung des Geldumlaufs durch Teiltrennung von der Goldbasis, die der bekannte Nationalökonom Schumpeter die »goldene Bremse an der Kreditmaschine« nannte, und die nachfolgende Inflation zu gravierenden ökonomischen und gesellschaftlichen Veränderungen. In Deutschland, zusätzlich verstärkt durch das Problem der Kriegsreparationen, vernichteten diese krisenhaften Entwicklungen große Teile des Gesamtvermögens, das Vertrauen in wirtschaftliche Planung und internationale Verflechtung sowie weite Bereiche des Wohlstandsbürgertums, das sich der Masse der zunehmend beschäftigungslosen Arbeitseinheiten anzuschließen hatte.

Vor allem jedoch war mit diesem Prozeß eine dramatische Abnahme der strukturellen Fähigkeit der Marktwirtschaft zur Aufnahme freigesetzter Arbeitskräfte festzustellen, indem die Inflation eine neue, ungeheure Dynamik der Unternehmens- und Kapitalkonzentration in Gang setzte. Diese Spiralwirkung wurde ihrerseits verstärkt durch den existentiellen Druck auf die Bevölkerung zum Verkauf ihres Aktienbesitzes zu Preisen, deren Negativtendenz ab dem magischen 24. Oktober 1929, dem »Schwarzen Freitag« von New York, dem Menetekel der sogenannten Weltwirtschaftskrise, in den freien Fall überging.

Vor dem Hintergrund dieses Szenariums hatte die Kapitalismusvariante des bolschewistischen Sozialismus nach der Oktoberrevolution 1917 einen radikalen Industrialisierungsprozeß eingeleitet, dessen repressiver Totalitarismus wie eine komprimierte Version der westlichen Modernisierungsstufen anmutet. Im Zeitrafferverfahren zerschlug Stalin in den 30er Jahren in einer umfassend angelegten Strukturvernichtung sowohl die Landwirtschaft als auch das Bürgertum. Unter Einsatz der größten Geheimdienstorganisation aller Zeiten ließ er eine letztlich unbekannte Zahl zwischen 15 und 30 Millionen der ländlichen – und zugleich mehrheitlich katholischen – Kulaken umbringen oder vertreiben sowie den berüchtigten GULAG einrichten, jenes unsägliche, die gesamte Sowjetunion umspannende Netz von Arbeits- und Straflagern, in dem sich unausweichlich alles Traditionelle und »Systemfremde« verfing und nicht selten unauffindbar verschwand.

Als Ergebnis entstanden eine »rationalisierte«, d.h. extremsozialisierte Kolchosenwirtschaft und ein der Bevölkerung mit umfassenden Propaganda- und Kontrollmechanismen aufgezwungenes Kollektivbewußtsein, das die Arbeit zum einzig verbleibenden Denk- und Lebensmedium erhob. Etwa zeitgleich, eher noch konzentrierter und zusätzlich intensiviert durch einen biologistischen Nationalismus, wurde das Systemprogramm des Dritten Reichs verwirklicht. Ausgestattet mit den Treibsätzen der elitären Auserwähltheit und des pathologischen Judenhasses als rassistisches und kapitalistisches Feindbild, absolvierte der National-Sozialismus die Systemstadien der kirchlich-bürgerlichen Traditionszerstörung, der Rüstungswirtschaft, der Arbeits- und Todeslager bis hin zur Shoa, der nahezu vollständigen Vernichtung des atavistisch gefürchteten Systemgegners, der Dimension absoluter Auslöschung, die die Auflösung jeglicher Kultur einschließlich der Selbstbeseitigung bedingte.

Antisemitische Parallelen wurden auch in der bolschewistischen Variante durch Stalins Pläne erkennbar, alle Juden, einschließlich derer, die ihm Hitlers Strategie des Massenmords zugetrieben hatte, zu vernichten. Diese Pläne mußten angesichts der nach Kriegsende und Bekanntwerden der Verbrennungsöfen völlig veränderten Weltmeinung zwar ad acta gelegt werden, doch ließ sich Stalin ihre »Sublimierung« keineswegs nehmen, indem er zwischen 1946 und seinem Tod 1953 im »Kampf für den Internationalismus« fast die gesamte jüdische Intelligenz durch Folter mundtot machte oder ganz einfach liquidierte.[148]

In Amerika waren indessen die tiefgreifenden Wirtschaftskrisen des Europa der 20er Jahre als temporäre Erscheinungen der Arbeitsrationalisierung aufgefaßt worden, die durch sich erneut ausweitende Märkte, wie man am eigenen Beispiel abzulesen glaubte, wieder aufzufangen waren. Hier überschnitten sich im Zusammenbruch der Börsen im Jahre 1929 und dem Beginn der Zweiten Industriellen Revolution Krise und Neubeginn als ein für die Zeitgenossen schwer zu durchschauender, gleitender Systemübergang.

Einen wesentlich klareren Überblick über diese verwickelten Prozesse hatten da schon eher die Lenkungsgremien des sich weiter dynamisch herausbildenden Metasystems einer *globalpolitischen Kapitalstrategie.* Auf Basis der aus dem Ersten Weltkrieg gewonnenen Vormachtstellung der USA konnte sich hier eine neue Leitungsebene in Gestalt vor allem des weltumspannenden Bank- und Unternehmenstrusts unter Führung des Rockefeller-Klans, auch bekannt unter der saloppen Bezeichnung des »Rockmob«,[149] etablieren. Er bildet den Kern von Lenkungsgremien der »Neuen Weltordnung«, ein Begriff, der spätestens seit dem Golfkrieg 1991 zum offiziellen Sprachschatz gehört und seither begonnen hat, sich als übergeordnete Politiknorm in der kollektiven Bewußtseinsbildung zu verankern.

Diese Gremien bestehen im wesentlichen aus dem vor dem Zweiten Weltkrieg entstandenen Council on Foreign Relations (CFR) sowie den Nachkriegsformationen der Trilateralen Kommission und der sogenannten Bilderberger, ein in dieser Reihenfolge gestuftes Spektrum, dessen Mitglieder im Rahmen allmählich erkennbarer werdender Öffentlichkeit im Zusammenwirken von Kapital und Politik die Randbedingungen des politisch-wirtschaftlichen Fortschrittsprozesses gestalten und gegebenenfalls in seine Steuerung eingreifen. Während also auf CFR-Ebene Langzeitkonzepte der Weltordnung entworfen und im UNO-Rahmen bearbeitet werden, erfahren sie auf Bilderberg-Ebene ihre konkrete Strukturierung und Durchführung durch gezielte Weisungen an oder Einflüsse auf nationale Regierungen, wie sie z.B. in den Gx- bzw. EU-Konferenzen erkennbar werden.

Es gehört zur geschichtlichen Logik von moderner Machtkonzentration, daß sowohl Leninismus als auch Hitlerismus ihre Anschubfinanzierungen durch in der Wallstreet beheimatete Gründerbanken erhielten,[150] deren Führung als wichtigste Voraussetzung des liberalen Fortschritts zu Recht die Zerschlagung und Vereinheitlichung gewachsener Gesellschaftsstrukturen erkannt hatte. Die auf Gleichförmigkeit abzielenden Prozesse der Traditions- und Strukturvernichtung im International-Sozialismus und National-Sozialismus tragen denn auch durch vielfältige Einflußnahmen und Kontakte die Handschrift von wichtigen anglo-amerikanischen Steuerungsmechanismen.

Seine wesentlichen Merkmale führen sich dabei – geistesgeschichtlicher Logik folgend – zudem auf ein gnostisch-esoterisches Weltverständnis mit antisemitisch-antichristlicher Stoßrichtung zurück,[151] ein Grundzug, der sich in den Lehren und Ideologien wichtiger – ebenfalls CFR-geförderter – New Age- und Umweltgruppen wiederfindet.[152] Wie unten näher ausgeführt (s. S. 245), haben diese Entwicklungen weniger mit der häufig bemühten »Verschwörung«, sondern weitaus mehr mit der Besetzung und Steuerung der *Organisation* von Wissen und Eigentum zu tun. Diese Organisation schafft durch Bündelung von Kompetenz im Speziellen wachsende Macht in den Unternehmen und Banken, die sich durch die komplementäre Inkompetenz im Generellen, im Bereich der Politik und des Sozialen, fortlaufend verstärken läßt (s. u. S. 482ff.).

Letztlich scheinen sie alle sich auf eine – scheinbar – antirationale Massenideologie hinzuordnen, die einer sich durch Intelligenz und Wissen überschreitenden Elite und einer in Unwissenheit und Entmündigung verharrenden Masse das Wort redet. Wir werden auf diesen bemerkenswerten – auch dem Spitzenklerus eigenen – Tenor im zweiten Teil zurückkommen.

Der CFR-Mitbegründer Henry Ford und sein Arbeitsanalytiker Frederick Taylor hatten zwischenzeitlich eine revolutionäre Entwicklung in die Wege geleitet, die nicht nur die Weltwirtschaftskrise überwand, sondern die zweite, für das gesamte 20. Jahrhundert zentrale Welle der Industrialisierung und Rationalisierung bedeutete. Mit der Fließbandproduktion des Autos wurden nicht nur neue Dimensionen der Produktionssystematik, sondern mit der Vervielfältigung des Produkts selbst neue Potentiale des Raums, der Zeit und der individuellen Mobilität für den Menschen erschlossen.

In der ersten Welle der Arbeitsverwertung waren Strukturen des Handwerks aufgebrochen und mit epochalen Erfindungen in der Elektrotechnik und Telekommunikation zu einem Gesellschaftssystem verknüpft worden, das sich über die ehedem dominanten Orientierungen des Glaubens und des Wissens hinaus nun der eigentumschaffenden Arbeit als oberstem, sakrosankten Maßstab jeglicher Existenz unterwarf. In der zweiten Welle der Fließbandproduktion paßten Ford und Taylor die Arbeit exakt in den Prozeß der Warenherstellung ein. Mit der zeitlichen Quantelung des Arbeitsablaufs und dem spezifischen Zuschnitt der Produktionsräume auf die Erfordernisse der Warenproduktion wurde der Mensch selbst zum integralen Bestandteil des Produktionsprozesses.

Während die erste Welle in gewisser Weise die Makrobasis einer arbeitsorientierten Gesellschaft geschaffen hatte, drang die zweite Welle auf die Mesobasis, auf eine mittlere Ebene des menschlichen Verhaltens vor. Mit der raumzeitlichen Integration der Denk- und Lebenswelt des Menschen in den Produktionsprozeß wurde die Arbeitsleistung endgültig zur Ware. Die Kosten dieser Ware schwenkten in eine fortlaufende Reduzierung ein, da die Unterwerfung unter die unternehmerische Gewinnmaximierung den Effekt der Selbstrationalisierung nach sich zog. In der Abstraktion der Menschen auf den Status gleichgeschalter Arbeitsquanten waren die Weichen in Richtung der postmodernen Industriegesellschaft gestellt, die in Arbeitsleistung und Wirtschaftserfolg ihren existentiellen Sinn erkennt.

Die moderne Autonomisierung des Verstandes und die anschließende Wissenschaftsentwicklung hatten die »Erkenntnis« einer fortschreitenden Zersplitterung der Erkenntnis überdeutlich zum Vorschein gebracht. Diese Wissensfragmentierung, die auch naturwissenschaftlich durch die Ergebnisse der Quantenphysik nochmals unwiderlegbar bestätigt wurde, konnte sich im postmodernen *Momentismus*, dem »Denken« in Einzelaspekten innerhalb eines materiell bestimmten Ereignishorizonts ohne Transzendenz etablieren.

Beide Ergebnisse des Glaubensverlustes – Wissenschaft und Arbeitsrentabilität – schienen sich mithin auf vergleichbare Weise zu entfalten. So wie sich in der Wissensratio nach der Makroauflösung weltlich-kirchlicher Machtstrukturen ein Mikrobereich individueller Identitätsauflösung bezüglich Glaube und Herkunft des einzelnen Menschen anschloß, so folgte in der Arbeitsratio nach dem Makrobereich großräumiger Strukturauflösung der Stände und Zünfte der Mikrobereich individueller Identitätsauflösung in Form der existentiellen Definition des Menschen als Arbeitsquantum. In der Verbindung beider Auflösungsprozesse kündigte sich eine weitgehende Uniformierung der Identität des westlichen Menschen an, in der sich das visionäre Gleichheitsideal des Liberalismus abzuzeichnen beginnt.

Dergestalt zu einer Art gequantelten Gesellschaftsatoms uniformiert, ließ sich der Mensch nun aus einem rentabilistischen Arbeitsraster definieren, der untrennbarer Teil unternehmerischer Kalkulation ist und seine Existenz auf die totale Isolation programmiert. Dabei fehlte natürlich nach wie vor der Rückbezug seines Mehrwerts auf die Gesellschaft:

> »Man wird niemals zu einer richtigen Wirtschafts- und Bevölkerungspolitik kommen, wenn man es nicht lernt, auch das Menschenleben mit dem Auge des Kaufmanns zu betrachten und sich zu fragen: ›Was kostet der einzelne Mensch die Gesellschaft? Was bringt er ein?‹«.[153]

Die Normierung des Menschen auf einen abnehmenden Standard des sich selbst relativierenden Wissens und der sich selbst rationalisierenden Kosten aktivierte die exorbitante Dynamik, die in der zweiten Hälfte des 20. Jahrhunderts die westlichen Gesellschaften, nochmals beschleunigt durch den Zusammenbruch des Kommunismus, beherrschte. In der Freisetzung ungeheurer Energien der Pluralisierung, Materialisierung und Kommerzialisierung entfaltete sich das neue Weltbild einer westlichen Kultur, die sich als globale Zivilisation verstand und unaufhaltsam ausbreitete.

Im Sinne der fremdorientierten Strukturauflösung fuhr diese Zivilisation fort, ihre internen Substanzen des Glaubens und der Bildung abzubauen und die externen Strukturen der Wirtschaft im Sinne der profitorientierten Arbeitsratio mit Tendenz zur Globalisierung zu verstärken. Die intellektuelle und spirituelle Verengung des individuellen Horizonts bei gleichzeitiger Fixierung auf eine materiell und körperlich definierte Existenz, förderte die Herausbildung einer wachsenden Wirtschaftsorientierung auf einen weltweit vereinheitlichten Produkt-, Konsum- und Arbeitsmarkt mit Konsequenzen für die Strukturen der internationalen Finanzmärkte, Telekommunikation, Medienaktivität und Migrationsdynamik.

Der aus Arbeit, Freizeit und Konsum definierte Standardmensch des Westens, dessen unabhängiger Rückgriff auf geistige Reflexionsebenen wie Religion und Intellekt laufend abnahm, ordnete sich materiell-körperlichen Identitätsträgern der sogenannten Selbstverwirklichung zu. Über die Arbeit hinaus konnte sich dieser neue Menschentypus in vereinheitlichten Mustern des Konsums von Prestigegütern – Auto, Kleidung, Reisen etc. – sowie Körpergütern wie Sexualität, Fitness, Drogen etc. manifestieren. Die gesellschaftlich verordnete Fremdorientierung prägte diesen Verhaltensmustern die unverzichtbare Zusatzkomponente der multikulturellen Toleranz auf, der jedoch aufgrund schwacher spiritueller und intellektueller Reflexion eine echte Verständnistiefe fehlte. Im kommerziellen Kontext nahmen zuwandernde Kulturen und Religionen einen schillernden Charakter an, der zwischen Konkurrenz um Arbeitsplätze, Garantie für Altersversorgung und Alternative der Erlösung im Sinne eines kuriosen Konsumobjekts fluktuierte.

Die kurzfristig und materiell orientierten Dimensionen dieser Wirklichkeitswahrnehmung – ohne die Möglichkeit historischer und sachlicher Einordnung – verhinderten erfolgreich eine kompetente Beurteilung des eigenen Existenzrahmens. In zunehmend stringenter Form beschränkte sich die Rolle des Menschen darauf, sich als Objekt der Selbstverdrängung am Arbeitsprozeß zu beteiligen und dabei als Subjekt des wirtschaftlichen Erfolgs zu verstehen. Die auffälligen Mangelphasen, die der Kapitalprozeß im Laufe seiner Entwicklung seit dem aufklärerischen Beginn hervorgerufen hat, mußten dieser Wahrnehmung verborgen bleiben.

Die katastrophalen Hungersnöte des 18. und 19. Jahrhunderts in Europa und des 20. Jahrhunderts in Amerika, die sich sämtlich zunehmender Freihandelsaktivität und wirtschaftlicher Verflechtung verdankten, wurden nicht als systematische, unausweichlich sich wiederholende Funktionsschwächen interpretiert, sondern als vermeidbare Fehlentwicklung, sozusagen als Bedienungsfehler in der Handhabung des Systems. England hatte Mitte des 19. Jahrhunderts den Krieg mit China angezettelt, um den »Freihandel« mit Rauschgift zu erzwingen, sowie mit der Abschaffung der Korngesetze die Landwirtschaft billigen Importen ausgesetzt und die Landbevölkerung gezwungen, dem Hungerstod durch Auswanderung – propagandistisch unterstützt durch die Kirche – zu entgehen.

Hier wurden Mechanismen deutlich, die sich in der späteren Wirtschaftshistorie in einem zwanghaften Zusammenwirken zwischen Politik, Wirtschaft und Kirche bis hin zur Bildung der zeitgenössischen Weltorganisationen wie UNO, GATT, WTO und ihren kirchlichen Kooperationsformen (s. u. S. 357f.) wiederholten. Mit den Stereotypen »Freihandel – Deregulierung – Globalisierung« sowie dem übergeordneten Strategieprojekt des MAI, das die bürgerlich-demokratische Mitsprache endgültig beseitigen soll (s. u. S. 433f.), erfahren die probaten Erosionsmuster des Liberalismus eine intensivierte, ins Totalitäre weisende Fortsetzung auf globaler Ebene.

Die Behauptung, daß Freihandel und Unternehmensgewinn auch gut für die Gesellschaft seien, war inzwischen vom Liberalismus so oft wiederholt worden, daß sie die Rolle eines unumstößlichen Axioms mit sakralem Wahrheitsgehalt übernommen hatte. Diejenigen, die Zweifel an der Funktionalität des momentistischen Fragmentdenkens vortrugen, wurden sofortiger Stigmatisierung als revisionistische Sozialisten oder rückständige, christliche Sozialethiker ausgesetzt.

Von immer wieder erstaunlicher Wirkung zeigt sich das Ur-»Argument« der liberalen Ambivalenz und Schreckgespenst des Intellektualismus, der Universalvorwurf der »Verschwörungstheorie«, deren Denkverbote bislang überaus effiziente Schutzräume für Strategien im Rahmen übergeordneter Gesellschaftsveränderungen erzeugt haben. Hier ist vor allem jener Effekt wirksam, den J. K. Galbraith als den Transfer von »kompensatorischer« zu »konditionierter« Macht bezeichnet hat. Es handelt sich hier um den machtvermittelnden Übergang von Wissen und Eigentum zur *Organisation* von Wissen und Eigentum, der in Unternehmen und insbesondere Banken eine logische Konzentration von Macht erzeugt. Dieser neuen Machtart des postmodernen Globalismus, auch bekannt unter der »Neuen Weltordnung«, nützte nichts so sehr wie das Verbot des »Verschwörungsdenkens«, nichts anderes als »die sorgfältig gepflegte Vorstellung, sie existiere überhaupt nicht«.[153a]

Nichtsdestoweniger muß der Preis der Freiheit bezahlt werden. Er besteht in einer monotropen Systemverfassung, der unwandelbaren Zustands- und Funktionsform des Kapitalismus als eines konsumptiven Schneeballsystems, das nur so lange aufrechterhalten werden kann, wie vorhandene Strukturen und Ressourcen zur Auflösung und zum Verbrauch bereitstehen. Die unwandelbare Zustandsform des Kapitalsystems besteht in vorderster Linie in seiner strukturellen Unfähigkeit zu systematisch-konstruktivem Wachstum. Dauerhafte Wirtschaftsaktivität war bisher nur möglich, wenn Arbeitskräfte mit ebenso dauerhafter Lohnsenkungstendenz zur Verfügung standen. Dabei spielte es keine Rolle, ob diese Lohnsenkungstendenz durch Maschinisierung, Automatisierung, Elektronisierung oder Ausweichen auf alternative Arbeitsmärkte durch Produktionsverlagerung ins Ausland erreicht wurde.

Da Lohnsenkungen die eigenen Absatzmärkte schwächten, verstärkte sich der Drang zur Internationalisierung und letztlich zur Globalisierung unserer Zeit. Zur Einförmigkeit des Kapitalsystems gehört der Zwang, auf immer wieder neue, alternative Versionen ihrer Basisressourcen, der Arbeit, des Rohstoffs und der Infrastruktur, zurückgreifen zu müssen. Die Folgen der strukturellen Arbeitslosigkeit und der Naturzerstörung sollen durch »Deregulierung«, einem Ausweichbegriff für Strukturauflösung, abgefangen werden. Eine Rückkopplung mit einer übergeordneten Systemstufe, die der einförmigen und konsumptiven Funktionsweise des Wirtschaftens eine dynamische und selbsttragende Qualität im Sinne eines dynamischen Kreisprozesses verleihen könnte, findet nicht statt.

Der historisch gewachsenen Kapitalratio fehlt die strukturelle Rückbindung an ihre gesellschaftliche Herkunftsebene, die allein in der Lage wäre, dem Gesamtsystem eine konstruktive Stabilität aus infrastrukturellem Wachstum zu verleihen, gespeist aus Teilen rückfließenden Arbeitsmehrwerts. Die offensichtliche Wirtschaftsdynamik der Gegenwart verdankt sich daher notwendigerweise zunächt weiterhin der Strukturauflösung – vorliegend zwei simultanen Quellen: der Nutzung globaler Arbeit, Natur und Infrastruktur und dem enormen Potential des Computers als dritter Welle der Arbeitsrationalisierung nach der Maschine und dem Fließband. Mit der Kombination von Software und Internet dringt die Kapitalmaschine dabei in den Mikrobereich des menschlichen Bewußtseins und seines kognitiven Leistungsvermögens vor, der eine Potenzierung der Produktivität und damit des Börsenbooms verspricht.

Sobald sich allerdings die Zwangslogik der Arbeitsverwertung sinkenden Potentialen in den Bereichen der Lohnsenkung, der Aufnahmefähigkeit alternativer Absatzmärkte und/oder der Versorgungsrisiken auf der Rohstoffseite gegenübersieht, und weder die »Deregulierung« noch die Sozialfinanzierung ausreichend greifen, setzt die Krise unausweichlich ein.

Die Theorien der jüngeren Wirtschaftsgeschichte, die Keynesianische Nachfrage- und die monetaristische Angebotspolitik, und auch die spezifisch deutsche Form der »sozialen Marktwirtschaft« haben diese fundamentale Systemschwäche nicht beheben können. Nach temporärer Konjunkturbelebung als Folge des Wiederaufbaus nach dem 2. Weltkrieg flachte die Wirtschaftsaktivität in Europa und Deutschland in den 70er Jahren, verstärkt durch die radikale Ölpreiserhöhung von 1973, stark ab und leitete von Beginn der 80er Jahre an in eine ausgedehnte Phase struktureller Arbeitslosigkeit über.

Dabei schaltete sich der Staat immer aktiver in die Wirtschaftstätigkeit ein, jedoch nicht, um das Systemdefizit der fehlenden Rückkopplung zur Gemeinschaftsebene zu beheben, sondern ebenfalls als Unternehmer bzw. Interessenvertreter der Unternehmer aufzutreten. Er verschärfte damit selbst den Wettbewerb zwischen den Staaten sowie den Arbeitsplatzverfall durch Produktivitätszunahme und trug mithin zur Schwächung der Gesellschaft als der eigenen Existenzgrundlage entscheidend bei. Maßnahmen wie Subventionen für veraltete Industrien, Steuergeschenke für inländische Konzerne und ausländische Investoren sowie die Privatisierung staatlich finanzierter und verwalteter Infrastruktur waren eher geeignet, die internationale Staatenkonkurrenz zu intensivieren und die Schatulle der Politik aufzubessern, als der Gesellschaft eine langfristig tragfähige Basis zu sichern.

Es wurde deutlich, daß Markt und Staat die scheinbar untrennbaren Funktionspartner zum Betrieb der rentabilistischen Arbeitsmaschine zum Vorteil der Unternehmen waren. Während in diesem Betrieb indes die globalen Konzerne sich wachsende Freiheits-, Produktivitäts- und Organisationsgrade in weltweiter Ausdehnung auf die Potentiale der Arbeits- und Rohstoffmärkte sowie der internationalen Steuersysteme sicherten, ließen sie die Staaten mit den Verwertungsfolgen, dem »Sockel« struktureller Arbeitslosigkeit, sinkenden Steuereinnahmen, wachsenden Sozialverpflichtungen mit hohem Migrantenanteil sowie einer daraus resultierenden, exponentiell steigenden, kaum rückzahlbaren Gesamtverschuldung zurück.

Alle Beteiligten, die professionellen Wirtschaftsliberalen, die amateurhaft mitwirkenden Politiker, die dialogorientierten Kirchen, die subjektivierten Wissenschaften und die arbeitende Masse agieren innerhalb der von der Arbeitsratio gesetzten Kategorie der betriebswirtschaftlichen Kalkulation. Diese Ratio setzt die Bewertung von Arbeit der Maxime einer konsequenten Negativspirale aus, welcher sich die gesamte Gesellschaft als einer Art universeller Quasi-Religion unterwirft. Niemand stellt die fundamentale Frage nach der ursprünglichen, gesellschaftlichen Herkunft der Human-, Natur- und Struktur-Ressourcen, mit der die Verbindung zu den übergeordneten Gemeinkosten hergestellt würde.

Die Ressourcen, die den Kapitalprozeß überhaupt ermöglichen, entstehen auf der Ebene der Gemeinschaft, die als übergeordnete Systemstufe in die rentabilistische Profitmaxime nicht einbezogen ist. Während Produktivitätserträge aus Nutzung der gesellschaftlich ermöglichten Ressourcen, ohne durch eine kompatible Gegenleistung entgolten worden zu sein, den Unternehmen zufallen, bildet die Gemeinschaft das Sammelbecken für die von der Logik der Arbeitsabwertung und Strukturauflösung verursachten Kosten der Ausgesonderten, der nach wirtschaftsliberaler Terminologie »Überflüssigen«.

Das gern gebrauchte Wort vom »Shareholder Value«, der über die Börsenentwicklung neuen Wohlstand für alle schaffe, gehört zum bewährten Arsenal begrifflicher Unklarheit im wirtschaftsliberalen Bereich. Es verschweigt, daß der Shareholder nur einen direkten, individuellen Aspekt des unternehmerischen Engagements repräsentiert, während eine indirekte, kollektive Kostenseite in Gestalt der Inanspruchnahme gesellschaftlicher Leistungen unberücksichtigt bleibt. Es verschweigt auch, daß von Beginn des Börsenswesens an kein hinreichend gleichmäßiger Zugang zur Aktie als Anlageform bestanden hat, was wesentliche Voraussetzung für einen »Wohlstand für alle« gebildet hätte. Dabei stellen die zukünftig schrumpfenden Einkommen ohnehin keine geeignete Basis für ein stabil wachsendes Portfolio dar.

Der chimärenhafte Charakter dieses Begriffs enthüllt sich noch deutlicher in der Inanspruchnahme der offensichtlich als sicher angenommenen Börsengewinne als neuer Bestandteil der Altersversorgung, die den Staat – ebenso wie die immer wieder beschworenen, phantomartigen Rentenbeiträge der zuwandernden Migranten – seiner zunehmenden Probleme bei der Rentenversicherung entheben sollen.

Solange sich beide Bereiche faßbarer Verbindlichkeit bzw. Beweisbarkeit entziehen, ist eher eine Verschärfung der Kapitalkonzentration bei einer relativ sinkenden Zahl elitärer »Shareholder« zu erwarten, wie sie sich bereits sehr griffig in jenen 300 Personen abzeichnete, die im »Heiligen Jahr« 2000 mehr Besitz auf sich vereinigten als die Hälfte der Weltbevölkerung, also immerhin 3 Milliarden Menschen. Es ist daher von einer dementsprechend steigenden Kostenkonzentration bei der Gesellschaft auszugehen, bei denen die zwei großen Kostenfaktoren der globalen Arbeitsrationalisierung verankert wurden und sich weiterhin niederschlagen werden: die Finanzierung der Arbeitslosigkeit als lokaler und der Migration als globaler Faktor.

Was die unklare Begrifflichkeit des Shareholder Value allerdings konkret und effizient gefördert hat, ist eine ungeheure Intensivierung des liberalistischen Auflösungsprozesses. Die globale Ausweitung des Börsen- und Märktepotentials, der sich laufend verstärkende Zugriff der Investmentbanker auf das Kostenmanagement der Unternehmen und der sowohl informatorisch als auch dispositiv extrem erleichterte Zugang zu den Finanzmärkten verbanden sich zu einer phantastischen Expansion der weltweiten Börsen und neuen Märkte.

Die hier gegen Ende der 90er Jahre zu registrierenden, exorbitanten Hausse-Tendenzen wurden allerdings – vor dem Hintergrund der momentistischen Logik – zu Unrecht als »Kasinokapitalismus« verunglimpft. Vielmehr bildete die sich in diesem Geschehen entfaltende, beispiellose Kursexplosion den exemplarischen Index für einen epochalen Produktivitätsanstieg auf der Basis globaler Arbeitsrationalisierung, lokaler Übernahme der Sozialkosten durch die Staaten, eines rasch wachsenden Volumens verfügbarer Anlagemittel und des exponentiell zunehmenden, individuellen Selbstverständnisses aus Arbeits- und Besitzratio.

Diese neue, nahezu rein materialistische Bewußtseinsform konnte unter gänzlichem Verzicht auf Tradition aus Bildung, Ausbildung und Analyse die Vergangenheit nun vollends abstreifen und sich einer remythisierten Zukunft zuwenden, die ihre eigenen Profitkriterien euphorisch überstieg. Während traditionelle, produktive Substanzwerte mit realen Umsätzen und Gewinnen im Börsenverlauf stagnierten oder sich sogar rückläufig entwickelten, erlebten neue, in der Relation unproduktive Werte des virtuellen Internetbereichs ohne konkrete Profitprognose traumhafte Kursschübe, die klarer als alles andere verdeutlichten, wie eng der momentistische Wahrnehmungshorizont des materiell definierten Standardmenschen geworden war.

Eine kohärente, Vergangenheit und Zukunft verknüpfende Realität stand diesen Menschen nicht mehr zur Verfügung. Je konkreter die Wahrscheinlichkeit einer fortschreitenden Globalisierung angenommen werden kann, desto weniger werden sie daher zur Teilnahme an einem gesellschaftlichen Gemeinwesen in übergeordnetem Sinne in der Lage sein. Umso weniger werden sie ebenso bereit sein, überhaupt noch irgendeine soziale Rückbindung anzuerkennen, weder in Form einer Aufspaltung des Gewinns aus Arbeitsrationalisierung, noch in Form einer Fortsetzung des altersversorgenden Generationenvertrags.

Die Lösung der Vernunft vom Glauben und die nachfolgende, momentistische Einengung des Erkenntnishorizonts durch einen relativierten Verstand machten den Menschen »sturmreif« für die vollständige Erfassung seiner Arbeitskraft als sich selbst rationalisierende Ware. Bei sich auflösender Gemeinschaftsbindung, zurückgeworfen auf eine weitgehend materiell gesteuerte Wahrnehmung, war der postmoderne Standardmensch einem Weltverständnis anheimgegeben, das die objektive Abwertung seiner arbeitenden Existenz zur subjektiv bestmöglichen Lebensform machte.

Die universale Weise, in der diese Lebensform Bewußtsein und Existenz, Denken und Handeln der Menschen zu einer materiell und kommerziell dominierten und uniformierten Zivilisation formte, bringt das System der kapitalrationalen Unterwerfungsbereitschaft nicht nur mit dem Totalitarismus in Verbindung,[154] sondern offenbart auch wesentlich tiefer liegende Wurzeln. Die unter der Flagge der Autonomie ablaufende Befreiung von Glaube und Bildung und ihren traditionellen Strukturen der Kirche und Wissenschaft erzeugte einen »liberalen« Typus von Freiheit und Toleranz, der die Verneinung sowohl des Geistes des Eigenen als auch der Vergangenheit des eigenen Geistes und damit eine fundamentale Beschränkung des Denkens zum kategorischen Imperativ erhob.

Die vorausgehende Aufgabe des Glaubens und der Verlust der transzendenten Dimension schienen irreversible Kaskaden der Erkenntnisverengung anzutreiben, die den Menschen einer unausweichlichen Reduzierung auf die Wahrnehmung der Welt und seiner selbst in den alleinigen Kategorien der Arbeit und Materie auslieferte. Der damit einhergehende, umfassende Geistverfall ermöglichte den Übergang der Macht an neue Eliten von ebenso umfassender Mediokrität in Kirche, Universität und Politik. Diese Eliten konnten sich logischerweise nicht mehr als Vertreter legitimer Interessen des Glaubens, der Bildung und Demokratie verstehen, sondern als Wahrer der eigenen, illegitimen Machtsicherung und als Verkünder umfassender Entgrenzung als Basis globaler Wirtschaftsinteressen.

Geistverfall und Entgrenzung sind die zwei komplementären Aspekte des interkulturellen Dialogs, mit denen sich der nachfolgende, zweite Teil unseres Weges »von Gott zu Allah« auseinandersetzt. Der liberale Fortschrittsdiskurs und die Sprachnebel seiner Eliten suggerieren die Illusion eines Dialogs im Sinne eines emanzipierten Gesprächs auf Basis souveräner Toleranz und Identität. Es wird sich in unserer Analyse dagegen rasch herausstellen, daß beide – Geistverfall und Entgrenzung – Folgen fortschreitender Gegenwarts- und damit Denkverengung im fortschrittsgesellschaftlichen Zeitbewußtsein darstellen. Sie erzwingen den interkulturellen Dialog im Sinne eines systematischen Prozesses und liefern innerhalb des eigenen Systems zugleich die euphemistischen Strategien, die das Faktum einer realen, irreversiblen Auflösung in Richtung anderer Kulturen und Religionen zu verschleiern helfen.

VIII
Islamisierung im modernen Fortschritt

A. Die antikoloniale Reaktion

1. Vorabend der Kränkung

Während sich im Westen des 15. Jahrhunderts mit der Renaissance und der Entdeckung Amerikas die Spirale der autonomen Vernunft und des dynamischen Wissenschaftsglaubens in ersten Windungen in Bewegung setzte, trat der islamische Raum in seine letzte große Epoche. Die türkische Dominanz, die sich in den Söldnertruppen der abbasidischen Teilreiche etabliert und graduell verselbständigt hatte, mündete nach der endgültigen Eroberung des byzantinischen Reichs mit der Einnahme Konstantinopels im Jahre 1453 in das Osmanische Reich, in den vorläufigen Abschluß imperialer Macht im Islam.

Das ethnisch-militärische Überlegenheitsbewußtsein der Türken verband sich mit einer weitgehenden Autonomie der osmanischen Provinzen zu einer für islamische Regime ungewöhnlichen Stabilität, die das Osmanenreich wesentlich besser für die Begegnung mit der westlichen Kolonialmacht wappnete als die übrige islamische Welt. Die Sklavendynastien der Mamluken Ägyptens und die Herrschaftseliten der Osmanen des ehemals christlichen Anatoliens, die in spezifischen Einrichtungen auf ihre militärischen und administrativen Aufgaben vorbereitet wurden, konnten – frei von den arabischen Stammesloyalitäten – eine langfristige Kontinuität in der Staatsspitze sicherstellen. Deren besonderer Charakter war bereits auch Ibn Khaldun nicht verborgen geblieben, nach dem es entscheidend auf die *asabiya*, den islamischen Gruppengeist eines Gemeinwesens ankam, um die Überwindung und Übernahme durch andere Dynastien zu vermeiden.[155]

Es ließ sich darüber hinaus feststellen, daß die tendenziell eher kürzerfristige Stabilität islamischer Gesellschaftssysteme – historisch und mit Wirkung bis in unsere Zeit – auf zwei fundamentalen Kooperationen ruht: die *religiöse* aus urbanem Schrift- und ruralem Volksglauben sowie die *politische* aus ruralem Schutz und urbaner Versorgung. Als auffälligstes Element islamischer Vereinheitlichung hatte sich die dominante Kontrollfunktion des doktrinären Schriftglaubens gezeigt – ein alle islamische Gesellschaften kennzeichnendes Phänomen, welches viele Muslime als Beweis für die Wahrheit ihres Glaubens anführen.

Ein durch den individuellen Ritenvollzug sowie die kollektive *shari'a*-Basis vielfach bestätigter Regelglaube erhielt durch die Rückorientierung auf das Modell von Medina ein strahlendes Siegel der Endgültigkeit. In reaktionärer Selbstbespiegelung eignete sich der Islam eine Struktur konformistischer Verhaltensmuster an, die in historisch wachsender Verfestigung die kategorische Abwehr jedweden systemfremden Elements forderten. So wie die islamische Geschichte das Mawardische Machtprivileg hervorbrachte, um die weltliche Herrschaft durch den Primat des Gottesgesetzes zu legitimieren, so hat sie in langer, harter Auseinandersetzung den rationalen Geist der Philosophie unterdrückt, um die Dominanz der Schriftoffenbarung zu wahren. Jedes Denk- oder Herrschaftssystem, das die Muslime diesen Prioritäten entzieht, stört die Ordnung Allahs, stellt ihre uneingeschränkte Geltung in Frage und ist mithin auf Dauer vor die Alternative der gänzlichen Unterwerfung oder der nachhaltigen Ausgrenzung gestellt.

»Sofern die Überlieferung klar und eindeutig ist, hat der Verstand keinen Spielraum«[156] lautet die handfeste Devise zugunsten eines Weltbildes, das nach islamischem Verständnis »die bestmögliche Gemeinschaft auf Erden« (Koran, 3/111) erzeugte. Kein islamischer Denker hat sich der normativen Kraft des Schriftglaubens und seiner Zeugnisse in Koran und Überlieferung auf Dauer entgegenstellen können. Je weiter sich die Statik der geistigen Selbstbeschränkung verfestigte, desto geringer wurden die Möglichkeiten des islamischen Systems, den obsessiven Bezug auf die orthodoxe Rechtgläubigkeit zu modifizieren.

Die intellektuelle, spirituelle und poetische Schönheit der von der Spekulation (*kalam*) und Mystik (*sufiya*) hervorgebrachten Gedanken und Alternativen mußte mehrheitlich in Nischen des Obskurantismus oder der geduldeten Vereinzelung verschwinden, um der Verfolgung durch den orthodoxen Dominanzwillen zu entgehen. Immerhin konnte hier das Osmanische Reich erneut eine Sonderrolle spielen, indem es der volksfrommen Mystik und den sufischen Orden wesentlich freiere Entfaltungsmöglichkeiten als der arabische Islam gab.

Wenngleich das arabische Original des Islam spätestens mit dem Ende der Abbasiden 1250 und dem Mongolensturm 1258 in die politische Provinzialität abgesunken war, so hatte es doch durch seine türkische Variante des Osmanenreichs einen neuen, imperialen Aufstieg erlebt, der im seit langem angestrebten Sieg über das christliche Byzanz einen historischen Kulminationspunkt fand. Die späteren Eroberungszüge nach Europa und Belagerungen von Wien in den Jahren 1529 und 1683 schienen diese Erfolgsgeschichte fortzusetzen, trugen jedoch bereits den Keim des Niedergangs in sich.

Wie nah die Osmanen der Einnahme Wiens 1683 gewesen waren, zeigt der Umstand, daß eine kleine türkische Vorhut unbehelligt in die Stadt eindringen, 800 Christen erschlagen und zum Beweis 150 Köpfe ihrem Feldherrn Kara Mustafa zu Füßen legen konnte, um nach bewährtem islamischem Muster das übliche Kopfgeld zu erlangen.[157] Aus nicht bekannten Gründen versäumte der Feldherr die einmalige, historische Gunst der Stunde, konsequent nachzusetzen und die praktisch wehrlose Stadt einzunehmen. Wenig später ermöglichte dieser Fehler einem durch Polen verstärkten Entsatzheer unter dem berühmt gewordenen geistlichen Beistand des italienischen Kapuzinermönches Marco d'Aviano (gest. 1699), in der Schlacht vom Kahlen Berge den osmanischen Belagerungsdruck zu brechen und im Todesjahr des Pater Marco den Unterlegenen die Bedingungen des Friedensvertrags von Karlowitz zu diktieren.

Obwohl sich die Osmanen von dieser schockierenden Entwicklung letztlich nicht mehr erholten, blieb doch die Geltung der orthodoxen Glaubens- und Verhaltensnormen im islamischen Bezugssystem einer heilsbestimmten Gemeinschaft unberührt. Hatte nicht der gleichförmige Bestand des Islam in den verschiedensten Kulturen die Wahrheit des von Muhammad verkündeten Gottesgesetzes bestätigt? Hatte nicht trotz der gerade erlebten Niederlage auf längerfristiger und universeller Basis die Staat, Gesellschaft und Herrschaft umgreifende Glaubensklammer der *umma* immer wieder ihre historische Überlegenheit bewiesen, so wie die Vorhersage des Ibn Khaldun es forderte?

2. Islam und westliche Zivilisation

Es scheint kein Zufall, daß in der gleichen Zeit, in der sich das Europa der Renaissance einer betonten Verselbständigung seines Geistes und der Erneuerung der griechischen Philosophie zuwandte, der Islam mit Ibn Khaldun (gest. 1409) noch einmal einen genialen Geist von höchst unabhängiger Denkungsart hervorbrachte. Dennoch blieb auch diesem Genius letzlich keine Alternative zur Unterwerfung unter die islamische Doktrin.

Diese in sich geschlossene, um sich kreisende Glaubensidentität verharrte in jahrhundertelanger Selbstbestätigung, die sich vor allem in gewaltigen Sammelwerken des Glaubenswissens niederschlug, bis um die Wende zum 19. Jahrhundert die westliche Kulturexpansion mit der Landung Napoleons in Ägypten einsetzte. Die europäischen Kolonisatoren, ihrerseits unter starkem Einfluß der aufklärerischen Toleranz, des liberalistischen Kapitalismus und des Bewußtseins militärischer Dominanz, trafen in den islamischen Ländern auf eine Kultur, die sich für eine diametral entgegengesetzte Geistesentwicklung entschieden hatte.

Gerade vor Beginn der westlichen Invasion hatte sich mit dem Wahhabismus des Muhammad Ibn 'Abd al-Wahhab (gest. 1792) eine glaubensstrenge Reformbewegung in und um Mekka bemerkbar gemacht, die sich gegen die Beliebigkeit der osmanischen Pilgerriten und die ausufernden Sitten während der Wallfahrt wandte. Diese Strömung wurde zur Grundlage des späteren, saudi-arabischen Royalismus und des antiwestlichen Reformismus insgesamt.[158]

Während hier der selbständig spekulierende Geist, der in rationalen Kategorien alternative Denkwege zu erkunden suchte, mit den Philosophen des 12. und 13. Jahrhunderts weitgehend unterdrückt war, hatten die Denker Europas in dieser Zeit einer philosophisch-religiös begründeten Balance zwischen Vernunft und Glaube den Vorzug gegeben. Das von der Kirche vertretene Christentum hatte den Weg freigeben können – wenn nicht gar müssen – für eine graduelle Emanzipation des menschlichen Geistes von der Glaubensvermittlung des Lehramtes. Die strukturelle Mittlerrolle Jesu Christi zwischen Jenseitsglauben und Diesseitsverhalten schien allerdings – wenngleich durch die aufklärerische Säkularisierung eindeutig zurückgedrängt – in den entstehenden, demokratischen Nationalstaaten noch immer angemessene Ausdrucksformen finden zu können.

Der Schock, den die Erkenntnis der zivilisatorischen Überlegenheit dieser Kultur beim Islam zunächst auslöste, blieb insgesamt freilich begrenzt. Seine bewährte, eigenfixierte Glaubensidentität ermöglichte eine rasch eingängige Rationalisierung der objektiv-realen Unterlegenheit als eine subjektiv-moralische Überlegenheit. Denn mit der westlichen Kultur traf ihn nichts wirklich Neues. Nachdem er sich Jahrhunderte zuvor mit den emanzipatorischen Wirkungen rationalen Denkens auf seine Glaubensideologie auseinandergesetzt und sie als für sich nicht brauchbar ausgesondert hatte, stand er nun den Produkten dieser philosophischen Emanzipation und dem Selbstbewußtsein ihrer Vertreter gegenüber. So mußte erneut der seit nunmehr 1000 Jahren eingespielte Reflex des automatischen Selbstbezugs einsetzen. Nicht das in den Erzeugnissen dieser neuen, westlichen Kultur erkennbar werdende, technisch-zivilisatorische Wissen war entscheidend, sondern allein das überkommene, islamische Wissen.

Das eigentliche, wirkliche und wahre Wissen lag im Glaubensgut der sunnitischen Orthoxie, im Erbe des vom Verkünder übermittelten Gesetz Allahs, das durch keinerlei Zeiterscheinung oder temporäres Neuwissen in Frage gestellt werden konnte. Islamische Reform hatte daher nie Veränderung, sondern die immer wieder erneuerte Bestätigung der gleichen Wahrheit des ererbten Traditionswissens bedeutet. Nur so war sichergestellt worden, daß sowohl die religiös-spirituelle Stabilität der *umma* im Ritenglauben als auch ihre politische Kontinuität durch die Einbindung einer orthodox legitimierten Obrigkeit aufrechterhalten werden konnte.

Der machtspendende Bezug auf das unüberschreitbare Glaubenserbe, das die großen, traditionsorientierten Islamdenker Ahmad Ibn Hanbal, Ibn Taymiya und Al-Ghazali als die beste aller Welten für die Orthodoxie festgeschrieben hatten, erhielt im Rahmen der kolonisatorischen Begegnung in einer ersten Stufe neue, identitätsspendende Nahrung.

Unter dem Eindruck der optischen Überlegenheit der westlichen Okkupanten und ihrer offensichtlich gänzlich anders gearteten, geistigen Grundlagen arbeiteten Theologen wie Ibn 'Abidin (gest. 1836) und As-Sanusi (gest. 1859) noch einmal die Erkenntnis heraus, daß das Glaubenserbe des Islam mit Koran, Prophetentradition und schariatischen Auslegungskodizes als verbindlich abgeschlossen anzusehen war. Den nachfolgenden Generationen war es nicht möglich, ihrerseits noch einmal direkt und alternativ interpretierend an diese fundamentalen Grundlagen und Quellen des Glaubens heranzugehen. Es ging nicht um die Ergänzung von Glaube und Vernunft als komplementäre und dabei selbständige Elemente, sondern um ihre integrale, definitorische Übereinstimmung, die sich im koranischen und prophetischen Glaubenswissen unüberbietbar manifestiert und im Kampf gegen die Häresien der Philosophen und Neuerungen der Rationalisten siegreich durchgesetzt hatte.

Der solcherart über Jahrhunderte gefestigte und bestätigte Islam enthält das gesamte, der Menschheit jemals in Vergangenheit, Gegenwart und Zukunft zugängliche Wissen, erfaßt den glaubensorientierten Verstand der Menschen und kann durch keine Kultur oder Zivilisation, durch keine Religion oder Ratio jemals in Raum und Zeit in dieser universellen Verfaßtheit überstiegen werden. Diese Verfaßtheit erhält ihre Bestätigung durch einen automatischen Reflex ihrer selbst bei rigoroser Ausgrenzung alles Anderen.

Das Selbst des Islam nimmt Wirklichkeit nicht durch den Abgleich mit dem Anderen, sondern im Dauerbezug der Selbstbespiegelung wahr. Das kollektive Selbst des Islam befindet sich nicht in externer Kommunikation zur Formung seines Ichs, sondern in interner Rückversicherung der Identität mit einem unveränderbaren Ich. Der Dialog mit dem Anderen gerät zum Monolog mit sich selbst.

Die Unüberbietbarkeit des Eigenen und die Unfähigkeit zur Spiegelung im Anderen erzeugen die Art von selektiver Weltwahrnehmung, die dem Islam in der Begegnung mit der zumindest materiell überlegenen Kultur des Westens kollektiv-psychische Blessuren der schwereren Art ersparte. Ganz im Gegenteil: Die Doktrin vom optimalen Glaubenswissen, das der *umma* die Fülle der heilsbestimmten Existenz sichert sowie zugleich den unübertrefflichen Abschluß aller Propheten, Religionen und Kulturen bedeutet, bildet den unbestechlichen Maßstab für alles Nichtislamische.

So wie aus islamischer Sicht das trinitarische Prinzip des Christentums im besonderen als frevelhafte »Schriftverfälschung« gilt, so besitzen im allgemeinen alle Kulturen keinen zu respektierenden Eigenwert, weil sie in ihrer Weltsicht vom optimalen Glaubenswissen des Islam abweichende und damit falsche Kriterien zugrunde legen. In dem Maße allerdings, in dem eine Kultur Errungenschaften hervorgebracht hat, die aus Islamsicht wichtig und nützlich sind, stimmt diese Kultur mit dem ewigen Wissensgrund des Islam überein, in dem, wie erwähnt, bereits alles Wissen der Vergangenheit und Zukunft in präexistenter Vorformung durch Allah vorhanden ist.

Alle nichtislamischen Hervorbringungen sind also nicht durch die der jeweiligen Kultur eigenen Kreativität, sondern dadurch zustande gekommen, daß sie die betroffenen Facetten des islamischen Wissensgrundes nutzbar gemacht haben. Da die Eigenfixierung den objektiven Blick auf die Fremdkultur nicht zuläßt, erscheint jede fremde Kulturleistung vor dem Hintergrund des allumfassenden Islamwissens sozusagen als *unfreiwilliges Plagiat*. So wie der spätere Organismus genetisch im befruchteten Ei präexistiert, ist die Entwicklung der gesamten Welt von Adam bis zum Endgericht im Genom des Islam angelegt.

3. Die Anfänge des »Fundamentalismus«

Der bekannteste Reformer der islamischen Moderne, der Ägypter Muhammad 'Abduh (gest. 1905), hat diese Sicht aufgegriffen und weiterentwickelt. Da der Verstand mit dem Glauben übereinstimme und letzterer sich auf den unermeßlichen Wissensgrund des Islam stütze, seien dem Verstand letztendlich keine Grenzen gesetzt. Tradition und Gottesgesetz auf der Grundlage des Koran seien eindrucksvolle Ergebnisse dieser dynamischen Geistesaktivität, deren Qualität auch durch die spekulative westliche Philosophie nicht übertroffen werden könne. Schon der große Al-Ghazali habe die Beschäftigung mit der Logik zur Glaubenspflicht gemacht (!). Gerade in einer Zeit intensivierter Kontakte mit anderen Religionen und Kulturen erlangten die »nützlichen Wissenschaften« ähnliche Bedeutung, denn die unter ihrer Anwendung möglichen Waffensysteme könnten ebenso zum Schutz des Islam herangezogen werden wie die Argumente der Logik.

Diese Rabulistik leitet 'Abduh von der Quelle allen Wissens, von Allah selbst ab, der den Menschen im Koran die höchstmögliche Wissensfülle übermittelte. Während der Verstand die unbekannten Grenzen dieser Fülle nicht zu übersteigen vermag, kann er in Einzelfragen wie in der Interpretation der koranischen Bestimmungen oder der Tradition die ihm von Allah verliehenen Verstandeskräfte im Sinne des Islam einsetzen, womit dieser sich unausweichlich als »das richtige Wissen von allem Wißbaren« bestätigt.[159] Die Botschaft des Islam als identisch mit Erkenntnis an sich erklärt sich selbst, der Verstand als ihr zugeordnetes Element kann ihr erkenntnismäßig nichts mehr hinzufügen, muß dies allerdings auch nicht, da sie bereits die Vollendung der Menschheitsgeschichte darstellt.

Die rationale Verstandeskraft des Menschen konnte daher eigentlich erst mit dem Islam existent werden, nämlich in der Beschäftigung mit dem Wissen von Allah und dem Gesetz, das nur im Studium der Offenbarung gewonnen werden kann, und das in seiner umfassenden Klarheit den fehlerhaften Weltbildern der Juden und Christen unendlich überlegen ist. Während das islamische Wissen zu jedem Zeitpunkt in sich vollendet sei und das potentielle Wissen bereits virtuell umschlösse, so führt 'Abduh weiter aus, brauchten die westlichen Wissenschaften den »Fortschritt« auf einem Weg, an dessen Ende sie aufgrund der ihnen inhärenten Neigung zur Fehlerhaftigkeit – im Gegensatz zur Vollkommenheit des Islam – zwangsläufig immer wieder nur Verfälschungen hervorbringen müßten. Dennoch schien sich 'Abduh zu Anfang des 20. Jahrhunderts seiner Sache nicht mehr ganz so sicher zu sein:

> »... in einer Zeit, in der der ganze Erdball von der Wissenschaft umgestaltet wird, ist es unerträglich, daß die Muslime in Unwissenheit dahindämmern ... wie können wir die Bürde der Unwissenheit abwerfen? ... Nur die Söhne dieses Standes (der Gelehrten) können uns dazu anleiten, denn sie sind unser Geist, die Lenker unserer Körper.«[160]

Gerade weil 'Abduh die enorme wissenschaftliche Kluft zwischen dem Islam und dem Westen erkannte, wies er den Religionsgelehrten die große Aufgabe zu, den Widerstand gegen das Neue zu brechen und sich den nichtislamischen Wissenschaften zuzuwenden, die nach seiner Auffassung ohnehin im Islam wesenhaft begründet lagen und nur aktiviert zu werden brauchten. Insoweit hatte nach seiner Auffassung der Wissensstand der westlichen Zivilisation seinen Ursprung dem islamischen Wissensgrund zu verdanken.

Dabei blieb er allerdings die Erklärung dafür schuldig, warum sich die islamische Orthodoxie jahrhundertelang mit der Wiederholung und Bestätigung seit langem bekannter Texte und Kommentare begnügte, obwohl zur gleichen Zeit das gesamte Menschheitswissen der Offenlegung harrte. Dieser Entdeckungsaufgabe hatte sich inzwischen auf geheimnisvolle Weise die westliche Wissenschaft bemächtigt, eine Disziplin, die sich im Status der Fehlerhaftigkeit und des unfreiwilligen Plagiats befand.

Einen wesentlichen Anteil an der strukturellen Unterlegenheit des Westens gegenüber dem Islam weist 'Abduh dem Christentum zu, das die reine Eingottidee durch die »Verähnlichung« mit Jesus Christus verwässert habe und überdies einer Priesterherrschaft bedürfe, die den Menschen auf unvollkommene Weise das Heil zu vermitteln suche, während der Koran die Muslime auffordere, auf direktem Verstandeswege zu Allah vorzudringen.[161] Dementsprechend seien im Christentum die Machtverhältnisse geregelt, die vom einzelnen unbedingten Gehorsam verlangten, während dem Islam das göttliche *shari'a*-Gesetz zugrunde liege, dem sich auch die Machthaber zu unterwerfen hätten.

'Abduh postuliert eine Selbstverantwortung des Muslim, die in der *shari'a* begründet sein soll und leitet aus ihr im Zusammenwirken mit den im Islamwissen vorgeformten »nützlichen Wissenschaften« die Teilhabe der Muslime an einer neuen Rationalität her, die einer verstärkten Suche nach den Glaubensquellen der Altvorderen zugrunde zu legen ist. Er formulierte damit eine altbekannte Forderung, die bereits 700 Jahre zuvor zum Verschwinden der Philosophie geführt hatte. Die Aneignung westlicher Erkenntnismethoden sollte offensichtlich über Wege erfolgen, die sich trotz – oder wegen – aller Rabulistik letztlich kein Jota von der orthodoxen Orientierung auf das Medina-Modell entfernten.

Obwohl von mangelnder theologischer Geschlossenheit waren die Gedanken Muhammad 'Abduhs von grundlegender Bedeutung für die ideologischen Denkwege des modernen Islam im 20. Jahrhundert. Ihre bleibende Bindung an das medinensische Ursprungsideal und die Betonung der existentiellen Seinsfülle islamischen Wissens ermöglichten eine graduelle Erholung von der kulturellen Frustration und lieferten vielfältig nutzbaren Gestaltungsraum für eine sich gegenüber dem Westen allmählich positionierende, autonome Ideologie.

Abduh hatte in Paris zusammen mit seinem Lehrer Djamal ad-Din Al-Afghani (gest. 1897) über mehrere Jahre die politische Zeitschrift »Das unzerbrechliche Band« herausgegeben. In dieser Publikation hatte letzterer aus seinem Hauptwerk (»Kampf für die religiöse Botschaft«) Thesen für eine breitere Öffentlichkeit entwickelt, die auch für die heutige islamische Erneuerung von großer Bedeutung sind.

Im Gegensatz zu 'Abduh stellte Al-Afghani die Position des Islam zum Kolonialismus weniger auf die Ideologie des überlegenen Wissens, sondern auf den erneuerten *djihad* ab, den Kampf als eine der unverzichtbaren Glaubenspflichten des Islam. Mit der drückenden Präsenz der europäischen Besatzer hatte das klassisch-dualistische Konzept vom Islamland (*dar al-islam*) gegenüber dem nichtislamischen »Kriegsland« (*dar al-harb*) verstärkte Bedeutung gewonnen, der nun eine erweiterte Geltung zu verschaffen war.

Dem regierenden Sultan Abd Al-Hamid II. (gest 1918) warf Al-Afghani in klassischer Mawardi-Tradition vor, seiner vornehmlichen *imam*-Pflicht als Wahrer islamischer Interessen nicht nachgekommen zu sein und rief zu einer panislamischen Bewegung gegen den Kolonialismus auf. Al-Afghani hatte die Abhängigkeit seiner Religion von der konsumptiven Nutzung anderweitiger Ressourcen und das Fehlen einer selbsttragenden, offenen Systemdynamik erspürt, wenn er die grundsätzliche Rückgewinnung ihrer Dominanz forderte, weil diese für den Islam »wie die Nahrung für das menschliche Leben« erschien.[162]

Der Aufruf Al-Afghanis zum panislamischen *djihad* sollte dem Islam zumindest im eigenen Land die alte, angestammte Dominanz zurückgeben, aber auch im *dar al-harb*, im Lande des Nichtislam, die Botschaft des islamischen Friedens verbreiten. Damit war der modernen Ideologie des heutigen Islam, die unter dem Begriff des »Fundamentalismus« bekannt wurde, ein weites Feld argumentativer Konzepte geöffnet, auf dem die islamischen Denker das Gesetz des Handelns gegen den Druck des Westens zurückgewinnen konnten.

Dabei konnte Al-Afghani eine bemerkenswerte Klarsichtigkeit hinsichtlich seiner Einschätzung der beiden Antagonisten bescheinigt werden:

> »Die Kolonialmächte richten ihre Blicke nur auf die Länder, die reich an Bodenschätzen und fruchtbarem Boden sind, deren Bevölkerung sich aber auf der höchsten Stufe der Ignoranz befindet und so faul geworden ist, daß sie keinen Handstreich mehr tut und keinen Konflikt mehr wagt … Kurzum, der Kolonialismus bedeutet … die Dominanz von starken, mit Wissen ausgestatteten Völkern und Staaten über ignorante und schwache Völker«.[163]

Sein Schüler 'Abduh hatte nun den frustrierenden Aspekt des materiell überlegenen Wissens der westlichen Eroberer in seiner hybriden Ideologie aufgelöst. Das im Islam vorgeformte, die gesamte Menschheit von der Schöpfung bis zum Endgericht umfassende Wissen konnte die unübersehbare Kulturkluft angemessen, d.h. islamisch rationalisieren.

Die europäischen Großmächte hinwiederum hatten ihrer Glaubwürdigkeit geschadet, indem im Verlauf ihrer Präsenz – zumindest im arabischen Raum – ihre dominant wirtschaftliche Stoßrichtung immer unverblümter in Erscheinung getreten war und das anfänglich vorgetragene Motiv der Befreiung von der osmanischen Vorherrschaft als vordergründiges Gerede enttarnt hatte.

'Abduhs wichtigster Schüler, der ebenfalls auch heute noch weithin beachtete Rashid Rida (gest. 1935), verband den *djihad*-Gedanken des Al-Afghani und die Urwissen-Ideologie 'Abduhs mit einem reaktivierten *umma*-Konzept, das die Muslime der Stammländer und der Diaspora zu einer weltumspannenden Gemeinschaft zusammenschmieden sollte. Mit dem Gedanken einer »islamischen Nation«, die den europäischen, ethnischen Nationalstaat durch das »einigende Band« des schariatischen Einheitsglaubens überwand, sollte das ständige Wirken für die übergeordneten Interessen des Islam erneuert werden:

> »Der Moslem darf nie vergessen, daß der Islam ihn geehrt hat, indem er ihn zum Bruder von vielen Millionen Moslems in der ganzen Welt macht. Er ist Glied eines Körpers, der größer als der Lebensbereich seines Volkes ist. Sein Heimatland ist nur

ein Teil seines religiösen Heimatlandes. Er muß daher darauf bedacht sein, den Fortschritt für den einzelnen Teil zum Fortschritt des Ganzen beitragen zu lassen«.[164]

Das Bewußtsein als weltweit verbreitete Gemeinschaft, die mit dem umfassenden Wissen der Botschaft Allahs und dem darauf aufbauenden Auftrag zum *djihad* – nach innen zur Erneuerung des Glaubensideals und nach außen zur Islamverkündung in der Diaspora – ausgestattet ist, bildete Grundlage und Ziel einer neuen, intensivierten Religionsideologie. Dieser Denkweg etablierte sich als maßgebliche Hauptrichtung des zeitgenössischen Gegenwartsislam und als »Fundamentalismus« in der politisch-gesellschaftlichen Diskussion des sich fortschreitend liberalisierenden Westens. Der zitierte Rashid Rida hatte die ausschließlich ökonomische Motivation der Kolonisation klar erkannt und der Idee einer *umma*, die auf Glaubenswahrheit und Urwissen beruhte und langfristig auf weitweite Expansion geschaltet war, eine moralische Komponente hinzugefügt:

»... Hier glaubt den Europäern niemand mehr, niemand vertraut ihnen mehr, niemand hält sie für tugendhaft und gerecht. Vielmehr sind sich die Masse und die Führer darin einig, daß die europäische Zivilisation einen rein materialistischen Charakter trägt, daß die Europäer allein auf das Ausleben ihrer Begierden und auf willkürliche Knechtung der Schwachen aus sind ... daß die ganze Propaganda für Gerechtigkeit, Gleichheit, Freiheit und Menschlichkeit Lug und Trug ist ...« [165]

Erneut hatte sich die Systematik des islamischen Selbstbezugs bewährt. Statt sich inhaltlich und analytisch mit dem unübersehbaren Phänomen der Kulturkluft auseinanderzusetzen, war wiederum die automatische Dominanz des orthodoxen Glaubensreflexes hervorgetreten. Der Kampf gegen die philosophische Vernunft hatte sich noch auf der Ebene der Ausschaltung von Geist und Personen austragen lassen; die »Auseinandersetzung« mit einer ganzen Kultur, die das rational-profane Denken zum integralen Element ihrer Existenz gemacht hatte, bedurfte der Ideologie des exklusiven Glaubenswissens mit Universalgeltung, die jeden analytischen Dialog ausschloß.

Aus der Abwehr der Philosophie war der Glaube des Islam als ein zirkelschließender Glaube hervorgegangen, der von Beginn an sowohl Grundlage als auch Ziel des Verstandes, einer jeden Form rationaler Denkaktivität war. Nach der Begegnung mit der rentabilistischen Kultur des Westens als praktischen Ausdrucks des Rationalismus mußten die islamischen Glaubensgrundlagen nun auch sämtliches Wissen, sämtliche zukünftigen Erkenntnismöglichkeiten aller Wissenschaften enthalten.

Der orthodoxen Gelehrsamkeit oblag es, jede neue Entdeckung, jede Erkenntnis der westlichen Naturwissenschaften, jedes Produkt der daraus resultierenden Technik, die als »dem Islam nützlich« erkannt waren, als schon im Koran vorgeformt und mit den geltenden Lehren vereinbar zu interpretieren. Dieses Vorgehen zwang seine Vertreter zwar zu immer absurderen Auslegungen koranischer Inhalte, erfreut sich jedoch bis heute – wenngleich mehrheitlich stillschweigend ad acta gelegt – in obskur-islamischen Missionszirkeln weiterhin eines gewissen Eigenlebens.

Es blieb die strukturelle Sackgasse, in die sich eine Religion durch die Abwehr des Verstands manövriert hatte – die alles Wissen umfaßte, ohne es selbst aktivieren zu können, welche die Führung von Staat und Gesellschaft beanspruchte, ohne eine sich am Vorbild des Medina-Modells messende Wirklichkeit objektiv und aktuell berücksichtigen zu können, und die Nationalstaaten nach westlichem Muster herausbildete, ein Gesellungsprinzip, das der *shari'a* als dem »einigenden Band« der *umma* als höchstmöglicher Gesellschaftsform diametral entgegenstand. Immerhin mußte sich schon seit dem unislamischen Regime der Mongolen jeder, der sich Gesetze von Ungläubigen aufzwingen ließ, den Vorwurf gefallen lassen, selbst ein Ungläubiger zu sein.[166]

Mit der irrationalen Reaktion auf die – scheinbar – rational durchdrungene Kultur des Westens, mit dem Wahrheits- und Wissensanspruch seines Glaubensgutes hatte sich der Islam unter einen Erfolgsdruck gesetzt, dem er bereits nach Vernichtung der Philosophie nicht gerecht geworden war, und dem er noch weit weniger in seiner Gegenwartsentwicklung gerecht werden konnte. Anstatt die Diskrepanz zwischen Anspruch und Wirklichkeit in Wirtschaft, Gesellschaft und Technologie zu mildern, waren die Kriterien des orthodoxen Glaubens eher geeignet, sie weiter zu vergrößern.

Ein weiteres Mitglied des fruchtbaren Kreises um Muhammad 'Abduh, der Syrer 'Abd ar-Rahman Al-Kawakibi (gest. 1903), schien die Funktionshemmnisse zwischen islamischer Gesellschaft und Herrschaft erkannt zu haben, die Tyrannei erzeugten, obwohl im Islam Herrschaft und Gesetzgebung Allah vorbehalten und damit den persönlichen Interessen einzelner Machthaber entzogen sein sollten. Al-Mawardis Machtprivileg legitimierte jeden Machthaber, der islamische Interessen vertrat, ohne dabei konkrete Kontrollmechanismen zu enthalten, die eine Gleichsetzung persönlicher Interessen mit denen des Islam verhinderten.

Al-Kawakibi, der in der *shari'a* ebenfalls die unverzichtbare Grundlage allen islamischen Handelns sah, wollte sie unter dem Eindruck republikanischer Gepflogenheiten mit dem Konzept einer auf Zeit verliehenen Herrschaftslegitimation verknüpfen, mit einer Machtbefugnis, die als Sachwalterschaft vergeben wurde und bei unverkennbaren Anzeichen der Despotie zurückzureichen war. Wie aktuell die Reformideen Al-Kawakibis, die sich seinerzeit vor allem aus dem fragwürdigen Herrschaftsstil des Osmanensultans Abd Al-Hamid II. ableiteten, auch heute noch oder wieder sind, zeigt die Kerkerhaft für einen Damaszener Journalisten, der sich in einem obrigkeitskritischen Artikel auf Al-Kawakibi bezog.[167]

Unser kurzer Abriß über die Grundlagen der modernen Ideologisierung des Islam wäre mehr als unvollständig, enthielte er keine Erwähnung der bekannten Muslim-Bruderschaft. Gegründet 1928 von dem Ägypter Hasan Al-Banna' (gest. 1949), war diese Gemeinschaft von Beginn an als Massenbewegung gegen die wissenschaftlich-wirtschaftliche Dominanz des Westens konzipiert, indem sie, gewissermaßen an 'Abduh anschließend, eine wissenschaftliche Auslegung des Koran propagierte, um den Angriffen westlicher Kritiker besser begegnen zu können. Im Zentrum der Lehre stand jedoch eine Wirtschaftsideologie, die nach der Befreiung Ägyptens von der Fremdherrschaft eine breite Stärkung des Solidareigentums, des Lebensstandards und der Bildungschancen durchsetzen sollte.

Mit diesem Konzept hat sich die Muslim-Bruderschaft als die größte Einzelorganisation islamischer Interessen etabliert. Sie ist heute in allen islamischen Ländern mit zum Teil sehr effizienten Sozialeinrichtungen, Studenten- und Arbeitervertretungen sowie politischen Bildungsinstituten mit einer streng orthodoxen Propaganda präsent, die sich gegen alles Westliche richtet und den Islam als den wahren Glauben sowie die *umma* als die einzig gemeinschafts- und wohlfahrtsstiftende Form menschlichen Zusammenlebens verkündet.

Ihre latent gegenwärtige Kritik an »unislamischer«, weil mit dem Westen kollaborierender Herrschaft hat den Muslimbrüdern immer wieder erhebliche Schwierigkeiten mit den Machthabern, aber auch Sympathien bei der Bevölkerung eingetragen. Einsetzend mit dem Tode Djamal Abd an-Nasirs, der die Muslim-Bruderschaft verboten und ihre führenden Köpfe in Haft gehalten hatte, wurde diese Organisation zu einem der wichtigsten Faktoren islamischer Identität. Durch ihre Rückorientierung auf die *shari'a* als universale Basis trieb sie die Aushöhlung der islamischen Scheindemokratien und deren akklamatorischen Pseudo-Parlamentarismus' entscheidend voran.

Ihre Anschubfinanzierung aus britischen Quellen, u.a. der Suez-Company,[168] und immer wieder aufscheinende Beeinflussungen durch westliche Institutionen verleihen der Muslim-Bruderschaft allerdings ein durchaus janusköpfiges Profil, das hinsichtlich des von ihr seit den 70er Jahren vertretenen, eher »orthodoxen« Glaubens- und Staatsideals zu berücksichtigen ist.[169] Trotz traditioneller Abgrenzungsformeln gegen rationales Denken und die Ausdrucksformen westlichen Lebens werden innerhalb ihrer klandestinen Organisation in Europa immer wieder konkrete Kooperationsformen mit wichtigen westlichen Stellen, u.a. in Deutschland, erkennbar, die auf gewachsene Verbindungen zu den Weltordnungsgremien hindeuten.[170] Die Muslimbruder-Kritik an den gesellschaftlichen Institutionen, gemeinschaftsfeindlichem Materialismus, religiöser Indifferenz und systematischer Amoralität des Westens könnte daher zu einem überaus wichtigen Feld komplexer Ambivalenz werden, auf dem die geistigen Auseindersetzungen der Islamexpansion und vor allem die Irreführung der wachsenden *umma* in Europa im Sinne ihrer sublimierten Verwestlichung ausgetragen werden.

B. Traditioneller Islam als moderne Alternative

1. Traditionalismus statt »Fundamentalismus«

Die koranische Offenbarung und ihr polarisierender Elitarismus, das religiös-politische Idealvorbild der Stiftergestalt Muhammads und seiner Urgemeinde, die doktrinäre Konservierung eines regulativen, gewaltbereiten Schriftglaubens durch vielfältige, historisch bestätigte Abwehr rational-kritischen Denkens mit einer darauf verpflichteten, politischen Machtausübung und nicht zuletzt erprobte Expansionsmuster mit einer pragmatischen Instrumentalisierung fremder Ressourcen und Strukturen verbinden sich zu »dem Islam«, jenem historisch gewachsenen, langfristig kulturüberwindenden, nichtdisponiblen Kernmuster, der zentralen, identitätsstiftenden Basis, auf die sich die sunnitische Orthoxie und damit etwa 85% aller Muslime weltweit stützen.

Dieser Kernislam gründet auf einem Religion, Staat und Gesellschaft umgreifenden Gottesgesetz (*shari'a*), das sich aus koranischer Offenbarung sowie prophetischer Tradition zusammensetzt und einem tausendjährigen, in den letzten 150 Jahren der Moderne erneut bekräftigten Glaubensideal zugrunde liegt. In unterschiedlicher Ausprägung ordnen sich das Denken und Verhalten letzlich aller gläubigen Muslime auf diese fundamentale Glaubensordnung hin, die sich in zwei epochalen Begegnungen bestätigte. Im Abgleich mit der antiken Philosophie und der modernen Kolonialkultur des Westens wurde jede rationale bzw. säkulare Denkkategorie als für die islamische Religion vollständig unbrauchbar verworfen.

Der Islam beschränkte den Glauben auf die selbstreferentielle, jede Verstandesform einschließende Eigenbestätigung als Grundlage der *umma*, einer Gesellschaft, die mit fortschreitender Zeit im Anspruch auf das absolute Glaubens- und Wissensgut als höchstmöglicher Existenzbasis ideologisch erstarrte. In der Abwehr konstruktiver Auseinandersetzungen mit alternativen Weltbildern wurde die Unfähigkeit zum offenen Dialog mit anderen Kulturen und Religionen zum System erhoben. Der sich daraus ergebende innerislamische Monolog, der die überkommene Glaubenstradition reflexhaft konserviert, beinhaltet als unverzichtbare Systembedingung vor allem die Unterdrückung der Frau.

Der moderne Kernislam bildet sich in einer *umma* ab, deren äußere Prägung eine im historischen Verlauf und in der jeweiligen kulturellen Brechung unterschiedlich intensive Gestaltung erfuhr. Der innere, obligatorische Bezug auf das gemeinsame Glaubensgut – ob in ägyptischer, algerischer, saudi-arabischer, indonesischer oder auch schiitisch-iranischer Variante, basiert allerdings auf einer homogenen, gemeinschaftlichen Struktur des Ritenglaubens in einer universalen und exklusiven Heilsbestimmung. Vor diesem Hintergrund wird die Bemerkung des Ayatollah Khomeini verständlich und – wie im Vorwort erwähnt, auch im Westen zustimmungsfähig – der »die Gnade, für den Islam töten zu dürfen« beschwor und damit bis heute in allen islamischen Ländern auf einen variierenden, jedoch im Grunde nicht in Frage gestellten und eher wachsenden Konsens stößt.

Die im Westen oft gebrauchte Metapher vom Islam, »der kein Monolith«, sondern ein in der Geschichte gewachsenes, vielfältig ausdifferenziertes Phänomen sei, bezieht sich somit auf die variabel erscheinenden, kulturell modifizierten Oberflächen der islamischen Gesellschaften, ohne den in der Tat monolithisch anmutenden Kern der über mehr als ein Jahrtausend gehärteten sunnitisch-orthodoxen Glaubensidentität zur Kenntnis zu nehmen. Es wird sich kaum ein gläubiger Muslim in Ägypten finden lassen, der einem gläubigen Mitbruder in Saudi-Arabien oder Algerien nicht die Einhaltung der gleichen Glaubensgrundlagen im gleichen Ritenvollzug unterstellen würde, wie er sie selbst in einer gleichgerichteten Ausbildung in Koranschule und Moschee als für sich verbindlich erlernt hat.

Es sind diese »basisislamischen« Denk- und Verhaltensmuster, die Gesamtheit einer über lange Zeit herausgearbeiteten, antirationalen Glaubensdoktrin, die in permanenter Rückversicherung auf das Goldene Zeitalter der Altvorderen und in untrennbarer Verknüpfung mit allem religiös-politischen Leben den Nukleus des real existierenden Islam ausmachen. Das im Westen ebenfalls gern benutzte Wort vom »Fundamentalismus«, der nicht mit dem »eigentlichen Islam« gleichzusetzen sei, verfehlt daher die Wirklichkeit des modernen Kernislam auf besonders kennzeichnende und seinerseits grundlegende, gewissermaßen »fundamentalistische« Weise.

Der Begriff eines vom »eigentlichen Islam« abweichenden Fundamentalismus suggeriert die Vorstellung, daß es sich bei letzterem um eine Art Sonderentwicklung handelt, die nicht stellvertretend für den »eigentlichen Islam« ist, wobei unklar bleibt, worin dieser nun letztlich bestehen soll. Die in diesem Zusammenhang ebenso oft beschworene Idee des friedlichen Charakters der privaten Glaubensausübung negiert ihren kollektiven Kontext, der die freie Entscheidung des Einzelnen über den friedlichen oder aggressiven Einsatz seines Glaubens ausschließt.

Zu keiner Zeit in der historischen Entwicklung des Islam ist es zu einer Tendenz gekommen, welche der Individualisierung des Glaubens einen nennenswerten Stellenwert zugewiesen hätte. Vielmehr haben die modernen »Fundamentalisten« den Rationalismus sehr wohl als Quelle allen anti-islamischen Übels erkannt, wenn Zeitgenossen des Muslimbruders Hasan Al-Banna' wie der Ägypter Sayyid Qutb (gest. 1966) oder der Pakistani Al-Maududi (gest. 1979) die westliche Zivilisation als neue Form der vorislamischen »Unwissenheit« (*djahiliya*) sahen, die ihre Ursprünge im »Götzentum der alten Griechen« habe.[171]

Schon die Begrifflichkeit selbst verdankt sich eher dem modern-christlichen Denken, das den Kampf der Kirche gegen Modernismus und liberale Bibelkritik als »Fundamentalismus« bezeichnete und auf die islamische Reaktion übertrug. Ebenso kann es als Ausdruck des Subjektivismus selbst gesehen werden, dem das ganzheitliche Denken islamischer Religiosität fremd ist. Deren Rationalität trat dagegen immer wieder in der völligen Ablehnung einer liberal-modernistischen Kritik ihrer koranischen Basis hervor.[172]

Wie immer auch die modernen Islamdenker Religion und *umma* gegenüber der westlichen Zivilisation in Position bringen mochten: Es blieb der Kern des Beständigen und Unabänderlichen, die Rückorientierung auf Koran und Prophetentradition in einer exklusiv heilsorientierten Gemeinschaft und in einem den Verstand einschließenden Glauben. Weder die klassisch-islamische Philosophie noch die Begegnung mit den modern-aufgeklärten Gesellschaften und Nationalstaaten Europas haben hier wirklich wesentliche Effekte hinterlassen. Im Gegenteil: Je näher westlicher Technikstandard und Materialismus auf die islamischen Gesellschaften zurückten, desto klarer traten die Konturen der traditionellen Islamidentität hervor und erzeugten in westlichen Augen die Illusion eines losgelösten »Fundamentalismus«. Dieser stellt indes nichts anderes dar als die konservative Bewahrung eines tausendjährigen Glaubenskerns und Vergangenheitsideals.

Umso überraschender wirkt das »Argument«, welches den religiösen »Fundamentalismus« als Teil des Islam mit fehlenden sprachlichen Entsprechungen in Koran und *hadith* zum Verschwinden bringen will,[172a] ein systematisches Beispiel für die logischen Nöte der interkulturellen Ideologie im Kampf gegen historische Zusammenhänge.

2. Das Dilemma der islamischen Intelligenz

Wir haben dem islamischen Fundamentalismus – zuweilen auch mit »Islamismus« umschrieben – eine etwas eingehendere Erwähnung widmen müssen, weil dem immer wieder erzeugten Eindruck entgegenzutreten ist, daß der Islam in einen fundamentalen »Zweig« und den »eigentlichen Islam« zerfällt. Während hier oft unklar bleibt, welche Ebene durch was bedingt wird, erfahren ihre Beschaffenheiten im westlichen Diskurs über eine Wiedergabe des islamischen Selbstverständnisses hinaus bis auf wenige Ausnahmen ohnehin keine objektive Analyse.

Im Bereich des ideologischen Dialogs wird diese Begrifflichkeit häufig auch direkt mit kämpferischen Formeln wie »Feindbild Islam« verknüpft, um zum Ausdruck zu bringen, daß man sich nicht nur pauschal mit den Angelegenheiten des Islam solidarisiert, sondern sie auch ebenso pauschal akzeptiert, obwohl man sie ansonsten nicht als »monolithisch« betrachten möchte. Innerhalb eines solchen Denkraums wurde es z.B. einer Hamburger Orientalistengruppe möglich, eine dialogmoralische Kampagne gegen den Journalisten und Nahost-Korrespondenten Peter Scholl-Latour zu veranstalten,[173] im Rahmen derer nicht nur die ideologische Trennung zwischen Islam und »Fundamentalismus« zu inflationärer Anwendung gelangt, sondern auch jene atavistische Furcht vor jeder Art rational-historischer Betrachtung zum Ausdruck kommt, die folgerichtig als »Gefahr« empfunden wird.[174]

Wie wir wiederholt feststellen konnten, hat die historisch verankerte, antirationale Ideologisierung dem Islam vielmehr seinerseits einen automatenhaften Systemcharakter verliehen, der ihn seit Jahrhunderten zwingt, sich auf seine Grundlagen zurückzuorientieren und dabei in sich gleichermaßen verschärfender Form gegen alles Nichtislamische abzugrenzen. Bei Existenz eines fundamentalistischen Zweiges müßte es einen islamischen Hauptteil geben, der sich »gemäßigter«, weniger fundamentalistisch oder sogar liberal darstellte. Einen solchen Islam gibt es nicht. Es gibt indes in allen islamischen Ländern »den Islam«, der sich als über viele Jahrhunderte bestätigter, dominanter, sunnitischer Schriftglaube inhaltlich weitgehend homogen und in kulturell modifizierten Erscheinungsformen etabliert hat, aber von den herrschenden Schichten – häufig infolge politischer und/oder finanzieller Abhängigkeit vom Westen – nicht immer konsequent vertreten wird.

Die oft als »Beweis« für die islamische Varianz angeführte sufische Mystik oder magisch-spirituelle Volksfrömmigkeit spielen zwar eine wichtige Rolle als ausgleichende

Elemente zur abstrakteren Orthodoxie, was deren geistig-politische Vorherrschaft in ihrer tausendjährigen Geschichte jedoch zu keinem Zeitpunkt ernsthaft beeinträchtigt hat.

Was im Westen als fundamentalistischer Islam gilt, ist mit dem prophetenorientierten Traditionsglauben vergleichbar, dem die Obrigkeit der Religionsgelehrten und politischen Machthaber in den Ländern oft opportunistisch zuwiderhandelt. Die hier entstehenden theologischen und politischen Gegensätze[175] werden jedoch über vielfältige Verbindungen zu den »Fundamentalisten« und ihren radikalen Randgruppen weitgehend ausgeglichen, um die subtile, noch zu diskutierende Balance zwischen islamischer Profilierung und pragmatischem Ausgleich mit dem Westen – u.a. auch im Rahmen der angestrebten liberalen Weltordnung – zu sichern.

Die wenigen islamischen Intellektuellen, die diese Zusammenhänge nutzen und zur Basis eines differenzierten Diskurses über eine wie auch immer geartete Liberalisierung des Islam machen wollten, haben zu einem nicht unerheblichen Teil die normative Kraft des orthodoxen Zwangsglaubens unterschätzt und sind auf die unterschiedlichste Art unter Druck gesetzt, vertrieben, inhaftiert, gefoltert oder hingerichtet worden. Dabei waren die Ausführenden nur zu einem geringeren Teil die »Fundamentalisten«, sondern die ganz alltäglichen Staatsorgane, die nach gängiger westlicher Auffassung als die Repräsentanten des »eigentlichen Islam«, also eher einer als tolerant interpretierten Wunschversion, zu sehen wären.

Die Mehrheit der modernen Islamdenker stellt die Frage nach der »kulturellen Identität des Islam« als einer übergreifenden, geistigen Grundlage, die es den islamischen Gesellschaften ermöglicht, historisch verschüttete Potentiale wie die den Muslimen zweifellos und in reichlichem Maße gegebene Fähigkeit zum rational-spekulativen Denken zu reaktivieren, um die Herausforderungen der Moderne konstruktiv angehen zu können, statt weiterhin in eingeschliffenen, destruktiven Abwehrreflexen zu verharren.

Zur Realisierung eines solchen Projekts wird eine Renaissance der kritischen Analyse gefordert, die sich unmittelbar mit der pragmatischen Forderung nach positiven Kompromissen zwischen religiöser Tradition und modernen Entwicklungen verknüpft. Diese Richtung steht sehr starken, reformtheologischen Kräften gegenüber, die, wie wir bereits sehen konnten, mit 'Abduh und seiner Schule eher noch mehr Koran und Tradition verlangten, in denen sie das einzig mögliche Rüstzeug für die Bewältigung der durch die Moderne aufgeworfenen Fragen zu erkennen glaubten.

Natürlich liegt das Hauptproblem der intellektuell-islamischen Auseinandersetzung mit der Moderne im Verständnis des spezifisch europäischen Aufklärungsbegriffs, der nicht weniger als die Befreiung des menschlichen Geistes von der Transzendenz göttlicher Offenbarung bedeutet, ein Konzept, das zwar durch die Überdehnung der im christlichen Rahmen angelegten Freiheit von Glaube und Vernunft möglich werden konnte, im Geistesrahmen des Islam allerdings, dessen Vernunft von einem schriftgebundenen Glauben integral umgriffen wird, definitorisch nicht nachvollziehbar ist.

Der Grundgedanke der westlichen Moderne besteht in der Ablösung der Vernunft vom Glauben an die christliche Geistoffenbarung, die den Menschen zu einem sich bereits im Diesseits erlösenden Weltgestalter werden läßt und den christlichen Gott in einen philosophisch-theologisch disponiblen Bereich stellt. Eine solche Vorstellung kann im islamischen Denken schlechterdings keinen Raum finden. Die Muslime bleiben zeit ihres Lebens der absoluten Macht Allahs und den Regeln seiner koranischen Schriftoffenbarung unterworfen, welche die alleinigen Leitlinien ihrer diesseitigen Existenz und Grundlagen ihrer Hoffnung auf jenseitige Aufnahme bilden können.

Die Verwirklichung dieses Existenzbegriffs in bewußter Gemeinschaft mit denjenigen, die ihr Dasein ebenso verstehen, erzeugt die im modernen »Fundamentalismus« erstarkende Identität der *umma*, die in systematischen Kontrast zum westlichen Konzept der subjektivierten Glaubensvorstellungen geraten muß. Wie uns die moderne Geistesentwicklung zeigte und im Abschnitt über den kirchlich-islamischen Dialog weiter bestätigt werden wird, fragmentiert der westlich »aufgeklärte« Gottesglaube nach Herauslösung aus seiner transzendenten Offenbarungsordnung in diverse Facetten der Anpassung an andere Religionen und entwickelt darüber hinaus unzählige Ersatzderivate, allen voran, wie wir ausführlich diskutieren werden, die Doktrin einer quasi-religiösen Moral. Im Rahmen einer zunehmend materialistisch-hedonistischen Konsumgesellschaft entwickelt das entwurzelte Erlösungsbedürfnis zudem die Tendenz, seine Ankerplätze in einer Reihe sakralisierter Profankulte wie Geld, Sexualität, Sport und Drogen zu finden.

Vor die islamische Argumentation gestellt, daß sich der Westen in einen pluralisierten Glaubensverlust verliere, kann sich die Intelligenz kaum der weiteren Gedankenführung verschließen, derzufolge die Aufklärung und der aus autonomer Vernunft abgeleitete Fortschritt den westlichen Menschen in eine neue Form der Entmündigung, verstärkt durch die Faszination des Kapitals und materieller Besitztümer geführt habe, eine Entwicklung, die dem Islam durch die Treue zum Glaubensgut erspart geblieben sei. Die Muslime seien gut beraten, sich von diesen offensichtlichen Fehlentwicklungen nicht in die Irre führen zu lassen, sondern in der Beschäftigung mit den Glaubensgrundlagen zu erkennen, daß sich das Festhalten an Koran und Tradition in der Gemeinschaft des Islam als langfristig überlegen erweisen werde.

Die Schwierigkeit in der innerislamischen Diskussion liegt in der unterschiedlichen Vorstellung von »islamischer Kultur«, den die islamischen »Aufklärer« graduell auf einen individualisierten Vernunftbegriff in Verbindung mit einer vorsichtig liberalisierten Gesellschaftsform bringen wollen. Der Traditionalismus hingegen legt das religiöspolitische Bewußtsein des Menschen auf eine Entscheidung für Glaube oder Unglaube hinsichtlich der koranischen Offenbarung und eine klare Loyalität oder Opposition hinsichtlich der unmittelbaren Obrigkeit fest.

Dieser Dualismus duldet keine Privatsphäre und zwingt auch den »gemäßigten Muslim«, der sich vielleicht sogar von seiner Gemeinde distanzieren und in den Bereich des anonymen Bürgers zurückziehen möchte, in die Öffentlichkeit der islamischen Glaubensausübung zurück. Diese Glaubenskontrolle gestaltet sich umso obligatorischer, je größer die Gemeinschaft wird, weil mit steigender Mitgliederzahl die Netzdichte der gegenseitigen Beobachtung zunimmt. Das im Westen mitunter propagierte Konzept vom sogenannten »Euro-Muslim«, der einen Status zwischen gläubigem Muslim und europäischem »Citoyen« einnehmen soll (s. u. S. 402f.), stößt auf kaum überwindbare Probleme, da die Abgrenzung der islamischen Glaubensausübung vom öffentlichen Loyalitätserweis zu Gemeinschaft und Obrigkeit sowohl in die spirituelle Heilsbestimmung als auch die politische Interessenwahrung eingreift. Ein solches Konzept würde zudem eine intakte Demokratie bedingen – eine Bedingung von deutlich abnehmender Erfüllbarkeit.

Die Überführung des öffentlichen Charakters islamischer Verwirklichung in eine individuell gestaltete Privatsphäre würde zugleich unausweichlich die Voraussetzung für eine nachhaltige Emanzipation der Frau schaffen, ebenfalls eine kaum akzeptable Entwicklung für den dominanten Traditionalismus, der seinerseits, wie noch zu zeigen sein wird, gerade im Ausmaß der Unterdrückung der Frauenrechte seinen präzisesten Indikator für die Bestätigung eigener Dominanz findet.

»Die Religion zu zerstören bedeutet, sich von der Zivilisation abzuwenden«, verkündete der erwähnte Islamreformer Al-Afghani und definierte den fundamentalen Gegensatz zwischen islamischem Traditionalismus und westlichem Profanismus, der sich zur Grundlage einer neuen Islam-Renaissance zu entwickeln beginnt. »Die moderne Zivilisation ist eine Zivilisation des Krieges, der Habgier und des menschlichen Rückschritts« fuhr Al-Afghani fort und nahm die europäische Selbstkritik voraus, die 300 Jahre nach Kränkungen durch kirchlichen Machtmißbrauch und 100 Jahre nach der »Erkenntnis« wissenschaftlichen Erkenntnisschwunds nun ihr Heil durch Flucht in den Glauben an das Nichteigene zu suchen beginnt.

Die Selbstdynamik der Moderne hatte nach Al-Afghani ihre ethisch-spirituellen Wurzeln gekappt und sich einer profanen Vernunft verschrieben, die sich eher materiell, amoralisch und verdummend als wahrhaft fortschrittlich auswirke, ein wenig attraktives Beispiel, das den Islam in seiner fundamental religiös orientierten Grundhaltung bestärken müsse. Koranische Offenbarung und prophetisches Vorbild seien daher für den gesamten islamischen Horizont – Religion, Staat und Gesellschaft – nach wie vor in traditioneller Weise als umfassend verbindlich anzusehen. Eingebettet in diese Tradition war es für spätere Praktiker der islamischen Revolution wie Ayatollah Khalkhali, den obersten Richter des neuen Iran unter Khomeini, nicht mehr als selbstverständlich, sich ihrer Logik zu unterstellen:

> »Gegner des Tötens haben keinen Platz im Islam. Unser Prophet tötete mit seinen eigenen gesegneten Händen. Unser Imam Ali tötete an einem einzigen Tage über siebenhundert Personen. Ist Blutvergießen für den Bestand unseres Glaubens vonnöten, sind wir da, unsere Pflicht zu erfüllen«.

Wenngleich aus dem schiitischen Revolutionsbereich stammend, gibt es für diese und ähnliche Umschreibungen auch im real existierenden, sunnitischen Islam keine Argumentationsbasis für eine uneingeschränkte Ablehnung von Gewalt. So war es der islamischen Intelligenz unmöglich, sich mit ihrem Konzept der schrittweisen Liberalisierung einer glaubensgebundenen Vernunft durchzusetzen. Ihr Vernunftbegriff war zu eng gefaßt, zu nah an westlichen Auffassungen orientiert und damit zu weit vom »islamischen Interesse« entfernt, als daß er in der Lage gewesen wäre, die historisch gewachsenen, antirationalen Abwehrkräfte des Schriftislam zu überwinden. Vielmehr richteten sich die liberal-islamischen Vorstellungen der Intellektuellen im Verlauf der Diskussion allmählich gegen sie selbst.

Die zeitrafferartige Entwicklung der islamischen Moderne im 20. Jahrhundert hat in ihren wesentlichen Erscheinungsformen bislang noch keine eindeutige Richtung einschlagen können. Weder der Islamo-Intellektualismus des Muhammad Abduh, noch der Islamo-Nationalismus eines Djamal Abd An-Nasir, noch der Islamo-Marxismus der Baath-Parteien in Syrien und Irak, noch der Marsch der »kulturellen Erneuerung« haben in den Gesellschaften der islamischen Hemisphäre wirklich nachhaltige, richtungweisende Spuren hinterlassen. Dabei bleibt abzuwarten, wie sich der scheinbare Islamo-Radikalismus der Muslim-Bruderschaft entwickeln wird, einer janusköpfigen Organisation, die sich in wenig überschaubaren, halbklandestinen Strukturen in einem Operationsfeld mit erheblichen Gestaltungspotentialen etabliert, und in dem es ihr möglich wird, je nach Ordnungspriorität nicht nur islamische, sondern auch westliche Interessen wahrzunehmen.

Insgesamt kann allerdings davon ausgegangen werden, daß eingangs des neuen Jahrhunderts deutlich reaktionäre, »fundamentalistische« Strömungen begonnen haben, ein erneuertes Universalbewußtsein des Weltislam in Gang zu setzen, das weniger die Moderne im westlich-zivilisatorischen Sinne, sondern ihr Gegenteil, eine »Islamisierung der Moderne« ansteuert.[176]

Die erkennbar werdende Identitätskrise der westlichen Gesellschaften sollte sich, wie wir in den Dialogabschnitten ausführlich diskutieren werden, in einem fundamentalen Substanzabbau niederschlagen. Der Verfall des christlichen Glaubens sowie des demokratischen Solidarinteresses und wesentlicher Aspekte des Rechtsverständnisses leitete ein wesentlich verändertes Szenarium ein – er diffamierte das revolutionär-humanistische Ideal der europäischen Aufklärung, entzog der islamischen Intelligenz eine wichtige Argumentationsbasis und verschaffte den doktrinär-despotischen Kräften der islamischen Tradition eine neue Dynamik und Legitimation.

Durch Reformation und Aufklärung hatte der westliche Geistesgang eine eigenartige Schieflage zugunsten einer als autonom deklarierten Vernunft eingenommen. Diese Richtung verfolgte eine zunehmend rentabilistische Eigentumsidee und erkannte Religiosität nur noch in dem Maße als legitim an, in dem sie Gemeinsamkeit mit anderen Religionen und Kulturen erzeugte. Indem die hieraus immer deutlicher hervortretende, geistige Ich-Schwäche des Westens auf den selbstbezogenen Glaubensreflex des Islam fremd und abstoßend wirkte, gleichzeitig allerdings sich seine materielle Attraktivität im technisch-kommerziellen Bereich konsolidieren und verstärken konnte, wurden die intellektuellen Modernisten in zunehmende Erklärungsnot und schließlich auf das Abstellgleis des sogenannten »islamischen Kulturbewußtseins« abgedrängt.[177]

Das Konzept des islamischen Kulturbewußtseins grenzte individualistische Prinzipien wie Toleranz, Liberalität und Menschenrechte zugunsten des traditionalistischen Kollektivismus erneut aus und schuf die geeignete Plattform für den emanzipierten, realpolitischen Diskurs mit einem westlichen Gesprächspartner, der seinerseits ein ichschwaches, fremdorientiertes »Islambewußtsein« entwickelte, mithin einen Rahmen, in dem die »Fundamentalisten« wachsende, die islamischen Intellektuellen hingegen rapide abnehmende Argumentationsräume vorfinden.

Renommierte islamische, auch im Westen lehrende Modernisten wie der algerische Kulturhistoriker Muhammad Arkoun, der tunesische Historiker Hisham Djayt und der ägyptische Strukturalist Al-Djabiri haben in klarer Erkenntnis der systemischen Begrenzung islamischer Rationalität aus ihren jeweiligen Wissenschaftsbereichen heraus unterschiedlich gestaltete Methoden entwickelt, mit denen jedoch ein gemeinsames Ziel angestrebt wird: die Betonung klassisch-islamischer Werte zur Erschließung eines erweiterten Zugangs zur breiteren Bevölkerung, ein Zugang, welcher der abstrakten Begriffswelt westlich-wissenschaftlicher Auseinandersetzung verschlossen bleiben mußte.

Dieser Methode der partiellen Anpassung an die ideologische Einengung kritischen Denkens durch den islamischen Traditionalismus folgen inzwischen auch so bekannte Feministinnen wie die marokkanische Soziologin Fatima Mernissi und die ägyptische Psychologin Nawal Sa'dawi, die auf der Basis vorsichtig umgedeuteter Glaubensgrundlagen eine Verselbständigung der Frauenrechte zu erreichen suchen (zur Frauenfrage s. u. S. 274ff.).

Bei aller Rücksichtnahme auf die obligatorischen Inhalte islamischer Religionstradition und die antirationale Ideologie ihrer orthodoxen Vertreter kollidieren die provokant-intellektuellen Denkstile der Modernisten grundsätzlich mit den simplen Konzepten ihrer traditionalistischen Gegner wie eines Sayyid Qutb, der es auf den kaum noch weiter zu vereinfachenden Nenner brachte, daß »die größte Knechtschaft der Gehorsam gegenüber menschlichen Gesetzen« sei, eine Formel, die den ägyptischen Journalisten Farag Foda im Jahre 1993 das Leben gekostet hat.

3. Ein Märtyrer für die islamische Vernunft

Westlichen Beobachtern unterläuft wiederholt der Irrtum, bei der islamischen Intelligenz handle es sich um klassische Aufklärer, die nach europäischem Vorbild den Glauben einer verselbständigten Vernunft nachordnen, mithin nach westlichem Gesellschaftsverständnis der islamischen *umma* die Rückstufung der koranischen Offenbarung im Rahmen einer umfassenden Säkularisierung und Demokratisierung empfehlen wollen. Es hieße den Intellekt der islamischen Modernen sträflich zu unterschätzen, wollte man ihnen damit unterstellen, die grundsätzliche Unvereinbarkeit von Glaube und Vernunft, Theokratie und Demokratie, *shari'a* und Menschenrechten nicht erkannt zu haben, und ebenso hieße es, ihren Glauben zu negieren, der ihnen auch und ganz besonders dann wichtig ist, wenn er des Verstandes entkleidet werden soll.

Der islamischen Intelligenz geht es um die grundsätzliche Frage, warum eine Religion, die alle Wahrheit und alles Wissen von Beginn bis Ende der Welt enthält und durch die ideal gestaltete Vergangenheit des Medina-Modells perfekt vorgeprägt ist, dazu verpflichtet sein soll, jeden neuen, davon abweichenden Gedanken zu unterdrücken, jeden Menschen – kreativ Neues hervorbringend und dabei in Abweichung von der Modellidee denkend und handelnd – zu drangsalieren, zu vertreiben und im Zweifel zu exekutieren.

Vor diesem Hintergrund erhält das Verhältnis zur westlichen Moderne doppeltes Gewicht. Hatte nämlich der wissenschaftliche und gesellschaftliche Unterschied zwischen Islam und Westen mit des letzteren Entscheidung gegen Gott zu tun, dann mußte der Stillstand des Wissens im Islam nicht nur etwas mit der Qualität dieses Wissens, sondern auch mit der Art und Weise des Festhaltens an Allah und der Glaubensdoktrin zu tun haben, die dem Menschen verbot, er selbst zu sein und ihm vorschrieb, ein fremdes Leben, nämlich das des medinensischen Modellmuslim, zu leben.

Der scharfsinnige Gesellschaftskritiker und Journalist Farag Foda, 1946 in Kairo geboren, hatte sich zeit seines gewaltsam verkürzten Lebens mit dieser Grundsatzfrage auseinandergesetzt. Er hatte zunehmend zu zweifeln begonnen an dem absoluten Legitimationsanspruch der *shari'a*, auf dessen Basis zur Konfrontation gegen jeden aufgerufen wurde, der es wagte, die fehlende Emanzipation eines mündigen Muslim und die Anerkennung seiner existentiellen Individualität vor Allah und der *umma* einzufordern. Nach Foda stießen Staatswesen und als göttlich deklarierte Gesetzesgrundlagen sehr schnell an Grenzen der Glaubwürdigkeit, wenn sie nicht in der Lage seien, diese elementaren Voraussetzungen menschlichen Zusammenlebens und damit ihren koranischen Anspruch auf die »bestmögliche Gemeinschaft« zu erfüllen, und auch in der grundsätzlichen Unterdrückung der Freiheit ihre Unfähigkeit zur sinnvollen Regelung politisch-sozialer Notwendigkeiten unter Beweis stellten:

> »Das Wohl der Gesellschaft hängt weder vom rechtschaffenen muslimischen Herrscher noch vom Glauben der Muslime noch von der Anwendung der *shari'a* ab. Gerechtigkeit entsteht durch ein Regelsystem, das den Herrscher zur Rechenschaft zieht und beseitigt, wenn er der Gemeinschaft schadet. Ein solches Regelsystem gibt es im Islam nicht. Die Untertanen sind zu Loyalität gezwungen und können sich ungerechter Herrschaft nur durch Gewalt entledigen … Die *shari'a* ist nicht die Essenz des Islam, die Essenz ist die Frage nach gerechter Herrschaft im Geist des Islam«.[178]

Kritiker der *shari'a* wurden schon seit langem in bewährt ideologischem Stil vom islamischen Traditionalismus als »religiös ungeeignet« oder als »Agenten des Westens« abqualifiziert, klassifizierende Schlagwörter in Korrespondenz mit den alogischen Kategorien »politischer Korrektheit« im Westen, die ihrerseits in der Gefahr stehen, Kritik am System des Islam und seiner strukturellen Unfähigkeit zum Dialog mit »Ausländerfeindlichkeit« oder sogar »Rechtsradikalismus« zu verwechseln.

Der Dauerbezug auf die *shari'a* als die umfassende Grundlage allen Lebens, der im doktrinären Traditionsislam zur propagandistischen Parole verkommen ist, gerät zusammen mit der korrupten Obrigkeit, die sowohl den Religionsgelehrten als auch den westlichen Machthabern heuchlerische Referenz erweist, auf den unbequemen Prüfstand Fodas. Die Furcht vor Allah weicht der Furcht vor der weltlichen Macht, indem die Religionsgelehrten die Gesetzestexte den Interessen der Herrschenden entsprechend auslegen:

> »Wer nicht das Grundsätzliche, sondern das Nachgeordnete im Auge hat, ist auf Strafe, Bedrohung und das Abtrennen von Gliedmaßen angewiesen. Wer nicht das Wohl der Gemeinschaft im Auge hat, benötigt Zwang, Heuchelei und Opportunismus und erzeugt Unsicherheit, Korruption und Armut. Der überfällige *idjtihad* (eigene Urteilsbildung) wird sorgfältig vermieden, die Frage nach einem klar umrissenen Herrschaftssystem im Geiste des Islam wird nicht gestellt. *Die Lösung gesellschaftlicher Probleme und der Mißbrauch von Macht sind im Islam identisch*« (Bet.d.Verf.).[179]

Der Zwangsbezug auf einen Glauben, der dem Verstand seiner Anhänger nur die Rolle der Bestätigung und der individuellen Existenz nur die Nachahmung eines vergangenen Ideals beläßt, genügt keinesfalls Fodas Kriterien, die immer wieder kompromißlos das vollständige Fehlen jeglicher pragmatischer Vernunft, das Kennzeichen des prophetischen Genies, bloßlegen:

> »Sollen Leute, die weder sich selbst noch andere zu führen in der Lage sind ... geeignet sein, die Gesellschaft zu führen? Sollen wir uns dem Ruf nach einem Religionsstaat anschließen, obwohl sie nur an religiösen Formalitäten festhalten ... die nichts mit Allahs heiliger Schrift zu tun haben? Der Wille zur Emanzipation wird mit Unglaube, die Forderung nach konstruktiven Programmen mit Häresie gleichgesetzt. Dementsprechend ist auch das Verhältnis zur Frau auf die Arterhaltung ... beschränkt. Dies wirft ganz besonders die Frage auf: *Wofür ist der Islam eigentlich gekommen?*« (Bet.d. Verf.).[180]

Mit schnörkellosen, im wahrsten Wortsinne schneidenden Argumenten sezierte Fodas Analyseskalpell den dumpfen Herrschaftsanspruch des traditionellen Machtkartells von Schriftglaube und Politik aus dem »Geist des Islam« heraus. Unter einem solchen Geist verstand er vor allem einen koranisch fundierten Glauben, der sich von korrupten Machtinteressen befreite und eine solidarische Kontrollinstanz für das Gemeinwohl der *umma* und die legitimen Rechte der Frau herausbildete.

Foda stand damit vor dem Grundproblem des islamischen Systems, dem die Phalanx aus Obrigkeit und Schriftglaube und ihre ebenso fest verankerte Privilegierung unauflöslichen Ewigkeitscharakter verliehen. Ihre religiös-historisch bestätigte Verschränkung beläßt keinen individuellen Gestaltungsraum – weder dem Einzelnen als uniformem Teil einer ritualisierten Gruppe, noch dem rationalen Denken im doktrinär verordneten Glauben. Foda machte sich hierüber keine Illusionen, wenn er eher zynisch-resignativ resümierte:

»Es fällt schwer, gegen die Anwendung des koranischen Strafkanons zu sein, wo der Mensch Würde findet, der Denker Freiheit und der Andersgläubige volles Staatsbürgerrecht genießt«.[181]

Wie uns bereits die früheste Entstehungsgeschichte des Islam gezeigt hat, konnte schon sein Verkünder keinerlei Verständnis für Ironie aufbringen. Farag Foda wurde im Jahre 1993 vor seinem Büro auf offener Straße in Kairo erschossen. Was der Gesandte Allahs seiner Gefolgschaft unverlierbar implantiert hatte, und was die Muslime – selbst nur Nachahmende des Medina-Modells – problemlos durch ihre gesamte Geschichte hindurch imitieren konnten, hatte sich an Farag Foda erneut vollzogen: die Verteidigung einer Glaubenswahrheit, die jedes Mittel rechtfertigt, weil sie ihrer Eigendynamik nicht vertraut. Diese »Wahrheit« ist lebensfähig, solange die Zwangsmechanismen kollektiver Glaubens- und individueller Machtausübung sowie die Abwehrmechanismen gegen kritische Analysen intakt sind. Wir werden im weiteren Verlauf sehen, daß diese spezifisch islamische Statik gerade aus der unkritischen Fremdorientierung des westlichen Kulturwandels in unserer Zeit entscheidende Vorteile ziehen kann.

4. Die islamische Selbsttäuschung

Je direkter der Islam mit seinem offensichtlich größten Gegenspieler, dem rationalen Denken, konfrontiert wurde, desto destruktiver und radikaler konturierte sich »der Islam« zum doktrinär-politischen Selbstzweck. Je mehr sich dieser Selbstzweck in den Überzeugungen der Muslime verstetigte, desto mehr traten die Prioritäten des Geistes, die Schönheit und Ästhetik des religiös-poetischen Gedankengeflechts in den Hintergrund, das über ein Jahrtausend aus dem authentischen Glauben der Muslime gewoben wurde und die beeindruckende, unpolitische Seite der islamischen Kultur bildet.

Über die Stufen der Abwehr des Rationalismus im Konflikt mit der Philosophie des hohen Mittelalters einerseits sowie der Teilabwehr der westlichen Zivilisation als des Produkts des Rationalismus andererseits bestätigte sich der sunnitisch-orthodoxe Schriftglaube als der dominante, gesamtislamische Faktor. In allen Ländern konnte sich die Orthodoxie über eine gegenseitige, religiös-politische Privilegierung und Legitimierung einen grundsätzlichen Einfluß auf die konkrete Macht sichern. Der *umma* kommt in diesem Netzwerk ein hoher systemischer Stellenwert zu, der in dem Maße erhalten bleibt, in dem die Emanzipation des Individuums von der irrationalen, existentiellen Bindung an die Vergangenheitsutopie des Medina-Ideals ausgeschlossen wird.

Die islamische Herrschaftselite dieses repressiven Selbstbezugs erschien einem ichschwachen, fremdbezogenen Europa als attraktiver »Partner«. Seinerseits weitgehend frei von offenbarungsorientiertem Glauben und eigener Interessenwahrung sowie fasziniert von der ideologischen Ich-Stärke der islamischen Religion, begann Europa – wie wir in der Dialogdiskussion sehen werden, mit besonderer Intensität in Deutschland – etwa seit den 70er Jahren mit der Herausbildung einer moralmotivierten Unterwerfungshaltung, die dem Islam in wachsendem Umfang geistige und materielle Ressourcen zur vermehrten Ausbreitung in der Diaspora zur Verfügung stellte. Der marokkanische Menschenrechtler Abdallah Laroui bringt die in dieser Entwicklung erkennbar werdende, erstaunliche Komplementarität von offensichtlich historischer Dimension auf einen knappen Nenner:

> »In dem Maße, in dem wir Europa materiell imitieren, versucht es seinerseits, die anderen geistig zu imitieren«.[182]

Das islamische Erfolgsrezept der formativen Frühzeit, die Überwindung anderer Kulturen und Nutzung ihrer Vermögen, das durch einen um sich selbst kreisenden Glauben weitgehend deaktiviert worden war, erhält nun erhebliche, neue Impulse durch die sich deutlich ideologisierende Fremdorientierung Europas. Die materielle Expansion der westlichen Zivilisation geht simultan einher mit einer fortschreitenden Verflachung religiöser und demokratischer Dimensionen, die veränderte Eliten in Form kirchlich-politischer Klassen mit Weisungsbefugnissen auf Basis zwangsverordneter Toleranzvorstellungen erzeugt.

Das hieraus resultierende geistige Vakuum, welches sich auf eine verordnete Migrationsakzeptanz im Rahmen einer generellen Wirtschaftsmotivation stützt, übte auf den islamischen Bereich – als klassischer Gegenentwurf des Westens, antichristlich definiert und strukturell auf Fremdressourcen angewiesen – eine besondere, geradezu magnetische Anziehungskraft aus. Eine eigenorientierte Islamelite ohne Religionsfreiheit zeigte sich zunehmend mit einer fremdorientierten, säkularen Westelite kompatibel. Deren kirchlich-politische Klassen, einsetzend mit dem Zweiten Vatikanischen Konzil 1962-65 und dem postmodernen Projekt der multikulturellen Gesellschaft, ausgestattet mit dem »Wissenschaftsverständnis« der Habermas-Generation, schwenkten immer deutlicher auf die undemokratischen Kriterien des islamischen Gesellschaftskonzepts ein.

Der postmoderne Relativismus hatte die spezifisch europäische Art »liberaler« Freiheit geschaffen, die man in der Befreiung vom Eigenen, von den Traditionen und Formen überkommener Kulturinhalte, und in einer doktrinär verordneten Orientierung am Fremden zu erkennen glaubte. Es begann sich eine neue Form der Toleranz durchzusetzen, die jede religiöse Eigensubstanz, das demokratische Solidarinteresse sowie die Unabhängigkeit der Wissenschaft, mithin zentrale Institutionen westlicher Identität und Kritikfähigkeit, zur Disposition stellte – Entwicklungen, die wir im nachfolgenden zweiten Teil über den interkulturellen Dialog detailliert ausführen werden.

In dieser Konstellation wird die islamische Intelligenz, deren wesentliche Zielrichtung in einer Verbindung westlich-rationaler Denkkriterien mit einem individualisierten, koranischen Glauben liegt, fundamentalen Frustrationen ausgesetzt. Die pragmatische

Vernunft des westlich-wissenschaftlichen Fortschritts war längst der Ratio des ökonomischen Rentabilismus gewichen. Dieser hatte innerwestlich das geistig-demokratische Vakuum besetzt und innerislamisch die schwindende Legitimation der herrschenden »Glaubenseliten« – besonders in der Golfregion – zu stützen begonnen. Als ein Vorteilsnehmer dieser Entwicklung fiel der ägyptische Präsident Sadat im Jahre 1981 einem Attentat der »Fundamentalisten« zum Opfer, die den Fall indessen ganz anders sahen: Für sie war er ein Verräter des Islam, ein Abtrünniger (*murtadd*), der die *shari'a* außer Kraft gesetzt und sein Leben verwirkt hatte.[183]

Vor diesem Hintergrund wirkten die Fragestellungen der innerislamischen Diskussion fast schon überflüssig, wären sie nicht von zeitloser, übergeschichtlicher Bedeutung: Warum hatte der Islam die antike Philosophie vom Glauben strikt ferngehalten, sie in Gestalt des Averroes endgültig unterdrückt und somit weitgehend »unverarbeitet« an das Abendland weitergereicht, und warum hatte dieses das rationale Denken aufgegriffen, mit dem christlichen Glauben verknüpft und zur Grundlage des wissenschaftlichen Weltbilds gemacht? War es letztlich jene im Menschen anthropologisch verankerte Vernunft, die der Islam zum Schutz der Schriftoffenbarung immer wieder abgewehrt hatte, und welche die westliche Moderne als autonome Instanz unter gradueller Verdrängung ihrer Geistesoffenbarung in den Mittelpunkt der Welt gestellt hatte?

In diesen Fragestellungen erschienen Islam und Abendland wie zwei Seiten derselben Medaille. Die islamische Seite unterdrückte die menschliche Vernunft und Individualität so konsequent, daß der Glaube zum leeren Selbstzweck, zur vom Propheten nicht gewollten, absurden Karikatur verkam. Die westliche Seite grenzte dagegen den Glauben so konsequent aus, daß die – ursprünglich christlich befreite – Vernunft zu gänzlichem Gottesverlust, »politisch korrekter« und kommerzieller Vereinheitlichung mutierte. Hier kündigte sich eine neue Form der selbstverschuldeten Unmündigkeit an, die Kant für die Aufklärung so strikt verworfen hatte.

Immer neue Fragen schlossen sich an: Mußten die westlichen »Christen« in ihrem neuen System der Unmündigkeit, das wesentliche Teile ehemaliger Glaubens- und Kulturidentität ausgrenzte, und dem Islam eine fundamentale Expansionsbasis im eigenen Kulturkreis öffnete, nicht ein Leben akzeptieren, in dem ihre eigenen Interessen nicht mehr vorkamen? Mußten dementsprechend die Muslime weiterhin auf die lang geforderte Emanzipation von einem unwürdigen Zwangsglauben warten und ihrerseits ein Leben akzeptieren, das nicht sie selbst, sondern eine Kopie des Medina-Modells abbildete? Waren nicht beide Seiten der Medaille unter ein Diktat von Eliten geraten, die letztendlich weder die »Interessen« des islamischen noch des christlichen Gottes verfolgten, sondern die Macht des Islam, mißbräuchlich vertreten durch die Orthodoxie eines politischen Schriftglaubens, und die Macht der westlichen Kapitalratio, ihrerseits mißbräuchlich unterstützt durch die ehemals eigenständigen, nun globalisierten Institutionen der »christlichen« Kirchen und »demokratischen« Politik?

Es bedarf zuweilen der Klarsichtigkeit der islamischen Intellektuellen wie des zitierten A. Laroui, die aus ihrer unmittelbaren Bedrängnis heraus zu Einsichten von großem Wert für die Analyse der Gesamtsituation gelangen. Denn letztlich war es natürlich insbesondere der westliche Identitätsverlust in Glaube und Demokratie, der die Glaubwürdigkeit ihrer Argumentation auf Basis von Pluralismus und Menschenrechten gegenüber den islamischen Führungsebenen entscheidend geschwächt hat.

Der in Golf- und Kosovokriegen zur Schau getragene Machtzynismus des Westens, sein konsequentes Schweigen zu Christenverfolgung und Frauenunterdrückung und die sich zunehmend als söldnerartige Hilfstruppen des Islam in Europa formierenden Gruppierungen in kirchlichen Institutionen und politischen Parteien sind sicher geeignet, die innerislamischen Emanzipationsbewegungen zu unterlaufen, das humanistische Ideal der Menschenrechte zu diffamieren und die Selbsttäuschung des Islam über seine autonome Lebensfähigkeit ohne Repression nach innen und Stützung durch externe Mittel zu verlängern. Ob sie dagegen die ständig im Munde geführten, legitimen Interessen der Menschen verfolgen, muß sowohl für den Islam als auch den Westen bezweifelt werden. Mittelfristig ist diese Konstellation allerdings geeignet, den Prozeß der islamischen Expansion weiterhin zu stärken – mit Folgen indes, deren Analyse alle Regeln der neuen Weltordnung und ihres interkulturellen Toleranzdiktats verbieten.

C. Existentielle Herausforderungen

1. Der Islam und die Frau

Ein schwieriges Thema für die westliche Fremdorientierung ist die problematische Stellung der Frau in der islamischen Gesellschaft. Diese Schwierigkeit wird noch verstärkt durch die Weigerung, den islamischen Traditionalismus als integralen Aspekt der Religion des Islam zu sehen. Der Traditionalismus bzw. »Fundamentalismus« befindet sich – unterstützt durch enorme Finanzmittel – als wachsender Faktor auf einem offenbar unaufhaltsamen Vormarsch in der gesamten islamischen Welt, wobei der westliche »Dialog« dieses Geschehen als vom »eigentlichen« Islam losgelöstes Phänomen interpretiert.

Daß die Stellung der Frau dabei vom Islam selbst als Gradmesser traditionalistischer Unterdrückung zu betrachten ist,[184] wird in einer derartigen Wahrnehmung nicht zu hinreichender Geltung gelangen. So formierten sich in Europa und insbesondere in Deutschland fragwürdige Konstellationen, in denen die einschlägigen Verfassungsrechte auf Menschenwürde, die freie Wahl des Berufs, Wohnorts, Ehestands etc., von der muslimischen Frau auf deutschem Boden nicht bzw. nicht uneingeschränkt in Anspruch genommen werden können und sie mehrheitlich weiterhin den gleichen Repressionsmechanismen wie in ihrem jeweiligen Heimatland unterliegt. Hier wirkt der interkulturelle Kampf gegen den »Menschenrechtsfundamentalismus«, dem keinesfalls gestattet werden kann, in das gesellschaftliche Geschehen der islamischen Minderheiten »kulturverändernd« einzugreifen, ganz zu schweigen von den islamischen Stammländern, deren Souveränität über die Frauenfrage unangetastet bleiben muß.

Unschwer erkennbar handelt es sich hier einmal mehr um die Frage der historisch gewachsenen, islamischen Macht, welche die Frau auf die Funktion weitgehend uneingeschränkter biologischer Reproduktion reduziert und mit einem strukturellen Analphabetismus verknüpft. Aus dieser Verbindung beziehen der Traditionalismus und seine expansiven Kräfte das unverzichtbare Instrument ihrer Unterdrückungsstrategie.

Was ist nun die »traditionelle« Position der Frau im Islam? Wenngleich unsere Themenstellung nicht erlaubt, ausführlich auf die breitgefächerte Literatur über dieses fundamentale Thema einzugehen, sollten wir allerdings in angemessener Einschränkung einige Schlaglichter auf diejenigen Aspekte werfen, die für die Machtausübung des Islam unter individueller und kollektiver Instrumentalisierung der Frau wesentlich sind.

Schon ihre grundsätzliche, koranische Einordnung muß angesichts ihrer vorislamisch-beduinischen Position überraschen, die der Frau einen mehrheitlich mutterrechtlichen Vorrang mit zahlreichen, z.T. hymnischen Lobpreisungen in der altarabischen Poesie einräumte,[185] sich mit Beginn des Islam indes schlagartig änderte:

> »Die Männer sind den Weibern überlegen, wegen dessen, was Allah den einen vor den andern gegeben hat, und weil sie von ihrem Geld (für die Weiber) auslegen. Die rechtschaffenen Frauen sind gehorsam und sorgsam in der Abwesenheit (ihrer Gatten), wie Allah für sie sorgte. Diejenigen aber, für deren Widerspenstigkeit ihr fürchtet, warnet sie, verbannet sie in ihre Schlafgemächer und schlagt sie. Und so sie euch gehorchen, so suchet keinen Weg wider sie; siehe Allah ist hoch und groß« (4/34).

Das herabwürdigende Gehorsamsdiktat des Verkünders läßt sich als weitere, für den Islam so kennzeichnende Konservierung zeitgenössischer Einflüsse durch die jüdisch-christlichen Gemeinschaften auf der Halbinsel herleiten. Insbesondere die spezifischen Vorstellungen von einer Urschuld der Frau in Verbindung mit einer ihr generell unterstellten Unreinheit haben dem Islam eine zuweilen pathologisch wirkende Frauenfeindlichkeit implantiert, die entgegen anderslautenden Koranaussagen in der Prophetentradition das Paradies zu einer Domäne des Mannes werden ließ und die biologischen Besonderheiten der Frau zu Strafen Allahs ummünzte.[186] Elemente dieser Denkweise haben sich bekanntlich auch bis in die Gegenwartsformen der christlichen Kirchen erhalten können – ganz im Gegensatz zum Geist des Evangeliums.

Dort verankert Jesus die Emanzipation des Menschen von der Sünde ausdrücklich an der Frau. Es ist die Sünderin, die ihn als Messias erkennt (Joh. 4, 16ff.), und es ist die Ehebrecherin, der ein Neubeginn geöffnet wird (Joh. 8, 7ff.). Die Rückorientierung des Islam auf das Modell von Medina und seine Konservierung des als für alle Zeit verbindlich verkündeten Gottesgesetzes haben dagegen die muslimische Frau in eine Form anscheinend unveränderbarer, ewiger Unterdrückung gepreßt.

Auch und gerade wenn zahlreiche Musliminnen, allen voran westliche Konvertitinnen, ihren Status als durchaus gleichberechtigt bezeichnen und zum Beweis gegenüber uninformierten Andersgläubigen jedoch ihren Propheten und nicht die tägliche Gegenwart anführen, so verdeutlicht dies umso mehr die Ambivalenz der real in der islamischen Praxis gehandhabten Frauenrolle: die immer wieder aufscheinenden Diskrepanzen zwischen Koran einerseits sowie *hadith,* Geschichte und Wirklichkeit andererseits.

Während sich im Koran auch einige Stellen finden lassen, aus denen eine wohlwollende, zu liebevoller und pfleglicher Behandlung der Frau aufrufende Haltung des Verkünders hervorgeht, entwickelte sich ihre Rechtsposition und faktische Rolle in der Gesellschaft zu einer umfassenden Form multipler Unterprivilegierung. Ihr Verstand und ihr Glaube sind so unvollkommen, daß sie weder der Heilsformel noch der Teilnahme am Freitagsgebet und der Gemeinschaft der Gläubigen teilhaftig werden kann.

Gegenüber dieser grundlegenden Herabwürdigung nehmen sich die diskriminierenden Bestimmungen des positiven Rechts schon fast wie Vorrechte aus: die Halbwertigkeit ihrer Zeugenaussage und Erbfähigkeit, die Ausschaltung jeden Mitspracherechts bei der Verheiratung, die einseitigen Regelungen hinsichtlich Scheidung, d.h. Verstoßung (*talaq*), das Verbot der Heirat eines »Schriftbesitzers«, die preisliche Prämiierung der jungfräulichen gegenüber der deflorierten Frau und nicht zuletzt die unabdingbare Ausnahmslosigkeit sexueller Verfügungsgewalt des Mannes über die Frau.[187]

Einmal verheiratet, ist die Muslimin in der konservativen Familie ausschließlich auf das Haus beschränkt, das sie, vorausgesetzt, der Mann spricht keine Scheidung aus, bis zu ihrem Tode nicht mehr verlassen wird. Sie stellt Bestandteil des Besitzes ihres Mannes dar, der sie über die Morgengabe (*mahr*) erworben hat. Die Eheschließung kann bekanntlich bis zu viermal ausgeführt werden, solange die finanzielle Lage des Mannes die nachhaltige Versorgung seiner Frauen und potentiellen Kinder gewährleistet, die in Knabengestalt natürlich einen ungleich höheren Stellenwert erlangen. Die Frau hat keinerlei Mitsprache- geschweige denn Einspruchsrecht gegen Mitfrauen und Mätressen, sie kann nur in Ausnahmefällen und nur in Begleitung des Mannes oder männlicher Verwandter reisen bzw. die Pilgerfahrt vollziehen.

Die Mehrehe war und ist Dauerthema der islamischen Gesellschaften, da sie sich historisch aus kriegsbedingtem Männermangel herleitet und seit langem – ähnlich wie die Sklaverei und das Konkubinat obsolet geworden – nach dem Willen der Reformer der Abschaffung anheimfallen soll. Diesem Vorhaben ist indes angesichts der tiefverwurzelten, konservativen Frauenverachtung sowie der finanziellen Bedeutung heiratsfähiger Töchter für die hergebenden Familien bis auf weiteres wenig Aussicht auf Erfolg zu bescheinigen. Darüber hinaus läßt die aus der Einehe resultierende Teilemanzipation einen unerwünschten Anschub der Frauenbildung und -berufstätigkeit erwarten, der nicht nur dem Trend zur islamischen Radikalisierung, sondern auch der strukturell hohen Arbeitslosigkeit entgegensteht.

So wird es zunächst bei der überkommenen, für die islamische Frau völlig perspektivlosen Lage bleiben, die sie neben ihren biologischen Funktionen als Quelle der Nachkommenschaft und allzeit verfügbares Sexualobjekt zur preiswerten, ständig anwesenden Haushaltskraft degradiert, und dabei durch physische und psychische Überlastung sowie Ernährungs- und Sonnenmangel einem unverhältnismäßig hohen Sterblichkeitsrisiko ausliefert.[188]

Innerhalb dieses Rahmens gestaltet sich die Situation der Frau in den islamischen Ländern in diversen Abstufungen gesellschaftlicher Diskriminierung. Während in Tunesien – am Westrand des Islamgürtels – die Mehrehe offiziell verboten ist und damit eine Gleichbehandlung der Frau zumindest auf dem Papier gewährleistet scheint, befindet sie sich am Ostrand – in Afghanistan, Pakistan und Indien – im Status nahezu vollständiger Rechtlosigkeit.

In einer solchen Situation – wie z.B. in Pakistan – stehen Frauen jederzeit jedem zur beliebigen Vergewaltigung zur Verfügung, ohne daß der Täter ernsthaft zur Verantwortung gezogen wird. Frauen, die Anzeige erstatten, werden in der Regel der Unzucht (*zina'*) angeklagt. Israr Ahmad, Chefideologe Pakistans zur Zeit des später durch Flugzeugabsturz ums Leben gekommenen Präsidenten Zia' al-Haqq, verkündete im Fernsehen, daß niemand wegen Vergewaltigung verurteilt werden könne, solange noch Frauen in der pakistanischen Gesellschaft sichtbar seien. In einem unter dem im Westen als »gemäßigt« geltenden Präsidenten Rafsandjani erstellten Geheimdienstbericht wurden im Jahre 1992 allen Ernstes die iranischen Frauen – immerhin etwa 50% der Bevölkerung – zusammen mit einigen ethnischen Minderheiten und der Korruption als oberstes Sicherheitsrisiko des Iran eingestuft.[189]

Vor diesem Hintergrund wirkt die alte Diskussion um die Interpretation des Kopftuchs in Europa und seine Zulassung im öffentlichen Dienst eher verfehlt und erweist sich allenfalls als geeignet, die europäische Öffentlichkeit von der eigentlichen Brisanz der Frauenfrage in den Ländern des Islam abzulenken. Abgesehen davon, daß der Koran ohnehin keinen konkreten Anhalt für eine Verschleierung des Kopfes, geschweige denn des Gesichts liefert, bildet diese mediokre Debatte, in der natürlich auch laufend vom »Dialog mit dem Islam« die Rede ist, nichts weniger als die zynischst mögliche Form, die eigentliche Situation im wahrsten Wortsinne zu »verschleiern«. Wie im Falle der laufend verschwiegenen Gewalt gegen die Intellektuellen ist auch und ganz besonders die unkritische Behandlung des Frauenthemas geeignet, im Namen von Freiheit und Toleranz der Gewalt des Islam gegen die Frauen weiterhin tatkräftigen Vorschub zu leisten.

Da die Kopftuchfrage ein wichtiges Anliegen des traditionalistischen Islam zu sein scheint und im Westen äußerst kontrovers diskutiert wird, empfiehlt es sich, sie in den näheren Blick zu nehmen. Ihr Entstehen wird der unmittelbaren Situation des Verkünders zugeschrieben, dessen Frauen von Besuchern unverschämt angestarrt und bei der Verrichtung der Notdurft außerhalb des Hauses von Ungläubigen belästigt wurden:

> »Ihr Gläubigen! Betretet nicht die Häuser des Propheten, ohne daß man euch … Erlaubnis erteilt, einzutreten … Und wenn ihr die Gattinnen des Propheten um irgendetwas bittet, das ihr benötigt, dann tut das hinter einem Vorhang! Auf diese Weise bleibt euer und ihr Herz eher rein (33/53). – Prophet! Sag deinen Gattinnen und Töchtern und den Frauen der Gläubigen, sie sollen (wenn sie austreten) sich etwas von ihrem Gewand (über den Kopf) herunterziehen. So ist es am ehesten ge-

währleistet, daß sie (als ehrbare Frauen) erkannt und daraufhin nicht belästigt werden« (33/59).

Zunächst ging es also darum, die Frau in ihrer unmittelbaren Eigenschaft als integre Person im privaten und öffentlichen Bereich vor den in der Zeit des Verkünders offensichtlich üblichen Übergriffen zu schützen. Dieser eher noch passive Schutz wurde bald in eine aktive Einschränkung des autonomen Handlungsbereichs ausgeweitet, die die Frau gesellschaftlich unsichtbar machen sollte:

»Und sag den gläubigen Frauen, sie sollen (statt jemanden anzustarren) ihre Augen niederschlagen, und sie sollen darauf achten, daß ihre Scham bedeckt ist ... und ihren Schal sich über den Schlitz (des Kleides) ziehen (24/31) – ... Und bleibt in eurem Haus ... putzt euch nicht heraus, wie man das früher im Heidentum zu tun pflegte« (33/33).

Da die Verhüllung sich auch in unmittelbaren Bezug zum Glauben setzte, wurde sie nicht nur zum Instrument gesellschaftlicher Isolation, sondern auch zum Symbol gegen Untreue und Lasterhaftigkeit im besonderen sowie die anderen Kulturen und Religionen im allgemeinen.[190] Mit ihrer äußerlich abgrenzenden Funktion war zudem nicht nur eine neue Dynamik der Denunziation und allgegenwärtigen Kontrolle begünstigt, sondern vor allem auch die Installation des Patriarchats als dominantem Ordnungsfaktor, wie sie in der zitierten koranischen Überlegenheitsklausel zum Ausdruck kommt (S. 275).

In Verbindung mit den Vorstufen des passiven Schutzes und der Ausgrenzung autonomen Handelns installiert die einschlägige Sure die uneingeschränkte Herrschaft des Mannes über die Frau. In der hier erreichten Dominanz steckt allerdings auch eine unverkennbare Ambivalenz zwischen moralischem Anspruch und menschlicher Wirklichkeit, die in der Form äußeren Drucks durch Einsperren und Überwachen der Frau eine tiefe innere, dem islamischen System immanente Fehlschaltung offenbart. Denn unter dem Druck seiner »normativen« Gegenwart schwenkte sogar Muhammad, dessen Frauenbild lange Zeit grundsätzlich eher von Kooperation geprägt gewesen war, auf eine konsequente Linie der Konfrontation ein:

»Wenn ich meinen Auftrag als Prophet erfüllt habe, wird es in dieser Welt keine Versuchung mehr geben, die für Männer verhängnisvoller sein kann als Frauen«.[191]

Dieser Meinungswandel verdankte sich in der Hauptsache dem Einfluß zweier Genossen, die ihm später auch als »rechtgeleitete Kalifen« nachfolgten, nämlich 'Ali Ibn Abi Talib und 'Umar Ibn al-Khattab, der das Recht des Mannes zur Züchtigung der Frau gefordert hatte. Beide prägten das sich im Frühislam rasch durchsetzende Weltbild, dem zufolge die Frau als Ganzes wie ein Übel zu betrachten war, dessen schlimmster Aspekt in seiner unausweichlichen Notwendigkeit bestand:

Ali: »Wenn sie (die Frauen) sich selbst überlassen sind, so kennen sie keine Religion. Sie sind ohne Tugend und ohne Erbarmen, wenn es um ihre fleischlichen Begierden geht. – Sie beklagen sich unterdrückt zu sein, obwohl sie es sind, die unterdrücken … Erflehen wir Gottes Hilfe, um siegreich aus ihren teuflischen Verführungskünsten hervorzugehen …« 'Umar: »Die Rede der Verschleierten ist ebenso wie sie selbst etwas, das man schamhaft verhüllen muß: Wie es sich nicht schickt, sie der Öffentlichkeit zu zeigen, ebenso schickt es sich nicht, ihre Rede auszuplaudern«.[192]

Mithin steht dem Muslim in Gestalt der Frau ein Wesen gegenüber, das – im Besitze kaum zitierfähigen Geistes – ein von Begierden getriebenes Symbol teuflischer Versuchung darstellt und daher unter permanenter Gehorsamskontrolle durch den Mann zu halten ist. Dies umso mehr, als koranisch gesehen der eheliche Geschlechtsakt als gottgefälliges Werk gilt, das möglichst oft und effizient zu vollziehen ist, da die unbefriedigte Frau potentiell den Teufel aktiviert und die islamische Ordnung stört.[193] Die Ehe, von den Rahmenbedingungen der Polygamie und Verstoßung bestimmt, reduziert die Frau mithin auf den Status einer austauschbaren Ware mit sexueller Funktion.

In einer Interaktion, in der die Frau als Sexualobjekt und potentielle Botschafterin des Teufels und der Mann als ihr Kontrolleur und omnipotenter Herrscher den ehelichen Akt im Sinne einer Glaubensübung und ordnungsschaffenden Beitrags zur islamischen Gemeinschaft zu verstehen hat, bilden sich zwei Ebenen fundamentalen Mißverhältnisses. Zum einen erschweren moralische Unreinheit der Frau und moralische Reinheit des Mannes in Verbindung mit einer vollständigen Rechtsunsicherheit ein stabiles Emotionsgefüge im Sinne von Zuneigung und Liebe zwischen den »Partnern«. Zum anderen erfordert die zusätzliche Besetzung der weiblichen Unreinheit durch das metaphysische Böse in Gestalt von teuflischer Begierde und Verführung ein umfassendes System der körperlich-religiösen Reinigung. Dieses System ist insgesamt darauf ausgerichtet, dem Mann den Reifeprozeß zum Eingeständnis zu ersparen, Ursprung der gleichen »Begierde« zu sein, die er der Frau unterstellt. Die bereits erwähnte, marokkanische Soziologin Fatima Mernissi faßt diesen Sachverhalt zusammen:

> »Der Geschlechtsakt, der als unrein gilt, wird von Riten und Beschwörungen begleitet, die eine gefühlsmäßige Distanz schaffen und die geschlechtliche Befriedigung auf seine elementarsten Funktionen reduziert: Orgasmus und Fortpflanzung. Die Botschaft des Islam, so schön sie auch sein mag, geht davon aus, daß die Menschheit nur aus Männern besteht. Die Frauen stehen außerhalb der Menschheit und sind sogar eine Bedrohung für sie … Wenn es stimmt, daß Promiskuität und Permissivität die Barbarei kennzeichnen, dann ist nur die weibliche Sexualität durch den Islam zivilisiert worden; denn die männliche ist promiskuitiv (durch die Existenz der Polygamie) und permissiv (durch die Existenz der Verstoßung)«.[194]

Das Ausmaß weiblicher Unreinheit läßt sich an der Bestimmung ablesen, der zufolge der Muslim sich nach dem Verkehr mit einer Frau zu reinigen hat, nicht jedoch nach einem solchen mit Tieren, Leichen oder Kindern, wobei das Hauptkriterium die Erregung ist, die beim Sexualobjekt hervorgerufen wird.[195] Abgesehen von den kulturhistorisch interessanten Sexualalternativen, die sich in Sodomie, Nekrophilie und Pädophilie ausdrücken, steht im Zentrum der islamischen Reinlichkeitsregeln die Sexualität als potentieller Störfaktor des Sakralen. Im Rahmen des ehelichen Aktes bei der Frau ausgelöste Begierden beinhalten notwendigerweise die virtuelle Anwesenheit des Teufels oder böser Geister (*djinn*), deren reale Wirkung der Mann durch beschwörende Glaubensformeln zu bannen hat. Nur die peinliche Beachtung der Verbindung aus strenger Gehorsamskontrolle und sexueller Reinheit kann das islamgerechte Verhalten der Frau, ein gottgerechtes Eheleben und den Zugang zur täglichen Glaubensausübung sichern.

Hier schließt sich nicht nur der Kreis zum Gehorsamssymbol des Kopftuchs, sondern es wird ebenso die fundamentale Bedeutung erkennbar, die eine konsequente Unterdrückung der Frau für das Glaubens- und Menschenverständnis des Islam hat. Menschsein im islamischen Sinne ist in allererster Linie männliches Sein. Weibliches Sein bedeutet latente Bedrohung männlichen Seins und damit des Islam an sich. Jeder Versuch zur Emanzipation kann daher nur als Tendenz von latenter zu akuter Bedrohung der traditionellen Existenzform des Islam interpretiert werden, die somit das Geistpotential der Frau systematisch ausgrenzen muß.

Gerade weil diese Frage von existentieller Bedeutung für den traditionellen Islam ist, bemüht sich der westliche Dialog durchgängig, die Lücke zwischen koranischem Anspruch und der Wirklichkeit des islamischen Lebens zu übersehen, und eine weitgehende Gleichstellung der Frau in Ehe und Gesellschaft zu behaupten.[196]

Daß ihre grundsätzliche Herabstufung in eine Sphäre minderer, eher biologisch verstandener Qualität eine dem Islam originär eingewurzelte und dort unverändert konservierte Daseinsform darstellt, konnte schon vor 800 Jahren kein Geringerer als der große Averroes bestätigen, der zu diesem Thema kritisch feststellte:

> »In diesen unseren Staaten kennt man die Fähigkeiten der Frauen nicht, weil man sie hier nur für die Fortpflanzung einsetzt. Das macht ihre (anderen möglichen) Aktivitäten zunichte. Weil Frauen für keine der menschlichen Tätigkeiten für fähig gehalten werden, geschieht es oft, daß sie Pflanzen gleichen. Daß sie in diesen Staaten eine Last für die Männer sind, ist einer Gründe für die Armut dieser Staaten«.[197]

2. Der Islam und die Juden

Für die jüdischen Elemente im Koran gilt aus muslimischer Sicht das Gleiche wie für die besprochenen christlichen Einflüsse. Sie bilden keine externen Bestandteile, sondern integralen Inhalt der koranischen Offenbarung, der von Allah mit absoluter Authentizität versehen wurde, nachdem die Juden und Christen ihre Schriften »verfälscht« hatten.

Beide gelten als überwundene Vorläufer, deren unvollkommene Propheten in Muhammad ihren krönenden Abschluß gefunden hatten. Wie wir sahen, konnte des letzteren Reaktion auf die jüdische Ablehnung in Form des Massenmords von Medina kaum drastischer sein, wie denn auch dieser Bruch im Verkünder eine Fülle antijüdischer Offenbarungen ausgelöst hat. Insbesondere wird dabei den Juden die aus islamischer Sicht unbeweisbare Behauptung vorgeworfen, Jesus getötet zu haben (4/157). Die in diesem Zusammenhang am häufigsten zitierte Aussage verbindet den Fluch Gottes über das Volk Israel mit der Rechtfertigung des Massakers und einer indirekten Konzession an die Kreuzigung Christi:

»Und sie verfielen dem Zorn Gottes, und Verelendung kam über sie. Dies dafür, daß sie nicht an die Zeichen Gottes glaubten und unberechtigterweise die Propheten töteten und dafür, daß sie widerspenstig und in Übertretung waren« (3/112).

Der Nachweis klarer jüdischer Beiträge zum Koran hat sich insofern als ein ausgesprochen schwieriges Unterfangen herausgestellt, als sich im Verlauf der Forschung im Gegensatz zu den christlichen Aspekten wesentlich weniger Indizien ermitteln ließen, aus denen eine authentische Herkunft herzuleiten war.[198] Die christliche Verbindung mit dem Alten Testament erschwerte zudem die Klärung der Frage, inwieweit eine jüdische Komponente als direktes Element des Judaismus oder von christlicher Vermittlung getragener Einfluß zu verstehen war. So sind es denn auch eher Einflüsse grundsätzlicherer, struktureller Natur wie die Ähnlichkeiten zwischen Rabbiner und Imam oder im Ablauf des Fastens, die das Interesse der abendländischen Forschung auf sich gezogen haben.[199]

Die formgebende Rolle dieser Elemente schlägt sich nicht nur in Parallelen, sondern auch in Kontrasten nieder. Indem Muhammad die Gebetsrichtung von Jerusalem nach Mekka umlenkte und Abraham zum Erbauer der Kaaba erklärte, bewirkte er nicht nur wichtige Modifikationen in Richtung einer neuen Identität, sondern ließ zugleich genuin jüdische Aspekte erkennbar werden, die seinen Religionsvorstellungen ursprünglich zugrunde gelegen hatten.

In diesen Kontext gehört auch die Frage, ob es sich bei Jerusalem um eine heilige Stadt für die Muslime handelt, über die sich diese selbst über lange Zeit keineswegs im klaren waren. Die von Muhammad vorgeprägte Negativhaltung gegenüber den Juden hat im Verlauf der islamischen Geschichte nur langsam und zögernd die Idee Jerusalems als heilige Stadt zugelassen, wobei es eher zusätzliche Gegensätze waren, welche diese Vorstellung zu einer endgültigen Überzeugung machten. Nicht zuletzt waren es schließlich die Christen selbst, die Jerusalem auch den Muslimen als begehrenswertes Objekt erscheinen ließen, indem im Rahmen der Kreuzzüge und auch der späteren kolonialen Okkupation deutlich wurde, wie sehr ihnen an dieser Stadt wirklich gelegen war.[200]

Es ist daher eher ein tausendjähriger Prozeß der langsamen Gewöhnung, der durch den Konkurrenzgedanken zum Christentum eine starke antijüdische Tradition überwinden half und die im Grunde ungeliebte Idee eines heiligen Jerusalem in zunehmend attraktivem Licht erscheinen ließ. Die islamische Legende von der Himmelfahrt Muhammads mit Jerusalem als Ausgangspunkt hat in dieser Entwicklung keine kausale Rolle gespielt. Dies umso weniger, als der deutlich antijüdische Tenor des Koran und des *hadith,* das Verhältnis des Propheten und seiner Gemeinschaft zu den Juden betreffend, sich auch in der Entwicklung der *umma,* in der immerhin viele Nachkommen von Juden und Christen weiterlebten, in einer tendenziellen Benachteiligung der Juden auswirkte.

Diese Benachteiligung war jedoch eher gesellschaftlicher Natur. Im Vergleich zu den Christen, die aufgrund ihrer theologisch ausgereiften Religion und politischen Stärke zum historischen Gegner wurden, stellte sich den Muslimen das Judentum als eher bedeutungslose Religion dar, die ihre gesellschaftliche Entsprechung in den traditionell nachgeordneten Funktionen der Juden fand. Während Staatsämter und freie Berufe wie der Arztstand den Christen durchaus zugänglich waren, wurden verachtete Tätigkeiten wie die des Gerbers oder Schlächters zu Domänen der Juden. Al-Djahiz (gest. 868), Rationalist und zum Zynismus neigender Satiriker, faßte die zu seiner Zeit herrschende Meinung des Islam über die Juden zusammen:

> »Weshalb die Christen zwar gewiß abstoßend, jedoch weniger verabscheuenswert sind, hat seinen Grund darin, daß der Israelit nur eine Israelitin zur Frau nimmt und sie so all ihre Verderbtheit immer weiter mit sich tragen, und dies ausschließlich untereinander ... sie haben sich daher auch weder durch geistige oder körperliche Vorzüge noch durch besondere Gaben ausgezeichnet. Wie der Leser sicher weiß, gilt das gleiche für Pferde, Kamele, Esel und Tauben, wenn sie sich durch Inzucht fortpflanzen«.[201]

Christen und Juden unterliegen gleichermaßen den Bestimmungen der *dhimma,* jener »Schutzvereinbarung«, die den Schriftbesitzern einen Katalog unterklassiger Lebensbedingungen diktiert und den modernen Interpreten des interreligiösen Dialogs als Beweis islamischer Toleranz dient (s. o. S. 121f. u. S. 344f.). Den fundamentalen Diskriminierungen durch dieses Vertragswerk liegt zwar keine emotionale Feindseligkeit im Sinne europäischer Ideologiebildung wie des Antisemitismus, dafür allerdings eine tiefe, religiös begründete Überzeugung existentiell-biologischer Überlegenheit zugrunde:

> »Die Muslime unserer Tage werden sich zeit ihres Lebens (von der Arbeit) dieser Leute ernähren, und nach unserem und ihrem Tod wird für unsere Söhne das gleiche getan von ihren Söhnen und so fort, denn sie sind Sklaven des Volkes der Gläubigen, solange die Religion des Islam vorherrschen wird«.[202]

Die islamische Expansion des 7. und 8. Jahrhunderts traf auf zwei Zonen jüdischen Lebens, die sich geographisch auffallend im Westen auf Nordafrika und Spanien, im Osten auf Irak und Persien konzentrierten. Im Zuge der weiteren islamischen Geschichte entwickelten diese Gemeinschaften nicht nur einen weiträumigen Austausch untereinander, sondern vollzogen zwei fundamentale, auf eigentümliche Weise miteinander verschränkte und dennoch gegenläufige Prozesse. Zum einen übernahmen sie das Arabische bzw. Persische als eigene Umgangsprache, wodurch das Hebräische in den religiösen Kultbereich abgedrängt wurde; zum anderen sah sich die dadurch begünstigte Integration ab dem 10. Jahrhundert durch den politischen und wirtschaftlichen Zerfall des abbasidischen Kalifats einem starken Rückgang der ohnehin fragilen Toleranz gegenüber.

Die erwähnten Ähnlichkeiten zwischen Rabbiner und Imam in Ausbildung und Funktion, die erstaunliche Parallelen im Bereich des Gesetzes bzw. Rechtsgutachtens zwischen jüdischer *halacha/teschuwot* und islamischer *shari'a/fatwa* fanden,[203] förderten nicht nur eine strukturelle Beeinflussung der jüdischen durch die islamische Theologie, sondern die Bereitschaft zu einer umfassenden Verähnlichung des gesamten jüdischen Verhaltens mit den Gewohnheiten des islamischen Lebens.

Im Gegensatz zum Christentum konnten sich die Juden somit an so abweichende Praktiken wie die Polygamie und vor allem die *taqiya* assilimilieren. Diese letztere, spezifisch islamische Praxis, die Glaubensverleugnung als Nutzenkalkül und pragmatisches Alternativkonzept zum Märtyrertum betreibt, trat nicht nur als Scheinkonversion zum Islam, sondern auch als solche zum iberischen Katholizismus, als sogenannter *Marranismus* auf. Maimonides (gest. 1204), renommiertester Jude der islamischen Geschichte, Zeitgenosse des Averroes und zeitweilig Leibarzt des Sultans Saladin in Kairo, versuchte zu erklären, warum nicht auch die außerislamischen Juden einer der *taqiya* ähnlichen Praxis folgten, sondern in der Not am Glaube festhielten und das Märtyrertum auf sich nahmen.

Die Erklärung des Maimonides entbehrte nicht der religionshistorischen Logik: Da aus jüdischer Sicht am islamischen Monotheismus weniger Zweifel bestünden als am christlichen, ginge der Tod jeglichem christlichen Bekenntnis vor, während aufgrund der Ähnlichkeit zum Islam das Scheinbekenntnis zu dieser Religion erlaubt sei – mit anderen Worten: Muhammad könne der Prophet Allahs, nicht aber Christus der Sohn Gottes sein.[204]

Der jüdischen Gemeinschaft hat diese äußerst bemerkenswerte Differenzierung keine Vorteile gebracht. Im Gegensatz zur vergleichsweise toleranten Praxis der *sunna* war sie in Persien von der dort vorherrschenden *shi'a*, der messianischen Form des Islam, traditionell demütigender und z.T. gewalttätiger Behandlung ausgesetzt. Ab dem 12. Jahrhundert verschlechterte sich die jüdische Situation auch im Westen und verschärfte sich entscheidend nach Machtübernahme durch die Almohaden, eine quasi-messianische Variante des orthodoxen Glaubens, die bald ganz Nordafrika und Spanien beherrschte und dabei auch die Christen drakonisch bekämpfte.

Der literarische Boden für diese Entwicklung war bereits um die Mitte des 11. Jahrhunderts vom Granadenser Abu Ishaq (gest. 1056) und vor allem von dem Cordobesen Ibn Hazm (gest. 1064) bereitet worden, deren antijüdische Propaganda die politische Atmosphäre nachhaltig – mit Folgen auch für die Christen – vergiftet hatte.

Bald darauf begann sich mit der Reconquista das Blatt in Spanien zu wenden, von Osten rückten die Mongolen vor und der ketzerische Schiismus weitete sich zu einem islaminternen Problem aus, so daß Toleranz und Weltläufigkeit einer Renaissance des orthodoxen Konformismus wichen. Zwar hatten die Juden aufgrund ihres als degenerativ erachteten Status im Gegensatz zu den Christen nie im Fokus des islamischen Interesses gestanden, doch begann nun ein langer Weg der Verfolgung und graduellen Dezimierung, der auch durch die demütigendsten Assimilationsbemühungen seitens der Judenheit nicht aufzuhalten war.

Die islambezogene *taqiya*-Empfehlung des Maimonides hatte wohl bereits unter dem Eindruck der sich negativ wandelnden Zeit gestanden, als er wenig später resümierte:

»Ihr wißt, meine Brüder, daß Gott uns um unserer Sünden willen mitten unter dieses Volk zerstreut hat, das Volk des Ismail, das uns unnachsichtig verfolgt und auf Wege sinnt, uns zu schaden und zu entwürdigen … Kein Volk hat jemals Israel mehr Leid zugefügt. Keines hat es ihm je gleichgetan, uns zu erniedrigen und zu demütigen. Keines hat es vermocht, uns zu unterjochen, wie sie es getan haben«.[205]

Die besonders drückende Drangsal in Persien und Marokko entwickelte immer neue Spiralen der Entwürdigung. Der diskriminierende gelbe Fleck, der auch ein Zeichen der Christen war, der Zwang, barfuß oder in Strohsandalen zu laufen, langes Warten in sengender Sonne bei Behördengängen, Steinigungen durch muslimische Kinder, willkürliche Beraubung ohne Rechtshandhabe, zunehmende Unterbringung in geschlossenen Vierteln und viele weitere Varianten multipler Demütigung ließen die Judengemeinden stetig schrumpfen.

Mit den Osmanen kam zwischen dem 15. und 17. Jahrhundert eine Periode vorübergehender Toleranz auf, die Juden aus allen islamischen Gebieten, die Marranen aus Spanien und Portugal und vor allem auch Juden aus Mitteleuropa anzog, die vor den Repressalien der Reformation flohen. Mit ihnen kam wertvolles Wissen aus der Medizin, dem Buchdruck und Münzwesen sowie nicht zuletzt über die im Islam völlig unbekannten Neuerungen westlicher Waffentechnik, die der osmanischen Heerführung bei den Planungen gegen das Habsburger Reich zugute kamen. Ein Zeitgenosse merkt hierzu besorgt an:

»Zum größten Schaden der Christenheit machen diese Leute die Türken auch mit den verschiedenen, die Kriegsrüstung betreffenden Entdeckungen bekannt, mit der Fabrikation von Artilleriegeschossen, Arkebusen, Munition und dergleichen mehr«.[206]

Insgesamt war indessen auch die osmanische Toleranz eine islamische – dominiert vom Merkmal universeller Verachtung für die *ahl al-dhimma*, jene Schutzbefohlenen und Schriftverfälscher, deren Verstand nicht ausreichte, den Weg zur besten aller Religionen zu finden. Diese Verachtung richtete sich mit dem Niedergang der Osmanen, verstärkt durch ihre Vertreibung aus Österreich und Ungarn, nun wieder vermehrt gegen die Juden, da die Christen vom zunehmenden Einfluß Europas profitierten, der sich ab Mitte des 19. Jahrhunderts auf das gesamte Islamgebiet auszubreiten begann. In dem Maße, in dem die Muslime realisierten, daß ein wesentlicher Pfeiler islamischer

Machttradition, nicht weniger als das identitätsspendende *dhimma*-System, hinsichtlich der Christen seine Geltung verlor, blieben die Juden als alleiniges Ziel ihres wachsenden Hasses zurück.

> »Nie sah ich den Fluch, der die Kinder Israel traf, bedingungsloser verwirklicht als im Orient … wo man sie eher als Bindeglied zwischen Tier und Mensch denn als Mensch ansieht … die orientalischen Juden haben einen geknechteten, hoffnungslosen Ausdruck an sich … der verächtliche Haß, mit dem die Osmanen die Juden bedenken, läßt sich unmöglich in Worten schildern …«[207]

Während sich im Zentralgebiet eine hysterische Welle der Ritualmordverdächtigungen, begleitet von gewalttätigen Vertreibungen ausbreitete, die in Persien und Marokko eher unbekannt gewesen waren waren, mündete dort die kollektive Frustration der Muslime in unkontrollierte Massaker. Mit der wachsenden Präsenz der westlichen Schutzmächte in den muslimischen Ländern übernahmen diese – vornehmlich unter dem Druck der europäischen Öffentlichkeit – nach den Christen nun auch den Schutz der jüdischen Minderheiten und setzten die *dhimma* endgültig außer Kraft.

Ihrerseits motiviert durch interessierte Kreise, begannen die Muslime ihre traditionelle Argumentation mit europäischem Antisemitismus wie z.B. den »Protokollen der Weisen von Zion« und der Shoa-Leugnung zu verbinden, bis heute gängige Klischees selbst unter islamischen Intellektuellen. Wenngleich natürlich zwischen der Judenfeindlichkeit religiösen bzw. ideologischen Zuschnitts deutlich zu unterscheiden ist, so harren die Ursprünge des »europäischen Antisemitismus« im Islam der Erforschung. Ob diejenigen Elemente, die sich z.B. im Baath-Marxismus des Parteigründers Michel Aflaq oder im Panarabismus des Rashid Rida'-Anhängers Sati' Husri finden lassen, die Rückführung auf die Geschichtsphilosophien Herders (gest. 1803) bzw. Fichtes (gest. 1814) und die Begründung einer antisemitisch motivierten »Germanophilie« rechtfertigen,[208] kann in unserem Rahmen nicht weiter verfolgt werden.

Mit der Gründung von Israel geschah nach dem *dhimma*-Schnitt ein noch tieferer, wesentlich gravierenderer Eingriff in die islamische Identität, auf den die Judenheit mit einem gewaltigen Exodus aus ganz Nordafrika, dem Irak, Jemen und Persien reagierte und ihre Präsenz im islamischen Raum faktisch beendete.

Schon im Vorfeld dieser Staatsgründung hatten sich wenig ermutigende Feindseligkeiten ereignet. Im Rahmen der Unruhen der 20er Jahre und des arabischen Aufstands von 1936-39 gegen die Engländer war eine permanente Pogromstimmung entstanden, die nicht nur zahlreiche Juden das Leben kostete, sondern ein denkbar negatives Umfeld für den neuen Staat schuf.

Nach der Gründung Israels, die bereits nach dem Ersten Weltkrieg durch die Rothschild-Gruppe um Balfour eingeleitet[209] und 1947 durch die UNO realisiert wurde, hatte sich der neue Staat des Überfalls von sieben arabischen Staaten zu erwehren, bis 1949 ein Waffenstillstand zustandekam, der einen bis heute andauernden, schwelenden Status des Quasi-Krieges und der permanenten, gegenseitigen Bedrohung durch beide

Seiten verfestigte. Der Suez-Krieg von 1956, der Sinai-Krieg von 1967, der erneute Konflikt mit Ägypten und Syrien 1973 sowie der Krieg gegen die PLO im Libanon im Jahre 1982 markierten Stationen der Krisentendenz dieses problematischen Schwebezustands.[210]

Entscheidend für die Zukunft Israels sind indessen die langfristigen Planungskriterien des Islam. Dieser sieht seine Zukunft durch diesen Staat direkt und existentiell bedroht, wie die syrische Führung 1992 klar und unmißverständlich formulierte:

> »Jeder, der auch nur einen Zoll arabischen Landes (Jerusalem) hergibt, ist ein Verräter, und wir alle wissen, wie man in der arabischen Welt mit Verrätern umgeht ... Wir Araber haben 200 Jahre gewartet, um die Kreuzritter aus dem Heiligen Land zu vertreiben. Die Israelis sind erst 50 Jahre hier. So können wir getrost noch einmal 150 Jahre warten«.[211]

In echt islamischer Tradition reicht diese Verknüpfung über das rein Diesseitige hinaus und erfaßt die eigene Identität über die Geschichte hinweg unmittelbar bis hin zur vollständigen Vermischung der Ursprünge, die auch schon die prophetischen Lehren gekennzeichnet hatte. So wird sich das Schicksal Israels mit dem übergeordneten Feindbild im christlichen Westen verbinden, wie denn auch die im Golfkrieg 1992 auf Israel abgefeuerten Scud-Raketen mit dem damit konformen Wunsch begleitet wurden:

> »Oh Saddam, lieber Saddam, greife Tel-Aviv an! Oh Saddam, lieber Saddam, *greife das Kreuz an!*« (Bet. d.Verf.).[212]

3. Der Islam und die Wirtschaft

In der Diskussion des interkulturellen Dialogs werden wir sehen, daß die oft gestellte Frage nach der Vereinbarkeit der Menschenrechte mit dem islamischen Gottesgesetz von abnehmender Bedeutung ist. Der im Rahmen der Wirtschaftsglobalisierung erstarkende Liberalismus hat nicht nur die westliche Bereitschaft gestärkt, erhöhte Anteile der Migration aufzunehmen, sondern im gleichen Zuge ebenso die Fähigkeit geschwächt, auf der Unveränderbarkeit der Menschenrechte zu bestehen. Menschenrechte und Rechtsverständnis sehen sich einer zunehmend kulturorientierten Interpretation ausgesetzt, wobei die politisch Verantwortlichen die Tendenz zeigen, die demokratische Mitsprache insgesamt außer Kraft zu setzen. Wenngleich in den westlichen Staaten – mit besonderer Ausprägung in Deutschland – das Prinzip der sozialen Marktwirtschaft praktiziert wird, so ist nicht zu verkennen, daß die tendenzielle Schwächung der demokratischen und menschenrechtlichen Grundlagen in den letzten zwei Jahrzehnten des 20. Jahrhunderts ebenso eine Schwächung des Sozialstaatsprinzips als Folge eines verstärkt hervortretenden Neo-Liberalismus nach sich gezogen hat.

Vor diesem Hintergrund empfiehlt sich an dieser Stelle unserer Betrachtungen ein vorgezogener Blick auf die Randbedingungen islamischen Wirtschaftens, weil sie sich in thematischer Nähe zur Stellung des Islam zur Frau und den Juden befinden. In jedem dieser Bereiche sieht sich der Islam existentiellen Herausforderungen gegenüber, die in der Begegnung mit dem Westen besondere Aktualität erlangen. Denn so wie in der Frauenfrage mit dem Recht auf Gleichstellung und in der Judenfrage mit dem Recht auf Toleranz zentrale Probleme des Islam zur Debatte stehen, so erfordert sozialstaatliches Wirtschaften mit der Optimierung des Gemeinwohls auf Basis ökonomisch orientierten Handelns ein Prinzip, das den menschlichen Verstand zugrunde legt. Die gottesorientierte Geschlossenheit des islamischen Rechtssystems legt die Frage nahe, ob ein solches rationales Handeln im Islam ausreichende Voraussetzungen vorfindet.

Wie wir wissen, ist die Verfassung des islamischen Rechtssystems der Koran, ein Rahmen, dessen Unveränderbarkeit auch durch die als Ergänzung hinzutretende Prophetentradition keine entscheidende Flexibilität erlangt. Das bedeutet, daß die Ratio, nach der im Islam gewirtschaftet wird, im Prinzip derjenigen entspricht, die auch dem gesamten Gefüge aus Religion und Staat zugrunde liegt. Wirtschaften im Islam bedeutet also ein Verhalten, das sich im wesentlichen nach den gleichen Grundsätzen zu richten hat, die von der *shari'a* für islamisches Denken und Verhalten insgesamt vorgegeben sind.

Die Freiheitsgrade dieses Verhaltens beruhen auf einem einfachen Stufensystem ethischen Handelns, in dem im Gegensatz zum westlichen Denken das individuelle Gewissen ausgeschaltet und durch eine Gesinnung ersetzt wird, die sich auf Erfüllung der göttlichen Gesetze richtet:

Gebotene Handlungen sind islamische Pflicht und ziehen bei Zuwiderhandlung Allahs Strafe nach sich;

Empfohlene Handlungen sind dem Heil des Menschen förderlich, lösen bei Unterlassung allerdings keine Strafe, sondern bei Befolgung Belohnung aus;

Erlaubte Handlungen sind nach allen Seiten neutral;

Mißbilligte Handlungen sind dem Heil hinderlich, ihre Durchführung bedeutet keine Bestrafung, ihre Unterlassung ist allerdings mit einer Belohnung verbunden;

Verbotene Handlungen ziehen Allahs einschlägige Strafen nach sich, ihre Unterlassung ist islamische Pflicht.

Aus diesen Stufen wird unmittelbar ersichtlich, daß nur die *erlaubten* Handlungen einen Bereich der Gewissensfreiheit öffnet, während alle anderen, mithin bei weitem überwiegenden Handlungsarten den Normen des Glaubens unterliegen. Freiheit im westlichen Sinne, d.h. im Sinne der humanistischen Wahlfreiheit als Ergebnis des moralischen Gewissens, ist dem religiösen Islam, der immer auch ein politischer Islam ist, fremd.

Im Bereich der Dialogdiskussion wird sich zwar ergeben, daß die dort gegebene, moralische Gewissensfreiheit sich in zunehmender Entfernung vom humanistischen Ideal ihrerseits stark einzuschränken beginnt, doch hat diese Entwicklung zunächst keine unmittelbare Relevanz für die Randbedingungen des islamischen Wirtschaftens als solche.

Da diese Bedingungen alle Religion, alle Kultur und alles Wissen präexistent umfassen, muß auch die islamische Wirtschaftsform, solange sie sich auf das Wohl der *umma*, der muslimischen Gemeinschaft richtet, langfristig allen anderen Formen überlegen sein. Diese Konsequenz ergibt sich allein schon aus dem Nützlichkeitsprinzip, nach dem alles, was dem islamischen Interesse dient und nicht den göttlichen Vorschriften zuwiderläuft, zu akzeptieren ist. Wenn zudem die Bedingung der »erlaubten Handlung« erfüllt ist, scheinen ausreichende Voraussetzungen gegeben, eine in Rede stehende Handlung, d.h. eine wirtschaftliche Maßnahme, auch in die Tat umzusetzen.

Wie sich uns vielfältig zeigte, besteht »der Islam« in besonderer Weise aus einer reflexhaften Selbstbespiegelung zwischen koranischem Gottesgesetz und prophetischem Idealvorbild, die sich in historischen Situationen immer wieder bestätigt und in einer modernen Reaktionsform verfestigt hat. Diese Form wurde im Westen als vom »eigentlichen Islam« zu trennender »Fundamentalismus« verstanden. Da letzterer in der aktuellen Begegnung mit der westlichen Zivilisation wachsenden Auftrieb erfährt, ist zu erwarten, daß auch die ökonomischen Randbedingungen in zunehmendem Maße traditionalistischen Prüfkriterien unterzogen werden, zumal gerade in einer pluralistischen Industriegesellschaft die Gefahr der Kollision religiöser Vorschriften mit profanen Hindernissen permanent im Raume steht.

Dies bedeutet, daß auch der schmale Raum der »erlaubten Handlungen« sich in sein Gegenteil verkehrt. Mit zunehmendem »Fundamentalismus« nimmt auch die Bereitschaft zu, sich den schariatischen Vorschriften zu unterwerfen und spontane und damit riskante Handlungen zu unterlassen, so daß sich im Wirtschaftbereich die Handlungsfreiheit ähnlich wie im allgemein-gesellschaftlichen Bereich einschränkt. Da der Wille Allahs die oberste Instanz bildet, ist nicht nur die Demokratie und das Menschenrecht als ihr Verfassungsziel ausgeschlossen; auch die Grundvoraussetzung modernen Wirtschaftens, die rationale Entscheidung für eine ökonomisch sinnvolle Maßnahme, kann nicht uneingeschränkt in Anspruch genommen werden.

Nach allem, was die islamischen Vorschriften zu diesem Thema sagen, kann von einem Konzept begrenzter, sozialer Gerechtigkeit ausgegangen werden, das durch Zinsverbot und kapitalstreuendes Erbrecht große Einkommensdifferenzen zu vermeiden sucht.[213] Dabei sind zur Absicherung einer solchen Entwicklung nach wie vor keine Institutionen einzusetzen, weil der Wille Allahs keinesfalls durch den des Volkes abgelöst werden kann. In der generellen Institutionslosigkeit und der ökonomischen Ratio, welche die Dominanz des göttlichen Regelkodex zu durchbrechen hätte, wenn ein gezieltes Wirtschaftswachstum anzustreben wäre, liegt die grundsätzliche Problematik einer islamischen Wirtschaftsordnung. Darüber hinaus enthält die weitgehende Lähmung der Zins- und Kapitalmärkte einen Bremseffekt, der das Entstehen einer islamischen Wirtschaft seitens ihrer unabdingbaren, funktionellen Voraussetzungen stark behindert.

Persönlicher Besitz und Reichtum sind zwar möglich, verpflichten jedoch zu sozialen Ausgleichszahlungen, die umso obligatorischer werden, je weniger die Betroffenen ihren Reichtum der eigenen Leistung zu verdanken haben. Stammt er z.B. aus der Nutzung natürlicher Ressourcen und Rohstoffe wie Rohölquellen, ist eher von einer Sachwalterschaft über die Güter Allahs auszugehen, deren Einkünfte in hohem Maße der Gemeinschaft zuzuführen sind.[214] Neben den Almosen (*zakat*) spielen in diesem Zusammenhang die religiösen Stiftungen (*waqf*) eine große Rolle, indem sie sich in weite Bereiche der öffentlichen Wohlfahrt und Bildung einschalten.

Da sich der Machtverbund aus Religion und Politik im aktuellen Islam natürlich nicht an den vom Koran vorgeschriebenen, sozialen Ausgleich hält, sondern ganz im Gegenteil das verbotene Horten von Vermögen und Akkumulieren von Zinseinkünften exzessiv betreibt, befindet er sich seit langem im Fokus des islamischen Traditionalismus. So haben sich denn auch lösegeldähnliche Zahlungen eingebürgert, mit denen sich die Machthaber von den Pressionen der Fundamentalisten freikaufen und damit insbesondere die radikalen Elemente der islamischen Expansion in Europa unterstützen.

Solange also die Abhängigkeit des Westens von islamischem Rohöl – mit noch immer etwa 50% – andauert, kann durchaus von einer Teilfinanzierung sowohl des internationalen Radikalislam als auch der islamischen Expansion in Europa durch die Rohölimporte gesprochen werden. Unter zusätzlicher Berücksichtigung der öffentlichen Unterstützungszahlungen im Rahmen der Zuwanderung entsteht das umfassende Potential einer weitreichenden Refinanzierung, aus dem das Wachstum der islamischen Kulturzentren in Europa und Deutschland seit Jahrzehnten schöpft (s. u. S. 409f.).

Dabei können die Radikalmuslime in der Diaspora, die nicht nur von ihren islamischen Finanziers, sondern auch – wie noch zu diskutieren sein wird – von den europäischen Interkulturalisten hofiert werden, ganz besonders auf die erwähnte Übung der *taqiya*, der professionellen Glaubensverleugnung, zurückgreifen. Dieses Instrument ermöglicht ihnen nicht nur die Täuschung der Ungläubigen im allgemeinen, sondern auch die Entwicklung eines unislamischen Wirtschaftssystems im besonderen, was bedeutet, daß die Diaspora-Muslime bei ihren westlichen Gesprächspartnern einen ganz besonders progressiven und damit nachhaltig irreführenden Eindruck erzeugen können, indem sie als westliche Unternehmer auftreten und damit langfristig den Interessen ihres Glaubens dienen.

Dieses langfristige Ziel – die Dominanz des Islam dort, wo er sich befindet – bleibt mehrheitlich fest im Visier der Muslime. Jede islamische Wirtschaftsordnung – wie immer sie sich auch verwestlichen mag – hat sich dieser Grundforderung zu unterstellen. Eine eigenständige, auf rein ökonomischer Ratio beruhende Wirtschaft nach westlich fortschrittlichem Muster wird sich auch in der Diaspora nicht entfalten können, weil Freiheit in islamischem Sinne langfristig grundsätzlich auf den vom Gesetz Allahs gesteckten Gehorsamsrahmen begrenzt ist. Die für rationales Wirtschaften unverzichtbare, unternehmerische Freiheit ist allein schon durch das Verbot des Ermessensentscheids (*idjtihad*) weitgehend blockiert und daher auf Ausnahmefälle beschränkt.[215]

Damit ist – bis auf weiteres – weder aus individueller Unternehmersicht, noch aus der kollektiven Perspektive fehlender Demokratiefähigkeit eine fortschrittlich wettbewerbsorientierte Wirtschaft im Islam zu erwarten. Auf Dauer wird es daher bei dem eher händlerorientierten, konsumptiven System bleiben müssen, das sich in der historisch bewährten Ausbeutung vorhandener Potentiale erschöpft. Dabei bleibt aus ideologischer Sicht den Vertretern des Islam durchaus der Einsatz des westlichen Wirtschaftssystems aus der Position des Kapitaleigners vorbehalten, eine Vorgehensweise, die seit langem praktiziert wird, und auch dem elitären Selbstverständnis des Islam entspricht, solange keine vitalen Belange tangiert werden.

Die Kooperation des Westens vor allem mit Saudi-Arabien und der Golfregion steht als Beispiel für eine strategische Verknüpfung übergeordneter Interessen, die auch und ganz besonders *politische Kapitalinteressen* sind. Dabei ist aus dem Gang des Geistes der beiden Kulturen bis hierher deutlich geworden, daß die religiös-politischen Führungsebenen in den islamischen Ländern aufgrund der gewachsenen Machtstrukturen zwar von großem Einfluß, jedoch keineswegs »den Islam« selbst im Sinne einer normsetzenden Institution darstellen. Eine solche Normsetzung trifft, wie wir ebenfalls wiederholt festgestellt haben, weitaus mehr auf die westlich-fortschrittliche Machtentwicklung zu, deren gesellschaftliche Eliten weitgehend auch mit der religiös-politischen Willensbildung gleichgesetzt werden können.

Die Begegnungen dieser religiös-politischen Willensbildungen im Rahmen der islamischen Expansion nach Europa – und hier insbesondere nach Deutschland – sowie ihre Erscheinungsformen der interreligiösen und multikulturellen Dialoge bilden den Fokus des folgenden, zweiten Teils unserer Untersuchung. Hier werden wir auf einige sehr bemerkenswerte Ergebnisse stoßen, deren Schwerpunkte nach unserer Auffassung hinreichenden Anlaß geben, uns in einer abschließenden Betrachtung mit den geistigen Voraussetzungen der liberalen Fortschrittsgesellschaft insgesamt und damit der Zukunft des Dialogs und seines interkulturellen Globalprojekts zu beschäftigen.

Teil II
Toleranzdoktrin und Islamexpansion

IX
Interreligion – der kirchlich-islamische Dialog

A. Der Weg zum Konzil

1. Ausgangspunkte

Der wesentliche Teil des Weges durch die Kulturen des Islam und des christlichen Westens liegt hinter uns. Der Sinn unserer Wanderung, nämlich hinreichenden Aufschluß über ihre geistig-religiösen Ursprünge und Unterschiede zu erhalten, sollte erfüllt sein. Wir sahen, wie vehement der Islam durch unzählige Grundlagenbestätigungen sein Selbst, d.h. die Einheit der *umma* in Glaube und Staat, wahrte, während das Christentum sich dem Auflösungsprozeß der modernen Vernunftära in die Vielfalt säkularer Institutionen aussetzte. Aus methodischen Gründen mußten wir diesen Weg in weiten, kompakten Schritten gehen und uns auf die für einen systematischen Vergleich wesentlichen Aspekte beschränken.

Wir haben eine Betrachtungsweise gewählt, die nicht die Einzelaspekte betonte, sondern Sachverhalte ganzheitlich und im historischen Kontext erfaßte. Dabei blieben die behandelten Inhalte nicht – wie unter relativistischen Bedingungen ansonsten üblich – im Bereich des Unverbindlichen und Simplifizierten, sondern nahmen sehr wohl konkret faßbare, zum Teil komplexe Formen und Qualitäten an, die indessen Schlüsse auf klare Tendenzen zuließen und uns daher zu entsprechend verbindlichen Ergebnissen geführt haben bzw. noch führen werden.

In unserer Untersuchung wurde erkennbar, daß sich die religiösen Ursprünge beider Kulturen zu Bezugsquellen der Macht entwickelten, die im Islam durch Unterwerfung unter ein alternativloses Denk- und Verhaltensmodell und im Christentum durch Teilhabe an der geoffenbarten Wahrheit mit Zugehörigkeit zu einer diese Wahrheit sakramental vermittelnden Institution aktiviert wurde. Der Islam sicherte die Macht und die Wahrnehmung »islamischer Interessen« durch die Abtrennung der menschlichen Religiosität vom Göttlichen sowie die rigorose Ausgrenzung alternativer Denkwege. Der Alleinanspruch des Christentums wählte den Weg der Integration vieler Strömungen bis hin zum Synkretismus und bewirkte den Machtbezug aus einer zum »Heilsmonopol« neigenden Vermittlung. Diese bestand in einem den Glauben besetzenden, klerikalen Lehramt, das dem Auftrag Jesu zur Erhöhung des Menschen im Glauben nicht wirklich gerecht wurde.

Während sich der Islam von Anbeginn seiner Existenz über das Prinzip des Gottesgesetzes untrennbar mit Staat und Politik verband, näherte sich das Christentum der Ausübung weltlicher Macht – entgegen der Lehre Christi vom nichtweltlichen Reich –

über die Absorption römischen Staats-und Rechtsdenkens. Nach über tausendjähriger Wechselwirkung mit der Herrschaft des abendländischen Königs- und Kaisertums begannen sich die kirchlichen Strukturen unter dem mächtigen Angriff des menschlichen Geistes und der liberalen Aufklärung allmählich zu säkularisieren. Dieser hier ausführlich diskutierte Prozeß führte zu einer graduellen Abkehr vom transzendenten Denken sowie der gleichzeitigen Hinwendung zu einem alternativen Vernunft- und Wissenschaftsglauben, der im Verlauf seinerseits einer fortschreitenden Auflösung und Relativierung sämtlicher übergreifender Erkenntnis zu weichen hatte.

Im Ergebnis entstand die auf das Detail und den Zeitpunkt fixierte Wirklichkeitswahrnehmung des *Momentismus*, dessen Denkräume sich fortlaufend verengten und auf neue Fetische der Selbsterlösung durch Arbeit, Besitz und materielle Ersatzreligionen konzentrierten. Die universalen Begriffe von Freiheit, Gleichheit und Toleranz verbanden sich in diesem Kontext zur Grundlage einer ideologischen Neuordnung, die fremde Kulturen und Religionen, das Fremde an sich, zur neuen, verbindlichen Orientierungsbasis werden ließ. Macht wurde immer weniger aus übergreifenden Glaubensorientierungen, sondern immer mehr aus den sich laufend aufspaltenden Interessen und Wissensgebieten des postmodernen Relativismus bezogen.

In diesem neuen, hochdynamischen Denkraum des subjektiven Momentismus konnte jedes Detail und jeder Zeitpunkt ohne jeden Bezug auf sachlichen und/oder historischen Kontext zu einer eigenständigen Theorie ausgedehnt werden, ohne traditionellen Prüfkriterien wie der Wirklichkeitskompetenz ausgesetzt zu sein. Hier konnte nicht nur die Arbeit zur existenzformenden Bezugsbasis, sondern auch die Fremdtoleranz zu einem sakrosankten Fokus des verbliebenen Glaubens, der Wissenschaft und des gesellschaftlichen Zusammenlebens werden. Es ist dieser Bereich der Begegnung mit der fremden Kultur und Religion, vorliegend dem Islam, der uns im zweiten, zusammenfassenden Teil unserer Betrachtung ganz besonders interessiert.

Nach der reformatorischen Abtrennung der protestantischen Konfession und den Schrecken der Religionskriege hatte sich die kirchliche Legitimationskrise, die in der Inquisition bereits einen dauerhaften Ausdruck gefunden hatte, im 16. und 17. Jahrhundert weiter verstärkt. Der existentiellen Herausforderung durch den aufklärerischen Liberalismus des beginnenden 18. Jahrhunderts stand die Kirche somit im Prinzip ohne eine glaubwürdige Argumentation gegenüber.

Als eine Art inoffiziell-institutionellen Ausdrucks dieser Entwicklung hatte sich unter dem Begriff der Freimaurerei eine klandestine Gegenmacht bemerkbar gemacht. Mit einer philosophischen Gottesvorstellung und Vokabeln wie Freiheit, Gleichheit und Toleranz wandten sich diese neuen Freigeister gegen die Kirche und stellten die etablierten Machtstrukturen des Klerus und des Adels massiv in Frage. Sie hatten mit ihren Ideen, dem ersten, systematischen Programm der Moderne, die Eliten der Gesellschaft so rasch auf ihre Seite ziehen können, daß bald auch zahlreiche Kleriker die Machtorientierung ihres Standes unter Beweis stellten, indem sie diesem Beispiel eilfertig folgten.

Wir widmeten der Analyse dieser Sachverhalte, der Reaktion Papst Clemens XII. im Jahre 1738 auf den antikirchlichen Liberalismus seiner Zeit, vergleichsweise große Aufmerksamkeit, weil die päpstliche Stellungnahme interessante Einblicke in eine Bewegung eröffnet, die sich als die tragende, antichristliche Kraft der Moderne erweisen sollte. Alle nachfolgenden Päpste bis zum 2. Vatikanischen Konzil 1962-65, also über einen Zeitraum von 224 Jahren, sind in nicht weniger als 150 Dekreten und Papieren der Freimaurerei mehr oder weniger scharf entgegengetreten.

Mit dem Konzil, das die Religionsfreiheit, den Dialog mit den Religionen und erstmals Gemeinsamkeiten mit dem Islam verkündete, hörten diese Erklärungen unvermittelt auf. Aus unserer Sicht ist es daher wichtig, herauszufinden, in welcher Weise sich die Kirche die Dialektik des Liberalismus angeeignet hat und unter Ausbildung welcher Strategien sich das neue Konzept des interreligiösen, insonderheit islamischen Dialogs als Ausdruck der Fremdorientierung im letzten Drittel des 20. Jahrhunderts entfalten konnte. Zur Vertiefung des Verständnisses ist dabei dem Papst der Jahrtausendwende und seiner Theologie besonderes Augenmerk zu widmen, weil die Gesamtheit seiner Aussagen den Zustand der Kirche authentisch widerspiegelt.

2. Die neue Theologie

Im Verlauf des 19. Jahrhunderts wurde die innerkirchliche Diskussion vom unausweichlichen Paradigma des Liberalismus erfaßt, wobei sich die Feindorientierung des Papsttums von der diffusen Freimaurer-Institution allmählich auf die allgemein theoretische Ebene des »Modernismus« verlagerte. Nicht alle teilten dabei freilich die dezidierten Ansichten des bedeutenden spanischen Traditionalisten Donoso Cortès:

> »Ich glaube und bekenne, daß die katholische Zivilisation das Gute beinhaltet ohne Beimischung des Bösen und daß die philosophische Zivilisation das Böse beinhaltet ohne Beimischung irgendeines Guten ... Emanzipiert sich der Wille von Gott und die Vernunft von der Kirche, so herrschen der Irrtum und das Böse ohne Gegengewicht in der Welt«.[216]

Immerhin veröffentlichten die Pius-Päpste IX, X und XII unter der Bezeichnung »Syllabus« (griech.: Verzeichnis) in den Jahren 1864, 1907 und 1950 Auflistungen der gegen den katholischen Glauben gerichteten, modernistischen Irrtümer, die eine systematische Entwicklung abstecken. Während Pius IX. – angeblich selbst noch Freimaurer[217] und im Jahre 2000 gegen erhebliche Widerstände seliggesprochen – sich eher gegen die autonome Vernunft der modernen Kultur und damit gegen den Zustand der Welt und weniger den der Kirche wandte, machte Pius X. deutlich, daß der Modernismus zu seiner Zeit bereits unabweisbar in die Substanz der Kirche, der Offenbarung und der Sakramente vorgedrungen war.[218]

Erstmals trat die klare, kirchliche Erkenntnis hervor, daß der dem Übernatürlichen zugeordnete Glaube sich nun einer konsequenten, relativierenden Machbarkeit zugewandt hatte, die in der Kirche selbst betrieben wurde. Dieses neue Denken erschien als chamäleonartiges Phänomen, das im Modernisten die simultane Gestalt des Philosophen und Theologen, des Historikers und Reformators sowie des Kritikers und Gläubigen annehmen konnte, ohne nachhaltigen Widerspruch hervorzurufen. Die Offenbarung Gottes in Jesus Christus und ihre absolute Wahrheit in der Kirche standen der auflösenden Antithese des Modernismus gegenüber, dessen relativierte Vernunftfacetten einen entsprechenden Pluralismus der Wahrheiten und Religionen erstehen ließ. Nicht die eine Wahrheit der Kirche und ihr göttlicher Ursprung galten dem Modernisten als Maßstab der menschlichen Religiosität, sondern das Befinden des Menschen, das klassische Kraftfeld des modernen *Momentismus*.

Pius X. machte daher deutlich, daß die Kirche nicht die sich wandelnde, verengende und zersplitternde Wirklichkeitswahrnehmung der Menschen zu bestätigen, sondern sie immer wieder im wahren Sinne der *religio*, des transzendenten Rückbezugs auf die eine Wahrheit der christlichen Offenbarung, zurückzuführen habe. Diese Wahrheit als die göttliche Bestimmung des Menschen könne daher sehr wohl mit der modernen Kultur koexistieren, müsse sich allerdings gegen die Wahrheiten der Wissenschaften abgrenzen, deren subjektive Erkenntnisautonomie dem Menschen die Illusion vorgaukle, sich selbst als Ursprung der Wahrheit und machbarer Erlösung sehen zu können. Deshalb zweifle die Kirche nicht die vordergründigen Ergebnisse der Wissenschaft an, sondern ihren hintergründigen *Gesamtgeist*, der den Menschen seines wahren Glaubensgrundes enthebe und ihn den wechselnden Einflüssen eines diesseitigen, verwirrenden Zeitgeistes ausliefere.

Pius XII., der letzte vorkonziliare Papst, griff im dritten Syllabus, der Enzyklika »Humani Generis«, die grundsätzlich gegebene Lenkbarkeit des Menschen und seiner Wahrnehmung auf. Durch den Geist der liberalistischen Auflösung sei der auf natürliche Weise begrenzten Vernunft eine scheinbare Unabhängigkeit von der Wirklichkeit des wahren Glaubensguts suggeriert worden, die eine fundamentale Trennung von Gott und den Übergang in eine Vielzahl alternativer, flüchtiger Wirklichkeiten ohne gemeinsame Essenz bedeutete.

Diese existentialistische Abwendung vom göttlichen Sein, der Austausch ewiger Werte durch flüchtige Existenz, die Menschsein durch isoliertes Handeln im Diesseits und nicht durch das Sein in Gott und damit jenseits der Zeit begründete, war nach der Analyse des Papstes zur Mitte des 20. Jahrhunderts bereits als integraler, offenbarungswidriger Bestandteil des innerkirchlichen Geistes anzunehmen. Das Sein in der wahren Kirche war damit in der Gefahr, sich in einem relativierenden Werden multipler Wahrheiten aufzulösen, in der Hinwendung zu einer neuen Seinsform, die nicht mehr im anthropologischen Zentrum der göttlichen Offenbarung ruhte, sondern sich aus der transitorischen Bilderfolge eines fragmentarischen Weltverständnisses definierte.

Mit den päpstlichen Syllabi, die bei den Reformkräften der Kirche auf Ablehnung stießen, war nun auch in der zentralen Glaubensorganisation des Christentums jener Freiheitsgeist sichtbar gemacht worden, der sich in der Welt spätestens seit der Aufklärung in einer fundamentalen Umformung aller Lebens- und Wahrnehmungsgrundlagen des Menschen niedergeschlagen hatte. So wie die autonome Vernunft den Glauben und sich selbst in die modernen Orientierungen der Arbeit und materiellen Selbstverwirklichung auflöste, so hatte auch die Kirche begonnen, sich von der Offenbarung, dem Seinsgrund ihrer mystischen Existenz, zu lösen.

Die Freiheit des katholischen Modernismus war wie die Freiheit des Liberalismus ein einseitiges Prinzip, das in einer Zwangsverbindung mit den Bedingungen der Gleichheit und Toleranz nur den Horizont der Relativierung und seine Erzeugnisse der Desintegration zuließ. Das Prinzip der »Freiheit« im kirchlichen Modernismus beinhaltete damit nicht mehr die Freiheit der Entscheidung für das Absolute in der Offenbarung und den Glauben an diese Wahrheit, wie sie zur zentralen Identität des Christen und zum herausragenden Kennzeichen dieser Religion wurde. Es sollte sich beweisen, daß die Gegenmacht des liberalen Auflösungsprinzips sich mit der gleichen Dynamik innerhalb der Kirche ausbreitete, die theologische Dogmatik umformte und das gesamte Selbstverständnis der Kirche veränderte, wie sie in der weltlichen Entwicklung das kollektive Bewußtsein der Menschen und die Strukturen der Gesellschaft in die selbstorganisierenden Mechanismen der institutionellen Pluralisierung überführt hatte.

Der von Pius X. im Jahre 1910 zur Einschwörung des Klerus auf die Wahrheit des Glaubens und der Kirche eingeführte sogenannte »Antimodernisteneid« mußte somit langfristig wirkungslos bleiben. Umso klarer bestätigte diese verzweifelt anmutende Maßnahme nicht nur den enormen Impetus des Liberalismus auf das Vertrauen der Kirche in sich selbst; sie verdeutlichte ebenso das alte Funktionsproblem des Klerus: seine strukturelle Machtorientierung und mangelnde Verankerung im emanzipatorischen Gedanken des christlichen Glaubens.

Im Rahmen dieser Entwicklung bildete sich in der ersten Hälfte des 20. Jahrhunderts die sogenannte »Nouvelle Théologie« heraus, die keine Theologie im klassischen Sinne, sondern eine klassisch-liberalistische Ideologie darstellte, indem sie die Leugnung des Übernatürlichen, des göttlichen Absolutum und aller auf ihr aufbauenden Dogmen zu ihrer zentralen Aussage machte.

Zu den bemerkenswerten Exponenten dieser Entwicklung gehörte vor allem Maurice Blondel (gest. 1949), ein französischer Philosoph, der die göttliche Gnade als zentrale Quelle des einen objektiven Glaubens zu einer Vielzahl dezentraler Glaubensauffassungen subjektivierte. Jeder Mensch konnte je nach individueller Erfahrung virtuelle Glaubensvarianten entwickeln und sie als reale, autonome Denk- und Handlungsbasis aktivieren, wann und wo immer ihm dies angemessen schien. Diese eher protestantisch-agnostische Sichtweise war geeignet, das Übernatürliche und das Absolute weitgehend zu entkräften und den Menschen in einen komfortablen Relativismus zu kanalisieren, der ihm selbst die Entscheidung darüber überließ, wann und wo er die Erfahrung eines neukatholischen oder auch andersgearteten Glaubenserlebnisses empfinden und weiterentwicklen wollte.

Diese auf Spinoza und Kant zurückgehende Betrachtungsweise des *Immanentismus* wollte und konnte nicht mehr Ziel göttlicher Gnade als Impuls des Glaubensursprungs sein, sondern griff nur aus der eigenen Seele auf eine gänzlich selbstmotivierte, in jedem Falle unkatholische Glaubensform zurück. Nach dieser Auffassung war die Offenbarung

Gottes in Christus als die höchste Stufe menschlichen Bewußtseins, jedoch nicht mehr als Gott selbst zu verstehen.[219]

Dabei war mehr als kurios, daß die Werke Blondels aus nicht nachvollziehbaren Gründen weitgehend verschwanden. Die Gesamtheit seiner Aussagen konnte sich so für seine neutheologischen Epigonen zu einer ideologischen Methoden- bzw. Zitatbasis beliebiger Flexibilität entwickeln.[220] Eine Nachprüfbarkeit dieses Fundus stand dabei nicht zur Diskussion, weil, wie wir bereits mehrfach bestätigt sahen, die Aussagen des momentistischen Zwangsdenkens des historischen Bezugs und der Realitätskompetenz nicht bedürfen.

Somit bestand Wahrheit nicht in der absoluten Ewigkeit, Unendlichkeit und Allmacht Gottes, sondern in der Veränderlichkeit des Menschen und seiner Erkenntnisentwicklung, die – wie die moderne Relativierung immer wieder bewies – mit der Entfremdung von transzendenter Integration sich fortlaufend weiter spaltete und verengte. Es entstand das Wort von der »lebendigen Tradition«, das wie kaum ein anderes das Einschwenken der Kirche in den Prozeß der liberalen Erosion kennzeichnete. Immer klarer trat das Weltbild des *Momentismus* hervor, das zu keinem Zeitpunkt und an keinem Ort authentische Wahrheiten, dauerhafte Strukturen oder analytisch gewonnene Resultate duldete.

Das »reale Phantom« der frei zugänglichen und unüberprüfbaren Zitatquelle Blondelscher Herkunft konnte in der dogmenwidrigen Detailflut des kirchlichen Modernismus nun zu einer besonders ergiebigen Bezugsbasis derjenigen werden, die in der Folgeentwicklung der Neuen Theologie eine richtungweisende Rolle spielen wollten. Dabei hatte Blondel neben der methodischen Basis des subjektivierten Glaubensursprungs auch eine überaus wichtige strategische Basis gelegt, die für den gesamten Modernismus und späteren Dialog unverzichtbar wurde: die Strategie der *kreativen Zweideutigkeit.*

In einer universalen Organisation, die von einer nahezu 2000jährigen Dogmentradition, einer autoritätsbetonten Hierarchie und einer Gemeinschaft von Gläubigen hoher Loyalität geprägt war, erschien es wenig sinnvoll, das Erfolgsrezept der liberalisierenden Traditionsauflösung unvermittelt und in reiner Form zum Einsatz zu bringen. Blondel und seine Neutheologen erzeugten daher z.T. kunstvolle Mischtheologien aus traditionellem Glaubensgut und subjektivierenden bis häretischen Neuerungen, die mit janusartigen Formulierungen ineinanderflossen, ihren Autoren sowohl sachlich als auch verbal zu kaum angreifbaren Positionen verhalfen und somit die analytische Bewertung enorm erschwerten. Die theologische Diskussion der Zukunft hatte mithin allerdings ein neues Absolutum geschaffen: das Dogma der irreversiblen Auflösung jeden Dogmas als zwangsläufiges und vorhersagbares Ergebnis der liberalen Erosion.

So wie Blondels kreative Zweideutigkeit die Eindeutigkeit der scholastischen Philosophie abgestreift hatte, so entledigte sich in Weiterführung seiner Philosophie der Jesuit Henri de Lubac (gest. 1988) der katholischen Theologie. In Anlehnung an Hegels Naturphilosophie des Geistes, die Religionen als Standorte im einem als Entwicklungsprozeß verstandenen Absoluten begriff, deklarierte de Lubac das Übernatürliche zu einem Element, das im dialektischen Entwicklungsprozeß des Geistes zwar als Metageist mit der Natur komplementär verbunden, jedoch nicht absolut war. Der Geist des Menschen und religiöse Erkenntnis als Bestandteile dieses Prozesses konnten daher nur als transitorische, wenngleich jeweils für sich selbständige Subjekte betrachtet werden, die in vergleichbarer Hinwendung zum Göttlichen im einzelnen Menschen und in den Religionen autonome »Authentizität« annahmen. Dabei blieben deren unabweisbare Widersprüchlichkeit und Unvollkommenheit bedeutungslos, weil ihre sichere, prozessuale Überwindung zu den integralen Bedingungen dieses Weltbilds gehörte.[221]

Damit waren nicht nur das Dogma des absoluten, ungeschuldeten Übernatürlichen und der Kirche als alleiniges Heilssakrament, sondern die Offenbarung selbst als singuläre Orientierung der Menschheitsgeschichte und Heilsalternative beendet. Erneut schien die skeptizistisch relativierende Auflösungsdynamik des Modernismus auf, die, philosophisch weiterentwickelt und verstärkt durch die aufkeimende Fremdorientierung auf andere Religionen, nun immer tiefer in die Kirche einzusinken begann.

Das unverkennbar ideologische Element dieser philosophischen Subjektivierung des Glaubens und der Ausrichtung auf die anderen Religionen fand seine naturwissenschaftlich hergeleitete Entsprechung in der bekannten Omegapunkt-Theologie des Jesuiten Teilhard de Chardin (gest. 1955), der im Rahmen einer interaktiven Dynamik zwischen den Makro- und Mikrostrukturen der Natur die heilsgeschichtliche Erfüllung des Menschen in einer als Universalprozeß verstandenen Gemeinschaft erkannte.

Die Linie Blondel-de Lubac setzte sich mit dem Schweizer Ex-Jesuiten Urs von Balthasar (gest. 1988) fort, der unter der Parole »Katholizität, die nichts ausläßt« das Programm der innerkirchlich-liberalistischen Mutation zu einem »System« völliger Beliebigkeit zu Lasten der katholischen Tradition ausbaute. In einer beispielhaften Kombination anti-scholastischer und pro-hegelianischer Philosophie auf der einen sowie prokatholischer und promodernistischer Zweideutigkeit auf der anderen Seite schuf von Balthasar das universale Passepartout für das neue Kirchenparadigma des sogenannten *Ökumenismus*, einer allumfassenden, mit Ausnahme der eigenen Tradition nichts ausgrenzenden Weltsicht, die Religion und Kirche nicht mehr als Ausdruck übernatürlicher, fester Wahrheit setzte, sondern nun nur noch vom Menschen und seiner sich wandelnden Erkenntnis her flexibel interpretierte.

Dieses Passepartout lieferte den ultimativen Schlüssel nicht nur zur gleichzeitigen Existenz, sondern auch zur tendenziell unumkehrbaren Konvergenz der katholischen Kirche mit allen christlichen Konfessionen, Sekten und nichtchristlichen Religionen. Im Rahmen eines paradigmatischen Bewußtseins- und Wertewandels, der die Vereinigung mit allem alternativen Denken außerhalb des eigenen Traditionswissens zur neuen Basis jeder katholischer Existenz erhob, konnten im Umgang mit Sekten und Religionen völlig neue Grundsätze gelten. Ehedem abgelehnte, häretische Lehren und trennende, dogmatische Unterschiede konnten minimalisiert sowie im Umkehrschluß kleinste Bedeutungsähnlichkeiten zu wichtigsten, ihrerseits dogmatischen Charakter annehmenden Gemeinsamkeiten maximalisiert werden. Vor diesem Hintergrund einer in vollem Traditionsumbruch befindlichen, bereits weitgehend von liberalem Auflösungsdenken beherrschten Kirche begann im Oktober 1962 das 2. Vatikanische Konzil.

3. Das Konzil

Während Papst Pius XII. (gest. 1958) noch keinen Grund zur Einberufung eines Konzils erkennen konnte, empfand sein Nachfolger, Johannes XXIII. (gest. 1963), hierzu eine so dringliche Notwendigkeit, daß er unter dem Eindruck einer – nach eigenen Worten – »göttlichen Eingebung« im Juli 1959 die Anweisung zur Vorbereitung des 2. Vatikanischen Konzils erteilte.[222] Bevor dieses allerdings seine Arbeit aufnahm, fand 1960 die 1. Römische Synode statt, die als Standortbestimmung der Kirche und Richtschnur des Konzils dienen sollte und eine volle Rückbestätigung der traditionellen Wesensprägungen der Kirche zum Ergebnis hatte. Hierzu gehörten die Sonderstellung des geweihten und zur Askese verpflichteten Priesters, die sakrale Strenge der Liturgie und die Bekräftigung der lateinischen Sprache, die als Siegel kirchlicher Kontinuität in der Konstitution »Veterum Sapientia« ihren Niederschlag fand.[223]

Als Ziele des Konzils wurden im wesentlichen Selbstverständnis, Selbstkorrektur und Selbstbestätigung im Sinne einer Zustands-, Reform- und Einheitsprüfung genannt. Es sollte herausgefunden werden, in welcher inneren Verfassung sich die Kirche befand, in welcher Hinsicht sich hieraus Maßnahmen zur Veränderung ergeben sollten, und inwieweit sich beides auf die innere und äußere Einheit der Kirche auswirken könnte. Insgesamt sollte also die Übereinstimmung von Dogmen, Sakramenten und Hierarchie einer umfassenden Überprüfung unterzogen werden, zu der die Synode ein restauratives Signal gesetzt hatte, welches die Kommission für die Konzilsvorbereitung ihrerseits bestätigte.

In seiner Eröffnungsansprache und in seiner weiteren Konzilsführung setzte Johannes XXIII. dann allerdings Zeichen, die diesen generellen Weichenstellungen nicht nur nicht entsprachen, sondern konträr zuwiderliefen.

Der Papst schien eine gespaltene Wirklichkeit zu beschwören, indem er die Freiheit der Kirche und ihren inneren Zustand euphorisch pries und den Pessimismus derer tadelte, die ihre politisch-geistige Bedrohung und liberalistische Erosion in vielen Ländern beklagten. Darüber hinaus handelte er sich den Vorwurf des Zynismus ein, indem er in Mißachtung zahlreicher im Ostblock inhaftierter Priester dem Konzil den Verzicht auf eine Verurteilung des Kommunismus aufzwang und eine neue, folgenreiche Doktrin verkündete, die der Kirche eine völlig veränderte Wahrnehmung verordnete. Im Gegensatz zur über tausendjährigen Praxis, dem Irrtum die katholische Wahrheit entgegenzusetzen, wurde zur neuen Maxime erhoben, dem Irrenden dergestalt Barmherzigkeit zu erweisen, daß man ihn in seinem Irrtum beließ, in der Hoffnung, er werde allein durch die Folgen seines Irrtums auf den rechten Weg zurückfinden.

Diese Maßnahme zielte präzise auf eine zentrale Funktionalität im katholischen Regelsystem. Sie setzte jene Steuerung außer Kraft, die dem Liberalismus bislang zwei äußerst unliebsame Hindernisse in den Weg gelegt hatte: das katholisch-dogmatische und das logisch-scholastische Argument gegen den Irrtum. Wenn bislang die Glaubenserosion durch die Vertreter der Neuen Theologie gegen den Widerstand der vorkonziliaren Päpste angetrieben worden war, so hatte sich nun das päpstliche Lehramt erstmals selbst – und dies massiv und unabweisbar mit voller Absicht – in die Förderung der innerkirchlichen Auflösung eingeschaltet.

Unter der Führung von deutschen und französischen Bischöfen lehnten die Teilnehmer entgegen der geltenden Ordnung die Wahl der von der Kurie vorgeschlagenen Konzilskommissionen ab, stellten neue Listen mit neuen Themen und Kandidaten auf und nahmen der Kurie faktisch Gestaltung und Führung des Konzils aus der Hand. Damit war zugleich auch die Entscheidung für ein langes, den Neuerungen offenes Konzil gefällt. Mit Billigung des Papstes konzipierten progressiv denkende Kardinäle wie A. Liénart und G.B. Montini (späterer Papst Paul VI.) ein alternatives, dem ursprünglichen Konzept entgegengestelltes Richtungspapier, dessen Leitgedanken die weitere Konzilslinie bestimmten.

Das Evangelium war nun der Bezugsrahmen für die moderne Welt, deren Kulturen sich in verschiedener Weise Christus und einer langfristig angelegten Einheit zuordneten; der Kirche oblag es, diese Entwicklung im Sinne des Friedens und der Menschenwürde zu unterstützen.[224]

Einer kleinen Gruppe entschlossener Strategen war es damit gelungen, in einer intelligent geplanten Aktion eine für ihre Zwecke extrem günstige Zeit- und Sachkonstellation zu nutzen und eine riesige Mehrheit von etwa 2500 Teilnehmern gegen ihren Willen dazu zu bringen, einem im Prinzip abgelehnten, der Kirchentradition feindlichen Programm zuzustimmen.

Paul VI., der den Konzilsvorsitz von Johannes nach dessen Tod 1963 zu Beginn der zweiten Sitzungsperiode im Jahre 1964 übernahm, galt als Modernist mit traditionellem Anstrich, dessen ambivalente Handschrift in zweideutigen Entscheidungen zu Fragen der Kollegialität, Mission und Moral deutlich wurde. Der grundsätzlichen und entscheidenden Stellungnahme der Kirche als Kult Gottes zum Menschenkult der Moderne und zu ihrem inneren Veränderungsprozeß, der im Konzil sprunghaft zutage getreten war, wich der Papst aus. Nach ihm hatte sich die Kirche lediglich der Welt zugewandt, ohne sich in ihr zu verirren, wobei er sich als Meister der Blondelschen Vexiertechnik erwies:

> »...damit wir den Menschen kennenlernen, ist es nötig, daß wir zuvor Gott kennen ... es ist nötig, den Menschen zu erkennen, damit Gott erkannt wird«.[225]

Es sollte sich im weiteren zeigen, daß der im Konzil durchgesetzte Geist des traditionsfremden Ökumenismus, verknüpft mit der Strategie der kreativen Zweideutigkeit und der Autorität des päpstlichen Lehramtes, nun bereit und in der Lage war, eine irreversible Dynamik des zwanghaften Wandels in der Kirche hervorzubringen. Der »Konzilspater« Schillebeexcks war hier »eindeutig«:

> »Wir haben auf dem Konzil doppelsinnige Ausdrücke verwendet, und wir wissen, was wir nachher daraus machen werden«.[226]

B. Die Makro-Mutation der Kirche

1. Der Geist des Konzils

Der Durchbruch des Modernismus im Verlauf des Konzils, seine Themenstellungen und unklaren Formulierungsgewohnheiten prägten in ganz entscheidender Weise den Stil der weiteren Abwicklung sowie Form und Inhalt der Konzilspapiere. Entgegen der sonstigen Tradition scholastischer Klarheit hatte man ihnen mit erkennbarer Systematik die Tendenz zur Unbestimmtheit, zum Mangel an konkreten Anweisungen verliehen. Im Ergebnis wurde weniger eine konkrete, folgerichtige Durchführung einzelner Aspekte, sondern eher eine *Interpretation* des Konzils als Gesamtheit bewirkt und damit die bereits begonnene Entwicklung eines eher neuerungsorientierten Geistes entscheidend unterstützt.

Diesem Vorhaben kam entgegen, daß die Kommission für die authentische Auslegung der Dekrete ausnahmsweise nicht tätig wurde, so daß sich in den Folgejahren eine Flut kontroverser Interpretationen und alternativer Begrifflichkeiten entwickelte, eine klassische Variante jener »*kreativen Ambivalenz*«, welche die Gerichtetheit momentistischen Einzeldenkens und des liberalen Zweifels generell kennzeichnet. Mit dem offenen Angriff des Konzils auf die Autonomie der Kirche und ihrer Dogmatik war wiederum die Auflösung höchst traditioneller, wurzelhaft eingewachsener Strukturen in Gang gesetzt worden. Erneut wurde jener Prozeß der systematischen Fragmentierung erkennbar, der sich als nicht nur kennzeichnend, sondern offensichtlich unausweichlich für die Wirkungsweise der menschlichen Vernunftautonomie im Verlauf der Säkularisierung erwiesen hatte. Das Neue war, daß er nun im Begriff schien, ins Zentrum des kirchlichen Denkens selbst vorzudringen.

Wie so oft, ging auch dieser Vorgang mit einer Strategie der sprachlichen Neubesetzung herkömmlicher Begriffe einher, die in ihrer Gesamtheit einen umfassenden Wandel der Bedeutungen und des kirchlichen Selbstverständnisses als solches bewirkte. Semantische Umfirmierungen wie »Pastoralpraktiker« für Pfarrer, »Dienst« für Autorität oder »Authentizität« für Verhalten verlagerten wie viele andere Termini die traditionelle Begrifflichkeit der Kirche in den Bereich verfügbarer Verwaltung und tagesabhängiger Interpretation, ganz im Sinne der Konzilskonstitution »Gaudium et Spes«, die den programmatischen »Dialog mit der Welt« verkündete.

Indem sich die Kirche an den zeitlichen Bedingungen der Menschen hinsichtlich Religion, Politik, Familie, Arbeit etc. auszurichten begann, konnte sie nun selbst von der dynamisch subjektiven Prägeform erfaßt werden, welche der Wandel der Welt vorgab. Die neuen Prioritäten der wechselnden Zeitgestalten des Menschen als Maßstab seines Heilswegs ließen die Offenbarung, ihre unteilbaren Glaubens- und Loyalitätsforderungen und kirchlichen Ausdrucksformen graduell in der Hintergrund treten.

Gleichermaßen konnte ein Glaubensverständnis Platz greifen, das sich systematischer Auflösung anheimgab, indem es sich dem Zeitlichen, Machbaren und Nichteigenen anvertraute. Das Konzil hatte methodische Kriterien und argumentative Freiräume erzeugt, mit denen sich die traditionellen Inhalte in jeder gewünschten Weise begrifflich profanisieren und ambivalent verzerren ließen. Damit war das Instrumentarium geliefert, mit dem auch die offizielle »Amtskirche« in das Paradigma der Entfremdung vom Eigenen nicht nur einschwenken konnte, sondern mußte. Die Sakralität des überlieferten Glaubensgutes vertraute sich der Umformung durch die liberale Profanität an. Alle Religionen, Weltbilder und Lebensformen gerieten zu »Codes«, die vor der »Folie« des neuen Glaubens zu »lesen« waren. Es entstand ein variables Kaleidoskop, durch das der katholische Glaube immer mehr in eine synkretistisch-zivilreligiöse Weltinterpretation zu fragmentieren begann.

Indem der »Geist« des Konzils die Kirche der Welt öffnete, trat er in Konkurrenz mit den profanen Kriterien der Machbarkeit und des zeitlichen Wandels. Der neue Geist der Kirche befand sich in Konvergenz mit der ideologischen Seite des politisch-wirtschaftlichen Wandels: traditionsfeindlich, fremdorientiert, säkular und alogisch. Nachdem die alten Dogmen und die Furcht vor ihnen überwunden waren, erschien in diesem ideologisierten Glauben allerdings ein neues Schreckgespenst: der *Rückfall hinter das Konzil.*

So wie zu Zeiten der Inquisition ein glaubenstreuer Prälat zum Ketzer werden konnte, begann sich nun in Gestalt des traditionell, d.h. vorkonziliar glaubenden Katholiken erneut ein kurioses Feindbild im eigenen Lager abzuzeichnen. Dafür konnte mit der Übernahme der liberalen Traditionsauflösung ein altes zu Grabe getragen werden: Der historische Antagonismus gegen die Freimaurerei – seit der Aufklärung ein brisantes Dauerthema – war endgültig obsolet geworden.

Im Zuge der konziliar beschlossenen Religionsfreiheit (»Dignitatis Humanae«) und des »Baus einer neuen Menschheit« (»Gaudium et Spes«) – beides bevorzugte Ziele des »traditionellen« Masonismus – sowie unter dem Eindruck seiner Enzyklika zum »Dialog mit der Welt« (»Ecclesiam Suam«) gründete Paul VI. im Jahre 1964 das Sekretariat für die nichtchristlichen Religionen und Nichtglaubenden. Erster Leiter dieser Einrichtung war der Wiener Kardinal König, der 1969 einen historischen Dialog mit der Freimaurerei initiierte, an dem auch der Schüler des Konzilsberaters Karl Rahner (gest. 1984), der Münsteraner Theologe Vorgrimler teilnahm. Aus dieser Erfahrung entstand ein Buch,[227] aus dem beispielhaft hervorgeht, wie weitreichend die Geistesverwandtschaft zwischen katholischer Theologie und Masonismus bereits verflochten war. Vorgrimler kündigt in seinem Vorwort zwar an, keine Werbung für die Freimaurerei treiben zu wollen, doch offenbart er zahlreiche, wesentliche Parallelen, die es aus seiner Sicht letztlich logisch erscheinen lassen, den deistischen Weltarchitekten mit dem persönlichen Gott des Christentums gleichzusetzen.[228]

Wenngleich kirchliche Kreise immer wieder den hohen Masonistenanteil im Spitzenklerus beklagten,[229] so spielte dies angesichts der vom Konzil in Gang gesetzten liberalen Dynamik keine Rolle mehr. Die Kirche befand sich bereits wenige Jahre nach dem Konzil in so weitgehender Harmonie mit den Zielen des Liberalismus, daß die Frage klerikaler Logenzugehörigkeit generell irrelevant wurde. Sie geriet eher zu einem Nischenprodukt, zur abstrusen Spezialität sektierischer Kreise, die bis heute unter dem wenig hilfreichen Signum der »Synagoge Satans« dumpfe Feindbildvorstellungen unter apokalyptischem Vorzeichen nach Art der obligaten »Verschwörungstheorie« pflegen.

Die entscheidende Zäsur, die »kopernikanische Wende« der Kirchenidentität war indes durch das Konzil unumkehrbar gesetzt. Ob Freimaurer oder nicht, lawinenartig wuchs die Zahl derer in Kurie, Klerus und Universität, die sich dem »Dialog mit der Welt«, dem universell-liberalen Konzilsgeist anschlossen, einem neuen Stil unerbittlicher »Offenheit«, dessen Liberalität sehr bald weder andere Denk- oder Lebensformen zu kritisieren, noch den sich in Auflösung begriffenen, eigenen Traditionsglauben zu bewahren wagte.

Erneut konnte sich die einseitig geschaltete Zustandsform der liberalen Erosion, der Auflösung des Gewachsenen in neue, ungeplante, in jedem Falle jedoch profanisierte Erscheinungen entfalten. Unter dem euphemistischen Universalbegriff des *Dialogs* begann sich in der nachkonziliaren Kirche die Tradition transzendenter Bindung in ein Spektrum subjektiver Orientierungen aufzulösen. Das uniforme Sein der Kirche, das in dem individuellen Glauben an die eine Wahrheit der Offenbarung des christlichen Gottes bestanden hatte, mutierte in ein multiformes Werden, das einen neuen, kollektiven Glauben an die Gesamtheit und zukünftige Gemeinsamkeit der vielen Wahrheiten und Seinsformen in den Religionen und Lebensweisen der Menschen anstrebte.

Der »Geist des Konzils« forderte nicht weniger als den kompletten Austausch des »Betriebssystems« einer universalen Religion. Was sich vordem aus dem Göttlichen und aus der Offenbarung als Maßstab alles Menschlichen definiert hatte, zerfaserte nun in alles Menschliche als interpretierbaren Maßstab einer neuen Glaubensexistenz, der mit der dogmatischen Leerformel des »Dialogs« eine verbindliche Zustandsform, das stereotype »Programm« eines ideologischen Gewissensdiktats verliehen war.

Zum klassischen, langfristig zu überwindenden Feindbild dieser Ideologie wurde die eigene Tradition, die sich im neuen Koordinatensystem zu relativieren hatte. Zum neuen Metadogma aller Theologie und Philosophie wurde der Dialog im Sinne einer Kommunikation, die ihre Formen aus der Identität des Anderen bezog. Dieses Metadogma diktierte den Verzicht auf eigene Wahrheiten, um sich den Wahrheiten des Anderen zu nähern. Die Konstrukteure dieses Diktats machten deutlich, daß sie den Menschen nicht als Geschöpf der Transzendenz, sondern als Schöpfer der Immanenz, der Welt des Machbaren, der Interpretation von Religionen und einer neuen Gesellschaft verstanden.[230]

Bei allem Wandel blieb jedoch eine Struktur der Tradition unangetastet: die päpstliche Autorität und die klerikale Gehorsamshierarchie. Das »Heilsmonopol« konnte vom liberalen Machttransfer zunächst noch nicht erfaßt werden, weil es den Gläubigen die neue Ideologie als Glauben vermittelte. In der Tradition des Vollmachtsmißbrauchs begann das Papsttum die Tradition zu entsorgen und propagierte den Dialog als neuen Glauben, weil letzterer nun eher als erstere geeignet schien, den Machterhalt wie gewohnt zu gewährleisten.

2. Die Profanisierung des Petrusamtes

Unmißverständliche Zeichen für den Aufbruch in eine neue Zeit hatte bereits Johannes XXIII. gesetzt, der wegen seiner Neigung zum Modernismus die Lehrerlaubnis an der Lateransuniversität verloren, ausgeprägte Großmut gegenüber dem Kommunismus und antikatholischem Irrtum bewiesen sowie nicht zuletzt erklärt hatte, daß ein Katholik auch Freimaurer sein könne.[231] Ihm folgte mit Paul VI. allerdings eine Persönlichkeit nach, die dieser Richtungweisung bereits zuvor ganz besondere Impulse gegeben hatte. Als Substitut Montini im Staatssekretariat Papst Pius XII. waren ihm Unterlagen über in der Sowjetunion geheim geweihte Priester zugänglich geworden. Die dem Amtsbonus inhärente Immunisierung verhinderte Konsequenzen, als bekannt wurde, daß er die Namen dieser Priester seinen Kontakten beim KGB übermittelt hatte. Die Zahl derer, die sofort hingerichtet oder Opfer von Haft und Folter wurden, ist nicht bekannt,[232] verblaßte jedoch ohnehin vor der Frage, welche Monstrosität größer einzuschätzen war: die Handlungsweise Montinis oder seine Wahl zum Papst.

Aus der »höheren Sicht« der amerikanischen Interessen hatte Montini allerdings einige wichtige Argumente auf seiner Seite. Schon Jahre zuvor hatte Papst Pius XII. den ehrgeizigen Substituten und Freimaurer seit Studienzeiten[233] mit dem Aufbau einer Geheimdienstorganisation beauftragt, die sich in Kooperation mit der CIA im Kampf gegen den Bolschewismus engagieren sollte. Nachdem man sich zeitweilig in die Nazi-Fluchthilfe eingeschaltet hatte, erschienen der amerikanischen Strategie wenig später die Untergrundpriester der Kirche nicht mehr opportun. Um die Bildung nationaler Kommunismusformen in den Satellitenstaaten verhindern und den »kalten Krieg« gegen die Sowjetunion als klare Front voll entfesseln zu können, hatten die maßgeblichen Kräfte der USA einen Rückbau der Spionage – inkl. des vatikanischen Priesternetzes – entschieden. Die Zeitgeschichte stellt der Kurie denn auch kein erstklassiges Moralzeugnis im »Mißbrauch ihrer religiösen Autorität als Erfüllungsgehilfe der Weltordnung« aus:[234]

> »Die menschlichen Verluste, die durch den Vatikan während des kalten Krieges verursacht wurden, waren weit größer als die der Canaris-Gruppen im Zweiten Weltkrieg«.[235]

Obwohl vom Papst nach Mailand strafversetzt und zu dessen Lebzeiten nicht zum Kardinal erhoben, waren diese Aktivitäten dem weiteren Werdegang Montinis keineswegs hinderlich, sondern können eher als Grund für seine Wahl an die Spitze des Vatikans angesehen werden. Daß in diesen, wie der neue Papst im Jahre 1976 festzustellen glaubte, der »Rauch Satans«, also die freimaurerische Gegenmacht selbst, eingedrungen war,[236] war eine inzwischen längst bekannte Tatsache und schien in ihm selbst seine intensivste Quelle zu haben.

Die säkulare Mutation des Katholischen war nicht mehr auf den Spitzenklerus beschränkt, sondern nun im Begriff, das Zentrum ihrer Verbindung zum Erlöser, das päpstliche Lehramt und den Stuhl Petri direkt zu besetzen. Die engen Kontakte des Pontifex zum Masonismus und amerikanischen Geheimdienst sollten später die strukturelle Verwicklung des Vatikan in die kriminellen Machenschaften der Loge P2 (Propaganda Due) bewirken und in ihrem Kielwasser die Installation eines dieser Systemausrichtung entsprechenden Nachfolgers nach sich ziehen.[237]

Darüber hinaus hatte Paul VI. keine Gelegenheit ungenutzt gelassen, Neutheologen wie de Lubac und Rahner zu fördern und die Verwerfung des dogmatischen Irrtums durch Pius XII. (»Humani Generis«) in vielfältigen Kontakten und Stellungnahmen umzudeuten. Auch theologisch ließ Paul VI. den hohen Entwicklungsgrad seiner ambivalenten Strategie sichtbar werden. Seine zentrale Publikation, die Enzyklika »Humanae Vitae«, war mehr als geeignet, das moralische Gegenstück zur Glaubensauflösung zu liefern – die Einschwörung der Gläubigen auf ein traditionell kirchlich kontrolliertes Eheleben.

Im gleichen Jahr, in dem Paul VI. den »Rauch Satans« im Vatikan wahrnahm, befand sich der polnische Kardinal Karol Wojtyla auf Einladung der Harvard-Universität auf einer Vortragsreise durch die USA, im Rahmen derer er – zwei Jahre vor dem Tode Pauls VI. – als der neue Papst vorgestellt wurde. Diese Reise stand am vorläufigen Endpunkt einer ungewöhnlichen Bekanntschaft zwischen Wojtyla und einer Anna-Theresa Tymieniecka, die etwa zur gleichen Zeit wie er – Mitte der 40er Jahre – an der Universität Krakau Philosophie studiert und später im Schweizer Fribourg promoviert hatte. Sie war auf Wojtylas Buch »The Acting Person« [238] gestoßen, in dem sie so viele gedankliche Ähnlichkeiten mit ihrer eigenen akademischen Herkunft, aber auch so viele formale Fehler entdeckt zu haben glaubte, daß sie ihm 1972 eine gemeinsame Überarbeitung vorschlug.[239] »The Acting Person« ist ein in Fachkreisen umstrittenes Werk der Phänomenologie, in dem Wojtyla eine existentialistische Umkehrung der thomistischen Philosophie, nach der das Sein des Menschen vor seinem Handeln steht (*agere sequitur esse*), propagiert und auf das wir wenig später zurückkommen werden (s. u. S. 316f.).

Schon zu Studienzeiten hatte Wojtyla sich als Schauspielschüler am Rhapsodischen Theater zu Krakau in theosophischen, dem philosophischen Deismus Rudolf Steiners nahestehenden Kreisen bewegt. Letzterer war nicht nur durch einen Humanismusbegriff im Sinne einer ethisch erneuerten Menschheit, sondern auch als Zelebrant satanischer Messen bekannt geworden.[240] Diese Kontakte führten Wojtyla mit dem seinerzeit auch in Polen sehr einflußreichen Existentialismus Jacques Maritains (gest. 1973) zusammen, der ihn Ende der 40er Jahre in Rom in einem zeitgemäß subjektivierten Thomismus bestärkte. Über dieses und ähnliche Themen fanden zahlreiche Gespräche statt, an denen sich auch Roman Ingarden, Phänomenologe und Philosophielehrer Wojtylas und Tymienieckas aus Krakauer Tagen mit aufklärerischen, an Kant orientierten Ideen beteiligte.[241]

Nicht nur als Existentialist und Konzilsberater formte Maritain die Weltsicht des künftigen Papstes, der nach eigenen Worten vor dem Konzil nur eine fragmentarische Glaubensexistenz führte:

»Es war das Konzil, das mir zu einer Synthese meines Glaubens verholfen hat!«[242]

Auch in seiner Eigenschaft als Philosophieprofessor der Eliteschmiede Princeton und glühender Verehrer des pluralistischen Amerika[243] mag er von nicht unerheblicher Bedeutung gewesen sein. Denn letztlich war es Frau Tymienieckas Ehemann, der Harvard-Professor und Wirtschaftsberater Präsident Nixons, Hendrik Houthakker, der die eigentlichen Machtebenen Amerikas und ihre globalen Eliten auf eine ungeheure politische Möglichkeit aufmerksam machte. Die vom Konzil freigesetzte neue Liberalität konnte in Gestalt eines theosophisch konditionierten Papstes Karol Wojtyla mit traditionell dogmatischer Autorität ausgestattet und der Kirche als zeitgerecht verbindlicher Glaube verstärkt vermittelt werden.

Vor diesem Hintergrund erlangte das unbedeutende Buch des Kardinals eine völlig andere Bedeutung: Hinter einer akademischen Übung verbarg sich eine gezielte Aktion zur Erreichung eines übergeordneten Ziels, das auch von der CIA wirksam unterstützt wurde.[244] Spätere Differenzen über »The Acting Person« und die Rechte an der überarbeiteten Version haben denn auch an dem guten Verhältnis zwischen Wojtyla und den Houthakkers nichts ändern können. Dabei war sich Frau Tymieniecka über die Fähigkeiten dieses Kardinals als einer intelligenten, langfristig planenden Persönlichkeit mit einer starken Neigung zur Schaupielerei – nach Wojtylas Ansicht die »Priesterschaft der Kunst« – jederzeit im klaren.[245]

Die strukturauflösende Linie des Konzils in Richtung einer den Lebensformen der Menschen folgenden Zeitkirche war von Johannes XXIII. und Paul VI. zunächst noch in eher punktueller, nicht völlig systematisierter Weise gefördert worden. Nun konnte sie ganz gezielt von einem deistisch-aufklärerisch ausgebildeten Philosophen in ein zeitgemäßes, theologisches System überführt werden. Diese Neue Theologie entsprach nicht mehr dem traditionellen Offenbarungsglauben, sondern gab dem Konzil mit dem Menschen und seiner zeitabhängigen Weltsicht als zentraler Bezugsbasis eine liberalistisch-ideologische Grundlage, die jetzt mit der ganzen Macht der traditionellen Organisation und ihrer päpstlichen Autorität durchzusetzen war.

3. Die moderne Fortschrittstheologie

Mit der Wahl zum Papst im Jahre 1978 erlangte die Philosophie Wojtylas, die bislang auf persönlicher Basis mit beschränkter Verbreitung entwickelt worden war, einen universalkirchlichen Geltungscharakter mit weltweiter Ausstrahlungskraft. Selbst zu den Konzilsvätern gehörend, sah Wojtyla in der Gesamtheit der dort erarbeiteten Papiere ein neues, erweitertes Selbstverständnis der Kirche, das ein »vollständigeres Wissen um das

Geheimnis Christi« hervorgebracht habe (Redemptor Hominis, 11) und daher mit neuen Maßstäben zu erschließen sei:

> »Beim theologischen Studium der Konzilsdokumente muß man diese Ganzheit vor Augen haben und dabei ständig an bestimmte Ideen oder auch Leitsätze anknüpfen wie z.B. die accommodata renovatio (angemessene Erneuerung), den Ökumenismus oder den Dialog«.[246]

Mit der Frage der »angemessenen Erneuerung« dringt der neue Papst direkt zum Kernpunkt des Geschehens vor: der vom Konzil signalisierten Abwendung von der Tradition und gleichzeitigen Bereitschaft zur Anpassung an die Erscheinungen der Zeit. Nichts anderes ist gemeint, wenn Wojtyla die Annäherung an die neue Wesenheit der Kirche (*ad intra*) in der Anpassung an die Entwicklung der Außenwelt (*ad extra*) erkennt.[247] Die Gesamtkonzeption des Konzils mündet in einen geplanten, programmatischen Prozess der kirchlichen Bewußtseinserneuerung mit den Leitlinien des Ökumenismus und Dialogs sowie den pastoralen Öffnungen der Konstitution »Gaudium et Spes«. Der liberalistischen Auflösung entspricht die Anpassung *ad intra*, die Umformung der vorkonziliaren, unpassenden Kirche in die zeitgerechte, nachkonziliare Kirche, die *Zeitkirche* der Postmoderne. Die neue Wesenheit der Kirche entsteht in einem doppelten Fragmentierungsprozeß, der sich simultan auf zwei Ebenen vollziehen soll. Die Anpassung erfolgt nicht nur *strukturell* an die Erscheinungsformen der Außenwelt; die neuen Strukturen haben sich zudem auch *funktional* an den laufenden, äußeren Entwicklungen (*ad extra*) der alternativen Denk-, Lebens- und Religionsformen zu orientieren. Eine wie auch immer geartete Anpassung an andere Religionen, die mit der Religionsfreiheit des Konzils und dem neuen Wandlungsgeist zur »Annäherung an eine neue Wesenheit« programmatisch im Raum stand, entbehrte offensichtlich jeder Grundlage in der Hl. Schrift und in der Tradition der Kirche. Zumindest hatte noch Pius XI. in »Mortalium Animos« von 1928 in der Ablehnung der zu seiner Zeit grassierenden Religionskongresse diese Ansicht unmißverständlich herausgestellt. Die Art des Heiligen Geistes, die Wojtyla und andere Mitstreiter im Konzilsgeschehen für die »kopernikanische Wende« der Glaubensänderungen verantwortlich gemacht hatten, konnte die Praxis indes nicht allein bewältigen.

Um die notwendige, fundamentale Weichenstellung in Richtung einer traditions- und dogmenwidrigen Wesenswandlung der Kirche zu bewerkstelligen, bedurfte es konkret-profaner Einflußnahmen, grundsätzlicher Systematisierungen sowie gezielter, kultischer Veränderungen. Dieser schwierigen Aufgabe unterzog sich der neue Papst Johannes Paul II. mit einer zeitgerechten Kombination aus konziliarer Zweideutigkeit, theologischem Augenmaß, strategischem Kalkül und persönlicher Bravour. Er erfaßte die Situation unter Instrumentalisierung der päpstlichen Autorität und verknüpfte die Aussagen der Konzilserklärung »Nostra Aetate« mit einer gänzlich neuen, außengesteuerten »Kirche« sowie einer diametral veränderten Theologie:

»Gemäß ihrer Aufgabe, Einheit und Liebe unter den Menschen und damit auch unter den Völkern zu fördern, faßt sie vor allem das ins Auge, was den Menschen gemeinsam ist und sie zur Gemeinschaft untereinander führt«.

Mit dem Verzicht auf die scholastische Sprache waren bereits der begriffliche Rahmen des philosophischen Denkens und der kirchlichen Tradition, die Genauigkeit ihrer Bedeutungsinhalte und vor allem die *Dominanz und Initiative* des Ausdrucks abgelegt. Die Hinwendung zur allgemeinen Pastoralsprache brach mit dieser Grundlage des »katholischen Systems« und überließ die Führung der begrifflichen Auslegung theologischer Inhalte der äußeren Erscheinungswelt. Mit dem berühmten »Aggiornamento«, dem Geist des Konzils und dem zweideutigen Begriffsarsenal der Neuen Theologie, konnte man sich nun in die Pluralität von Religionen und Ideologien entfalten und dem modernen Weltbild angleichen.

Dabei sollten die liberal-säkularen Einflüsse auf den vom Papst vorgenommenen Umbau der katholischen Theologie in eine Theologie der Religionen, wie sich der kritischen Darstellung des Münsteraner Theologen J. Dörmann entnehmen läßt,[248] eine grundlegende Veränderung, wenn nicht sogar umkehrende Auswirkung auf die »unwandelbare Lehre« der Kirche in Offenbarung und Glaube ausüben.

In theologischen Exerzitien in einem noch von Paul VI. handverlesenen Kreis hatte Wojtyla schon ab 1976 die Grundlagen der *accommodata renovatio*, der »angemessenen Kirchenerneuerung« entwickelt. Ein Jahr nach seiner Wahl zum Pontifex wurden die Ergebnisse dieser Arbeit veröffentlicht, die seine vitale Prägung durch ein deistisches Verständnis des Gott/Mensch-Verhältnisses und seine Neigung zur Vergöttlichung des Menschengeistes bestätigten, wie sie für die Sichtweise der Gnosis kennzeichnend ist:

»Der Weg des Geistes zu Gott geht vom Innern der Geschöpfe und der tiefsten Tiefe des Menschen aus. Auf diesem Weg findet die moderne Geisteshaltung eine Stütze in der Erfahrung des Menschen und in der Bejahung der Transzendenz der menschlichen Person. Der Mensch geht über sich selbst hinaus, der Mensch muß über sich selbst hinausgehen ... Der Mensch übersteigt sich selbst, indem er zu Gott strebt, und auf diese Weise überwindet er auch die Grenzen, die ihm von den Kreaturen, dem Raum und der Zeit, von seiner Bedingtheit gesetzt werden. Die Transzendenz der Person hängt eng mit dem zusammen, der die Grundlage all unserer Urteile über das Sein, das Gute, das Wahre und das Schöne darstellt ... Die Unendlichkeit findet somit in ihm, in seiner Intelligenz, den geeigneten Raum, um den aufzunehmen, der unendlich ist, den Gott unendlicher Majestät ...«[249].

Indem der Mensch kraft seiner Intelligenz die Grenzen seiner Bedingtheit übersteigt, findet er im »Gott unendlicher Majestät« die »Grundlage seiner Urteile«, die vor dem Hintergrund absoluter Transzendenz alle Unterschiede, auch und gerade die der Religionen, verschwinden lassen. Der seine Bedingtheit übersteigende Mensch kann in diesem universal-mystischen Raum göttlicher Transzendenz dem gesamten Spektrum religiösen Erlebens vom Atheismus über andere Religionen bis hin zu dem vom Konzilsglauben geschaffenen Vexierchristen begegnen, der diesen Gott ohne Offenbarung und Gnade für jeden Menschen eigenständig zugänglich und erfahrbar macht:

»Die Kirche des lebendigen Gottes vereint alle Menschen, die an dieser wunderbaren Transzendenz des Menschengeistes auf die eine oder andere Weise teilhaben … Die Kirche unserer Zeit (!) ist sich dieser Wahrheit (!) tief bewußt geworden. In ihrem Licht ist es ihr geglückt, im Zweiten Vatikanischen Konzil ihr eigenes Wesen neu zu bestimmen«.

Gegenüber der herkömmlichen Lehre vom erbsündigen Menschen, dessen Glaube von der annehmenden Gnade Gottes bestimmt ist, geht Wojtylas Glaube von subjektiver Existenzerfahrung aus, deren personale Sphären der Intelligenz und Transzendenz den Menschen als Mensch zur autonomen Aufnahme Gottes befähigen. Indem sich dieser Glaube an einen »Gott von unendlicher Majestät« wendet, dessen Licht alle Religionen unpersönlich und anonym erfaßt, nähert er sich eher gnostisch-philosophischen Vorstellungen, denen der eifernde und einzige Gott der biblischen Offenbarung intolerant entgegentritt. Die Offenbarungen des biblischen Gottes im mosaischen Gesetz und im Logos Jesu Christi sind Ursprünge der Geschichte und nicht ihre in unzählige Facetten zerspringenden Objekte des fragmentierenden Konzilsgeistes, der sich nun die Erfahrungsebenen der Muslime, Buddhisten und Gnostiker erschließen zu können glaubte.

Wenn das Wesen der Kirche »im Licht dieser Wahrheit« des sich selbst transzendierenden Menschen neu bestimmt wurde, hatte sie es im alten Sinne der Erlösung, die dem durch göttliche Gnade und kirchliche Sakramente gerechtfertigten Menschen zuteil wurde, abgelegt. Als allumfassendes Heilssakrament für die Einheit aller Menschen (Konstitution »Lumen Gentium«) stand sie in einer Art »Allerlösung« nach des Papstes theologischer Auslegung nun allen Menschen zur Verfügung, unabhängig von Glaube, Taufe und Gnade, ein Denkweg, den bereits lange vor dem Konzil der erwähnte Neutheologe Karl Rahner mit dem Prinzip des »anonymen Christentums« eingeschlagen hatte. Nach diesem Muster war jeder Mensch in allen Religionen durch eine universal gedachte Erlöserfunktion Jesu Christi gerechtfertigt und führte – unabhängig von seiner individuellen Situation – neben seiner direkten, bewußten Glaubensexistenz eine zweite, übergeordnete Existenz eines unbewußten, eben »anonymen« Christen. Karol Wojtyla sagt hierzu:

»Nach diesen Worten (Gaudium et Spes, 10) war die Geburt der Kirche im Moment des messianischen, erlösenden Todes Christi im Grunde auch die Geburt des Menschen, und zwar unabhängig davon, ob der Mensch dies weiß oder nicht, annimmt oder nicht … Der Mensch existiert ›in Christus‹, und zwar nach dem ewigen Heilsplan von Anfang an; doch durch den Tod und die Auferstehung ist dieses ›Sein in Christus‹ zu einer geschichtlichen, in Zeit und Raum verwurzelten Tatsache geworden … Die menschlichen Kategorien der Zeit und des Raums sind fast ganz nebensächlich. Alle Menschen sind seit dem Beginn und bis zum Ende der Welt von Christus und seinem Kreuz erlöst und gerechtfertigt worden«.[250]

Nach herkömmlicher Lehre mußte die durch Christus objektiv universal erfolgte Erlösung durch subjektive Hinwendung des Menschen erkannt werden, damit seine Rechtfertigung gewährleistet war. Es ist einer der tiefsten Wesensgründe des Christentums, daß göttliche Gnade und menschliche Glaubensfreiheit in der Erlösungstat Christi zusammenfallen. Wojtyla sieht hingegen Erlösertod und Auferstehung Christi als Geburt des neuen Menschen in der neuen Kirche, die im ewigen Heilsplan Gottes ein universales, dabei geschichtlich aktuelles »Sein in Christus« begonnen hat. Durch einen Wojtyla zufolge nun ermöglichten, umfassenden Ausfluß des Übernatürlichen ins Natürliche können alle Menschen und alle Religionen – im philosophischen Gott des anonymen Christentums vereint – Gemeinsamkeiten suchen und sich gleichwohl als autonome und legitime Heilswege definieren.

So weit besagt die päpstliche Theologie also insgesamt, daß alle Menschen – unabhängig von Glauben und Wissen und allein kraft ihrer Intelligenz – an der »wunderbaren Transzendenz« Gottes in einer in Christus ruhenden, universale Erlösung spendenden Seinsform teilhaben, die sich – umgeben vom allumfassenden Heilssakrament der Kirche – in den jeweiligen autonomen Heilswegen der Religionen und Weltbilder vollzieht. Diese Sichtweise macht zwei Problemebenen deutlich: die fundamentale der Vernichtung des christlichen Glaubens an einen persönlichen Schöpfergott und sakramentalen Heilsweg sowie die prozessuale der interpretativen Verfälschung. Denn in keinem der Konzilspapiere, deren sich Johannes Paul II. bedient, noch in irgendeinem anderen Dokument ist von einer »Geburt des Menschen und der Kirche« als Ergebnis des Opfertods Christi oder von einer Verschmelzung subjektiver mit objektiver Erlösung die Rede.

Nachdem der Papst sich mit der Theologie des selbstdefinierten Glaubens und der universaldefinierten Erlösung bereits grundlegend von der Hl. Schrift und der herkömmlichen Lehre gelöst hat, ist ein Blick auf die Erbsünde hilfreich, die als dogmatische Voraussetzung des traditionellen Erlösungsdogmas nicht mehr erforderlich sein sollte, wenn die Allerlösung als durchgängiges Prinzip konzipiert ist. Karol Wojtyla führt in der Enzyklika »Redemptor Hominis« hierzu aus:

> »Es geht also hier um den Menschen in seiner vollen Wahrheit, in all seinen Dimensionen … Jeder ›einzelne‹ Mensch ist gemeint; denn jeder ist vom Geheimnis der Erlösung betroffen, mit jedem ist Christus für immer durch dieses Geheimnis verbunden … Sie (die Kirche) kümmert sich um den Menschen in seiner individuellen unwiederholbaren Wirklichkeit, in der unzerstörbar das Bild und Gleichnis Gottes enthalten ist (Gen 1,27). Das meint das Konzil, wenn es diese Ähnlichkeit erwähnt und dabei daran erinnert, daß ›der Mensch auf Erden die einzige von Gott um ihrer selbst gewollte Kreatur ist‹ (Gaudium et Spes, 24)«.[251]

Das Konzil spricht in »Gaudium et Spes« von einer durch den Sündenfall »verunstalteten Ebenbildlichkeit« gegenüber dem geltenden Dogma vom vollständigen Verlust derselben, eine Abweichung, die Wojtyla keiner Erwähnung wert ist. Er geht im Gegenteil weit darüber hinaus, indem er umso nachdrücklicher fordert, daß das göttliche Abbild »in der Wirklichkeit eines jeden Menschen unzerstörbar enthalten« sei, eine Vorstellung, die sich diametral gegen die dogmatische Tradition einer nur durch die Gnade des Glaubens und Annahme durch Christus aufzuhebenden Sündhaftigkeit des Menschen richtet.

Eine definitorische Befreiung jedes Menschen von jeglicher Beeinträchtigung durch die Sünde und die entsprechende Immunität seiner Ebenbildlichkeit fügen sich paßgenau in die Forderungen nach einem autonom definierten Glauben und einer Erlösung aller Menschen ohne ein trinitarisches Sein in Gott durch die Annahme durch Christus und die Gnade des Heiligen Geistes. Statt dessen dürfen sich alle Menschen und Heilswege durch ein universales »Sein in Christus« gerechtfertigt wissen, wobei Wojtylas Autonomien des Glaubens, der Sündenbefreiung und vor allem der Erlösung mit dem Vehikel der umfassenden Anthropozentrik seines Offenbarungsbegriffs die Kirche als Heilssakrament aufheben:

> »Indem der Konzilstext den Begriff des Geheimnisses auf den Menschen anwendet, erhellt er den anthropologischen oder gar anthropozentrischen Charakter der Offenbarung, die in Christus den Menschen angeboten wird … Die Offenbarung besteht darin, daß der Sohn Gottes durch seine Menschwerdung sich mit jedem Menschen vereint hat und als Mensch einer von uns geworden ist, ›in allem gleich außer der Sünde‹«.[252]

Abgesehen davon, daß, wie in anderen Fällen zuvor, der Papst sich mit »anthropologisch« und »anthropozentrisch« erneut auf Begriffe bezieht, die im Konzilstext nicht enthalten sind, verdeutlichen sie jedoch umso mehr die Unausweichlichkeit ihrer Verwendung vor dem Hintergrund der systematischen Umdeutung aller zentralen Aspekte des christlichen Glaubens durch den Stellvertreter Petri. Ob die Offenbarung selbst, der Glaube, die Rechtfertigung des Sünders, die Erlösung – sie alle erfuhren eine fundamentale Umkehrung von der Theozentrik zur Anthropozentrik, indem die traditionelle Begrifflichkeit des Übernatürlichen in die Terminologie der menschlichen Autonomie überführt wurde. Dabei wurden überall dort, wo dieses Vorgehen auf inhaltliche Probleme stieß, die Konzilstexte umgedeutet, sehr frei interpretiert oder schlicht mit denjenigen Inhalten gefüllt, die der Papst für den Umbau des Traditionsglaubens zu einer modernen Ideologie benötigte.

Nichts anderes ist die Einsetzung der Autonomie des Menschen in die Gestaltung eines Offenbarungsglaubens durch die Bedingtheiten der Lebensformen und die daraus folgende Ausweitung der Erlösung auf alle Menschen und Religionen. Damit war der größte Störfaktor des globalen Einheitsstrebens weitgehend beseitigt: der bis zum Konzil bestehende, universale Wahrheitsanspruch der Kirche auf der Basis der christlichen

Offenbarung und ihres ethischen Anspruchs. Die hier angelegte Befreiung des Menschen vom Gesetzesglauben war allerdings bereits zuvor durch eine doktrinäre und lehrferne Kirchenstruktur chronisch blockiert worden.

Wie mehrfach erwähnt, war eine klerikale Machtkaste mit dem spirituellen Anspruch angetreten, die Kirche zu repräsentieren und zu führen, ohne während ihrer Geschichte Strukturen entwickelt zu haben, die der spirituellen Vollmacht des Stifters hätten nachhaltig entsprechen können. Wir haben diese bemerkenswerte Konstellation mit Begriffen wie »Heilsmonopol« oder »Gehorsamshierarchie« umschrieben, werden allerdings noch etwas näher auf die Frage eingehen müssen, welche Randbedingungen die höchsten Vertreter einer Universalreligion befähigen, die Grundlagen des ihnen anvertrauten Glaubensgutes mit wachsender Konsequenz aufzulösen, ohne in diesem Tun von ihrer Organisation oder den Gläubigen gehindert zu werden.

Doch zunächst noch einmal zurück zu der durch Karol Wojtyla theologisch abgestützten Makro-Mutation des katholischen Systems. Der Primäraspekt des neukatholischen Offenbarungsbegriffs besteht spätestens nach Übernahme des Pontifikats durch Johannes Paul II. nicht mehr in der zuvor ehrfürchtig bestaunten Herrlichkeit Gottes, die sich in seinem Sohn Jesus Christus und in einem Heiligen Geist offenbarte, der Maria als erster Christin der Inkarnation zustimmen ließ; er besteht nun in dem existentialistischen Konstrukt eines Christus, der sich »in der Menschwerdung mit jedem Menschen vereint« und ihm damit zu einer »übernatürlichen« Autonomie mit eigendefinierten Glaubens- und Erlösungsformen verhilft. Das »Sein in Christus« wird zum leeren Zirkelschluß, indem die Offenbarung Christi im Menschen nun der Offenbarung des Menschen in Christo entspricht. Die neue Autonomie pflanzt also jedem Menschen nicht weniger als ein Bewußtsein der subjektiven Offenbarung seiner selbst ein, wie denn auch der Papst verkündet: »Christus macht dem Menschen den Menschen selbst kund«.

Mit der Anhebung des Menschen auf die Ebene der subjektiven Selbstoffenbarung schwenkt Wojtyla in die Systematik der glaubens- und vernunftlosen Erkenntniszersplitterung ein. Denn nun verschließt sich auch im Bereich des christlichen Offenbarungsglaubens der integrative Entlastungsraum der göttlichen Transzendenz. Aus der einen Wahrheit inkarnieren durch das »Sein in Christus« unzählige Wahrheiten in allen Menschen und Religionen, die sich in zahllosen Heils- und Erlösungswegen verwirklichen und der »Obhut der Kirche« nicht bedürfen, weil sie alle – jede auf ihre Art – als autonom und legitim gelten. Den Kirchen »des Konzils«, »des Dialogs« und derjenigen »von unten« ist nun die Aufgabe überlassen, ihre Heilswirkungen als liberale Alternativen zu denjenigen der »überwundenen« Offenbarung zum Vorschein zu bringen.

Die neue »Einheit« der sichtbaren Konzilskirche, die sich aus der Ablehnung der Offenbarung als gnadenvermittelte Glaubensbasis in eine selbstdefinierte, subjektivierte Glaubensform mit Hinwendung zu den Heilswegen alternativer Religionen und Lebensformen wandelt, schafft die Voraussetzung für eine Anpassung an die politisch-wirtschaftlichen Strömungen der weltweiten Globalisierung. Die Verengung des Offenbarungsbegriffs durch die Relativierung des Religiösen in der Erfahrungswelt des »autonomen Christen« vereint sich global über das »Sein in Christus« mit den Erfahrungswelten aller »anonymen Christen«.

Damit entsteht die Basis für die klassische Diesseitsutopie des Karol Wojtyla, die sich bereits in der evolutionären Einheit aus Kirche und Menschheit in der Nouvelle Théologie des Henri de Lubac abgezeichnet hatte. Es entsteht ebenso der neue, ideologische Raum des katholischen »Dialogs«, in dem der subjektivierte Neuglaube auf eine mystifizierte Form globaler Moral verpflichtet wird, die den »autonomen« Christen auf alle anonymen Christen, d.h. alle anderen Religionen, zuordnet und alles ausgrenzt, was die jeweilige Autonomie dieser »alternativen Heilswege« in Frage stellt.

Die moderne Aufklärung war uns wiederholt als konsumptiver Prozeß begegnet, dessen Dynamik sich aus der Auflösung traditioneller Strukturen speiste, um sich über Stufen der Profanisierung und Erkenntnisverengung von Glaube über Vernunft und Wissen in die Pluralität säkularer Weltbilder sowie der kommerzialisierten Arbeits- und Unterhaltungswelt zu entwickeln. Diese Mechanik tritt uns nun erneut in der konsumptiven Fortschrittstheologie des Karol Wojtyla entgegen, die sich der Auflösung des Offenbarungsbegriffs in eine subjektivierte Selbsterlösung bedient, um das sakrale Sein der Kirche in das profane Werden der Welt einmünden zu lassen.

Indem Inkarnation, Opfertod und Auferstehung Christi zu Objekten der individuellen Interpretation wurden, verloren sie ihre objektive Heilswirkung. Wo zuvor die Gnade der Menschwerdung Christi das Sein und den Glauben der Menschen bestimmte, konnte nun das »Sein in Christus« zur Natur aller Menschen werden, die sich in der Illusion der transzendenten Autonomie, der Ideologie des Liberalismus und dem Prozeß der kommerziellen Globalisierung unterwarf. In der Makro-Mutation des Glaubens wurden die Machtträger Gottes zu Machtträgern der Welt – ihr Heilsmonopol hatte eine neue Stufe des transzendenten Vollmachtsmißbrauchs erklommen.

4. Assisi und das »Phänomen« Wojtyla

Die Konzilstheologie Papst Johannes Pauls II., welche die objektive Geltung der Glaubensinhalte in den Bereich subjektiver Interpretation gestellt hatte, bedeutete nichts anderes als die Umsetzung des fundamentalen Wandlungswillens des Konzils in eine Ideologie, die das Glaubensbewußtsein der katholischen Kirche dem Auflösungsprozeß des liberalen Welttrends und seiner Fortschrittsdynamik öffnete. Die einst transzendent-sakrale Kirchenidentität konnte einem Prozeß der immanent-profanen Umformung übergeben werden, im Rahmen derer die katholische Wahrheit in der diktierten Verbindung aus eigenem Geltungsabbau und Autonomieforderung für andere Religionen den Charakter einer quasi-politischen Doktrin annahm.

Dem Bewußtseinswandel des Konzils, dem richtungweisenden Wirken der nachfolgenden Päpste und der Konzilstheologie des Karol Wojtyla fiel in diesem Ablauf eine bahnbrechende Rolle zu, deren Bedeutung für das liberale Projekt kaum überschätzt werden kann. Die universale Vision der Globalisierung, in der sich die neue, freie, gleiche und tolerante Weltgesellschaft in einer einheitlichen Kultur und Religion, politisch gesteuert durch eine weise Einheitsregierung globaler Eliten, vereinen soll, erhielt in der Kirche Karol Wojtylas ihre ideologische Institution mit weltweiter Verbreitung.

Des Papstes signalhafte Reisetätigkeit in alle Regionen und Religionen war mit mehr als vier Auslandsreisen pro Jahr nicht nur überaus intensiv, sondern auch unter seinen 263 Vorgängern gänzlich unüblich. Sie schuf einerseits durch lange Absenzperioden eine notwendigerweise erratische Ausübung des Papstamtes und andererseits eine erweiterte Handlungsfreiheit der Bischöfe, den optischen Rahmen für die vom Konzil beschlossene »Kollegialität«.

Andererseits allerdings – unterstrichen durch des Papstes esoterische New Age-Praktiken des Erdküssens und Teilnahme an fremdreligiösen Kulthandlungen – symbolisierte sie den verbindlichen Auftrag der Kirche zum »Dialog« mit den nichtchristlichen Religionen und zur Anpassung an ihre Traditionen und Denkwelten. Diese waren zwar bereits im »Sein in Christus« geheimnisvoll vereint, dennoch ausdrücklich aufgefordert, in keiner Weise von ihrer autonomen Glaubensexistenz abzuweichen. In der »trinitarischen Trilogie« seiner drei großen Enzykliken »Redemptor Hominis« (Gottsohn/1979), »Dives in Misericordia« (Gottvater/1980) und »Dominum et Vivificantem« (Heiliger Geist/1986) breitet der Papst noch einmal die gesamte Fülle seiner existentialistischen Neutheologie aus.

In kongenialer Erfüllung der konziliaren Glaubenswende entwickelt er die Umkehrung der objektiven, personalen Transzendenz des christlichen Gottes und ihrer traditionellen Begriffe von Offenbarung, Glaube, Sünde und Erlösung in die »objektive Autonomie« der Selbsterlösung aller Menschen durch einen philosophischen »Gott unendlicher Majestät«. Dieser Gott erschließt sich auf einer abstrakten Vereinigungsebene des »Seins in Christus«, auf der eine Vielfalt autonomer Glaubenswahrheiten, Religionen und moderner Lebensformen im Sinne der »Öffnung zur Welt« subjektiv realisiert und als neukatholischer Glaube legitimiert wird.[253]

»Seht Assisi im Lichte des Konzils« riet der Papst denn auch den irritierten Katholiken folgerichtig, nachdem er im Jahre 1986 neun Welt- und andere Religionen nach Assisi zum gemeinsamen Friedensgebet vor der Basilika San Francesco eingeladen hatte. Dort versammelten sich Buddhisten, Hindus, Jainas, Muslime, Shintoisten, afrikanischer Naturglaube, Parsen, Juden und Christen, um »in der Verschiedenheit der Religionen« und »in radikaler Treue zu den jeweiligen religiösen Traditionen« Gott bzw.die jeweilige Gottheit anzubeten und das »transzendente Geschenk des Friedens« zu erflehen. So unterschiedliche Heilswege wie derjenige Jesu Christi zum dreifaltigen Gott, Muhammads zu Allah, Siddharta Gautamas zu Buddha oder der mythischen Ahnen zu Manitu im Verein mit den anderen religiösen Alternativen waren auf Veranlassung des Stellvertreters Christi zusammengekommen, dessen vorkonziliare Vorgänger noch die Wahrheit selbst für die Kirche in Anspruch genommen hatten.

Noch nie in ihrer Geschichte hatte die Kirche so weitreichende Angebote zur Auflösung ihrer Glaubenswahrheit und ihrer selbst bzw. zur Selbstbestätigung der anderen Religionen und ihrer jeweiligen Glaubenswahrheiten gemacht. Die Muslime sahen denn auch keine Veranlassung, ihren Glauben »im Lichte von Assisi« zu sehen, sondern präsentierten ihn der päpstlichen Aufforderung entsprechend »in radikaler Treue« im Sinne einer Missionsveranstaltung:

> »Führe ... uns nicht den Pfad jener, über die du zürnst oder die in die Irre gehen (1) ... Sagt: ›Wir glauben an Allah und an das, was er uns offenbarte, und an das, was allen Propheten von ihrem Herrn gegeben wurde. Wir kennen unter diesen keinen Unterschied. (2/136) ... Sprich: Allah ist der alleinige, einzige und ewige Gott. Er zeugt nicht und ist nicht gezeugt, und kein Wesen ist ihm gleich‹ (112)«.

Nach diesem Vortrag handelte es sich beim Islam zweifellos um die einzig denkbare Glaubensform, die weder der dialogischen Disposition, geschweige der theologischen Beliebigkeit, wie sie in den anderen Religionen in Assisi erkennbar wurde, offenstand. Gerade hier konnte man die Gelegenheit nutzen, sich gegen das gastgebende Christentum zu wenden und erneut dessen Vorstellung von der Göttlichkeit Christi direkt und in einer vom Papst selbst angebotenen Öffentlichkeit in Zweifel zu ziehen. Das Modell Assisi fungierte als maßgeschneidertes Design für eine selbstbewußte Darstellung des Islam gegenüber der Orientierungslosigkeit des neukatholischen Religionsglaubens.

Dieser – unter dem dominanten Regime der Faktenabwehr – nahm die koranische Norm nicht zur Kenntnis, sondern wollte dem Islam weiterhin zumuten, die Kriterien des liberalen Neuglaubens zu übernehmen und »die islamische Lehre nicht schmalspurig aus dem begrenzten Kontext des Lebens des Propheten«, sondern – ganz im Sinne der päpstlichen Globalideologie – »aus der Botschaft des Koran und seinen allgemeinen Moralprinzipien« (?) zu entwickeln.[254] Daß eine solche Sicht dem Islam die eigene liberale Zwangstoleranz gegenüber anderen Religionen überstülpen und in Medina, dem Ort des Massenmords, »den Geist der Harmonie zwischen Juden und Moslems« spüren will,[255] gehört zu den besonders filigranen Blüten dialogischer Realitätsverweigerung, auf die wir noch gesondert einzugehen haben.

»Seht Assisi im Lichte des Konzils« wiederholte Wojtyla und fügte in seiner Weihnachtsansprache 1986 hinzu, daß der Gebetstag – für viele ein flagranter Verstoß gegen das Erste Gebot – »eine sichtbare Darstellung dessen sei, was der vom Konzil eingeleitete Dialog mit den Religionen voraussetze«. Hier wurde die gesamte Problematik der von der Neuen Theologie geschaffenen und vom Konzil verstärkten Ambivalenz des subjektivierten Denkens deutlich: Obwohl der Papst seine Maßnahme als sozusagen zwangsläufiges Ergebnis des nach seiner Meinung unmißverständlichen Konzilsgeistes betrachtete, zeigten die Reaktionen der Gläubigen ein höchst kontroverses Spektrum zwischen gänzlicher Ablehnung des Weltgebets als Glaubensabfall und Häresie bis hin zu völliger Akzeptanz als zu begrüßender Verzicht auf den Wahrheits- und Missionsanspruch. Da die Begründung des Assisi-Kultmodells aus der Heiligen Schrift und der Dogmentradition nicht herzuleiten war, zog sich der Pontifex einmal mehr auf eine transzendente Begründung mit der Wirkung des Heiligen Geistes zurück, welcher »in der Frage des Ökumenismus und interreligiösen Dialogs durch das Konzil zur Kirche von heute gesprochen« habe.[256]

Assisi und die weltweiten Anschlußveranstaltungen der Folgejahre verankerten den multiplen Religionskult als neue Institution des globalisierten Papstwillens im Geschehen des interreligiösen Dialogs, die sich ganz erheblich auf das katholische Glaubensverhalten auswirkte. Die »Theologie der Religionen«, die vom anonymen Christentum Karl Rahners ausgegangen war, erhielt durch den sichtbaren Ausdruck des Assisi-Modells nun entscheidende Impulse mit weltweiten Implikationen. Es wurde immer weniger möglich, einen christlichen Glaubenssatz im Sinne der Tradition zu formulieren, ohne ihn in das »Licht« einer vergleichbaren, nichtchristlichen Perspektive zu setzen.

Die zweideutige Identität der Konzilskirche hatte die eindeutige Identität des katholischen Systems »überwunden«. Im Dialog mit den Religionen begann der konziliare Glaube sich an fremden Überzeugungen zu »bereichern«. Unter der ambivalenten Dynamik des nachkonziliaren Traditionsabbaus und der gesamten Autoritätswucht des Papstamtes begann die katholische Identität im Spektrum der Weltbilder und Religionen aufzugehen.

Zwischen der Vorstellung einer Vereinigung der Religionen und ihrer zeitgleichen Verwirklichung »in radikaler Treue« besteht nur ein scheinbarer Widerspruch. Die Auflösung liegt im existentialistischen Religionsverständnis des Papstes. Hier hilft ein Blick in sein erwähntes Basiswerk »Person und Tat« (deutsche Übersetzung von »The Acting Person«), in dem er seine Sicht der Wahrheit, des Glaubens und des Menschen aus phänomenologischem Blickwinkel darlegt.[257]

Bei der Phänomenologie handelt es sich um eine Art anti-rationaler Erkenntnislehre, die unter weitgehender Umgehung des philosophischen Verstandes dem menschlichen Bewußtsein und seiner Erfahrung einen direkten, allerdings eher intuitiven Zugang zu den »Phänomenen« wie Identität, Gefühl, Absicht, Handeln etc. verschaffen will, ohne zu den Seinshintergründen dieser Erscheinungen vorzudringen. Diese »Methode« ist notwendigerweise subjektiv und wurde ganz wesentlich von Husserl (gest. 1938) und Scheler (gest. 1928), den geistigen Vätern Wojtylas, begründet. Mit ihrem Weg der inneren Erfahrung steht sie in deutlichem Gegensatz zur klassischen Scholastik, dem Weg der äußeren Abstraktion. Letztere steht dem philosophischen Denken nahe und ist gewohnt, am Beginn eines jeden Gedankengangs die jeweils verwendeten Begriffe zu definieren.

Im Gegensatz dazu verzichtet der Papst in seinem Werk auf diese Qualität der Genauigkeit und basiert auf der *Intuition*, die ihm schon *a priori* sagt, worauf es der Erfahrung letztlich ankommt, nämlich ohne allgemein verbindliche Begrifflichkeiten zu einer subjektiv *authentischen* Erkenntnis der Erscheinungen vorzudringen. Auf diese Weise gelingt nach des Papstes Einschätzung auf dem Wege der inneren Erfahrung die äußere Überwindung und Überschreitung der thomistischen Philosophie, des klassischen Werkzeugs katholischer Tradition.[258] Für den einzelnen Menschen bedeutet dies, daß er sich durch sein Handeln »transzendiert«, d.h. durch die fortlaufende Verschmelzung von Person und Tat zum wahren Menschen wird (s. o. S. 305f.).

Der entscheidende Unterschied Wojtylas zum katholischen System, das eine klare

Kontrolle des Unbewußten durch die Übernatur forderte, liegt in seiner vollständigen Verwischung des Bewußten mit dem Unbewußten, des Verstandes mit der Eingebung. Während auch nach herkömmlich wissenschaftlicher Vorstellung, die wir ausführlich im letzten Abschnitt behandeln werden, Bewußtsein und Verstand des Menschen sich aus einer Korrelation der laufenden Gegenwartsinformation mit der erinnerten Vergangenheit vernetzen, fließen in der Sicht Wojtylas Verstand und Erfahrung zu einem eher intuitiv und momentan bestimmten »Bewußtsein« zusammen, das ohne definierte, rationale Kontrollinstanz einem – ebenfalls nicht definierten – Unbewußten ausgesetzt ist.[259]

Alles Handeln und die ihm zugrunde liegende Absicht befinden sich somit in einem diffusen, intuitiv-meditativen Graubereich zwischen Bewußt und Unbewußt, dessen subjektiver Kreativität objektiv gültige Definitionen und Traditionen eher schaden. Die katholische Unterscheidung zwischen dem Übernatürlichen und dem Natürlichen hält einer solchen Auflösung nicht mehr stand. Somit wird verständlich, daß Wojtylas »Sein in Christus« unzählige Facetten der – auch dem Islam unterstellten – subjektiven Transzendenz in persönlicher Verwirklichung annehmen und der »Gott unendlicher Majestät« das anonyme Gefäß der interreligiösen Glaubensgestaltung darstellen kann. Indem sich der Mensch in einem so verstandenen Handeln übersteigt, naturalisiert er die christliche Offenbarung zu einem gestaltbaren »Phänomen«.

Hier vollzieht sich ebenso die vom Papst immer wieder geforderte »Anthropologisierung« des Glaubens, die Christentum erst in der subjektiven Erfahrung »authentisch« werden läßt und damit – ähnlich der protestantischen Rechtfertigung und dem anthropologischen Prinzip masonischer Vervollkommnung[259a] – zu einer verfügbaren Ideologie umformt. Das rationale Wechselspiel zwischen Glaube und Vernunft bleibt zunehmend hinter der neuen Dynamik aus Erfahrung und Intuition zurück. Insoweit bildet die teilweise noch traditionell gehaltene Enzyklika *Fides et Ratio* von 1998 ein weiteres Beispiel für die kreative Ambivalenz, die der methodische Liberalist braucht, um das gewaltige Glaubensspektrum der Kirche erfassen und – zumindest über längere Zeit – unbemerkt profanisieren zu können.

Das Neue an Wojtylas Glaubensauslegung ist der Wandel von Ursprung und Richtung des katholischen Systems zur neukatholischen Ideologie. Während nach überkommener Vorstellung der durch die Gnade vermittelte Glaube sich mit der aktiven Zustimmung des Verstandes verband, besteht er nun aus einer eher passiven Verfaßtheit, die aus der jeweiligen individuellen Erfahrung heraus eine subjektive Wahrheitswelt aufbaut. Auf der Basis einer an Kant angelehnten »Freiheit zum Guten« überschreiten sich in Wojtylas Handeln Mensch und Tradition zu einer »Wahrheit des Guten«,[260] die sich mit Elementen der anderen Religionen zu einer neuen Wahrheit und zu einem völlig neuen Wertesystem zu verbinden hat.

Der sich in diesem Rahmen entwickelnden »erkennenden Intuition« kommt eine »schöpferische Rolle« zu, die zur höchsten, wenn nicht göttlichen Form menschlicher Existenz, zu jener »übernatürlichen« Autonomie führt, die in der Diskussion seiner Theologie als sich »überschreitende Intelligenz« auftrat (s. o. S. 308). Da in diesem Kontext jede Tat bereits gut ist, weil sie subjektiv als gut erkannt ist, kann im Prinzip jeder Mensch – wie der Papst – als Schöpfer einer neuen Religion auftreten. Auf die objektive Erkenntnis und damit auf einen – in einer Offenbarungsreligion unabdingbaren – Kontext einer als absolut gesetzten Glaubenswahrheit kann – und muß – somit verzichtet werden.

Gleiches gilt für die unmittelbare Verwirklichung der menschlichen Person, die »sich selbst besitzt«[261] und sich auf der Ebene des Körperlichen ganz in die Unabhängigkeit der eigenen Entscheidung, sozusagen in die »Triebtat« gestellt, mit dem Anderen vereinigt. Wie Wojtyla im Bereich des Geistes und des Glaubens die übernatürliche Wahrheit ausschaltet, so wird im Bereich des Körpers die kontrollierende Rolle des Geistes außer Kraft gesetzt. So wie in seiner »Theologie« die Begriffe der Philosophie verschwinden, so verschwindet im Biologischen das Kriterium des Geistes als Objektivierung des Triebes. Die Seele wird in diesem Koordinatensystem des universalen Subjektivismus an den Rand einer fremdkörperartigen Individualität gedrängt.

»Die Schwelle der Hoffnung überschreiten«, das Hauptwerk des Papstes,[262] steht ganz unter dem Leitmotiv einer solcherart psychologisierten Gotteserkenntnis (Teil 4 und 5). Die Individualität des christlichen Glaubens, die durch einen übernatürlichen Gnadenakt bewirkt und einen nicht weniger rational erhellten Verstand bestätigt wird, weicht einer universalen, nicht minder diffusen Glaubensgewißheit, die sich einer intuitiven, aus dem Herzen kommenden und dennoch autonomen Kraft des Menschen verdankt.

Die Heilswirkung erfolgt hier nicht mehr aus der Offenbarung in Christus, sondern aus der Privatoffenbarung in der Existenz des Menschen und seinem Willen zur Erkenntnis Gottes. Im Gegensatz zur thomistischen Lehre, die Erkenntnis mit den Sinnen beginnen läßt, tritt Wojtylas Grauraum des Bewußten/Unbewußten in Kraft, den er mit einem Sensus zur ganzheitlichen Erfassung religiöser Erfahrung ausstattet. Mit anderen Worten: Der neukatholische Glaube verzichtet auf den Einsatz der Sinne und des analysierenden Verstandes und gelangt auf dem Wege der direkten, autonomen Erfahrung zur Erkenntnis von Moral, Religion und schließlich Gott selbst.[263]

Die Zeugnisse der Glaubenserkenntnis, Christus als Zeuge Gottes und die Berichte der Evangelien, werden in diesem System nicht mehr benötigt. Offenbarungen können sich somit überall in den Intuitionen der Menschen vollziehen. Wie der Papst oben verkündet, »macht Christus dem Menschen den Menschen selbst kund«, doch basiert dieser Vorgang nicht mehr auf der christlichen Offenbarung und ihrer Tradition, sondern auf dem Unbewußten des Menschen und den aus diesem auftauchenden, gefühlsmäßigen Eingebungen. Damit wird zugleich die päpstliche Präferenz für die Hermeneutik, die sprachlich-symbolische Beschreibung und gesellschaftliche Diskussion des Glaubens deutlich, also genau jene Forderung, die schon 600 Jahre zuvor die Cicero-Fraktion der humanistischen Renaissance gestellt hatte (s. o. S. 149).

Ebenso war es eben diese charismatische Intuition, die den Pontifex zu nicht endenwollenden Heilig-/Seligsprechungen befähigte, zu einer Inflation des Heiligen Geistes, die das Volumen der Gesamtkirche von zwei Jahrtausenden in nur wenig mehr als zwei Jahrzehnten um das Doppelte überstieg.

In »Person und Tat« und »Schwelle der Hoffnung« fließen die Verwirklichung des Menschen und der Gemeinschaft zusammen. Was in letzterem Werk eine verschwommene, im Bereich des Unbewußten sich verbindende Glaubensbegegnung des »Ich mit dem Du« ist,[264] erscheint in ersterem als eine »Teilnahme an der Selbsttranszendenz« durch die Tat im Zusammenwirken mit anderen.[265] Dabei wird immer wieder betont, daß es nicht der individuelle *Verstand* ist, der zum wahren Glauben gelangt, sondern das kollektive *Gefühl*, das zum gemeinsamen Guten führt. Je mehr damit subjektiv »gute« Glaubensintuition sich in der Gemeinschaft zusammenfindet, desto »fundamentaler« wird sich ein solcher Glaube entfalten. Die Nähe dieser Auffassung zur modernen Massenideologie ist deutlich und erklärt nicht nur die inflationäre Verwendung von Begriffen wie »Mensch«, »Existenz« und »Solidarität«, sondern auch die erkennbare Faszination, die im Rahmen gigantischer Messen die Masse auf den esoterisch geschulten Schauspieler Wojtyla ausübt.

Indem er den Verstand durch die Intuition ersetzt, statt ihn um diese zu ergänzen, schafft er eine Sphäre des irrationalen Gefühls ohne rationale Erkenntnis, d.h. ohne verbindliche Wahrheit. Indem eine Vielzahl subjektiv »authentischer« Glaubensvarianten zu jeweils eigenen Wahrheitsgraden vordringt, kann eine objektiv gültige Glaubenswahrheit entfallen.

Ihre Gemeinsamkeit besteht in der »Solidarität mit den Wahrheiten der Religionen« und in ihrem Ursprung aus dem »Herzen der Erfahrung«, die für jeden einzelnen Menschen wahr ist und daher zu gemeinsamer Wahrhaftigkeit führt. Diese »Erkenntnis« bedarf nach Karol Wojtyla keines Beweises, sondern erschließt sich nicht nur ihm, sondern jedem »Menschen guten Willens« – ob Christ, Muslim, Buddhist – unmittelbar. So kann sich der Kreis schließen zu den Anfängen im Rhapsodischen Theater zu Krakau, wo sein Regisseur und Theosophielehrer ihm auf den Weg gab:

> »Christus ... bedeutet in einem mystischen Sinn ... lediglich ein inneres Prinzip, das jeder in sich selbst zu entdecken und zu entwickeln bestrebt sein muß«.[266]

Mit der Dominanz der subjektiven Intuition über die objektive Erkenntnis, der persönlichen über die offenbarte Wahrheit entsteht der moderne Glaube einer universalen Zivilreligion im Sinne eines esoterischen Christentums. Diese Religion hat die »Enge« des Offenbarungsdogmas abgestreift und die Qualität grenzenloser Elastizität angenommen. Sie bedarf weder gewachsener Tradition, noch irgendeiner Lehrkontinuität und kann somit sowohl den Atheismus akzeptieren als auch die messianische Funktion des eigenen Gründers leugnen.[267]

Sie führt, wie noch zu zeigen sein wird, so heterogene Vertreter wie »Katholiken«, Muslime, Politiker und Investmentbanker zu gemeinsamer Selbstüberschreitung und kann darauf hoffen, zum Partner der »neuen Weltordnung« aufzusteigen (s. u. S. 357f.). Auch die charismatischen Kirchensekten – in den Augen des Papstes die »neue Evangelisierung der Kirche« (s. Folgeabschnitt) – spiegeln nicht nur die gnostisch-esoterische Kirchenwandlung wider, sondern sind »logischer« Ausdruck einer in die Irrationalität weisenden Glaubensauflösung und – der Bestätigung traditioneller Papstmacht.

5. Die Sektenorden des Papsttums

Die Aktivitäten des Gründer-Tandems konzilskatholischer Glaubensidentität – Karol Wojtyla, Papst seit 1978, und Josef Ratzinger, Glaubenspräfekt seit 1981 – waren keineswegs nur auf den Bereich der konziliaren Traditionsauflösung beschränkt. Sie bezeichneten die drei wichtigsten Laienbewegungen der katholischen Kirche als »die schönsten Früchte bzw. das einzig Positive des Konzils«.[268] Gemeint waren

– die 1943 gegründete *Focolare Movimento* (FM), eine Bewegung, die die »neue Menschheit« zu universeller Liebe aufruft und diese Liebe in einer starren Hierarchie mit striktem Gehorsam und einem bombastischen Personenkult um die Gründerin Chiara Lubich (geb. 1918) zum Ausdruck bringt. Die Spezialität der Organisation liegt in der Durchführung spektakulärer Großveranstaltungen unter Einsatz modernster Kommunikationsmittel und Mobilisierung erheblicher Teilnehmermassen;

– die 1964 gegründete *Neocatechumenate* (NC), mit dem spanischen Künstler K. Arguello und der ehemaligen Nonne C. Hernandez als Führungsfiguren, die ihre Mitglieder in einem 20 Jahre währenden Initiationsprozeß, dem »Katechumenat«, zu einem als »frühchristliche Erneuerung« empfundenen Pseudo-Christentum führt. In einem geheimbundartig abgesicherten »Weg« sintern die Katechumenaten über ritualisierte Bindungsstufen in ein mit »geheimen Erkenntnissen« aufgeladenes System ausgeprägter Hierarchie und strikter Unterwerfung, das sich auf die massenhafte Ausbildung neokatholischer Priester spezialisiert hat, um sich langfristig in der Kirche zu verankern;

– die *Comunione e Liberazione* (CL), eine 1954 gegründete, allerdings sich erst in den 70er Jahren unter dem italienischen Priester Don Giussani als Gegenströmung zu den politischen 68ern verstärkende Bewegung, die sich unter der Flagge katholischer Werte mit einflußreichen Publikationen nachhaltig in wichtige Angelegenheiten der Kirche, Politik und Gesellschaft einmischt. Ihre auffällige Papsthörigkeit hat der Organisation die programmatischen Beinamen »Gottes Stalinisten« bzw. »Wojtylas Lakaien« verschafft, eine Etikettierung, welche sie gegen Angriffe wegen ihrer Bestechungsskandale und Mafiakontakte nachhaltig immunisierte.[269]

Jede dieser Kultgruppen, die sich als kongruent mit der Kirche und als Förderobjekt des Papstes verstehen darf, erfüllt wesentliche Kriterien zur Definition als Sekte. Sie folgen charismatischen Führern, die ihre Bewegungen als Ausdruck göttlichen Willens betrachten und auf Basis übernatürlicher Sendungsvollmacht von ihren Gefolgsleute absoluten, über diverse Zwangs- und Entwürdigungsmechanismen abgesicherten Gehorsam verlangen. Jede dieser Bewegungen verheißt eine leuchtende Zukunft, die durch Überwinden der gesellschaftlichen Phase grassierender Ignoranz und Dekadenz erreichbar ist. Durch ständiges Lernen, Wiederholen und Verbreiten der Gründerlehren und Anwerben neuer Mitglieder im Rahmen straff geregelter, an totalitäre Strukturen grenzende Organisationen wird diese Erleuchtung in Aussicht gestellt. Alle Gruppen stimmen ebenso überein im gänzlichen Verbot persönlichen Besitzes, der nahezu vollständigen Ablehnung sozialer Wohlfahrt und Dienstfunktionen sowie nicht zuletzt der Sexualität, wobei das Führungspersonal die einschlägigen Bestimmungen nicht oder nur partiell auf sich selbst anwendet.

In ihren jeweiligen Lehr- und Kultinhalten, die sich in der Hauptsache natürlich auf die Ausweitung des Wirkungsbereichs und die Zunahme der Gefolgschaft richten, setzen die Gruppen unterschiedliche, dabei allerdings sinnvoll aufeinander abgestimmte Schwerpunkte. Auf Basis der Behauptung, den »mystischen Leib Marias in der Kirche« darzustellen, dessen Glieder sich unablässig gegenseitig ihrer nicht endenwollenden Liebe zu versichern haben, konzentriert sich Focolare mit Teilgruppierungen wie der »Neuen Menschheit« sowie Mitgliedschaften in UNO-Unterorganisationen und der Weltkonferenz der Religionen für den Frieden auf einen interreligiösen Synkretismus im Rahmen des weltweiten ökumenischen »Dialogs«. Dabei vermarktet die weltethische Universalität des päpstlichen »Spiritainment« und sein schauspielerfahrenes Charisma niemand effizienter als die global eingespielten Bühnenbau- und Jublertruppen der *Focolarini*.

Diese weitgespannte Akzentsetzung wird ergänzt durch den eher militant geprägten Aktionskult der *comunione e liberazione*, der sich aus dem »Ereignis«, dem Zentralbegriff des Gemeinschaftserlebnisses im Sinne einer Ersatzoffenbarung speist. In Publikationen mit teilweise großer Akzeptanz und hoher Auflage propagiert die CL einen diffusen Synkretismus unter christlichem Vorzeichen und beeinflußt damit den lokalpolitischen Religionsdialog. Die mit Denksplittern der Neutheologen de Lubac und von Balthasar versetzte Politlehre des Gründers Luigi Giussani fand vor allem auch das Plazet des Glaubenspräfekten Ratzinger, der nicht nur verbal die aus seiner Sicht große Bedeutung der Bewegung für die Kirche hervorhob, sondern auch ihrer Publikation »30 Tage« (*Trenta Giorni*) eine dauerhafte Auftragsbasis aus dem Vatikan sicherte.

Die von Inhalt und Wirkung her langfristig mit großer Wahrscheinlichkeit wichtigste Kultgruppe der neukatholischen Zeitkirche ist die *Neocatechumenate*, ein straff organisierter, rasch wachsender Kader intensiv ausgebildeter und hochmotivierter Prediger, die sich vorchristlich als »Diener Jahwes« verstehen. Ihre »Theologie« setzt sich aus einer heterogenen Mischung christlich-gnostischer Elemente zusammen und wird von nicht wenigen Theologen und Bischöfen schlichtweg der Häresie zugerechnet.[270] Ihre Lehren und Riten unterliegen strengster Geheimhaltung, die sich – wie in allen Logen und Geheimbünden – über diverse Stufen »erleuchtender Erkenntnis« – natürlich nie vollständig – dem Katecheten erschließen.

NC versteht sich als Programm zur Erfüllung des Konzils, indem die gesamte kirchliche Tradition der Kirchenväter, Heiligen und Orden zwischen Konstantin und dem Edikt von Mailand 313 sowie dem 2. Vatikanischen Konzil von 1962–65 zu einer der Kirche nicht zurechenbaren Interimsphase erklärt wird. Diese Zeit ist nach NC-Sicht aus der Geschichte der »wahren Kirche« zu streichen, da sie nicht geeignet ist, ihre wesentliche, historische Substanz und ihren authentischen Lebensausdruck zu bilden.

Diese umfassende Amputation kirchlicher Tradition von nicht weniger als 1639 Jahren befindet sich sowohl im Einklang mit der Sicht des Papstes, der »seinen Glauben im

Konzil fand« und Christsein in einem nachkonziliar subjektivierten Gewissensraster auflöste, als auch mit derjenigen des Glaubenspräfekten, dessen Interpretation des Christentums den notwendigerweise kühnen Bogen zwischen Altertum und Moderne in bewährter, konzilskatholischer Zweideutigkeit schlägt.

In einem programmatischen Grundsatzartikel über ein »Christentum im Dritten Jahrtausend« skizzierte der Präfekt den bewußtseinsverändernden und geschichtsverzerrenden Brückenschlag zwischen »Jesus, wie Paulus ihn sah« und einem Christentum, das keineswegs einen jahrhundertelangen Kampf gegen Aufklärung und liberale Glaubensauflösung ausgetragen hat. Nach dieser überraschenden Auffassung konnte das Christentum bereits in Gestalt der antiken Philosophie diese Strömungen – sozusagen in keimhafter Prävention – in sich aufnehmen und nach historischer Verkapselung erst wieder im geheimnisvollen Geistesgeschehen des Konzils aufleben, dann allerdings umso beglückendere Früchte tragen lassen.[271]

Im Denken des Neokatechumenats spielen einmal mehr herkömmliche Glaubensvorstellungen der von Christus vermittelten Gnade keine Rolle. Ganz ähnlich den lutherischen Lehren der sündigen Prädestination ist der NC-Mensch ganz und gar einer umfassenden Sündhaftigkeit, dem systematischen Verstoß gegen den gesamten Dekalog und den laufenden Versuchungen aus Prestige, Ehe, Elternschaft und Sexualität zwanghaft ausgeliefert. Die Erlösung aus dieser babylonischen Gefangenschaft erfolgt nicht durch den Glauben an den dreieinigen Gott, sondern durch die Zugehörigkeit zum Neokatechumenat, das allein in der Lage ist, die im Sinne gnostischer Erleuchtung dargestellte Eucharistie »des glorreichen Kreuzes« zu spenden, wobei unter dem Siegel des Papstes – vorläufig – die Mitwirkung des zuständigen Bischofs und seiner herkömmlich geweihten Priester geduldet werden.

Die Welt des katholischen Übergangs besteht in der maßgeblichen Sicht der von Sektenführer Arguello entwickelten NC-Lehre aus drei ineinander greifenden Wirkmächten: den dominanten, weil von Gott berufenen Neokatechumenaten, den verachteten Amts- und Verbalkatholiken sowie anderen Christen, die lediglich das für die Katechese notwendige Material bilden, und der ungläubigen Masse, die mit den Intellektuellen das absolute, mit Judas identifizierte Böse bildet und damit das für jede Sekte und Ideologie unabdingbare Feindbild mit Drohpotential hergibt:

> »Wenn der Tag kommt, wird es ihre (der Intellektuellen) Aufgabe sein, euch (die Neokatholiken) zu töten, euch zu vernichten. Im Grunde leben sie unter der Herrschaft des Teufels, da sie nie geliebt wurden …« (Zus.d.Verf.) [272]

So wie er der Kirche auf theologischer Ebene den offenbarungswidrigen Glauben an das Gemeinsame mit den Religionen verordnete, so verabfolgte der Papst ihr mit den Neokatechumenaten nun auch auf pastoraler Ebene eine gegen die Freiheit des Offenbarungsglaubens gerichtete, sektenhafte Bewußtseinserstarrung, die zwar im Episkopat durchaus umstritten ist, insgesamt allerdings sich mit inzwischen über 700 Diözesen in erheblicher Ausbreitung befindet.

Ein wesentliches Beispiel im deutschen Bereich ist das Erzbistum Köln, wo man in der hinsiechenden Priesterausbildung zu Recht ein Alarmzeichen sah. Die Konsequenz hieraus war die Installation des Neokatechumenats, das der Kölner Kardinal unter den Schutz eines absoluten Denk- und Kritikverbots stellte. Denn bei ihm weist jeder Gott zurück, der den Papst zurückweist,[273] wobei die Zusatzformel zu berücksichtigen ist, daß, wer das NC angreift, den Papst angreift.[274]

Die neukatholischen Papstsekten können sich somit als Bewegungen umfassender Glaubenserneuerung vermarkten. Indem er sie auf päpstliche Anordnung in seinen Diözesen installiert, wird der Klerus, teilentmündigt und von Glaubensverantwortung historisch befreit, höchstmöglicher Glaubensnähe teilhaftig. Da die Frage nach der Lehramtsauthentizität und der Abgleich mit der Tradition unterbleiben, wird die Kontinuität des Amtes unterlaufen und dem Amtsinhaber ein maximales Mißbrauchspotential eingeräumt. »Wer den Papst zurückweist, weist Gott zurück« lautete nun die wohlfeile Universalformel klerikaler Verantwortungsflucht, die sowohl die Unterwerfung unter jedweden Glauben als auch eigene Macht durch die Entmündigung der Laien garantierte.

Da in der Praxis die päpstliche Lehrauslegung mit dem Glauben weitgehend identisch und gegen Zweifel immun war, hatte der Pontifex als entschlossener Philosoph und Virtuose der klerikalen Gehorsamsklaviatur der Kirche zunächst die Theologie des fremdorientierten Glaubensdialogs implantieren können. Da diese Variante um den Kern ihrer Transzendenz und damit den »Geltungsanspruch« reduziert war, fehlte ihr die christliche Eigendynamik und Spiritualität – eine geeignete Voraussetzung für gesellschaftsnahe Methoden wie der Einbau bewußtseinsverändernder Sekten – nach päpstlichem Diktum die »Erneuerung der Kirche«. Ihre Ultramoral und Massennähe soll nun die religiösen Defizite der neukatholischen Selbsterlösung kompensieren.

Der »Dialog« mit dem Islam, der – wie nachfolgend dargestellt wird – christliche Inhalte den islamischen annäherte, und ein neues »Lehramt«, dem 1639 Jahre des kollektiven Glaubensbewußtseins amputiert wurden, konnten den notorisch infantilisierten Katholiken mühelos als von ihrem »Heiligen Vater« sorgsam bewahrtes Glaubensgut vermittelt werden. In der »offiziellen Kirche« dieses Papstes und seiner Gehorsamshierarchie, der jede Diskussion über den Sinn des Dialogs und der neuen Sektenorden bei sicherem Machtverlust untersagt ist,[275] wird die Herrschaft des Menschen über den Menschen zur Gottesregel.

Während sich in der theologischen Literatur erste Skepsis zu regen beginnt, weil sich diese Art der Glaubensfabrikation von der Freiheit christlicher Offenbarungspräsenz vollends gelöst zu haben scheint, steht letztere allerdings jenseits der Zeit, lebendig und unzerstörbar, auf ganz »natürliche« Weise denjenigen offen, deren Geist – und Verstand – selbständig genug geblieben sind, Glaube und Ideologie, christliche Offenbarung und gnostische »Erleuchtung« unterscheiden zu können.

Die Parallelen zwischen dem Orden des Neokatechumenats als verlängerter Arm der Papstmacht der Moderne und den Armutsorden als Vollstrecker der mittelalterlichen Inquisition sind unverkennbar. Beide stellen mit den Mitteln ihrer jeweiligen Zeit die

Absolutheit päpstlicher Weisungsbefugnis sicher. So wie die Dominikaner die Netze der unausweichlichen Überwachung und Unterdrückung auslegten, die die Vorlage für die Gewaltsysteme der Moderne lieferten, so bildet das Neokatechumenat die Vorhut einer neuen, kollektiven Bewußtseinskontrolle.

Diese Instanz tritt mit dem bemerkenswerten Anspruch an, mit der Abtrennung der Glaubenstradition nun – in Vertretung des Papstamtes – das neue Glaubensbewußtsein selbst darzustellen. Der postmoderne Orden verkörpert wie sein mittelalterlicher Vorgänger eine Extremform päpstlicher Verselbständigung, die nicht nur erneut die Bischöfe entmachtet, sondern sich nochmals gegen die Glaubenstradition als »hausinternes« Feindbild wendet. Somit offenbart sich wiederum die mißbräuchliche Machtorientierung eines Amtes, dessen »übernatürliche« Qualifikation vor allem über einen historisch-natürlich gewachsenen Unterwerfungsmechanismus durchgesetzt wird.

So wie die Inquisition mit den Mitteln ihrer Zeit in alle Lebensbereiche der Menschen vordrang, so vollzog das Konzil mit dem Verbot des »Rückfalls in die Tradition« einen ersten Schnitt der Entfremdung in das kollektive Glaubensgedächtnis. Mit der aktuellen Entfernung dieses Gedächtnisses soll nun der zweite und entscheidende Schnitt in das Glaubensbewußtsein selbst erfolgen. Erneut tritt ein Orden als Repräsentant des Papstwillens auf, der sich wiederum unmittelbar im Bewußtsein der Menschen installiert. Diesmal geschieht es allerdings nicht auf Basis eines – zwar mißbrauchten, im Grunde jedoch nachprüfbaren – Glaubenswissens, sondern nach anonymen, nicht nachprüfbaren Maßgaben einer globalen Religionssolidarität in einer »neuen Weltordnung«. Diese Entwicklung zeigt sich in perfekter Harmonie mit dem Rhythmus des liberalen Fortschritts, dessen Existenz – wie wir im letzten Abschnitt unserer Untersuchung herleiten werden – darauf beruht, durch den Abbau des Geistes in das Bewußtsein der Menschen vorzudringen.

6. Der unbequeme Katholik Lefebvre

Die Beschlüsse des Konzils und ihrer päpstlichen Protagonisten blieben nicht ganz ohne Widerspruch. Mit seinem entschlossenen Eintreten für die Religionsfreiheit und die Neuordnung einer Liturgie, die seit dem Trientiner Konzil über 400 Jahre praktiziert worden war, in wesentlichen Elementen jedoch auf die Frühzeit des Christentums zurückging, hatte Papst Paul VI. nicht nur anhaltende Verwirrung bei den Gläubigen, sondern auch den Widerstand des französischen Bischofs Marcel Lefebvre hervorgerufen, der in den Neuerungen ernste Gefahren für die Identität und innere Stabilität der Kirche sah. Die Abschaffung des Latein als universaler Liturgiesprache, die Profanisierung der Eucharistie von der sakralen Vergegenwärtigung des Opfers Christi zu einem Gemeindemahl, die Übergabe der konsekrierten Hostie vom Priester zum Laien (Handkommunion) und zahlreiche andere Formänderungen waren Schritte, die aus Sicht Lefebvres eine bekannte Erkenntnis Luthers nachvollzogen:

»Zerstören wir die Messe, und wir werden die Kirche zerstören«.[276]

Die Entsakralisierung kam einem weiteren Feindbild Luthers entgegen – demjenigen vom geweihten Priester als Person besonderer Qualität. Im Zuge der Sündenentfernung aus dem modernen Bewußtsein waren auch die Sakramente der Taufe, Ehe und Buße von ihren festigenden Inhalten weitgehend befreit worden, so daß sich der Priester – nicht zuletzt auch in der Kleidung – den Laien angleichen konnte. Offenbar hatte diese Profanisierung auf alle Beteiligten einen gleichermaßen auflösenden Effekt: Sowohl die Kirchen- als auch die Priesteraustritte nahmen zu, die der Konversionen und Kircheneintritte ebenso rasch ab.

Dem zeitkonformen Geist des Konzils gemäß hatte Paul VI. auch aus der »Messe aller Zeiten« eine solche der Zeit gemacht. Die dem Papst im April 1973 überreichte – unbeantwortete – Erklärung der französischen »Liga der katholischen Gegenreformation« in Nantes dokumentiert zwar die Ausweglosigkeit zwischen kurialer Kirchenferne und klerikalem Gehorsamsglauben, bringt allerdings auch den Mut zu einem realistischen Fazit auf:

»Das Eure (Programm) ist im Gegensatz dazu (dem Glauben an Christus) geeignet, die katholische Kirche in ein ausgedehntes und undeutliches Neu-Christentum zu führen, dieses Christentum in einem Welt-Ökumenismus aufgehen zu lassen, dessen Charta der Glaube an die Menschen sein wird, die Verehrung des Menschen, der sich zu Gott gemacht hat« … (Zus.d.Verf.)[277]

Der eigentliche Schöpfer und päpstlich autorisierte Antreiber der Liturgiereform war Pater Bugnini, ein masonischer Liberalkatholik, der später als Nuntius in den Iran geschickt wurde und dort 1978 unter mysteriösen Umständen ums Leben kam. Zuvor allerdings hatte er – nicht ganz unbescheiden – sein Werk als ein »Meer von Licht« wahrgenommen,[278] wobei die Lichtpunkte der Reform durch Mitbrüder in Verhandlungen mit der Großloge Grand Orient von Frankreich geortet und in deren Publikation »*Humanisme*« der Öffentlichkeit zugänglich gemacht gemacht wurden:

»Unter den Grundpfeilern, die am leichtesten zusammenbrechen dürften, nennen wir: … die eucharistische Realpräsenz … den sakralen Charakter des Priesters … die Unterscheidung zwischen den Leitern der Kirche und dem niederen Klerus … das zunehmende Schwinden des … metaphysischen Charakters der Sakramente …[279]

Die entscheidenden Konzilsberater hatten denn auch den von ihnen vorbereiteten Umschwung des Kirchengeistes von Tradition auf Moderne als Revolution empfunden. Leo Suenens, Kardinal von Belgien, verglich ihn mit der Französischen und der neutheologische Berater Yves Congar mit der Russischen Revolution.[280] Obwohl, wie immer wieder betont wurde, dieses Konzil kein dogmatisches, sondern ein pastorales war, geriet es über das verordnete Konzept der »kreativen Ambivalenz« in einen zwangsläufig traditionsfeindlichen Interpretationraster. Alle gewünschten »Reformen« und alle Ultradogmen liberaler Freiheit, die den Rückfall in die Zeit zuvor, die Berücksichtigung der Erfahrung und jedes kontinuierliche, analytische Denken verhinderten, konnten von diesem Universalraster abgeleitet werden. Jacques Mitterand, Großmeister der Loge von Frankreich (und nicht zu verwechseln mit dem ehemaligen französischen Präsidenten), konnte nun den einst von Clemens XII. geschleuderten Bann gelassen erwidern:

> »Wenn es die Sünde Luzifers ist, den Menschen an Gottes Statt auf den Altar zu stellen, dann begehen seit der Renaissance alle Humanisten diese Sünde«.[281]

Die revolutionäre Art und Weise, in der die Konzilsberater die Verhandlungsführung während des Konzils und die Päpste die sich daran anschließende Reformententwicklung an sich gerissen hatten, ließ binnen weniger Jahre die Neuerungen des Konzilsglaubens als normal, d.h. dogmatisch verpflichtend und die Tradition des überkommenen Glaubens als abnorme Abweichung erscheinen. Bischof Lefebvre hatte als aktiver Konzilsvater nicht nur eine von 450 Bischöfen unterzeichnete, vom Papst allerdings unterdrückte Erklärung gegen die Beschönigung des Kommunismus eingebracht; auch die verschiedensten Eingaben gegen Liturgiereform, undifferenzierte Religionsfreiheit und den dialogischen Ökumenismus blieben erfolglos. Im Jahre 1970 zog er mit der Gründung der Priesterbruderschaft St. Pius X im Schweizer Econe die Konsequenz einer traditionell-katholischen Glaubensbasis, die an entsprechend vorkonziliare Liturgiepraktiken anknüpfte und mit erneuerten Identitätsvorstellungen verbunden wurde.

Als »Traditionalist« und scharfer Kritiker des kirchlichen und freimaurerischen Liberalismus erlangte der Geistliche weltweiten Bekanntheitsgrad. Die Kurie, beunruhigt durch den wachsenden Zulauf zur neuen Bruderschaft und die Gefahr einer nachhaltigen Infragestellung des Konzilsglaubens, suspendierte den katholisch gebliebenen Geistlichen im Jahre 1975 und exkommunizierte ihn 1988, nachdem er vier Bischöfe ungenehmigt – nicht minder gültig – geweiht und ein Jahr zuvor den glaubensfremden Assisi-Kult nachdrücklich in Zweifel gezogen hatte.

Lefebvre trat nicht nur als sachlicher Mahner der nachkonziliaren Päpste zur Einhaltung der katholischen Glaubensgrundlagen auf, sondern vor allem als scharfer Kritiker des kirchlichen und gesellschaftlichen Liberalismus, dem er als »vollendete und absolute Zusammenhanglosigkeit« die Berechtigung absprach, den Verzicht auf die Herrschaft Jesu Christi zu fordern, »unter dem Vorwand, daß Buddha oder Muhammad dort einen Platz beanspruchen«.[282] Seine Gründung verstand er als lebendige Fortsetzung der christlichen bzw. kirchlichen Wahrheit und die christliche Wahrheit als logische Notwendigkeit:

> »Der Glaube ist die Zustimmung des Verstandes zu der durch das Wort Gottes geoffenbarten Wahrheit. Wir glauben an eine Wahrheit, die von außen kommt und

nicht irgendwie von unserem Geist ausgeht. Wir glauben an die Wahrheit auf Grund der Autorität Gottes, der sie uns offenbart. Man darf sie nicht anderswo suchen«.[283]

C. Der Dialog mit dem Islam

1. Die Islamisierung der Offenbarung

Dem Konzilspapier »Nostra Aetate« über das Verhältnis der Kirche zu den nichtchristlichen Religionen konnten wir bereits entnehmen, daß sie »vor allem das ins Auge faßt, was den Menschen gemeinsam ist und sie zur Gemeinschaft untereinander führt«. Damit hatte das Konzil die innere Ausrichtung des interreligiösen Dialogs bestimmt: Er soll die Einheit und Eintracht unter den Völkern fördern. Deshalb konzentriert er sich vor allem auf Gemeinsamkeiten unter dem Gesichtspunkt ihrer Fähigkeit, die Gemeinschaft zu stärken. Ziel und Zweck des interreligiösen Dialogs ist also die Konvergenz aller Religionen in dem, was allen gemeinsam ist und auf Basis dieser Gemeinsamkeiten zur Gemeinschaft der Religionen führt, d.h. zu einer Religion, die alle Menschen und Völker umfaßt.

Der zentrale Punkt in dieser Konzilsvision ist also »das allen Religionen Gemeinsame«, zu dem die Konzilstexte allerdings keine systematischen Angaben machen. Dies Gemeinsame müßte folglich noch aus der geschichtlichen Substanz der Religionen herausgearbeitet werden. Die Erklärung »Nostra Aetate« bleibt jedenfalls zunächst im Bereich des Unverbindlichen, wenn sie die Hochachtung der Kirche vor dem Wahren und Heiligen in den anderen Religionen ausdrückt und die Kirche zur Verkündigung Christi auffordert. Hinsichtlich des Islam, des zweiten Fokus unserer Darstellung, kann sie hingegen durchaus zu vermeintlichen Gemeinsamkeiten vordringen:

> »Mit Hochachtung betrachtet die Kirche auch die Muslime, die den einzigen Gott anbeten … Jesus, den sie freilich nicht als Gott anerkennen, verehren sie als Propheten, und sie ehren seine jungfräuliche Mutter Maria, die sie zuweilen auch in Frömmigkeit anrufen …«

Etwa ein Jahr zuvor hatte die Kirche sich in der »Dogmatischen Konstitution« vom 21.11.1964 zu einer wesentlich grundsätzlicheren Gemeinsamkeit mit dem Islam, nämlich einem gemeinsamen Gottesbild und Glaubensvorbild bekannt:

> »Der Heilswille Gottes umfaßt auch die, welche den Schöpfer anerkennen, unter ihnen besonders die Muslime, die sich zum Glauben Abrahams bekennen und mit uns den einen Gott anbeten, den barmherzigen, der den Menschen am Jüngsten Tag richten wird«.

Während das Konzil mit Gott, Jesus, Maria, Abraham und Endgericht ein stattliches Spektrum für die Suche nach Gemeinsamkeiten mit dem Islam geöffnet hat, ist zu beachten, daß der Verkünder selbst in diesem Reigen fehlt. Ebenso ist zu beachten, daß in den konziliaren Aussagen nur von »Muslimen«, also einer eher individuell gedachten Glaubensform, und nicht vom »Islam« in seiner nachprüfbaren, kollektiven Verfaßtheit als gesetzesorientierte Gemeinschaft die Rede ist. Letztere ist, wie wir *in extenso* dargestellt haben, auf ihre als Offenbarung verehrte Schrift, die sakrosankte Prophetentradition und das auf ihnen aufbauende Gottesgesetz der *shari'a* verwiesen, die in über tausendjähriger Rückorientierung auf das Medina-Modell der Altvorderen unwandelbar bestätigt wurden.

Es bliebe also allenfalls zu prüfen, inwieweit sich die vom Konzil gefundenen Gemeinsamkeiten inhaltlich und substantiell in den islamischen Glaubensgrundlagen verifizieren lassen, d.h. inwieweit die islamischen Begriffe von Gott, Jesus, Maria, Abraham und dem Endgericht die vom Konzil als gegeben angenommenen Parallelen konkret bestätigen. Sollten sich hier wesentliche Gemeinsamkeiten feststellen lassen, so wären diese umso bemerkenswerter, als sie durch die Unveränderbarkeit des Islam besondere Stabilität erlangt haben und daher seit langem bekannt sein müßten.

In der Betrachtung der islamischen Glaubensgrundlagen zeigte sich der mekkanische Teil des Koran in nicht unerheblichem Maße von christlichen Elementen beeinflußt. Diese Herkunft ist mehrheitlich zwar sektiererisch geprägt, hat den Christen als »Schriftbesitzern« jedoch historisch eine – wenngleich diskriminierte – insgesamt vom reinen Heidentum unterschiedene Position in der islamischen Gesellschaft verschafft. Hinsichtlich der vom Konzil beschworenen, gemeinsamen Gottesvorstellung läßt der Koran dagegen keinerlei Spielraum. Da er das aus islamischer Sicht offenbarte, unmißverständliche und in jeder Hinsicht unveränderbare Wort Allahs darstellt, ist es für die Muslime im »Dialog« mit den Christen völlig ausreichend, auf die wesentlichen Aussagen ihres heiligen Buches zu diesem Thema hinzuweisen:

> »Wahrlich, das sind Ungläubige, die sagen, Gott (Allah) sei Christus, der Sohn Marias (5/17, 72) ... Ungläubig sind diejenigen, die sagen: ›Gott ist einer von dreien‹ (73) ... Wer Allah irgendein Wesen zugesellt, den schließt Allah vom Paradiese aus, und seine Wohnung wird das Höllenfeuer sein« (72).

Mit der Ablehnung des göttlichen Elements Jesu im trinitarischen Prinzip der christlichen Gottesvorstellung können als Konsequenz auch seine Kreuzigung, Auferstehung und Himmelfahrt keine Grundlage in den koranischen Glaubensanweisungen des Islam finden. Muhammads Eingebungen besagen vielmehr, daß Jesus nicht gekreuzigt wurde, verbunden mit dem Vorwurf an die Juden, diese Behauptung ungerechtfertigt aufgestellt zu haben (5/153f.). Jesus sei von Allah erhöht und aufgenommen worden (3/55), nachdem ein anderer, ihm »Ähnlicher« gekreuzigt worden war (4/156–158), wie wir wissen, eine sektiererische Vorstellung der gnostischen Doketen.[284]

Leben, Lehre und Sterben Jesu, die nach christlicher Vorstellung den heilsgeschichtlichen Logos Gottes auf Erden sichtbar werden ließen und den fundamentalen Gedanken christlicher Erlösung formten, schrumpfen in der Matrix des Koran vom Sohn Gottes zur Gestalt eines Propheten, nach koranischem Sprachgebrauch zum »Sohn der Maria«. Dieser hatte somit, wie alle anderen Propheten auch, lediglich die Erneuerung des Eingottglaubens verkündet und als vermenschlichte Vorstufe zu Muhammad dessen Prophetenanspruch glaubhafter erscheinen lassen.[285]

Wenn Nostra Aetate davon spricht, daß die Muslime die jungfräuliche Mutter Maria zuweilen »in Frömmigkeit anrufen«, dann liegt dieser Einschätzung eine wohlwollende, sicherlich jedoch nicht vollständige Einschätzung zugrunde. Zwischen der stereotypen Bezeichnung Jesu als »Sohn der Maria« und der Verwerfung des dreieinigen Gottes stellt der Koran eine unmittelbare Beziehung her:

> »Jesus, Sohn der Maria! Hast du zu den Leuten gesagt: ›Nehmt euch außer Gott mich und meine Mutter zu Göttern‹?« (5/116)

Hier tritt kein Irrtum Muhammads, sondern eine zu seiner Zeit noch gebräuchliche, pseudo-christliche Trinitätsvariante in Erscheinung. Sie wurde von der arabischen Frauensekte der Kollyriadianerinnen, vielleicht auch den sogenannten Philomarianiten, vertreten, die in Maria göttliche Eigenschaften erkannten und die Eucharistie als von ihr gespendet feierten.[286] Erstere werden denn auch in der Häresiegeschichte des christlichen Theologen Epiphanius von Zypern (gest. 403) erwähnt, wobei ihre Existenz ebenso in der arabischen Historiographie belegt zu sein scheint.[287]

Muhammad zog es hingegen vor, die von Jesus selbst auf obige Frage verneinte Göttlichkeit seiner Mutter zu übergehen, und seiner Trinitätsablehnung – nicht ganz unpolemisch – eine marginale Sektenauslegung zugrundezulegen. Umso bekannter mußte ihm natürlich das längst dominante, nizäische Dreieinigkeitsdogma mit der »gezeugten, nicht geschaffenen« Göttlichkeit Christi sein, im Koran überdeutlich antithetisch formuliert mit einem »geschaffenen, nicht gezeugten« Jesus (43/60). Nicht der Logos des christlichen Gottes, sondern das »Sei« eines allmächtigen Allah war es also, der Jesus aus Maria – noch dazu nach dem gleichen Prinzip wie Adam – entstehen ließ (3/59, 19/43). Dieser fundamentalen Umkehrung des Christusereignisses und damit gleichermaßen ganz wesentlichen Wahrheit des Koran konnte die in Nostra Aetate gegebene, hinreichend verschwommene Konzilsinterpretation ab 1965 somit generell zustimmen. Dabei blieb das Konzil natürlich die Erklärung schuldig, wie der Erzengel Gabriel zum Überbringer zweier so konträrer Botschaften werden konnte.

Daß die koranische Sicht Jesus notwendigerweise zum »Geist Allahs« umformte,[288] kann somit auch in der ambivalenten Konzilslehre ihren integralen Platz finden, womit ebenso der Weg gebahnt war für die spätere Begriffsbildung der pluralistischen Religionstheologie, die sich u.a. gegen die »Engführung des Christusgedankens« wandte (s. u. S. 335). Allerdings mußte mit dieser fundamental-theologischen Annäherung auch eine argumentativ-intellektuelle in Kauf genommen werden.

Die Zustimmung zum antitrinitarischen Gottesbegriff der koranischen Art schließt auch die Übernahme der übrigen Beweismittel und Denkwege Muhammads ein. Danach enthielt Jesus keinerlei göttlichen Aspekt, weil er z.B. aß und und sich auch anderweitig menschlich verhielt, dabei allerdings umso leichter in Maria zum Geist Allahs werden konnte, weil dieser in der Lage gewesen war, sogar Adam aus Lehm zu schaffen. Schließlich mußte er ganz und gar als »Mensch an sich« gelten, weil die Christen in der Gottesfrage ihre Schrift ohnehin »verfälscht« hatten,[289] und er »als Mensch«[289a] in die Reihe der Propheten zurückgeführt war.

Da Muhammad zur Verwerfung der Trinität seinerseits die »Engführung« Jesu mit seiner Mutter benötigte, geriet er in die Nähe zur leiblichen Aufnahme Mariens in den Himmel, jener gerade zu seiner Zeit aufkommenden Lehre, die von seinem Zeitgenossen Modestus von Jerusalem (gest. 634) vertreten wurde.[290] Sie war indes nur noch eine unstimmige Fußnote auf dem Weg zu einem Gottesbild, das Christen und Juden bekämpfen mußte (9/30f.), um Eindeutigkeit wahren zu können:

> »Er ist Gott, ein Einziger, Gott durch und durch ... Er hat weder gezeugt, noch ist er gezeugt worden, und keiner ist ihm ebenbürtig« (112).

Recht bekannt sind die koranischen Verwechslungen Marias zum einen mit Miryam, der Tochter Amrams und damit der Schwester Moses' und Aarons sowie zum anderen mit Hagar, der Nebenfrau Abrahams und Mutter Ismaels. Beiden liegen typologische Verschmelzungen mit dem Protoevangelium des Jakobus bzw. Pseudo-Matthäusevangelium zugrunde,[291] auf die hier nicht näher eingegangen werden kann. Von besonderem Interesse für unsere Betrachtung ist allerdings die Hagar-Version, weil sie die Grundlage für die Rückführung des Islam auf Abraham sowie der Araber auf Ismael bildet.

Da das Selbstverständnis der frühmuhammadanischen Gemeinschaft als »Muslime« erstmals für das Jahr 691 belegt ist,[292] erlangt somit auch für die Zeit davor ihre Bezeichnung als »Hagariten« (syr.: *mahgraye*) zusätzliche Plausibilität. In diesem Terminus drückt sich nicht nur die Herkunft von Hagar, d.h. also vor allem Abraham und Ismael, sondern auch die sprachliche Verbindung mit den *muhadjirun* aus, jenen »Auswanderern«, die als die frühen Eroberer im Namen des neuen Glaubens auftraten.[293] Nach Überwindung der theologisch-trinitarischen Dimension besetzte der junge Islam in Gestalt Abrahams auch die prophetisch-historische Ebene und erhob den Anspruch auf ein exklusives Glaubensvorbild sowie die Rolle als Juden- und Christentum authentisch vorgängiger Religion:

> »Und sie sagen: ›Ihr müßt Juden oder Christen sein, dann seid ihr rechtgeleitet.‹ Sag: Nein! (Für uns gibt es nur) die Religion Abrahams, eines Hanifen (*vorisl. Monotheist*) – er war kein Heide! (2/135) ... Ihr Leute der Schrift! Warum streitet ihr über Abraham, wo doch die Thora und das Evangelium erst nach ihm herabgesandt worden sind? ... Abraham war weder Jude noch Christ. Er war vielmehr ein (Gott/Allah) ergebener Hanif und kein Heide« (3/65-7)/(Erkl.d.Verf.).

Wir haben gesehen, wie Muhammad bei der Umwidmung des heidnischen Kultobjekts der Kaaba zum neuen Heiligtum des Islam nach dem gleichen Muster vorging. Um die zeitliche Priorität sicherzustellen, wurden Abraham zum Erbauer des Heiligtums und sein Sohn Ismael zum Erzvater der arabischen Stämme erklärt, wobei Thora und Evangelium, denen der Verkünder des Islam immerhin seine Kenntnisse über Abraham und dessen monotheistische Vorbildrolle verdankte, eine ausreichende Authentizität abzusprechen war.

Während sich im jüdischen und christlichen Verständnis von der Rolle Abrahams keine Wesensunterschiede ergeben haben, kennt die Bibel diese neuen, überraschenden Zusammenhänge nicht, wobei Abrahams Bedeutung aus christlicher Sicht ohnehin in den Hintergrund trat. Der islamische Abraham, der seit Muhammad die Kaaba erbaut hat, ist nicht identisch mit dem biblischen Abraham, der sie nicht erbaut hat, und derjenige Abraham, der den jüdisch-christlichen Monotheismus begründete, glaubte an einen Gott, dem er seinen Sohn Isaak – nicht Ismael – zu opfern bereit war. Nicht zuletzt war es Jesus selbst, der den Christen die Sachlage klar vorgab: »Ehe Abraham wurde, bin ich!« (Joh. 8/58).

Das Konzil erkennt also grundsätzliche Gemeinsamkeiten mit dem Gottesbegriff des Islam, der sich vehement gegen das Trinitätsprinzip, gegen Göttlichkeit, Kreuzestod und Auferstehung Jesu und damit gegen die christliche Offenbarung insgesamt stellt. Sowohl Abraham verliert seine biblische Geltung als auch eine »in Frömmigkeit angerufene« Maria, die in diesem Kontext zum Werkzeug der Trinitätswiderlegung reduziert wird.

Die hier auftretenden Diskrepanzen legen nahe, auch das Endgericht als letzten Aspekt der konziliaren Harmonisierung einer vergleichenden Betrachtung zu unterziehen. Wir wissen, daß im Koran Christi Himmelfahrt durch eine annehmende »Erhöhung« ersetzt ist. Hinzu kommt, daß Jesus als »Erkennungszeichens der Stunde« (des Endgerichts) und – im Gegensatz zum christlichen Verständnis – nicht als Richter, sondern als Zeuge gegen die Christen auftritt (43/61). In der – allen Muslimen geläufigen – islamischen Tradition haben diese Grundlagen durch den bedeutenden Koranexegeten Al-Baydawi (gest. 1286) eine repräsentativ modifizierte Zusammenfassung erfahren:

> »Er (Jesus) wird vom Himmel in das Heilige Land hinabsteigen, an einem Afiq genannten Ort mit einer Lanze in der Hand erscheinen, mit dieser den Dadjdjal (*Antichrist*) töten und zur Zeit des Morgengebets nach Jerusalem kommen. Der Imam wird versuchen, ihm seinen Platz abzutreten, doch wird er ihn nicht annehmen, sondern hinter dem Imam das Gebet verrichten gemäß der *shari'a* (Gesetz) Muhammads. Darauf wird er alle Schweine töten und das Kreuz zerbrechen, die Synagogen und Kirchen in Trümmer legen und alle Christen, die nicht an ihn glauben, töten. Nachdem er auch den falschen Messias getötet hat, wird vom Schriftvolk niemand übrig sein, der nicht an ihn glaubt, so daß eine einheitliche Religionsgemeinschaft bestehen wird – diejenige des Islam … Am Tage der Auferstehung wird Jesus der Zeuge gegen die Christen sein und sie anklagen, weil sie ihn und seine Mutter Maria als Gott gleich verehrt haben«.[294]

Die fundamentale Umkehrung überkommener Glaubensvorstellungen, die in einem Christus als die eigene Gemeinschaft tötenden Vollender des islamischen Endgerichts eine Gemeinsamkeit mit diesem nämlichen Islam erkennt, reflektiert eine tiefgreifende Wahrnehmungsdivergenz, die allerdings nur vordergründig als Realitätsverlust gewertet werden kann. Im Prisma des »Seins in Christus«, in dem die autonome Papsttheologie unzählige Facetten subjektiver Offenbarungen erzeugt, gewinnen die konziliaren »Gemeinsamkeiten« mit dem Islam eine gänzlich neue, geradezu heilsgeschichtliche Bedeutung.

Der Konzilskatholik, dem das Lehramt Johannes Pauls II. die Auflösung der trinitarischen Transzendenz in die Selbsterlösung durch den relativen Glauben an das Gemeinsame mit den Religionen verordnete, konnte und mußte nun gerade in den antithetischen Glaubenssätzen des Islam nicht nur Gemeinsamkeiten, sondern neue, grundlegende Wahrheiten für sich erkennen. Gerade dasjenige, was sich zuvor gegen die spezifisch christliche Transzendenz der Trinität und ihre Wortoffenbarung gestellt hatte, mußte nach Abbau derselben als besonders attraktive Alternative erscheinen. Indem Karol Wojtyla den katholischen Glauben von seiner personalen Lebensmitte, der Offenbarung Gottes in Jesus Christus, befreite und ihn in einen autonomen, subjektivierten Wahlglauben an das unpersönliche Gemeinsame der Religionen, den »Gott unendlicher Majestät«, entließ, konnte dieser in Verbindung mit der konziliaren Ambivalenz eines vermeintlichen Dialogs mit den Religionen zu einem Vexierglauben beliebiger Varianz heranreifen:

> »Gott ist Licht. Dieses Licht fällt gleichsam auf ein Prisma und erscheint dann in den Farben des Regenbogens. Diese Farben bedeuten die vielen Religionen als verschiedene Offenbarungsweisen Gottes«.[295]

Diese Sicht forderte die Vielfalt subjektiver Erfahrungswelten und Erlösungsformen auf, sich sowohl in den »legitimen Heilswegen« der Religionen als auch in den Lebensalternativen der materiellen Welt auszudrücken. Zwar war im Konzil das Prinzip der »Kollegialität« beschlossen worden, um die Hierarchie zu entlasten, doch konnte Wojtyla im Wissen um die traditionelle Eigenwirkung des Amtes sein neues Glaubenskonstrukt getrost dem Kraftfeld des Gehorsams überlassen, dem »Gelände Petri«,[296] auf dem sich seine Herde – wenn auch oder gerade weil die Muslime noch nicht reagierten – bereits in Richtung Islam in Gang gesetzt hatte. Je weiter die Glaubensschafe auf diesem Gelände der kollektiven Entmündigung voranschritten, desto näher könnten sie dem Ziel ihres Hirten rücken, und desto weniger würden sie in den Augen des Koran als »Schmutz« (9/28) oder als zu bekriegende (48/16) bzw. gar zu tötende »Ungläubige« (47/4) betrachtet werden können.

Dabei war ohnehin ausgeschlossen, auf diesem Gelände auch nur mit einem der Heilswege »hinter das Konzil zurückzufallen« und die Grenzen zur Dimension christlicher Transzendenz bzw. des vorkonziliaren Glaubens zu überschreiten. Mit der Konzilskirche diffundierte rasch eine neue Zeitkirche in den »mystischen Leib Christi«, deren Einheit nicht im Glauben an eine übergreifende Wahrheit der christlichen Art, sondern in der Identifikation mit den Wahrheiten und Glaubenssätzen der anderen Religionen und den Forderungen der Welt, der »Kirche von unten« bestand.

2. Die Liberalisierung der Wahrheit

Die Konzilserklärung »Dignitatis Humanae« (Teil 3) faßt den Wahrheitsverzicht und die Fremdorientierung der Neukirche in einer richtungweisenden Grundsatzaussage zusammen, die einen virtuellen Wahrheitskatalog zur realen Auswahl verfügbar macht:

> »Die Wahrheit muß gesucht werden … durch das Mittel … des Austauschs und des Dialogs, wodurch die einen den anderen die Wahrheit darlegen, die sie gefunden haben oder gefunden zu haben glauben, um sich gegenseitig bei der Suche der Wahrheit zu helfen«.

Wie uns die historische und theologische Entwicklung des Islam überzeugend vermitteln konnte, muß dieser nicht nach der Wahrheit suchen. Nach seiner stetig gewachsenen Erkenntnis besitzt er sie in umfassender Fülle als tausendjähriges Gottesgesetz, das sich nach jahrhundertelangem Kampf gegen die rationalistischen Verlockungen der Philosophie aus der unveränderbaren Offenbarung des Koran in Verbindung mit der Tradition des Verkünders nahezu naturgesetzlich entfaltet hat.

Die Konzilswahrheit des Dialogs, die im »Prisma« der subjektiven Glaubenszersplitterung und materiellen Selbsterlösung multipel schillert, steht der Glaubenseinheit des Islam gegenüber, die in der Bewahrung ihrer antichristlichen Position zum logischen Orientierungsfokus der konzilskirchlichen Traditionsauflösung wird. In der dialogischen Trennung vom alleingültigen Wahrheitsanspruch der christlichen Offenbarung und dem autonomen »Sein in Christus« vollzogen Konzil und nachkonziliare Päpste die faktische Aufhebung der trinitarischen »Schriftverfälschung«, die der Verkünder des Islam bereits vor 1400 Jahren als von seiner Religion zu überwindende, antimonotheistische Kränkung empfunden hatte. Das antitrinitarische Element, das der ambivalenten, traditionsfeindlichen Tendenz des Konzilsdenkens strukturell innewohnt, verleiht seiner Dialogidee einen stringenten Nachdruck, der in der apodiktischen Verneinung des Eigenen zur Bejahung islamisch-antichristlicher Positionen drängt.

Da im Prisma nachkonziliarer Erkenntnis die antichristliche Wahrheit des Islam besonders attraktiv aufleuchtet, können die Handlungsanweisungen des Koran zu verstärkten Anstrengungen im Sinne einer islamorientierten Glaubensentwicklung auffordern:

> »Gläubige, wenn ihr Schriftbesitzern folgt, werden sie euch Gläubige zu Ungläubigen machen wollen« (3/101).

Die Unterstellung, den Andersgläubigen in seiner Religionsfreiheit behindern zu wollen – eine im Konzilsglauben mit dem Anathema bedrohte Schuldvermutung – kann nur dadurch vermieden werden, daß diejenigen Elemente, die aus islamischer Sicht eine Abwertung der christlichen Schriftbesitzer rechtfertigen – die Dreifaltigkeit Gottes und Göttlichkeit Christi – in der dialogischen Annäherung an den Islam sorgfältig ausgegrenzt werden. Da letzterer bereits über seine Wahrheit verfügt, brauchte er sich an der konziliar verordneten Suche ohnehin nicht zu beteiligen. Die Konzilstexte, die Papsttheologie und die in den nachfolgenden Jahrzehnten entwickelte Pastoralpraxis erzeugten denn auch einen Monolog mit zunehmend proislamischem Tenor. Diese Tendenz begann sich im weiteren Verlauf zu einer Art »Chrislam« zu verfestigen, dem Beginn einer theologischen Teilverschmelzung, die auch mit dem Begriff der »De-Facto-Islamisierung« belegt worden ist.[297]

In dem Maße, in dem man begonnen hatte, die eigenen Inhalte zu verändern, verringerte sich aus islamischer Sicht die Veranlassung, sich an dieser Art subjektiv konstruierten Lehraustauschs beteiligen zu müssen. Die Folge war eine nahezu einseitig islamorientierte Gedankenproduktion, die unter dem Euphemismus des »Dialogs« firmierend ihre religiösen Positionen im Rahmen einer Flut christlich-islamischer Literatur dem in der Regel schweigenden Islam andiente. Die ideologische Grundlage bildeten autonome Selbsterlösung bzw. anonyme Allerlösung nach Abtrennung und Entsorgung der Lehre von 2000 Jahren, beides bevorzugte – und einträgliche – Betätigungsfelder der »pluralistischen Religionstheologie«:

> »Unbrauchbar, weil nicht mehr der Evidenz der erlebten und stets erlebbaren Begegnung mit anderen Religionen entsprechend, ist die traditionelle Ansicht vom Alleingültigkeitsanspruch des Christentums«.[298]

Im Zentrum dieser Sichtweise steht ein fundamentaler Transzendenzverlust, der sich in der für die Postmoderne so kennzeichnenden Überzeugung äußert, daß die Annahme übergreifender, fester Wahrheiten von allgemeinem Bindungscharakter unzulässig ist. Vielmehr ist davon auszugehen, daß immer dann, wenn von Wahrheiten die Rede ist, es sich nur um werdende Wahrheiten im Sinne ihres geschichtlichen Ausdrucks gelebter Religion und Kultur sowie ihrer daraus resultierenden Gemeinschaftsdienlichkeit handeln kann. Dennoch soll sie nun in Form eines fließenden, zukunftsoffenen, durch *gemeinsame Suche* erschlossenen Horizonts bestehen können. Im Sinne einer »verbindlichen« Größe kann Wahrheit somit nur Gestalt in Form eines unverbindlichen, allen Religionen gemeinsamen Urgrunds in Raum und Zeit annehmen. Facetten dieses Urgrunds äußern sich in Begriffen wie Transzendenz, Erlösung und vor allem mystischer Erfahrung, die in einer Art »Familienähnlichkeit« den Umriß einer allumfassenden Menschheit, der »Einheit in Vielfalt«, erkennbar werden lassen.

Vor diesem Hintergrund sind die »Architekten« der pluralistischen Religionstheologie aufgefordert, Strukturen eines übergreifenden, interreligiösen Dialogs, einer »Matrix für alle systematischen Reflexionen«,[299] zu entwerfen, die es den Religionen ermöglichen, zu den Gemeinsamkeiten höherer Ordnung vorzudringen. Auf Basis einer unaufhebbaren Bindung an die eigene Religion soll in diesem Kontext die »Selbsttranszendierung« zu einer auch für den Dialogpartner offenen Ebene erfolgen, nicht nur, um zu religiösen Gemeinsamkeiten, sondern auch zur gemeinsamen Erfahrung und Bewältigung globaler Herausforderungen zu gelangen.

Trotz der »unaufhebbaren Bindung« bedeutet pluralistische Religionstheologie aus christlicher Sicht vor allem den Verzicht auf die christologische »Engführung«. Diese Art des verändernden Eingriffs in die zentrale Glaubenssubstanz ist keineswegs neu. Sie war schon zur der Zeit der Kirchenväter bekannt, die solche Manipulationen mit dem Hinweis zu den Akten legten, daß »ein Gott, der ergriffen werden kann, kein Gott ist«. Immer wieder gleiche Fragen wurden gestellt, wenn der überkommene Glaube in Gefahr geriet:

> »Ziehet nicht am fremden Joch mit den Ungläubigen. Denn was hat die Gerechtigkeit zu schaffen mit der Ungerechtigkeit? Was hat das Licht für Gemeinschaft mit der Finsternis? Wie stimmt Christus mit Belial? Oder was für ein Teil hat der Gläubige mit den Ungläubigen?« (2. Kor. 6/14f.)

Daß die modernen Pluralisten durch die konsequente Ablehnung jeder Offenbarungsautorität die »unaufhebbare Bindung« an ihren Glauben definitorisch gelöst haben, scheint sich jedem außer ihnen selbst zu erschließen. »Christentum« wird hier nun als Teil einer umfassenderen Wahrheit verstanden, als universales Kraftfeld, in dem alle Religionen in eine verähnlichende Perspektive gerückt werden können. Für den Islam fehlt dabei – bis auf äußerst seltene Ausnahmen (s. o. S. 315) – die parallele Ablehnung einer »koranischen Engführung«, die weit mehr als die »christozentrische« sich bislang der Idee einer zukunftsoffenen, multireligiösen Wahrheit und Gemeinsamkeit verschlossen hat und – nach allem, was wir über diese koranische Offenbarung und ihren Bindungscharakter wissen – weiter verschließen wird.

So theoretisch die Kriterien der dialogischen Religionstheologie auch anmuten mögen – ihre »Matrix der systematischen Reflexionen« spiegelt exakt die päpstliche Matrix der individuellen Selbst- und anonymen Allerlösung wider. Die paradigmatische Aufgabe der eigenen Glaubensidentität und Neudefinition des Glaubens als Wahrheits- und Gemeinsamkeitssuche, die die Fülle der anderen Religionen anstrebt, findet allerdings in den antithetischen Glaubensmustern des Islam ihre bevorzugte Zielzone.

Der vom Konzilsgeist eingeleitete und von Papst Johannes Paul II. verstärkte Traditionsabbau im Sinne einer »Glaubensbereicherung« durch andere Religionen mußte psychologische Abhängigkeiten und neue Loyalitäten in Richtung derjenigen Religion erzeugen, die das Bedürfnis des Eigenabbaus optimal erfüllte. Demgemäß nimmt der Anteil islamischer Themen in der dialogischen Gedankenproduktion traditionell weit über die Hälfte der Publikationen ein, ganz abgesehen von der Pastoralebene, wo die gedankliche und zum Teil auch kultische Einbindung islamischer Elemente dem päpstlichen Vorbild gemäß zunehmenden Eingang in das nachkonziliare Glaubensleben fand.

Dieses Glaubensleben – zunächst noch weiterhin mit dem Terminus des »mystischen Leibs Christi« versehen – vollzieht sich in einer streng von der Überlieferung abgegrenzten Konzilskirche, deren proislamische Dialoglehre von der gleichen klerikalen Hierarchie und mit der gleichen doktrinären Konsequenz durchgesetzt wurde und wird, mit der wenige Jahrzehnte zuvor die nun abgelehnte Lehre vertreten wurde. Während in der Aufklärung der Adel das Supremat an neue Institutionen wie Nation und Demokratie und die Kirche an Strukturen der Wissenschaft und Arbeit verloren, schien sich die innerkirchlich fortsetzende Liberalisierung strukturell nicht auszuwirken. Die gesamte Machtpyramide des »mystischen Leibes« vom Papst über den Episkopat bis hin zu den Priestern und Prälaten in den Orden und Pfarreien blieb vom systemischen Machttransfer der liberalen Traditionsauflösung im wesentlichen unberührt. Dieser erstaunliche Machterhalt verdankte sich dem entschlossenen Umschalten des Konzils von Tradition auf Moderne.

Die enorme intellektuelle und spirituelle Leistung des katholischen Systems und seine imposante Heilswirkung auf eine unbekannte Zahl von Menschen mit exorbitanten historischen und kulturellen Auswirkungen sind unbestritten, haben jedoch nicht verhindern und letztlich nicht darüber hinwegtäuschen können, daß sich die *Funktionsdominanz* des Systems katholischer Lehrvermittlung weniger in Strukturen der *Lehre,* sondern vornehmlich in solchen der *Vermittlung*, und damit häufig in Machtausübung und -sicherung ausdrückte.

Aus dem Stand des geweihten Priesters als des besonders befähigten, spirituellen Heilsvermittlers hatte sich eine absolutistische Herrschaftsklasse mit nahezu universaler geistlicher und weltlicher Machtfülle entwickelt, die ihren Angehörigen den Bonus der Amtsweihe verlieh, ohne diesen mit einer kompatiblen Verantwortungskontrolle und dem Malus bei etwaigem Versagen zu verknüpfen. Das römische Erbe im Bereich imperialer Rechtsprechung, Verwaltungshierarchie und Machtausübung konnte so ein System ausgeprägter Weisungsstufen und ritualisierter Unterwerfungsmechanismen formen, die mit dem Papst und seinen besonderen Vollmachten an der Spitze nicht nur die uneingeschränkte Machtsicherung selbst, sondern auch die ungeprüfte Verbreitung und Verankerung jedweden Glaubensinhalts in der Gemeinschaft ermöglichten. Die Gleichung Klerus = Glaube bedeutete nicht weniger als das Zugangssystem zur göttlichen Gnade und damit einen einzigartigen Freibrief der Macht.

Dieser Freibrief konnte sich in der gezielten, konziliar in die Wege geleiteten und von den Päpsten durchgeführten Glaubensmutation eindrucksvoll bestätigen. Denn nun, da der liberalistische Prozeß auch auf ihre internen Grundlagen übergriff, mußte die Organisation befürchten, durch ein Festhalten am christlichen Glauben in seiner überkommenen, trinitarischen Form ihre internen Machtbefugnisse in der gleichen, unausweichlichen Weise an Nachfolgerstrukturen zu verlieren.

Mit dem Einschwenken des Konzils in die Neue Theologie und damit den liberalistischen Hauptstrom der Zeit, dem sogenannten »Aggiornamento«, wurde der drohende Souveränitätsverlust für den Moment in Grenzen gehalten. Mit der ganzen Autorität der Hierarchie konnte somit das autonome »Sein in Christus«, die Selbsterlösung in anderen Religionen, eine dem klassischen katholischen Glauben gänzlich zuwiderlaufende Vorstellung, der Gemeinschaft als neue, authentisch christliche Glaubensidentität »vermittelt« werden.

Zwar hatte sich Christus folgerichtig aus der Amtskirche zu entfernen begonnen und mit abnehmender Überzeugungskraft des Neuglaubens eine Welle der Kirchenaustritte nach sich gezogen, doch hatte die Masse der Gläubigen – fasziniert durch die Lehrautorität das Papstes und beruhigt durch dessen scheinbar unbeirrtes Eintreten für die katholische Tradition in Ehe und Familie – nach wie vor nicht bemerkt, daß ihr ein »Glaube« vermittelt wurde, der seine innere, transzendente Heilswirkung längst verloren und die Form einer pseudo-synkretistischen Ideologie angenommen hatte.

Im Rahmen eines eigenwilligen Begriffs von Religionsfreiheit und Toleranz hatten die Menschen eine Glaubensdoktrin zu befolgen, die ihr das Heil in der Hinwendung zum »Gott unendlicher Majestät« und in der Erlösung durch das Gemeinsame mit den Religionen nicht nur versprach, sondern in machtklerikaler Tradition unmißverständlich oktroyierte. Dabei mußte in dieser neuen Glaubensform der Dialog mit dem Islam eine ganz besonders herausgehobene Rolle spielen, weil – wie wir jetzt wissen – die Subjektivierung der christlichen Transzendenz eine neue Nähe zur antitrinitarischen Definition des Islam schuf. So wie bei Rahner ein Muslim zum »anonymen« Christen wurde, konnte nun ein Christ der Konzilskirche in Glaube und Kult zum gar nicht mehr so »anonymen Muslim« werden.

Wenn es inzwischen zum klerikalen Glaubensrepertoire gehört, bei vielen Gelegenheiten die Gemeinsamkeiten mit dem Islam zu betonen, indem führende Kleriker in vielfältigen Publikationen die Annäherung an die Positionen des Islam dokumentieren, wenn in wachsendem Maße muslimische Elemente in katholische Kulthandlungen einfließen, und wenn nicht zuletzt, wie im Mai 2000 im Orient vielfach gezeigt, der Papst selbst – von den »Gemeinsamkeiten« mit dem Islam überwältigt – ein Prachtexemplar des Koran küßt, dann werden die prozeßhaften Zwänge zu neuen Inhalten und Loyalitäten deutlich. Im Kampf um das Gemeinsame vollzieht die Identität der katholischen Kirche im einseitigen »Dialog« mit dem Islam nicht weniger als die graduelle, kognitive Verankerung und Verinnerlichung islamischer Positionen.

Mit der Beschwörung eines gemeinsamen Gottes und Endgerichts mit dem Islam und der kongenialen Theologie der Allerlösung hatten Konzil und Papst die wesentlichen Grundlagen des Dialogs geschaffen, der durch die Ideologisierung des Glaubens die traditionelle Definition der Kirche als Institution der übernatürlichen Trinität beendete. So wie man sich auf diese Weise antichristlichen Grundsatzforderungen des Islam annähern konnte, so wurden sämtliche islamische Themen des Dialogs im Stile liberaler Vexiertechnik behandelt, d.h. »Gemeinsames« wurde nun maximalisiert, Trennendes minimalisiert oder völlig negiert.

Während die Kirche zu Hekatomben verfolgter und getöteter Christen in den islamischen Ländern schwieg, beteiligte sich eine wachsende Zahl katholischer Theologen, Prälaten und Ordensleute an einem christlich-islamischen Dialog, dessen Suche nach Gemeinsamkeiten sich auf einen selektiven Themenkreis fixierte und in stereotyper

Wiederholung der vermeintlich entdeckten Parallelen zu realen Übereinstimmungen mit islamischen Positionen vordrang. Dabei war der »Gesprächspartner« nicht nur taktisch gut beraten, sich zurückzuhalten, sondern auch von seiner unüberschreitbaren Lehre her im Besitz einer Wahrheit, die jede Diskussion erübrigte. Die Dynamik des Konzilsglaubens an das Gemeinsame mit den Religionen stand als Diesseitsutopie dagegen unter Erfolgsdruck. Je stummer der Islam blieb, desto weiter mußten sich die eigenen Positionen öffnen, desto »islamischer« mußte der Glaube der neukatholischen Zeitkirche werden.

3. Der Katechismus des Dialogs

Der konziliare Glaube an das »Gemeinsame« in den Religionen ruht auf dem theologischen Fundament eines anonymen Koordinatensystems, das »im Lichte« des Konzils und des Assisi-Ereignisses sowohl die pauschale Allerlösung der Menschheit als auch die autonome Selbsterlösung des Einzelnen liefert. Nun schreiten alle Menschen, ob des »allumfassenden Heilssakraments« teilhaftig oder nicht, auf dem »objektiven« Erlösungsweg voran, wenn sie die Wahrheit im Gemeinsamen mit den Religionen suchen und letzteren »bei der Suche der Wahrheit helfen«. Sie können ihnen also unterstellen oder darauf hoffen, diese »Wahrheit«, wie immer sie auch beschaffen sein mag, ebenfalls nicht zu besitzen, oder zumindest in ihrer jeweiligen Lehre nicht erkannt zu haben und in eigener Glaubenssubjektivierung nun überzeugt zu sein, sich ihrerseits auf die Gemeinsamkeitssuche begeben zu müssen.

Es ist evident, daß das singuläre Christusereignis als personale Offenbarung des christlichen Gottes und evolutionäre Überschreitung des jüdischen Gesetzes und zudem als dem Islam vorgängig und abgeschlossen in diesem Raster gelöscht ist. Damit ist genau derjenige Weg »radikaler Treue« versperrt, den der Papst für die anderen Religionen im Assisi-Kult eingefordert hatte. Das »Prisma« des Konzilsglaubens erzeugte als neue Form des Christentums ein interreligiöses Spektrum, das sich im Verbot der eigenen Offenbarungsfreiheit als dialogische Einbahnstraße zu den Religionen öffnete, damit allerdings auch ganz neue Dimensionen fundamentaler Abhängigkeiten schuf.

Die exorbitante Wirkung, die das Leben und Sterben Christi spirituell und historisch auf die Menschheitsentwicklung ausgeübt haben, kommt nicht ganz von ungefähr. Sie bilden, wie wir im Schlußkapitel darstellen werden, eine ontologische, d.h. seinsmäßige Brücke, über die das Selbst des Menschen eine neue Dimension des transzendenten Zugangs zwar nicht erschließen muß, aber aufgrund ihrer anthropologisch verankerten Entsprechung bevorzugt erschließt.

Vor diesem Hintergrund erhält das momentistische Einzeldenken des Dialogs und seine reflexhafte Faktenabwehr eine vertiefte Bedeutung, indem die Gemeinsamkeitssuche mit den anderen Religionen mithin ein janusköpfiges Bild anbietet: Ergebnis einer fabrizierten Doktrin oder Ausdruck eines anthropologischen Defizits. Im Rahmen der globalistischen Vereinheitlichung sind beide Aspekte willkommen: die Doktrin als ideologische Richtschnur und das Defizit als Motor systematischer Geistesnivellierung. Der letzte Abschnitt unseres Wegs »von Gott zu Allah« wird uns hier deutlichen Aufschluß geben.

Indem die Konzilskirche den Weg über die transzendentale Seinsbrücke, deren Zugang zuvor allein durch die Machtmechanismen eines historisch wachsenden Heilsmonopols geregelt worden war, nun in einem eigenartigen Verständnis von Religionsfreiheit ideologisch gegen die eigene Glaubenstradition abgeschottet hatte, konnte eine vollständige Glaubensumkehrung erfolgen. Im neuen Glauben an das Gemeinsame mit den Religionen entstand die Denkwelt des Dialogs unter dem Metadogma des »Rückfallverbots«. Die gleiche Hierarchie, die sich einst auf die Vollmacht Christi berufen hatte, legitimierte sich nun aus dem Gegenteil, der Ablehnung des Wahrheitsanspruchs. Dabei näherte sich die Ideologie des Gemeinsamen mit den Religionen nun eher einem politischen Weltbild als einer Religion, ganz zu schweigen von derjenigen Religion, die noch bis zum Konzil die Wahrheit für sich beansprucht hatte.

Diese neue Denkwelt hatte die objektive Einheit der christlichen Offenbarung mit der Suche nach dem subjektiv Gemeinsamen mit anderen Religionen vertauscht, die ihrerseits allerdings über feste, nicht hinterfragbare Wahrheiten und Inhalte verfügten. Prompt entstand eine Fülle nachkonziliarer Dialogliteratur, insbesondere über Themen des historischen Antagonismus mit dem Islam, die im Detail unseren Rahmen sprengt. Gut möglich ist indessen die Konzentration auf bevorzugte Themenkreise, die der Islamdialog aus klassischen, vorkonziliaren Reiz- und Konfliktpunkten als festes Stereotyp-»Repertoire« der Konzilskirche herauskristallisierte. Diese Stereotypen werden sowohl in einer vielfältigen Literatur als auch auf multiplen Ebenen der Gemeinsamkeitssuche diskutiert.

Die wichtigsten dieser Ebenen sind im Vatikan das Sekretariat für die nichtchristlichen Religionen, in Deutschland die einschlägigen Dialogreferate in den Ländern – in der Deutschen Bischofskonferenz die CIBEDO (Christl.-Isl. Begegnung u. Dokumentation) – und auf Universitätsebene die pluralistische Religionstheologie. Dabei bewegt sich der Standarddialog bevorzugt in den Aspekten Offenbarung/Jesus, Koran/Muhammad, Glaube/Mensch, Ethik/Frau, Kreuzzüge/Djihad, Fundamentalismus/Menschenrechte und diversen apologetischen Einzelpunkten wie z.B. der Toleranz des Islam.

Die bekannteste Form des Dialogs hatte einst die Antike hervorgebracht, indem Sokrates und Platon ihre Gesprächspartner durch sich spiralförmig entfaltende Frage/Antwort-Strukturen zu aufsteigenden Erkenntnisstufen führten. Der Dialogglaube der katholischen Konzilskirche läßt hingegen das Prinzip des logischen Einwands oder der analytischen Einordnung in übergeordnete Zusammenhänge nicht zu. Wie in der liberalen Erosion begegnet uns auch hier die Technik der »kreativen Zweideutigkeit«, die in der Suche nach den »gemeinsamen Wahrheiten« eine einseitig gerichtete Zustandsform annimmt, die sich zum Fremden öffnet, indem für die eigene Position eine übergreifende Wahrheit als »unbrauchbar« abgelehnt wird. Für den Islam bedeutete dies entsprechend, den Koran und die Prophetentradition zu verwerfen, eine kaum anzunehmende Option.

Der *Erste Hauptsatz* des Dialogischen Katechismus und zugleich Grundsatzregel repressiver Toleranz im katholischen Dialogbetrieb lautet daher: Es gibt keine Streitfrage im Dialog mit dem Islam, die eindeutig zuungunsten oder nicht zumindest teilweise im Sinne der jeweiligen islamischen Glaubens- und Interessenrichtung entschieden wird. Der *Zweite Hauptsatz* steht komplementär zu dieser Aussage und lautet: Es gibt keine Streitfrage im Dialog mit dem Islam, die uneingeschränkt im Sinne dessen entschieden wird, was vorkonziliar als christliche Wahrheit verstanden wurde.

Die Anwendung dieser Hauptsätze vollzieht sich unter der wesentlichen Randbedingung, daß der Islam nur als sporadischer Gesprächspartner auftritt. Wir haben es also im Gegensatz zur antiken oder auch jeder anderen Dialogvariante mit einer völlig neuen Dialogversion zu tun, die das eigentlich erforderliche Zwiegespräch nicht benötigt oder in der Regel sogar meidet. Denn eine Glaubensform, die ihre Identität subjektiv, d.h. nicht aus einem autonomen, christlichen Wahrheitsanspruch, sondern aus den »Gemeinsamkeiten« mit den anderen Religionen bezieht, stößt auf existentielle Probleme, weil sie der Zustimmung der anderen Religionen bedarf, die sich ihrerseits unverändert aus ihrer sakralen Wahrheit und historisch gewachsenen Kultur verstehen. Was immer auch der Dialog an Gemeinsamkeiten dem islamischen Partner zur Genehmigung vorlegen mag – diesem ist es nicht wie seinem westlichen Gegenüber gestattet, seine Wahrheit zu verändern.

Die Zeitkirche steht also unter dem absurden Zwang, einen »Dialog« zu führen, in dem sie auf die Zustimmung eines weder veränderungs- noch zustimmungsfähigen – noch dazu meist abwesenden – Partners angewiesen ist. Dabei lassen wir die Schwierigkeiten, die durch die *taqiya*, die muslimische Pflicht zur Täuschung des Ungläubigen bis hin zur Glaubensverleugnung, entstehen und das Gespräch vollständig entwerten können, zunächst unberücksichtigt.

Im konziliaren Neuglauben legt der Dialog den Katholiken einseitig auf den Wahrheitsverzicht und eine Entleerung des trinitarischen Gottesprinzips fest, indem er ihm vorschreibt, »mit dem Islam den einen Gott anzubeten«. Mit dieser Entwicklung konnte man einen ganz entscheidenden Schritt in Richtung Islam tun, weil dieser in der Dreieinigkeit der Offenbarung und der Göttlichkeit Christi Kernpunkte der christlichen »Schriftverfälschung« erkennt. Der neue Religionsglaube wies dabei aus kurialer Sicht den strategischen Vorzug auf, nicht nur dem Allah des monotheistischen Islam, sondern auch dem »Allmächtigen Baumeister aller Welten« (ABAW) des masonisch-liberalen Zivilglaubens zu ähneln, der im globalen Kontext eine große Rolle spielt.

Insgesamt war damit das Instrumentarium ambivalenter Religionsbetrachtung geschaffen, das den Dialogisten den interpretativen Freiraum für die »Gemeinsamkeitsuche« und die Konstruktion der neukatholischen Identität ermöglichte. Im Rahmen dieser Dialogtechnik hat sich die auf das trinitarische Prinzip der christlichen Offenbarung neutralisierend einwirkende Argumentation eingebürgert, die Bewegungsrichtung der Glaubenshaltung umkehren zu müssen. Aus der ehemals aktiven, Christus zugewandten Werkfrömmigkeit soll ein passiver Vertrauensglaube an Gott entstehen, der in Christus alles Entscheidende für die Menschen bewirkt hat. Wie das Verdienst Christi den

Menschen statisch durch den lutherischen Glauben rechtfertigte, so hat nach dieser Auffassung die Heilstat Christi einen vergleichbaren Freiraum geschaffen, der nach Gottes Willen durch die Begegnung mit dem Islam zu nutzen ist, um sich »in Bescheidenheit und Respekt durch seinen (des Islam) vielfältigen Reichtum beschenken zu lassen« (!).[301]

Der in der Dialogliteratur oft zitierte anglikanische Religionstheologe John Hick liefert einen subjektivierenden Erkenntnisrahmen für diese Sichtweise, die zwar ähnlich der selbsterlösenden Papsttheologie dem Menschen die Identifikation aus anderen Religionen öffnet, nach herkömmlicher Vorstellung allerdings mit dem Ersten Gebot kollidiert. Hick beruft sich auf keinen Geringeren als den Aufklärungsphilosophen Kant, der zwar die Unfähigkeit des Menschen zur Erkenntnis des Absoluten hinter den Erscheinungen hervorhob, ihm dafür jedoch die Fähigkeit zubilligte, sein Denken und Handeln autonom auf ethisches Gesetzesniveau heben zu können (Kategorischer Imperativ). Vor diesem Hintergrund verlagert sich die Eigengesetzlichkeit der christlichen Offenbarung in die Ebene der Gottesvorstellungen der anderen Religionen und läßt nicht nur Allah wie Gottvater erscheinen, sondern weist allen fremdreligiösen Aspekten ihre Koordinaten in der »Matrix« nachkonziliarer Religiosität zu,[302] die im Islamdialog zu verbindlichen Loyalitäten und Denkwegen führt.

Das allen dialogischen Abhandlungen gemeinsame, dominante und sich in den verschiedensten Variationen wiederholende Denk- und Interpretationsmuster ist die Überzeugung, die eigene Glaubensbasis – wie immer sie nach dem Wahrheitsverzicht subjektiv gestaltet sein mag – durch die Beschäftigung mit den Religionen besser verstehen, läutern und sogar bereichern zu können. Die islamischen Glaubensgrundlagen, die sich in wesentlichen Gesichtspunkten direkt aus Antithesen gegen christliche Positionen definieren, halten für diese, sich in zunehmende Abhängigkeit begebende Identitätssuche besonders geeignete Orientierungen bereit. Es zeigt sich, daß sich das dialogische Eigenbild der Kirche auf der Grundlage des gemeinsamen Gottes mit dem Islam an dessen antithetischer Identität besonders fest verankern läßt.

Im Stile einer im individualpsychologischen Sinne »dependenten«, also psychisch abhängigen Persönlichkeit entwickelte der Dialogglaube immer deutlicher hervortretende Übertragungsmuster, die seiner verunsicherten Existenz durch das Einschwenken in die theologischen Strukturen des Islam neue Stärke und Eindeutigkeit mit ermutigenden Konturen verliehen. Der fundamentale Widerspruch des Islam gegen Offenbarung, Kreuzigung und Auferstehung Christi konnte sich so zu einer soliden Grundlage neukatholischen Glaubens entfalten, der diesen Widerspruch »zu seiner eigenen Sache« machte und in einer rapide voranschreitenden Metamorphose die Forderung erhob, »erst Christ sein zu können, wenn er auch Muslim ist«.[303] In einer derart machtvollen Bewußtseinswandlung mußte allerdings der tatsächliche, historische Hintergrund des islamischen Widerspruchs, die gnostische Lehre der Doketensekte,[304] unter deren Einfluß Muhammad das Bild Jesu von allen göttlichen Attributen befreit und in die Gestalt eines ihm vorangehenden Propheten gekleidet hatte, eher störend wirken.

Dieser glaubensverändernde Geist fand nicht nur das Forum der CIBEDO, sondern setzte sich auch, nachdem sie Bestandteil der Deutschen Bischofskonferenz geworden war[304a], in einem umfassenden Richtungswandel zu jenem Fremdglauben fort, wie er dann zur verbindlichen Tendenz des Schrifttums im Namen des Islamdialogs geworden ist. Aus diversen Blickwinkeln erschließt sich ein letztlich immer wieder ähnlicher Wille zum Abbau eigener Positionen, mit dem die innerkirchliche Dialogdiskussion aus den verschiedensten Konstellationen theologischer Kontroversen die Vision der Vereinigung mit dem allen Religionen gemeinsamen Absoluten anstrebt. Dabei ist allerdings evident, daß die »unaufhebbare Bindung« aufgehoben wird. Die Erkenntnistheorie, die die Relativierung des Absoluten ermöglicht, und dabei – wie es der theologische Pluralismus anstrebt – dem Absoluten und Relativen gleichzeitigen Absolutsheitsgrad verleiht, muß erst noch geschrieben werden.

An diesem Kernpunkt ideologischer Relativierung kann weder koranisches noch christliches Offenbarungsdenken teilnehmen. Während der Islam auf seine Weise den Glauben absicherte, hatte der Stifter der Kirche zuvor als »der Weg, die Wahrheit und das Leben« jede Verfügungsebene – metaphysisch, theologisch, semantisch – exklusiv vorgezeichnet, so daß wer nicht glaubte, bereits gerichtet war.

Die Definition aus den Religionen und der »Öffnung zur Welt« läßt somit Konturen einer Zeitkirche erkennbar werden, die sich den Kriterien einer interreligösen Zivilreligion in Wirtschaftsglobalisierung, Multikultur und Migration annähert. In gleichem Zuge können sich profane Vorstellungen der »Kirche von unten« hinsichtlich Ehe, Familie und sexueller Befreiung konkretisieren, eine Entwicklung, die in den Inhalten der Katholikentage sichtbar überprüfbare Gestalt anzunehmen beginnt.

Unter Umkehrung zentraler Glaubensgrundlagen wie der Gottes-, Offenbarungs- und Endzeitbegriffe des Konzils hatte der Dialogglaube unter Beweis gestellt, daß er zu gänzlich neuen, hochflexiblen Interpretationen vordringen konnte, die vormals konträre Positionen in die Nähe zur islamischen Auffassung brachten. »Im Lichte des Konzils«, also im Sinne eines ganz besonders kritik- und analysefreien »Dialogs« mit dem Islam, konnte sich somit eine konsequent fortschreitende Glaubensveränderung – zudem mit der Autorität des Papstes – vollziehen.

Zu deutliche Nähe zur Glaubenstradition, insbesondere zum christlichen »Wahrheitsanspruch«, zu analytischem Denken bezüglich fragwürdiger Aspekte in den anderen Religionen und nicht zuletzt zu den traditionellen Moralvorstellungen unterliegt daher nicht nur dem »theologisch korrekten«, sondern auch dem kircheninternen Strafsystem. Prälaten, die die Wahrheit des Christentums verkünden, riskieren ohne baldigen Widerruf den Beginn empfindlicher Benachteiligungen und gefährden bei anhaltender Uneinsichtigkeit ihre Anstellung. Die gleiche Institution, die bis zum Konzil islamkritische Positionen vertrat, sieht nun die Positionen des Islam »im Lichte des Konzils« und bedroht jede nachhaltige Abweichung mit dem Risiko der »Ausgrenzung«.

Vor diesem Hintergrund hat sich in den einschlägigen Referaten der Konzilskirche, angeschlossenen Instituten und den Universitäten der ideologisch homogene Betrieb eines Islamdialogs entwickelt, dessen Aussagestruktur tendenziell den zwei Hauptsätzen unseres Dialogkatechismus' folgt. Auf – insbesondere in islamkundlicher Hinsicht – wissenschaftlich eher durchschnittlicher und nur gelegentlich anspruchsvoller Basis werden die genannten Standardthemen in prinzipiell vorhersagbarer Form behandelt. Der obligatorische Positivfilter kommt dabei in durchaus abgestufter Weise zum Einsatz, so daß das Spektrum der Islam-Dialogisten von gemäßigten Kritikern bis zu Quasi-Muslimen reicht. Den Vertretern des Islam ist somit ein weiteres Fernbleiben vom »Dialog« zu empfehlen, da ihm weder das Personal noch die Institutionen zu Gebote stehen, die seine Interessen effizienter wahrnehmen könnten, als es die Dialogideologie der Konzilskirche bisher vermochte.

Die Islaminterpretation auf der Basis des konziliar eingeebneten Gottesbegriffs erfolgt im Wege der hier verschiedentlich vorgestellten »kreativen Zweideutigkeit«. Aus dem Arsenal des historischen Toleranzliberalismus stammend, erzwingen diese vexierbildartigen Interpretationspraktiken eine ideologische Gemeinsamkeitssuche, die zur Entwicklung eines in der Regel kleinen, gemeinsamen Nenners führt. Um diesem Nenner Glaubwürdigkeit zu verleihen, wird seine Bedeutung mit euphemistischen Begriffen maximalisiert, ebenso wie sich trennende Aspekte herunterspielen und minimalisieren lassen, wobei nicht selten die Grenzen historischer und logischer Zumutbarkeit überschritten werden.

Ein klassischer Fall dieser Art ist die wichtige Glaubensregel des Dialogs, nach welcher »der Islam kein Monolith« ist. Hier wird in bewährt stereotyper Manier der islamische Glaubensblock aus Koran und Prophetentradition ideologisch zerschlagen und auf einen passend kleinen Nenner minimalisiert, um ihn mit der eigenen, subjektivierten Weltsicht in Einklang zu bringen.

Wie die vorstehende Untersuchung zeigt, kann es nicht nur, sondern muß es nun zum katholischen Alltag gehören, den islamischen Offenbarungswiderspruch graduell in den neukatholischen Glauben zu integrieren. Das konzilskirchliche Dogma der Fremdorientierung und der innerkirchliche Machterhalt erzwingen den Einsatz des tendenziellen Positivfilters, was immer auch der Inhalt der Betrachtung sein mag. Dabei hat dieser Zwang zur Harmonisierung auch der konträrsten Islampositionen katechismusartige Gebote hervorgebracht, die alle Teilnehmer am katholischen Dialogbetrieb überzeugt, opportunistisch oder ganz einfach zum Erhalt des Broterwerbs befolgen. Jedenfalls ist eine erfolgreiche Karriere in der Kirche ohne ein deutliches Eintreten für die Belange anderer Religionen und besonders des Islam nicht denkbar, wobei das Prinzip der kreativen Zweideutigkeit gelegentliche, kritische Anmerkungen nicht nur ermöglicht, sondern notwendig bedingt.

Die *Aussagebilanz* eines jeden Dialogisten hat letztendlich jene tendenzielle, theologische und interpretative Annäherung an den Islam hervorzubringen, die von den Konzilsbeschlüssen, der Papsttheologie und den rabulistischen Sprachregelungen des Dialogglaubens vorgegeben wurden. Indem allerdings die Kirche ihren traditionellen Geltungsanspruch mit dem Anspruch auf Gemeinsamkeit mit dem Islam vertauschte, wuchs diesem die Entscheidung darüber zu, inwieweit er einer derart umgestalteten Glaubenssicht zustimmen wollte oder konnte.

Abgesehen von der grundsätzlichen Frage, welche Art ideologischen bzw. philosophischen Glaubens die Konzilskirche mit dem Einschwenken in den islamischen Gottesbegriff übernommen hat, läßt sich eine starke Abhängigkeit des Dialogs vom religiös-ideologischen Spielraum des Islam feststellen, der nach unseren Untersuchungen denkbar begrenzt ist. Entsprechend schleppend fiel seine Dialogbeteiligung bisher aus, obwohl (bzw. weil) der Dialogkatechismus, wie wir sehen konnten, im Verlauf seines Entstehens bemerkenswerte Angebote entwickelte, die islamische Positionen oft zu den eigenen machten.

Dabei kann nicht vermieden werden, daß die Bindung des Islam an Glaube und Staat den konzilskirchlichen Dialog ebenso in den politischen Bereich, insbesondere die Diskussion der Menschenrechte hineinzieht, ein Vorgang, der der Kirche allerdings durch die Annäherung an Positionen des politischen Opportunismus im Rahmen der eigenen Liberalisierung keine besonderen Probleme bereitet. Ihr eigentliches Problem besteht im Systemeffekt des Wahrheitsverzichts und der Fremdorientierung – das Vakuum im Absoluten und Eigenen – das dazu führt, islamische Positionen nicht annehmen zu *können*, sondern zu *müssen*.

Der in unserem »Ersten Hauptsatz« definierte Positivzwang des Islamdialogs hat einige sich stereotyp bestätigende Standardaussagen erzeugt, um die herum sich die vielfältigen Publikationen, Seminare und sonstigen Ausarbeitungen des Dialogbetriebs in nicht endenwollenden Variationen, zuweilen regelrechten Arabesken, ranken. Die oberste Grundforderung innerhalb der positiv filternden Islaminterpretation ist diejenige der dem Islam grundsätzlich zu unterstellenden *Toleranz*. Es liegt hier natürlich eine sich selbst aufhebende Vorstellung vor, da der Dialog seinerseits eine repressive Toleranz praktiziert. Das Diktat der Annäherung an und Identifikation mit wesentlichen Positionen des Islam läßt Toleranz als Ausdruck gegenseitigen Ausgleichs und Kompromisses im Sinne der pragmatischen Vernunft schon im Ansatz entfallen.

Nichtsdestoweniger hält der Dialog »Beweise« für die islamische Toleranz bereit. Die häufigste Erwähnung erfährt in diesem Zusammenhang die Einrichtung der »Schutzbefohlenen« (*ahl adh-dhimma*), die bekannte Sonderbehandlung und -besteuerung der »Schriftbesitzer«, der Christen und Juden auf islamischem Gebiet.

Diese gewachsene Praxis soll den Andersgläubigen ein hohes Maß toleranter Akzeptanz seitens der Muslime gesichert haben, eine Wahrnehmung, die sich durch die historisch korrekte Forschung kaum bestätigen läßt. Neben der gegenüber Muslimen wesentlich höheren Land- und Kopfbesteuerung (*kharadj/djizya*) ist im geschichtlichen Verlauf vielmehr festzustellen, daß die christlichen Minderheiten bereits ausgangs des 8. Jahrhunderts gesellschaftlich zunehmend diskriminiert und durch Zwangsghettoisierung geächtet wurden. Ihre gesetzlich verankerte Rechts- und Bürgerunfähigkeit, das Verbot des Kirchenbaus, das Zwangstragen herabwürdigender Kleidung und immer wieder aufflackernde Pogrome erzeugten – mit den üblichen statistischen Ausnahmen – keineswegs die vom Dialog behauptete Gesamtatmosphäre eines toleranten, islamisch-christlichen Zusammenlebens. Vielmehr erzwangen religiöse und materielle Diskriminierung die wachsende Notwendigkeit der Auswanderung bzw. Konversion mit dem Ergebnis einer systematischen, kontinuierlichen Dezimierung der Christenheit in den islamischen Ländern, die, wie alle Statistiken eindeutig nachweisen, eingangs des

20. Jahrhunderts – und nochmals verstärkt seit dem Konzil – in eine dramatische Phase eingetreten ist.

Um als Motor dieser Entwicklung eine umfassende Toleranz seitens der vom Islam geschaffenen Verhältnisse ausmachen zu können, bedarf es besagter Vexiertechnik, die den *dhimmi*-Status positiv umdeutet, weil sie unter Vernachlässigung der diskriminierenden Aspekte auf den beruhigenden Unterschied zum Status des heidnischen Polytheisten verweisen kann, der im Islam zu töten ist.[305] Darüber hinaus ist in dieser Verfahrensweise generell hilfreich, der eigenen Version zuwiderlaufende, aus islamischer Sicht verbindliche Koranaussagen zu verschweigen, wie jene, die dem Muslim vorschreibt, die Schriftbesitzer zu bekämpfen, »bis sie kleinlaut aus der Hand Tribut entrichten«.[306]

Eine besonders ausgeprägte Verbindung aus dem Verschweigen koranischer Anweisungen und der positiven Überzeichnung willkommener Aussagen ergibt sich aus der vielfach zitierten, in ihrer Art singulären Koranstelle, nach der es »keinen Zwang im Glauben« (2/256) gibt. Weniger Erwähnung finden die Koranstellen (über 200), in denen die Ungläubigen und Schriftbesitzer u.a. durch Enthaupten zu bekämpfen sind und ansonsten in ihrem Unglauben die härtesten Strafen wie das Übergießen mit siedendem Wasser, Kettenstrangulierung oder das Höllenfeuer zu erwarten haben. Da der Glaubensabfall (*ridda*) für geistig intakte Erwachsene mit dem Tode bedroht ist,[307] können Glaubensfreiheit und Toleranz im konziliaren Sinne ohnehin keine Anwendung auf den Islam finden.

Der dialogischen Auffassung entgeht immer wieder, daß besagtes Zitat als Bestandteil des Korans zunächst exklusiv für die Muslime formuliert ist. Aus dieser Sicht ist der Glaube als eine dem Menschen von Allah eingepflanzte Fähigkeit zu verstehen, die er dem Unglauben auf ganz natürliche Art vorzieht (vgl. 30/30, 65/7), und die ihn somit »notgedrungen« bei der Wahrheit des Islam ankommen läßt.[308]

Als Gegenstück zum individuellen Glauben wird die Frage nach der kollektiven Wahrheit, der *Koexistenz* des Islam mit den anderen Religionen gar nicht erst gestellt, sondern analog zu »kein Zwang im Glauben« mit einer einzigen Koranstelle positiv beantwortet:

> »... wenn es Allah nur gewollt hätte, so hätte er euch allen nur *einen* Glauben gegeben; so aber will er euch in dem prüfen, was euch zuteil geworden ist« (5/49).

Wiederum negiert der Dialog die Vielzahl massiver Wahrheitsansprüche und Aufrufe zur Bekämpfung der Andersgläubigen im Koran und leitet aus dieser Aussage nicht nur eine umfassende *Toleranz* gegenüber den monotheistischen Religionen ab, sondern zugleich natürlich eine ebenso umfassende *Intoleranz* des Christentums, das sich nur »mühsam auf den Islam zubewegt«.[308a] Als ein weiterer Erfolgsfall unseres Positivfilters verfängt sich dieses Denken somit erneut im westlichen, d.h. vom Menschen her gedachten Religionsverständnis, während für den Islam die Wahrheitsfrage bereits durch Allah beantwortet ist, der durch die Existenz anderer Religionen die Muslime zur Einheit im Islam auffordert:

»... hätte es deinem Herrn gefallen, so hätten alle Menschen nur eine Religion gehabt; aber sie sollen nicht aufhören, untereinander verschiedener Ansicht zu sein, nur mit Ausnahme derer (der Muslime), gegen die dein Herr barmherzig ist, denn dazu hat er sie erschaffen ...« (11/119f).

Die islamische Sicht kann sich mithin nicht dem Dialogwunsch nach Toleranz und Koexistenz anschließen, sondern entscheidet sich für eine klare *Dominanz* seiner Wahrheit über Andersgläubige. Damit kommt der auch im öffentlichen Diskurs häufig angesprochene Aspekt des *djihad* zum Tragen, der Glaubenspflicht des Krieges »auf dem Wege Allahs«.

Wiederholt findet sich die überraschende Sicht, beim *djihad* handele es sich lediglich um eine »Anstrengung im Glauben«, in der sich der Muslim um die Läuterung der Seele und die Stärkung des Glaubens bemüht. Zwar beinhaltet der Wortstamm *djahada* auch »sich anstrengen, sich bemühen«, doch taucht diese Bedeutung in der Stammvariante des *djihad* selbst in dieser Form nicht mehr auf, sondern ist auf den alleinigen Wortsinn »Kampf, Heiliger Krieg« beschränkt.[309] Auch der Umstand, daß die islamische Abspaltung der *shi'a* den Begriff des »spirituellen« *djihad* als kollektive Konzentration auf den Glauben bis zur Wiederkehr des verborgenen Imam kennt,[310] spielt in der *sunna* als bei weitem dominanter Glaubensrichtung keine ernsthafte Rolle.

Wir hatten zwar festgestellt, daß von einer Glaubensanstrengung im Sinne des täglichen Ritenvollzugs die Rede sein kann, doch steht ihr die ungleich prägendere Anstrengung des Kampfglaubens gegenüber, den die vorbildstiftenden *muhadjirun* praktizierten und im Modell von Medina verankerten (s. o. S. 83f.). Die sunnitische und damit maßgebliche Sicht des *djihad* bietet keine stichhaltigen Hinweise auf eine rein glaubensbedingte Anstrengung an, zumal sich die einschlägigen Traditionen zum größten Teil mit der Beuteverteilung beschäftigen, die mit dem Glauben erkennbar nichts zu tun hat und eher auf konkrete Kampfhandlungen verweist.[311] Die islamische Tradition betrachtet denn auch den *djihad* als jederzeit legitimierbare Pflicht, deren Erfüllung im Rahmen eines weitmaschigen Bedingungsnetzes zwischen Terroranschlag und Befreiungskrieg erfolgen kann,[312] bis ihr Ziel, die Weltherrschaft des Islam, vollendet ist.

Die Ausübung des Glaubenskrieges steht in Verbindung mit den in der breiteren Öffentlichkeit inzwischen ebenfalls bekannten Begriffen des Islam- und Kriegslandes (*dar al-islam/dar al-harb*), deren Verteilung aus islamischer Sicht allerdings weniger den Fortgang des Krieges, sondern eher des Friedens bezeichnet. Denn es sind die Islamkämpfer, die mit dem Islam den Frieden verbreiten und das Islamland vergrößern, und es sind die ungläubigen Bewohner des Kriegslandes, die durch die Nichtannahme der »Einladung« zum Islam (*da'wa*) den Krieg verlängern und den Weltfrieden verzögern. Dabei bestehen die Alternativen zum Islam im diskriminierten *dhimmi*-Status oder Tod.

Der für den Islam einzig akzeptable Grund, diesen Expansionsprozeß nicht energisch zu betreiben, ist eine nicht ausreichende Zahl muslimischer Kämpfer, z.B. in der Diaspora. Einen Dauerfrieden zwischen Islam und Nichtislam, d.h. einen endgültigen Stillstand im Prozeß zum Weltfrieden des Islam, einen Verzicht auf den Endsieg, kann es nicht geben. Allein die Existenz der Ungläubigen, die definitorischen Feindstatus besitzen,[313] bedeutet eine Provokation des Islam, ganz zu schweigen von tatsächlichen Angriffen, die zu unmittelbaren Gegenmaßnahmen, u.U. zur Mobilisierung der gesamten muslimischen Welt berechtigen.[314]

Diese in sich geschlossene, homogene *djihad*-Doktrin kann durch die subjektivierte, einseitig positiv bewertende Wunschsicht des Konzilsglaubens nicht als das wahrgenommen werden, was es ist: eine real-geschichtliche und virtuell-gesellschaftliche Kraft, die sich über die nicht vorhersagbare Interaktion zwischen *umma* und *shari'a* ausdrückt. Das Zusammenwirken kollektiver Glaubenskraft mit der islamischen Identität als Reaktion auf den Westen kann sich in einem weiten Spektrum zwischen dezentraler Tatenlosigkeit und zentraler, monolithischer Stärke realisieren.

Die liberalistisch zersplitterte Globaltheologie verfügt jedenfalls nicht über die konzentrierte Glaubensstärke des islamischen Medina-Modells, das ausschließlich Loyalitäten zugunsten des Islam und seines Propheten mobilisiert, während der verunsicherte Assisi-Glaube nach Loyalitäten für die Religionen und insbesondere den Islam, seine bevorzugte Bezugsquelle neuer Identität, sucht. Toleranz kann sich in diesem Kontext letztlich nur im Einsatz für islamische Interessen ausdrücken, weil ihr die eigene, souveräne Glaubensbasis fehlt. Dieses Denken negiert vor allem die im Islam seit einem halben Jahrtausend gültige *fatwa* des großen Koranexegeten Al-Suyuti (gest. 1505). Danach sind alle für die Ungläubigen günstigen Koranaussagen – somit der gesamte Positivfilter des Dialogs – aufgehoben *(mansukh)*.[315]

Die Identitätssuche des katholischen Dialogs im Netzwerk der positiv geschalteten Islam-Koordinaten beruht allerdings nicht nur auf der konziliar inspirierten Theologie des Papstes, sondern auch auf seinem persönlichen Engagement, mit dem er u.a. im Jahre 1985 in Marokko für seine Globaltheologie und die Einheit mit dem Islam warb:

> »Wir Christen und Moslems als Gläubige und als Menschen haben viele Gemeinsamkeiten … Wir glauben an denselben einzigen Gott, den lebendigen Gott... Der Respekt und der Dialog verlangen Gegenseitigkeit auf allen Gebieten, vor allem was die Grundfreiheiten und im besonderen die Religionsfreiheit betrifft … Jeder Mensch erwartet, in dem was er ist und in dem was er glaubt, geachtet zu werden«.

Im gleichen Jahr traf der Pontifex mit Vertretern der islamischen Gemeinschaft in Belgien zusammen und bekräftigte diese Sicht:

> »Wir Christen und Moslems begegnen einander im Glauben an den einzigen Gott, unseren Schöpfer, unseren Führer, unseren gerechten, barmherzigen Richter. Wir bemühen uns, in unserem täglichen Leben dem Willen Gottes gemäß der Lehre unserer jeweiligen heiligen Bücher in die Tat umzusetzen …« [316]

Die hier eingeforderten Prinzipien der Gegenseitigkeit in der Freiheit und Achtung des Glaubens konnten im Schema der zweideutig angesteuerten Fremdorientierung wenig später ihren notwendigerweise verbalen Charakter unter Beweis stellen. Nach dem historischen Kultereignis von Assisi im Jahre 1986 wurden 1987 im Auftrag der irakischen Regierung etwa 25% der dortigen christlichen Kirchen gesprengt, ohne daß sich der Vatikan zu dieser Maßnahme geäußert hätte. Anläßlich des Todes des Ayatollah Khomeini, der es als »Gnade« betrachtete, für den Islam töten zu dürfen, und die Christen Persiens ständigen Repressalien ausgesetzt hatte, gedachte der Pontifex 1989 des charismatischen Revolutionsführers »in tiefer Verneigung vor einem großen Menschen«. Im Rahmen seines umstrittenen Besuches im Sudan im Jahre 1993 umarmte der Stellvertreter Petri den Radikalmuslim Hasan al-Turabi, der für die Ausrottung von etwa einer Million Christen im Südsudan bis zu jenem Zeitpunkt verantwortlich gemacht wurde, und rief in Arabisch aus: »*Baraka' Allah as-Sudan!*« (Möge Allah den Sudan segnen!). Daß dieser höchste Diener des katholischen Dialogglaubens im Laufe des Pontifikats mit seiner Aufgabe geradezu verschmolz, bewies er im Jahre 2000 am Ufer des Jordan:

> »Möge der Heilige Johannes, der Täufer, den Islam behüten!« [317]

Keinesfalls durfte man indes in den Irrtum verfallen, den schauspielerfahrenen Papst mit einem Träumer zu verwechseln:

> »Wenn Sie aber Frauen zum Priesteramt zulassen, blockieren Sie den ökumenischen Kontakt mit den Anhängern des Islam«.[318]

Eine solchermaßen nach jeweiliger Interessenlage zerfasernde Religionskonstruktion greift denn auch bevorzugt die islampositiv filternden Gesichtspunkte auf, die eine realitätsfremde Toleranzwahrnehmung im allgemeinen und eine entsprechende *djihad*-Wahrnehmung im besonderen ermöglichen. Insoweit kann denn auch die erwähnte Verschärfung der Christenverfolgungen im gesamten Islamgebiet im Verlauf der zweiten Hälfte des 20. Jahrhunderts in diesem Denken keinen Platz finden. Dabei nimmt es kaum wunder, daß auch und gerade regelrechte Ausrottungsaktionen wie die seit Mitte der 80er Jahre andauernde Christenvernichtung im Sudan – ganz im Ölinteresse der USA liegend – dem Toleranzbild des Islam im Westen nichts anhaben können.

Seit der Papst im Jahre 1993 den Sudan gesegnet und Islamistenführer Turabi anerkennend umarmt hatte, brachte letzterer die Tötung von weiteren zwei Millionen Christen auf den Weg, bevor er selbst in Ungnade fiel. Die Muslime waren inzwischen zur effizienteren Methode der Luftbombardements übergegangen, die den Vorteil aufwiesen, nicht nur deutlich die Ausrottungsziffern zu steigern, sondern auch die Ernten zu vernichten. So konnten allein 1998 – von den europäischen Medien weitgehend unkommentiert – über 500.000 Menschen nicht nur im Bombenhagel, sondern auch an Hunger sterben.[319]

Nach den spezifischen Regeln der interkulturellen Dialogratio versteht es sich nahezu von selbst, daß die Kirche zu derartigen Vorgängen schweigt. Dabei ist allerdings der Vollständigkeit halber zu erwähnen, daß sich das Opus Dei, die einem Nachrichtendienst nicht unähnliche Vatikanorganisation, in der Vergangenheit gelegentlich auf klandestiner Basis für die sudanesischen Christen engagiert hat.[320]

Dergestalt von christlichen Skrupeln befreit und durch die päpstlich gesteuerte Gehorsamshierarchie legitimiert, konnte der Dialogglaube in wenigen Jahrzehnten zu effizienten Regeln der Identitätssuche in den Gemeinsamkeiten mit den Religionen vordringen und durch nachhaltige Entsorgung der »christozentrischen Engführung« eine neue Glaubenslogik in den antitrinitarischen Lehren des Islam entdecken. Damit war eine ebenso neue Dialogform ermöglicht, die unter Verzicht auf Analyse und Kritik ihrer Erkenntnissuche weitgehend irrationale Kriterien zugrunde legte und in einer intakten Machtstruktur ebenso doktrinär durchsetzte, wie sie die offenbarte Glaubensbasis abbaute. In Lehre und Verhalten legalisierte der Papst selbst als höchster Vertreter der kirchlichen Machtstruktur den Transfer der katholischen Glaubensloyalität an die Subjektivität autonomer Erfahrung sowie in ganz besonderem und – wie sich in zahlreichen Ansprachen, Handlungen und im historischen Koranukuß klar manifestierte – persönlich höchst engagiertem Maße an die Lehre und Glaubensstärke des Islam.

Die islamgläubigen Dialogdiener konnten somit auch ihren eigenen Karriereinteressen umso besser dienen, je erkennbarer und engagierter sie ihrerseits dem theologischen und persönlichen Vorbild des Pontifex folgten und die durch die Positivbrille des Dialogs erkannten Gemeinsamkeiten mit dem Islam, die »kopernikanische Wende« der katholischen Identität, verkündeten. Der einzige Kleriker von Rang, der es in den letzten Jahren gewagt hat, sich dieser islamorientierten Interessenfront entgegenzustellen, war Bischof Bernardini von Izmir, der in der europäischen Bischofssynode im Oktober 1999 in Rom aufstand und erklärte:

> »Während eines offiziellen Treffens über den Dialog zwischen Muslimen und Christen wandte sich ein einflußreicher Vertreter der Muslime an die christlichen Teilnehmer und sagte ruhig und sicher: ›*Dank eurer demokratischen Gesetze werden wir euch überwältigen, dank eurer religiösen Gesetze werden wir euch beherrschen*‹ … die Herrschaft hat schon begonnen mit den Erdöldollars, die nicht dazu verwendet werden, in den armen Ländern Nordafrikas oder des Nahen Ostens Arbeitsplätze zu schaffen, sondern um Moscheen und Kulturzentren in den christlichen Ländern mit einer hohen Quote an muselmanischen Einwanderern zu bauen … wie können wir darin nicht ein klares Programm sehen, das auf Expansion und Eroberung ausgerichtet ist?« (Bet.d.Verf.)

Der Bischof fuhr fort mit der Schilderung eines weiteren Dialogtreffens mit Muslimen, das wie immer von Christen veranstaltet worden war, und in dem ein christlicher Teilnehmer den gleichen Muslim um Auskunft darüber bat, warum kein einziges dieser Treffen von Muslimen einberufen würde:

»Der Befragte antwortete wörtlich: ›*Warum sollten wir das tun? Ihr könnt uns nichts beibringen, und wir brauchen nichts zu lernen.*‹ Es ist Tatsache, daß Begriffe wie Dialog, Gerechtigkeit, Gegenseitigkeit oder Begriffe wie Menschenrechte und Demokratie für die Muslime eine völlig andere Bedeutung haben als für uns ... Es ist jedoch absolut notwendig, daß wir uns über die Prinzipien einig sind ... Man darf Muslimen niemals eine katholische Kirche für ihre religiösen Feiern zur Verfügung stellen, denn das ist für sie das sicherste Zeichen unserer Apostasie« (Bet. d. Verf).

Es kann nicht überraschen, daß interessierte Kreise des Vatikans – letztlich erfolglos – versuchten, angesichts der Prominenz des Bischofs und der prekären Dialogsituation in der Türkei gegen den Willen des vatikanischen Pressechefs die Publikation der Erklärungen Bernardinis zu verhindern. Der Bischof hatte die grundlegenden Schwächen des katholischen Dialogglaubens offengelegt, indem er das Fehlen klarer Prinzipien beklagte, das nicht nur in der auflösenden Zweideutigkeit, sondern im Verzicht auf eine klare Glaubensidentität überhaupt zutage tritt. Es brauchte einen realistisch denkenden Muslim und einen aus der Gehorsamshierarchie ausbrechenden Bischof, um die geistig-ideologische Abhängigkeit einer Identitätsbildung durch »Gemeinsamkeiten« mit dem Islam auf einen Punkt zu bringen, dessen Klarheit keine Wünsche offen ließ:

»*Dank eurer religiösen Gesetze werden wir euch beherrschen!*«.

In einem allerdings irrte der Bischof: Es bedurfte keiner weiteren Kirche für ein muslimisches Fest mehr, um ein Zeichen der Apostasie zu erkennen. Der Verlust der Offenbarung war bereits mit der konziliaren Annäherung an muslimische Gottesvorstellungen und die Entleerung des trinitarischen Prinzips durch das autonome »Sein in Christus«, entwickelt und verkündet durch den obersten Lehrer der Kirche selbst, vollzogen.

In der Kakophonie des interreligiösen Dialogs wird keine Feststellung öfter und lauter wiederholt als die Selbstermutigung, daß die Beschäftigung mit anderen Religionen nur möglich sei auf der Grundlage eines eigenen festen Glaubens. Wie wir nun wissen, wird diese Art der Wahrheitssuche aus zweierlei Sicht ins Leere gehen: Zum einen kann sich der Islam an keiner »Suche« beteiligen, die die Absolutheit seiner koranischen Offenbarung relativiert, zum anderen dreht sich eine Suche, die wie der Dialog das Absolute relativiert und zugleich als Ganzes festzuhalten glaubt, in einem unentrinnbaren Kreis der Selbstauflösung.

4. Globale Aspekte des Dialogs

Dieser neue Glaube eines »Dialogs«, der sich selektiv an Glaubenselementen anderer Religionen bediente, die er Gemeinsamkeiten nannte, schien sich – zumindest in seiner islamorientierten Variante – demnach einer utopischen Täuschung anzunähern. Durch Aufgabe des christlichen Offenbarungsanspruchs, Teilübernahme wichtiger Glaubenssätze des Islam und illusorische Interpretation seiner Problempunkte glaubte er, nicht nur eine authentische Religionsidentität hervorzubringen, die eine christliche Basis bewahrte, sondern auch – durch Annahme des vermeintlich Gemeinsamen mit dem Islam – in diesem das gleiche dialogische Denken bewirken zu können.

Die Konzilskirche hatte sich mit dieser neuen Glaubensform indessen unter systematischen Erfolgsdruck gesetzt. Indem die Mechanismen der liberalistischen Traditionsauflösung zur Glaubensbasis wurden, konnte man sich von einem Bösen trennen, das den ideologischen Zielen der Religionsfreiheit und Toleranz entgegenstand: von der Kontinuität scholastischer Offenbarungstheologie und analytischem Denken. Dafür war das »Gute« eingehandelt worden, das in der Aufgabe traditioneller Lehren und Verschmelzung mit andersreligiösen Wahrheiten bestand. An einer Tradition hielt man allerdings hierbei fest: an der gewachsenen Machtstruktur, deren klerikale Protagonisten mit dem alten Gehorsamsdruck dem Gottesvolk eine neue globalistische Kulturideologie als »modernes Christentum« eintrichterten.

Vollwertiger »christlicher« Neuglaube konnte sich unter der Flagge des Dialogs in der nachkonziliaren Zeitkirche ohne das Element der Hinwendung zu den Religionen, zum Islam und seinen spezifischen Ausdrucksformen, nicht mehr verwirklichen. Im Zentrum des neuen Glaubens hatte dieses interreligöse Element zu stehen, das – scheinbar autonom – unvermeidliche Auflösung bedeutete, weil es unter einem repressiven Toleranzdiktat jede Religion und jede Kultur positiv werten mußte. Dabei sahen sich seine Verfechter unwiderlegbar bestätigt: Hierarchischer Aufstieg, die Harmonie mit dem politischen und wissenschaftlichen Multikulturalismus und nicht zuletzt zählbare Vorteile waren überzeugende Beweise für die Richtigkeit dieses neuen Christentums. Innerhalb eines derartigen Weltbilds konnte keine Religion und keine Kultur ihre Interessen konkreter realisieren als die des Islam, des einstigen theologischen Gegenentwurfs.

Denn nun stimmten seine Interessen mit denjenigen der neukatholischen Dialogisten überein. Indem die Traditionalisten der »Altkirche« und ihr christlicher Offenbarungsanspruch zum Feindbild der liberalen Öffnung zu den Religionen und der Welt erklärt wurden, hatte sich der koranische Geltungsanspruch als Vollendung aller Offenbarungen erfüllt.

Der universale Positivfilter des Dialogs reinigte das neukatholische Konzilsbewußtsein von jeder traditionalistischen Versuchung, im Islam und seinen Glaubenssätzen Elemente zukünftiger Problempotentiale erkennen zu können. Jede Ausdrucksform islamischer Existenz erhielt das Siegel der Eingrenzung, die Legitimation durch Fremdkulturalität im allgemeinen und durch ideologisch festgelegte, als Theologie deklarierte Gemeinsamkeiten im besonderen. Die Vertretung eigener Interessen und Standpunkte wurde aus Sicht eines zukunftsseligen Dialogs zu »Ängsten«, die denjenigen, deren Konversion zum islamorientierten Konzilsglauben als noch nicht abgeschlossen betrachtet werden konnte, durch weiter verstärkte Unterweisung in »Toleranz« und zweideutiger Islaminterpretation zu nehmen waren. Nicht nur der moderne Mensch, sondern Menschsein überhaupt konnte sich ohne Zustimmung zum Islam, zu den anderen Religionen und den Anforderungen der globalen Kommerzialisierung, dabei allerdings auch ohne die Abwehr des überkommenen, christlichen Ordnungsrahmen nicht mehr legitimieren.

Während sich die Kirchen unter dem Eindruck dieser Doktrin zu leeren begannen, hatte einmal mehr Papst Johannes Paul II. richtungweisende Signale gesetzt, die geeignet waren, die begonnene Entwicklung zugunsten einer zivilreligiösen Pluralisierung zu verstärken:

»Hier ist der Mensch! Ich möchte feierlich meine Bewunderung gegenüber dem schöpferischen Reichtum des menschlichen Geistes aussprechen angesichts der unaufhörlichen Bemühungen, die Identität des Menschen zu erkennen und zu sichern … Die Erziehung besteht … darin, daß der Mensch immer mehr Mensch wird«.[321]

Wer die Richtung des Pontifex noch nicht erkannt hatte oder erkennen wollte, hatte wenig später Gelegenheit zu deutlicheren Denkanstößen:

»Jesus von Nazareth nimmt unsere Liturgie an … weil er will, daß sich auf diese Weise die messianische Wahrheit über sein Königtum offenbare; dies bedeutet nicht Herrschaft über die Völker, *es enthüllt vielmehr das Königtum des Menschen*«.[322]

»Auf den Schultern Jesu, prophezeit Jesaja, ruht das Zeichen höchster Gewalt … Es ist nicht höchste Gewalt über den Menschen, *es ist höchste Gewalt für den Menschen*« (Bet.d.Verf.).[323]

Diese Umdeutungen der Offenbarung, die den Menschen an die Stelle Jesu setzen, waren uns im globaltheologischen Konzept des »Seins in Christus« bereits begegnet. Sie bekräftigen die Sicht des Papstes, der wenige Gelegenheiten ungenutzt ließ, die Autonomie des Glaubens in der Hinwendung zu den Religionen und die gottähnliche Position des handelnden Menschen gemäß »Person und Tat«, seines philosophischen Credos, zu propagieren.

Eine vergleichbare Maßnahme im Islam wäre eine Modifikation der Sure 2/112 (»… Allah der alleinige, einzige und ewige Gott … kein Wesen ist ihm gleich«) dahingehend, daß die Muslime ihre Gottesvorstellung nach dem vor 800 Jahren beendeten Kampf gegen die Philosophen nun für die Kriterien der spekulativen Betrachtung öffnen würden – wiederum eine Option, deren Wahrscheinlichkeit vernachlässigt werden kann.

Auf Basis der konziliaren Menschheitsvision (»Nostra Aetate«) schritt der Pontifex dagegen voran und verschmolz seine anthropozentrische Theologie mit den liberalen Strategien globaler Organisationen:

»Alle zusammen sind sie eine enorme Macht: die Macht der Intelligenzen und der Gewissen … Entschließen Sie sich, Zeugnis abzulegen von der edelsten Solidarität mit der Menschheit, von jener, die auf die Würde der menschlichen Person gegründet ist …«[324]

Rein wirtschaftlich orientierte Interessenguppen wie die weltweit vertretenen Rotarier, die auch als Reservoir für Maureradepten fungieren, begannen in dieser Sicht, spirituelle Züge anzunehmen:

> »Als so hochherzige Boten und unerschrockene Zeugen Jesu Christi seid auch ihr Rotarier bemüht, den heutigen Menschen den Glauben zu geben«.[325]

Die im konziliaren Religionsglauben vereinte Kirche – einem authentischen Glauben im christlichen Offenbarungssinne nicht mehr zugeordnet – konnte sich nun mit dem politisch-liberalen Ideal der Solidarität und Menschenwürde verbinden. Die Umkehrung des transzendenten Urgrunds in die subjektive Identitätssuche setzte sich auf Globalebene in der Umkehrung des kirchlichen Heilssakraments fort. Nicht mehr die Religionen nähern sich dem ehemals christlichen Missionsangebot der Kirche, sondern die Kirche geht im liberalen Solidaritätsangebot der Weltorganisationen und im materiellen Kosmos der wirtschaftlichen Globalisierung auf. Vor der Trilateralen Kommission, oberster Steuerebene weltweiter Wirtschafts- und Sozialprozesse sowie wichtigstem Organ des »Think Tank« im Council of Foreign Relations, brachte der Papst schon 1983 die masonischen Elemente seines profanen Religionskonzepts selbst auf den Punkt:

> »Alles, einschließlich der Dynamik der Produktion und des Profits, wurzelt in der Wahrnehmung der menschlichen Würde ... Mit einem Wort, es geht darum, zu trachten, mehr zu tun, mehr zu wissen und *mehr zu haben, mit dem Ziel, mehr zu sein* ... denn die Würde besteht in der *Zustimmung unserer Intelligenz* und unseres Willens zum Wahren und Guten« (Bet.d.Verf.).[326]

Um diese elitär-besitzorientierte Ansprache vor einem globalen Forum des Kalibers der Trilateralen Kommission glaubwürdig halten zu können, mußte zuvor ein inzwischen obsoleter Absatz aus dem Kirchenrecht (Canon 2335) gestrichen werden:

> »Wer sich der Freimaurerei anschließt, verfällt ohne weiteres der Exkommunikation, die simpliciter dem Apostolischen Stuhl reserviert ist. Derselben Strafe wie die Freimaurer verfallen jene, die sich einer ähnlichen Vereinigung anschließen, die gegen die Kirche oder die rechtmäßige staatliche Gewalt schürt oder agitiert«.

Der 300 Jahre währende Kampf der Kirche gegen die heimliche Institution der Aufklärung, die liberalistische Gegenmacht, die eine moderne Gesellschaft auf höchstem Technik- und Wohlstandsniveau, aber auch Glaubens- und Erkenntnisverlust, Traditionsauflösung, ideologische Fremdorientierung sowie nicht zuletzt die Gewaltsysteme des 20. Jahrhunderts hervorgebracht hatte, war beendet. Die liberalistische Gegenmacht war in der Kirche angekommen, etwa ein Drittel der Kurie gehörte ihr selbst an.[327]

Die Dialogpraktiken des Konzilglaubens und die Globaltheologie des Papstes vollzogen die liberalen Kriterien der Freiheit, Gleichheit und Toleranz strikter nach als die Vertreter der Politik, weil ihnen eine straffere Organisation zur Verfügung stand. Es mutete daher absurd an, diesen Passus, der sich nun gegen Mitglieder der Kirche und den neuen, freiheitlichen Geist der eigenen Lehre wendete, aufrechtzuerhalten. Der Pontifex selbst gab Anweisung zu einer Änderung mit Namensstreichung (Canon 1374), die auch spätere, ohnehin wirkungslose Korrekturversuche des Glaubenspräfekten nicht ändern konnten.

> »Wer einer Vereinigung beitritt, die gegen die Kirche Machenschaften betreibt, soll mit einer gerechten Strafe belegt werden; wer aber eine solche Vereinigung fördert oder leitet, soll mit dem Interdikt bestraft werden.«

Innerhalb der letzten 20 Jahre des ausgehenden Jahrtausends hatten Konzils- und Papstlehren die Tradition der Kirche gänzlich neutralisiert und einen neuen multireligiös orientierten Universalglauben auf den Weg gebracht. Die Kirche war damit zur propagandistischen Megabasis umgeformt, die mehr als einer Milliarde Menschen die interkulturelle Ideologie der globalen Wirtschaftsexpansion und Migration in der Hülle eines ständig nach Wahrheit suchenden »Christentums« vermittelte.

Damit war diese Institution insgesamt in den Zustand überführt, den der klandestine Liberalismus seit langem als unausweichliche Zielvorstellung im Auge gehabt hatte: eine sich graduell verstärkende Tendenz der gesellschaftlichen Veränderung von sakralen Glaubens- in profane Wissens- und Arbeitsstrukturen, gegen die sich das katholische System langfristig vergeblich gesträubt hatte. So konnte die klerikale Fixierung auf die Dominanz über die Lehre den liberalen Angriff nur durch den kompletten Austausch der Legitimation – des Offenbarungsglaubens gegen den neuen Religionsglauben – abfangen, ein beeindruckendes Szenarium des Machterhalts, das – eingeleitet durch den gezielten Wechsel des Konzilprogramms – von der französischen Großloge kühl vorgegeben und von den nachkonziliaren Päpsten kongenial durchgeführt wurde:

> »Wenn es noch kleine Inseln gibt, die in ihren Gedanken nicht allzu weit von der Zeit der Inquisition entfernt sind, werden sie zwangsläufig in der steigenden Flut des Ökumenismus und Liberalismus untergehen; wird doch eine von deren fühlbarsten Folgen die Beseitigung der geistigen Schranken sein, welche die Welt noch teilen. Von ganzem Herzen wünschen wir das Gelingen der Revolution Johannes des XXIII.«.[328]

Der masonischen Zielstrategie, die in der Großloge Frankreichs häufig offener als anderswo und zuweilen nahezu seherisch diskutiert wurde, waren die systemischen Zusammenhänge zwischen Lehrvermittlung und Machterhalt sowie der letzlichen Funktionsgarantie zugunsten des Liberalismus – natürlich ganz im Gegensatz zum Klerus selbst – immer schon völlig klar gewesen:

»Wenn eine Annäherung zwischen der maurerischen Toleranz und der katholischen Intoleranz erfolgen sollte, kann dies nur zugunsten der universalen Toleranz der Fall sein«.[329]

Es kann nur geringem Zweifel unterliegen, daß die Makro-Mutation des katholischen Systems ohne die gezielte Führerschaft Papst Johannes Pauls II. in dieser weitreichenden Form kaum hätte gelingen können. Seine eigentliche Leistung ist dabei weniger in seinem umfangreichen Werk, das theologisch-philosophisch überbewertet wird, zu sehen, sondern in einem umfassenden Umbau des Lehr- und Geistkörpers der Kirche. Unter Wahrung der altkirchlichen Strukturen konnte der Gesamtbestand der eigenen Glaubenswahrheit zu einem theoretischen, matrixartigen Konstrukt nach Art der pluralistischen Religionstheologie umgestaltet werden. In der Annahme dieser Glaubensumkehrung bewiesen nachgeordneter Klerus und Glaubensgemeinschaft die Automatik einer fundamentalen Bereitschaft zur Manipulation durch die »Amtskirche« – grundlegende Zusammenhänge, die wir bereits vereinzelt betrachtet haben und im nachfolgenden Abschnitt zusammenfassen.

Die Einführung der ambivalenten Interpretation befähigte die Kirche zu einer spirituellen und funktionalen Umkehrung ihrer traditionellen Rolle. Durch die Konzepte der individuellen Selbst- und kollektiven Allerlösung sowie die »Öffnung zur Welt« gelang dem Spitzenklerus die Wandlung der Kirche zur universellen Institution der Interkultur und ethischen Globalisierung, die nun zur Absorption vielfältiger Religions-, Kultur- oder Politikinhalte bereitsteht. Kirche und Markt, globaler Dialog und globales Kapital, Sein und Haben wurden zu siamesischen Zwillingen der umfassenden Zweideutigkeit, die sich in ständiger Interaktion der massenideologischen Moral bemächtigen. Indem der Pontifex dabei die Globalisierung in die Dimension des Absoluten stellt, verleiht er dem traditionell-säkularen Verbund aus Kirche, Politik und Kapital sakralen Einheitscharakter:

»Schließlich muß erreicht werden, daß die Prozesse der Globalisierung von Markt und Telekommunikation nicht durch sich selbst eine negative ethische Nebenbedeutung besitzen. Daher ist eine Haltung der gesamten und aprioristischen Ablehnung nicht gerechtfertigt … *Die Globalisierung wird viele positive Folgen haben, wenn sie von einem starken Sinn für Absolutheit (!),* für die Würde aller Menschen sowie von dem Grundsatz, daß die Güter der Erde für alle Menschen bestimmt sind, *unterstützt werden kann … Man muß die strukturelle gegenseitige Abhängigkeit* der Beziehungen zwischen den Menschen auf der anderen Seite der nationalen Grenzen *zur Kenntnis nehmen …*« (Bet.d. Verf.).[330]

Wir können feststellen, daß die Gesamtheit der hier vorgestellten Aussagen des Papstes, der nach eigenem Bekunden »seinen Glauben im Konzil fand«, trotz zahlreicher »urkatholischer« Sentenzen immer wieder zwei dominante Aspekte hervortreten läßt: die Menschlichkeit Jesu und die Göttlichkeit des Menschen. Durch die Neutralisierung des trinitarischen Prinzips wurde die Erlösergestalt Christi verfügbar und als anonymer Katalysator in eine »Matrix universalen Heils« zwischen Allerlösung der Menschheit und Selbsterlösung des Menschen gestellt.

Dadurch wurde die trinitarische Transzendenz vakant, in die Wojtyla den Menschen eintreten ließ, um ihn über Zuhilfenahme seiner Intelligenz sich selbst überschreiten zu lassen. Mit der so formulierten Göttlichkeit des Menschen beendete er die christliche Offenbarung, erweiterte die »Öffnung zur Welt«, universalisierte den Dialog mit den Religionen und fand Anschluß an die gnostisch-synkretistischen Erleuchtungsgrade des Masonismus und seine globalen Wirtschaftsinteressen.

Der neukatholische Mischglaube aus christlichen Elementen und dem Gemeinsamen mit den Religionen erhebt unter Verwendung eines rabulistischen, die Glaubensgemeinschaft gezielt irreführenden Vokabulars den ehrgeizigen Anspruch, Kirche Jesu Christi zu sein und zugleich das Passepartout für die Summe aller Sakralität und Profanität, d.h. eine Art neuer Zivilreligion, zu bilden. Bei der unverkennbaren Nähe dieses Konzepts zum »einigenden Band« des Masonismus soll an dieser Stelle nicht der Frage nachgegangen werden, unter wessen Führung sich die angestrebte Fusion zur globalen Ethikbasis vollzieht. Die Grundlagen hierzu hat der Jahrhundert-Pontifex jedenfalls geschaffen, wenn das höchste Ziel des Masonismus ein anthropologisches ist, die »ethische und geistige Selbstverwirklichung des Menschen«.[330a]

In seiner formativen Zeit ganz entscheidend von Steinerscher Schauspielesoterik, philosophischem Existentialismus und masonischem Liberalismus geprägt, widmete sich der Papst seit dem Konzil der hier ausgeführten, systematischen Umformung der Kirche. »Mehr haben, um mehr zu sein« ist eine der zentralen, wenngleich aus sozialkatholischer Sicht ungewöhnlichen Aussagen des Pontifex zum Thema der in seiner Theologie nicht mehr christlich definierten Menschenwürde.

Über sein Engagement für den Islam hinaus konnte sich dieser neue Universalglaube auch Elemente einer ethischen Wirtschaftstheologie aneignen, die mit den ehemaligen Grundlagen des katholischen Glaubens nur noch entfernte Ähnlichkeiten, mit dem bekannten »Weltethos« des Schweizer Theologen Hans Küng hingegen frappierende Parallelen aufweist.

Beide, Papst und Küng (»Projekt Weltethos«), vertreten eine ganzheitlich holistische Weltsicht utopischen, d.h. unchristlichen Anstrichs, die einen streng ideologischen Humanismus und pluralistischen Wahrheitsbegriff fordert, wobei deren Realisierung ungeklärt bleibt. Nahezu ausgeblendet bleibt in dieser Utopie ebenso der dominante Maßstab globaler Arbeitsverwertung als inzwischen verbindliche Basis der Fortschrittsgesellschaft. Diese »blinden Flecken« im Bereich der religiösen Wahrheitsfrage und des sozialen Problempotentials sowie ihre Feindbilder im Bereich der eigenen Tradition verbinden die päpstliche Welterlösung und das Küngsche Weltethos zu einem effizienten Gespann der ideologischen Moral, deren Verbalethik als universale Hilfsfunktion dem wirtschaftlichen Globalismus zur Seite tritt.

Diese Tandemfunktion wurde vom Papst gezielt geschaffen, indem er im Jahre 1981 Küng vor der Exkommunikation durch die Glaubenskongregation bewahrte und ihm ein neuer Lehrstuhl für »Ökumenische Forschung« an der Universität Tübingen eingerichtet wurde. Der ehemalige Konzilsberater Küng war mit unbequemen Thesen gegen die Göttlichkeit Christi und die Unfehlbarkeit des Lehramtes aufgetreten, womit jener zweideutige Ruheraum entstand, in dem zwei scheinbar gegensätzliche Liberalideologien kooperierten. Das Küngsche Weltethos konnte so durchaus dazu beitragen, den übernatürlichen Ordnungsrahmen der christlichen Offenbarung in die natürliche Machbarkeit interreligiöser Normen aufzulösen, wie sie der Dialog vorgegeben hatte. Die Resonanz bei den anderen Religionen und Kulturen blieb allerdings bisher eher bescheiden. Daß die umfangreiche Reisetätigkeit ihrer Protagonisten teilweise durch Wirtschaftsunternehmen und mit der Rockefeller-Stiftung auch durch Interessenvertreter der Neuen Weltordnung unterstützt wird, erscheint vor diesem Hintergrund folgerichtig.

Ebenso versteht sich der Verzicht auf christliche Interessenwahrung im fremdreligiösen Raum. Einer der absurderen Aspekte des identitätslosen »Dialogs« ist die islamische Zensur hinsichtlich der Christenverfolgungen, wie z.B. im Jahr 2000 bei der päpstlichen Reise ins Heilige Land. Hier handelt es sich indessen um eine Auflage, die kirchenpolitisch ohnehin ins Leere geht. Denn so wie globale Wirtschaftsinteressen das demokratische Solidarinteresse verdrängen, so kann das kirchliche Machtinteresse nicht der inneren Tradition gelten, zuallerletzt den – vorkonziliar glaubenden – Orientchristen. Auf den verschiedensten Ebenen kirchlicher Aktivität wird eine homogene Sphäre islamischer Interessenwahrung erzeugt, in der sich die Behandlung kontroverser Fragen des »Dialogs« in einem monologischen Ablauf *tendenziell* in Richtung der islamischen Position entwickelt.

Da sich dieses Vorgehen nicht nur im Einklang mit der offiziellen »Kirchenlinie«, sondern vor allem mit den übergeordneten Interessen der Globalisierung und Migrationspolitik weiß, ist es – mit erheblichen finanziellen Rückgriffspotentialen – als einer der ganz wichtigen Wachstumsbereiche der zukünftigen Kulturpolitik und Politik überhaupt zu betrachten. Seiner Fähigkeit zur Weiterentwicklung desorientierender Begriffe und Strategien fällt die Aufgabe zu, die Installation des Islam unter Vermeidung einer qualifizierten Diskussion gegen die Interessen der Basisgesellschaft zu realisieren.

Verschanzt hinter einem konstruierten Religiositätsanspruch, stellt die standardisierte Aussageproduktion des Dialogs keine gehobenen Ansprüche an die Intellektualität des betroffenen Personals. Seine nicht unerhebliche Anziehungskraft auf einen ideologisch orientierten, akademisch mediokren Personenkreis drückt zwar auf das Niveau seiner Produkte, hat dabei allerdings im Verlauf durchaus auch Raum für anspruchsvollere Arbeiten geschaffen, deren Aktionsfelder sich in einem breiten Spektrum zwischen Idealismus und Opportunismus gruppieren.

In den höheren Ebenen der Hierarchie sind diese Felder, ihre Wirkungsbereiche und Handlungsperspektiven natürlich wesentlich weiter gespannt. Die klerikale Glaubensferne wurde ganz besonders im Bereich der vom Papst als neues Absolutum verkündeten Globalisierung deutlich. Schon unter Paul VI. und seinen Verbindungen zu maßgeblichen Geheimdiensten und Mafiakreisen hatte sich ein weltumspannender Vatikan-Konzern entwickelt, der mit den kreativen Kräften der Neuen Weltordnung, den Bankiersgruppierungen um Rockefeller und Rothschild, notwendigerweise eng zusammenarbeitet. Aus Zeiten des Dritten Reiches stammende Kooperationsformen leiteten in der Nachkriegszeit über in einen kirchlichen Weltkonzern, der sich immer wieder in quasikriminelle Strukturen hineinziehen ließ oder sie selbst in Gang setzte.

Die Affären Sindona und Calvi sorgten in den 70er bzw. 80er Jahren unter Ägide der Loge P2 (Propaganda Due) und ihres Leiters, des Freimaurers Gelli sowie der Päpste Paul VI. und Johannes Paul II. für weltweites Aufsehen und eine Staatskrise in Italien mit Verhaftungen bis hinauf zum Ministerpräsidenten. Sie ließen die Vernetzungen zwischen den Weltordnungsgremien, ihren führenden Banken, dem Vatikan und den Tentakeln der Unterwelt wie der Geheimdienste und der Mafia erkennbar werden, die in die Vorbereitung und Durchführung der jeweiligen Projekte bzw. Beseitigung von Funktionsstörungen eingeschaltet sind:

> »Das Pontifikat Johannes Paul II. hat sich als Glücksfall für Geldjongleure und Krämerseelen, für Kriecher und Lumpen, für internationale Finanzgangster wie Calvi, Gelli und Sindona erwiesen ... Der jetzige Papst hat nicht nur zugelassen, daß der Vatikan eine ganze Reihe von Freimaurern aus einer ganzen Reihe verschiedener Logen offiziell in seinen Mauern duldet; er hat auch seinen Segen dazu gegeben, daß die Kirche sich eine hausgemachte Loge eigener Spielart zugelegt hat. Ihr Name ist Opus Dei – Werk Gottes«.[331]

Die politisch-wirtschaftliche Vernetzung des Spitzenklerus mit den Lenkungsebenen der Weltordnung ist nichts wirklich Neues. Sie bildet eine konsequente Konfiguration in der Kette der Machtkonstellationen, die sich historisch zwischen kirchlicher und weltlicher Herrschaft ergeben haben und nun dabei sind, ihre postmodern-neoliberale Variante zu formieren.

W. Malinski, Wojtylas alter Priesterfreund seit mehr als einem halben Jahrhundert, bevorzugte eine weitaus weniger profane Interpretation. Die »globale« Vision des Pontifex, der die moderne Mutation des Christentums, seine Perspektive eines liberalisierten Islam und die weltweit sakralisierte Arbeitseffizienz zu einer universalen Zivilreligion verband, brachte er in unmittelbaren Zusammenhang mit seinem philosophisch und theologisch ungewöhnlichen Werdegang. Er veranlaßte ihn in einem Interview mit dem Privatsender Phoenix anläßlich Wojtylas 80. Geburtstags (18. Mai 2000) zu dem geradezu hymnischen Urteil: »Sein Pontifikat ist ein Poem!«

Der interreligiöse Dialog liefert die pseudo-spirituelle Ideologie und die politisch-ethische Ergänzung zur Rolle der Kirche als global aktiver Weltgestalter. »Es gibt keine Alternative zum Dialog« lautet das klare Gebot des Glaubens an das Gemeinsame mit den Religionen. Dieser Glaube verbindet sich mit dem Verbot des »Rückfalls hinter das Konzil« zu einer stringenten Hinwendung zum Islam als wichtigstem Faktor der globalen Zukunft.

Da dessen Medina-Modell jede Wahrheitssuche mit anderen Religionen verbietet, kann seine Prägung durch die Allmacht Allahs, die über Koran, *hadith* und *shari'a* in der *umma* und ihren an jenem Modell orientierten Handlungen wirkt, ungeschmälert fortexistieren. In dem universellen Glauben an diese unveränderbaren Grundlagen und seinem weltweiten, universalen Vollzug liegt der monolithische Charakter dieser Religion, der vom Dialog vehement verneint wird, weil sein Subjektivismus das Verständnis übergreifender Wahrheiten verhindert oder zumindest erschwert.

Für eine trotz aller Zerstrittenheit immer noch sehr weitreichende Einheitlichkeit des Islam sprechen indes mindestens drei Gründe: die Glaubensbasis des Koran und der prophetischen Urgemeinde, der vom irrationalen Fortschritts- und Religionsglauben des Westens ausgehende Förderungseffekt und die vom Westen ungestörte Unterdrückung der Frau als existentielle Überlebensfrage des Islam.

Der relativierenden Wahrnehmungsform des Westens wird das intellektuelle und spirituelle Erfassen größerer Zusammenhänge und kohärenter Glaubensvorstellungen zu einem erkennbar wachsenden Problem. Die Ideologie der liberalen Erosion, die authentisches Christentum in ein irrational-synkretistisches Kaleidoskop verwandelt, übernimmt islamische Elemente, um ihrer Zielutopie einer kulturell-religiösen Einheitsmasse näherzukommen, installiert dabei jedoch den Islam als autonome Gemeinschaft. In diesem Rahmen selbsterzeugter Abhängigkeit kann der – im islamischen Weltbild ohnehin nicht vorgesehene – konstruktive Kompromiß entfallen.

Da das neochristliche Dialogsystem auf zwanghafte Selbstnegierung und das islamische Bestandssystem auf stereotype Eigenbewahrung geschaltet sind, liegt eine komplementäre Dynamik mit ausgeprägt islamfördernder Tendenz vor. Gleiche Bedingungen vorausgesetzt, bedeutet die Fortsetzung des Dialogs nichts anderes als die graduelle Herausbildung einer europäischen Islamvariante. Somit könnte in der Tat eine Version des sogenannten Euro-Islam entstehen, formiert allerdings nicht durch Muslime (s. u. S. 402f.), sondern von Dialogchristen – eine moderne Renaissance jener lokalen »Helfer«, die einst der historischen Islamexpansion wichtige Impulse und Strukturen gaben.

Ein großer Teil dieser Dialogdiener ist sich des objektiven Verlustes der Transzendenz als höheren Ordnungsrahmens ihrer Glaubensexistenz nicht bewußt, indem sie die nachkonziliar entwickelte, dialogistische Religionsideologie für ihren Glauben halten. Dagegen weiß sich der Islamdiener nach wie vor im Besitze der einzigen Wahrheit, die von Allah über seinen Verkünder vor über 1400 Jahren gespendet wurde, und die sich nun in Gestalt der christlichen Wahrheitsauflösung geheimnisvoll zu bestätigen scheint.

Da die Dialogideologie diesen Auflösungsprozeß und die resultierende Gemeinsamkeitssuche nicht als Verzicht, sondern als beglückende, neue Glaubensform empfindet, und jeden, der ihr in diesem Glücksprozeß nicht zu folgen vermag, in europäischer Ideologietradition unerbittlich bekämpft, übernimmt sie Kaderaufgaben des Islam, die ihm eine Teilnahme an dieser spezifischen Form des »Dialogs« ersparen. Abgesehen davon, daß es nach wie vor keine kompatiblen Institutionen gibt, die mit den Dialogvertretern kompetent sprechen könnten, würden ihre islamischen »Gesprächspartner« durch Kommentare zu den Fabrikationen des Dialogs ihren Interessen eher schaden. Je strikter sie sich zurückhalten, desto angestrengter wird die Gemeinsamkeitssuche um die Konstruktion angemessener Ähnlichkeiten bemüht sein, desto klarer beginnen sich die Konturen des »Chrislam« herauszubilden.

In diesem Bemühen ist es keineswegs erforderlich, »erst Muslim zu werden, um Christ zu sein«; es genügt, an der Utopie des Dialogs teilzuhaben, an das Gemeinsame mit dem Islam zu glauben und ihm aus Überzeugung oder Opportunismus zu dienen. Dabei besitzt die Interessenwahrung des Islam utopischen Charakter nur in ihrem theologischen Aspekt; in politisch-gesellschaftlicher Hinsicht bedeutet sie weitgehende Konformität nicht nur mit den Vorgaben des kirchlichen Gehorsams, sondern vor allem mit den übergeordneten Interessen der globalen Weltordnung im Rahmen von Globalisierung und Migration (s. u. S. 405, 411f.), die in zahlreichen Konstellationen den Dialog zu einem lukrativen Geschäft machen.

Nicht ganz zufällig scheint sich in der Tat das uralte Muster der islamischen »Auswanderer« abzubilden, der wagemutigen und glaubenstreuen *muhadjirun*, die sich der *ansar*, im vorliegenden Fall ihrer westlichen Helfer, bedienen, um unter gezielter Instrumentalisierung der lokalen Ressourcen und Strukturen das Recht des Islam durchzusetzen. Das angestammte Recht des Islam besteht vor allem in der Dominanz über andere Religionen, nicht zuletzt über das von Anbeginn bekämpfte Christentum, das sich in der Aufhebung der vom Verkünder kritisierten »Schriftverfälschung« und in seiner Konzilsversion, der Annäherung an den Islam, nun allmählich aufzulösen beginnt.

5. Klerikale Aspekte des Dialogs

Im Fortgang unserer Betrachtungen kam immer wieder eine hartnäckige, offensichtlich systemhafte Distanz des Klerus zur Kirche ins Blickfeld, wenn es um die Frage der Macht ging. Dabei waren es gerade ethische Fehlbarkeit und spirituelle Entmündigung des Menschen gewesen, die die Erlösung durch Christus aufgehoben und überschritten hatte. Die nachfolgenden Kulturleistungen der Menschheit verdankten sich zu einem erheblichen Teil dem Glauben an ihn und seine singuläre Befreiungstat.

Es war zu erwarten, daß auch seine Stellvertreter in der Leitung und Pflege seines »mystischen Leibes« und in der Fortführung seines transzendenten Erbes diesem Aspekt, der Erhöhung des Menschen im Glauben, besondere Sorgfalt angedeihen lassen würden. Statt dessen läßt sich wiederholt feststellen – und die Geschichte und ihre Literatur liefern hierzu zahllose Beispiele – daß es genau dieses Anliegen Jesu war, nämlich die Befreiung der Menschen von der Entmündigung und seine Befähigung zu eigenverantwortlichem Handeln vor Gott, das der Klerus in historisch wachsender Zwanghaftigkeit zu verhindern suchte.

Wenn das katholische System – als zu trennen vom katholischen Glauben – seinen Leitungsstrukturen eine Orientierung am konstruktiven Charakter dieses Erbes zugrundegelegt hätte, wären ihm über die Jahrhunderte Eigenschaften zugewachsen, in denen sich die selbsttragenden Elemente der jesuanischen Lehren – Nächstenliebe auf

Basis einer Selbstachtung, die aus einer stärkenden Gottesfurcht kommt – hätten fortpflanzen können. Statt dessen entwickelten die »Hirten« – unter ständiger Berufung auf den Heiligen Geist – die mehrheitliche Neigung zu Machtdenken, Korruption, Unglaube und Unterdrückung bis hin zur Tötung des Abweichenden. Diejenigen Kleriker, die ihrem Glauben im Sinne Jesu dienten, haben sich gegen diese Mehrheit historisch nicht durchgesetzt. So konnte Machiavelli die Situation seines Landes und seiner Zeit in der ihm eigenen, zynisch-analytischen Weise repräsentativ zusammenfassen:

> »Die Italiener stehen tief in der Schuld der römischen Kirche und ihres Klerus. Durch ihr Beispiel haben wir alle wahre Religion verloren und sind vollkommen Ungläubige geworden. Nehmt es als Regel: Je näher ein Volk bei der römischen Kurie lebt, desto weniger Religion hat es«.[332]

Wenngleich umgekehrt auch gilt, daß der Geistliche umso stärker im Glauben stehen kann, je näher er dem Volke ist, so ist die Feststellung zulässig, daß die Angehörigen des katholischen Klerus als historischen Phänomens nicht unbedingt auch der Kirche Christi als spirituellem Glaubenskörper zuzurechnen waren. Durch die glaubenswidrige Usurpation unchristlicher Macht und den Aufbau einer repressiven Hierarchie entstand das Phänomen einer Machtstruktur, die eine spirituelle Institution ohne systemgerechte Legitimation besetzte.

Ursprünglich richtete sich der Gehorsam der Gläubigen auf eine Lehre, die auf Glaube, Schrift und Tradition beruhte und unter der Vermittlung von Klerikern stand, für die sie berufen, ausgebildet und zu vorbildlicher Lebensführung verpflichtet waren. Diese Lehre war mit dem Tod des letzten Apostels abgeschlossen und durfte nur in unverkürzter Form weitergegeben werden. Dem Petrusamt oblag die jeweilige Auslegung in Übereinstimmung mit der kontinuierlich weiterzuführenden Tradition. Indem im Laufe der Kirchenentwicklung die Amtsinhaber den Glauben der Menschen zunehmend auf sich zogen, konnte in gleichem Maße auf eine Kontrolle über ihre Glaubensintegrität und die Kontinuität des Glaubensgutes verzichtet werden. Im Konzil erfuhr diese Konstellation einen dramatischen Schub.

Im Rahmen einer solcherart nicht legitimierten, doktrinär strukturierten Hierarchie konnte der Geistliche also umso eher auf eine authentische Glaubensbasis verzichten, je höher sein Amt figurierte, mit dem Ergebnis eines Papsttums, das unter einen enormen Zwang zur Ausübung profaner Macht geriet. Die Unterdrückungsmechanismen dieser Struktur zwingen alle Ebenen, zum eigenen Machterhalt den jeweils vorgeordneten Ebenen pauschale Glaubensintegrität zu bescheinigen. Dem auf diese Weise allen Klerikern mit aufsteigendem Rang zunehmend garantierten Amtsbonus steht somit ein bei Versagen abnehmender Amtsmalus gegenüber.

Daß dieser Aufbau keinesfalls in systematische Verbindung mit den Intentionen Christi zu bringen ist, erschließt sich christlichen und logischen Kriterien, nicht jedoch dem amtsgläubigen Katholiken. Für diesen nehmen Glaube und Amt fließende Konturen an, die es ihm ermöglichen, dem jeweiligen Amtsinhaber eine mit seinem Rang aufsteigende Glaubensauthentizität zuzumessen. So kann es nicht erstaunen, daß eine solche Auffassung ohne Zögern die Papstautorität derjenigen des Erlösers vorordnet. Die besondere Qualität des individuellen, geweihten Priesters wird von einer kollektiven Amtsqualität dominiert, die ihre Machtsicherung über die Glaubenskontinuität stellt, und sich damit nachhaltig außerhalb der Kirche Christi einrichtet.

Da der Gehorsam den Glauben zunehmend bestimmte, unterwarfen sich die solcherart Glaubenden einer Herrschaftsebene, die ihnen suggerierte, in den Glauben an Gott auch den Glauben an ihre Herrschaft, mithin sie selbst, einschließen zu müssen. Wer an die »Heilige Katholische Apostolische Kirche« glaubte, schloß auf immer selbstverständlichere Weise die Amtsträger als »Nachfolger der Apostel« in diesen Glauben ein, unabhängig von ihrer Glaubensintegrität. In dem Maße, in dem sich dieser Gehorsamsmechanismus herauszubilden begann, konnte der Klerus unkontrolliert die Vollmacht Jesu übernehmen und in Wahrnehmung eigener Interessen in die Gestaltung des Glaubens eingreifen. Damit ging eine fortschreitende Entmündigung und Nivellierung der Einzelperson und ihrer individuellen Glaubenserfahrung einher, die sich in einer Fixierung auf den Sündengedanken und das Amtscharisma zu verfestigen begann. Wer das Amt besetzte, hatte den wahren Glauben inne, ohne der Kirche im Sinne Jesu angehören zu müssen. Statt an den dreieinigen Gott begann der katholische Mensch an den Amtsträger zu glauben.

Mit der Besetzung des Glaubens besetzte der Klerus die Macht, die Moral und das Schicksal der Menschen. Aus der offenbarten Innenleitung des Erlösungs- und Gnadengedankens war die Außenleitung usurpierter Herrschaft geworden, die sich nicht mehr an ewigen Wahrheiten, sondern veränderlichem Nutzenkalkül mit ewigem Wahrheitsanspruch orientierte. Wer allerdings die Macht derart verabsolutierte, säte den Zweifel an ihrem Anspruch selbst. Die Geschichte dieses Zweifels haben wir ausführlich nachgezeichnet. Sie besteht in der Umkehrung der christlichen Befreiung durch die liberale Befreiung nicht nur von klerikalem Absolutismus, sondern von Emanzipation an sich. So wie die Amtsträger den Gläubigen durch eine neue Buchstabendoktrin entmündigten, so verhinderte der Liberalismus die Mündigkeit des Menschen durch eine doktrinäre Toleranz. In der »Wertfreiheit« dieser Doktrin liegt die Befreiung auch von Werten wie die freie Entscheidung für Glaube und Wissen, die allein in der Lage sind, die von Kant – offensichtlich mit den unpassenden Mitteln angestrebte – »Herausführung aus der selbstverschuldeten Unmündigkeit« zu bewerkstelligen.

Die Distanz zu den Menschen erweiterte sich proportional zur kirchlichen Sündenkasuistik, die jenes von Christus gestaltete Gewissen verhinderte, das autonom sein konnte, *wenn* es christlich war. Im Interesse des Machterhalts wurde der authentische Glaube der Menschen zum Material klerikaler Glaubensbürokratie, die in profaner Verfehlung des singulären Christusereignisses ihre Legitimation diffamierte. Die Identifikation der Kirche mit ihrer lehrwidrigen Machtstruktur konnte somit zum Ansatzpunkt der humanistischen und liberalistischen Glaubensauflösung werden, jener epochalen Dialektik zwischen Freiheit und Zweifel, die zur geistigen Grundlage der westlich-modernen Gesellschaft wurde.

Die historischen Träger dieses Prozesses – allen voran die liberalen Aufklärer – lehnten nicht nur den Absolutismus kirchlicher Herrschaft ab, sondern hatten vor allem auch die Diskrepanz zwischen dem hohen Anspruch der christlichen Lehre und der Unzulänglichkeit des klerikalen Selbstverständnisses erkannt, das sie im geschichtlichen Verlauf zur Entwicklung der autonomen Antithese einlud. Eine Hierarchie, deren Tradition des Machterhalts die Tradition des Glaubens dominierte, war auf ein System der erzwungenen, selbsterzeugten Glaubwürdigkeit verwiesen. Dieses System verwandte weitaus mehr Intellektualität auf ein ausgeklügeltes Instrumentarium der Gehorsamssicherung als auf die Entwicklung eines christlichen, d.h. angstfreien Gewissens und sorgte somit für die Wurzeln grundsätzlichen Zweifels, Widerspruchs und Scheiterns selbst.

So erschien es der Amtskirche des Konzils nur natürlich, zur Bewahrung der Macht traditionelles Christentum mit einem liberal pluralisierten Synkretismus zu vertauschen. Der Masse der durch das Charisma ihres »Heiligen Vaters« manipulierten Katholiken war ohnehin nicht bewußt, durch was sie entmündigt wurde. Ihr erschien schon durch das Amt allein die Authentizität des jeweils verkündeten Glaubens garantiert. Insofern konnte sie es aus ihrer Sicht schlicht nicht für möglich halten, daß ihre »Hirten« vom Glauben abgefallen waren. Ansonsten wäre es ihre Gewissenspflicht gewesen, den Gehorsam aufzukündigen und sogar jenen Widerstand zu leisten, zu dem die Evangelien an zahlreichen Stellen aufrufen, unter anderen:

> »Sehet zu, daß euch niemand einfange durch Philosophie und leeren Trug, gegründet auf der Menschen Lehre und auf die Elemente der Welt und nicht auf Christus« (Kol 2/6).

Unter dem Schutzschirm ihres nahezu grenzenlosen Vertrauensbonus konnten die Amtsträger den Glaubensaustausch fast störungsfrei vornehmen, da sie das kontrollfreie Glaubensziel ihrer »Herde« selbst bilden. Die römische Neigung zum Menschenkult ist unbestritten und findet immer wieder beeindruckende Bestätigung in den Elogen der Kleriker, die ihren Führer – ob überzeugt oder opportunistisch – in die obligate Nähe zu den Eigenschaften Jesu Christi stellen. Die Mahnung, die Petrus selbst einst an einen heidnischen Konvertiten gerichtet hatte, der vor ihm in Ehrfurcht niedergefallen war, scheint längst vergessen: »Stehe auf, ich bin auch nur ein Mensch« (Apg. 10/25).

Der Papst der Jahrtausendwende, der in perfektionierter Ambivalenz und Selbstdarstellung den liberalen Geist der wirtschaftsorientierten Zeit mit ihm tragbar erscheinenden Elementen der Tradition verband, konnte das Optimum eines modern diffusen Wertekanons verkörpern, medial bestens vermarktbar, im Islam hingegen trotz weitgehenden Entgegenkommens eher abgelehnt. Wie denn auch die offizielle Freimaurerei beklagt, hat dieser zuletzt in der Weltkonferenz des Jahres 1974 in Mekka die Unvereinbarkeit der Freimaurerei mit den islamischen Prinzipien bestätigt und dabei bedauert, daß die katholische Kirche ihre Feindschaft gegen diese Institution des Liberalismus aufgegeben habe.[333]

Alle Anstrengungen des islamorientierten Dialogs haben nicht vermocht, diese Beurteilung zu revidieren, denn das Ausmaß, in dem sich die Kirche dem Islam theologisch öffnete, war nur durch die Aneignung des aufklärerischen Säkularismus, des politischen Abkömmlings des Rationalismus, möglich geworden. Der Dialog hatte das sakrale Feindbild des Islam, die christliche Trinität, gegen sein profanes, die philosophische Aufklärung, ausgetauscht und war damit in eine erneute Sackgasse geraten, die allerdings drei Auswege anbot: die Rückkehr zum Christentum, die Konversion zum Islam oder die Fortsetzung der Mutation zu einer globalethischen Zivilreligion.

Hier hilft weder der Hinweis der Apologeten, die mit ihrer Berechtigung die großartigen Glaubensleistungen zahlreicher Kirchenmänner in christlicher Spiritualität und theologischer Eleganz hervorheben, noch die Kirchenkritik, die mit ihrer Berechtigung den klerikalen Mangel an christlichem Glaubensverständnis und Triebsublimierung anprangert. Dabei ist die historisch und theologisch unkorrekte Gleichsetzung von Kirche und Klerus ebenso wenig hilfreich.

Es ist unerheblich, ob E. Drewermann die Kleriker auf hohem Niveau psychologisiert, seine Argumentationsbasis allerdings selbst in Zweifel zieht, wenn er den doppelten Zölibatsbruch der Priester mit verheirateten Frauen propagiert,[334] oder ob K.H. Deschner sie auf niedrigem Niveau kriminalisiert, indem er eine Fülle unbelegter Diffamierungen ausbreitet. Sie alle, ob gelobt oder getadelt, sind Opfer der amtszentrierten Gehorsamshierarchie, die sich im Interesse des Machterhalts in den Besitz nicht nur christlicher Inhalte, sondern jeglicher Inhalte setzte, solange sie den Fortbestand ihres Herrschaftsanspruchs sicherten.

Wenngleich sich mit dem Zwangsdialog und dem Glauben an das Gemeinsame in den Religionen eine diametrale Umkehrung der lehramtlichen Legitimation vollzogen hatte, so blieb doch das Verhältnis der dominanten Amtshierarchie zu den entmündigten Gläubigen unverändert. Hatten diese sich zuvor einem Sündenbewußtsein unterworfen, das die anderen Religionen zu Häresien erklärte, so basierte der nachkonziliare Glaube auf einem Toleranzbewußtsein, das jedwede christliche Abgrenzung gegen Nichtchristliches doktrinär untersagte. Der Identifikation der Amtsträger mit Kirche und Glaube tat diese fundamentale Umwandlung keinen nennenswerten Abbruch.

Der entscheidende Wandel geschah auf übergeordneter Ebene. Mit den einschlägigen Konzilserklärungen und Papstinterpretationen war die autonome Aufhebung der geoffenbarten Transzendenz Gottes und damit derjenige paradigmatische Schritt vollzogen, der die Kirche umfassend öffnen konnte: zu den anderen Religionen und zum Profanen, zur materiellen Welt insgesamt, die dann auch die päpstliche Ausweitung zur Wirtschaftswelt der Globalisierung und Migration im Sinne eines komplementären Glaubensinhalts ermöglichte.

Dabei wurde in liberaler Ambivalenz eine moraltheologische Scheintradition installiert, unter der sich der profane Forderungskatalog der »Kirche von unten« stufenweise erfüllen wird. Das Metadogma von den »dummen Dogmen« lieferte hierzu den universalen Schlüssel und ebnete seinem Erfinder, dem ehemaligen Bischof von Stuttgart-Rottenburg, den Weg in die Kurie. Er kann zudem als derjenige gelten, der die von Wojtyla in »Person und Tat« vorgegebene Ideologie des sich überschreitenden Menschen perfekter kopiert, als das päpstliche Original sie zu formulieren vermochte. Nach ihm entsteht die »Wahrheit durch die Tat« und muß daher so oft entstehen und vergehen, wie sich die Taten der Menschen in der unendlichen Varianz des subjektiven Seins verändern, ein überzeugender Abschied von der christlichen Wahrheit:

»Einen anderen Grund kann niemand legen außer dem, der gelegt ist, welcher ist Jesus Christus« (1. Kor. 3/111).

Einmal zum Trittbrettfahrer des Liberalismus geworden, liegt es nun in der Tragik des kirchenfernen Klerus, zwecks Machterhalt neben den interreligiösen auch die profanen Vorgaben kopieren zu müssen – eine Mechanik vorhersagbarer Auflösung, die sich in der graduellen Übernahme gesellschaftlicher Positionen in Fragen des Lebens, der Familie, der Sexualität und der Priesterschaft ausdrücken wird. Dieser Prozeß läßt indes auch klerikale Macht zur Kopie der gesellschaftlichen werden – eine gefährliche Nähe zum säkularen Original, das einem Klerus ohne religiösen Wahrheitsbegriff langfristig überlegen ist.

Wie uns die kirchliche Zeitgeschichte seit dem Konzil zeigen konnte, drückt sich im Dialog mit der Welt und den Religionen diese prinzipielle Systemschwäche des Klerus aus. Sie besteht in der Unfähigkeit zu religiösen Positionen zur postmodernen Profanisierung und in der doktrinartigen Suche nach Gemeinsamkeiten mit dem Islam, dessen antithetische Positionen den Verzicht auf die von ihm bekämpften Grundlagen der trinitarischen Offenbarung und Heilsnotwendigkeit Christi bedingte.

Unentwegt wiederholten diese »Hirten« die unvereinbare Doppelregel, sowohl über die Grundlage eines festen Glaubens zu verfügen als auch »mit den anderen Religionen die Wahrheit zu suchen und von ihren Wahrheiten zu lernen«. Dabei schloß man allerdings eine zentrale Wahrheit des Islam von diesem Lernprozeß aus: die Nichtverfügbarkeit der koranischen Offenbarung. Umso leichter fiel es, die eigene zur »nicht mehr zeitgemäßen Anmaßung« zu deklarieren, denn schließlich war es ihr Führer, der Papst selbst, dessen Nähe zu Gott ihn befähigte, »zwischen Mohammedanern und Christen keinerlei Unterschied« zu erkennen.[335]

»Die Krise der Kirche ist eine Krise der Bischöfe« hatte bereits Kardinal Šeper, Vorgänger J. Ratzingers im Amt des Glaubenspräfekten, festgestellt, und der Kirchenrechtler G. May beklagt in einer gleichnamigen Studie das glaubensauflösende Rätesystem in den Diözesen sowie die Unfähigkeit und Disziplinlosigkeit, mit der die Bischöfe unter Duldung eines »erpresserischen Ungehorsams« diese Glaubensauflösung voranschreiten ließen.[336] Wenngleich May zugleich die glatte Verdopplung der Bischofsämter seit dem Konzil unter ganz überwiegender Besetzung mit neukatholischen Dialogisten registriert, entgeht ihm die ungeheure Konsequenz, mit der die Bischöfe den päpstlichen Willen zur konzilsinspirierten Glaubensumkehrung durchsetzen.

Dabei gestaltet sich allerdings ein Gehorsam, der eine zeitgerecht ambivalente, sich der Welt und den Kulturen opportun öffnende Dialogreligion zu vertreten hat, als wesentlich komfortabler und auch finanziell attraktiver als das klare, unzeitgemäß sperrige Bekenntnis zur christlichen Wahrheit. Wenn die katholische Führung sichtbar und nachhaltig handelt, geschieht dies indes nicht, wie May annimmt und das Konzil widerlegt, um katholisch zu bleiben,[337] sondern – historischer Systematik folgend – um die Macht zu sichern.

Um eine Vorstellung von der Dimension dessen zu bekommen, was sich mit Konzils- und Papstlehre in der Kirche in bezug auf ihr eigenes, historisches Selbstverständnis vollzogen hat, soll an dieser Stelle abschließend ein erläuternder Blick auf die vorkonziliare Interpretation der Glaubenstradition und der Kirche als Institution der Glaubensvermittlung geworfen werden. Unter dem Eindruck des 1. Vatikanischen Konzils und des Modernismus seiner Zeit hatte Matthias J. Scheeben (gest. 1888), der größte Theologe des 19. Jahrhunderts, im Jahre 1873 sein »Handbuch der katholischen Dogmatik«[338] herausgebracht, das der »Lebenswirklichkeit des Menschengeistes« des Wissenschaftsphilosophen W. Dilthey (gest. 1911) eine »Geisteswirklichkeit der Gottesoffenbarung« gegenüberstellte. In diesem in viele Sprachen übersetzten Standardwerk der katholischen Theologie verband der in Köln lehrende Scheeben ein enzyklopädisches Wissen der Scholastik und nachtridentinischen Theologie zu einem epochalen Werk, das den rational orientierten Christen auf eine spirituelle Grundlage des Christus zugewandten Glaubens stellte.

Hinsichtlich der Kirche, des Klerus und der Glaubenstradition als den vom Konzil betroffenen bzw. in Mitleidenschaft gezogenen Bereichen gibt Scheeben ausführliche Definitionen, aus denen er klare Konsequenzen für das Verhalten der jeweiligen Kirchenteile und ihres Wirkungszusammenhangs für den Fall zieht, daß es zu Funktionsstörungen durch Glaubensschwund oder Vollmachtsmißbrauch kommt. Seine überaus differenzierte Beweisführung erleichtert dabei eine gezielte Beschränkung auf die für unsere Zwecke relevanten Aspekte.

Zunächst definiert Scheeben die Kirche als Gemeinschaft, die sich aus dem apostolischen *Lehrkörper,* der Hierarchie des Klerus, und dem von ihm geführten *Glaubenskörper*, der Gemeinde der Gläubigen, zusammensetzt. Unter dem Einfluß des Heiligen Geistes treten beide auf eine Weise miteinander in Wechselwirkung, die den Willen Christi auf Erden vollzieht – die Verkündigung der Lehre und das Bekenntnis des Glaubens auf der Grundlage der christlichen Wahrheit.[339] Sie bilden ein lebendiges Ganzes, in dem der Lehrkörper die von den Vorgängern erhaltene, authentische Wahrheit Christi und kraft dieser Vollmacht auf den Glaubenskörper überträgt, dessen Glaube seinerseits vielfältig auf die Autoritätsträger zurückwirkt.

Bei der Wahrheit Christi handelt es sich um das von ihm verkündete Wort Gottes bzw. über ihn niedergelegte Wissen, das über die Apostel an deren Nachfolger in ununterbrochener Sukzession bis in die jeweilige Gegenwart überliefert und den Gläubigen verkündet wird. Dabei macht der Lehrkörper das authentisch und objektiv erhaltene Zeugnis Christi und die auf ihm aufbauende Tradition der jeweiligen Nachwelt zur Annahme zugänglich und legt es dem Glaubenskörper in Ausübung und Weiterführung des Glaubens sowie Bestätigung seiner Vollmacht autoritativ vor. Die Vollmacht beruht dabei auf der Einhaltung der *Authentizität* des in die Hände des Lehrapostolats gelegten, *genetisch* weitergereichten Glaubensgutes.[340]

Lehrkörper und Glaubenskörper – oder auch lehrende und lernende Kirche – bilden ein organisches, hierarchisch gegliedertes Ganzes, dessen komplementäre Teile auf der Grundlage einer authentischen Wahrheitssukzession in Glaubensbesitz und Glaubensbezeugung aufeinander einwirken (Mission und Autorität). Der Lehrkörper gründet dabei seine Autorität auf Christus, kann sie allerdings nur insoweit legitim ausüben, als der Glaubenskörper den sukzessiv gelehrten Glauben *repräsentiert*, d.h. Lehre und Glaube fußen auf der authentischen Wahrheitstradition als lebendiges, ununterbrochenes Prinzip, in dessen Kontinuität die Unfehlbarkeit des Heiligen Geistes zum Ausdruck kommt.

Auf dieser Kontinuität hinwiederum bauen die »Unverirrlichkeit« der aktiven Lehre und die »Untrüglichkeit« der Lehrannahme auf ,[34] wobei der Lehrende im Besitz der Wahrheit, d.h. im Status des Glaubens an das niedergelegte Wissen sein muß. Die organische Verbindung mit dem Glaubenskörper kann so im Lehrkörper die Unfehlbarkeit der christlichen Wahrheit und ihrer Repräsentation in der Kirche bewirken. Dabei ist nach Scheeben und der herkömmlichen Auffassung evident, daß eine sich solcherart aufbauende und weiterführende Wahrheit – *nur in einem Punkt irrig und nur einen Tag öffentlich gelehrt* – zum Verlust der übernatürlichen Kraft in Kirche und Lehre führt.[342] Zu diesem entscheidenden Punkt heißt es zusätzlich erläuternd:

> »Im übrigen ist nur notwendig, daß die öffentliche Lehre zu jeder Zeit wenigstens die fundamentalsten Wahrheiten ausdrücklich vorlege und keine zum ewigen Depositum gehörige Wahrheit jemals so abhandenkomme, daß sie auch nicht im habituellen Besitz der Kirche verbliebe«.

Noch einmal wird hier das Bedingungsgefüge deutlich, das Klerus, Gemeinde und Glaubenskontinuität zwingend aufeinander bezieht, um die Kirche als eigendynamischen Organismus im Sinne des alle umfassenden Wahrheitskörpers Christi zu ermöglichen. Vor diesem Hintergrund wird das Amt des Papstes als glaubensbedingte Wurzel verstanden, die sich auf Basis der Vollmacht Christi über die Bischöfe in die Gemeinschaft historisch und spirituell verästelt und daher aufgrund ihres selbsttragenden Glaubensbezuges, d.h. von der langfristig dominanten Wirkung des Heiligen Geistes her, sich immer wieder gegen mögliche Häresien der Bischöfe bzw. sogar des Papstes selbst erneuert.[343]

In einem solchen Kontext versteht sich christlicher Glaube in erster Linie als Glaube an die Wahrheitssubstanz Christi, die sich in der Verkündung des authentisch bewahrten und kontinuierlich weitergereichten Glaubenswissens und im hinzutretenden, göttlichen Gnadenwirken abbildet. Hier erscheint denn auch der problematische Grauraum, der dem Glaubenskörper historisch eine Position zuwies, in der sich die Behauptung der subjektiven Glaubensintegrität des Lehrkörpers mit der Annahme eines objektiv präsenten Heiligen Geistes vermischte, jene klerikale Machtposition also, die wir mit dem Begriff des »Heilsmonopols« belegt haben. Als Schnittstelle zu Gott selbst ist das Lehramt mit dem Papst an der Spitze nicht nur Garant des Glaubens, sondern auch möglicher Ursprung und hierarchischer Verstärker des Unglaubens und Mißbrauchs.

Mit der Vorstellung eines gemeinsamen Gottes mit dem Islam war nun allerdings dem ewigen Depositum nicht nur eine, sondern die zentrale Wahrheit der Lehre so abhanden gekommen, daß sie »nicht im habituellen Besitz der Kirche verblieb«. Hier wird deutlich, wie wichtig es für die »Konzilsväter« war, durch das Prinzip ambivalenter Begriffe die Nabelschnur zur Glaubensklarheit und -kontinuität zu durchtrennen. Indem der christliche Wahrheitsbegriff zur »christologischen Engführung« schrumpfte, konnte der gesamte Glaubensbestand einer »Matrix systematischer Reflexionen« übergeben werden, in der aufgrund dann erfolgten, objektiven Wahrheitsverlusts sich die subjektive Wahrheits- und Gemeinsamkeitssuche mit den Religionen, insonderheit mit dem Islam entfaltete. Es ist offensichtlich, daß die Konzilskirche einer solchen Suche zwei Zwangskonditionen unterlegen mußte, die dann auch zu logischen Merkmalen ihrer Ideologie wurden: zum einen die inflationäre Besetzung des Heiligen Geistes und zum anderen die Verhinderung eines »Rückfalls hinter das Konzil«.

In diesen Kontext ist »Dominus Iesus« zu stellen, eine Erklärung der Glaubenskongregation zur Einzigartigkeit Christi und der Kirche vom August 2000. Diese Declaratio bekräftigt die trinitarischen Grundlagen des christlichen Glaubens sowie die Singularität und Abgeschlossenheit der Offenbarung in einer gegen jeden Relativismus gerichteten Form. Ebenso wird die Einheit Christi und der Kirche als untrennbares und unwiederholbares Mysterium hervorgehoben, dessen Wirkung als alleiniger Heilsweg sich nur durch die Aufnahme in die Kirche und die Gnade des Glaubens erschließt. In den anderen Religionen ist dabei das Wirken Gottes in Einzelaspekten anzunehmen (*semina verbi*), die den Nichtchristen seinen Geist zwar ahnen, ihn jedoch nicht zur endgültigen Wahrheit vordringen lassen und mithin die Kirche zur Mission aufrufen.

Das Konzil, die Realität der dialogischen Glaubensverfälschung und ihre als positiv empfundene Wirkung auf die Kirche zieht die Erklärung nicht in Zweifel. Papst und Präfekt vertreten die Neue Theologie des in Christi Funktionen eintretenden Menschen, der – dem Konzilsrat folgend – den Nichtchristen bei der Suche nach der Wahrheit »auf Wegen, die er (Gott) weiß«, helfen soll. Zwar ist der Zwangsaspekt der Gemeinsamkeitssuche abgeschwächt, doch bleiben wesentliche Illusionen erhalten: die als universal angenommene Hinordnung der Religionen auf Christus, der gemeinsame Gottesbegriff mit dem Islam und der dem Dialog seit Jahrzehnten eingeschliffene Reflex, der ein unverwechselbares Wesen der Religionen stereotyp leugnet. Die Identität des Islam ist nicht nur nach unseren Untersuchungen, sondern nach gesicherter Erkenntnis der Forschung aus einem ganz spezifischen, historischen Kontext und einem nur ihm eigenen, heilsgeschichtlichen Selbstverständnis entstanden, die sich zu einem ebenso originären Kulturprozeß verbanden.

Dennoch spricht die Erklärung von einem »Mysterium der Einheit« mit dem Islam, der sich gnadenhaft auf Jesus Christus ausrichten soll, obwohl er sich bekanntlich von

Anbeginn seiner Existenz aus der systematischen Ablehnung der trinitarischen Gottesoffenbarung definiert hat. Hier setzt sich also das theologische Dilemma des Dialogs auf »höherer« Ebene fort, womit sich allerdings zugleich die Vorhersagbarkeit seiner offensichtlichen Irrationalität verstärkt. Denn der Geschichte der Wechselwirkung zwischen Kirche und Machtklerus entsprechend können religiöse Skrupel und Reaktionen hinsichtlich der kirchlichen Glaubenskontinuität nicht vom Klerus selbst, sondern nur von den kollektiven Folgen seines kirchenfernen Handelns ausgehen.

Kirchenpolitik, Dialog und Papsttheologie sind zu breit und langfristig angelegt und zu umfassend in die Wahrnehmung eigener Macht- und globaler Gesamtinteressen eingebettet, als daß ein seinem Wesen nach irreversibler, epochaler Auflösungsprozeß mit einer einzigen Erklärung korrigiert werden könnte. Ohne den »Rückfall hinter das Konzil« und ohne theologische, d.h. christliche Konkretisierung bleibt »Dominus Iesus« ein euphemistisches Instrument zur Stabilisierung jenes fruchtbaren Biotops zwischen Hoffnung und Furcht, des Erfolgsrezepts jeder zwangstoleranten Ideologie: der Hoffnung der Eigenorientierten, die eine Renaissance des überkommenen Glaubensanspruchs erwarten, und der Furcht der Fremdorientierten, das Scheitern ihrer Heilsutopie einer unireligiösen Einheitsmasse erleben zu müssen. Mit anderen Worten: Solange Papst und Präfekt sowie ihre Nachfolger im Raum der bewährten Mehrdeutigkeit verharren, bestätigen Erklärungen dieser oder ähnlicher Art nicht nur die strukturelle Glaubensmanipulation, sondern sind allenfalls geeignet, die latente Selbsttäuschung über eine erneute Spaltung, das gefürchtete Schisma, zu verlängern.

Den Klerus bedroht allerdings eine Selbsttäuschung gänzlich anderer Art. Mit der Strategie der fortschreitenden Einbindung außerkirchlicher Interessen konnte er zwar für den Moment die gewohnte Macht sichern; erstmals jedoch wurde jener ehrwürdige Schutzraum der trinitarischen Offenbarung verlassen, der Klerus und Kirche, Macht und Glaube, vor den Auswirkungen der liberalen Erosion geschützt hatte.

Nun steht nicht nur der Transfer der Macht an die Akteure der Globalisierung und Gesellschaftsauflösung, sondern vor allem an neue, noch glaubensfernere Eliten zur Debatte. Hier formieren sich die bereits vom Papst installierten Sektenorden, allen voran die *Neocatechumenate*, die schon jetzt ihren Herrschaftsanspruch unüberhörbar anmeldet und dabei, wie wir im abschließenden Teil über das Fortschrittsbewußtsein sehen werden, mit überaus »fortschrittlichen« Methoden operiert.

X
Multikultur – der politisch-islamische Dialog

A. Die demokratische Krise

1. Moderne Bedingungen

Unter der Zugkraft von Freiheit und Toleranz hat sich als wesentliches Merkmal der westlichen Moderne das Phänomen der »liberalen Erosion« etabliert. Es handelt sich hier um eine systemhafte Auflösung traditioneller Strukturen, der in jedem Bereich – Religion, Politik, Wissenschaft, Wirtschaft – früher oder später nicht nur der Bestand des »Eigenen und Alten«, sondern auch die Fähigkeit zu einer objektiven Analyse des »Fremden und Neuen« zum Opfer fallen. Das Vertrauen in das jeweils Gewordene sinkt, womit auch die Dauer seines Bestands abnimmt.

Da diese Entwicklung deutlicher Beschleunigung und Kommerzialisierung unterliegt, begünstigt sie die Zunahme des Einzelwissens, aber auch eine Verengung der jeweiligen, als dauerhaft anzusehenden Gegenwart, und damit den Zerfall des aus der Vergangenheit übergreifenden Wissens. Gleichzeitig erfährt das Einzelwissen eine Selektion nach globaler Verwertbarkeit, so daß eine Art »Temporärprinzip« entsteht, das die Bedeutung des jeweils Gültigen laufend in Frage stellt. Dementsprechend erlangen Bedingungen wie rentabilistische Arbeitsverwertung und interkulturelle Fremdorientierung neue Dominanz, während ehedem übergeordnete, langfristige Prioritäten wie religiöse Glaubensidentität, demokratisches Solidarinteresse und wissenschaftliche Objektivität graduell verdrängt werden.

»Ende des Nationalstaats«, »Deregulierung«, » Eigenverantwortung« und ähnliche Formulierungen sind keine leeren Schlagworte, sondern konkrete Begriffe mit zukunftsträchtigem, d.h. gesellschaftsauflösendem Programmcharakter. Während der westliche Konsens lange Zeit Demokratie und Menschenrechten einen hohen, teilweise quasi-religiösen Stellenwert zumaß, ist er in der Gegenwart – in deutlich zunehmendem Maße seit dem Zusammenbruch des Warschauer Pakts – zu deren stillschweigender Aushöhlung übergegangen.

Dieser Erosionsprozeß findet seinen Ausdruck zum einen in undemokratischen Strukturen wie der Europäischen Kommission und dem Neofeudalismus der EU-Regierungen und zum anderen in der zunehmenden Ablehnung des sogenannten »Menschenrechtsfundamentalismus«, die lange vor dem Kosovo-Krieg einsetzte und ihren praktischen Ausdruck z.B. in der permanenten Weigerung findet, die Grundrechte auch auf die islamische Frau in Deutschland anzuwenden. Die Menschenrechte als ehedem sakrosanktes Gesetz der Säkularisierung stehen somit eindeutig in der Gefahr, ihre ehemalige Unantastbarkeit an einen Status der subjektiven Manipulierbarkeit nach Maßgabe der jeweiligen Interessenlage zu verlieren.

Hinsichtlich des Islam hat diese Tendenz zu der Überzeugung geführt, daß die Kolonisation ihm die Möglichkeit genommen hat, sich in einem harmonischen Anpassungsprozeß den Anforderungen der Moderne zu öffnen. Ihm ist daher als spezifische Modifikation eine Menschenrechtsversion mit der zusätzlichen, normativen Kraft eines *Rechts auf Entwicklung* zuzugestehen, aus dem sich als wünschenswerte Folge auf ganz natürliche Weise eine gerechte Gesellschafts- und Wirtschaftsordnung ergeben soll.[344]

So wie der interreligiöse Dialog der Kirche mit dem Islam auf den überkommenen, christlichen Wahrheitsanspruch verzichtet, so wird daher der von der westlichen – speziell deutschen – Demokratie geführte, multikulturelle Dialog dem Islam nicht den Geltungsanspruch der Menschenrechte zumuten. Abgesehen davon, daß ein solcher Anspruch nicht selten auch kommerziellen Interessen hinderlich im Wege steht, hat der Weltislam – zuletzt bei seiner Konferenz in Kairo im Jahre 1990 – entschieden, daß jede Diskussion über Menschenrechte die Forderungen der göttlichen *shari'a*-Gesetze zu beachten hat.

Als reine Konzepte stehen sich die Einheit von Religion und Staat im Islam und die pluralistischen Gesellschaften des »christlich-demokratischen« Westens zwar logisch kaum vereinbar gegenüber, doch scheint die Notwendigkeit eines Kompromisses weitgehend entfallen zu können. Die Vorläufigkeit der westlichen Fortschrittsentwicklung stellt unter den Diktaten der Arbeits- und Fremdorientierung jede Struktur inkl. Glaube und Menschenrechte zur Disposition. Sie ist daher höchst geeignet, sich in ihren Religions-, Politik- und Rechtsauffassungen den islamischen Strukturen anzunähern und diesen den Prozeß schmerzhafter Veränderungen und Kompromisse zu ersparen.

Damit wird ein Problem aus der Welt geschafft, das den »Dialog« bisher enorm erschwerte. Da die eigenen Ordnungsprinzipien modifiziert bzw. aufgelöst werden, kann die Rückbindung der Politik an die uneingeschränkte Beachtung traditioneller Begriffe von Menschenwürde und Grundfreiheit entfallen. Indem der Islam dabei seinerseits die sittlich-rechtliche Freiheit zur Expansion und Selbstbestimmung ungeschmälert in Anspruch nimmt, wird die höchste Norm der nationalen Politik, die Orientierung am Selbstbestimmungsrecht des Volkes, außer Kraft gesetzt. Während die Kirche den Glauben, die Politik das Grundgesetz und die Wissenschaft die Rationalität in den Bereich des Disponiblen bringen, werden auch Kompetenz und Verantwortung disponibel.

Mit diesem Ablauf ist ein konkreter Transfer der Macht verbunden, der sich auf zwei ineinander verschränkten Ebenen vollzieht: zum einen die unmittelbare Ebene der Macht des Islam, die sich aus der Auflösung des Christentums und der Demokratie speist und den Gegenstand unserer Untersuchung bildet, und zum anderen die übergeordnete Macht der Globalisierung, der sich die neuen ideologischen Strukturen sowohl eines interreligiösen »Christentums« als auch einer multikulturellen »Demokratie« zu unterwerfen haben. Wie geschildert, wurde dieser Komplex aus »interkultureller Demokratie« und liberaler Weltwirtschaft durch das progressive Pontifikat Johannes Pauls II. und die neue Glaubensvariante des katholischen Dialogs enorm unterstützt.

Vor diesem Hintergrund scheint mit dem Islam dem westlichen System nun eine Komponente implantiert werden zu können, der durch strukturelle Fremdorientierung, vielfältige Anpassungen in Glaubens-, Staats- und Rechtsnormen sowie gezielte Migrations- und Ansiedlungsförderung eine autonome Existenzbasis ungewöhnlichen Ausmaßes zuwächst. Da Islam und autonome Dominanz historisch gewachsene Synonyme bilden, könnte angesichts einer derart umfassenden Operationsbasis sowohl logisch wie ideologisch eine Integration weitgehend entfallen. Ob eine solche Sicht durch die politisch-gesellschaftlichen Bedingungen unterstützt wird, soll durch die nachfolgenden Betrachtungen geklärt werden.

Zumindest aus kirchlicher Sicht wird sich der Islam in Europa und Deutschland als das entfalten können, was er seit seiner Entstehung dargestellt und in unzähligen geistig-geschichtlichen Wiederholungen überzeugend bestätigt hat: eine egalitäre Religionsideologie mit elitärem Dominanzverständnis und latenter Gewaltbereitschaft. Diese islamische Gemeinschaft lebte in ihrer beeindruckenden Geschichte und Präsenz zwischen Spanien und Indien immer dann besonders dynamisch auf, wenn sich Konstellationen zur Ausbeutung wirtschaftlich-politischer Ressourcen öffneten, die unter Nutzung lokaler Strukturen und Intelligenz in Anspruch genommen werden konnten. Nicht anders verhält es sich in der Gegenwart, in der die westlichen Gesellschaften bereit zu sein scheinen, die Potentiale ihrer Glaubens- und Staatsverfassung den sich entfaltenden Gruppierungen des Islam verfügbar zu machen.

Eine Allianz aus kirchlichem Dialogglauben und multikultureller Einwanderungspolitik, unterstützt durch eine vereinheitlichte Medienkommentierung, darf sich in vollständiger Harmonie mit den weltweiten Interessen der Wirtschaftsglobalisierung wissen. Über die eigene Basis hinaus ausgestattet mit erheblichen Finanzmitteln der Wirtschaft, Verbände und angeschlossener Interessengruppen, begleiten Dialog und Multikulturalismus die Expansion der *umma* in Deutschland und Europa mit einem konzertierten System euphemistischer Begriffe, die seit über drei Jahrzehnten auf eine veränderte Bewußtseinsbildung hinarbeiten.

Diese als »politische Korrektheit« bekannte Terminologie zeichnet die Konturen des Islam als einer Religionsgemeinschaft von hoher Toleranz und Kulturalität, außergewöhnlicher, spiritueller Religiosität und politischer Ambitionslosigkeit. Der europäische Durchschnittsbürger als Empfänger dieser Propaganda ist mehrheitlich weder in der Lage noch interessiert, diese als solche zu erkennen, weil postmoderner Glaubens- und Bildungsverlust völlig neue Wahrnehmungsebenen aktiviert hat.

Das alternative Sensorium richtet sich auf Maßstäbe eines materiellen Selbstverständnisses unter kommerziellen Vorzeichen, die gänzlich veränderte Prioritäten nahelegen. Vielfältig wechselnder Konsum von Produkten, die eine Identitätsfindung in der Informations- und Unterhaltungselektronik, in der Freizeitgestaltung sowie in der Drogen- und Sexualorientierung nahelegen, läßt die geistig-historischen Dimensionen der interkulturellen Ideologie und die damit einhergehende Islamexpansion sekundär erscheinen.

Solange die Finanzierung dieses Konsums gesichert ist, wird sich der von einer totalen Kapitalratio geprägte Standardmensch der Postmoderne (s. o. S. 243f.) an der Diskussion über eine islambedingte Veränderung seiner Lebensbedingungen kaum beteiligen. Als eine Art »neuer Spießer des Liberalismus« verfügt dieser Typus keineswegs über eine Wahrnehmungsqualität, die ihn befähigen könnte, die Glaubensstärke des Muslim und seine tiefe Ehrfurcht vor der koranischen Offenbarung als solche zu erkennen. Ebensowenig kann sich ihm die transzendente Dimension öffnen, die den Islamdiener zum Kampf für diese Offenbarung zwingt, wann immer sich aus seiner Sicht die Notwendigkeit hierzu ergibt.

Insofern zeigt sich die ideologische Trennung des Islam von seiner radikalen Variante des sogenannten »Fundamentalismus« zwar als nützlich für eine Islamexpansion unter dem Deckmantel des »Dialogs« – erforderlich zur Überzeugung der westlichen Bevölkerung von der Harmlosigkeit ihrer islamischen »Mitbürger« ist sie indessen nicht. Die oberste Maxime der Globalisierung als der Hauptvorteilsnehmerin einer allgemeinen Islam- und Migrationsakzeptanz liegt daher in einer weiteren Eindämmung der Bildung bei gleichzeitiger Finanzierung der globalisierten, d.h. freigesetzten Arbeitskraft, um die Formung des unproblematischen »One World«-Konsumbürgers voranzutreiben. Ihre wichtigsten Assistenten hierbei sind der interreligiöse Dialog und die multikulturelle Politik, deren Aufgabe darin besteht, das Verfallsprinzip des Fortschritts auf Glaube, Wissen und Herkunft als traditionelle Quellen abendländischer Identität verstärkt anzuwenden.

Im Zuge des fortschrittsgesellschaftlichen Wissensschwunds beginnt sich auch im Bildungssektor eine liberale Strategie durchzusetzen, die geeignet ist, die humanistische Bildungstradition beschleunigt zu beenden und Wissen nach Maßgabe von Management-Konzepten und kommerzieller Verwertbarkeit, z.T. unter Einbindung flacher, globalistischer Bildungskonserven aus dem Internet, zu vermitteln. Als Ergebnis entwickeln sich Menschen im Sinne aktuell abrufbarer, ökonomischer Nutzpotentiale, auf begrenzte Zielbereiche getrimmter Arbeitseinheiten, die nicht mehr in der Lage sind, sich übergeordnetes Wissen eigenständig und systematisch zu erschließen, geschweige denn ihre laufende Wirklichkeit in größere, analytisch gewonnene Zusammenhänge zu stellen.

Dabei geraten die Bildungsanstalten in zusätzliche Zwänge der intellektuellen Vereinfachung, indem sie sich aufgrund wachsender Finanznot des Staates »autonomisieren«, d.h. in die Abhängigkeit von privaten Sponsorenmitteln begeben. Damit wird nicht nur das interessenorientierte Diktat der Lerninhalte verstärkt, sondern insgesamt ein neuer Menschentypus gefördert, dessen politisch-gesellschaftliche Manipulierbarkeit mit der Verflachung seiner Ausbildung ansteigt. Die typischen Spiralen des modernen Glaubens- und Wissensverfalls, die auch vor eigenen Wertesystemen wie dem demokratischen Staat und seiner Verantwortung für den Bürger nicht haltmachen, bedingen daher nun auch einen kritischen Blick auf die politischen Strukturen, wobei wir uns auf das deutsche Beispiel beschränken.

2. Die politische Klasse

Bislang ist hinreichend klar geworden, von welch theologischer und systematischer Qualität der Dialog der katholischen Kirche mit dem Islam ist, und in welcher Weise er sich einer antithetischen Religion so anverwandeln konnte, daß inzwischen von großen Gemeinsamkeiten die Rede ist. Wir haben dabei gesehen, daß eine ideologisch bedingte Fremd- bzw. Neuorientierung der Kirche ihrem im 2. Vatikanischen Konzil gefundenen Alternativglauben einen Suchzwang zur Ermittlung immer neuer Parallelen und Ähnlichkeiten mit den anderen Religionen verordnete. So entstand die ungewöhnliche, sich einseitig aufdrängende Form eines »Dialogs«, dessen Gemeinsamkeitssuche mit den Antithesen des Islam ihn zum bestmöglichen Interessenwahrer islamischer Präsenz und Expansion in Europa – mit spezieller Ausprägung in Deutschland – macht.

Wenngleich natürlich im Gegensatz zum Islam die europäischen, säkularisierten Gesellschaften seit langem eine weitgehende Trennung der kirchlichen und staatlichen Angelegenheiten pflegen, so stellt die Kirche trotz aller »Öffnung zur Welt« doch nach wie vor eine ethisch-moralische Institution von tiefgreifender gesellschaftlicher Bedeutung dar, die nicht nur auf das Denken und Leben der noch Glaubenden einwirkt, sondern auch tendenziell nicht ohne Einfluß auf das politische Geschehen bleibt. Wie tief dieser Einfluß zuweilen gehen und welche verunsichernde Wirkung er ideologisch ausüben kann, zeigte z.B. das Bedürfnis führender deutscher Politiker, beim Diensteid auf die Gottesformel zu verzichten, in der offensichtlichen Sorge, diese könnte die Qualität ihrer Politik beeinträchtigen.

Abgesehen davon, daß hier eine eigenwillige Interpretation der Kirche als Konkurrentin der politischen Parteien deutlich wird, wollen wir letztere hinsichtlich ihrer Rolle als Träger der politischen Willensbildung und ihres Zusammenwirkens mit der Bevölkerung im Sinne ihres gesellschaftlichen Geistes untersuchen. Als Gegenstück bzw. Ergänzung zum Dialog der Kirche soll uns diese Betrachtung Aufschluß über die politische Seite des Dialogs, seine multikulturellen Aspekte geben.

In der Beurteilung der deutschen Parteien und ihrer tragenden geistigen Grundlagen ist seit Jahren Ernüchterung eingetreten. Als treibende Kräfte der politischen Praxis werden mehrheitlich das Interesse an der Macht und am Amt als Quelle persönlichen Wohlergehens entdeckt. Regierung und Opposition ergänzen sich in dieser Motivation, wobei im Verlauf der nachkriegsdemokratischen Entwicklung das Gemeinwohl deutlich hinter ein übergreifendes Berufsinteresse zurückzutreten begann, eine Konstellation, der Verfassungswidrigkeit bescheinigt wird.[345] Die Wahrung handfester persönlicher Interessen unter Sicherung üppiger Gehälter und Altersversorgung schließt alle Parteien zu einem Machtkartell in eigener Sache zusammen, das auch vor Täuschung und Betrug nicht zurückschreckt, wie die Diätenaffäre von 1995 und die Folgeereignisse eindrucksvoll unter Beweis stellten.

Die rechtliche Freiheit des Abgeordneten ermuntert ihn zur Aufbesserung seiner Bezüge durch Übernahme von Interessenvertretungen für Verbände oder Unternehmen, wann immer diese Möglichkeiten erkennen, über ihn Einfluß auf die Gesetzgebung nehmen zu können. Die materielle Attraktivität dieser Regelungen zieht insbesondere Beamte und Angestellte an, die ohne Parteibuch keine Karriere machen können, und zusammen mit den »Einrichtungen« der Parteienfinanzierung und kontrollfreien Bezüge zur Aufblähung eines enormen Politikapparats innerhalb des öffentlichen Dienstes beitragen.

Da der Parteieneinfluß alle öffentlichen Institutionen inkl. Universitäten umfaßt, konnte im Verlauf die Entwicklung einer unabhängigen Politikwissenschaft und -kritik verhindert werden. Die Nominierung der Wahlkreiskandidaten rekrutiert sich aus Partei-»Soldaten« mit langer Dienstzeit, aus dem öffentlichem Dienst, Lobbyisten und Mandatsinhabern, wobei die Beamten und hier wiederum die Lehrer überrepräsentiert sind. Da allein die Parteigremien als eine Art geschlossene Gesellschaft und nicht die Wähler über die Nominierungen entscheiden, sind in der deutschen Demokratie Wettbewerb und Chancengleichheit ausgeschlossen.

Die kartellartige Position der Parteien wird zusätzlich gefestigt durch steuerfreie Spenden und Wahlkampfpauschalen, die etwaiger, außerparteilicher Konkurrenz nicht zugestanden werden. Da die Parteien auch Gesetzgeber sind und derlei Konkurrenz nachhaltig abwehren wollen, wird jener die steuerliche Absetzbarkeit der Kosten nicht zugebilligt, wobei diese Zusammenhänge kollektivem Schweigen unterliegen. Die Verselbständigung des politischen Machtapparats, sein gesetzgeberisch verankertes und geschütztes Eigeninteresse und seine strukturell gegen Öffentlichkeit, Wettbewerb und Solidarinteresse ausgerichtete weitere Entwicklung gehören zum bestgehüteten Insiderwissen der Republik.

Das Auswahlsystem für öffentliche Ämter bevorzugt den Typus des angepaßten Parteiarbeiters mit wenig Zeit für sachliche Bildung und drückt somit systematisch und dauerhaft auf das Niveau des politischen Berufs. Da zudem kaum Anforderungen an die persönliche Leistung des Amtsinhabers gestellt werden, kann er mehrere Legislaturperioden, d.h. im Prinzip jahrzehntelang im Mandat überdauern, ohne je konkret in Erscheinung zu treten. Weil über die Einrichtung der Listenplätze die Mandatsträger zudem auch dann im Amt bleiben, wenn ihre Partei die Wahl verliert, ist ihr gesamtes Interesse nicht auf sachliche Arbeit, sondern auf die Ausschaltung des Wettbewerbs, Abwehr befähigter Seiteneinsteiger, Benachteilung von Wählergemeinschaften etc. ausgerichtet.

Die für andere Berufe übliche Kausalität zwischen Leistung und Erfolg sowie berufsspezifische Anforderungsdefinitionen und Fortbildungsstrukturen sind im politischen Bereich unbekannt. Die Konzentration auf Ämterhäufung und Machtsicherung bei fehlender Leistungs- und Verantwortungsüberprüfung erzeugt mehrheitlich zur Mediokrität neigendes Personal, das weder strukturell noch intellektuell in der Lage ist, das öffentlich-gesellschaftliche Interesse zu erkennen, geschweige denn wahrzunehmen.

Wir haben es also mit einem Parteiensystem zu tun, das ohne Leistung und Verantwortung gegenüber den Bürgern in allererster Linie seine Selbstversorgung und Machtverewigung im Auge hat, und vom Verwaltungsrechtler H.H. von Arnim als ein »System der organisierten Verantwortungslosigkeit« eingestuft wird.[346]

Ausschaltung des Wettbewerbs und strukturelle Machtsicherung drücken die Fluktuation in der politischen Klasse auf nahe Null. Zwei Drittel der Parlamentarier werden drei- oder mehrmals wiedergewählt, wobei die Kombination von Macht und Geld, die nur über die mindestens zehnjährige »Ochsentour« angepaßter Parteiarbeit erreichbar ist, ein opportunistisches Karrieremuster mit deutlichen Unterwerfungszwängen erzeugt. Diejenigen, die eine eher anspruchsvolle und unabhängige Denkungsart bevorzugen, scheinen sich in einem solchen System nicht durchsetzen zu können und nachhaltig abgestoßen zu fühlen. Hierauf deutet auch eine wenig repräsentative personelle Zusammensetzung des Parlaments und der Parteien hin (s. u. S. 379f.).

Folgerichtig formiert sich seit Jahren eine politische Klasse in eigengesetzlicher Selbstisolation und Absicherung, deren Tätigkeit in wachsendem Maße den Charakter des Asozialen und Parasitären annimmt. Bereicherung und Korruption werden zu einer neuen Form des staatsbürgerlich emanzipierten Verhaltens erhoben, wobei die Prinzipien des Gemeinwohls und des Solidarinteresses zu vernachlässigbaren Größen schrumpfen. Gleichwohl basiert die offizielle – nicht minder gewagte – Begründung für hohe Bezahlung, Versorgung und Privilegienausstattung sowie Leistungs- und Verantwortungsflucht auf »der uneingeschränkten Konzentration des Abgeordneten auf die Erfordernisse der vertretenen Wähler in finanzieller Unabhängigkeit«. Die eigentliche Abhängigkeit der Politiker vom Nominierungsmonopol ihrer Partei und zu 40% von Verbands- und Unternehmenshonoraren kommt in dieser Rabulistik nicht vor. Da zudem, wie von Arnim weiter ausführt, sämtliche Zuwendungen ohne Meldepflicht persönlich und steuerfrei vereinnahmt werden können, kennt das Recht für deutsche Politiker ebensowenig den Tatbestand der Korruption.

Das Phantom des unabhängigen Abgeordneten verdeutlicht nicht nur den Kontrast zur Wirklichkeit des angepaßten Parteisoldaten und seiner funktionalen Einbindung in die kollektive Machtsicherung der Partei, sondern auch die vollständige Abwesenheit der zwei wichtigsten Leitlinien moderner Demokratie: der Mitentscheidung des Volkes und der sachlichen Richtigkeit der zu entscheidenden Inhalte. In diesem Kontext wird nicht nur das Gemeinwohl durch das Parteieninteresse dominiert, sondern letzteres durch Besetzung der Medien, Verbände und Verfassungsorgane von jeglicher Kontrolle befreit. Im Rahmen einer dergestalt außer Kraft gesetzten Gewaltenteilung und Rechtsstaatlichkeit kann sich kein übergreifender gesellschaftlicher Zusammenhalt im Sinne einer sich selbst wirksam bestimmenden Gemeinschaft entwickeln.

Indem die politische Klasse ständig in eigener Sache entscheidet, verlieren die von ihr ohnehin besetzten Institutionen nicht nur ihren gemeinschaftlichen Sinn, sondern mutieren in Usurpation durch die Parteien zu quasi-diktatorischen Steuerinstrumenten, in denen die Sicherungen gegen den Machtmißbrauch jederzeit ausgebaut werden können und bei Bedarf faktisch ausgebaut werden. Da auch die Medien durch die Parteiorgane besetzt sind, kann eine angemessene Aufklärung unterbleiben und der Öffentlichkeit das eigentliche Ausmaß der tatsächlichen Machtausweitung nachhaltig vorenthalten werden.

Wichtige Entscheidungen konzentrierten sich im Verlauf der bundesrepublikanischen Politentwicklung auf immer kleinere »Elefantenrunden«, deren Dekrete durch die Parteisoldaten »abzunicken« waren. Auf diese Weise stieg zugleich die Machtfülle der Betroffenen umgekehrt proportional ins Gigantische, da durch die Abtrennung des Volkswillens gerade diejenigen Entscheidungen, die für die Zukunft der Bevölkerung von ganz besonderer Bedeutung waren (Zuwanderung, Asyl, Euro-Komplex etc.) nun von einer Handvoll abgehobener Politiker nach Gesichtspunkten bestimmt werden konnten, die sich nach ihren eigenen, gewohnheitsmäßig eher materiellen Interessen als nach den sachlichen Erfordernissen des Landes ausrichteten. Parlamentarier wurden in diesem Kontext zu »Abstimmungsmaschinen«, die auf Knopfdruck ihrer Führer jedes gewünschte Ergebnis erzeugten.

In den Bundes- und Landesparlamenten, deren letztere Rechte über internationale Kungelabsprachen zwar eingeschränkt, über neue Blockaderechte im Bundesrat allerdings teilkompensiert werden, sitzen zu knapp 50% Beamte, davon etwa 50% Lehrer, bzw. zu ebenfalls knapp 50% Vertreter externer Interessen, die sich intern nochmals zu etwa je 50% in Verbands- und Unternehmenslobby aufteilen.

Ämterpatronage und Einfluß der Parteien auf Verfassungsorgane, Gerichte, Rechnungshöfe und Medien schließen nicht nur eine wirksame Kontrolle der Parteien aus, sondern begründen im Gegenteil eine überaus effiziente Kontrolle des Staates durch die Gesamtheit der Parteien, die in dieser Verfaßtheit die Wahrnehmung von Partikularinteressen sehr leicht ermöglichen, diejenigen der Solidargemeinschaft jedoch dauerhaft blockieren. Hinzu kommen fehlender Sachverstand und Fixierung auf persönliche Bereicherung, die gegenüber dem durchschnittlichen Arbeitnehmer in Umfang und Tempo bis zum Achtfachen erhöhte Versorgungsansprüche und somit einen dumpfen Neofeudalismus erzeugen, der als »Mechanismus der umgekehrten Demokratie« bezeichnet wurde.[347]

Diese Umkehrung bewirkt die Herausbildung negativer Eliten, die sich inzwischen jeder wirksamen Kontrolle entledigt haben, das eigene Wohl dem der Gemeinschaft grundsätzlich vorordnen, über die Verquickung mit den Verbänden wirtschaftliches Kapital in politische Macht umwandeln und damit in der Lage sind, jedes Interesse, das der eigenen Macht- und Einkommensbasis nützt, gegen das Solidarinteresse durchzusetzen. Der seit Jahren von dieser Fehlentwicklung am konsequentesten profitierende Bereich ist der Komplex der Wirtschaftsglobalisierung, der die Bildung größerer Einheiten wie die EU, eine damit einhergehende »Deregulierung« mit Privatisierung von Staatsunternehmen und Steuervorteilen für Großkonzerne und die Einrichtung einer hierfür erforderlichen, ungehemmten Zuwanderung mit allen Folgen des »Multikulturalismus« bewirkte.

3. Das politisch-kulturelle Szenarium

Im Rahmen einer weitgehend kontrollfreien Parteienherrschaft mit freier Gestaltung der Handlungsbedingungen wie Wahlrecht, Nominierung, Finanzierung und Versorgung entscheiden die Akteure in eigener Sache und bestimmen mithin ihre Regeln selbst. Die Opposition entfällt in dieser Konstellation als kontrollierende Instanz, weil sie von dem selbstgestalteten Regulierungssystem vital profitiert. Es entsteht ein faktischer Einparteienstaat, in dem mehrere Parteien mit unterschiedlichen Namen, aber größtenteils identischen Interessen existieren.

Das öffentliche Informationsniveau ist dem bildungsmäßigen Wissensschwund im allgemeinen und der Desorientierierung durch gleichgeschaltete Medien im besonderen ausgesetzt. Die Menschen sind somit mehrheitlich nicht in der Lage, die institutionell verankerte und mit der Wirtschaftsglobalisierung verknüpfte Machtstruktur der politischen Klasse in Deutschland sowie die ihr notwendig zuwachsenden, diktatorischen Tendenzen zu durchschauen. Dabei verbindet sich die rasant steigende Anzahl immer komplizierterer Gesetze mit einer endlosen Problemblockade in den Bereichen Steuern, Gesundheit, Arbeitslosigkeit, Migration und Euroangelegenheiten zu einer permanenten Systemkrise, die die Unübersichtlichkeit verstärkt.

In dieser Pattsituation spiegelt sich ebenso eine permanente Fixierung der Parteienherrschaft auf Partikular- und Fremdinteressen wie die globalorientierte Zuwanderung, deren Kosten der Einfachheit halber auf die großen Steuer- und Solidarbereiche abgewälzt werden. Die strukturelle, macht- und pfründesichernde Verknüpfung der politischen Klasse mit den Globalinteressen der Wirtschaft zwingt die entstehende deutsche Einheitspartei zu einer umfassenden Aufnahme und Finanzierung der nach Europa drängenden Migranten und damit zur Entwicklung und Verstärkung einer neuen »Handlungsautonomie«.

Diese richtet sich einerseits massiv gegen die »Besitzstände« der Solidargemeinschaft und aktiviert dabei die Menschenrechte als Teil der liberalen Toleranzdoktrin. Damit öffnet sich der Politklasse ein argumentatives Optimum, das nicht nur die »Multikultur« allgemein, sondern nach dem Pilotexperiment des Kosovofalls auch die Menschenrechte im besonderen zu neuen, strukturellen Bausteinen ihrer erweiterten Machtbasis umformt.

In Umkehrung der demokratischen Gewaltenteilung sowie in vollständigem Mißbrauch der Verfassung bilden Regierung und Opposition ein Politmonopol, das auf Kosten der Solidarinstitutionen die Migranten zu einem zynischen Objekt der Machtsicherung und die Menschenrechte zu einem Managementinstrument der Wirtschaftsglobalisierung macht. In einem derartig gestalteten Szenarium kann der Staat mit massiver Medienunterstützung zur Institution der Existenzoptimierung für die politischen und wirtschaftlichen Eliten werden, die sich mit der bekannten Metapher von Staat und Markt als zwei Seiten derselben Medaille verbildlichen lassen.

Zuvor hatte sich bereits der *nomos* der Gesellschaft, der Kern des Gemeinschaftsgeistes, auf die Unterwerfung unter das Diktat einer rentablen Arbeitsverwertung, den erwähnten Bildungsverfall und die neuen Orientierungen der »Selbstverwirklichung« verengt. Die Elite des postmodernen Staats kann mithin auf eine Wählerschaft zurückgreifen, die kaum zu erkennen vermag, daß die laufende Entdemokratisierung und ihre politische Entmündigung in engem Zusammenhang mit dem Weltbild der Globalisierung und Multikultur steht.

Somit können dessen Problembereiche – Arbeitslosigkeit und Migration – in einem unübersichtlichen Grauschleier der Börsenentwicklung verschwinden, die nach offizieller Sprachregelung wesentlich mehr Chancen als Risiken beinhaltet, und zusammen mit der Zuwanderung die zukünftige Altersversorgung sicherstellen soll. Hier kann kaum überraschen, daß diese Konstellation paßgenau derjenigen entspricht, in der die Kirche im Rahmen ihrer interreligiösen Glaubensmutation eine parallele, fremdorientierte Bewußtseinsveränderung und Entmündigung ihrer Gläubigen erzeugt, die effiziente Beiträge zur Wahrung zentraler Globalisierungsinteressen leistet.

Im Zuge einer umfassenden Kommerzialisierung wandelte sich die Demokratie von einem staatsbürgerlichen Konzept im Sinne eines kompromißorientierten Gemeinwesens zu einer öffentlichkeitswirksamen Werbeveranstaltung, die absolutistische Machtpflege in den Mogelpackungen »bürgerorientierter« Wahlprogramme betreibt. In den vorgängigen Kungel- und Elefantenrunden längst entschiedene Themen wurden in Form vorgestanzter Worthülsen im halbleeren Parlament oder in den Talkshows des Fernsehens verkauft. Da das politische System die Sachkompetenz strukturell verdrängt hatte, waren ihm auch die Kriterien der seriösen Information und vor allem der gesellschaftlichen Verantwortlichkeit abhanden gekommen.

Im Stile des in den USA seit langem praktizierten »Politainment«, das dort immerhin einen ehemaligen Schauspieler als Präsidenten hervorbrachte, gerät auch in Deutschland das kartellierte Zusammenwirken zwischen Regierung und Opposition zu einer theaterhaften Rollenverteilung, die in irreführenden, schablonisierten Scheingefechten das gemeinsame Politmonopol verschleiert. Dabei werden offensichtliche Fehlhandlungen forscher Parteiakteure auf »Sachverständigen«-Ebene in Alibigremien oder in regelrechten Schauprozessen von »Untersuchungsausschüssen« so lange »verhandelt«, bis sie von einer erschöpften Öffentlichkeit, deren Aufmerksamkeitstoleranz ohnehin kaum über den Tag hinausreicht, *ad acta* gelegt werden können.

Nichtsdestoweniger trägt die Entmündigung des Wahlbürgers durch die Verlagerung des politischen Absolutismus ins Show-Business durchaus zur Erweiterung des Programmangebots des Fernsehens bei. Das Risiko für die – von den Parteien eingesetzten – Veranstalter ist begrenzt: Sie können fest damit rechnen, daß die politischen Programme, die sie dem Wähler medial als mit seinen Interessen identisch suggerieren, im Bilderraum des Entertainment ergebnislos verpuffen, wobei allerdings – soweit gegeben – ihr subliminaler Inhalt seinen Bestimmungsort erreicht.

Die Mehrheit der »wählenden« Durchschnittskonsumenten ist mental weder imstande, in der Fülle des medialen Angebots die floskelartig verfremdeten Inhalte zu differenzieren, noch während der Legislaturperiode eine konkrete Ergebniskontrolle durchzuführen. Das sich verselbständigende Politmonopol der Parteien, das »Raumschiff Berlin«, kann sich umso weiter von einer konstruktiven Bürgerorientierung entfernen, je bereitwilliger das kollektiv entmündigte Kurzzeitgedächtnis die Defizite der Arbeitslosigkeit, Einwanderung und Sozialdemontage als unabwendbaren »Strukturwandel« akzeptiert. Diejenigen allerdings, deren Urteilsfähigkeit intakt blieb und sich diesem Bewußtseinswandel weitgehend entziehen konnten, wandern in das wachsende Lager der Nichtwähler ab.

Die begrenzte Kritikfähigkeit des Medienbürgers öffnet dem globalen Neoliberalismus der Politelite eine neue, antidemokratisch erweiterte Legitimationsebene. Den Akteuren erscheint es daher völlig »natürlich«, den nationalen Problemstau, fehlende Sachkompetenz, Bürgerentmündigung und Korruption zum System zu erheben und damit die klassischen Voraussetzungen für eine Machtbasis ohne Konsens zu schaffen. Eurodiktate, strukturwidrige Steuer- und undifferenzierte Zuwanderungsregelungen sowie die Auflösung der Sozialsysteme sind geeignet, diese Macht auf supranationaler, eben globaler Ebene fortzuschreiben.

Bei näherem Hinsehen entpuppt sich die raumschiffartige Flucht der neuen deutschen Einheitspartei in die nebulösen Sphären der Eurokommissionen und Gx-Konferenzen als Ausdruck verstärkter Elitenbildung, die unter Aushöhlung demokratischer Substanz eine abstrakte Machtlegitimation in einem – vorläufig – nicht näher definierten, globalen Bereich beansprucht. Wir haben gesehen, wie auf kirchlich-theologischer Ebene die Machtstruktur durch Austausch der traditionell-christlichen Glaubensbasis gegen einen anonymen Dialogglauben erhalten werden konnte. Dabei bildeten sich neue »Eliten« in Kirche und Universität, die ihre Legitimation aus der Unterdrückung traditioneller Glaubensidentität und objektiver Wissenschaftskriterien bezogen.

Im Rahmen einer von christlicher Eindeutigkeit zu interreligiöser, »liberaler« Mehrdeutigkeit gewandelten Kirchenidentität nahm die fremdorientierte Konzilstheologie nun ihrerseits den Charakter unübersteigbarer Verbindlichkeit an, die dem herkömmlichen Offenbarungsglauben den »Rückfall hinter das Konzil« versperrte. Indem sich die Machtebenen der gewachsenen Gehorsamshierarchie unverändert auch im neuen Konzilsglauben einrichteten, enthüllten sie unverkennbar ihren historisch verankerten Charakter als extern installiertes »Heilsmonopol«, das im Interesse des Machterhalts in der Lage war, erstaunliche Mimikryfähigkeiten zu entwickeln und als Universalorganisation jedweder »Glaubensvermittlung« aufzutreten.

Ganz ähnliche Verfahrensweisen können wir nun auch im Bereich der politischen Machtsicherung feststellen. Im liberalistischen Zeitrafferverfahren entwickelte das deutsche, ehedem gemeinwohlorientierte Parteiensystem ein selbstzentriertes Machtmonopol, das unter Ausschaltung traditionell demokratischer Entscheidungswege, Besetzung der staatlichen Institutionen und systematischer Entmündigung des Wahlbürgers zum idealen Partner der globalen Wirtschaftsliberalisierung avancierte. Die so entstehende Ebene erweiterter »Legitimation« erzeugte ihrerseits »Eliten« mit undemokratisch verstärkten Machtbefugnissen, die auf zunehmend diktatorischem Wege – ein erstes Warnsignal erging nach Österreich – dem Arbeits- und Migrationsbedarf des Globalkapitals die Potentiale der staatlichen Steuer- und Sozialsysteme öffnen.

B. Multikultur in Deutschland

1. Der Weg zum Einwanderungsland

Seit dem Ende des Zweiten Weltkriegs hat sich in Deutschland eine Wanderungsbewegung vollzogen, die im europäischen Rahmen kein Beispiel kennt. Bis 1993 kamen 15 Millionen deutsche oder deutschstämmige Flüchtlinge und Vertriebene, Übersiedler und Aussiedler in die Bundesrepublik. Darüber hinaus setzte sich zwischen dem ersten ›Anwerbevertrag‹ mit Italien 1955 und dem ›Anwerbestop‹ als Folge des Ölschocks 1973 ein Strom von über 14 Millionen ›Gastarbeitern‹ nach Westdeutschland in Bewegung, der sich zwar insbesondere nach dem Mauerbau 1961 enorm verstärkte, dabei indes durch Rückwanderungen von knapp 11 Millionen nicht einseitig blieb. Der Anwerbestop und seine nachhaltig erschwerten Zuzugsbedingungen veränderten allerdings den Lebensplan der verbliebenen Gastarbeiter von einem temporären Aufenthalt zu einem permanenten, wobei der etwa gleichzeitig ermöglichte Familiennachzug diese neue Perspektive durch eine dauerhafte Sozialstruktur unterstützte.

Durch die Zeitstufen des Aufenthaltsrechts, die über befristete Aufenthaltsgenehmigungen in unbefristete Aufenthaltsberechtigungen überleiten, konnte sich der zeitlich begrenzte Gastarbeiterstatus somit zu einem zeitlich unbegrenzten Quasi-Einwanderer mit inoffiziellem Bürgerstatus entwickeln. Schon im Jahre 1989 hatte sich auf diese Weise die Arbeitnehmerzahl zwar um 20% auf 2,3 Mio. verringert, die Gesamtzahl der Ausländer jedoch – zu etwa einem Drittel aus Türken bestehend – um ca. 50% auf 4,9 Mio. erhöht. Dabei hatten in einem fließenden Übergang die allgemeine und auch wissenschaftliche Wahrnehmung begonnen, die ausländischen Arbeitnehmer und ihre Familien als dauerhaften Gesellschaftsfaktor zur Kenntnis zu nehmen, während die regierungsamtliche Politik diesen Ablauf »aussaß« und mit Slogans wie: »Die Bundesrepublik ist kein Einwanderungsland« die sich wandelnde Wirklichkeit politisch gründlich zu verfehlen schien.

Mit dem Zusammenbruch der Sowjetunion, der deutschen Wiedervereinigung und einer damit einhergehenden, explosiven Ausweitung der Asylanträge entstand eine zusätzlich verkomplizierte Lage. Zunächst bewirkten die Novelle des Ausländergesetzes von 1990 und der ›Asylkompromiß‹ von 1993 einerseits eine gedämpftere Zunahme der offiziellen Ausländerzahlen, andererseits eine erhebliche Ausweitung der illegalen Zuwanderung. Darüber hinaus hatte sich die Ausländer-Gesamtzahl von 1973 mit ca. 3 Mio. über jeweils knapp oberhalb 5 Mio. 1990 bzw. 7 Mio. 1995 auf über 8 Mio. im Jahre 2000 erhöht und dabei den Ausländeranteil an der Gesamtbevölkerung von 5%

auf 10% glatt verdoppelt sowie die Schätzziffern für Illegale – nur für die Zeit seit 1993 – auf mindestens 1 Mio. gesteigert.

Die politisch Verantwortlichen verharrten bis auf die genannten, eher punktuellen Maßnahmen weiterhin in scheinbar konzeptloser Tatenlosigkeit. Auch verschiedentliche fremdenfeindliche Gewaltakte gegenüber Asylantenheimen und Flüchtlingsunterkünften mit Todesopfern haben trotz ungeheuren Mediendrucks kein konstruktives politisches Konzept hervorbringen können. Indem sich die öffentliche Diskussion zumeist mit dem verbalen Konsens über die Verwerflichkeit dieser Gewaltakte und das Konfliktpotential der Globalmigration erschöpfte, konnte sich die deutsche Politik professionellen, sachbezogenen Warnungen und Vorschlägen zu einem geeigneten Problem-Management nachhaltig verweigern. Sie agierte in einem der uns inzwischen vertrauten Grauräume zwischen Tradition und Toleranz, vorliegend der Ambivalenz zwischen den Maximalforderungen der Multikulturalisten nach ungehemmter Einwanderung und den dumpfen »Ausländer raus«-Parolen des Rechtsradikalismus.

Dieser Grauraum scheinbarer Untätigkeit bildete eine erneute, geradezu ideale Gestaltungsebene für die Spaltdynamik liberaler Politik, deren notorisches Markenzeichen im Aufbau der eigenen Macht durch den Abbau des Solidarinteresses besteht. Wenn sich zudem ein Politikbereich anbietet, der wie die Multikultur dem Positivfilter der Fremdorientierung und damit der kreativen Zweideutigkeit liberaler Toleranzforderungen unterliegt, dann sehen wir einmal mehr die klassische Konstellation eines Angriffs auf traditionelle, gewachsene Strukturen mit dem bekannten Zweck der Elitenbildung durch Machttransfer, in unserem Falle die Entmachtung und Entmündigung der gewachsenen Mehrheitsgesellschaft.

Dem deutschen Migrationsexperten K. Bade ist sicher zuzustimmen, wenn er angesichts der faktischen Einwanderungssitation ohne Einwanderungspolitik seit langem nüchterne Bestandsaufnahmen zur Ableitung politischen Gestaltungsbedarfs unter Einbindung aller wichtigen Politiken wie der Wirtschaft, des Sozialen und der Kultur fordert.[348] Es scheint jedoch fraglich, ob der hier erwartete Handlungsspielraum größer ist als derjenige, über den die Politik und die multikulturell agierenden Eliten im ungeregelten Kraftfeld liberaler Ambivalenz verfügen, in dem ihnen seit langem die ganze Bandbreite der Manipulation zwischen den Extremen traditionalistischer Eigen- und utopistischer Fremdinteressen offensteht.

Bevor wir uns diesem Standardphänomen der westlichen Moderne etwas detaillierter zuwenden, ist unter zahlreichen relevanten Aspekten eine besonders wichtige Randbedingung zu beleuchten, die das Migrationsgeschehen im Inland erheblich beeinflußt. Hier handelt es sich vor allem um die dramatische Vergreisung der deutschen Gesellschaft, der nach multikultureller Orientierung nur durch eine Verjüngung und Altersversorgung im Wege verstärkter Zuwanderung begegnet werden kann. Durch steigende Lebenserwartung, rückläufige Geburtenziffern, u.a. durch die Popularisierung der Abtreibung, wird der Anteil der über 60jährigen von 13% in 1990 auf über 30% in 2020, d.h. bei gleichbleibender Bevölkerung auf ca. 25 Millionen steigen.

Im Gegensatz zu der bislang unbewiesenen Behauptung, daß die hier entstehende Versorgungslücke durch die Rentenbeiträge der Zuwanderer gefüllt wird, steht die einigermaßen ernüchternde Statistik, derzufolge der Anteil in sozialversicherungspflichtigen Beschäftigungen stehender Ausländer von 70% im Jahre 1972 auf 30% im Jahre 1992 gesunken ist. Nicht nur aus diesem Grunde hat bisher niemand ein annähernd überzeugendes Modell dahingehend vorstellen können, auf welcher Basis die Versorgung dieser 25 Millionen Menschen, geschweige denn die kollektive Arbeitsbasis in einer sich dynamisch globalisierenden Weltwirtschaft gesichert werden soll. Ebenso fehlt in diesem »Diskurs« eine plausible Begründung für die generelle, offensichtlich ganz selbstverständliche Forderung, daß trotz strukturell sinkender Beschäftigung die Bevölkerungszahl unbedingt konstant bleiben muß, ohne ihre berufliche Qualifikation zu planen.

Dementsprechend nebulös, wenngleich mit wachsendem Nachdruck, ist bislang die weitere Forderung formuliert, nach der die Altersversorgung zunehmend von den großen Kollektivsystemen der Sozialversicherung und Pensionskassen auf »eigenverantwortliche« Erscheinungsformen wie z.B. die Aktien- und Wertpapieranlage umgeschichtet werden soll. Da Steuern und Sozialkosten sich der Staatsquote von 50% annähern, wobei die Migrationskosten sich weder in adäquaten Steuer- noch Sozialbeiträgen widerspiegeln, und darüber hinaus die Globalisierung die Steuereinnahmen insgesamt vermindert, wird der Staat gezwungen, sich nach einnahmeerhöhenden bzw. ausgabesenkenden Maßnahmen umzusehen.

Gleichzeitig verstärkte sich der osmotische Druck einer dynamischen Migrationsentwicklung, die sich vom ursprünglich vorübergehenden Status alleinstehender ›Gastarbeiter‹ zum Daueraufenthalt faktischer ›Einwanderer‹ wandelte. Diese Menschen – durch die einerseits attraktive, andererseits kostentreibende Regelung des Familiennachzugs zunehmend im Inland verankert – sahen sich aufgrund fehlender Einwanderungspolitik ermuntert, sich in kolonieartig vernetzenden Sozialstrukturen der eigenen Kultur zu organisieren. Dieser Tendenz versuchte die Politik wiederum mit der Doppelpaßregelung von 1999 entgegenzuwirken.

Da der Islam mit nahezu 50% und die Türken mit etwa 35% der Gesamteinwanderung die mit Abstand größte Religions- bzw. Ethniengruppe ausmachen, bilden sie nicht nur im interreligiösen, sondern vor allem auch im multikulturellen Dialog die Hauptansatzpunkte der einschlägigen deutschen Diskussion. In beispielhafter Weise spiegelt diese hinreichend repräsentative Gruppe in Deutschland die demographische Situation ihres Heimatlands wider. Sie reflektiert nicht nur das Verhältnis zwischen progressiven West- und traditionellen Osttürken und die Probleme der Kurden, Aleviten und Islamisten, sondern auch ihre islamische Homogenität: Nur 100 000 von ca. 1.5 Millionen Türken bezeichneten sich 1987 als Nichtmuslime.[349]

Bevor wir uns diesem Beispielfall in seinen wichtigen Details zuwenden, sollten wir allerdings zunächst noch einen ergänzenden Blick auf den globalen Kontext werfen, in dem sich die Einwanderung nach Deutschland und Europa vollzieht.

2. Der Zwangsrahmen globaler Migration

Der Zerfall der großen Imperien der Osmanen und Habsburger zu Anfang, der Briten und Franzosen zu Mitte sowie der Sowjets gegen Ende des 20. Jahrhunderts erhöhte die Anzahl selbständiger Staaten von etwa 50 um 1900 auf über 200 im Jahre 2000. Die zahlreichen ethnischen, religiösen, kulturellen, wirtschaftlichen und politischen Konflikte – zusätzlich intensiviert durch die sich gleichzeitig ausbreitende westliche Zivilisation – führten nach dem 2. Weltkrieg, insbesondere im bevölkerungsreichen ›Süden‹, zu über 200 kriegerischen Auseinandersetzungen mit ca. 30 Millionen Toten und mehreren 100 Millionen Flüchtlingen. Im eurasischen Verbindungsgürtel zwischen Balkan und Kaukasus entstand dabei ein besonders instabiles Krisengebiet, das durch die Kennzeichen Erdöl und Islam zu einem der wichtigsten Interessenfelder amerikanischer Geopolitik aufstieg.

Während sich im nordatlantischen und südpazifischen Raum hoch arbeitsteilige Zentren wirtschaftlich-technologischer Verflechtung und Prosperität sowie politischer Stabilität mit geringem Bevölkerungswachstum bildeten, entstanden in weiten Teilen Asiens, Afrikas und Lateinamerikas riesige Regionen mit kulturellen Konflikten, wirtschaftlicher Marginalisierung, politischer Instabilität und korrupten Eliten bei gleichzeitigem, demographischem Hyperwachstum. Die sich kontinuierlich verstärkende Wirtschaftsglobalisierung mit ihren strukturellen Folgen zunehmender Arbeitslosigkeit und Umweltzerstörung erzeugte ein sich gleichermaßen verschärfendes Gefälle zwischen armutsbedingten Schub- und wohlstandsbedingten Sogkräften, die zusammen mit den politischen Flüchtlingen eine zweite, enorm anschwellende Wanderwelle von Armutsflüchtlingen in Bewegung setzte.

Im Rahmen einer Verdreifachung der Gesamtbevölkerung von ca. 2 Mrd. Menschen 1945 auf über 6 Mrd. im Jahre 2000 – bei einer Prognose auf etwa 8,5 Milliarden um 2025 – hat sich eine ungeheure, unverändert andauernde Welle der Landflucht und Urbanisierung mit einer Abnahme der Landbevölkerung von 85% auf etwa 50% vollzogen, die nicht unwesentlich zu den externen Wanderungsströmen beitrug. Die weltweite Migration, die sich auf der Basis expandierender Telekommunikation und Reisefazilitäten zusätzlich verstärkte, wurde in erheblichem Umfang von den fernöstlichen Tiger- und nahöstlichen Golfstaaten sowie West- und Südafrika absorbiert und erreichte mit etwa 20% Nordamerika und Europa, wo sie auf – wie im Falle Deutschlands – z.T. schrumpfende Bevölkerungen stößt.

Nordatlantik und Südpazifik als Motoren der westlichen Zivilisation und Wirtschaftsglobalisierung sowie Sogzonen der weltweiten Migration werden demographisch an den zu erwartenden 8,5 Mrd. Menschen um 2025 nur noch mit etwa 1,4 Mrd (16% Anstieg ab 1990) beteiligt sein, während der »Rest der Welt«, die demographischen Schubzonen, mit 7,1 Mrd. ein Wachstum von über 75% aufweisen werden.

Da der Südpazifik über eine positive Bevölkerungsentwicklung und ein ausgeprägtes

Kulturbewußtsein verfügt, bedarf es keiner nennenswerten Phantasie, den Zeitraum der nächsten zwei Jahrzehnte als für den Nordatlantik und hier wiederum – aufgrund der vorläufigen Dominanz Nordamerikas – in ganz wesentlicher Weise für Europa als entscheidende, wenn nicht schicksalhafte Phase anzusehen. Dabei bildet Deutschland mit einem – im wahrsten Wortsinne – attraktiven Asyl- und Sozialsystem sowie, wie wir noch sehen werden, einem schwachen Kulturbewußtsein den mit Abstand stärksten Ansaugbereich innerhalb des attraktiven Siedlungsgebiets Europa.

Das dringendste Problem, das sich seit Jahren aus dem schwierigen Komplex des Bevölkerungswachstums in Verbindung mit gleichzeitiger, massiver Umwelt- und Ressourcenzerstörung ergibt, besteht in der rasanten Abnahme vitaler Lebensgrundlagen und Arbeitsmärkte. Die unterschiedlichen Stadien westlicher Industrialisierung in den einzelnen Ländern schaffen – wie wir ausführlich diskutiert haben – nur vorübergehende Entlastung und werden aufgrund einer sich selbst rationalisierenden Kostensenkungsdynamik den Arbeitsplatzabbau zukünftig weiter beschleunigen.

Bei zunehmender Arbeitslosigkeit, sinkender Fähigkeit zur Arbeitsmarktausweitung und weiter wachsender Bevölkerung ist eine erhebliche Verstärkung der vielerorts einsetzenden, politischen und sozialen Destabilisierung zu erwarten, die üblicherweise von den zumeist korrupten, undemokratischen Eliten durch vermehrten Einsatz von Militär, Geheimdienst und diktatorischen Strukturen bekämpft wird. Das soziale »Schubpotential«, das bis 2020 von den sich somit öffnenden Defiziten in Arbeit, Umwelt und Politik entwurzelt und außer Landes getrieben wird, ist auf mindestens 1 Mrd. Menschen (UNO-Angaben) zu beziffern. Unter Voraussetzung des bisherigen Verteilerschlüssels werden sich diese Menschen in einer Größenordnung von zunächst um jeweils 100 Mio. in Richtung der bevorzugten Anziehungsbereiche Nordamerika und Europa in Bewegung setzen.

Innerhalb dieses Schubpotentials entwickelt der Islam eine ganz besondere Reproduktionsdynamik. Auf Basis traditioneller Frauenunterdrückung und Bildungsschwäche steht er mit knapp 3% Bevölkerungswachstum und nahezu 50% Analphabetismus an der Spitze aller vergleichbaren Gruppen. Da er sich – basierend auf 1990 – im Weltmaßstab während der Betrachtungszeit der darauf folgenden zwei Jahrzehnte auf nahezu 2 Milliarden Menschen verdoppelt haben wird und auf eine weitgehend homogene und identitätsstiftende Gotteslehre zurückgreifen kann, wächst der Islam zum entscheidenden, weltweiten Gesellschaftsfaktor mit Schwerpunkt in Europa. Dabei steht ihm in Gestalt der Sogzone Deutschland ein besonders attraktives Siedlungsgebiet mit einem gut ausgestatteten Sozialsystem und einem breitgefächerten, interkulturellen Dialogangebot zur Verfügung.

3. Die multikulturelle Diskussion

Die Vereinnahmung des weltweiten Potentials an Arbeit, Natur-Ressourcen und Infrastruktur durch den Wirtschaftsglobalismus hat in Verbindung mit einer fortschreitenden, telekommunikativen Vernetzung die räumliche Distanz zwischen Ethnien, Religionen und Kulturen in bislang nicht gekanntem Umfang und Tempo schwinden lassen. Wie die Kirche den Dialog mit den Religionen im theologisch-ethischen Bereich führte, war daher in ganz besonderem Maße auch die politisch gesellschaftliche Ebene gefragt, in einen Kontakt mit den Kulturen, den sogenannten multikulturellen Dialog einzutreten.

Bei diesem Dialog handelt es sich zum einen um theoretisch-wissenschaftliche Bemühungen um allgemeingültige und -verständliche Definitionen von Multikulturalität und »multikultureller Gesellschaft« sowie deren volkspädagogische Publikation und mediale Verbreitung. Zum anderen geht es um die aktuelle Gestaltung und »Einübung« des Gesprächs mit anderen, für das zukünftige Zusammenleben wichtigen Kulturen wie dem Islam und seinen diversen Erscheinungs- und Ausdrucksformen. In der seit etwa Mitte der 70er Jahre sich laufend aktualisierenden multikulturellen Diskussion lassen sich – abgesehen von der generell nicht diskutierfähigen, rechtsradikalen Ablehnung von Zuwanderung insgesamt – im wesentlichen zwei Grundformen der Auseinandersetzung feststellen:

1. Der *ideologisch fixierte Multikulturalismus,* der eine im wesentlichen ungehemmte Zuwanderung fordert. Ausgehend von einem der deutschen Gesellschaft unterstellten, völkischen Kulturverständnis werden die universellen Prinzipien der Menschenrechte, der demokratischen Rechtsstaatlichkeit und Gewaltenteilung angemahnt, ohne im einzelnen auf die faktische Verwirklichung derselben in der bisherigen politischen Praxis einzugehen. Zur demographischen Überalterung der deutschen Bevölkerung wird keine andere Alternative als die Zuwanderung anderer Kulturen gesehen, die allerdings in ihrer jeweiligen Verfaßtheit erhalten werden müssen und daher auf ihre strukturelle Kompatitibilität mit der – wenngleich schrumpfenden – deutschen Gesellschaft nicht überprüft werden dürfen.

Das der Demokratie eingeräumte Recht auf Selbsterhalt und Abwehr von ›Feinden‹ bleibt verbal, weil in diesem Kontext diejenige Gewalt, die »vom Volke ausgeht«, keine Rolle spielt. Statt dessen werden in der Regel entsprechend unverbindliche, ›menschheitliche Wertesubstanzen‹[350] oder gleichermaßen verschwommene Äquivalente liberaler Freiheitsbegriffe in bezug auf Toleranz gegenüber Kulturen, Religionen und Nationen eingefordert, ohne deren Wesen oder faktische Umsetzung näher zu beschreiben.

Hinweise auf eine natürliche, historisch gewachsene, latente Multikulturalität vieler moderner Gesellschaften, nicht zuletzt auch und gerade der deutschen, sollen die Akzeptanz auch der akuten Einwanderungssituation generell rechtfertigen. Dabei werden grundlegende Unterschiede – z.B. zwischen der polnischen Einwanderung der letzten Jahrhundertwende und der globalen Migration der Gegenwart – keiner angemessenen Analyse unterzogen. Konfliktpotentiale – wenn überhaupt – werden weniger in den zuwandernden Kulturen, sondern in einer der Mehrheitskultur unterstellten ›Angst vor dem Fremden‹ gesehen, die es volkspädagogisch zu überwinden gilt.

Immerhin wird mehrheitlich noch das Erlernen der deutschen Sprache als Bestandteil einer Einbürgerung betrachtet, die unter bestimmten Voraussetzungen den Status eines einklagbaren Rechts erhalten soll. Wiederholt wird auf das – nicht definierte – »wohlverstandene Eigeninteresse« der Mehrheitskultur an einem umfassenden, kulturorientierten Förderungs- und Bildungssystem für die Einwanderer verwiesen, dessen voraussichtlich exorbitante Kosten nur schemenhaft erkannt werden. Sie bleiben daher ohne konkrete Finanzierungsvorschläge, wie überhaupt das gesamte, sich damit abzeichnende »Konzept« des ideologischen Multikulturalismus weder Angaben über eine nachhaltige Finanzierung noch über eine emanzipierte und damit tragfähige Abstimmung mit der deutschen Bevölkerung macht. Dafür werden eher Praktiken aus klassischen Einwanderungsländern wie den USA als beispielgebend angeführt, ohne auf die erheblichen Unterschiede in der Entwicklung wichtiger historischer, demographischer und arbeitstechnischer Bedingungen und Voraussetzungen einzugehen.

2. Die *pragmatisch orientierte Migrationspolitik,* die das Problem in der Regel unter Aspekten der Angemessen- und Sachbezogenheit in den Blick nimmt. Im Gegensatz zur Ideologie, die ein vorgefaßtes Ziel mit starren Mitteln verfolgt, basiert der Pragmatismus nicht auf einer Totalforderung, sondern auf einem prozeßhaften Vorgehen. Er geht von der zentralen Frage nach der Rolle der Ethnizität oder Kultureinheit in der Gesellschaft und ihrer Behandlung im Rahmen einer emanzipierten Diskussion aus. Er fragt – mit anderen Worten – danach, ob die Kulturkolonie als Zwischenstadium zur endgültigen Verfestigung als Minderheit oder zur schrittweisen Assimilation an die Hauptgesellschaft zu sehen ist. Das bedeutet, daß jede Siedlungsgruppe eine Interimsphase oder Zwischenwelt darstellt, deren Schicksal von den Randbedingungen der gesellschaftlichen Dynamik oder der jeweiligen Migrationspolitik – soweit vorhanden – abhängt.

Je deutlicher sich die Hauptgesellschaft als Richtschnur – oder »Leitkultur« – der jeweiligen Kulturkolonie definiert und/oder das Zuwanderungstempo die Absorptionskraft der aufnehmenden Gesellschaft übersteigt, desto klarer werden sich die kulturbedingten Abgrenzungen dieser Kolonie herausbilden. Umgekehrt verlieren diese Strukturen umso schneller ihre Bindungskraft, je langsamer sich der Einwanderungsfortschritt vollzieht bzw. je offener sich damit die Hauptgesellschaft verhalten kann.

Eine im ideologischen Multikulturalismus weitgehend vermiedene Praxisgröße, nämlich das Tempo der Zuwanderung und die Belastbarkeit der aufnehmenden Bevölkerung – oft mit dem irreführenden Begriff der »Ängste« verzeichnet – wird im Pragmatismus zu einer unmittelbaren Funktion der gesellschaftlichen Offenheit. Je kontrollierter und informativer ein Migrationsprozeß abläuft, desto größere Akzeptanz wird er in der Gesellschaft erfahren. Dabei ist eine kontinuierliche, öffentliche Diskussion auf Basis einschlägiger Analyse unverzichtbar, solange Zuwanderung nicht gegen das Solidarinteresse und damit unter Täuschung der Gesellschaft über ihre zukünftige Lebensbasis erfolgen soll.

Das tatsächliche Verhalten der deutschen Politik gegenüber dem für die Gesamtheit des Landes und seiner zukünftigen Entwicklung fundamentalen Problem der globalen Migration könnte als eine Mischung aus beidem aufgefaßt werden. Bei zwar überwiegenden, ideologisch verfestigten Forderungen des Multikulturalismus lassen sich auch vordergründig pragmatisch anmutende Eingriffe wie die Novelle des Ausländergesetzes, der Asylkompromiß oder der Doppelpaß feststellen.

Das scheinbar konzeptlose Konglomerat aus punktuellen Maßnahmen im Rahmen einer endlosen Ausländerdebatte ohne systematische Konturen läßt allerdings das bekannte Muster der liberalen Ambivalenz durchscheinen: das bewährte Zusammenspiel zwischen langfristig wirkungslosen Zugeständnissen an die deutsche Gesellschaft in Form oberflächlicher Korrekturen und das in die Zukunft offene »Prinzip« der Planlosigkeit, vorliegend einer weitgehend ungeplanten Zuwanderung. Daß sich diese Entwicklung dennoch nicht ganz ungewollt realisiert, verdeutlicht die nahezu vollständige Abwesenheit einer korrekten Information und Statistik sowie einer brauchbaren, öffentlich zugänglichen Kostenanalyse.

Das »Konzept« der *ambivalenten Migrationspolitik* als Kombination aus widersprüchlichen Zuwanderungszahlen und volkspädagogischen Erziehungsfloskeln ermöglichte den »demokratischen« Politakteuren bislang ein Höchstmaß an argumentativen und aktuellen Gestaltungsmöglichkeiten. So konnte sich vor den Augen der deutschen Bevölkerung – ohne jede qualifizierte, öffentliche Diskussion – innerhalb der letzten zwei Jahrzehnte unter Verdopplung der Ausländerzahlen nicht nur die graduelle Wandlung vom Gastarbeiter- zum Einwandererland vollziehen; das Land und seine Gesellschaft nahmen zudem mit 10% doppelt soviel Ausländer auf wie der europäische Durchschnitt, obwohl (oder weil) sie sich – zumeist seitens der eigenen Politiker – ständiger Kritik durch Lenkbegriffe wie »Ausländerfeinde« und »Rechtsradikale« ausgesetzt sahen.

Diese Lenkbegriffe gewährleisteten ebenso die weitgehend unveränderte Beibehaltung eines Asylsystems, das um 90% der Bewerber ablehnen und aufgrund einer komplexen Gesetzeslage die Abschiebung strukturell um Jahre verzögern, in vielen Fällen ganz aufheben mußte. Auf diese Weise wurde das weltweit einzigartige Individualrecht auf Asyl zu einer gezielten Mißbrauchsform der Zuwanderung.

Die liberale, betont fremdorientierte Migrationspolitik der deutschen Regierungen seit 1980 bestätigte nicht nur den parteiunabhängigen Charakter des Multikulturalismus als dosiertes Machtinstrument, sondern begünstigte die Kulturkolonie in der Form einer sich klar abgrenzenden, heterogenen Einheit. Nicht nur wurden die Kulturen – auch bei gegebener Anpassungsbereitschaft – dadurch ermuntert, ihre Strukturen zu konservieren, sondern durch zahlreiche offizielle Anregungen und Fördermaßnahmen geradezu gezwungen, einen formell-rechtlichen Minderheitenstatus, einen ›ethnischen Korporatismus‹, anzustreben.[351]

Dieses Konzept der einseitig praktizierten Toleranz, die sowohl die emanzipierte Mitsprache der aufnehmenden Bevölkerung als auch die Anpassung an die eigene Kultur wenn nicht ausschließt, so doch deutlich erschwert, unterstützt statt dessen in systematischer Form die Bildung der Kulturkolonie als sich verselbständigende, insbesondere auch politisch autonome Einheit. Dieses Vorgehen ist durchaus geeignet, an das Konzept der dialogischen Konzilstheologie zu erinnern, das die Gemeinsamkeiten mit den Religionen sucht und dabei »den Rückfall hinter das Konzil«, d.h. den Bezug auf die traditionelle Eigenbasis, verschließt. Die Betonung der Kulturkolonien entspricht dem multikulturellen Konsens über den Erhalt eben dieser Kulturen und dem Verzicht auf die Anwendung von Normen und Werten aus der eigenen Herkunft.[352]

In Verbindung mit dem über Jahre eingeschliffenen »politisch korrekten« Erziehungsszenarium, das jeder kritischen Frage den Status der »Ausländerfeindlichkeit« zuwies, konnte sich eine stabil fremdorientierte Einwanderung ohne spürbare Berücksichtigung des Solidarinteresses herausbilden. Bislang wurde diese Situation nicht oder kaum durch das klassische Bedrohungspotential sozialer Krisenentwicklungen beeinträchtigt, weil zum einen die bürgerseitige Kritikfähigkeit sank und zum anderen die Sozialsysteme über die staatliche Kreditausweitung und neue Steuerarten wie die »Öko-Steuer« finanziert werden konnten.

Gleichzeitig erzeugen punktuell plazierte Korrekturmaßnahmen und verbale Absichtserklärungen seitens der Politik den Eindruck einer gewissen Handlungskompetenz, die indes durch das Kurzzeitgedächtnis des postmodernen Polit-Konsumenten nicht konkret überprüft wird. Eine emanzipierte Migrationspolitik unter Aktivierung demokratischer Mitspracherechte gehört nicht zum Katalog liberaler Machtsicherung, die somit langfristig nur auf Kosten des Gemeinwohls erfolgen kann.

4. Der deutsch-türkische Multikulturalismus

Innerhalb des global gesteckten Zwangsrahmens hat sich Deutschland mit einer sinkenden Bevölkerung, einem islampositiven Religions- und Kulturdialog, einem materiell-hedonistischen Gesellschaftskonsens und einem überaus attraktiven Sozialapparat zur bevorzugten Anlaufzone internationaler Wanderbewegungen entwickelt. Deutschland hat seit 1985 etwas über 60% aller nach Europa gekommenen Asylbewerber und Flüchtlinge aufgenommen, wobei der Zerfall Jugoslawiens mit den Konflikten in Bosnien und im Kosovo eine vorübergehend verstärkende Sonderrolle spielte. Von ganz entscheidender Bedeutung war jedoch der sich im gleichen Zeitraum überproportional, nämlich um ca. 70% von 1,4 auf 2,4 Mio ausweitende Zuzug der türkischen ›Gastarbeiter‹, die sich unter den Rahmenbedingungen einer großzügigen Handhabung der deutschen Gesetzgebung – besonders in den Großstädten – in Form kolonieartiger Einwandererstrukturen von wachsender Stabilität und Eigenständigkeit organisierten.

Dieser seit über 30 Jahren andauernde und sich seit Mitte der 80er Jahre verstärkende Prozeß sorgte für eine solide Struktur und Verankerung der türkischen Gemeinschaft in der deutschen Gesellschaft, insofern etwa die Hälfte, immerhin weit über eine Million, seit mindestens 15 Jahren in Deutschland lebt und arbeitet. Dabei sollte nicht unerwähnt bleiben, daß wiederum fast die Hälfte dieser Menschen nicht älter als 25 Jahre ist gegenüber der deutschen Bevölkerung, auf die dies als Ausdruck ihrer Vergreisung und Kinderfeindlichkeit nur zu 25% zutrifft. Die unschöne, nicht minder aussagekräftige türkische Absichtserklärung an die Deutschen – »wir gebären euch kaputt« – scheint in ihre tendenzielle Anfangsphase zu treten, wenngleich zu derlei Mitteln, wie die multikulturelle Praxis zeigt, nicht unbedingt gegriffen werden muß. Auch ohne hohe Geburtenraten – die anatolische Frau liegt mit 5 Kindern weit vor der deutschen mit 1,3 (West-Türkei 3 Kinder) – können die türkischen Kulturkolonien mit positiven Entwicklungsbedingungen rechnen, die geeignet sind, die bisher stabil expansive Tendenz auch für die vorhersehbare Zukunft fortzuschreiben.

Die türkische Wanderungsbewegung nach Deutschland verdankte sich in ganz wesentlicher Weise einer tiefgreifenden sozialökonomischen Fehlentwicklung in der Türkei. Die sich dort unter dem Vorzeichen des Kemalismus etablierende Staatswirtschaft mit Monopolparteien und -unternehmen brachte eine ungleichgewichtige Wirtschafts- und Sozialstruktur hervor, die für eine erhebliche Stärkung islamistischer Kräfte seit etwa Mitte der 80er Jahre sorgte. Eine hervorstechende Auswirkung dieser Struktur war die soziologische Konservierung der anatolischen Landbevölkerung. Während sich im türkischen Westen seit dem Militärputsch von 1960 eine Gesellschaft nach modern-westlichem Vorbild zu formieren begann, verharrten die Bauern des anatolischen Ostens – noch immer fast 50% der türkischen Bevölkerung – mehrheitlich in den osmanischen Strukturen des 19. Jahrhunderts, die sich u.a. in hohen Geburtenziffern und ausgeprägtem Analphabetismus niederschlugen.[353] Diese Menschen bildeten bisher eine wesentliche Komponente, wenn nicht das Rückgrat der türkischen Auswanderung.

Die etatistische Fehlentwicklung des türkischen Staats- und Wirtschaftswesens drückte sich vor allem in einer zentralistischen Planwirtschaft und in der bis heute nachwirkenden Hintergrundherrschaft des Militärs aus, wobei die mit der NATO-Mitgliedschaft verbundenen Hilfszahlungen der USA und Europas über lange Zeit die Notwendigkeit einer grundsätzlichen Kursänderung kaschierten. Unkoordinierte Mechanisierungsaktionen in der Landwirtschaft und eine extrem kapitalintensive Industrie schufen eine strukturelle, rurale und urbane Arbeitslosigkeit, die sich im sogenannten *geçekondu* (türk.: über Nacht errichtet) sammelte, jenem Ghetto der Unterprivilegierten und Arbeitslosen sowie Elendsquartier für 25% der städtischen Bevölkerung, das zur wichtigsten Startbasis türkischer Auswanderung wurde.

Diese Migration breitete sich unter dem Druck anhaltenden Geburtenüberschusses über Europa hinaus bis nach Übersee aus, konzentrierte sich jedoch mit über der Hälfte ganz überwiegend auf Deutschland und steht heute in der Diskussion, mit dem türkischen EU-Beitritt zu einer unübersehbaren Massenbewegung zu werden.

Da keineswegs mit einem Nachlassen des demographischen Drucks zu rechnen ist – bis 2020 wird die Zunahme der türkischen Bevölkerung auf 100 Millionen erwartet – wird sich die deutsche Politik auf weiterhin wachsende, türkische Kulturkolonien einrichten müssen, deren Größenordnung sich im gleichen Zeitraum – bei gleichbleibenden Verhältnissen ohne EU-Beitritt – in den Bereich um 5 Mio. aufstocken kann. Sollte der Beitritt erfolgen, womit EU-Experten innerhalb der nächsten 8 Jahre durchaus rechnen, so würde sich diese Größe um weitere 5–7 Mio. auf insgesamt deutlich über 10 Millionen Türken in Deutschland per 2020 erhöhen können.

Wenngleich dieses Szenarium den typischen Anstrich theoretischer Statistik trägt, so reicht indes allein die deutliche Neigung türkischer Auswanderung nach Deutschland – insbesondere in Verbindung mit der in diesem Lande betriebenen, fremdorientierten Migrationspolitik – aus, die hohe Wahrscheinlichkeit in naher Zukunft erheblich wachsender, türkischer Kulturkolonien einer näheren Betrachtung zu unterziehen.

Der französische Anthropologe E. Todd entwickelt ein Erklärungsmodell für das deutsche Abstammungsrecht (*ius sanguinis*) gegenüber dem angelsächsischen Bodenrecht (*ius soli*) und verwirft das von den multikulturellen Ideologen unterstellte, völkisch-rassische Kulturverständnis zugunsten einer anthropologisch herzuleitenden Staatsbürgerschaft aus dem deutschen Prinzip der autoritären Stammfamilie gegenüber dem angelsächsischen Prinzip der liberalen Kernfamilie.[354]

Die klassische Stammfamilie bestand aus drei Generationen, innerhalb deren der Erstgeborene das Erbe auf sich vereinigte und der Vater mit dem verheirateten Sohn unter einem Dach lebte, eine für Adel, Bauern und Großbürgertum kennzeichnende Konstellation, die sich mit dem Entstehen der industriellen Gesellschaftsformen weitgehend auflöste. Geblieben sind allerdings, wie Todd an den Beispielen Deutschlands, Japans und des französischen Südwestens überzeugend demonstriert, die aus diesem Verhalten abgeleiteten, gleichermaßen anthropologisch verankerten Prinzipien der *Autorität, Kontinuität und Ungleichheit*.

Nach diesem Modell lebt die physisch aufgelöste Stammfamilie in Form eines mentalen Wertesystems weiter, das die ehemalige Familienhierarchie auf den Ebenen des sozial-gesellschaftlichen Kollektivverhaltens fortschreibt. Als besonders kennzeichnendes Unterscheidungsmerkmal zur individualistischen Kernfamilie Englands zeigt sich die stammfamiliäre Einbindung des deutschen Individuums in eine gesellschaftlich sanktionierte Autoritätshörigkeit gegenüber Staat, Partei, Betrieb und dem sozialen Unterschiedsdenken an sich.

Im Zusammenwirken dieser Orientierungsebenen hat sich als Ergebnis eine nahezu perfekt durchorganisierte Gesellschaft mit hoher Arbeitsdisziplin, Leistungsbereitschaft, Unterwerfungsneigung und Produktivität entwickelt.[355] Nicht im völkischen, sondern nur in diesem systematischen Sinne bildet die deutsche Gesellschaft eine Gemeinschaft von funktional eingebundenen Individuen, deren Orientierung sich umso eher an den neuen Erscheinungsformen postmoderner Autorität und Ungleichheit festmachen kann, je mehr das Kontinuitätsstreben durch gleichzeitigen Glaubens- und Bildungsschwund sowie den daraus resultierenden Kindermangel auf den Besitz selbst verwiesen ist. In der Komplementarität aus Autoritäts- und Besitzstandswahrung entsteht eine Gesellschaft, die Ungleichheit braucht, um auch die anthropologisch verankerte Gemeinschaft langfristig gewährleisten zu können. Dabei ist davon auszugehen, daß die unbewußten, anthropologisch bedingten Wurzeln kollektiven Verhaltens tiefer reichen und letztendlich dominanter wirken, als es dies die bewußten, ideologisch bedingten Wurzeln vermögen.

Für unsere Betrachtung bedeutet dies, daß die deutsche Gesellschaft die ihr in liberaler Ambivalenz diktierte Fremdakzeptanz und Multikultur mittelfristig realisiert, langfristig jedoch gerade darum ein zentrales Unterscheidungsmerkmal, z.B. die türkische

Kulturkolonie, benötigt, um auch als Gemeinschaft Kontinuität wahren zu können, die alle anderen Unterschiede ausgleicht.

Schon in der historischen Formation als das Heilige Römische Reich Deutscher Nation hatte sich eine eigentümliche Wirkung der deutschen Sprache und Herkunft bemerkbar gemacht, die über viele Jahrhunderte alle Unterschiedlichkeiten und Partikularismen der Städte und Fürstentümer mental zu einigen vermochte. In der erneuten Reichsgründung 1871 spiegelte sich diese Integrationskraft in einer für die Zeit üblichen, nationalistischen Überhöhung alles Deutschen bei Abgrenzung gegen konkurrierende Nationen wider.

Ab 1933 schließlich, in der alles Andere vernichtenden Grenzüberschreitung durch das Dritte Reich, mutierte sie zu einer vollständig verformten, totalitären Konzentration auf die »arische« Herkunft, die – als primäre Ausdrucksform des zeitgenössischen Kapitaldarwinismus und Klassendenkens – das »Deutsche« an sich, sämtliche Geschichte, Tradition und Kultur, als Identifikationsbasis nachhaltig diffamierte. Nichtsdestoweniger wurden gegen Ende des gleichen Jahrhunderts von der Bundesrepublik Deutschland etwa zwei Millionen wolgadeutsche und kasachische Aussiedler repatriiert, deren Familien seit über zwei Jahrhunderten in Rußland gelebt hatten und daher nur noch bedingt deutscher Herkunft sowie zudem nur ebenso bedingt der deutschen Sprache mächtig waren.

Insgesamt ist somit vom System der Stammfamilie deutscher Prägung, in dem die einigende Kraft des Christentums zusätzlich nachschwingt, eine Neigung zum *Differentialismus*, zum Ausdruck der Ungleichheit zu erwarten. Während die englische Kernfamilie die Gleichheit der Menschen voraussetzt und Ungleichheit am Äußeren, z.B. an der Hautfarbe, festmacht, geht die Stammfamilie – eingedenk der ungleich behandelten Brüder – von der Ungleichheit aus, die sie im Inneren der Menschen, vornehmlich ihrer religiösen Überzeugung, sucht, wobei das Autoritätsprinzip des Vaters eine verbindliche, einigende Basis vorschreibt. Im Dritten Reich standen in diesem Kontext das Herrenvolk für einheitliche *Autorität*, das Judentum für *Ungleichheit*, die Vernichtung für singuläre Transzendierung der *Kontinuität*.[356]

Das anthropologische Stammprinzip ist als Systemprinzip nicht auf identische, sondern auf *strukturell entsprechende* Funktionselemente angewiesen, d.h. es sucht sich diejenige Dynamik, die zur gegebenen Zeit eine hinreichende Dominanz liefert, um sich *systemkonform* ausprägen zu können. Da die Konstellation von Deutsch- und Judentum im nationalsozialistischen Kontext zu einer historisch einzigartigen Ausschließlichkeit gelangte, erscheinen weder eine Wiederholung, noch eine auch nur entfernt ähnliche Konstellation möglich, geschweige denkbar. Wesentlich wahrscheinlicher ist demgemäß eine systemkonforme Variante, in der die stammfamiliäre Forderung nach Autorität, Einheit und Ungleichheit *strukturell* erfüllt wird.

Die Türken in Deutschland als die mit Abstand größte und am stärksten wachsende Kulturkolonie erfüllen gegenüber der Glaubens- und Traditionsauflösung deutscher Ausformung alle Anforderungen an Ungleichheit hinsichtlich ihrer religiösen und nationalen Identität. Der gesellschaftsprägende Maßstab multikultureller Fremdorientierung, propagiert durch die Autorität der politischen und kirchlichen Eliten, liefert einen hohen Standard übergreifenden Einheitsdenkens, das die Gemeinsamkeiten mit anderen Religionen und Kulturen sucht. Dieses Einheitsdenken definiert Deutschtum in der Multikultur aus der Annäherung an das Andere und Förderung des Fremden und erzeugt die erforderliche Ungleichheit, indem der stärkste Gegensatz den größten Profit aus der Schwächung des Eigenen zieht.

Die türkische Kulturkolonie mit der Religion des Islam, ihrem ausgeprägten Chauvinismus und ihren vitalen Reproduktions- und Zuzugsraten bildet die optimale Orientierungsbasis für alle Dialoge der kirchlichen, politischen, kulturellen und kommerziellen Art als Erfüllungsebenen der laufenden, gesellschaftlichen Transformation. Sie bildet ebenso die multiple Funktionsgrundlage für die Konzepte der Stammfamilie, der liberalen Zwangstoleranz und des Machtmißbrauchs durch undemokratische Partei-, glaubensschwache Kirchen-, irrationale Wissenschafts- und unsoziale Wirtschaftseliten.

Die angelsächsische Kernfamilie definiert die Ungleichheit aus der Hautfarbe und hat in der USA-Variante die Afro-Amerikaner zum rassischen Paria gestempelt, um alles andere Ungleiche mental absorbieren zu können. Das anthropologische Modell zieht eine Parallele zur türkischen Kolonie als kulturellem Paria, der dem deutschen Stammsystem als ein Fokus der Verachtung die Akzeptanz aller anderen zuwandernden Kulturen erleichtern soll.[357] Diese Interpretation baut eine theoretisch attraktive Symmetrie zur Kernfamilie auf und widerspricht nicht unbedingt der – eher vorläufig dominanten – Fremdtoleranz des Fortschrittsliberalismus. Diese konserviert die Kulturgrenzen des Fremden, um die Logik der eigenen Entgrenzung, der Identitätssuche aus der *Ungleichheit*, und damit nicht zuletzt die Basis ideologischer Machtausübung über eine sich auflösende Gesellschaft aufrechterhalten zu können.

Die Wirklichkeit der türkischen Kulturkolonie in Deutschland entwickelt sich denn auch seit Jahren zu einer Erfolgsgeschichte ganz eigener Art, in die sich die gesellschaftlichen Verantwortungsträger im Rahmen interreligiöser und multikultureller »Dialoge« zunehmend aktiv einschalten. Die ständige Kontaktsuche der politischen Parteien und der kirchlichen Einrichtungen bei den maßgeblichen Interessenverbänden der Türken und Muslime hat eine Atmosphäre umfassender Unterstützung und Förderung geschaffen, die einen ernsthaften Negativtrend, noch dazu die Möglichkeit eines »Pariastatus« für die Türkenkolonie, als äußerst unwahrscheinlich erscheinen läßt. Die Aufforderung des Bundespräsidenten, »jeder Deutsche möge sich am Moscheenbau beteiligen«, hat hier qualitativ neue Maßstäbe für die deutsche Gesellschaft als Dienstkollektiv gesetzt.

Hinsichtlich der globalen Migration und ihres wirtschaftlichen Hintergrunds kann somit von einer durch die politisch-kirchlichen Eliten betriebenen Doktrin einer umfassenden Toleranz ausgegangen werden. Im Zuge der fremdkulturellen Expansion wird eher der nicht anpassungswillige oder -fähige Teil der deutschen Gesellschaft zum Paria erklärt, zum Fremden in Glaube und Gesellschaft oder zum Rechtsradikalen, dessen Selbstbestimmungrechte von den eigenen Eliten durch die Ideologien des multireligiösen Dialogglaubens und des fremdbestimmten Multikulturalismus außer Kraft gesetzt werden. Der Begriff des abzulehnenden »Fremden« bezeichnet immer weniger diejenigen Kräfte, die von außen zuwandern, sondern in zunehmendem Maße diejenigen, die an Resten der Eigenkultur wie christlichem Glauben, bürgerlicher Mitsprache und rationaler Objektivität festhalten.

Daß diese Umkehrung des »Pariastatus« – als ein generell gegen die Eigenkultur gerichtetes, zwanghaftes Vexierbild – zu einer Machtbasis der neuen Eliten werden kann, erschließt sich aus den Ergebnissen dieser Untersuchung. So wie im religiösen Bereich das klerikale Heilsmonopol die überkommene Glaubensbasis entsorgte, so entsorgte das politische Parteienmonopol das demokratische Mitspracherecht. Die darauf aufbauenden, interreligiösen und multikulturellen Dialoge haben sich in der Konzentration auf das Gemeinsame mit den Religionen und Kulturen als quasi-religiöser Leitfaden zu einer neuen »Interkultur« im gesellschaftlichen Denken etabliert und konnten inzwischen zu einem formidablen, wenngleich zweischneidigen Herrschaftsinstrument der kirchlich-politischen Klassen geformt werden.

Die Interkultur konnte zwar einerseits zu einem verbindlichen Dogma mit hohem Wirkungsgrad in Kirche, Politik und Wirtschaftsglobalismus heranreifen, bleibt andererseits indes auf dauerhafte, staatliche Finanzierbarkeit, das Wohlverhalten der importierten Kulturen und anhaltende, mentale Entmündigung der aufnehmenden »Leitkultur« angewiesen. Zumindest letztere Voraussetzung scheint nach den hier vorgelegten Sachverhalten grundsätzlich erfüllt zu sein. Die dogmatische Forderung nach den interkulturellen Gemeinsamkeiten trifft auf ein mentales Kollektiv, das im fortschrittsbedingten Geistschwund in wachsendem Umfang Prioritäten im materiell-hedonistischen Bereich der »Spaßgesellschaft« bevorzugen wird.

In einer umfassenden Unterwerfung unter die globalistische, selbstrationalisierende Arbeitsvernunft gewinnt die Freizeit den Status einer alles dominierenden, ersatzreligiösen Werteskala der Prestige- und Körperkulte, in der auch die anderen Kulturen einen Pegelstand zwischen Spiritualität und Entertainment zugewiesen bekommen können. Solange eine opportune Volkserziehung die mentale Ruhe und die Sozialetats die Finanzierung dieses Szenariums sicherstellen und damit das Entstehen eines fremdbürtigen »Sündenbocks« verhindern, kann eine stabile Zuwanderungsrate erhalten bleiben.

Vor diesem Hintergrund haben die hin und wieder aufflackernden Einwanderungsdebatten nur semantischen Wert. Wenn von »Integration« die Rede ist, weiß bis auf wenige Fachleute, deren seit Jahren angebotene Expertise ohnehin nicht umgesetzt wird, niemand, wer sich jeweils in was integrieren soll. Da sich die – in ihrer Gesamtheit abgelehnte – Eigenkultur bereits auf dem Weg zu den dogmatisch geforderten Gemeinsamkeiten mit den anderen Kulturen befindet und diesen interkulturellen Weg ausdrücklich zu einer Art Staatsziel erklärt hat, sollte weniger von einer Integration der Kulturen in die Basisgesellschaft, sondern einer Gewöhnung derselben an die einwandernden Kulturen, an einen staatlich verordneten Wandel vom Status der Eigenkulturalität zur Interkulturalität gesprochen werden.

Das Ziel der »aufnehmenden« Kultur besteht in der Entwicklung zu eben jener »Interkultur«, die – in Analogie zum Islamdialog – der Andere werden muß, um ihr Selbst zu finden. Das Selbst dieses neuen Geistes, der zwischen Glaube, Wissen, Herkunft, Arbeit und Spaß schwebt, formt sich aus der aktuellen Arbeits- und Bilderwelt unter dem Vorzeichen verordneter Toleranz gegenüber den Kulturen und Religionen. Dabei wird die Frage nach den Grundrechten der Basisgesellschaft nicht gestellt. Im Maße fortschreitender Eigenerosion hat deren Selbstbestimmung graduell hinter andere Identitäten, insbesondere die authentischen Fremdkulturen, zurückzutreten. Zwar ist in diesem Zusammenhang die ständige Rede von einer neuen, »multikulturellen Gesellschaft«, doch bleibt dabei weiterhin unklar, was unter diesem Begriff verstanden werden und welche Rolle der deutschen Basisgesellschaft letztlich zufallen soll – aller Wahrscheinlichkeit nach nicht die einer »Leitkultur«.

Sowohl der dialogische Interkulturalismus als auch die anthropologische Stammdynamik können somit der deutschen »Identität« einen gleichgerichteten Impetus im Sinne einer Wesenheit verleihen, die fremdkulturelle *Ungleichheit* braucht, um sich eigenkulturell entgrenzen zu können. Als die mit Abstand stärkste Gruppe und Hauptprofiteur dieser Konstellation hat die türkisch-islamische Kulturkolonie besonders schnell gelernt, die Klaviatur der interkulturellen Eliten in Deutschland für ihre Zwecke zu bedienen. Kirchen, Parteien, Wirtschaft und Medien setzen die geballte Macht ihrer gesellschaftlichen Multiplikatorfunktionen ein, um der Kolonie der Türken zu einem Status struktureller Selbständigkeit zu verhelfen. Während durch die Rechts- und Verfassungspraxis die verordnete Toleranz zum Staatsdogma aufsteigt, etablieren sich dessen Eliten als eine Art interkultureller Priesterschaft, die *Autorität und Kontinuität* des Dogmas mit einer Strenge sicherstellen, die totalitäre Potentiale enthält (s. u. S. 410).

So wie die Reformation den individualisierten Glauben zum Dogma erhob, so fordert im modernen Kontext die protestantische Kirche die vereinheitlichende Unterwerfung unter das Dogma fremdkultureller Identitätswahrung, eine ideologische Verhärtung, die den Recherchen des Anthropologen Todd zufolge die Statistiken über Gewalttaten an Ausländern in überwiegend protestantischen Bundesländern höher ausfallen läßt als in solchen mit mehrheitlich katholischer Bevölkerung.[358]

Wie sich diese Neigung schon in der protestantischen Affinität zur Ideologie der National-Sozialisten andeutete,[359] so brach sie in den Gewaltaktionen von Mölln und Hoyerswerda, ihrerseits in überwiegend protestantischen Regionen gelegen, in erneuter Deutlichkeit hervor. Vorwiegend katholisch geprägte Gegenden scheinen – die wesentlich geringeren Gewaltzahlen sprechen hier z.B. in Bayern eine unmißverständliche Sprache – mit migrationsbedingten Entwicklungen ungleich gelassener umgehen zu können. Die Befriedigung ihres Einheitsbedürfnisses wird nicht bei den Menschen, sondern außerhalb des weltlichen Machbarkeitsbereichs gesucht, wenngleich auch hier – wie gesehen – der katholische Ökumenismus auf dem besten Wege ist, sich dem Protestantismus anzugleichen.

Insgesamt kann jedoch davon ausgegangen werden, daß die heranwachsende deutsche Interkultur, die auf Ungleichheit und Fremdidentität angewiesen ist, die Kulturkolonien mit Sorgfalt behandeln wird. Reaktionen wie die sogenannten »Ängste« vor dem Fremden und ihre Formen ziellos auschlagender Gewaltausbrüche gehören zum zwangsliberalen Prozeß und werden auch in Zukunft eher willkommene Grundlage interkultureller Herrschaftslegitimation und volkspädagogischer Propaganda sein.

Dieser Bereich ist von klassischer Bedeutung für die praktische Stabilisierung ideologischer Dominanz und eignet sich hervorragend für den Einsatz von *agents provocateurs* zur Konstruktion gewünschter Szenarien wie z.B. die Simulation »rechtsradikaler« Anschläge. Dabei ist der Weg der inländischen Basis in einen möglichen Pariastatus mit einer ganzen Reihe strukturell notwendiger Abbaumaßnahmen zu pflastern: die weitere Einschränkung demokratischer Rechte durch Verlagerung staatlicher Souveränität in diffuse EU-Ebenen bei gleichzeitiger Herausbildung semi-autonomer Minderheiten, die Modifizierung der einschlägigen Rechts- und Verfassungsvorschriften auf kulturspezifische Erfordernisse und der Abbau der Sozial- und Gesundheitssysteme.

Der deutsch-türkische Kulturalismus scheint somit tendenziell zunächst auf die systematische Herausbildung und Förderung einer weitgehend autonomen Kolonie ausgerichtet zu sein. Wie wir gesehen haben, sprechen mächtige Gestaltungsfaktoren wie die anthropologische Verfaßtheit der deutschen Gesellschaft sowie das Machtinteresse der politischen Klasse für eine Fortsetzung der ambivalenten Migrationspolitik, die eine weiter wachsende und sich abgrenzende Minderheit von Türken in Deutschland erzeugen sollte.

Integration wird ein inhaltsloses Schlagwort der Volkspropaganda bleiben müssen, weil sie dem übergeordneten Macht- und Identitätsinteresse der Interkultur entgegensteht. Dies hat sich, wie uns vielfältig bestätigt wurde, wesentlich nach den ideologischen Zwängen der Fremdorientierung bzw. den ökonomischen Erfordernissen des Wirtschaftsglobalismus, d.h. gegen die gewachsenen Interessen der eigenen Bevölkerung auszurichten. Die Einebnung von Konfliktpotentialen erfolgt mehrheitlich nicht durch die Integration der Kulturen, sondern durch den liberal-tolerant erzwungenen Abbau der eigenkulturellen »Anspruchshaltung« der Basisgesellschaft.

Im Gesamtrahmen lassen sich auf diese Weise die Voraussetzungen für weitere Produktivitätssteigerungen der Unternehmen, die Ausweitung globaler Absatzmärkte und die Aufnahme gesteigerter Migrantenströme ohne Regreß für den gesellschaftlichen Mittelaufwand gewährleisten. Unter dem Schutzschild der öffentlichen Desinformation durch die Einrichtungen des interkulturellen Dialogs – bei sich rasant steigernder Staatsverschuldung und verengender Sozialfinanzierung – wird die türkische Kulturkolonie weiter wachsen und – als unabdingbare Forderung des Islam – ihre politisch-religiöse Identität autonom entfalten können. Nicht immer jedoch scheint diese Entwicklung einen Verlauf zu nehmen, der sich mit dem Wunschbild des Dialogs deckt.

5. Muezzin und »gläserne Moschee«

Das Zentrum muslimischen Selbstverständnisses ist die Moschee. Ganz besonders in der Diaspora bildet sie den Mittelpunkt des islamischen Gemeinschaftslebens und Erfüllungsort der individuellen Ritenordnung sowie kollektiven Heilsbestimmung in der *umma*. Ihr in der Regel angegliedert sind die Einrichtungen zur religiösen Unterweisung wie die Koranschule und weiterführende, oft eher politische Ausbildungswege, die sich mit dem Glaubensbereich zum »islamischen Kulturzentrum« verbinden.

Die Glaubensklammer um Religion und Staat macht dabei ihre dominante Wirkung immer wieder geltend und verleiht den Kulturzentren des Islam im europäischen Verbreitungsgebiet – erneut mit besonderer Ausprägung in Deutschland – einen entsprechend politisierten und dabei wenig durchschaubaren Charakter. Die Unterweisung durch – häufig eigens aus der Türkei oder anderen islamischen Ländern anreisende Imame und Religionslehrer – vollzieht sich regelmäßig unter Ausschluß der Öffentlichkeit. Indem die Muslime sich und die Inhalte ihrer Belehrung mehrheitlich und zunehmend abkapseln, bringen sie zum Ausdruck, daß die Gesamtheit dessen, was ihnen in diesem Rahmen vermittelt wurde, sich – zumindest in ihnen wichtigen Aspekten – nicht mit dem politischen Konsens der sie umgebenden Gesellschaft deckt.

Einen Ausbruch aus dieser selbstverordneten Abschottung schien die vielbeachtete Gründung der Moschee von Mannheim im Jahre 1995 zu wagen, indem man sich nicht nur als Vollzugsort der islamischen Riten, sondern auch als Begegnungsstätte zwischen Muslimen und Christen verstand. Tage der »offenen Tür« führten in der Tat zunächst zu einer regen Besucherfrequenz, welche der Moschee den enthusiastischen Beinamen als ein »Symbol der Toleranz« eintrugen. Daß man die hier gewählte Vorgehensweise gegenüber dem sonstigen, muslimischen Verhalten insgesamt als ungewöhnlich empfand, verdeutlichte indes in ganz besonderer Weise ihre Einschätzung als »gläserne Moschee«.

Einen weiteren Beitrag zu dieser Beurteilung leistete die Gründung des »Instituts für Deutsch-Türkische Integrationsforschung« unter der gemeinsamen Leitung eines türkischen Muslim und deutschen Christen, das sich ehrgeizige Ziele setzte, indem man an die Herausarbeitung theoretischer Leitlinien für die Entwicklung und Gestaltung des praktischen Zusammenlebens der Muslime mit ihrer anderskulturellen Umgebung bzw. deren verbesserte Information hinsichtlich der wachsenden, islamischen Gemeinde heranging. Unterstützt durch die Universität Mannheim begann sich hier eine Reihe einschlägiger Informationstagungen zu entfalten, die eine neue Perspektive zu erweitertem gegenseitigen Verständnis zu öffnen schien.

In diese konstruktive Atmosphäre kehrte erste Ernüchterung ein, die einmal mehr durch das Grundproblem des Islam – die Behandlung der Frau – ausgelöst wurde. Nachdem bereits die Moscheegründung selbst unter Ausschluß der Frauen stattgefunden hatte, wurde allmählich deutlich, daß auch die neue Transparenz keineswegs ein Überdenken ihrer traditionellen Ausgrenzung beinhaltete. Ganz im Gegenteil: Das generelle Klima erfuhr eine weitere, entscheidende Abkühlung, als die eher tolerant-sufische Moscheenleitung gegen eine islamisch-orthodoxe ausgetauscht und wenig später das Deutsch-Türkische Institut geschlossen wurde. Anfang September 1997 verkündete ein türkischer Staatsvertreter vor der Friedrich-Ebert-Stiftung in Mannheim, »daß ein solches Institut in der Moschee nichts zu suchen habe«.[359a]

In den Folgejahren legte die Mannheimer Moschee ihre »gläsernen« Eigenschaften vollends ab und schwenkte nachhaltig in die für die islamischen »Kulturzentren« so eigentümliche Undurchsichtigkeit ein. Diese »Rückbesinnung« war von so überzeugender Qualität, daß die Moschee im Jahre 1999 zum Forum für Veranstaltungen der *khatma an-nabuwwa*, einer Gruppierung pakistanischer Ultra-Islamisten, wurde.

Die Vorgänge in Mannheim verdeutlichten in beispielhafter Weise die grundsätzliche Problematik, welche die islamische Ideologie als untrennbare Legierung aus Glaube und souveräner, schariatischer Staatsidee im Umgang mit demokratischem Gesellschaftsverständnis sowie Öffentlichkeit hat. In der Diaspora mit Kriterien der Kooperation, Ausgewogenheit und Vergleichbarkeit mit anderskulturellen Vorstellungen konfrontiert, muß sich der alleinige Geltungsanspruch der islamischen Wahrheit in die Sphäre der verdeckten Operation zurückziehen, bis die Bedingungen für die heilsgeschichtlich prophezeite Dominanz erfüllt sind. Dabei spielen die strategischen Vorteile, welche die Vertreter des Islam aus ihrer verbindlichen Pflicht zur Glaubensverleugnung (*taqiya*) ziehen, wenn es um die Wahrung langfristiger »Interessen des Islam« geht, eine ganz wesentliche Rolle.

In diesen Zusammenhang gehört ebenso die Beurteilung des *adhan*, des Rufs des Muezzin (*mu'adhdhin*), zum Gebet. Der *adhan* besteht aus sieben Aussagen, die sinngemäß zusammengefaßt verkünden, daß Allah der Größte ist, sich zu ihm und seinem Propheten Muhammad bekannt wird, es außer Allah keinen Gott gibt, und in diesem Sinne zum Gebet aufgerufen wird. Es handelt sich also um ein unmißverständliches, öffentlich verkündetes Glaubensbekenntnis.

Das deutsche Grundgesetz garantiert das Recht auf Religionsfreiheit, allerdings gleichzeitig auch dasjenige auf »negative Glaubensfreiheit«, was den Bürger vor jeglichem Zwang zur Entgegennahme bzw. Aufdrängung religiöser Bekenntnisse schützt. Im Zuge der Installation von Lautsprecheranlagen, welche wie im Islam ein solches Bekenntnis unüberhörbar verbreiten, wird das Recht auf negative Glaubensfreiheit entsprechend ausgehöhlt. Je nach Dezibelpegel kann der Muezzinruf somit – abhängig von der religiösen Konditionierung der Betroffenen – zu einer zwischen Grundrechtsverletzung, Ruhestörung und Nötigung pendelnden Angelegenheit werden, die sich bekanntlich mehrfach täglich zwischen Sonnenauf- und –untergang wiederholt.

Dabei ist nicht zuletzt zu beachten, daß eine wachsende Zahl dieser Glaubensstätten mit dem Beinamen »*fatih*« = »Eroberer« ausgestattet werden, womit der expansive Heilsauftrag des Islam und seine historisch-militärische Tradition zum Ausdruck gebracht werden sollen. Der Dialog glaubt all dies verdrängen zu können, indem er sich auf den Teilaspekt des Rechts auf individuelle Religionsfreiheit verengt und den Effekt einer wachsenden *umma* als politische Gemeinschaft sowie ihre gleichermaßen zunehmende, islamische Eigendynamik ausblendet.

6. Die türkisch-deutschen Islaminteressen

Die laizistische Republik Türkei hat seit ihrer Gründung durch Kemal Atatürk (gest. 1938) eine uneinheitliche Entwicklung der vom Militär gesteuerten Nationalisten und den erstarkenden Islamisten erlebt, zwischen denen die Vertreter der Aleviten, Kurden und Sozialisten eine zersplitterte Opposition wechselnder Zusammensetzung bildeten. Die Mehrheit der Türken gründet sich dabei auf eine äußerst zweifelhafte »Tradition«, indem sie bis heute eine Erklärung, geschweige denn Abbitte für den beharrlich verschwiegenen Massenmord an etwa 1,5 Mio. Armeniern von 1914/15 und die etwa gleichzeitig durchgeführten Massaker an ca. 40 000 türkischen Christen schuldig geblieben ist.

Die zeitlich begrenzte Regierungsbeteiligung der islamistischen Refah-Partei unter Nedjmettin Erbakan in 1996/97 beeinträchtigte keineswegs ihre weitere, konsequent expansive Entwicklung im Lande mit einem derzeitigen Wählerpotential um 25%. Zu ihren wesentlichen Zielen gehört die »vollständige Vernichtung aller Juden«, wie die Partei 1997 in ihrem offiziellen Organ »Akil« (Türk.: Verstand (!)) bekanntgab. Vizechef Erdogan trat mit der eher harmlosen, nicht weniger aufschlußreichen Ankündigung hervor, die »Demokratie nicht als Ziel, sondern als Mittel« im Auge zu haben, womit er seinen Glaubensbruder in Izmir kopierte, der die westlichen Gesetze als Basis der islamischen Überlegenheit betrachtete (s. o. S. 349f.). Der deutsche Ableger der Partei, die sogenannte IGMG (Islamische Gemeinschaft Milli Görüsh) ist mit über 100 000 Mitgliedern die mit Abstand größte türkische Organisation auf deutschem Boden. Sie konzentriert sich seit Jahren auf die islam-ideologische Kaderausbildung junger Türken, die ganz offensichtlich einen überaus vielversprechenden Resonanzboden für eine radikale Islamisierung der türkischen Bevölkerung in Deutschland abgeben.

Nach der bekannten Studie einer Bielefelder Forschungsgruppe von 1997[360] bekennen sich über 50% der türkischen Jugendlichen zu einem klar gegen die westliche Gesellschaft gerichteten Islam und befürworten zu mehr als einem Drittel die Anwendung von Gewalt zu seiner Realisierung. Auch die Verfassungsschutzberichte des Bundes und diverser Länder sprechen sich zu dieser Situation skeptisch aus.

Mit ihren Informationsprogrammen und Lehrgängen, die unter Ausschluß der nichttürkischen Öffentlichkeit in regionalen »Kulturzentren« und im Braunschweiger Ausbildungszentrum durchgeführt werden, erzielen die Islamradikalen besondere Erfolge bei den frustrierten Ghettotürken, von denen das aktuellste Drohpotential zukünftiger Minoritätskonflikte in Deutschland zu erwarten ist. Über Erhebungen diverser Verfassungsschutzorgane ist bekannt, daß die Lehrinhalte der Milli Görüsh von teilweise staatsfeindlicher Ausrichtung sind, so daß die Organisation unter Beobachtung gestellt wurde. Nichtsdestoweniger konnte sich die Kaderführung selbst als Exponent islamischer Autorität etablieren und wird als Islamreferent in der interkulturellen Szene wie auch als genereller Gesprächspartner in seiner Eigenschaft als selbsternannter Repräsentant türkischer Interessen geschätzt.

Natürlich sehen sich auch und gerade deutsche Politiker als vom Solidarinteresse abgekoppelte Vorteilsnehmer gehalten, um die Gunst solcher Partner zu werben. Führende Mitglieder der CDU pflegen regelmäßige Kontakte mit den Leitern der IGMG und befinden sich in bester Gesellschaft mit der Scientology Church, die seit Jahren Know-how-Transfer betreiben soll, indem sie den Milli Görüsh-Strukturen professionelle Organisationsformen und Managementmethoden vermittelt. Auch der geistliche Bereich möchte in diesem Wettbewerb nicht zurückstehen, indem Teile der katholischen Kirche in Überlegungen mit dem Ziel eingetreten sind, ihre Sozialdienste von den islamischen Glaubensradikalen übernehmen zu lassen.

Da die Bedenken des Verfassungsschutzes diesen Aktivitäten nicht abträglich waren, konnte ein – offenbar längst überfälliger – Aufweichungsprozeß in den Bundesländern beginnen, an dessen Ende die Aufhebung der Beobachtung stehen kann. Nicht nur die ideologische Pflege der Kulturkolonie, sondern insbesondere auch die Verquickung der deutschen Politik mit wirtschaftlichen Interessen und die daraus resultierenden, persönlichen Möglichkeiten und finanziellen Perspektiven legten ohnehin eine baldige Kooperation mit den Islamisten nahe.

Dies umso mehr, als diese über ihre Mitglieder und anderweitige, z.T. repressive Sammelwege erhebliche Finanzmittel erschlossen haben, mit denen – als der eigentliche Zweck der Milli Görüsh – die Mutterpartei in der Türkei unterstützt und der laufende Betrieb in Deutschland inkl. Anschaffung von Immobilien finanziert wird. Diese Gelder werden in großem Stile von türkischen und anderen Banken in Deutschland gewaschen, um sie legal transferieren zu können. Da dieser Weg durch das Eingreifen deutscher Bankenaufsichts- und Ermittlungsbehörden zunehmend behindert wird, kommen vermehrt Geldkuriere zum Einsatz, die sich allerdings ihrerseits mit einem erheblich verstärkten Fahndungsnetz in der Türkei konfrontiert sehen.

Diese Entwicklung hat nicht nur zur finanziellen Verselbständigung der Refah-Partei, sondern zum vermehrten Einsatz der IGMG-Mittel in eine erweiterte Kaderausbildung wie Sommerlager für Zehntausende von Jugendlichen und die Einschaltung in die Einwanderungsdiskussion im allgemeinen sowie in die Organisation des Islamunterrichts an deutschen Schulen im besonderen geführt.

An dieser empfindlichen Schnittstelle der Entscheidung über eine säkulare oder islamisch-ideologische Ausbildung türkischer Kinder und Jugendlicher hat sich die deutsche Politik im Sinne einer aktiv und konstruktiv gestaltenden Kraft einmal mehr nachhaltig verabschiedet. Die »Islambeauftragten« der Städte und Kultusministerien, die der Einwanderungssituation je nach Konditionierung fördernd oder überfordert gegenüberstehen, begnügen sich mit einer scheinbar passiv-destruktiven Lösung. Sie erweisen sich als in der Tat »vom Islam Beauftragte«, indem sie graduell dazu übergehen, die Gestaltung und Organisation der mit den Kulturkolonien verbundenen Verwaltungs- und Ausbildungsfragen türkischen Gesprächspartnern zu überlassen. Hier hat sich ein Wettbewerb zwischen Milli Görüsh und anderen islamischen Organisationen entwickelt, von denen noch die Rede sein wird.

Im Konkurrenzbetrieb um die Herrschaft im kommenden türkischen Kontraststaat in Deutschland, der bereits heute aus den sich vernetzenden, dabei z.T. ghettoartig verkapselnden Kulturkolonien der Großstädte systematische Konturen anzunehmen beginnt, kann Milli Görüsh eine wesentliche, wenn nicht dominante Rolle spielen. Neben ihrer bemerkenswerten Finanzkraft, aus der sich z.B. in erheblichem Umfang das Refah-Wahlkampfbudget von 1996 in Höhe von DM 250 Mio. speiste, verfügt diese Gemeinschaft über exklusive Zugänge zum *Imam-Hatip*-Bildungswesen (türk.: der predigende

Imam), das die Basis für eine zukünftig islamistisch ausgerichtete Türkei und damit auch einen türkischen Islamismus in Deutschland bildet.

Die Imam-Hatip-Schulen, die ein elitär-radikales Glaubens- und Gesellschaftsverständnis im islamischen Sinne vermitteln, haben sich seit den 80er Jahren im Zuge der Re-Islamisierung und De-Säkularisierung der Türkei zu einem formidablen Bildungssystem mit fester Verankerung auf Ministerialebene herausgebildet.[361] In ihrem Einfluß auf den Geist der kommenden Türkei wird nicht nur der langfristige Gedanke eines neuen Osmanenreichs mit einem pantürkischen Superchauvinismus, sondern auch ihre konkrete Absicht einer kurz- bis mittelfristigen, radikalislamischen Indoktrination der Türken in Deutschland erkennbar. Über die vielfältigen Verbindungen der Refah-Partei mit Imam-Hatip-Einrichtungen und -Förderern, ihre weiter wachsende Finanzkraft und ihre laufend enger werdende »Kooperation« mit der deutschen Politik wird Milli Görüsh sich nicht nur als wichtigste Islamorganisation in Deutschland, sondern auch – und hierzu bedarf es keinerlei Prophetie – als die maßgebliche Herrschaftsebene im türkischen Kontraststaat etablieren.

Aus der Analyse der politischen Klasse Deutschlands wissen wir, daß weder das Gemeinwohl noch Sachkompetenz zu den Gestaltungskriterien ihres Wirkens gehören, ein nicht unwesentlicher Grund für das Fehlen eines systematischen Einwanderungskonzepts. Wie von einer repräsentativen Auswahl »Islambeauftragter« der Länder (Berlin, Hamburg, Nordrhein-Westfalen, Baden-Württemberg) verlautbart wurde, wird es daher für eine nahezu ideale Lösung gehalten, die federführende Gestaltung und Verwaltung der türkischen Kulturkolonien in die Hände türkischer »Fachleute« zu legen.

Da es weder im türkisch-nationalen noch im islamischen Bereich kompatible Institutionen gibt, handelt es sich bei diesen Fachleuten um selbsternannte Experten, die den deutschen Behörden ihre Verantwortung auf ihre Weise abnehmen und sich somit unter Wahrnehmung ihrer politisch-ideologischen Interessen direkt in den tatsächlichen Ablauf der türkischen Einwanderung nach Deutschland einschalten. Zu diesen Interessen gehört vor allem die zuverlässige, islamische Indoktrination eines unter den gegebenen Umständen maximierten Bevölkerungsanteils.

Milli Görüsh und die mit ihr verbundenen Organisationen erweisen sich als optimale Partner der deutschen Politik- und Verwaltungsorgane, weil einerseits ihre Imam-Hatip-Islamkommissare das pathologische Vertrauen der interkulturellen Ideologie genießen, und zum anderen ihre erhebliche, z.T. klandestine Liquidität für die Bereitstellung nützlicher Abgaben dort sorgen kann, wo dieses Vertrauen noch nicht in hinreichendem Maße ausgebildet zu sein scheint oder in sonstiger Form erzeugt werden muß. Die sich hier abzeichnende, umfassende Kompetenz für die Übernahme der Einwanderung im Sinne der Realisierung bzw. Verstärkung eines islamistischen Türkeimodells auf deutschem Boden ergänzt sich komplementär mit deutscher Inkompetenz und grundsätzlicher Abwesenheit bei der Wahrnehmung des Mehrheitsinteresses.

Diese Kompetenzverteilung setzt sich inzwischen auch auf übergeordneter Ebene fort, wo Milli Görüsh sich als Qualifikationsinstanz des »reinen Islam« etabliert hat, indem sie Unternehmen und Verbänden die *hilal*-Plakette (türk.: religiös erlaubt, legitim) aufdrückt, eine Art »Blauer Engel« des Islamismus. Während die Kaderführer in Kulturveranstaltungen deutscher Universitäten und Bildungsinstitute den Islam als tolerante Religion vorstellen, bringen seine Polit-Imame die Ghettos und die einflußreichen Koloniegruppen auf radikalislamische Linie.

Es ist nur eine Frage der Zeit, bis auch deutsche Unternehmen, Behörden, Institutionen und Verbände mit Schnittstellen zu türkischem Engagement sich um diese Qualitätsplakette, Nachweis der fremdorientierten Gesinnungstreue, werden bemühen müssen, um im Wettbewerb um die damit verbundenen, elitären Privilegien nicht ins Hintertreffen zu geraten. Die dogmatische Ultramoral der liberalen Toleranzideologie erlaubt nicht die kleinste Abweichung vom Verhaltenskatechismus des postmodernen Interkulturalismus, wenn nicht das ruf-und geschäftsschädigende Risiko in Kauf genommen werden soll, mit der Pariaplakette der Fremdenfeindlichkeit und des Rechtsradikalismus ausgestattet zu werden.

Einer der konsequentesten Streiter für die Abschaffung des Prinzips der Menschenrechte im westlichen Sinne und seine Anpassung an Erfordernisse der islamischen *sharia*-Gesetze ist U. Steinbach vom bundesfinanzierten Orient-Institut.[362] Er kämpfte nicht nur zusammen mit der »unpolitischen« Mystikspezialistin Schimmel für ein angemessenes Verständnis des Todesurteils gegen Salman Rushdie, sondern zusammen mit dem bekannten Soziologen B. Tibi auch für das eigenartige Konzept des Euro-Muslim, demzufolge die Muslime in Europa zwischen westlicher Toleranz und islamischer Intoleranz eine stabile Existenz finden sollen. Dieser neue Königsweg müßte dann allerdings auch in der Lage sein, die Elemente westlicher Intoleranz und islamischer Toleranz miteinander zu versöhnen, insgesamt nichts anderes als ein klassisches Beispiel kreativer Ambivalenz, mit der die liberale Erosionsstrategie Zeit gewinnt und über systematische Halbinformation und sachliche Verunsicherung die Fremdalternative installiert.

Steinbach zog wiederholt ebenso die Einstufung der Milli Görüsh als verfassungsrechtlich bedenkliche Gruppe in Zweifel und setzte sich – u.a. beim Innenminister Bayerns – für ihre Aufhebung ein. Nach seiner Auffassung besteht also kein wesenhafter Unterschied zwischen solchen Fraktionen des Islam, die radikal oder »fundamentalistisch« auftreten, und jenen, die andere, eher gemäßigte Erscheinungsformen bevorzugen. Diese Sicht korrespondiert zwar mit einem relativierten Menschenrechtsbegriff, kollidiert jedoch mit der von Tibi vertretenen These eines vom »ideologischen« zu trennenden »religiösen« Islam,[363] die jener aufbaut, um sie als Abschottung vom liberalen »Euro-Islam« herauszustellen.[364]

Vor diesem Hintergrund wird Steinbachs »Euro-Islam« als liberales Konstrukt deutlich, während Tibis Version bei Annahme intakter Demokratie- und Menschenrechtsbegriffe theoretisch akzeptiert werden könnte. Steinbach verkörpert eher den westlichen Typus des elitär-interkulturellen Ideologen, der das demokratische Mitspracherecht der Basisbevölkerung letztlich ablehnt, während Tibi als »aufgeklärter Muslim« genau dieses einfordert, um, wie er sagt, den »Brückenschlag zwischen Leitkultur und Migranten« zu schaffen, wobei er als bevorzugter Vorteilsnehmer des Dialogs wissen müßte, daß seine Demokratieidee einer Illusion erliegt. Steinbachs Argumentation – ein klassisches Beispiel des akademischen Dialogs – ist gehalten, islamische Positionen zu konservieren und gerät so zur islamähnlichen Einrichtung.

Unsere Recherche über die Machtstrukturen des klassischen Islam hatte die systematische Einheit von Glaubens- und Machtausübung gezeigt, die nochmals aus anderem Blickwinkel im Abschnitt über die Machtpsyche des Islam erkennbar werden wird. Insofern kann aus unserer Sicht Tibis Trennung des radikalen Fundamentalismus von der traditionellen Orthodoxie ohnehin nicht bestätigt werden. Sie sind zwei Aspekte desselben Phänomens, deren ersterer sich seit Jahrzehnten in der gesamten islamischen Welt im Vormarsch befindet und ohne den »eigentlichen« Islam ideologisch und finanziell nicht denkbar wäre. Beide Islamaspekte basieren auf der unverzichtbaren, der Säkularisierung konträren Forderung, daß die Prinzipien der Gesetzgebung in der *shari'a* liegen, also keinesfalls menschlicher Verfügbarkeit offenstehen.

Tibis Euro-Islam wird außerdem durch den westlichen Interkulturalismus unterlaufen. Er kommt gewissermaßen zu spät, wenn er Menschenrechte und das Bekenntnis der zugewanderten Muslime zur Demokratie anmahnt. Da die Verantwortlichen der deutschen Politik sowohl ideologischen Zwängen verhaftet als auch finanziellen Motivationen aufgeschlossen sind, können sie doppelt überzeugt Milli Görüsh – oder auch andere, islamistische Kräfte – zum langfristigen Partner aufbauen und damit eine radikale Erscheinungsform des Islam zur Norm erklären. Das demokratische Mehrheitsinteresse, in das auch ein – theoretischer – Euro-Islam einzubetten wäre, wird von der deutschen Politik nicht hinreichend vertreten.

Der Milli-Görüsh-Leitung ist nicht zu raten, ihre Strategie zu ändern, selbst wenn ihr dies ideologisch möglich wäre. Sie nimmt unter allen türkischen Islamorganisationen eine klare Führungsposition mit allen Eigenschaften eines Erfolgsmodells ein. Sie zieht enorme Vorteile aus dem moralpsychologischen Bedürfnis der deutschen Interkultur nach Identifikation mit dem – eher radikalen – Fremden und aus der generellen Scheu vor der Kritik fremder Interessen und Autorität. Als vorläufig letztes Glied dieser Erfolgskette wird die Einrichtung eines Lehrstuhls für islamische Theologie an einer deutschen Universität sein, wie ihn Kaderchef Erbakan mit durchaus nachvollziehbarer Konsequenz fordert.

Mit fortschreitender Zeit wird somit die *Handlungsautonomie* deutscher Institutionen in dem Maße schwinden, in dem die Islameinwanderung zunimmt. Vor diesem Hintergrund erhält die Delegation der Migrationsverwaltung an türkische Organisationen eine doppelte Logik: Auf Kosten vorhandener Strukturen können sich die Tendenzen sowohl zur Kolonie- als auch zur Elitenbildung verstärken. Zurück bleibt das Konzept des B. Tibi vom demokratisch motivierten Muslim, das in diesem Prozeß, wenn es denn je die Chance auf Realisierung hatte, vollends zur Chimäre gerät.

Die Zwänge der Fremdorientierung, der Beibehaltung der Ungleichheit und des gegen die Gesellschaft gerichteten Machtinteresses deutscher Politik offenbaren den »Euro-Muslim« als Kunstbild liberaler Desinformation. Der Fundamentalismus ist nicht von einer Orthodoxie zu trennen, die ihn hervorgebracht hat – als Reaktion auf eine rationalistische Zivilisation. Deren philosophisch-rationaler Basis war sie bereits vor 800 Jahren als orthodoxe Reaktion entgegengetreten, die mit der Beendigung der islamischen Philosophie die Dominanz des Gottesgesetzes über das Menschenrecht festschrieb.

Wie schwierig es zuweilen selbst für die professionellen Interkulturalisten ist, den ideologischen Überblick zu bewahren, zeigt sich erneut am Beispiel des Soziologen Tibi, der sich in den Fallstricken der Beurteilung des Muslim in der Diaspora verfängt. Die Situation des vorübergehenden Aufenthalts im Lande des Nichtislam bedeutet bis heute eine für den Islam ungewohnte und rechtlich unklar geregelte Sachlage.

Über einen solchen, d.h. den muslimischen Gastarbeiter im Westen, hatte der in Göttingen lehrende Nestor der analytischen Orientalistik, T. Nagel, gegen Ende der 80er Jahre auf Veranlassung der deutschen Kultusministerien eine Analyse auf Basis der geltenden *shari'a* angefertigt.[365] Nach hanafitischem Recht – als maßgeblich für den türkischen Islam – ist für diese Situation der Status des *musta'min* vorgesehen, eines Muslim, der unter dem angenommenen Schutz des Fremdlands steht. Das wesentliche Kennzeichen eines derartigen Schützlings ist die zeitliche Begrenzung seines Aufenthalts, ein Merkmal, das nicht nur mit dem funktionalen Inhalt des ›Gastarbeiter‹-Begriffs korrespondiert. Vor allem – und hier lag der Fokus des ministeriellen Interesses – verweist es auf die Notwendigkeit für den Muslim, seine Abwesenheit von der heilsnotwendigen *umma* nicht über ein Maß hinaus auszudehnen, das seiner Heilsbestimmung schaden könnte.

Wenn Tibi darin eine »mittelalterliche« Beschneidung demokratischer Grundrechte erkennt und den Referenten des »Rassismus« zeiht,[366] dann wird hier – neben der Verwechslung des Islam mit einer Rasse – die Verachtung des Muslim Tibi für die *shari'a* als mittelalterliche, dabei allerdings aus der Sicht von über einer Milliarde Menschen keineswegs obsolete Rechts- und Machtbasis erkennbar. Abgesehen von der hier ebenfalls übersehenen historischen Leistung des Mittelalters ist Tibis Wertung nur vordergründig, denn er weiß, daß über das Mittel uneingeschränkter Inlandsrechte eine erweiterte Zuwanderung und damit die Herausbildung einer ausreichend großen *umma* erreicht werden wird, um die Diaspora als beendet, die Geltung der *shari'a* als primär und die demokratischen Grundrechte als sekundär betrachten zu können. Unter Tibis Propagandabegriff des »Euro-Islam« und dem Schutz der Interkultur kommen die Muslime auf ganz natürliche Weise in einem Europa an, dessen »christliche Demokratie« sich ihrerseits zum Islamland wandelt, weil ihre Toleranzdoktrin einen solchen Annäherungsprozeß systemhaft erzeugt.

Obwohl Milli Görüsh mit einem gewaltbereiten Elitarismus, einem korporativen Führertum und einer egalitären Gemeinschaft, die sich auf das Goldene Zeitalter ihrer Urgemeinde rückorientiert, klassische Kriterien der faschistischen Ideologie erfüllt, ist es dem deutschen Interkulturalismus offensichtlich schon kognitiv nicht möglich, den antisemitischen Rechtsradikalismus seines Identifikationsobjekts als solchen wahrzunehmen. Diese Zuordnung bleibt im Rahmen des Moraldogmas nach wie vor den nach liberaler Sprachregelung »Überflüssigen« vorbehalten, die im Gut/Böse-Raster auf die falsche, d.h. eigenorientierte Seite geraten und auf Dauer ohnehin auszusondern sind. Ein halbes Jahrhundert nach Auschwitz sehen die deutschen Eliten in Politik und Kirche gute und moralische Gesinnung erneut in der Unterstützung und aktiven Förderung des Antisemitismus, vorliegend integriert in die attraktive Fremdgestalt des Islam.

Die Exempel der interaktiven Verwirrspiele zwischen Steinbach und Tibi stehen beispielhaft für die breit angelegte Wirkungsweise liberaler Mehrdeutigkeit in der gesellschaftlichen Diskussion. Dabei ist es völlig unerheblich, ob diese Exponenten der widersprüchlichen Islamdarstellung und ihrer zahlreiche Nachahmer ihre Thesen absichtlich konstruieren oder in konstruktiver Absicht entwickeln. Ihre Bücher und Fernsehauftritte erzeugen das uns immer vertrauter werdende, unklare Bild vom Islam als einem im Prinzip positiv aufzufassenden Phänomen. Wenn überhaupt negative Aspekte festgestellt werden, so haben sie eigentlich weniger mit ihm selbst, sondern mehr mit irrationalen »Ängsten« der Bevölkerung zu tun. Diese Ängste müssen ein umso verstärkteres Ziel der »Einübung« moderner Toleranz und des positiven Islamfilters bilden, je hartnäckiger sie sich dem Trichter der Entmündigung entziehen.

Als Veteranen dieser Richtung sind der ehemalige Dialogreferent der Diözese Köln, Pater W. Wanzura, und der Orientalist und Priester A. Khoury zu nennen, deren Publikationen seit Jahrzehnten intensive Islamförderung betreiben. Wenngleich eher dem kirchlichen Dialog zugehörend, haben ihre hinreichend verschwommenen Darstellungen einen erheblichen Beitrag zur Herausbildung des »Chrislam« geleistet und damit auch einen entsprechenden Einfluß auf Anfänge und Verlauf der multikulturellen Diskussion ausgeübt. Zu den wesentlichen Beispielen dieser Wechselwirkung gehört das sogenannte »Ford-Programm«, im Rahmen dessen das Erzbistum Köln hohe Mittel bereitstellte, um die Religionsunterweisung und -ausübung der muslimischen Arbeiter bei Ford in Köln zu gewährleisten.[369]

Diese Art der öffentlichen Islamerziehung hat inzwischen die Funktion einer flankierenden Propaganda im Sinne einer ehedem sanften Doktrin übernommen, die nun mit wechselndem, tendenziell indessen zunehmendem Nachdruck durchzusetzen ist, vergleichbar den Ermahnungen der Bischöfe an ihre Gemeinden zur Einhaltung der interreligiösen Gemeinsamkeitssuche. Als Ergebnis stellen sich Steinbach, Tibi & Co. im Zusammenwirken mit zahlreichen, gleichermaßen richtungweisenden, tatsächlichen oder selbsternannten Experten als Interessenvertretung des Islam dar, deren ambivalente Information von großem Wert für das Großszenarium der Wirtschaftsglobalisierung und der Machtsicherung der politischen Klasse ist. So wie die Konzilstheologie im praktischen Dialog islamähnliche Züge annehmen konnte, so nimmt die interkulturelle Moraldoktrin die Eigenschaften einer islamähnlichen Interessenvertretung an, die in vielfältigen Print-Publikationen, medialen Stellungnahmen und kirchlich-politischen Seminarveranstaltungen der Öffentlichkeit eine gigantische Brille der positiven Islamsicht aufsetzt.

Der elitäre Aspekt des Islam als der »besten Gemeinschaft, die die Erde je hervorgebracht hat«, kommt in einem gesteigerten Bewußtsein der Auserwähltheit im Derwisch-Orden der *sülaymandjilar* zum Ausdruck, auf dessen Initiative im Jahre 1980 der sogenannte »Verband islamischer Kulturzentren« (VIKZ) – mit derzeit um 25 000 Mitgliedern zweitstärkste Organisation des türkischen Islam in Deutschland – gegründet wurde. Wie so oft in elitären Gemeinschaften müssen auch die VIKZ-Mitglieder ihre Auserwähltheit nach innen mit totaler Unterwerfung erkaufen, die sich in einer ultraorthodoxen *shari'a*-Auslegung und entsprechend aggressiven Ablehnung aller westlichen Staats- und Verfassungsnormen niederschlägt. Nach außen tritt die VIKZ als tolerante Gemeinschaft in Erscheinung, die um nichtmuslimische Kontakte bemüht ist, um in Anlehnung an das Milli Görüsh-Erfolgskonzept ebenfalls in den Genuß des interkulturellen Förderpotentials zu kommen.

Weder die logenartigen Strukturen und nahezu unbekannten Lehrinhalte der VIKZ noch die bizarren Hetzschriften der *sülaymandjilar* gegen Christen, Juden und Freimaurer[367] haben die ehemalige Bundestagspräsidentin Süssmuth 1994 und in der Folge zahlreiche weitere Repräsentanten deutscher Parteien davon abhalten können, vor Gremien der VIKZ und Milli Görüsh zu sprechen[368] sowie ihre »Kulturzentren« durch Förderung von Baugenehmigungen und Finanzierungen zu unterstützen. Es ist daher nur folgerichtig, wenn Milli Görüsh die Einrichtung eines Lehrstuhls für islamische Theologie an einer deutschen Universität fordert, nachdem die türkischen Behörden die Fakultät für christlich-orthodoxe Theologie auf der Marmara-Insel Heybeli bereits im Jahre 1971 geschlossen und seither jeden Antrag auf Wiedereröffnung abgelehnt haben.[368a]

Als islamischer Außenseiter tritt die DITIB (*Diyanet Ishleri Türk-Islam Birlighi*), die »Türkisch-Islamische Union für Religionsangelegenheiten«, gegründet 1982 in Berlin und mit Sitz in Köln, in Erscheinung, die mit etwa 800 Ortsvereinen über 100.000 Mitglieder umfaßt sowie unter Hinzurechnung von Familienmitgliedern – nur auf Deutschland bezogen – als größte türkische Organisation betrachtet werden kann. Die DITIB vertritt offiziell den laizistischen, von staatlichen Angelegenheiten abgetrennten Islam und verwaltet die ihr angeschlossenen Moscheen und »Kulturzentren« mitsamt dem in ihnen durchgeführten Islamunterricht. Es kann kaum verwundern, daß die Kontakte zu dieser eher säkularen Organisation von den deutschen Behörden zugunsten der Islamisten laufend abgebaut werden.

Auf übergeordneter Ebene hat sich der Islam in Deutschland in zwei Dachverbänden organisiert. Der »Islamrat der Bundesrepublik Deutschland« gründete sich 1986 in Berlin, wird eindeutig von der IGMG dominiert, steht allerdings ebenso unter nicht unwesentlichem Einfluß des deutschen Islamkonvertiten, langjährigen Vorkämpfers für die Interessen des Islam in Deutschland und Leiters des Islam-Archivs in Soest, M. Salim Abdullah (geb. Herbert Krahwinkel). Zu den Zielen des Islamrats gehören die offizielle Anerkennung des Islam als Körperschaft, die Gestaltung des Islamunterrichts an den Schulen und die Beihilfe zu *islamgerechtem Verhalten,*[370] was immer dies im Hinblick auf die aggressive IGMG-Ausrichtung in Aussicht stellen mag.

Als Gegenstück zum Islamrat hat sich 1994 der »Zentralrat der Muslime in Deutschland« mit dem Selbstverständnis einer islamischen Spitzenorganisation, oberster Meinungs-und Diskussionsebene und zentralen Ansprechpartners für maßgebliche deutsche Stellen gebildet. Wie zahlreiche andere Islamverbände wird auch der Zentralrat durch islamische Finanzmittel unterstützt, was ihm einen streng *shari'a*-treuen Anstrich inkl. der repressiven Behandlung der Frauenfrage verleiht. Dieser Logik entsprechen die Kontakte des Verbandes zur Muslimbruderschaft, die seiner – seit dem New Yorker Anschlag vom 11. September besonders konzertierten – Förderung offenbar eher zu- als abträglich waren. Als »Ehrenmitglieder« treten einige Vorzeigekonvertiten in Erscheinung, z. B. der ehemalige Diplomat M. Hofmann sowie die Mystikexpertin und Friedenspreisträgerin A. Schimmel.

Die Aufrechterhaltung der Ungleichheit, der moralische Imperativ zur Identifikation aus dem Fremden sowie die wirtschaftlich attraktiven Kooperationschancen mit den islamischen Organisationen und dem Islam an sich verbinden sich in Deutschland zu einer interkulturellen Front des konsequenten Islam-Sponsoring, das im Begriffe ist, sich zu einem zuverlässig prognostizierbaren Erfolgsmodell zu entfalten. Da sich in diesem Kontext der klassische Machtislam, möglicherweise in seiner islamistisch überzeichneten Form, etablieren wird, kann sich umso weniger der einzelne »demokratiewillige« Muslim verwirklichen. Die Integration in demokratische Rechte und Pflichten wird von den westlichen Eliten zugunsten einer gezielten Förderung islamischer Strukturen unterlaufen, die auch die Erosion der Menschenrechte einschließt.[371]

Die Bereitschaft der deutschen Demokratie, zentrale Inhalte ihrer Verfassung zu diskutieren, wurde bereits im Rahmen der »Landauer Gespräche« 1994 von der Präsidentin des Bundesverfassungsgerichts persönlich hervorgehoben und seither mehrfach bestätigt. Religionsfreiheit nach ihrer Auffassung wird die Tolerierung anderer Rechtsnormen wie die »kulturspezifischen« Aspekte des Islam, mithin also auch die Festschreibung der Frauenunterdrückung, umfassen müssen. Damit würden Elemente der *shari'a* Eingang in die deutsche Verfassung finden können, eine Entwicklung, die nach den Ergebnissen unserer Untersuchung nicht mehr als logisch und prinzipiell überfällig ist.

Auch die im Strafgesetzbuch behandelten Straftatbestände und ihre Sanktionen zur Volksverhetzung werden vermehrt überprüft, ergänzt und verschärft werden müssen, um Erkenntnisse und Informationen, die kulturbedingte Konfliktpotentiale erkennbar werden lassen, legal unterdrücken zu können. Nicht zuletzt sind auch die Initiativen der EKD, die Gottesformel aus der Präambel der Verfassung zu entfernen, keineswegs als beendet zu betrachten, wie denn auch die christliche Gottesidee, die Europa über ein Jahrtausend prägte, in den Planungen für die Charta der EU keine Berücksichtigung finden wird.

Die Diener des Religionsdialogs können sich somit auch als Diener des säkularen Rechts verstehen, wenn sie zur effizienteren Bekämpfung ihres eigenkulturelles Feindbildes das verbale Erziehungsregister des Toleranzdiktats in wirkungsvollere Strafnormen überführen. Nach Kruzifixverbot und Minarettgebot beginnt die liberale »Vexiermühle« nun auch Recht und *shari'a* bzw. Politklasse und Islamkader zu mischen. In die »Freiheit der Entmündigung« wird sie indes nur diejenigen entlassen, die gelernt haben, Eigeninteressen durch Fremdinteressen zu ersetzen.

C. Die Chance des Islam

1. Machterhalt durch Interessenverzicht

Entgegen dem Weltbild des Dialogs gehört es nicht nur nach den hier vorgelegten Untersuchungen, sondern zum historisch gesicherten Wissen, daß sich die Kulturbereiche des Islam und des Westens diametral entgegengesetzten geistigen Entwicklungen verdanken. Wir konnten dabei feststellen, daß die westliche Kultur sich wurzelhaft auf die epochale Verbindung aus Christentum und Philosophie zurückführt, die über lange Zeit einen Machtverbund aus Kirche und weltlicher Herrschaft bestimmte. Der Islam gründet hingegen auf einer als Offenbarung verstandenen Schrift, die sich mit Berichten über Aussagen und Handlungsweisen ihres Urhebers zu einem »Gottesgesetz« (*shari'a*) für Glaube, Staat und Gesellschaft verbindet. Der erstmals im »Modell von Medina« gelebte Ursprung dieses Gottesgesetzes, sein Ausdruck in der vom Verkünder gestifteten Gemeinschaft, wurde zum verbindlichen Ideal, zur unübersteigbaren Orientierung des islamischen Glaubens.

Während dieses Ideal gegen sämtliche Angriffe philosophischer Rationalisierung und der Verselbständigung menschlichen Denkens verteidigt und in seiner originären Form als Einheit von Religion und Staat bis in die Gegenwart konserviert wurde, begann in der abendländischen Renaissance ein fundamentaler Entflechtungsprozeß des menschlichen Geistes. Ausgehend vom Diktat der Kirche, entledigte sich der Mensch in der Reformation der verpflichtenden Werke und sah sich fortan allein durch den Glauben gerechtfertigt, bevor er in der Aufklärung sich vollends von der christlichen Offenbarung löste und mit einer als autonom verstandenen Vernunft zum Selbsterlöser und Weltgestalter der Moderne aufschwang.

Dieser Ablösungsprozeß aktivierte einen ungeheuren Kulturprozeß wissenschaftlicher, technischer und wirtschaftlicher Entwicklungen, die als Nebenprodukte die Trennung von Staat und Kirche sowie Auflösung traditioneller Strukturen des Glaubens und Wissens bewirkte. Mit dieser Auflösung ging eine zunehmende Verlagerung vom religiös zum wissenschaftlich bestimmten Denken einher, das den Menschen von Prioritäten der geistig orientierten Muße auf solche der materiell orientierten Arbeit verlagerte.

»Selbstverwirklichung« nach ständig härter werdenden Maßstäben der Arbeitsrentabilität und kommerzialisierter Körperlichkeit erlangte deutliche Dominanz über Identitätskriterien der Religion und Bildung. Das Schwinden der transzendenten Dimension und die Frustration aus fundamentalem Erkenntnisschwund trotz unverkennbarer technischer und wirtschaftlicher Entwicklung erzeugten die Fortschrittsideologie der Moderne, die sich fortlaufend von Vergangenheit, dem Eigenen und strukturellen Zusammenhängen löste, um sich umso mehr der Zukunft, dem Fremden und isoliert wahrgenommenen Details zuwenden zu können.

Die sachliche Erkenntnisverengung, aber auch die Globalisierung, d.h. die Abnahme räumlicher Verfügbarkeit, erzwangen dabei eine graduelle Akzentverlagerung auf die Zeitkomponente, welche die Distanz zwischen realem Erfahrungsraum und potentiellem Erwartungshorizont verringerte, d.h. den Wert der Gegenwart reduzierte und zugleich denjenigen der Zukunft drastisch anhob.[372] Im Ergebnis entstand aus der Ideologie des modernen Fortschritts die Heilsutopie des postmodernen Wandels, welche die letztliche Erlösung in der »Einheitsmenschheit« erkennt, einem vom Menschen selbst im Zeitrafferverfahren anzustrebenden, prinzipiellen Ziels, das in der Verschmelzung aller Religionen, Kulturen und Ethnien in Frieden, Freiheit, Gleichheit und Wohlstand besteht.

Dieser Prozeß erzeugt Machtkonzentrationen bei neuen Eliten, die sich auf Basis undemokratisch beanspruchter Legitimation wachsende Privilegien aneignen. Dabei übernehmen volkspädagogische »Dialoge« der Interreligion, Multikultur und des Globalethos die Rolle eines quasi-religiösen, alternativlosen Idealkonzepts, dessen Einübung die in gleichem Zuge zu entmündigende und uniformierende Masse einer heilsbringenden, profan erlösenden Zukunft entgegenführt.[373] Eine solcherart entrückte Ideologie, die sich folgerichtig der rationalen Betrachtung entzieht, findet bevorzugt in der modern-liberalen Ambivalenz ihr wesentliches, strategisches Mittel. In der Praxis der Islamdiskussion hat es sich z.B. seit langem als besonders nützlich erwiesen, Skepsis gegenüber der kollektiven Aggressionsneigung des Islam mit dem Argument der Religionsfreiheit für die individuelle Glaubensausübung der Muslime aufzulösen.

Im Zuge einer solchen Selbstermächtigung können Elitevertreter wie der Papst neue, fremdorientierte Glaubensgrundlagen unter Ethisierung der Wirtschaftsglobalisierung und deutsche Bundespräsidenten den Islam als Wegweiser der Moderne bzw. den Moscheenbau als neue Sinnstiftung der Deutschen verkünden. Nachgeordnete Ebenen wie z.B. die Evangelische Kirche Hessen-Nassau können im Kielwasser dieser Vorgaben widerspruchslos fordern, daß »die Deutschen den Islam wollen müssen«, und die Zustimmung der Friedenspreisträgerin des Deutschen Buchhandels von 1995, der Orientalistin A. Schimmel, zum Todesurteil gegen Salman Rushdie erscheint in diesem Kontext keineswegs abwegig.

Dennoch müssen die strukturellen Diskrepanzen zwischen ideologischem Anspruch und islamischer Wirklichkeit immer wieder semantisch ins Lot gebracht werden. Hierzu sind Kirche, Politik und Wissenschaft in einer konzertierten, dialogischen Gedankenfabrikation angetreten, die keinen Zweifel daran zuläßt, daß es sich trotz aller möglicher Bedenken beim Islam um eine tolerante Religion handelt, deren Selbstdarstellung ungeprüft zu akzeptierenden Wahrheitsstatus besitzt. So wie die klerikalen Machtstrukturen durch Austausch der offenbarten Glaubensbasis gegen den interreligiösen Konzilsglauben ihren Glaubensprimat behaupteten, so festigten die politischen Parteien durch gemeinsame Konzentration auf das Dogma der Multikultur eine Machtbasis, die ohnehin bereits damit begonnen hatte, sich von der Basis demokratischer Legitimation zu entfernen. Da beide Bereiche Ableger bzw. Assistenten der simultan ablaufenden, übergeordneten Wirtschaftsglobalisierung bilden, sind es massivste materielle Interessen, die eine sich vital ausbreitende, polit-kirchliche Elite mit enormer interkultureller Propaganda vertritt bzw. für sich selbst verfolgt.

Die Allianz aus arbeitsorientierten Wirtschaftsinteressen und den Dialogtruppen der Kirche und Politik, die teils ideologisch, teils opportunistisch unter dem Deckmantel kulturell-religiöser Toleranz der Wirtschaftsglobalisierung das Wort reden, bildet das Rückgrat der kommenden Globalelite, der selbsternannten Führung eines interreligiös-multikulturellen Menschheitsprojekts.

Während sich die Globalisierung selbst zunächst als ein von außen besehen ungerichteter Prozeß – mit Ausnahme der genannten Körperschaften – ohne fest installierte, zentrale Kontrollebenen darstellt,[374] formieren sich ihre Eliten als interkulturelle Dirigenten der globalen Unbestimmtheit. Sie treten als Konstrukteure eines Menschheitsbaus auf, der mit einer undogmatischen Ethiktheorie und doktrinären Praxis ausgestattet ist, und sie somit gewissermaßen zu Propheten wie auch zugleich Vollstreckern einer liberalen Utopie werden läßt.[375]

Sie allein haben das Recht, eher die »Pflicht«, dieses Herrschaftswissen in Programmen der verordneten Toleranz und interkulturell kanalisierten Entmündigung den ihnen Anvertrauten einzupflanzen. Da ihr ideologischer Auftrag den Charakterzug des utopischen Heilszwangs trägt, wird ihm von der Zivilisationsforschung potentielle Terrorfähigkeit zugemessen (s. o. S. 22f.). Die ultradogmatische Gleichsetzung von Alt/Eigen mit Böse sowie Neu/Fremd mit Gut öffnet nicht nur Schleusen politischer Diskriminierung, sondern liefert vor allem die vermeintlich legitimen Voraussetzungen für eine umfassende Modifikation der staatlichen Rechtsbasis.

Die Diskussionen im Vorfeld des Kosovo-Krieges konnten einen Vorgeschmack auf den zweckgerichteten Einsatz der Menschenrechte als Instrument der Vernichtung derer geben, die sich der Gut/Böse-Matrix ultra-liberalistischer Geo- und Globalpolitik entziehen. Auch die konzertierte, nicht ganz unaufgeregte Reaktion der EU-Staaten auf den Eintritt der national-liberalen ›Freiheitlichen‹ in die Regierung des EU-Mitglieds Österreich ließ das virtuelle Gewaltpotential ahnen, das die globalen Wirtschaftsinteressen freisetzen können, wenn die Entdemokratisierung regionaler Basisgesellschaften im europäischen Kontext ins Stocken zu geraten droht.

So dubios derartige Strafaktionen gegen abweichendes Verhalten im Kanon des Globalismus auch anmuten mögen – sie liefern durchaus geeignetes Anschauungsmaterial für die Einschätzung des voraussichtlichen Gesamtverhaltens der sich hier abzeichnenden, neuen Verstärkung eines alten, historisch gewachsenen Systems. Die exemplarische Dominanz des amerikanischen Geo-Liberalismus über den deutschen Pazifismus grüner Prägung verdeutlichte am Kosovo-Beispiel die letztliche Gerichtetheit des globalen Prozesses. Der gleiche Mechanismus erlaubte den Grünen – unter der Bedingung einer widerruflichen »Übergangszeit« von drei Jahrzehnten – einen ideologisch motivierten Atomausstieg, weil er die amerikanisch-islamische Rohöl-Absatzpolitik eher unterstützte als störte.

Die generelle Interkulturalität der regionalen Migration bzw. Politposition erhält somit spezielle, übergeordnete Leitimpulse, sobald Aspekte der Globalstrategie tangiert sind. Im Falle Österreichs wurde im scheinbar irrationalen Verhalten der anderen 14 Staaten nicht nur diese übergeordnete Impulsebene, sondern vor allem auch die Verfestigung elitärer, supra-nationaler Machtstrukturen erkennbar. Von der Europäischen Kommission, einem übergeordneten, undemokratisch entstandenen Gremium, wurden diffus legitimierte »Weise« als Kontrolleure nach Wien entsandt, um sie die Strukturen der – demokratisch gewählten – Regierung auf ihre bereits vorhandene Legitimität überprüfen zu lassen.

Wir dürfen mithin die Existenz einer heilsutopischen Gut-Böse-Mechanik globalistischer Menschheitsbefriedung konstatieren, die eine geeignete Grundlage für die Durchsetzung realer Macht- und Wirtschaftsinteressen liefert. Angetrieben wird sie von einer tief verwurzelten, aufklärerischen Vernunftdynamik, deren Hauptmerkmal in der Auflösung emanzipierten Geistes und autonomen Handelns besteht. Eine auf diese Weise reduzierte Erkenntnisfähigkeit kann sich über Identitätsmodule der Arbeit, Freizeit und Fremdorientierung »erlöst« sehen und so problemlos einem Lohn- und Strafkatalog zustimmen, der sie selbst vom Eigeninteresse abkoppelt und neuen Eliten entsprechend gesteigerte Macht verleiht.

Dabei gewinnt in einem vielfältig gefächerten Meinungsspektrum der Verzicht auf Mehrheitsinteressen unter gradueller Konzentration von Macht und Meinung bei sich verstärkenden Eliten die Oberhand. Dieser Eigenverzicht beschneidet vor allem die Rechte der Basismehrheit auf die Auswahl politischer Repräsentanten oder Mitbestimmung über Grundsatzfragen wie Währung und Zuwanderung. Zwangsformeln wie das politische Rechts/Links- und das religiöse Eigen/Fremd-Muster werden der Gesellschaft als pauschale Orientierungsziele verordnet und können – der historischen und rationalen Analyse entzogen – verunsachlicht und zu neuen Machtinstrumenten ausgebaut werden.

Was nicht zuletzt in der Evolution als richtig und wichtig gilt, nämlich die Wahrnehmung des Eigeninteresses, gerät im »christlich-demokratischen« Westen, zumal in Deutschland, somit zum rechtsradikalen Projekt. Eine rationale Diskussion über die Einwanderung in ein dicht besiedeltes Land mit struktureller Arbeitslosigkeit und sinkender Bevölkerung wird zu irrationaler Ausländerfeindlichkeit. So können auch die Kosten und Folgekosten der Migration zum rationalen Unwert werden, während alle anderen Aspekte der Globalisierung und die gesamte Arbeitswelt der uneingeschränkten, betriebswirtschaftlichen Vernunft unterliegen.

Auf diese Weise kann sich das klassische Muster der liberalistischen Zwangstoleranz ungehindert entfalten. Eine zunächst humanistisch geprägte Verhaltensempfehlung der Sorge für die Entrechteten anderer Kulturen wird über diverse Stufen der Propaganda und Indoktrinierung zu einem stringenten Programm der Verhaltenskonditionierung zur bedingungslosen Akzeptanz dieser Kulturen. Aus einer offenen Gesellschaftsdynamik der demokratischen Kompromißsuche wird eine geschlossene Gesellschaft unter den Steuerimpulsen einer fremdbestimmten Massenideologie. Die pluralistische Differenzierung der westlichen Gesellschaft wird unter dem elitären Diktat der Interkultur in eine Plus/Minus-Dialektik der Fremdorientierung gezwungen.

Die Gesamtheit der Migrationsströme von Armutsflüchtlingen und politisch Verfolgten speist sich nicht nur aus der Arbeitsrationalisierung und Umweltzerstörung des westlichen Wirtschaftsglobalismus. Obwohl sie sich ebenso der Intoleranz fremder Kulturen und der Repression und Korruption ihrer Eliten verdankt, wird sie jedoch in der Werteskala der interkulturellen Massenideologie zum zentralen Identifikationsfeld aller kirchlich-politischen Aktivität und ihrer medialen Verbreitung. Die Konditionierung der westlichen Masse zu einem kollektiven Resonanzboden, der die Arbeit als höchstes Gestaltungsprinzip und im Rahmen einer interkulturellen Propaganda die Toleranz als Verzicht auf rationale Analyse versteht, formt die moderne Gesellschaft zu einem Phänomen systematischen Selbstabbaus.

Unter den Weisungen einer Herrschaftsebene, die sich in undemokratischen Strukturen verstetigt, unterwirft sich diese neue Gesellschaftsform fremden Interessen, die von Kriterien einer übergeordneten, globalwirtschaftlichen Nützlichkeit dominiert und mit moraldoktrinären Mitteln durchgesetzt werden. Wer auf die in diesem Szenarium entstehenden, schädlichen Auswirkungen auf das Gemeinwesen verweist, stört sowohl die Zukunftseuphorie des moralistischen Heils als auch die konkreten Interessen des konzentrierten Kapitals. Dabei muß ein wirksames Arsenal von Maßnahmen, das Entmündigung und Konformismus belohnt bzw. Mündigkeit und Urteilsfähigkeit bestraft, integrales Element eines solchen Systems sein, um der Möglichkeit ernsthafter Störungen schon im Ansatz vorzubeugen.

Entsprechend dieser Plus/Minus-Mechanik ist in ihrem ideologischen Verlauf der 80er und 90er Jahre in Deutschland eine zunächst noch gemäßigte Richtig/Falsch-Dialektik der »Political Correctness« aufgebaut worden, die sich rechtzeitig zur Jahrtausendwende zu einem klassischen Gut/Böse-Regelwerk entwickelte. In diesem System bildet der Rechtsradikalismus ein zwar berechtigtes, in Deutschland allerdings eher phantomartig konstruiertes Feindbild.[376] Weder zahlenmäßig und organisatorisch noch gesellschaftlich läßt sich der Aufwand rechtfertigen, mit dem die Politklasse und ihre Medien immer wieder zur Eindämmung der braunen Flut aufrufen. Dementsprechend liegt auch die Ethnogewalt statistisch weit unter den einschlägigen Ziffern in Frankreich, England und den USA.

Viel eher eignet sich der allgegenwärtige »Rechtsradikalismus« allerdings als generelle Diffamierung jeder analytischen Bewertung gewachsener Strukturen, bekanntlich das Hauptziel liberalistischer Entmachtungs- und Uniformierungsdynamik. So könnte der Fall des nordrhein-westfälischen Verfassungsschutzes, der Kritiker der Rechtschreibreform unter Beobachtung stellte, am Beginn einer Entwicklung stehen, die jede Form des Intellektualismus mit Rechtsradikalismus gleichsetzt. Je weiter sich die Politklasse von der Wahrnehmung des Volkswillens entfernt, desto drastischer werden die Abwehrmaßnahmen zur Verhinderung des Anspruchs auf demokratische Mitsprache gestaltet werden müssen.

Im kirchlichen Bereich verdeutlicht sich diese Tendenz im Schweigen über die notorische Christenverfolgung in den islamischen Ländern und in der Unterdrückung derjenigen, die eine Überprüfung des Dialogs fordern. In der Wissenschaft haben die Fachschaften Konjunktur, deren Ergebnisse sich entweder kommerziell oder ideologisch verwerten lassen.

Wer in der Orientalistik den Islam.einer historisch kritischen Analyse mit möglicherweise negativem Ergebnis unterzieht, verliert zwar nicht seinen unkündbaren Lehrstuhl, wird jedoch zur wissenschaftlichen Unperson, indem seine Bücher weder besprochen noch zitiert werden. Gehört ein derartiger Kritiker noch zu den jüngeren Semestern, hat er kaum Aussicht, je auf einen Lehrstuhl berufen zu werden. Entsprechend desolat stellt sich die geistige Unabhängigkeit der zeitgenössischen Orientalistik dar. Die Folgen bekam der Tübinger Dogmatiker van Ess zu spüren, als er von Iran-Präsident Khatami im Juli 2000 über seine zwar politisch, nicht jedoch islamisch korrekte, d.h. dialogideologische Islaminterpretation belehrt wurde.

Die Stringenz, mit der gegen den Katechismus einheitskultureller Verhaltensregeln verstoßende Politiker, Kleriker und Wissenschaftler oder – wie Österreich – ganze Staaten ausgegrenzt werden, gründet sich auf eine Moral, die die Verachtung des Eigenen, repräsentiert vor allem durch die Abwehr demokratischer Selbstbestimmung, zum Ersten Gebot erhebt. Zum Thema des Euro-Beitritts meinte 1996 die seinerzeitige Bundestagspräsidentin Süssmuth:

»Wir können nicht sagen, in dieser wichtigen Frage lassen wir das Volk entscheiden«.

Dem Euro-Kommissar G. Verheugen unterlief im Jahre 2000 mit der Anregung von Volksbefragungen zur Euro-Osterweiterung ein flagranter Verstoß gegen diese oberste aller liberalen Maximen. Seine Demutshaltung beim Widerruf und die harte Miene seines Präsidenten dokumentierten, daß der einheitssichernde Strafkatalog auch interelitär gilt. Da sie so »objektiv« ist, sich selbst intern zu disziplinieren, obliegt dieser Elite umso mehr auch die externe Beachtung und Durchsetzung der neuen Heilshygiene. Unter dem multiplikatorischen Einsatz der Medien sind die Spielregeln der interkulturellen, einheitsschaffenden Toleranz unmißverständlich einzuüben. Die Erziehung der Gesellschaft zur moralideologisch steuerbaren Gestaltungsmasse und ihre Befreiung von unreinen, der Einheitsvision nicht entsprechenden Elementen gehört zu den wichtigsten Bedingungen des liberalen Großprojekts.

Sichere Indikatoren für ein nachhaltiges Greifen des interkulturellen Massenliberalismus sind dann anzunehmen, wenn der emanzipierte Einsatz von Glaube, Wissen und Verantwortung endgültig unter die Rubrik des »Rechtsradikalismus«, zumindest jedoch konsequent auszugrenzender Unkultur gefallen sind. Wenn glaubenstreue Kleriker die Wahrheit des Christentums, analytisch orientierte Wissenschaftler die Kompetenz der rationalen Methode und Bürger ihre Verfassungsrechte in Migrationsfragen vertreten, können sie bereits heute »unreine« Faktoren darstellen, deren Existenz einzuschränken ist. Ob diese Einschränkung in Meinungsdruck, Rufmord, materiellem Ruin oder physischer Vernichtung besteht, bedeutet keinen substantiellen Unterschied, sondern bezeichnet nur den graduellen Fortschritt der inneren Systemverfassung im vereinheitlichenden Heilsprozeß einer totalitären Moral.[377]

2. *Eine antisemitische Moralpsyche?*

Wir stehen einem Gesellschaftstypus gegenüber, der sich die Suche nach Gemeinsamkeiten mit und Identitätsfindung in anderen Religionen und Kulturen bei gleichzeitiger Auflösung und Ausgrenzung eigener Traditionen und Auffassungen zu einer wichtigen, wenn nicht dominanten Grundlage des kollektiven Denkens und Lebens gemacht hat. Religiöse, politische und wissenschaftliche Ethikbegriffe werden der kanalisierenden Moral dieser Gesellschaftsdynamik unterworfen. Aus der traditionellen, historisch differenzierten Fremd/Eigen-Unterscheidung wird ein Gut/Böse-Raster gefiltert, der die Fremdorientierung und Geschichtslosigkeit zu moralisch obligatorischen Determinanten macht.

Aus der Gesamtheit der Geschichte, aus einem ungeheuren Spektrum historisch bedingter Ereignisfolgen selektiert diese Doktrin zentrale Einzelbegriffe als Basis für die Forderung nach umfassender Akzeptanz aller Religionen und Kulturen. Dieser Sphäre der ständig einzuübenden Akzeptanz und Toleranz fällt die Aufgabe zu, die möglichen Konfliktpotentiale, die unter dem Regime der Wirtschaftsglobalisierung mit Arbeitsplatzverfall und Migrationsdruck entstehen können, zu absorbieren bzw. abzuschwächen. Hier formieren sich zunehmend absolutistische Eliten der Kirchen, der Bildung und der Politik, die mit den globalen Bank- und Konzernakteuren die ideologischen Wächterfunktionen über die moderne Totalmoral übernehmen.

Die mit der Migration importierten Defizite der Toleranz und Sozialisierung werden nach Einwanderung in den Kulturkolonien des Inlands konserviert, weil die Kulturalität des Fremden Richtschnur und Orientierungsbasis der interkulturellen Massenideologie darstellt. Mit dem Konzept der Totalmoral werden nicht nur offensichtliche Gegensätze zu doktrinär abgesicherten Gemeinsamkeiten umgedeutet, sondern es wird die Annahme der gleichen Moral durch die fremden Kulturen unterstellt, eine absurde Vorgehensweise, die das Ziel der Einheit im Sinne der Integration verfehlt, denn wer wie der Islam auf den Komfort des Dialogs zurückgreifen kann, braucht keinen Kompromiß.

Wir wissen aus den Makro-Faktoren der Renaissance, Reformation und insbesondere der liberalen Aufklärung, daß die Aufgabe des Glaubens, der Orientierung am Absolutum der Tranzendenz, zu einer sich laufend verengenden Geistspirale der Welterfahrung und der Erkenntnis an sich führte, eine fatale Ausweglosigkeit, die zu einer Selbsterlösung in schrumpfenden Bereichen des Fremden und Materiellen zwang.

Das sich mit diesem Prozeß ständig verkleinernde Relativum als jeweils neue Erkenntnisbasis menschlicher Sinnsuche kanalisierte alles Denken in immer beengtere Ausschnitte momentistischer Wahrnehmung, jene Beschränkung auf in Zeit und Raum isolierte Aspekte, deren Einordnung in größere Zusammenhänge sich zu versperren und gleichermaßen jede kritische Analyse zu verhindern begann. Da sich mit diesem Ablauf zugleich auch Vergangenheit und Tradition als Koordinaten der Zeit verschlossen, war der entscheidende Impuls für eine fremdorientierte und zugleich planungslose Zukunft, die Dynamik der postmodernen Massenideologie, gegeben.

So eindrucksvoll diese Entwicklungen durch das Wachstum der Kulturkolonien und der elektronisch unterstützten neuen Spaß- und Erlebniskultur des »Eventainment« begleitet werden, und so intensiv sie auch von der Zivilisationskritik diskutiert worden sein mögen[378] – so bleibt doch über diese Makro-Bedingungen hinaus die Frage, welche Faktoren die Akteure der Massenideologie dazu bewegen, von der universellen Rechtfertigung ihrer Handlungsweise sub- wie objektiv überzeugt zu sein, und denjenigen, die ihnen in dieser Überzeugung nicht folgen wollen, gerade nicht die ansonsten ständig geforderte Toleranz zuzubilligen, sondern ihre Gefolgschaft notfalls mit Gewalt zu erzwingen.

Schon in den beiden Vorläufern der liberalistischen Massenideologie, der international-sozialistischen Klassen- und national-sozialistischen Rassenideologie, waren Kollektive erkennbar geworden, die sich als quasi-religöse, messianische Alternativen verstanden.[379] Als ihre Priesterschaft waren ultra-dogmatische Eliten in Erscheinung getreten, die sich an die Spitze einer zur bevorzugten und heilsnotwendig erklärten Klasse bzw. Rasse setzten, und ihre Utopien über gewaltige Kontroll- und Tötungsapparate durchzusetzen suchten.

Dabei ist im Rahmen unserer Untersuchung weniger wichtig, ob und warum die kollektive Beseitigung des national-sozialistischen Systemgegners einzigartig war. An der Singularität dieses Verbrechens in der deutschen Geschichte kann ohnehin kein Zweifel bestehen. Für die weitere Projektion der fremdorientierten Massenutopie könnte allerdings wesentlich sein, inwieweit die spezifisch deutsche Ausprägung der fabrikmäßigen Exekution des Judentums als ein Kriterium der festgestellten Einmaligkeit in unsere Zeit nachwirkt. Abgesehen davon, daß sich auch in einer solchen Technisierung der Mangel an Helfern und Vollstreckern bzw. der Zynismus liberalistischer Arbeitsverwertung ausdrücken, wirkt in der Heilsbestimmung des liberal fremdorientierten Multikulturalismus eine bemerkenswerte Variante deutschen Antisemitismus' fort.

Wie an früherer Stelle erwähnt, gehörte zum Programm der islamistischen Regierung Erbakan nicht weniger als »die vollständige Vernichtung der Juden«, verkündet im Jahre 1996 im Rahmen einer über Wochen andauernden, antisemitischen Hetzkampagne, die in »Akil« (türk.: Verstand), der offiziellen Publikation der Rifah-Partei erschien. Wie wir ausgeführt haben, agiert die Milli Görush als ihr westlicher Arm in Deutschland in einem höchst produktiven Grauraum zwischen der Ausbildung islamistischer Extremisten im Rahmen straffer innerer Führung und der Hofierung durch die deutschen Parteien und Kirchen, wobei die Beobachtung durch Organe des Verfassungsschutzes von geringer Bedeutung ist. Nicht nur fehlen die verfassungsrechtlichen Voraussetzungen zur Einstufung von Religionen mit politischer Relevanz; es fehlt vor allem die Willensbildung zur Bewahrung überkommener Vorstellungen von Gemeinwohl und Demokratie, die eine fremdorientierte Politik nicht mehr zu ihren Prioritäten zählen kann.

Darüber hinaus bestimmt, wie wir ebenfalls haben multipel herleiten können, vor allem die globale Wirtschaftsexpansion und hier allerdings in besonderem Maße die amerikanische Geopolitik die übergeordneten Rahmenbedingungen der liberalistischen Massenideologie. Der erwähnte »Council on Foreign Relations«, oberste Lenkebene globaler Prozesse unter Ägide führender Bank-Trusts, verfügt über eine Reihe angeschlossener Gremien, die eine absolute Dominanz der amerikanischen Energieinteressen als oberste Priorität internationaler Politik sicherstellen. In diese oberste Priorität gehört vor allem die störungsfreie Kooperation mit den islamischen Ölförderländern der Golfregion inkl. Iran, die als erklärte Willensbildung dieser Gremien sich unter rigorosem Übergehen Israels in der Realpolitik der USA ausdrückt:

> »Das Einzige, was Amerika groß gemacht hat, war das Erdöl, stabile Ölpreise und eine ständige Ölförderung. Und wir (die USA) werden nicht dulden, daß Israel uns dabei im Wege steht«.[380]

Die deutsche Politik, bestimmt von internen Strukturen des undemokratischen Interkulturalismus und Erhalt der Parteienmacht sowie externen Abhängigkeiten von Interessen amerikanischer Welt- und europäischer Finanzpolitik, kann und will unter diesen Regimen keine eigenorientierten Konturen entwickeln. Insofern ist sie gehalten, die antisemitischen Inhalte und Tendenzen der islamisch-amerikanischen Gemeinschaftsinteressen zu übernehmen, in denen nicht nur die Golfregion, sondern vor allem auch die strategische Position der Türkei hinsichtlich der Ölalternativen im Kaukasusgebiet eine zentrale Rolle spielt.

Im Shoa-Gedenknebel schafft die deutsche Mimikry-Politik unter dem Signum der Toleranz für den Weltislam und seine radikalen Gruppen – seit der September-Katastrophe besonders auch für den islamistischen Zentralrat der Muslime – in Deutschland eine Basis mit idealen Ruhe- und Entfaltungsräumen für den selbsterklärten Hauptfeind der Juden und Israels. Erneut erzeugt deutsche Politik damit Bedingungen, die mehr als geeignet sind, an die metaphysische Schuld des Dritten Reichs anzuknüpfen. Wenn maßgebliche Kreise der CDU Kontakte mit Milli Görüsh-Führern pflegen, sich unter Beihilfe der Wissenschaft für die Aufhebung ihrer Einstufung als potentielle Verfassungsfeinde einsetzen und Einrichtungen der klandestin operierenden VIKZ finanzieren, dann zeichnet sich über die tendenzielle Islamorientierung hinaus auch im praktischen Bereich ein Maß konkreter Kollaboration ab, dessen Skala der interkulturellen und finanziellen Konditionierung nach oben offen scheint. Letztere wurde auf besonders unsensible Art bei der Stiftungsgründung für die Kompensation der NS-Zwangsarbeiter sichtbar.[381]

Hier öffnet sich endgültig die Frage nach dem moralischen Gewissen und der psychischen Befindlichkeit von Personen, die einerseits Gedenkfeiern für die Millionen jüdischer Opfer und die Errichtung bombastischer Denkmäler fordern sowie andererseits die Ausbreitung des Islam und seiner diversen Einrichtungen unterstützen und die Aufarbeitung deutscher Schuld zur Wahrung persönlicher Vorteile nutzen. Insgesamt wurde bislang kein Gedanke daran verschwendet, welche langfristige Auswirkung die deutsche Parteinahme für den Islam auf die Position Israels haben könnte.

Es wird in dieser Konstellation eine scheinbar gebrochene Moral deutlich, die einerseits auf der Einzigartigkeit des kollektiven Judenmords besteht, andererseits jedoch eine dieser Einzigartigkeit angemessene Sorgfalt im Umgang mit der Einwanderung im allgemeinen und dem Islam im besonderen vermissen läßt. Wir hatten zwar feststellen können, daß Einwanderungspolitik in Deutschland bislang ohne eine erkennbare, konzeptionelle Systematik betrieben wurde, doch lassen Verhalten und Propaganda der interkulturellen Eliten darauf schließen, daß die Förderung der judenfeindlichen Strukturen des Islam – immerhin schon vom Propheten selbst vorexerziert – der Einzigartigkeit der Shoa-Schuld nicht entgegensteht.

In beispielhaft zersplitterter Weltwahrnehmung und latent fortwirkendem Antisemitismus dominiert die islamorientierte Moraldoktrin die angebliche Singularität deutscher Judenvernichtung und offenbart die »Holocaust«-Doktrin, deren Begrifflichkeit die tatsächliche Einzigartigkeit der Shoa zynisch bemäntelt, als selektives Herrschaftsinstrument. In bezug auf die Masse behält es seine uneingeschränkte Geltung als erzieherisches Korrekturmittel, in bezug auf die Eliten kollidiert es mit den Präferenzen für den Islam und kann zu einer vernachlässigbaren Größe ohne verbindlichen Charakter schrumpfen. Nicht ohne Grund gehört die Aussage, nach der es sich bei dem Islam um eine tolerante Religion handelt, zum unverzichtbaren Basisbestand des interkulturellen Betriebs, dem Israels Regierungsberater Hirschfeld verständlicherweise nur wenig abgewinnen kann:

> »Erst schicken sie uns in die Gaskammer, dann unterstützen sie unsere Feinde, um ihren Mord an uns gutzumachen!« [382]

Dies bedeutet nicht weniger, als daß die Einzigartigkeit des deutschen Massenmords an den Juden von zwei entscheidenden Ausnahmen durchlöchert wird: sie ist weder auf den Umgang mit dem Islam noch auf die Eliten als Deutsche anwendbar. Wirkliche Singularität können die Schrecken der Shoa somit nur – und hier liegt ihre propagandistische Einzigartigkeit – für die Adressaten der massenideologischen Botschaft besitzen, diejenigen also, die noch als Deutsche im Sinne volkspädagogischer Umerziehung und interkultureller Auflösung anzusehen sind. Die elitären Heilsvermittler deutscher Prägung bedienen sich jenes spezifischen Moraltyps, der sich dem von uns bereits beschriebenen Herrschaftsprivileg der Selbstermächtigung verdankt. Im Rahmen eines verordneten Gut/Böse-Rasters, der sich mit dem geltenden Recht zu vermischen und es teilweise zu übersteigen beginnt, wachsen die Eliten in Ebenen neuer Machtqualität, die sie mit ebenso neuen, erweiterten Weisungsbefugnissen ausstatten.

Während Hitlers faktische Herrschaft auf die zwölf Jahre des Dritten Reiches begrenzt blieb, konnte sie in einer historisch einmaligen Negativfolie der gesamten Nachkommenschaft Deutschlands aufgeprägt werden. Nur die Totalität dieser Entwicklung erklärt die Monstrosität des deutschen Machtzynismus, der sich ganz ungeniert einen neuen – diesmal islamisch motivierten – Antisemitismus aneignet. Aus einer kontinuierlichen Rückorientierung auf die deutsche Schuld am Massenmord an den Juden Europas war eine Schuld der Deutschen entstanden, die alles Fremde von Schuld reinigte. Während die »Völkerfamilie« zur Tagesordnung überging, formierte sich die deutsche Gesellschaft mit fortschreitender Zeit unter dem Vorzeichen des Massenmords.

Aus ernsthaften Anfängen der Schuldaufarbeitung entwickelte sich eine universale Schablone des Shoa-Mißbrauchs, mit der sich alle Bereiche des öffentlichen Lebens in Religion, Politik, Bildung und Medien die deutsche Schuld als Instrument der Indoktrination aneigneten. So wie national-sozialistische Deutsche den Massenmord zu einer Industrie der Vernichtung entwickelt hatten, so bauten die »demokratischen« Deutschen die Schuld zu einer Industrie totalitärer Erinnerung aus. So wie alle Deutschen der Vergangenheit zu Mördern erklärt waren, so erhielten nun alle Deutschen der Zukunft das virtuelle Stigma jederzeit möglichen, neuen Massenmords. Seit Beginn der 90er Jahre konnte auf diesem Boden eine gespenstische Szenerie entstehen, in der man, wo immer ein Anschlag auf eine Synagoge oder ein Asylantenheim geschah, reflexhaft und zumeist erfolglos nach deutschen Tätern suchte.

Im Schlußabschnitt über das Zeitbewußtsein werden wir sehen, auf welche Weise sich die Irrationalität eines solchen Reflexverhaltens und seine »Legitimation« aus dem Negativen notwendig bedingen. Je absoluter die Negativbasis – vorliegend der Geist des National-Sozialismus – desto effizienter das Herrschaftsinstrument, das den Eliten in Verbindung mit gesellschaftlicher Entmündigung an die Hand gegeben wird. Die Selbstnegierung ermöglichte dem westlichen Toleranzdiktat in seiner deutschen Version erneut eine beschleunigte und drastischere Entwicklung als anderswo. Dabei konnte insbesondere das antisemitische Erbe konserviert werden, das sich nun in der Förderung des Islam ausdrückt, des Hauptprofiteurs der Dialogpolitik und des Todfeinds Israels.

Die hier auf eine perfide Spitze getriebene Subjektivierung der Gewissensmoral hatte ihren Ausgang einmal mehr bei Kant genommen, der moralisches Verhalten allein aus dem guten Willen ohne allgemein verbindliche Zweckrichtung definierte. Für ihn entstand Moral dort, wo eine Handlung mit einer gesetzten Maxime formal übereinstimmte. Dabei mußte sich weder die Handlung noch das ausführende subjektive Ich am Ergebnis oder anderen Randbedingungen messen lassen.[383] Das Subjekt war somit nicht unmittelbar mit der Handlung verknüpft, sein Sollen vom Sein abgetrennt. Auch der Existentialismus Papst Johannes Pauls II., der das Handeln dem Sein vorangehen läßt, verdankt sich dieser Ideologie. Seine Theologie folgte einem kategorischen Imperativ: dem Sein nach dem Handeln, das den Menschen zu Gott machte.

Die Abkopplung der Moral vom transzendenten, übergreifenden Sein verlagert sie auf die Ebene des subjektiv definierten Guten und der Projektion des Gewissens auf eine dadurch geschaffene Legitimationsbasis des guten Handelns. Erstmals in der europäischen Geistesgeschichte war auf diese Weise die Trennung der modernen Moral von Recht und Religion erfolgt, die als das Funktionsfundament der westlichen Gewaltideologie zu gelten hat. Was subjektiv und anhand vorgegebener Handlungsmaximen auch objektiv gut ist, bedarf keiner weiteren Prüfkriterien und kann problemlos den klassischen Schreibtischtäter hervorbringen, dessen Todesurteile logische Folgen eines als gut erkannten Systems sind. Im Zuge der Moralabtrennung erfolgte ein gradueller Strukturwandel des

Rechts, der Religion und des Wissens im Sinne dieser Systemlogik, die das gewußte Gute mit dem Gewissen und der Vernunft in Einklang bringt und eine Umkehrung der Bezugsrichtung bewirkte: Die Moral hatte sich nicht mehr nach der Religion zu richten, sondern als legitime Religion galt, was der Moral entsprach.[384]

In dieser »Tradition« weiß sich die deutsche Elite, wenn sie Macht aus der Shoa beansprucht. Sie erhebt diesen Anspruch, weil er mit dem Gewissen übereinstimmt, mit einem Gewissen, das aus dem Guten kommt. Dieses Gute verdankt sich dem kategorischen Imperativ gegen den Geist Hitlers, dessen Bekämpfung allerdings nun auch die Übernahme seiner Methoden bedingen könnte.

Die Subjektivierung der Moral auf Basis einer als autonom betrachteten Vernunft beendete das Prinzip der Erbsünde und individualisierte die Schuld, die durch Abweichung von einem nicht mehr kategorischen, sondern variablen, in gesellschaftlichen Veränderungen unterschiedlich besetzbaren Handlungsimperativ entstand. Die verbindende Kraft dieses Imperativs liegt im als gemeinsam, gut und vernünftig gedachten Willen, der sich selbst Gesetze schafft und sowohl im individuellen Ich als auch im gesellschaftlichen Geist verankert ist.

Nach Verlust der transzendenten Verankerung unterlag diese Dynamik dem bekannten Erkenntnisproblem mit der modernen Moral- und Normenspaltung. Denn der Verpflichtungsgehalt dieser Moral konnte sich verselbständigen und die in sie integrierte Vernunft entsprechend bestimmen, konnte also zu einem persönlichen »Anweisungskatalog absoluter Verbindlichkeit degenerieren«.[385] Am »Schreibtisch des Gewissens« war der Mensch nun in der Lage, die Grundlage alles Guten selbst zu schaffen, von der aus sich jede subjektive Machbarkeit, jede Weltgestaltung und jede Ideologie erzeugen ließ.

In weiterer Systematisierung der westlichen Moralpsyche entwickelte Freud die Wechselwirkung zwischen dem Bewußten und Unbewußten, dem Ich und Über-Ich, das eine zensierende und verdrängende und damit das bewußte Ich formende Funktion ausübt und zudem mit dem sogenannten Es, der unbewußten Triebseele, kommuniziert. Moral bildet sich wie bei Kant bereits in der Handlungsabsicht, entsteht in diesem Kontext jedoch nicht aus bewußter Vernunft, sondern aus unbewußter Verpflichtung. Dabei stellt die ödipale Phase, die Ich-Gestaltung aus dem identifikatorischen Abgleich mit Mutter und Vater, die entscheidenden Weichen für die Dynamik zwischen dem späteren aktiven Bewußten und der verinnerlichten Elternrepräsentanz im Über-Ich, die eine potentiell strafende Autorität von moralisch formativer Kraft begründet.

Die in diesem Geschehen entstehende Gewissensmoral bildet die notwendige Voraussetzung für das Entstehen einer jeden Identität im bewußten Ich, dessen Interaktion mit dem Über-Ich durch den für die moderne Gesellschaft typischen Generationenverlust sich auflösender Familien umgelenkt wird. Der Abbau der Vater- und Autoritätsobjekte und die Entfremdung vom Eigenen verlagert die Identitätsfindung auf die Autorität des Anderen und Fremden, wobei dieser Prozeß die gleiche Moralbasis begründet wie im traditionellen Gesellschaftsmodell. Wie Kant die Moral erkenntnistheoretisch für die kollektive Psyche aus dem Transzendenzverlust definierte, so entwickelte sie Freud psychoanalytisch aus dem ödipalen, individuellen Identifikationsverlust. In beiden sich überlagernden Prozessen entgleitet der westlichen Psyche der traditionelle Halt im Eigenen, den sie verstärkt im Fremden als einem neuen *alter ego* und definitorischer Identifikations- und Autoritätsbasis sucht.

Wie gesehen, hatte die Freiheit des christlichen Glaubens durch ihren klerikalen Mißbrauch die Freiheit zum Unglauben provoziert. Die Beschränkung menschlicher Erkenntnis auf eine autonome Vernunft, d.h. der Verzicht auf den Maßstab göttlicher Transzendenz, dessen Zugang gerade durch das christlich-trinitarische Prinzip und die Mittlerrolle Jesu besonders erleichtert worden war, erzeugte eine Scheinfreiheit, die sich im Zuge des modernen Fortschritts als systematische Aporie, als unentrinnbarer Geistverlust entpuppte. Je weiter sich der westliche Mensch vom Geist übergreifender Erkenntnis entfernte, je tiefer er in das Einzelwissen vordrang, desto konsequenter war er auf Kriterien des Materiellen, des Fremden und der ideologischen Unterwerfung verwiesen.

Die kollektive Psyche des Westens offenbart sich somit in allererster Linie als eine Psyche der Moral, die sich in der Vergänglichkeit des eigenen Geistes auf Elemente fremdkultureller Beständigkeit zuordnet und sie zu Ankerzonen einer neuen Selbstidentifikation ausbaut. Mit dem Akt bewußter Wahrnehmung wird in der intakten Psyche das Andere transzendiert, d.h. in Abgrenzung von der eigenen Identität wahrgenommen und ausgewertet. Die defekte Eigenidentität grenzt sich zum Fremden nicht mehr ab, transzendiert es nicht mehr, sondern sucht ihm ähnlich zu werden, sich ihm, die eigenen Grenzen auflösend, einzuverleiben.

Sie entwickelt in diesem Bestreben eine zunehmend doktrinär verkündete Toleranz, die eine intakte Identität nur in der Verschmelzung mit Fremdelementen erkennt. Ob Aspekte des Islam, die Zuwanderung insgesamt oder der »Schutz von Minderheiten« mit Gewaltmaßnahmen – wie im Kosovo – sie alle greifen auf eine subjektiv formulierte Moral der Toleranz zurück, welche für die Eliten in Politik und Kirche zu einer universellen Machtbasis heranreift, und damit zur kollektiv verbindlichen Richtschnur gesamtgesellschaftlichen Verhaltens wird.

Um das Fremde nicht nur die vom Eigenen geräumten Identitätsfelder, sondern im Rahmen der Migration auch das Land konkret besetzen lassen zu können, bedarf die fremdbestimmte Dialogsuche einer bewußtseins- und geschichtsverändernden Sprache, die geeignet ist, gegen dieses Konzept gerichtete Widerstände und »Ängste« zu zerstreuen. Um einer vormodernen Religionsideologie mit evidenten Gewaltmustern effektiven Zugang zu einer modernen Gesellschaft zu verschaffen, bedurfte es einer effizienten Indoktrination. Im Zuge der Dialogentwicklung konnte unter massiver Mitwirkung der Medien eine Meinungsherrschaft aufgebaut werden, die sich durch die wachsende Machtbasis der Politik sowie die einschlägigen Interessen der Wirtschaft zunehmend unterstützt sah und zum wichtigsten »Kulturfaktor« der Zukunft wird.

Es liegt auf der Hand, daß es sich hier um den modernen Konflikt zwischen Religion und Vernunft handelt, der ein immer wieder gleiches Unbehagen hervorgebracht hat: den Zweifel an einer moralischen Norm, die durch eine von der Religion »befreite« Vernunft gesetzt wird.[386] Nachdem das Christentum der Vernunft ihre eigenen Maßstäbe belassen hatte, war dieser Zweifel immer deutlicher ins Bewußtsein getreten, denn letztlich wußte niemand, wo eigentlich die Grenzen für die Bestimmung des Guten und des Rationalen verlaufen sollten.[387]

Hinsichtlich der immer wieder aufscheinenden Zusammenhänge zwischen psychischer Identifikation und Rationalität ist auf die beklemmende Studie über die »Revolution der Gestörten« hinzuweisen. In dieser Darstellung legt der Psychologe und Philosoph N. Bischof ein Psychogramm der Persönlichkeitsstrukturen vor, die sich tendenziell bei zum radikalen Spektrum der beiden politischen Ideologien neigenden Personen feststellen lassen.[388] Dabei weisen die Probanden, die sich dem politischen Linksextrem zurechnen, ein Profil auf, das den Anforderungen des interkulturellen Moraldiktats in wesentlichen Aspekten nahekommt.

Mehrheitlich aus liberal-bürgerlichem Elternhause stammend, beschreiben die Testpersonen erstaunliche Ähnlichkeiten in ihren Beziehungsmustern zu den Eltern, insbesondere eine auffallende Asymmetrie zwischen einer starken, dominanten Mutter und einem als eher schwach empfundenen Vater. Nachdem die Mutter den Sohn zunächst in einem fürsorglichen Vereinnahmungsprozeß an sich gebunden hatte, wandelte sich ein verwöhnendes Abhängigkeitsverhältnis etwa ab der Pubertät in eine unpersönliche Distanz emotionaler Zurückweisung und scheinliberaler Gleichgültigkeit. Die in diesem Alter notwendige Abgrenzung zur Geschlechterrolle der Eltern konnte in einem solchen Umfeld nicht ausreichend Fuß fassen, so daß die »ödipale Entgrenzung« Freudscher Prägung, die entscheidende Identitätsschädigung durch Verwachsung mit dem Muttermedium ihren Lauf nahm. Die mißlungene Ablösung zog in der Folge problematische Bindungen nach sich, die die Partnerinnen mit unerfüllbaren, psychisch-symbiotischen Ansprüchen und Begleiterscheinungen wie inzestuösen Phantasien und homoerotischen Neigungen belasteten.

Da auch die Autoritätspersonen in Universität und Beruf dem an sie ebenfalls gestellten, abwegigen Anspruch auf Zuwendung nicht gerecht werden, wendet sich der Delinquent in zunehmender Aggression gegen »die Gesellschaft« und projiziert seine beschädigte Ich-Werdung auf alles, was ihr »System« repräsentiert – (»Macht kaputt, was euch kaputt macht!«). Als machtvolles Ersatzmedium der Identifikation bietet sich das Fremde an, das dem eigenen Schicksal ähnliche Unrecht der Welt, und als bevorzugtes Objekt deren Exponenten, die Migranten und Asylanten.

Der normale Ablösungsprozeß vom Elternmedium vollzieht sich im Rahmen einer konstruktiven *Spiegelung*, die aus den von den Eltern repräsentierten Vergangenheits- und Geschlechtsspezifikationen die neue, *permanente Identität* formt. Das Scheitern einer solchen Emanzipation verhindert nicht nur die Rekonstruktion eines neuen »Urvertrauens«, d.h. die Rückbindung an als konstruktiv zu erkennende Denk- und Handlungsnormen der Vergangenheit, sondern führt zur Ablehnung des gesellschaftlichen »Wertesystems« insgesamt. Wenn ein deutscher Politiker Handlungsnormen wie Treue und Pflichterfüllung mit Eignungen zur Leitung eines Konzentrationslagers gleichsetzt, dann werden die kognitiven Folgen deutlich, die eine so fundamentale Vergangenheitsverkürzung wie die Shoa als Leitmotiv kollektiver Identität und moralische Herrschaftsbasis zu bewirken vermag. Auf den grundlegenden Zusammenhang zwischen Bewußtsein und Zeit als Merkmal der modernen Fortschrittsgesellschaft werden wir im letzten Kapitel zurückkommen.

Die gestörte Identitätsbildung verstärkt nicht nur das zeitverkürzende – und schuldorientierte – Geschichtsbild, sondern bewirkt auch eine tiefgreifende Veränderung des gesamten Geschlechtsverständnisses. Mit der Teilverwachsung im Muttermedium verbindet sich die Vaterschwäche zu einem eher *androgynen* Geschlechtsbild, das der grundlegenden Ablehnung des Eigenen auch eine biologische Komponente verleiht. Da die zunehmende Einbindung der Frau in den Arbeitsprozeß eine emanzipierte Identitätsbildung aus Eltern- und Vergangenheitsspiegelung auf breiter Front erschwert, kann somit auch die Abtreibung nicht nur als Ausdruck der materiellen Selbstverwirklichung, sondern auch der biologischen Ablehnung des Eigenen erkennbar werden, das als existenzbedrohend empfunden wird und den Einbau des Fremden bedingt.[389]

Letztere beginnt sich nicht nur in der interkulturellen Moral, sondern auch in der Heraufkunft des *androgynen Hybriden* abzuzeichnen, eines neuen Mischmenschen, der zunehmend die postmoderne Medienproduktion zu bevölkern beginnt. Dieser Typus ist zwar geeignet, die multikulturelle Utopie irrationaler *Fremdverschmelzung* zu spiegeln, ob er jedoch auch zum Abbild der langfristigen Rationalität des *Eigencharakters* – Natur, Vergangenheit und Herkunft – werden kann, scheint zweifelhaft.[390]

In der »Revolution der Gestörten« tritt uns die moderne Fremdbestimmtheit in ihrer fortschrittsgesellschaftlich intensivierten Form entgegen. Es sind nicht nur gestörte, sondern irreversibel beschädigte Seelen, die in sich auflösenden Familien keine intakten Ankerplätze zur dauerhaften Identifikation vorfinden. Sie sind so beschädigt, daß sie weder ihrer Vergangenheit, Gesellschaft, Wissen, Herkunft, Geschlecht, geschweige ihrem Glauben trauen. Ihre Beschädigung scheint so weit zu gehen, daß noch nicht einmal die islamischen »Fremden« ihrer euphorischen Dienstbereitschaft trauen, sondern sie wegen ihres Gottesverlustes eher verachten. Diese Gestörten würden von niemandem bemerkt, wären sie nicht der Motor der liberalen Auflösung.

Ihre Revolution hat sie nun entlassen als die Avantgarde der Entgrenzten. Sie schreiten voran im unaufhaltsamen Fortschritt einer Gesellschaft, die sie an ihre Spitze setzt, weil ihr Geistverlust diese Elite, die er selbst hervorbringt, zum weiteren Betrieb der universalen Erosion braucht, um – wie es es seine Bestimmung ist – immer wieder neue, noch gestörtere Eliten hervorzubringen. Da sich die Führungspitzen dieser Negativsystematik notwendigerweise aus immer fragwürdigeren Kreisen rekrutieren, sind Maßnahmen zu treffen, die ihnen besondere Schutzräume – z.B. in Gestalt eines maßgeschneiderten Strafrechts gegen Kritik – schaffen.[391]

Im »Betriebssystem« der fortschrittsliberalen Vernunftgesellschaft spult sich das Zwangsprogramm der fortlaufenden Selbstidentifikation aus Fremdbestimmung und Selbstrationalisierung aus Arbeitseffizienz eigendynamisch ab. Im letzten Abschnitt über das Zeitbewußtsein dieses Gesellschaftstyps werden wir sehen, daß es die bemerkenswerte Eigenschaft besitzt, eine unausweichliche Schwundspirale des Geistesabbaus auf schiefen Ebenen abnehmender Denkfähigkeit und Kreativität zu erzeugen. In der hier entstehenden, systematischen Selbstverdrängung liegt die einfache Logik der Moraldoktrin und ihrer Machteliten: Wer – aus welchen Gründen auch immer – nicht in der Lage ist, sich aus diesem System zu definieren, ist überflüssig.

Während der Papst seinen Systemteil in das gnostisch-elitäre Konzept eines esoterischen Christentums brachte – »die Zustimmung der Intelligenz –, zur höchsten Gewalt des Menschen – mehr zu haben, um mehr zu sein« –, konzentrierte sich die politische Führung in Deutschland eher auf den groben Teil und rief zum »Aufstand der Anständigen« gegen die »extreme Mitte« der eigenen Bevölkerung auf. Gemäß dem latenten Antisemitismus der Politelite scheint hier ungewollt auch eine begriffliche Anleihe beim National-Sozialismus vorgenommen zu werden, wenn bekanntlich Himmler seine SS-Leute lobte, trotz der Massenmorde »anständig« geblieben zu sein.

Neoliberale Wirtschaftsglobalisierung und interkultureller Dialog bilden zwei Seiten derselben Medaille einer Weltgesellschaft mit Weltethos, die den Weg und das Ziel der liberalistischen Massenideologie darstellt. Eingebettet in und entscheidend unterstützt durch eine fremdbestimmte Moralpsyche, wird diese Ideologie vorangetrieben durch Eliten, die sich einer zunehmenden Irrationalität und Machtpotentialen aus dem Abbau demokratischer Strukturen verdanken, wobei ihre deutsche Version mit einer unverkennbar antisemitischen Komponente ausgestattet ist.

Dabei sprechen die Ergebnisse unserer Untersuchung mehrheitlich dafür, daß es sich nach den international-sozialistischen Klassen- und national-sozialistischen Rassenideologien bei der globalistischen Massenideologie um eine konsequente Fortsetzung der latent angelegten Neigung zum Totalitarismus handelt, die jeder Liberalismus systemhaft entwickeln muß, weil er das jeweils »Gute« mit allen – unter der Bezeichnung Toleranz propagierten – Mitteln durchzusetzen hat.[392]

In diesem Kontext muß erneut das für die Epoche unschätzbare Wirken des Papstes hervorgehoben werden. Auch wenn sein Amt die Entmündigung der Gläubigen strukturell fördert – für viele Katholiken rangiert seine Autorität vor derjenigen Jesu Christi – so muß doch die von ihm in ganz wesentlichem Maße bewirkte, fremdreligiöse Makromutation der kirchlichen Glaubensauffassungen als eine der größten Einzelleistungen der Zeitgeschichte betrachtet werden.

Was der Liberalismus seit der Aufklärung zwar mit wachsendem Erfolg forderte – die Vermenschlichung des Gottmenschen Jesus Christus, eine die Fremdgewalt duldende Religionstoleranz und die katholische Akzeptanz einer asozialen Arbeitsratio – vollendete erst der Papst in einer umfassenden Systemtheologie und der Fülle seiner langjährigen, weltweiten Pastoraltätigkeit. Während Muslime in Indonesien und Sudan Tausende von Christen niedermachten, konnte der Pontifex somit in der Weihnachtsansprache 2000 einmal mehr die Effizienz seiner ambivalenten Religionsstrategie testen, deren Moral in unerbittlicher Toleranz voranschreitet:

> »Der Dialog zwischen den Kulturen als bevorzugtes Mittel für den Aufbau der Zivilisation der Liebe stützt sich auf das Wissen darum, daß es Werte gibt, die allen

Kulturen gemeinsam sind, weil sie in der Natur der Person selbst verwurzelt sind. In diesen Werten bringt die Menschheit ihre wahrhaftigsten und bedeutsamsten Wesenszüge zum Ausdruck … «

3. Die Machtpsyche des Islam

Das Zusammentreffen traditionsauflösenden Konzilsdenkens, des philosophisch-synkretistischen Impetus Johannes Pauls II., der Papstautorität, die auf die Funktionalität hierarchisch fixierter Gehorsamsreflexe bauen konnte und nicht zuletzt des hohen Anteils des liberal »aufgeklärten« Klerus ermöglichte eine historisch einmalige Konstellation, die viele maßgebliche Prälaten unter der bravourösen Führung des Papstes und seines kongenialen Präfekten zu der dargestellten Makro-Mutation der Kirche zusammenschlossen. Sie bewerkstelligten nicht weniger als die epochale Metamorphose einer universalen Institution und erzeugten somit auch eminent wichtige Impulse für den multikulturellen Dialog.

Wer diese Art des heute nicht nur voll akzeptierten, sondern doktrinär vertretenen, neukatholischen Globalglaubens vor dem Konzil propagierte, wurde – wie so mancher Vertreter der Nouvelle Théologie – zum Häretiker erklärt und mit Exkommunikation bedroht. Einige wenige dieser Ketzer und ihrer Schüler hatten dann der Kirche einen völlig verwandelten Geist einhauchen können, in dem sich frühere Häresien zu neuen Glaubenswahrheiten häuten und ihre Protagonisten sich an die Spitze einer neuen, »progressistischen« Organisation setzen konnten. Diesem neuen Glauben war es nun unter Androhung der Exkommunikation untersagt, auf das vorkonziliare, traditionelle Glaubenswissen zurückzugreifen. Eines der herausragenden Resultate dieser fundamentalen Verwandlung war die Verschmelzung des katholisch-trinitarischen Gottes mit der antagonistischen Allah-Idee des Islam.

> »Ketzereien können nun zwar … auch zum herrschenden Dogma werden, wenn es ein Ketzer schafft, unerkannt bis an die Spitze … vorzudringen und dann das Steuer der ganzen Entwicklung herumzuwerfen«.[393]

Diese vom Schweizer Orientalisten Bürgel formulierte Aussage kennzeichnet nicht ganz zufällig den kirchlichen Veränderungsprozeß genau, wenngleich er sich vorliegend auf einen scheinbar ganz anderen Vorgang bezieht. Bürgel spricht hier die völlig unerwartete Entwicklung in der ehemaligen Sowjetunion an, in der ein Kommunist namens Michail Gorbatschow antrat, um – wie er sagte – »die Sowjetunion zu erneuern«. Er hatte mit Ausdrücken wie »Perestroika« und »Glasnost« hantiert, was so viel wie »Umgestaltung« und »Durchschaubarkeit« bedeutet, und damit Begriffe geprägt, die geeignet sind, dem Prozeß der liberalen Erosion in die Speichen zu greifen. Das »Aggiornamento« der Konzilsväter bediente sich auf dem Weg zur sich »erneuernden Kirche« sowohl methodisch als auch semantisch einer überaus vergleichbaren Vorgehensweise.

Nach unseren Ergebnissen bemerkt Bürgel mit Recht, daß eine derartig universale Umformung des Glaubens, die im Christentum durch die Freiheit der Vernunft und die darin implizierte Entfesselung des Unglaubens ermöglicht wurde, für den Islam äußerst zweifelhaft erscheint.[394] Wir hatten an zahlreichen Beispielen des historischen Bildungsprozesses deutlich machen können, daß die Identität des Islam sich vornehmlich in drei fundamentalen Aspekten ausdrückt: 1. in der Heilsvergewisserung in Ritus und Gemeinschaft sowie der Rückorientierung auf das Vorbildleben im »Modell von Medina«, 2. in der Gründung dieser Heilshoffnung auf die Essenzen des Koran, des *hadith* und des *sharia*-Gottesgesetzes als unveränderlicher Grundlagen aller islamischen Staatswesen und Glaubensgemeinschaften und nicht zuletzt 3. in der systematischen Instrumentalisierung und Ausbeutung fremder Struktur- und Wirtschaftspotentiale zur Ausbreitung des Islam als historisch und metaphysisch prädestinierter Weltgemeinschaft.

Als ebenso historisch gewachsen ließ sich der westliche Zwang zur Auflösung gewachsener Eigenstrukturen und -traditionen durch fortschrittsbedingten Glaubens- und Wissensabbau feststellen, der sich seinerseits aus einer grenzenlosen Autonomisierung der »Vernunft« ergab. Dieser geistigen Erosion entwuchs ein Toleranzbegriff, der in Kirche, Politik und Wissenschaft notwendigerweise von »Eliten« durchgesetzt werden mußte, deren ideologisch bestimmtes Denken und gesellschaftliches Verantwortungsniveau einer sich gleichermaßen verstärkenden Negativspirale ausgesetzt war. Diese Eliten mußten sich umso weiter von ihrer Basisstruktur, der eigenen Gesellschaft, ihrer Glaubens-, Wissens- und Schicksalsgemeinschaft, entfernen, je vehementer und totalitärer ihre »Toleranz« die Migration als äußere Form der Gemeinsamkeitssuche mit anderen Kulturen forderte und die dialogische, religiös-kulturelle Entgrenzung als ihr inneres, gesellschaftliches Systemprogramm vorantrieb.

Aus einem solchen Szenarium mußte der Islam als hochkonträr definierte und historisch bestätigte Religion, Kultur und Ideologie den mit Abstand nachhaltigsten Profit ziehen. Im Rahmen der Betrachtung des modernen Islam hatten wir gesehen, wie er sich auf der Verdrängungsebene seiner selbstzentrierten Glaubensidentität rasch über die Kolonisierungskränkungen durch die westliche Zivilisation hinwegsetzen konnte.

Die traumatische Begegnung mit einer technisch überlegenen, spirituell sich dagegen entleerenden Kultur überlebte der Islam durch den Verarbeitungsprozeß einer sich weltweit verstärkenden *umma*-Idee und Medina-Identität, durch die Herausbildung des sogenannten Fundamentalismus. Dieser Intensiv-Islam als Reaktion auf den Intensiv-Rationalismus der westlichen Vernunftideologie und Traditionsauflösung ist darauf verwiesen, nachhaltige Schutzmechanismen gegen die Aushöhlungsgefahren durch die liberale Säkularisierung im allgemeinen und den zivilisatorischen Konsumzwang im besonderen aufzubauen. Obwohl bereits weitgehend von christlichen Denknormen befreit, wird diese westliche Zivilisation von den Muslimen – historischer Tradition folgend – häufig immer noch mit dem »Christentum« als treibende Kraft in Verbindung gebracht.

Mit traumwandlerischer Sicherheit zielt denn auch die Ideologie des traditionalistischen Intensiv-Islam auf die materialistische Moral des Westens, die – nach unseren Erkenntnissen nicht zu Unrecht – zwar des galoppierenden Glaubensverlustes und Hedonismus geziehen, auf der anderen Seite jedoch zunehmend als einmalige, historische Chance begriffen wird. Der in interkultureller Gemeinsamkeitssuche erkennbar werdende Verzicht der westlichen Gesellschaften auf christliche Identität und politische Interessenwahrung reaktiviert die latent angelegte Machtpsyche des Islam.

Als seine Speerspitzen wandern die muslimischen Migrationsströme nach Europa und Deutschland, wo sie sich in Form expandierender Kulturkolonien zunehmend – ihrer historischen Tradition entsprechend – als Herrschaftselite natürlicher Dominanz verstehen. Wie gesehen, bestätigt die westliche Doktrin der Fremdorientierung diese Wahrnehmung durch ein umfassendes Unterwerfungsverhalten in interreligiösen und multikulturellen »Dialogen«, die sich in ideologischer Annäherung an islamische Positionen wie Interessenvertretungen des Islam auswirken.

Im Westen hat sich ein kollektiv-geistiges Kraftfeld gebildet, das geeignet ist, der Machtpsyche des Islam zu einer historischen Renaissance zu verhelfen. In Begriffen der psychologischen Anthropologie hatte die Ich-Identität des Islam von Beginn an, seit dem Goldenen Zeitalter der prophetischen Urgemeinde, den Status einer Idealform erreicht, die durch keine Phase der Geschichte übertroffen werden konnte. Das in diese Identität eingebettete Selbst, ansonsten durch die Interaktion mit der Realität ich-formend wirksam, gibt dem islamischen Ich-Ideal keine externen Impulse, sondern kreist in einer internen Endlosschleife aus rückorientierter Selbstsuche und Ich-Bestätigung, die in der externen Abwehr und Vernichtung islamfremder Einflüsse besteht.

Eine solchermaßen über viele Jahrhunderte aufgebaute Ideologie der Eigenbewahrung und Fremdabwehr steht der dazu komplementären, westlichen Eigenabwehr und Fremdorientierung gegenüber. Aus dieser Konstellation beziehen die westlichen Eliten einen Herrschaftsanspruch, der sie in der Gegnerschaft zum Eigeninteresse zu verdeckten Vertretern des Islam werden läßt. Die Machtpsyche des Islam ruht auf dem tausendjährigen Herrschaftsanspruch einer elitären Ich-Identität, deren Anspruch sich in der kollektiven Unterwerfung bzw. Islamisierung von Kulturen und Denkalternativen ausdrückte. Die daraus sedimentierte, universale Identitätsversteinerung beginnt nun, eine starke Attraktivität auf die moralpsychologische Identitätsauflösung der westlichen Postmoderne auszuüben. Die systematische Ich-Starre der islamischen Machtpsyche hatte allerdings schon vor 600 Jahren die Prognose des genialen Ibn Khaldun vorweggenommen.

Im Wechselspiel der Kulturzyklen hatte dieser das »selbsterfüllende« Erfolgskonzept des Islam erkannt, indem die historische Kulturdynamik der Statik des islamischen Machtinteresses immer wieder günstige Konstellationen erschließen würde. Ibn Khaldun sah den langfristigen Erfolg des Islam im Festhalten an der Universalität des Gottesgesetzes und seiner Gemeinschaft, d.h. im Verzicht auf Partikularinteressen, deren Verzweigungen in die säkularen Varianten des Glaubens und des Wissens dann die Identität des Westens schwächten. Die historische Vernunftabwehr hatte dagegen das Selbst und Ich des Islam zu einer autistisch wirkenden Identität verschmolzen, die sich gegen sämtliche zivilisatorischen Schwankungen immunisierte.

Der Autismus dieser Selbstimmunisierung drängt sich dem Beobachter allerdings nur als scheinbare Oberfläche auf. Er bildet den äußeren Ausdruck einer tiefer reichenden Notwendigkeit. Es ist der Glaube an den als eine Offenbarung verstandenen Buchstaben des Korans, der den Muslimen ihre Form festgeschriebener Transzendenz vorgibt. Erweitert um den Nachvollzug der im *hadith* niedergelegten Gedanken und Handlungen des Verkünders, bildet dieser solcherart transzendierende, nicht disponible Glaube die unverzichtbare Grundlage des Islam, stellvertretend für den Wahrheitsanspruch und die existentielle Identität einer Offenbarungsreligion überhaupt.

Dialog im Sinne der hier dargestellten, neukatholischen Konzilsversion kann in einem solchen Selbstverständnis kaum Platz greifen, zumal der Papst die »radikale Treue« der fremden Religionen zu sich selbst fordert. Dialog und Gemeinsamkeitssuche bedeuten Subjektivierung der Transzendenz als systematisches Ergebnis abendländischer Rationalität und klerikaler Glaubenswillkür, grundlegende Optionen, die dem Islam nicht offenstehen. Die Macht des Islam ging und geht darum zunächst von ihren transzendent gespendeten Grundlagen und nicht von Menschen aus, die sie besetzen. Im Gegensatz zum Konzilsglauben, der die Aufklärung aufgriff und die christliche Transzendenz in den Bereich der fremdbestimmten Mach- und Gestaltbarkeit zog, bleibt dem Islam das Medium der religiösen Relativierung versperrt.

Gerade in dieser Eigenrelativierung der Christen jedoch wird den Muslimen die Wahrheit Allahs erkennbar, die sich immer auch und vor allem in der laufenden Schöpfung ausdrückt. In der »kopernikanischen Wende« der dialogischen Hinwendung zum Islam beginnt sich diese Schöpfung von der christlichen Schriftverfälschung und den monotheistischen und historischen Kränkungen des Islam zu befreien. Die wichtigste Konsequenz ist die Bestätigung und Wiederbelebung islamischer Dominanz und die verstärkte Aufforderung, diesem Eingriff Allahs zu entsprechen und selbst aktiv an der erneuten Ausbreitung seiner Botschaft und damit der *umma* mitzuwirken. Die Dialogentwicklung ist somit Ausdruck göttlichen Willens, in den einzugreifen den Muslimen nicht zusteht, zumal er durch seine aktuelle Ausbreitung in Europa immer machtvolleren Ausdruck findet.

Nach langen Phasen der politisch-kulturellen Inaktivität und temporären Unterwerfung durch die westliche Zivilisation erhält die Machtpsyche des Islam neue, fundamentale Impulse mit ausgreifenden Perspektiven. Die für die religiöse und politische Legitimität des Islam beunruhigenden Strukturen des Christentums und der Demokratie sind in einen unübersehbaren Prozeß der Selbstauflösung eingetreten. Nachdem in der Konstruktion des Konzilsglaubens das trinitarische Gottesprinzip im Nebel des »gemeinsamen Gottes mit dem Islam« verschwand, konnten die Muslime beobachten, wie die politisch-kulturellen Ebenen des Westens eine breit angelegte Kollaboration mit ihren Organisationen – ohne Ansehen ihrer ideologischen Zielsetzung – anzustreben begannen. Wie ein physikalisches Kraftfeld zog die sich erneuernde Ich-Stärke des Islam die Dialogeinrichtungen der Kirchen und Parteien an, die unter dem Heilsdiktat ihrer ich-schwachen Moralpsyche eine neue, beglückende Identifikation suchten.

Das koranische Wort vom »besten Volk, das die Erde je hervorgebracht hat«, und das prophetische Wort, nach dem »der Islam herrscht und nicht beherrscht wird«, begannen wieder, ihre eherne Bedeutung zur Geltung zu bringen. Die konsequente Ablehnung der deutschen Interkultur, das Objekt ihrer Glückssuche kritischer Analyse auszusetzen, konnte auch in der *taqiya*-Praxis (arab.: Verstellung) der islamischen »Partner« nur reine Wahrheitswerte erkennen. Deren gespaltene Sprachregelungen, die nach außen mit den illusionären Wunschbildern ihrer westlichen Förderer, nach innen mit der harten Wirklichkeit islamischer Kaderausbildung und Expansionsplanung korrespondieren, verbinden sich mit dem kollektiven Glauben zu einer überaus effizienten Strategie.

Dabei verstärken sich die hier entstehenden, islampositiven Effekte im Bereich der interreligiösen und multikulturellen Dialoge durch Faktoren wie die geopolitische Bedeutung der islamischen Region für die ölfixierte Weltmacht USA zum globalen Kraftfeld. Unter der Macht ihrer eigenen Moral und der zusätzlichen Suggestivwirkung dieser Konstellation gerät das westliche Dialogdiktat unter den wachsenden Zwang, die repressive Machtpsyche des Islam mit Frauenunterdrückung, Bildungsschwäche und Migrantenströmen aus struktureller Armut und Überbevölkerung als unüberbietbares Erfolgsmodell einer toleranten Religion zu propagieren.

4. Das Finanzproblem der Moral

Der hohe Stellenwert der Arbeit und ihrer diversen Ableger der kommerzialisierten Freizeitgestaltung als identitätsbildende Faktoren in einer hochdifferenzierten, arbeitsteiligen Gesellschaft führen immer wieder zu der Fehlinterpretation, daß die einwandernden Migranten den Arbeitsmarkt belasten. Eine wirkliche Belastung, d.h. eine ernsthafte Konkurrenzsituation, kann indessen so lange nicht entstehen, wie sich die Einwanderung weiterhin ohne Konzept vollzieht und die Migranten entweder die Warteschleife der Sozialhilfe oder von Einheimischen ohnehin gescheute Arbeitsfelder des Niedriglohnbereichs besetzen.

In hinreichend großen Kulturkolonien wie der türkischen kann ebenfalls kein Konkurrent erwachsen, weil diese sich als eigenständige Gebilde, je nach religiös-politischer Ausrichtung als Parallel- oder Kontrastgesellschaften, mit autonomen Sozial- und Wirtschaftsstrukturen entwickeln werden. Solange sie diesen Status noch nicht vollends erreicht haben, erscheinen sie in den Augen der interkulturellen Eliten als interessantes Wirtschafts-, Wähler- und Dialogpotential, das es zu pflegen und zu fördern gilt.

Das Asylrecht fügt sich in diesen Kontext mit einem konstanten Anteil von 85–90% abgelehnter Bewerber als nur scheinbar gescheitertes Konzept durchaus sinnvoll ein. Immerhin ermöglicht es den Spagat liberalen Menschenrechtsverständnisses, indem z.B. Kurden aus der Türkei als asylberechtigte Flüchtlinge gelten, während die Türkei zum EU-Kandidaten erklärt wird. Zudem können abgelehnte Asylbewerber auf Dauer im Lande verbleiben, weil die einschlägigen Verwaltungsregelungen für eine konsequente Abschiebung ausreichend kompliziert gestaltet sind. Konsequentes Handeln im fremdorientierten System äußert sich denn auch in gänzlich anderer Form: Das Asylrecht und seine Ausführungsbestimmungen werden dahingehend geändert, daß sich die Anforderungshürden für die Asyl-Anerkennung absenken.

Wenn – neben den mentalen Problemen, welche die scheinbar konzeptlose Migrationspolitik in manchen Menschen hervorruft – überhaupt von einer Belastung die Rede sein kann, dann mit Blick auf ihre Kosten. Es gibt keinen Haushaltsbereich, der so umfassend von Sonderregeln, Extraposten und »Reptilienfonds« entstellt und von Fragetabus umstellt wäre wie der Gesamtaufwand der Einwanderung.

Ob es um die direkten Kosten aus Sozialhilfe, Sachaufwand und Arbeitslosenunterstützung sowie die Sonderleistungen aus Sozial- und Krankenversicherung oder die nur indirekt ermittelbaren Verwaltungsaufwendungen für den Asylkomplex, den Justizvollzug und den Einsatz der Polizei, des Bundesgrenzschutzes und der Gerichte geht – über keine dieser Aufwandsarten existieren zuverlässige und kontinuierliche Statistiken, zumal sie sich zuständigkeitshalber ungleichgewichtig zwischen Bund, Ländern und Gemeinden aufteilen. Eine Belastung bedeuten diese Kosten mithin nicht nur durch ihre Höhe, sondern auch durch ihre ständige Verschleierung durch die politisch »Verantwortlichen«, deren Abwiegeln oder Schweigen die öffentliche Einwanderungsdiskussion gewiß nicht versachlicht. Dieses Verhalten ist eher geeignet, selbsternannten Experten, übertriebenen Zahlen und damit real existierenden, rechtsextremen Umtrieben unangemessenen Vorschub zu leisten.

Dennoch bedarf es angesichts der permanent angespannten, öffentlichen Finanzlage keines schwarzmalenden Pessimismus, den Migrationskosten einen Stellenwert von hoher zukünftiger Relevanz zuzuweisen. Der während der 90er Jahre offenbar werdende, dramatische Verfall der öffentlichen Einrichtungen und Infrastruktur ist einer der besten Indikatoren für die fundamentale Diskrepanz zwischen dem interkulturellen Anspruch und der finanziellen Wirklichkeit. Denn bei rückläufiger Arbeits- und Steuerentwicklung war die Aufrechterhaltung des ehrgeizigen Zuwanderungsvolumens nur über eine drastische Beschneidung aller öffentlichen Aufgaben möglich.

Unterstützt wurde diese Situation durch den ungewöhnlich dauerhaften Ausnahmezustand eines am unteren Rand des Langfristspektrums verharrenden Zinsniveaus, das die Etats zwar nach den Umständen in optimierter Form belastete, dafür aber mit fortschreitender Zeit umso mehr in die Gefahr geriet, nach oben korrigiert zu werden. Bei somit extrem überlasteten Haushalten und Solidarsystemen sowie einer Staatsquote am oberen Rand (50%) sind die Finanzierungsspielräume so weit eingeengt, daß die Migrationskosten eine dominante Dimension erlangen.

Da ein eher wachsendes Arbeitsplatzpotential in den Einflußbereich der globalen Rentabilisierung gerät, und weitere Steigerungen der Verbrauchs-, Energie- und eventuell auch Grundsteuern an Grenzen stoßen, wird eine Dämpfung der öffentlichen Schuldenausweitung in der Hauptsache durch Leistungskürzungen bei der Arbeitslosen-, Sozial- und Krankenversicherung zu bewerkstelligen sein. Dabei bleibt abzuwarten, wie der Bund das in den nächsten zwei Jahrzehnten fällig werdende Volumen der Beamten- und Politikerversorgung von über DM 1 Billion bewältigen und in der dann gegebenen Lage begründen wird.

Weder ist dabei die in gleichem Zuge steigende Gesamtvergreisung der Bevölkerung noch die nicht vorhersagbare, weitere Börsenentwicklung als neue Komponente der Altersversorgung geeignet, die Aktivseite der Sozialbilanz zu stärken. In einem solchen Szenarium vorläufig unbeachtet, jedoch virtuell ebenso belastend ist die strukturelle Schwäche des Euro wirksam, die diese Kunstwährung zu einem Zahlungsmittel ohne Anlagefunktion und damit zu einer zinstechnisch inflationären Zeitbombe für den Staatshaushalt macht. Wie sich dabei die ohnehin überhöhten EU-Zahlungen Deutschlands im Falle der Osterweiterung weiter gestalten sollen, bleibt zunächst im Dunkeln.

Weniger unklar sind damit allerdings die sich insgesamt deutlich verengenden Gestaltungsmöglichkeiten der zukünftigen Migrationsfinanzierung. Solange sich die Zuwanderung eher an ideologischen, bestenfalls altruistischen Moralforderungen als an konkreten Bedarfslagen orientiert, wird sich an dieser Finanzenge nichts ändern. Im Gegenteil: Bei Überlegungen wie der brandenburgischen Landesregierung, möglicherweise den Familiennachzug auch für muslimische Zweit- und Mehrfrauen zuzulassen, sind Zweifel hinsichtlich einer wirtschaftlich orientierten Reform der Zuwanderung angebracht. Ob eine solche auf Dauer überhaupt generell vermeidbar sein wird, unterliegt allerdings dem gleichem Zweifel, denn nichts schadet demjenigen Kapital, das auf eine reibungslose Migration angewiesen ist, mehr als eine ihm zugeschriebene Krise.

Im Rahmen unserer Untersuchungen über die Krisenanfälligkeit des Kapitalismus war der Aspekt der systemischen Trennung der Gesellschaft von den Ergebnissen der von ihr ermöglichten Produktivitätsverbesserungen zutage getreten. Sie stellte zwar Arbeit und Infrastruktur zur Verfügung, die unternehmerischen Leistungszuwachs und Gewinn kreierten, war jedoch nicht systematisch in den Mittelrückfluß aus gesteigerter Produktivität einbezogen. Im Gegensatz zum Unternehmen, dem die Mittel für weitere Investitionen ungeteilt zuflossen, blieb die übergeordnete Gesellschaftsebene ohne Gegenleistung für die rentabilistisch freigesetzten Arbeitskräfte zuständig und mußte zusätzlich sogar im Falle schrumpfender Arbeitsmärkte für die Finanzierung aufwendiger Expansionsprogramme sorgen.

Wenngleich die Systemkrisen des Kapitalismus vor dem Krieg in Europa und den USA sehr krass in Erscheinung getreten waren und auch nach dem Krieg in Gestalt ihrer unterschiedlichen Entwicklungsstadien in den Ländern der Welt durchaus augenfällig wurden, so bewegten sie sich doch im Bereich des Überschau- und teilweise Bewältigbaren, solange nationale Arbeitsmärkte, internationale Migration, weltweite Naturzerstörung und globales Bevölkerungswachstum in einer – vermeintlich – kontrollierbaren Konstellation zueinander verblieben.

Nach dem Wegfall der durch den Ost/West-Konflikt geschaffenen Zwangsordnung gerieten diese Faktoren allerdings mit der Freigabe und Deregulierung nationaler Märkte, der Beseitigung von Handels-, Devisen- und Arbeitsbeschränkungen, der enormen Verbilligung und Ausbreitung des Personal Computers und der Vernetzung weltweiter Telekommunikationssysteme in jene ungeheure Rationalisierungs- und Expansionsdynamik der Globalisierung, welche die Ware Arbeit in Europa und insbesondere im Hochlohnland Deutschland vermehrt freisetzte, weil sie nahezu schlagartig, d.h. innerhalb weniger Jahre, auf globaler Basis verfügbar geworden war.

Rationalisierung und technische Innovation haben die Produktivität vielerorts derart angetrieben, daß sie die Wirtschaftsleistung dauerhaft überstieg. Eine solche Konstellation verhinderte das Entstehen von Arbeitsplätzen nicht nur im Inland, sondern insbesondere auch in dem Ausland, dessen Arbeitsmärkte oft durch Ausbildungs- und Produktivitätsdefizite geschwächt sind. So kann es nicht erstaunen, daß die islamische Migration unter dem Druck traditionell hohen Bevölkerungswachstums und Analphabetismus' mit über 45% eine prominente Rolle in der europäischen, insonderheit deutschen Einwanderungsentwicklung spielt.

Mit der Migration wird der westlichen Gesellschaft eine Situation präsentiert, die – weitgehend wirtschaftlich bestimmt – chronische Defizite in der sozialen Beurteilung und finanziellen Bewältigung erzeugt, jedoch mit den Mitteln der interkulturellen Moraldoktrin gesteuert werden soll. Das Kapitalsystem, das zu der nationalen nun auch internationale Arbeit freisetzt, schaltet sich zunehmend selbst aktiv in die gesellschaftliche Beeinflussung ein. Über die ohnehin vom Staat getragene Finanzierung globalistisch erweiterter Arbeitslosigkeit hinaus besteht ein großes Interesse der Wirtschaft an einer reibungslosen, mentalen »Verarbeitung« der Zuwanderung. So ist eine wachsende Einflußnahme auf die interkulturellen Aktivitäten zu beobachten, in die sich Banken und Konzerne sowohl mit Dialog-Sponsoring als auch mit eigenen Publikationen einzuschalten beginnen.[395] Auf die Frage, ob dieses Vorgehen als weitsichtiges Management gelten kann, kommen wir im Schlußabschnitt zurück.

Allerdings wird einer Gesellschaft, die sich nicht nur aus fremdorientierter Moralgesinnung, sondern zu einem erheblichen Teil aus einem materiell orientierten Profanismus definiert, die Migrationsfinanzierung ohne eine rationale Diskussion kaum mit dauerhaftem Erfolg zu vermitteln sein. Wenn die politisch »Verantwortlichen« von jedem Bürger mehr Eigenverantwortung und weniger Besitzstandsdenken fordern, dann ist über kurz oder lang der Besitzstand des interkulturellen Moraldogmas einer Wirtschaftlichkeitsprüfung zu unterziehen.

Im Zeitalter der Globalisierung und ihrer knapp kalkulierten Margen erscheint es immer weniger »zeitgemäß«, großzügig bemessene Zuwanderungskontingente zu fordern, ohne die entsprechenden Machbarkeitsstudien bzw. Verwendungs- und Finanzierungspläne mitzuliefern. Die Rationalitätsschere, die sich im globalen Kontext zwischen unternehmerischer Gewinnmaximierung und staatlicher Sozialfinanzierung öffnet, wird ebenfalls noch zu diskutieren sein.

Die Rede von »Deutschland als einem der reichsten Länder der Welt«, in dem angesichts des weltweiten Elends »die Einwanderung kein finanzielles Thema« sein dürfe, gehört zwar zum unverzichtbaren Instrumentarium einer etablierten Irrationalität, muß sich allerdings an den immer enger werdenden Randbedingungen der deutschen Wirklichkeit innerhalb des europäischen Rahmens messen lassen. Selbst wenn die Einlassung vom »reichen Land« zuträfe, d.h. wenn die Staatsverschuldung nicht rasant stiege und das Pro-Kopf-Einkommen nicht sänke, so bliebe eine bereits angesprochene, perspektivische Schwierigkeit (s. o. S. 385).

Bei lokal stagnierendem Arbeitsmarkt müßte eine Migrantenzahl aufgenommen werden, die dem Wachstum der Weltbevölkerung bis 2020 auf 8,5 Milliarden Menschen bei global steigender Arbeitslosigkeit gerecht wird – ein Ziel, dessen Utopiegrad mit demjenigen der interkulturellen Gesellschaftsvision korrespondiert. Bei national sinkender Bevölkerung und bei einer geplanten Zuwanderung von nicht mehr als einer halben Million jährlich nähern sich das gesamte Staatswesen, die Finanzierungspotentiale, Sozial- und Rechtssysteme und die mentale Belastbarkeit einem gemeinsamen Grenzwert.

Dieser Grenzwert konnte durch die phantasievolle Gestaltung einschlägiger Statistiken, eine kreative Haushaltskosmetik, die Moralisierung politischer Steuerarten wie die Energiesteuern und ihre Verbrämung mit dem Atomausstieg zunächst einer kritischen Belastungsprobe entzogen werden. Die Professionalisierung moralisch korrekter Volkspädagogik durch die interkulturellen Dialoge leisteten hierzu den vorstehend beschriebenen Beitrag. Es ist jedoch evident, daß die permanente Vernachlässigung des übergreifenden Solidaraspekts, die Schere zwischen irrationalem Dialoginteresse und rationalem Gesellschaftsinteresse, einen solchen Krisentest auf Dauer erzwingen. Dabei kommt neben der Dialog-Propaganda ganz besondere Bedeutung der weiteren Börsenentwicklung zu. Sie ist als genereller Erfolgsindex der Globalisierung und Altersversorgung sowie als spezieller Identitätsindex der materiellen Orientierung nicht nur von finanzieller, sondern vor allem auch höchster psychologischer Bedeutung.

Der Papst wußte, wovon er sprach, als er das Sein der Menschen im stabilen Haben erkannte (s. o. S. 353), wenngleich in so manchem seiner Anhänger Zweifel bezüglich seiner anderslautenden Sozialenzykliken aufkamen. So wie der Kurs der Euro-Kunstwährung das Vertrauen in Wesen und Zustand der europäischen Gemeinschaft anzeigt, so spiegeln die Börsen, allen voran natürlich die amerikanische, das Vertrauen in das noch offene Produktivitätspotential auf nationaler, vor allem jedoch auf globaler Basis wider.

In ganz entscheidendem Maße ist dieses Vertrauen durch die Dialoge in Kirche und Politik gestützt und gefördert worden. Das Werben des Papstes für die Globalisierung und das Werben der Banken für den Dialog verdeutlicht die globalistische Verknüpfung des Moraldogmas mit der wirtschaftlichen Effizienz der Produktivität, d.h. vor allem der Arbeitsratio. So wie die Wirtschaft die Produktivitätssteigerung aus der globalen Arbeitseffizienz als Quelle ewigen Wohlstands anpreist, so predigt der Papst die Arbeit als Quelle ewigen Heils, die »den Menschen erst zum wahren Menschen macht«.[396]

Der Bewußtseinserfolg des Dialogs und der Wirtschaftserfolg der Börse sind die zwei wesentlichen, ursächlich aufeinander verwiesenen und reagierenden Kräfte, die zugleich Motoren und Indizes der Globalisierung bilden. Die massenideologische Heilsutopie der neuen Einheitswelt kann mit der gesamten Finanzkraft der Konzerne und der Durchsetzungsmacht der Politik rechnen. Diese Interaktion bleibt jedoch auf die Interessenwahrung der jeweiligen Eliten beschränkt und beinhaltet nicht die von uns als notwendig erkannte, systematische Verknüpfung mit dem Solidarinteresse, die eine Teilhabe der Gesellschaft an dem von ihr ermöglichten Erfolg der Produktivitätssteigerung sicherstellt.

Die Realisierung des ideologischen Einheitskonzepts muß also gegen die Interessen und auf Kosten der Gesellschaft durchgesetzt werden. Die Entchristlichung des Glaubens, die Beschneidung der demokratischen Mitspracherechte und die Austrocknung der Sozialsysteme sind die Säulen der Globalisierung, die im sogenannten MAI, dem »Multilateralen Abkommen über Investitionen« ihre krönende Form finden soll.

Mit dem MAI, dessen Unterzeichnung im April 1998 vorläufig scheiterte, soll die Führung der Welt endgültig von der Politik auf die Wirtschaft übertragen werden. Unter der Ägide der OECD wurde ein Vertragswerk ausgearbeitet, mit dem das demokratische Prinzip gesellschaftlichen Gemeinwohls auf das korporatistische Prinzip der wirtschaftlichen Profitmaxime übergeht.[397] Im Kern bedeutet das MAI das offizielle Ende bürgerlicher Verfügungsgewalt über die Wahrung der eigenen Interessen. Indem die Investitionen vertraglich von jeglicher Sozialbindung freigestellt werden, erfolgt die endgültige Auslieferung des Gemeinwohls an das wirtschaftliche Kalkül.

Ausdrücklich heißt es, daß »die Gesetzgebung nicht durch Sozial- und Umweltziele behindert werden sollte«,[398] d.h. daß globale Marktziele Vorrang vor regionalen Gesellschaftszielen erlangen. Mit der Ermächtigung wirtschaftlicher Korporationen, die sich aus Konzernleitungen und strategischen »Denkfabriken« wie der Trilateralen Kommission zusammensetzen, zu globalen Marktsteuerungszentralen werden demokratische Strukturen und ethische Vereinbarungen wie die Menschenrechtserklärung endgültig obsolet.

Religionen – normalerweise kritische Gegenpole zur Profitmaxime – werden unter dem Diktat ökonomischer Ausschließlichkeit keine wirksamen Positionen beziehen, sondern allenfalls – wie die neukatholische Zeitkirche – eine Rolle als pseudo-sakraler Moralrahmen spielen können, unterstützt durch den Erfüllungsgehilfen des Küngschen Weltethos.

Für Ideologien gelten allerdings andere Regeln. Wenngleich das MAI noch nicht in Kraft gesetzt ist, so wird doch das generelle Schweigen der Politiker zu seiner Existenz als bemerkenswert hervorgehoben.[399] Gerade in einem Umfeld gesellschaftlicher Unverbindlichkeit, wie es vom postmodernen Liberalismus geschaffen wurde und vom MAI marktgesetzlich festgeschrieben werden soll, finden der Konzilsglaube und die Moraldoktrin der interkulturellen Dialoge jene ihnen vom System her gemäße und praktisch vertraute Ambivalenz, welche die bereits begonnene Tendenz zur nachhaltigen Entmündigung des Bürgers effizient vollenden könnte. Die stets unangenehme, ethische Frage nach der Finanzierung von Defiziten, die wirtschaftliche Ursachen haben und sozial übergreifende Wirkungen zeigen, braucht in diesem Kontext nicht mehr gestellt zu werden.

Der Islam als ideologisch geprägte Machtreligion findet in diesem Szenarium nahezu ideale Existenzbedingungen vor. Ob mit oder ohne MAI – allein die fremdorientierte und global finanzierte Doktrin des interkulturellen Dialogs nimmt die islamischen Expansionsinteressen auf kirchlicher wie politischer Ebene so vehement wahr, daß sie zur historischen Vollstreckerin des klassisch-islamischen Machtprivilegs werden kann. Die von der undifferenzierten Islamkritik häufig ins Gespräch gebrachte »Gefahr des Bürgerkriegs« kann aus diesem Kontext allerdings nicht erwachsen. Wenn überhaupt, entsteht sie vielmehr aus der direkten, innergesellschaftlichen Konfrontation zwischen den moralisch korrekten Machtansprüchen des Dialogs und denjenigen, die weder vom Geist dieser Moral noch von der Klaviatur ihres Strafkatalogs korrigiert werden können. Es wird von der Bewußtseinsveränderung des postmodernen Fortschritts und ihrer volkspädagogischen Effizienz, d.h. von dem Ausmaß abhängen, in dem sich Glaubens- und Demokratieverständnis in einer »aufgeklärten« Gesellschaft entmündigen und die wegrationalisierten »Überflüssigen« davon überzeugen lassen, daß sie den Arbeitsplatzverlust selbst zu verantworten haben.

Die Machtansprüche des Klerus und der politischen Klasse haben sich bereits zu eng mit der Wahrung islamischer Interessen verflochten und zugleich zu konsequent gegen die Interessen der Christen und Demokraten positioniert, als daß sie ihre doktrinär fixierte Herkunft aus einem historisch gewachsenen Liberalismus leugnen könnten. Im Gegenteil: Je hartnäckiger sie die Vorzüge des Islam anpreisen, je ähnlicher sie damit dem Islam werden, desto konsequenter werden sie zukünftig den Forderungskatalog dieser Religion vertreten müssen. Sie bilden das ideologische Zugpferd für den wirtschaftlichen Globalismus, in dessen Windschatten der Islam sich so lange entwickeln kann, wie das vom Dialog gemalte Toleranzbild vom manipulierten Kollektivbewußtsein akzeptiert wird. Daß die Anzahl der Moscheen und Betsäle von drei im Jahre 1970 auf knapp 3000 im Jahre 2000 wachsen konnte, während sich die Deutschen zugleich von ihren Eliten als »extreme Mitte« qualifizieren und »ständig zunehmenden Rechtsradikalismus« vorhalten ließen, ist der rationale Indikator einer irrationalen Mechanik.

In der nachhaltigen Installation einer *umma*, einer starken und wachsenden muslimischen Gemeinschaft in Deutschland und Europa, mag der Liberalismus eine erste Stufe der Einheitsgesellschaft erkennen und zunächst zur Tagesordnung übergehen. Für den Islam stellt sich diese Stufe als erster Schritt zu seiner ganz selbstverständlichen und bereits im Koran festgeschriebenen Vormachtstellung dar. Nach unseren Ergebnissen wird diese Gemeinschaft umso konkreter die ihr historisch eingeschliffenen Profile der ideologischen Selbstbestätigung herausbilden, je nachhaltiger sie sich in der westlichen Gesellschaft etabliert und je intensiver diese allerdings auf sie zurückwirkt. Vornehmlich geht es dabei um die Erhaltung der islamischen Existenzprinzipien – die Ablehnung säkularer Gesetzbildung und die Unterdrückung der Frau.

Nach der Vertreibung der mittelalterlichen Philosophie reagierte der Islam mit der Intensivform des Fundamentalismus auf den Dauerkontakt mit der westlichen Moderne. Nun bahnt sich eine verstärkte Reaktion auf den systemfremden Globalismus sowie den eigenen Diasporastatus im Westen an. Diese Phase wird dem islamischen Rollenverständnis indes eine angemessene, d. h. dominante Qualität verleihen müssen, wenn nicht eine gänzlich andere Gewaltdimension zur Norm werden soll, deren apokalyptisches Potential im Massengrab des World Trade Center erkennbar wurde.

Wir haben in unserer Gegenüberstellung der beiden Kulturen systematische Strömungen nachgezeichnet, Tendenzen aufgedeckt und geistige Bilanzen aufgestellt. Es wurde dabei evident, daß der Pluralismus der westlichen Gesellschaftsdynamik einen sich offensichtlich fortlaufend verschärfenden Identitätsverlust verursacht, der sich zunehmend in einer Interessenvertretung des Islam auswirkt. Der Verlust an Eigeninteresse scheint von einem erheblichen Teil des Gesellschaftsspektrums, der sich eher aus materiell-hedonistischer Selbstverwirklichung definiert, nicht oder kaum wahrgenommen zu werden, so daß ihm die Kategorien der heilsutopischen Moralrichtung weitgehend fehlen. Aus diesem Sachverhalt in Verbindung mit den erkennbaren Problemen der zukünftigen Migrationsfinanzierung könnte sich ein Konflikt in der deutschen Basisgesellschaft anbahnen, wenn die kulturellen Langzeitfolgen der Dialogpolitik erkennbar werden.

Wenngleich eine solche Auseinandersetzung nicht unterschätzt werden sollte, so hat das Beispiel Österreich gezeigt, daß sich schwächere Widerstände gegen das liberale Globalprojekt bereits im Vorfeld der EU-Kujonierung erledigen lassen. Die wirklich dominanten Interessen sind nicht nur beim Islam, sondern in Verbindung mit ihm vor allem in den übergeordneten Ebenen der globalen Kapitalkonzentration und Weltordnungsstrategien angesiedelt. Auf diesen Ebenen, die letztlich auch über das Schicksal Israels entscheiden, wird sichergestellt, daß sich die islamische Expansion zunächst ohne wesentliche Konflikte fortsetzt.

Zudem muß immer wieder daran erinnert werden, daß es sich sowohl bei dem Bestandsprinzip des Islam als auch dem Verfallsprinzip des Westens um *dynamische Strukturen* handelt, deren Begegnung sich in einem weiten Spektrum gesellschaftlicher Schwerpunktbildungen vollzieht. Es bleiben allerdings ihre jeweiligen *statistischen Kerne*, die – wie unsere Untersuchungen verdeutlicht haben – grundsätzliche Gegensätze mit erheblichem Konfliktpotential repräsentieren.

Der islamischen Expansion und ihren dialogischen Hilfstruppen fällt somit eine wichtige Funktion im liberalen Projekt zu: die Zerschlagung gewachsener Gesellschaftsstrukturen unter dem Signum der interreligiösen Multikultur. Im Gegensatz zu den vorangegangenen Uniformierungsexperimenten der Klassen- und Rassenideologien kann sich die interkulturelle Massenideologie dabei allerdings nicht auf einen gemeinsamen, liberalistischen Ursprung stützen.

Mit dem Islam tritt ihr eine unphilosophische Denkwelt entgegen, in der eine Einheitsmenschheit nach dem Muster des Weltethos oder der katholischen Zivilreligion, also eine Welt ohne offenbarten Gott, keinen Platz hat. Mit Gesellschaften, die den Kairos, die Schwelle der Glaubensentscheidung, unterschritten haben und damit auf dem Wege des Zerfalls sind,[400] kann die Einheit nur dadurch angestrebt werden, daß man ihnen den Glauben an Allah vermittelt.

Umso deutlicher tritt die Entchristlichung der westlichen Gesellschaft hervor, ihre Befreiung von einem Glauben, der kurioserweise von seinen höchsten klerikalen Vertretern als Wahrheit verworfen und zur Ideologie umgeformt wurde, während ihn die moderne Kognitionswissenschaft als »Wahrheit des Bewußtseins« zu erkennen begann

(s. u. S. 456f.). Die eigentümlich parallele Ablehnung des trinitarischen Prinzips durch eine breite, historische Front prominenter Gegner von Muhammad bis Marx sowie die unabsehbare Literatur über den »historischen Jesus« lassen erkennbar werden, wie schwierig sich offenbar eine nachhaltige Trennung von der Singularität dieses Prinzips gestaltet. Wer es »bewußt« versucht, scheint den Spiralen abnehmender Erkenntnis, materiellen Selbstverständnisses und damit des Verlustes geistiger Identität nicht entgehen zu können – das zentrale Thema des anschließenden, letzten Teils unserer Untersuchung.

XI
Dialogmoral – Der Geistschwund im Fortschritt

A. Das Kraftfeld der Toleranz

1. Logik des Mittelmäßigen

Die Diskussion des kirchlichen und politischen »Dialogs« mit dem Islam konnte uns einen prinzipiellen Überblick über seine systematischen Bedingungen und die ideologische Verfassung seiner Vertreter verschaffen. Den Abschluß dieses Buches soll ein Blick auf die kognitiven Voraussetzungen bilden, unter denen sich dieses Phänomen westlichen Kulturverständnisses vollzieht. Es ist von großem Interesse, zu erfahren, inwieweit ein postmoderner Kulturmoralist in der Lage ist, sein Moralbewußtsein objektiv, also »bewußt« zu beurteilen, gegebenenfalls zu modifizieren und es damit im Sinne einer konstruktiven Kulturevolution zur Geltung zu bringen.
Wir erinnern uns, daß der Glaube die aufklärerische Vernunft in die Wissenschaft entlassen, und diese wiederum die Grenzen der Vernunft in Gestalt fortlaufender Erkenntnisspaltung aufgezeigt hatte. Im weiteren hatte sich die Arbeit zum führenden Maßstab allen Denkens und Lebens entfaltet, der zusammen mit Technisierung und Elektronisierung die dynamische Ausbreitung der westlichen Zivilisation ermöglichte. Gegen Ende des 20. Jahrhunderts weitete sich dieser Prozeß zur ›Globalisierung‹ aus, der in allen Weltregionen die rentabilistische Arbeitsverwertung westlicher Prägung vorantrieb. Im Zusammenwirken mit dem Bevölkerungswachstum entstanden umfassende Migrationsströme, die im Westen auf eine moralisch veränderte Bewußtseinslage trafen.

Nach den Vorkriegsentwicklungen nationalistischer, sozialistischer und rassistischer Intoleranz, die u.a. den Boden der Gewaltideologien des 20. Jahrhunderts bereiteten, konnte sich in der zweiten Hälfte des Jahrhunderts die massenideologische Vorstellung eines einheitlichen Menschheitsideals ausbreiten, das in interreligiösen bzw. multikulturellen »Dialogen« eine zunehmend doktrinäre Gemeinsamkeitssuche mit den zuwandernden Religionen und Kulturen verordnete.

Flankiert von den Wissenschaften und Medien bildete sich eine neue Elite der interkulturellen Moral heraus, die sich unter Installation einer politisch opportunen Meinungsherrschaft wachsende Machtbefugnisse aneignete. Zur Sicherung ihres auf einer Art Zwangstoleranz gegenüber fremdkulturellen Interessen fußenden Machtanspruchs waren diese Führungsebenen darauf verwiesen, die Grundlagen ihrer Klientel, ihre Ansprüche im Bereich des Glaubens, der Demokratie und des wissenschaftlichen Rationalismus zur Disposition zu stellen.

Im Zuge dieser Umschichtung der Machtlegitimation von Eigen- zu Fremdinteressen – ein für den historischen Liberalismus kennzeichnender Vorgang – konnte sich im Stile einer Heilsutopie eine Doktrin der interkulturellen Moral etablieren, die sich jeder rationalen Diskussion und Erfahrungsprüfung entzog:

> »Im Gegensatz dazu verlangt ein utopischer Versuch der Verwirklichung eines idealen Staates auf Grund eines Entwurfes der Gesellschaftsordnung als ganzer eine streng zentralisierte Herrschaft einiger weniger, und er führt aller Wahrscheinlichkeit nach zu einer Diktatur«.[401]

Diese Einschätzung Karl Poppers, der bekanntlich jeden Versuch, das Paradies auf Erden zu schaffen, als »direkten Weg in die Hölle« beschrieb, basiert auf der idealen Staatsidee Platons, der den Menschen durch die Herrschaft der Philosophie das kollektive Glück vermitteln wollte. In der marxistischen Klassenideologie spiegelt sich dieses Glücksstreben im uns bekannten, liberalistischen Prinzip der Zweideutigkeit wider, vorliegend in doppelter Ausfertigung, indem die Partei die Demokratie durch ambivalente Haltungen zur Macht und zur Gewalt aushöhlt.[402]

Ganz ähnlich verhalten sich die Segmente der deutschen Einheitspartei, die in verschwiegenen »Elefantenrunden« unter Ausschluß der Öffentlichkeit den Staat steuern, legitime Widerstände mit »Rechtsradikalismus« identifizieren sowie Recht und Verfassung den Erfordernissen der fremdorientierten Heilsutopie und des damit verbundenen Machterhalts angleichen.

Mit der Konstruktion des Konzilsglaubens an das Gemeinsame mit den Religionen haben die Machtebenen der Kirche diese Angleichung in einem einzigen, kühnen Schnitt vollzogen. Der in dieser Aktion entstehende »Glaube« entpuppte sich allerdings als ideologische Fabrikation, indem mit dem Verbot eines »Rückfalls hinter das Konzil« die gesamte zweitausendjährige Tradition christlicher Identität entsorgt wurde. Hiervon tangierte Wissenschaften wie Theologie, Philosophie, Geschichte, Soziologie, Orientalistik etc. gaben in dem Maße die rationalen Kriterien der Objektivität und Realitätskompetenz auf, in dem sie sich dem unrealistischen Diktat des utopischen Fremdideals beugten.

Diejenige Macht, die sich aus einem solcherart irrationalen Dogma speisen will, muß spezifische Legimationen entwickeln, die geeignet sind, die demokratische Mitsprache zu entmündigen, unideologischen Christenglauben zu unterdrücken und objektive Wissenschaft zu verhindern. Die Realisierung ihres Machtanspruchs setzt ein entsprechend hohes Maß an Entmündigungsakzeptanz bei den Adressaten, d.h. Wählern, Gläubigen und Bürgern voraus und steht, da auf Prüfkriterien verzichtet wird, in der Tendenz, als Markenzeichen ihrer Eliten eine systemimmanente Mittelmäßigkeit zu installieren.

Rekrutierten sich Ethik und Objektivität in vorglobalistischer Zeit aus christlichem Glauben und der Rationalität politisch-wissenschaftlicher Institutionen, so konnten sie sich im Zeitalter der Globalisierung in wachsendem Umfang aus dem Machtanspruch eines neuen Dogmas definieren, das Toleranz für alle Kulturen und Religionen in einer neuen Einheitswelt forderte. Es sind somit im gesellschaftlichen Bereich durchaus Führungsebenen festzustellen, die Ethik mit Machterhalt gleichsetzen sowie Intellektualität als ihrer Machtlegitimation eher hinderlich oder sogar schädlich ansehen müssen.

Vor diesem Hintergrund kann die zusammenhanglose, auf Einzelaspekte fixierte, d.h. *momentistische* Weltsicht des interkulturellen Dialogs, die sowohl Christentum als auch Menschenrechte fremdkulturellen Erfordernissen angleicht und dabei gegen rationale Argumente nahezu immun bleibt, eine gewisse, nachvollziehbare »Logik« erlangen, deren speziellen Eigenschaften wir uns abschließend zuwenden.

2. Spektrum des westlichen Selbstabbaus

Um die kollektiven Makro-Ebenen des historischen Liberalismus und seiner ideologischen Moral- und Toleranzforderungen auch unter Berücksichtigung des einzelnen Menschen beurteilen zu können, sollte demnach als individuelle Ergänzung die Mikro-Ebene des menschlichen Bewußtseins untersucht werden. Denn hier entfalten sich schließlich fortlaufend diejenigen kognitiven Prozesse, welche die einzelne Persönlichkeit formen und u.U. Aussagen über die Einbettung der individuellen Bewußtseinsbildung in die kollektive Ideologie, d.h. das Phänomen einer realitätsverweigernden Dialogmoral, zulassen.

Die Identifikation des Fremden mit dem Guten und des Eigenen mit dem Bösen – als Weltbild des Interkulturalismus – muß jede Anwendung kritischer Normen auf das Fremde im wahrsten Wortsinne als »abnorm« empfinden und mit Termini moralischer Ausgrenzung belegen. Die inflationär benutzten Begriffe des »Rechtsradikalismus« und »Rassismus« greifen auf das Instrumentarium der Shoa-»Bewältigung« zurück und machen deutlich, daß man sich bereits am oberen Rand des Verachtungsspektrums bewegt und damit möglicherweise einer nachhaltigen Erschöpfung des sprachlichen Erziehungspotentials nähert. Ob hiermit zugleich signalisiert wird, daß sich bald ein entsprechend gesteigerter Strafstandard wie z.B. der Rufmord oder die Existenzvernichtung einbürgern wird, müssen wir zunächst der weiteren Entwicklung überlassen, zumal mit gleitenden Übergängen zu rechnen ist.

Was uns vorderhand interessiert, sind die Gründe, die es der hier vorgestellten Dialogmoral ermöglichen, ihre konsequente Ablehnung des Eigenen so gründlich zu bewerkstelligen, daß ihr nicht nur kollektive Religionen, Weltbilder und Traditionen im allgemeinen, sondern auch bewährte Einzelmethoden und -prozeduren wie Analyse und Planung im besonderen zum Opfer fallen. Oder anders gefragt: Wie können vorwiegend rationale Denkmuster so beeinflußt werden, daß sie zuverlässig in ein vorwiegend irrational bestimmtes Geschehen umschlagen?

Die moderne Anthropologie hat hier, insbesondere aus Sicht ihrer Religions- und Kulturfraktionen, eine plastische Systematik entwickelt, die den dynamischen Aktionsrahmen des menschlichen Bewußtseins absteckt. Es handelt sich um eine Art Matrix, die nicht oder nicht nur aus den biologischen Gegebenheiten des Menschen herzuleiten und damit nicht allein auf seine Trieb- und Instinktinstrumentarien beschränkt ist. Sie stellt vielmehr ein umfassendes, dialektisch strukturiertes Aktionsmuster zur Verfügung, das dem Menschen im Rahmen einer unablässigen Wechselwirkung zwischen interner Ich-Bildung und externer Selbst-Orientierung das gesamte, evolutionäre Spektrum aus fundamentaler Triebsteuerung und unbegrenzter Geistesweite öffnet.

Je aktiver und weiter das Selbst in diesem Spektrum geistig ausgreift, desto näher kann es an das Mysterium seiner Existenz, seinen göttlichen Ursprung heranrücken; je passiver und näher es am Ich-Zentrum verharrt, desto dominanter werden die biologischen Triebfaktoren. Ein individueller – häufig mit dem Begriff des »Kairos« (griech.: der günstige Augenblick) belegter – Schwellenwert, der sich aus den dynamischen Komponenten des aktiven Selbst und des sozial geformten Ichs bildet, aktiviert die Ausweitung des Selbst in die Transzendenz und das »Selbst«-Verständnis in der Realität des Heiligen.[403]

Die Ich-Bildung einer solchen Existenz wird vom Selbst ins Verhältnis zum Absoluten, weit enfernt vom Profanen, gesetzt. Bei passivem, profanem Ich außerhalb einer Akzeptanz des Heiligen oder bei Unterschreiten des transzendenten Schwellenwertes, d.h. im Falle des Glaubenswandels und –verlustes im Fluß der Zeit, setzt sich das Selbst »selbst« in eine als relativ verstandene Realität. In Relation zum Absoluten ist der Mensch Geschöpf, in Relation zum Relativen ist er Schöpfer, d.h. im ersten Falle gründet sein absolutes Existenzvertrauen in Gott, im zweiten sein relatives in sich selbst.

Der Schwellenwert der Selbstüberschreitung bezeichnet das dynamische Gestaltungsverhältnis zwischen Glaube und Vernunft in der laufenden Spiegelung des Selbst im Umfeld des Anderen und in der Formung des Ichs. So wie das Profane die Glaubenskomponente am Verlassen der Transzendenz hindert, so steht das Sakrale der Freiheit der Vernunft entgegen. Da das Ausgreifen des Geistes ins Heilige dem Menschen mehr Energie abfordert als das Verharren im Profanen, bedarf die Stabilisierung oberhalb des Schwellenwerts der transzendenten Orientierung einer unablässigen Interaktion zwischen Glaube und Vernunft. Indem das weltoffene Selbst den unmittelbaren Ich-Bezug überschreitet, öffnet es den potentiell unbegrenzten Erkenntnisgrund des Absoluten, während es im Verharren am Ich und im Profanen sich auf das Relative beschränkt und in die Einflußsphären der »Triebseele« und Erkenntnisspaltung gerät.

Je transzendenter somit das Bewußtsein seine Existenz versteht, d.h. je uneingeschränkter es sich Gott anvertraut, je weiter also der Geistesrahmen des Selbst gezogen ist, desto unmittelbarer und intensiver gestaltet sich die Interaktion, in der Glaube und Vernunft aufeinander einwirken. Umgekehrt muß diese Interaktion sich verlangsamen und – insbesondere nach Unterschreiten der Marke zwischen Transzendenz und Immanenz – ganz entscheidend abschwächen, je enger der Geisteshorizont und damit die Nähe zum Profanen wird. Mit der Stärkung bzw. Schwächung der Glaube/Vernunft-Aktion oberhalb/unterhalb der Sakral/Profan-Schwelle des Kairos geht ein Ich-Aufbau durch Vertrauenszuwachs ins Absolute einher, dem im Relativen ein entsprechender Ich-Abbau durch Vertrauens- d.h. Erkenntnisschwund gegenübersteht. Im gesellschaftlichen Kontext ergibt sich aus der multiplen Interaktion individueller Selbstspiegelungen ein »selbsttragendes« System der kollektiven Wirkqualität aus Glaube und Vernunft, in der sich die kulturelle Gesamtdynamik aller Glaubens- bzw. Vernunftwelten niederschlägt.

So wie für den Christen der transzendente Impuls durch die Offenbarung Gottes in Christus das Absolute unter Verbindung mit dem menschlichen Relativen öffnet, so muß der Andersreligiöse oder Nichtchrist die Existenz auf eine andersartige Transzendenz oder das Relative beschränken, indem er diesen Impuls abwehrt und die neue Qualität der Stellung des Menschen zum Göttlichen verhindert.

Alle Ideologien und die Religion des Islam greifen die Göttlichkeit Christi vehement an, weil sie diesen anthropologischen Ankerpunkt zwischen dem Sakralen und Profanen, mithin das Bewußtseinsgeschehen selbst, direkt besetzt. Die fundamentale Rolle Christi als Brückenbauer des Menschen zum göttlichen Absoluten, als Überwinder des magischen Mythos und Buchstabenglaubens, als Erlöser von struktureller Sündhaftigkeit und Vermittler der Gnade zum Glauben sowie als Warner vor dem Rückfall ins Profane und Relative hat dem individuellen Bewußtsein des Menschen und der kollektiven Bewußtheit der Menschheit einen kognitiven Schub von singulärer Qualität verliehen.

Dieses einzigartige Ereignis schlug sich in der beschriebenen, im westlichen Abendland besonders ausgeprägten und fruchtbaren Geistesentwicklung nieder, deren dynamische Geschichte das universale Freiheitsspektrum vom Glauben bis zum Unglauben spektakulär entfaltete. Es wirkt wie eine Ironie, scheint indessen kein Zufall, daß sich die Universalinstitution der Kirche gegen ihre römischen Verfolger zwar überraschend durchsetzte, jedoch durch die Übernahme ihrer doktrinär-imperialen Strukturen in einen entscheidenden Gegensatz zu ihren Gläubigen setzte. Denn deren Bewußtsein wollte erfüllt sein vom Geist des Erlösers, der viel eher geeignet war, die Autonomie und Verantwortung des Menschen zu aktivieren, als ihn in der Entmündigung durch das Gesetz zu belassen. Erstmals traf ihr Selbst auf einen Geist, der die Erhöhung ihres Ichs meinte und die profanen Usurpatoren der sakralen Macht aus dem Tempel trieb. Der Machtklerus der Kirche war tendenziell außerstande, diesem Qualitätssprung zu folgen, weshalb ihm der Geist Jesu ab der Renaissance beschleunigt entglitt.

Beginnend mit der individuellen Glaubensethik der Renaissance über den subjektivierten Glauben der Reformation und die autonome Vernunft der Aufklärung bis hin zum antitrinitarischen Konzilsglauben der Postmoderne entfaltete sich ein kollektiver Bewußtseinsprozeß, in dem sich die Befreiung der Menschen vom Glauben als Ausdruck ihrer Befreiung von der Kirche widerspiegelte. Weil der Glaube mit der Kirche identifiziert wurde, löste man sich vom Glauben, um die Fesseln kirchlicher Macht abzustreifen. Doch wer meinte, die Kirche zu treffen, verfehlte den Klerus, denn nicht die Kirche, sondern der Klerus nutzte die geistigen Fesseln des Sündenbewußtseins und umfassender Entmündigung, um in Mißbrauch seiner göttlichen Vollmacht weltliche Macht auszuüben und an Stelle des Erlösers das Bewußtsein der Menschen zu besetzen.

Die Strukturen der Lehrvermittlung dominierten die Bedeutungsinhalte der Lehre und infantilisierten bzw. frustrierten die Glaubenserfahrung, wenn nicht die gesamte

Glaubensexistenz vieler Menschen. Der Vollmachtsmißbrauch reichte bis zum Tötungsbefehl der Inquisition, eine Anmaßung, die vom Klerus bis heute nicht verstanden wurde. Der Papst lastete in seiner »mea culpa«- Erklärung im Jahre 2000 die Fehlhandlungen im Namen Christi den »Söhnen und Töchtern der Kirche« und nicht ausdrücklich den Amtsträgern an, in deren Auftrag diese Fehlhandlungen geschahen.

Die Vernunftdynamik veranlaßte das abendländische Bewußtsein, dieser illegitimen Instanz das Glaubensvertrauen zu entziehen und die transzendente Bezugsbasis graduell durch die relativierende Ebene menschlicher Erkenntnis zu ersetzen. Daß auch hier recht bald eine deutliche Frustration des wissenschaftlichen Fortschrittsglaubens durch die systematische Horizontverengung mangels des übergreifenden Wissens einsetzte, wurde immer wieder beklagt, hinderte aber nicht an einer ungeheuren, sich ständig beschleunigenden Ausweitung der Einzelwissenschaften.

Mit der Expansion des Einzelwissens ging ein fundamentaler Wandel der Sozialstrukturen einher, der die säkularisierten Organisationsformen der modernen Industriegesellschaft und ihrer Institutionen der Politik, des Rechts und des Sozialwesens hervorbrachte. Während zuvor die gesellschaftliche Einordnung des Einzelnen in einen übergeordneten Sinnzusammenhang eines religiösen Deutungssystems gestellt war, hatten die neuen, modernen Rollenverteilungen indes nur noch partielle, stark anonymisierte Bedeutung. Der Mensch erfuhr seine Einbindung in die verschiedensten gesellschaftlichen Strukturen – vor allem im Bereich der Arbeit – zwar als verhaltensbestimmende Normsetzung, konnte sie zugleich jedoch als Privatangelegenheit empfinden, weil sie keinen festen Deutungsrahmen mehr für die existentielle Sinnfindung vorgaben.

Im pluralistischen Kontext der modernen Gesellschaft hatten und haben somit theoretisch unzählige Welt- und Selbstbilder Platz, die zur sogenannten »Wertneutralität« führen, jener Beliebigkeit, in der Mensch und Gesellschaft auseinanderfallen. Dieser Kontext liefert zugleich auch den geistig manipulierbaren Rohstoff für den scheinbaren Gegensatz zwischen Autonomie und Konformismus, zwischen moraldogmatischen Fortschrittspriestern und kulturkonservativen Untergangspropheten, welche die postmoderne Gesellschaftsdynamik als höchste Form der Freiheit oder aber des Zwangs empfinden.

In einer zunächst unmerklichen, sich im Verlauf beschleunigenden Akzentverlagerung in der massenpsychologischen Identitätsbildung konnte sich ein Bewußtseinswandel durchsetzen, der die herkömmliche, eher verantwortungsbetonte Eigenorientierung graduell gegen die moralbetonte, heilsutopische Fremdorientierung austauschte. Dabei bildete sich im Rahmen der Einbettung des individuellen Selbst in das kollektive Umfeld ein hohes Maß gesellschaftlicher Kontrolle heraus, das den Einzelnen in ein Korsett moralisch korrekter Normen zwängte.

Je früher dabei die moraldogmatische Spiegelung begann, desto schneller konnte das Dogma der Fremdsuche Platz greifen. Wie die anderen Ideologien des westlichen Liberalismus bemächtigte sich auch die interkulturelle Massenideologie zügig – spätestens ab Beginn der 80er Jahre des vergangenen Jahrhunderts – der Kindergärten, Schulen und Universitäten, um die individualpsychologische Identitätsbildung in den fremdorientierten Griff zu nehmen.

Innerhalb einer differenzierten Skala professionell arbeitsteiligen und institutionell abgesicherten Expertentums interagierten in der modernen Gesellschaft Menschen, die einerseits für kleiner werdende Fachbereiche zunehmendes Spezialwissen erlangten, andererseits jedoch die psychische Reflexion mit einer wachsenden Komplexität verloren. Bei immer rascherem Wissenszuwachs, Sozialwandel und Identitätsverlust offenbarte sich eine systematische Geistesverarmung der Industriegesellschaft, die bei fortschreitendem Glaubens- und Wissensschwund sowie psychischer und gesellschaftlicher Isolation die Hinwendung zu alternativen Orientierungen und Ersatzreligionen begünstigte. Einer solcherart atomisierten »Wertegemeinschaft« war es mehrheitlich nicht mehr möglich, zu beurteilen, wie es um die Effizienz der Institutionen, die religiöse, demokratische und intellektuelle Kompetenz und vor allem die *Loyalität der Eliten* bestellt war.

Unter dem dominanten Einfluß der modern-säkularen Gesellschaftsdynamik und der massiven Erkenntnisverengung begann die Orientierung an Fetischen materieller, elektronischer und fremdkultureller Provenienz zwanghaften Charakter anzunehmen, da die Einbußen an geistig-politischer Emanzipation eine neue Form der moraldogmatischen Entmündigung hervorriefen. Ein ideologisch anonymisierter Konzilsglaube, eine stetige Erosion demokratischer Mitsprache und ein rapider Verfall der autonomen Bildung verbanden sich zu einer umfassenden, säkularen Identitätsschwäche, die zwischen der unmittelbaren Verantwortlichkeit der betroffenen Eliten sowie ihrer Anfälligkeit für Illoyalität und Korruption keinen kausalen Zusammenhang herzustellen vermochte.

Die der westlichen Gesellschaft entgleitenden, kollektiven Grundlagen religiöser, demokratischer und rationaler Ich-Dynamik erzeugten die Illusion einer interkulturellen Wertegemeinschaft, die der Ich-Schwäche des Einzelnen doktrinär aufgezwungen wurde. Die komplementäre, historisch kanalisierte Ich-Stärke des Islam kann hierin nichts anderes erkennen als ihre bereits vom Propheten verkündete Überlegenheit und die Aufforderung zur Ausbeutung vorhandener Potentiale, ein, wie wir nun wissen, in der islamischen Machtpsyche fest verankertes Konzept.

Die Verwiesenheit des Selbst auf die transzendente Bezugsbasis erhält im westlichen Mensch abnehmende Eigenimpulse. Nachdem seit dem christlichen Wahrheitsverzicht auch die Konzilskirche in die säkulare Dynamik der geistigen Ich-Verarmung eingeschwenkt war, entstand umso dringlicherer Bedarf an Ersatzdimensionen der Sinnfindung. Mit dem Verlust der transzendenten Verankerung ging ein deutlicher Verlust der Identifikation einher, der Fremdkulturen wie dem ich-starken Islam zum Durchbruch verhalf, vor allem aber auch die verschiedenen Versionen materieller Lebensformen typisch westlicher Provenienz aktivierte.

Mit einer fundamentalen Kairos-Unterschreitung, mit dem Wechsel vom Sakral- in den Profanbereich, der die Wandlung des Menschen vom Geschöpf zum Schöpfer, vom gottbestimmten zum selbstbestimmten Wesen bewirkte, setzte sich der Mechanismus des abnehmenden Erkenntnishorizonts und Abstands zur Triebsphäre in Gang, eine systematische Konsequenz der autonomen Vernunft, die zum Markenzeichen der westlich-säkularen Kulturdynamik und zentralen Kritikziel des modernen Islam wurde.

Sektenwesen, Esoterik, Körperkult, Pansexualität sowie Arbeits- und Drogensucht schienen überall dort vermehrt als Dimensionen übergeordneter Sinnsuche in Erscheinung zu treten, wo sich die Transzendenz christlich-trinitarischer Prägung zurückzog. Die Vorstellung von der »Gottesebenbildlichkeit« des Menschen schien mit dieser Art offenbar zwanghaft auftretender Ersatzreligionen und ihren problematischen Begleiterscheinungen ihrerseits auf ganz zwanglose Weise zutage treten zu können, in der sie sich als logische Negativkopie, gewissermaßen als »Bestätigung des Christentums durch Abwesenheit« zum Ausdruck brachte.

So kann es denn kaum verwundern, daß diese Zusammenhänge das Interesse der Wissenschaft auf sich gezogen haben. Das trinitarische Prinzip mit der christlichen Offenbarung des Gottmenschen als Geistmittler zwischen Gott und Welt und seine Kongruenz mit der Kairos-Schwelle zwischen Sakral- und Profanbereich als anthropologisch verankerte Bewußtseinsstruktur hat einen nachhaltigen Niederschlag in der modernen Kognitionsforschung gefunden.

3. Christentum und Islam in kognitiver Sicht

In der Einleitung zu diesem Buch haben wir angekündigt, unsere Schilderungen und Schlußfolgerungen auf einer systemorientierten, d.h. einer Ebene zu entwickeln, die aus einer Anzahl einzelner Aspekte eines Sachverhalts in Zeit und Raum *Tendenzen und Bilanzen* herausfiltert. Dabei entsteht immer wieder die Frage, in Relation zu was eine solche Straffung erfolgen soll. Es ist evident, daß bloße Zusammenstellungen detaillierter Fallbeispiele nicht nur rasch an Aktualität verlieren, sondern auch und gerade übergeordnete Themenstellungen wie die Rolle des Islam im Westen massiv beeinträchtigen, wenn den Details die historischen Zusammenhänge fehlen.

Zeitliche und sachliche Korrelationen werden umso notwendiger, je ferner das Thema dem eigenen Erfahrungsbereich steht – ein wesentliches Defizit des interkulturellen Dialogs. Nur eine tendenz- bzw. schwerpunktorientierte Problemanalyse mit wenigen, die Sache und Zeit treffenden, d.h. experimentell übereinstimmenden Beispielen wird in der Lage sein, ein Erklärungsmodell mit strukturellem Bestandscharakter zu entwickeln, das die Beurteilung eines Themenkreises hinreichend sichert. In den nachfolgenden Betrachtungen werden wir zu einem solchen Modell vorrücken und hierzu Instrumente heranziehen, die eine gewisse Geduld erfordern, aber im Verlauf der Untersuchung ihre logische Notwendigkeit für den Zusammenhang – vorliegend die wachsende Denkschwäche des westlichen Geistes und damit des Dialogs als der interkulturellen Avantgarde – graduell enthüllen werden.

Wenn die wichtigen Aspekte momentistisch, d.h. ohne zeitlichen und sachlichen Kontext herausgegriffen, ohne historische und logische Kausalität ausgewählt werden, kann weder ein übergeordneter noch überhaupt irgendein Funktionszusammenhang hergestellt werden, der die Bewertung einer Thematik über den Tag hinaus gewährleistet. Indem der Islam z.B. die Vernunft als freie Denkkomponente für sich historisch ablehnte, war er in der Lage, ein fest verankertes Glaubensverständnis ohne systematische, externe Toleranz zu entwickeln, ein Sachverhalt, der dem momentistischen Blick des Dialogs entgeht.

Vorgehensweisen, die nach herkömmlich analytischen Kriterien arbeiten, gehörten bis vor gar nicht so langer Zeit zu den methodischen Selbstverständlichkeiten. Im Zuge fortschreitender, liberaler Erosion begannen sie allerdings bei den interkulturellen Interessenvertretungen oder Gefälligkeitswissenschaften Anstoß zu erregen, vor allem im Hinblick auf unwillkommene Ergebnisse, die objektive Methoden bei der Untersuchung fremder Kulturen zuweilen erzeugen. Nichtsdestoweniger entspricht es andererseits in weiten Bereichen noch immer durchaus gängiger Wissenschaftspraxis, weniger utopischen, d.h. irrationalen Heilsideen, sondern eher solchen Bewertungskriterien zu folgen, die ein Problem oder Phänomen so lange beurteilungsfähig machen, wie es nicht falsifiziert, d.h. rational widerlegt worden ist.

Ein solches strukturelles Erklärungsmodell weist in unserem Falle nicht nur den Vorzug auf, die Konturen des Islam vor dem Hintergrund der abendländischen Entwicklung rational zu erfassen; sie nutzt außerdem den kognitiven Effekt der sogenannten *Exformation*. Hierbei handelt es sich um den Teil von Information, den ein System, eine Struktur oder eine Kommunikation *nicht unmittelbar* vermittelt. Exformation ist der Betrag an *impliziter Struktur*, die ein System zum Werden benötigt, aber nicht *explizit*, sondern durch Assoziationen zum Ausdruck – zur *Exformation* – bringt.

Was der Empfänger als authentische, plausible Information bezüglich eines Gesamtsystems erhält, beinhaltet *implizit* die im Verlauf seines Entstehens benötigte, aber inzwischen ausgesonderte, *exformierte* Information bzw. Struktur. Somit besteht die Exformation dieses Buches in der beim Leser durch das Erklärungsmodell assoziativ bewirkten Islamvorstellung, die aus der Gesamtheit *expliziter* Fakten und *impliziter Struktur* dieser Fakten besteht und den *größten Nenner* für die Einordnung der laufenden, aktuellen Erfahrung bildet. Dieses Verfahren steht in diametralem Gegensatz zum Vorgehen des Dialogs, dessen momentistische Einzelsicht sowohl die Fakten als auch die Struktur dieser Fakten meidet. Indem er mit dieser Methode regelmäßig *kleine Nenner* erzeugt, ist der Dialog auf großen, ideologischen Nachdruck angewiesen, um eine Ersatzrealität zu fabrizieren und durchzusetzen.

Exformation ist somit nicht weniger als das Bildungsprinzip eines Systems, indem sie über Bewahrung und Aussonderung der Information entscheidet und somit ihre aktuelle Strukturierung steuert, die im Systemprozeß aus Unterschieden und Veränderungen laufend entsteht. Z.B. besteht die Exformation der islamischen Toleranz in ihrer Vernunft, die Rationalität als integralen Bestandteil des Glaubens und seiner Rückbindung an die schariatischen Grundlagen versteht. Eine solche Toleranz ist auf dieses Bildungsprinzip der Selbstreferenz des Glaubens verwiesen, kann also von ihrer systematischen Wirkungsweise her keine Anleihen bei externen Systemen vornehmen, ebenso wenig wie sich z.B. die islamische Ornamentik Anleihen bei der bildhaften Darstellung erlaubt hat.

Somit wird unmittelbar deutlich, wie unverzichtbar die ideologische *Information* für die Durchsetzung des proislamischen Moraldogmas tatsächlich ist, dessen Modellvorstellung dem Islam eine historisch gewachsene und aktuell praktizierte Toleranz unterstellt. Indem sie den westlich-säkularen Toleranzbegriff suggeriert, muß sie Voraussetzungen schaffen, die jede Assoziation mit der originär-islamischen *Exformation* verhindern. Wie wir wissen, gehören hierzu u.a. die zwei Verbote, die islamische Gewaltneigung in ihren religionsgeschichtlichen Kontext zu stellen, und den »Fundamentalismus« mit dem »eigentlichen« Islam zu verbinden.

Da die exformatorische Assoziation unveränderbar mit dem Bewußtsein verknüpft ist, kann also die Annäherung zweier konträrer Systeme – vorliegend des Westens an den Islam – nur über eine Veränderung des Bewußtseins selbst erreicht werden. Entweder erfolgt eine solche Bewußtseinsveränderung als eigenständiger Prozeß oder sie bedarf einer umso massiveren Faktenverfälschung, je weiter die Wunschvorstellung vom Originalverhalten abweicht. Es sind also Maßnahmen zu ergreifen, die Intoleranz als Toleranz erscheinen lassen, d.h. eine Umkehrung der Wirklichkeit insgesamt bewirken und im Bewußtsein verankern. Der *impliziten Ordnung* der natürlichen Eigendynamik muß eine *explizite Ordnung* der fabrizierten Ideologie verordnet werden.

Im weiteren Verlauf unserer Betrachtung wird sich die Erkenntnis verdichten, daß angesichts des breiten Bewußtseinsspektrums einer westlichen Fortschrittsgesellschaft selbst die größte Dialogmaschinerie in Kirche und Politik nicht hinreicht, einen derart umfassenden Annäherungsprozeß im Wege eines in die Richtung der Hirnwäsche weisenden Projekts zu bewerkstelligen. Daran ändert auch der Umstand wenig, daß ein erheblicher Teil der Medien seit längerem an einer systematischen »Verbesserung« des Islambildes arbeitet.

In einer über die Jahre zu einer unübersehbaren Fülle anwachsenden Zahl von Einzeldarstellungen der Bild- und Printmedien wurden Bilder des Islam entworfen, die in ihrer Mehrheit seine *individuellen* und weniger seine *kollektiven* Erscheinungsformen, d.h. die Glaubens- und Lebensweise der Menschen eher als ihre Entwicklungspotentiale in der Gemeinschaft zeigten.

Im westlich-säkularen Publikum – an die Methoden profilschwacher Beliebigkeit gewöhnt – konnten diese Darstellungsebenen – ihrerseits zusätzlich genießbar gemacht durch Wohlstandsdenken und Elemente des professionellen Entertainment – mit wachsender Akzeptanz rechnen und die Herausbildung eines moralisch opportunen Denkrasters wesentlich unterstützen. Es ist offensichtlich ein Unterschied, ob muslimische Gäste eines Bahrainer Luxushotels interviewt, oder ob die Menschen im sozialen Pulverfaß des Kairoer Vororts Shubra nach ihren Lebensumständen und -ansichten befragt werden.

Immerhin beginnt sich hier eine ganzheitliche Vernetzung westlicher Negativdynamik anzudeuten: die Makro-Ebene der liberalen Glaubens- und Wissensauflösung, die Meso-Ebene der gesellschaftlichen Ich-Schwäche und die Mikro-Ebene eines Bewußtseinswandels, von dem wir bis hierher noch nicht wissen, ob er systemhaft entsteht oder gezielt erzeugt wird. Während wir uns letzterem noch gesondert widmen müssen, läßt sich bereits von einer besonderen, kognitiven Konstellation sprechen, die dem Islam und zwar nur dem Islam als diametraler Antithese des Westens eine Ausbreitungschance historischen Ausmaßes öffnet. Wir können nicht umhin, mehr als zuvor der kühlen Einschätzung unseres muslimischen Realisten in Izmir zu folgen, derzufolge die westlichen Gesetze die Herrschaft des Islam herbeiführen werden (s. o. S. 350).

Der deutsche Islamkonvertit Murad Hofmann, der ein aufschlußreiches Buch über die langfristigen Absichten des Islam verfaßt hat, greift aus dieser Sicht sicherlich zu kurz, wenn er den Medien grundsätzliche Intoleranz gegenüber dem Islam vorwirft,[404] zumal die mediale Religionsdiffamierung allemal das Christentum zum maßgebenden Negativziel erklärt hat. Ihm ist zuzustimmen hinsichtlich der Medienrolle als Exponent irrationaler Kulturfeindlichkeit. In den USA lehnen 91% der Medienvertreter (gegenüber 50% der Bevölkerung) den Kirchenbesuch, 50% (10%) die eheliche Treue und 3% (72%) die Abtreibung ab. Die sich hier abzeichnende Struktur der Medien als Negativelite bestätigt ihre klare Funktion als propagandistische Zugkraft, die nach unserer Einschätzung auf Dauer ganz besonders auch zur Förderung der interkulturellen Entgrenzung und unkritischen Islamtoleranz beitragen wird. Sie richtet sich nicht nur gegen herkömmliche Wertvorstellungen, sondern verfügt über die Instrumente der subliminalen Beeinflussung.

Hofmann nimmt die islampositive Großwetterlage im Westen nicht zur Kenntnis, sondern greift weiterhin isoliert auf die wachsende Phalanx derjenigen Theologen zurück, die wiederholt einen »historischen« oder »entmythologisierten« Jesus bemühen, um zu einem Islam als »Reformation des Christentums« zu gelangen, der es »vom Kopf auf die Füße« stellt.[405] Der unterstellte Reformcharakter liegt eher in der strikten Rückkehr zum Gesetzesglauben, der allerdings mit Blick auf manche Mitglieder der zerfasernden postmodernen »Wertegemeinschaft« einen durchaus stabilisierenden Einfluß ausüben kann.

Unsere Untersuchung des kirchlich-islamischen Dialogs kam daher dieser reformatorischen Einschätzung nur dem Ergebnis nach nahe und erzielte angesichts der Eigendynamik des Konzilsglaubens in bezug auf seinen Weg der christlich-islamischen Annäherung gänzlich unterschiedliche Resultate. Hier erwies sich keineswegs der vorwiegend statische Islam als Reformator des Christentums, sondern es bedurfte der liberalen Auflösungsdynamik, um durch die Anonymisierung Jesu den katholischen Gnadenglauben zu beenden. Nur in der daraus folgenden, ideologischen Entkräftung des trinitarischen Prinzips wurde es der Kirche möglich, sich den Lehren jener zeitgenössischen Christensekten anzunähern, die Muhammad als Reaktion auf Nizäa vor 1400 Jahren ihr antitrinitarisches Jesusbild geliefert hatten. Auf eben diese nizäischen Grundlagen des Koran – u.a. auch in Form der Eucharistie – weisen nun wiederum die linguistischen Untersuchungen des C. Luxenberg hin (s. o. S. 59f.) hin, die Hofmann noch nicht vorlagen.

Es ist der immer gleiche, unauflösliche Gegensatz zwischen dem Geist Gottes und dem des Menschen, den das »Prinzip Jesus« auf eine fundamental erweiterte Basis mit neuen Wegen zur göttlichen Transzendenz gestellt hatte. »Reform« auf dieser Grundlage konnte nur die Festlegung auf ein kasuistisches Gottesgesetz oder ein ebenso kasuistisches Menschengesetz bedeuten – das grundlegende Thema in der Begegnung des Islam mit dem modernen Westen.

Wie erwähnt, hat diese fundamentale Wirkung der christlichen Zentralgestalt, die trotz retardierender Machtansprüche ihrer Vertreter eine dynamische Weltkultur hervorrief, auch das gezielte Interesse der kognitiven Wissenschaft auf sich gezogen, auf das wir nun eingehen werden. Im Verlauf dieser Betrachtung werden wir sehen, daß der Zeitfaktor des Bewußtseins, nämlich in der Zeithaltigkeit des liberalen Fortschritts und der Zeitlosigkeit des islamischen Medina-Modells, uns einen weiteren, entscheidenden Hinweis auf die kognitive Mittlerfunktion des trinitarischen Geistes geben kann, wie es auch Jesus selbst sah: »Meine Zeit ist noch nicht da; eure Zeit ist allewege« (Joh. 7/6).

Nach dem amerikanischen Kognitionsforscher Julian Jaynes basierte die kollektive Psyche der Vorzeit auf einer reflexions- und ich-losen Interaktion zwischen Göttern und Menschen, die sich im Verlauf des letzten vorchristlichen Jahrtausends in eine selbst- und ich-bewußte Psyche zu differenzieren begann. Die Selbst/Ich-Dynamik dieses neuen Bewußtseins machte dem Menschen eine vom Unbewußten bedrohte, unübersichtliche Identität deutlich, die nur durch das Konzept des Monotheismus, des von einem Höchsten abhängigen Ich, gerettet werden konnte. Homers Odyssee, das mosaische Gesetz, die griechische Philosophie und Demokratie und nicht zuletzt die Ankündigungen Jesu durch Jesaja und die römischen Sibyllen waren fundamentale Stufen auf dem Weg zum individuellen Geist und Glauben sowie zu einem Christentum, das sich als religiöse Struktur des erwachenden Bewußtseins vorbereitete.[406]

Mit dem Erscheinen Christi differenzierte sich die kollektive Außenleitung in eine individuelle Innenleitung durch eine Ich-Werdung, der durch die Überwindung des Gesetzes der Glaube an und das Vertrauen in einen neuen, dem Menschen zugewandten Gott zuwuchs. Durch die gleichzeitige Überwindung der Dämonen wurde ebenso ein neuer Zugang zu göttlichem Geist und natürlicher Welt erschlossen, der ein ich-reflektierendes Bewußtsein im Wissen um das Unbewußte aktivierte.

Hieraus erwuchs zudem eine neue Kontrolle des Denkens und Handelns, die sich vom erstickenden Außendruck kasuistischer Ver- und Gebote löste und in das Innere des Menschen und sein Gewissen verlagerte. Das Handeln des Menschen, mithin auch die Sünde, wandelte sich von äußerem, unbewußtem Schicksal zu innengesteuertem, bewußtem Handeln und begründete die Freiheit des Menschen in Verantwortung vor Gott. Christus erfüllt dabei die Doppelfunktion des menschgewordenen Geistes Gottes und der geistgewordenen Individualität der menschlichen Glaubenswelt.

Erneut wird der Kairos-Punkt sichtbar, jene schicksalhafte Schwelle, die dem Menschen die unausweichliche Entscheidung über die einzuschlagende Richtung abverlangt: Gott oder Welt, Transzendenz oder Immanenz, Geist oder Materie. Das Christentum hatte mit dem trinitarischen Gottesprinzip der Bewußtseinsdynamik aus Selbst, Ich und dem Unbewußten, dem späteren Es der Freudschen Triebseele, ein kongeniales Angebot zur Befreiung von Angst, Entmündigung und Sünde gemacht. Dieses Angebot war weder von den Juden noch von den frühen Christen gänzlich verstanden worden. Erst mit dem Göttlichkeitsdogma von Nizäa, mit dem Abstand von über drei Jahrhunderten, hatte man das Einzigartige des Lebens und Sterbens Jesu auch aus menschlicher Sicht erkannt.

Der Islam entschied sich für die Ablehnung dieses singulären Menschheitsereignisses. Nach Überwindung der gesamten Bedeutungsmöglichkeiten arabischer Buchstabenvarianten und Übersetzungsfehler vom Aramäischen hatte er den Koran zur Offenbarung Allahs erhoben, Christus zum Propheten und die Christen zu Ungläubigen erklärt. Das Wort vom Islam als der Überwindung oder Reformation des Christentums war in einem bestimmten Sinne wahr geworden. Denn kaum eine Rückkehr zum Gesetz konnte stringenter und totaler sein als eine zur Offenbarung erklärte Schrift und ein Gottesgesetz, das alles Denken und Leben bis zum letzten Buchstaben in einem Ausmaß regulierte, welches das jüdische Regelwerk wie ein Sinnbild ungehemmter Freiheit erscheinen ließ.

Keine Glaubensübung des Islam könnte diese totale, wenn nicht totalitäre Unterwerfung unter das Gesetz deutlicher zutage treten lassen als die »Ich-Abstreifung« (arab.: *tadjarrud*), jene Befreiung von den Hemmnissen der Individualität im Bemühen um die spirituelle Annäherung an den Geist des Verkünders Muhammad.[407] Wir gehen nicht so weit wie der Ex-Marxist A. Glucksmann, vom Islam als einer »geklonten Gesellschaft« zu sprechen,[408] doch erhält vor dem Hintergrund des reaktionären Gesetzesglaubens das konziliare Wort vom »gleichen Gott mit dem Islam« eine erweiterte Bedeutung. Kaum einer Machtstruktur ist die vollständige Entmündigung der Klientel so willkommen wie dem glaubensfernen Klerus der Kirche.

Islam und Konzilskirche haben in der Entmündigung ihrer Gläubigen mächtige Verbündete. Die moderne Kognitionsforschung hat gezeigt, daß das Bewußtsein – einem Bildhauer vergleichbar – aus der jeweils verfügbaren, unbewußt empfangenen Momentinformation einen verschwindend kleinen Anteil zu der jeweils relevanten Variante des aktuellen Bewußtseins modelliert. Ganze 20 Bits pro Sekunde filtert das Bewußtsein im Durchschnitt aus über 11 Millionen unbewußten Wahrnehmungsbits und fügt innerhalb einer halben Sekunde die aus Sinnesreizen und Handlungsimpulsen komponierten Bewußtseinsraster zusammen, die in Realisierung oder Nichtrealisierung sowohl das fortlaufende Schicksal des Menschen bestimmen als auch die Kontinuität seines Glaubens sicherstellen.

Nur ein Fünftel einer Sekunde steht ihm zur Verfügung, das emanzipierende Vetorecht gegen ein aktuelles Rasterbild einzulegen, eine im Einzelfall zwar ausreichende Zeit, jedoch keinesfalls für die fortlaufende Flut aufeinanderfolgender Bildsequenzen. Das Reservoir des Unbewußten, aus dem das Bewußtsein unentwegt die Konturen der laufenden Realität modelliert, drängt allein aufgrund seiner statistischen Übermacht den Menschen zu einem kontinuierlichen Handeln, d.h. es schränkt den freien Willen und die Ausübung des Vetorechts ein. Mit anderen Worten: Die kognitive Konditionierung des Menschen zwingt ihn tendenziell zum Konformismus und zur Vermeidung diskontinuierlichen Denkens und Handelns.[409]

Je ungestörter und kontinuierlicher das hervordrängende Handeln vom Unbewußten angetrieben wird, desto deutlicher kann sich ein mentales Wohlbefinden etablieren, das sich zum euphorischen Glücksgefühl steigert, wenn es durch sich in der Gemeinschaft wiederholende Denkmuster zusätzliche Legitimierung und Bestätigung findet. Dieser kognitive Mechanismus bildet die universelle Bewußtseinsbasis einer jeden Ideologie und trägt zur Erklärung der erstaunlichen Tatsache bei, daß die winzigen Gemeinsamkeitsnenner des Kulturdialogs mit großer Verve sowohl gegen die klarsten Trennfaktoren als auch vitale Interessen der eigenen Klientel vertreten werden.

Während das Judentum und der Islam Handlungsverbote aufstellten und von außen forderten, nicht das Falsche zu tun, d.h. die verbotene Handlung zu unterlassen, kehrte Jesus in einer grundlegenden Neuerung die Denkrichtung um. Vor allem in der Bergpredigt stellte er Handlungsanweisungen auf, die vom inneren, gottbestimmten Gewissen verlangten, nicht nur das Richtige zu wollen, sondern es auch zu tun. Diese emanzipierte, aktive Ethik erhält im Rahmen der kognitiven Bewußtseinsstruktur eine fundamentale Bedeutung. Sie stellt an den Menschen die nicht ganz einfache Anforderung, die Abfolge seiner Bewußtseinsbilder, die aus der unkontrollierbaren, statistischen Übermacht des Unbewußten entstehen, einer Kontrolle zu unterwerfen, die weder falsche Handlungen noch falsche Absichten zuläßt.

Der hohe Anspruch Jesu an die ethische Eigenverantwortung der Menschen steht dem kognitiven Zwang zum Konformismus gegenüber, den sich viele seiner Nachfolger im Petrusamt durch die Usurpation der sakralen Vollmacht und den Aufbau einer profanrepressiven Struktur nutzbar machten. Der ohnehin geringe Teil bewußten und damit indeterminierten Handelns wurde real eingeschränkt, die virtuelle Autonomie des richtigen Wollens blieb jedoch erhalten und bildete eine der Grundlagen abendländischer Dynamik. Selbst die Umkehrung des thomistischen *agere sequitur esse* durch den päpstlichen Existentialismus eines Seins durch reines Handeln spiegelt sich als fehlgeleitete Autonomie in dieser Freiheit zum – christlich gebundenen – Wollen wider.

Als ausgeprägter Determinismus drückt sich hingegen die umfassende Befolgung von Ge- und Verboten aus, die wesentliche Bereiche des islamischen Handelns bestimmt. Sein und Handeln werden hier nicht als Kausalkette, sondern als aufeinander bezogene Einheit begriffen, die kein individuelles Wollen enthält, sondern das Wesen der Existenz in Ritenvollzug und Gemeinschaft erkennt. Dabei ist die kognitive Neigung zum Konformismus dieser Struktur offenbar ausgesprochen förderlich.

Biologische und noch viel mehr geistige Wesen stehen am jeweiligen vorläufigen Ende einer evolutionären Entwicklung. Diese Entwicklung besteht aus einer unterschiedlich komplexen Folge von Verzweigungen bzw. Verhaltensentscheidungen, die das Wesen in einen sinnvollen Form-und Strukturzusammenhang brachten. Der jeweilige Sinn offenbart sich dabei erst nach einer längeren Zeit der Entstehung, während derer im Abgleich mit der Umgebung Information auf ihre Eignung für den eigenen Wesenssinn – oder auch das Überleben – überprüft wird.

Im Prozeß dieser Überprüfung findet eine laufende Einbehaltung und Aussonderung von Information statt, als deren Bilanz sich das Wesen in steigender Komplexität in bezug auf innere Struktur und äußere Funktion in das dynamische Umfeld einfügt. Wie erwähnt, ist als entscheidender Aspekt in diesem Ablauf das Beseitigen derjenigen Information zu sehen, die zwar weder der Struktur des inneren Aufbaus noch der Struktur des äußeren Einbaus auf Dauer dienlich war, aber gerade aufgrund der Erkenntnis der Notwendigkeit ihrer Aussonderung, also der *Exformation*, das Überleben des Systems sichert und ein wichtiges, wenn nicht entscheidendes, *implizites* Merkmal seiner Identität darstellt.

Um eine Wesenheit hinreichender Stabilität entstehen lassen zu können, bedarf es also evolutionärer Erfahrung, die in einer Prüfbilanz ständig durchlaufender Information, ihres Einbaus und ihrer Aussonderung besteht. Der Ordnungsgrad eines Systems, sozusagen der Wert seines Genoms, besteht in der Gesamtheit der Verhaltensentscheidungen, die sein Überleben gesichert haben.

Nach menschlichen Zeitmaßstäben ist evident, daß die über Jahrtausende reichende Entwicklung vom Mythos über das jüdische Gesetz zur christlichen Glaubensfreiheit das Kriterium des evolutionären Prozesses erfüllt. Es entsteht die Frage, ob es sich auch bei der Gemeinsamkeitssuche mit dem Islam, die das Eigene entsorgt, ebenfalls um einen evolutionären Prozeß vergleichbarer Qualität im Sinne einer harmonischen Eigendynamik handeln kann. Wir haben bereits erhebliches Beweismaterial für einen eher ideologischen Charakter dieses Suchprozesses angeboten, wobei darüber hinaus allerdings noch die Gründe zu untersuchen blieben, die seine Protagonisten daran hindern, ihrer Ideologie einen kohärenten Unterbau zu verleihen bzw. auf Gegenargumente kompetent zu reagieren. Denn nur auf diesem Wege wäre eine Kommunikation zu erwarten, die Ähnlichkeit mit einem evolutionären Vorgang, zumindest einem »Dialog« erlangen könnte.

Schon die Mechanik des aufklärerischen Machttransfers hatte es zur Auflage gemacht, die Strukturen der Tradition nicht ihrem Wesen nach abzubauen, d.h. sie nicht auf ihren brauchbaren Erfahrungsgehalt zu untersuchen, indem überlebenswichtige Elemente in neue Strategien der Umwelt- und Objektbewältigung eingefügt wurden, sondern sie ohne Prüfung zu entsorgen. Besonders deutlich tritt uns diese Verhaltensauffälligkeit in Gestalt des katholischen Konzilsglaubens entgegen. Wer wie der Islamdialog den Großteil seines Genoms entfernt, indem er »nicht mehr hinter das Konzil zurückfällt«, und seine Objektumwelt konstant setzt, weil er sie mit dem gleichen Gottesbegriff und umfassender Toleranz ausstattet, muß seine Subjektsituation dieser fabrizierten Konstanz so lange anpassen, bis sich die Subjekt/Objekt-Konstellation der »Wirklichkeit« hinreichend angenähert hat.

> »In einem solchen Fall … macht sich die ›Bewußtwerdung‹ an etwas fest, was als Hindernis fungiert oder das Verhalten als unangepaßt sein läßt; solange dieses Verhalten … reibungslos, ohne auf äußere Widerstände zu stoßen, funktioniert, bleibt es unerkannt«.[409]

Indem der Westen mit größtmöglicher Kulturdynamik sich von einem ausgewogenen Subjekt/Objekt-Abgleich entfernt und ein als konstant gesetztes Objekt zur Eigenidentität, d.h. zur Weltsicht der eigenen Subjektivität gemacht hatte, konnte der Islam in einer kulturellen Nullage verbleiben, die er in der Gleichsetzung von Selbst und Ich einerseits und in der Abschottung von der Außenwelt andererseits spätestens seit Averroes eingenommen hatte.

In Ergänzung zu dieser erkenntnistheoretischen Ebene verfügt unser Betrachtungsgegenstand auch über eine spieltheoretische Dimension, die für das Thema einen zwar nicht notwendigen, jedoch theoretisch ergänzenden Aspekt liefert. Die Westen/Islam-Konstellation weist Entsprechungen zum sogenannten Paradox der Allwissenheit auf. Es handelt sich hier um die Frage, welches von zwei auf Kollisionskurs befindlichen Systemen zum Überleben ausweichen wird, von denen eines als allwissend – vorliegend das westliche – angenommen ist. Dabei ist vor allem die große Kompetenz zu berücksichtigen, die der Fremdsphäre vom Welt- und Objektverständnis der interkulturellen Massenideologie eingeräumt wird. Wie gesehen, ist diese Kompetenz inzwischen auf dem Wege, die Bedeutung eines unverzichtbaren Instruments zur Erreichung eines heilsutopischen Ziels zu erlangen.

Gerade durch die richtungweisende Bedeutung des Fremden erlangt die massenideologische Heilsutopie besondere Dominanz. Sowohl die Allerlösungstheologie des globalistischen Konzilsglaubens als auch die Allbewahrungsdoktrin der kulturellen Ungleichheit sprachen hier eine unmißverständliche Sprache. Zur Erreichung eines höheren Ziels – und darin liegt das Paradox – muß der »Allwissende«, der sich in unserem Falle zum Fremden Entgrenzende, den Status des Allwissenden aufgeben. Da letzterer dem anderen, dem eigentlich Nichtwissenden, das Wissen um sein Allwissen unterstellt, muß er ihm damit auch das Wissen unterstellen, daß er nicht ausweichen wird, weil er weiß, daß der Nichtwissende ausweichen wird. Da dies hinwiederum der Nichtwissende vom Allwissenden annehmen muß, weiß er, daß der Allwissende zum Überleben letztlich ausweichen muß, der Nichtwissende also seine Position und Richtung beibehalten kann.[410]

Wir haben es hier mit der bemerkenswerten Situation zu tun, in der durch die Subjekt/Objekt-Gleichsetzung ein offenes, dynamisches System zu einem statisch-geschlossenen System mutieren muß, um sich seinem Objekt ohne Konfrontation und unter Beibehaltung seiner theoretischen Allwissenheit nähern zu können. Indem sich die westliche Dynamik der islamischen Statik angleicht, verändert sich die Qualität ihres wichtigsten Funktionselements, der liberalen Erosion. Ihre bekannte Ambivalenz hat nicht nur wenig Aussicht, Anwendung auf die Strukturen des Islam zu finden, sondern wendet sich in Auflösungsschüben von wachsender Größenordnung und Stringenz gegen sich selbst.

Während die gesamte Säkularisierung bislang nahezu ausschließlich im Kontext europäischer Aufklärung, d.h. im Kosmos philosophischer Vernunft und Glaubensauflösung ablief, trifft sie in der Makro-Konstellation globaler Wirtschafts- und Migrationsprozesse erstmals auf außereuropäische, unphilosophische Bewußtseinszustände. Der

Islam ist nach unseren Ergebnissen der Prototyp dieser unphilosophischen, statischen Bewußtseinsform, deren unbewußtes Selbst mit dem bewußten Ich zusammenfällt, und sich in dieser Verfaßtheit weder erkenntnis- und systemtheoretisch, geschweige denn praktisch – theologisch, politisch, soziologisch – zu verändern braucht.

4. Das Islambewußtsein der Toleranz

Die auf die Schaffung einer interkulturellen, globalen Einheitsgesellschaft abzielende Massenideologie verzichtet also sowohl auf die Nutzung evolutionärer Erfahrung als auch auf die fundamentale Identitätsbasis einer klaren Trennung zwischen Subjekt und Objekt, zwischen Eigen- und Fremdposition. Aufgrund der evolutionären Bedeutung des Christentums für eine Emanzipation des menschlichen Bewußtseins vom Unbewußten, also die Befreiung vom Konformismus, mußte die Massenideologie – wie alle anderen Ideologien inkl. des Islam – die Zentralgestalt dieser Emanzipation beseitigen.

Jesus als Ausdruck göttlicher Hinwendung, der Erhöhung des Menschen zum ethischen Wesen, wird analog zum Islam nun auch im modernen »Christentum« der Religionseinheit zunehmend zurückgedrängt. Die »Matrix systematischer Reflexionen« löste diese Vorstellung theologisch in Richtung eines beliebig relativierbaren Zivilglaubens auf. In der Praxis gaben Kreuzausstellungen und Theaterinszenierungen im Deutschland des »heiligen Jahres« 2000 dieser Entwicklung eine unmißverständlich blasphemische Gestalt, die – während sie von der offiziellen Kirche teilweise gefördert wurde – bei glaubensstreuen Christen und sogar einigen Muslimen auf nicht unerheblichen Protest stieß.

Die Durchsetzung dieser anti-emanzipatorischen Ideologie, welche die Eigengeltung beendet und die betroffenen Teile der Gesellschaft entmündigt, wird auf Dauer nicht ohne systematischen Nachdruck zu realisieren sein. Indem sie die Verfolgung der – vorkonziliaren – Christen in den Ländern des Islam durch Hofierung ihrer islamischen Verfolger ermuntern, geben Papst und klerikale Strukturen die Randbedingungen für den christlichen Traditionsglauben im interkulturellen Dialogsystem bereits vor. Die innerkirchliche, aber im besonderen auch medial-politische Aggressivität gegenüber dem christlichen Identitätsanspruch ist unverkennbarer Indikator für die zukünftigen Existenzaussichten eines Christentums, das sich weigert, seine Definition aus den Erfordernissen des Globalismus und der Bindung an die anderen Religionen zu ziehen.

Vergleichbare Konditionen treffen auf die politische Interpretation der Demokratie und Menschenrechte zu. Ohne einen integrativen Bezug zu den anderen Kulturen, d.h. ohne ihre Anpassung an die jeweiligen, fremdkulturellen Erfordernisse, wird dem deutschen Grundgesetz kein »dauerhafter« Geltungsanspruch eingeräumt werden können. Nur über die Ausmerzung des originär christlichen, im trinitarischen Gottesbegriff niedergelegten Bewußtseins der emanzipierten Menschenwürde und -rechte kann der langfristige Erfolg der massenideologischen Einheitsvision gesichert werden – anderenfalls gerät die Dynamik des fortschrittsliberalen Gesellschaftsprozesses ins Stocken.

Wie dargestellt, wird mit dem Islam das wichtigste Objekt interkulturellen Weltverständnisses als eine tolerante Konstante vorausgesetzt. Die Dynamik des Dialogs beinhaltet mit der Angleichung der Gottesvorstellung im religiösen Bereich und der Angleichung der Rechts- und Verhaltensnormen im politischen Bereich so weitreichende Angebote, daß die islamische Systemrichtung vom Dialog bereits *tendenziell* vorweggenommen wird. Wie sich wiederholt bestätigte, beruht das Selbstverständnis des Islam auf einer Endlosschleife des Selbstbezugs, der sich durch Gleichsetzung von Selbst und Ich im Anderen im Sinne einer Kommunikation nicht spiegeln, sondern nur endlos selbstreflexiv bestätigen kann. Da der Interkulturalismus seinerseits das Islamobjekt konstant setzt, wird diese Selbstbestätigung fortwährend verstärkt – der »Dialog« wird zum Interessenvertreter des Islam.

Die Interessen der wirtschaftlichen Globalisierung an einer Einebnung des islamischen Konfliktpotentials decken sich mit den Interessen des Islam an einer Ausbreitung in Europa und seinem historisch gewachsenen Verständnis von Macht und Dominanz. Die seit einem Jahrtausend mit wechselnder Präsenz geltenden Prinzipien des Mawardischen Machtprivilegs und eines weltweit konzipierten Islamlandes erlangen durch das interkulturelle Diktat neue, hochaktuelle Geltung. Die Vertreter dieser Kulturdoktrin formieren sich zur modernen Söldnertruppe islamischer Interessen, allerdings mit dem nicht unwesentlichen Unterschied zur klassischen Zeit, indem sie den islamischen Etat nicht be-, sondern eher entlasten.

Das gern benutzte Wort vom Islam als dem neuen Problem nach Zusammenbruch des Kommunismus trifft somit nicht zu. Es verschweigt die gesellschaftliche Rolle des Liberalismus, der in einer Strategie umfassender Toleranz nichts ausgrenzt außer den Eigenstrukturen, die dem Erosionsprozeß seiner eigenen Moral ausgesetzt sind. Insofern stellt die moderne Expansion des Islam keinerlei »Problem«, sondern die logische Folge der liberalen Erosion dar. Die westlichen Dialogdiener erzeugen dabei kongeniale Strukturen. Sie sind die modernen Epigonen der *ansar*, der Helfer der *muhadjirun*, der mutigen »Auswanderer« des Islam. Sie werden das Ende der Diaspora-Situation und die Installation des islamischen Systems in einer Form herbeiführen können, die dessen dominantem Selbstverständnis angemessen ist.

Wichtige Sprachregelungen sichern dabei die »Verkehrswege« der interkulturellen Ideologie. Die Aussage, daß es keine Alternative zum Dialog mit dem als tolerant geforderten Islam als religiös-politisch-gesellschaftliche Bereicherung geben könne, formte den Positivfilter, den alles Glauben und Denken zu passieren hatte. Nach überstandener Reinigung durch dieses unverzichtbare Instrument interkultureller Bewußtseinsveränderung konnte der christliche Glaube nicht mehr »hinter das Konzil zurückfallen« und die Rolle des islamorientierten Religionsmoderators übernehmen. Ebenso erscheint es dem modernen Demokratieverständnis im Prozeß der multikulturellen Transformation nicht mehr als systemgerecht, die Normen des liberal-säkularen Rechtsverständnisses graduell den totalitär-sakralen Rechtsnormen des Islam zu öffnen.

Im Ergebnis präsentiert sich eine Ideologie heilsutopischen Zuschnitts, deren moralischer Wahrheitsanspruch nicht nur im Verzicht, sondern im doktrinär verordneten und systemisch angelegten Verzicht auf gewachsene geistig-religiöse und politisch-gesellschaftliche Ansprüche besteht. Der christliche Wahrheitsanspruch und der »aufgeklärte« Geltungsanspruch auf demokratische Mitsprache bzw. allgemeine Wirkung des Rechts und der Menschenrechte haben diesem Diktat auf Dauer ebenso zu weichen wie die logischen Maßstäbe der Geschichte und der kritischen Rationalität, ein richtungweisender Sachverhalt, der auf eine möglicherweise tiefer reichende Verankerung im kollektiven Bewußtsein hindeutet.

So konnten sich in Deutschland die »Eliten« zu Interessenvertretern des radikalen Islam entwickeln, deren umfassende Irrationalität insbesondere auch in ihrer Reaktion auf die September-Katastrophe zum Ausdruck kam. Hier ließ man sich von den New Yorker Opfern nicht beirren, streifte zudem die letzten Skrupel gegenüber judenfeindlicher Vergangenheit ab und erklärte auf breiter Front die deutschen Islamisten zu »legitimen« Vertretern des Gesamtislam. In einer solchen Tunnelsicht spielte es keine Rolle, daß diese »Vertretungen« weit unter 1% aller Muslime in Deutschland repräsentieren. Ebenso klar verdeutlicht dieser Zusammenhang allerdings auch die ins Totalitäre weisende, kognitive Erstarrung der hier zugrunde liegenden Ideologie.

Wer die Gleichschaltung durch den postmodernen Moraltrichter im ersten Anlauf verfehlt, erhält im Kanon sprachlicher Maßregelung das Etikett des Rechtsextremismus, das – zumindest in Deutschland – auch demjenigen aufzuprägen ist, der Islamkritik übt, um jüdische Interessen wahrzunehmen. Ganz allgemein zeichnet sich als Standardmuster ab, jedwede Fremdkritik nicht nur mit Rechtsextremismus, sondern mit dem gesellschaftlichen Feindbild an sich zu identifizieren.

Wer in der Kirche den christlichen Glauben ohne Relativierung mit dem Islam oder anderen Religionen einfordert, wird zum nachkonziliaren Antichristen. Wer in der Politik die Vertretung von Eigeninteressen und die Einhaltung herkömmlicher Spielregeln der Demokratie ohne Rücksichtnahme auf islamische Besonderheiten einfordert, wird zum rassistischen Antidemokraten. Wer in der Wissenschaft die Betrachtung des Islam unter Beachtung kritisch-rationaler Kriterien einfordert, erhält leicht den Stempel eines interkulturellen Systemfeindes, der die »Freiheit der Wissenschaft« mißbräuchlich einengt.

Der unverkennbare Spiegeleffekt, den die Ambivalenz liberaler Freiheits- und Toleranzforderungen sowie die Subjekt/Objekt-Vertauschung der Fremdorientierung hervorrufen, zieht somit einen unausweichlichen Spaltungseffekt nach sich, der in einem übergreifenden, gesellschaftlichen Spektrum aller Lebensbereiche sichtbar wird. Wichtige Kontrollinstrumente der interkulturellen Eliten werden daher qualifizierte Statistiken über die Akzeptanz der Basiskonditionen wie Einwanderung, Asylrecht, Islamexpansion und eigenkulturelles Gedächtnis sein, um Aufschluß über den Erfolg der laufenden Entmündigungsstrategie zu erhalten. Es ist nicht eben irrelevant, zu erfahren, wie hoch die Wahrscheinlichkeit zu veranschlagen ist, mit der die Basisbevölkerung ihren Autonomieverlust zu erkennen vermag, der ihr durch Einwanderung, Entdemokratisierung und die damit langfristig angelegten Lebensveränderungen aufgezwungen wird.

Der gesellschaftliche Spaltungseffekt aus dem interkulturellen Moraldiktat geht weit über das veraltete Links/Rechts-Schema hinaus. Die Stereotypen des Kulturkatechismus, die mechanische Abwehr von dogmenwidrigen Fakten und die monotone Gleichsetzung von Migrationskritik mit Rechtsradikalismus verweisen auf ein tieferes, kognitives Problem. Der Spaltungseffekt setzt unmittelbar am Bewußtsein und seiner Fähigkeit an, zwischen *rationalen und irrationalen* Denkkategorien unterscheiden zu können. Diesem fundamentalen Phänomen, das für die Zukunft der globalen Massenideologie und des Dialogs als seiner Avantgarde entscheidende Bedeutung hat, müssen wir uns abschließend zuwenden.

B. Der Zugzwang des Zeitbewußtseins

1. Wissenschaft und Lebenswelt

Wie sich in der Betrachtung der jüngeren abendländischen Geschichte aus verschiedenen Blickwinkeln der Religion, Politik, Wissenschaft und Arbeit bestätigte, drückt sich der westliche Fortschritt vor allem in zwei offensichtlich nur ihm eigentümlichen Entwicklungsebenen aus, die sich untrennbar miteinander verschränken. Zum einen fallen ihm vorgängige Ebenen des Glaubens und des Wissens und damit der Tradition, Autorität und Macht zum Opfer, zum anderen scheint ihm ein unaufhaltsamer Beschleunigungsdrang innezuwohnen.

Wir hatten bemerkt, daß der wissenschaftliche Fortschritt eine wachsende Spezialisierung in Einzelgebieten erzeugt, während gleichzeitig die Fähigkeit zur Erfassung der Gesamtkomplexität und ihrer Wirkung auf das eigene Kultur- und Sozialverständnis abnimmt. Die damit einhergehende Abkoppelung von übergreifenden Weltbildern der Eigensphäre wie der christlichen Religion hatte eine gleichermaßen ansteigende Orientierung auf fremdkulturelle Konzepte nach sich gezogen, die sich auf eine dazu entwickelte, inzwischen voll ausgebildete Moraldoktrin zu stützen begann. Je weiter die Wissenschaften allerdings in die Analyse des Makrokosmos des Universums, des Mikrokosmos der Quantenphysik und der Komplexität biologischer Systeme vordrangen, desto geringer wurde ihre Fähigkeit, einen tragfähigen Kontext für die tatsächliche, kulturelle Wirklichkeitsorientierung im mittleren Bereich der gesellschaftlichen Lebenswelt zur Verfügung zu stellen.

Wenn die Entdeckung einer kosmischen, 20 Milliarden Lichtjahre entfernten Strahlungsquelle »beim Frühstückskaffee in den Morgennachrichten« gemeldet wird,[411] dann drängen sich Zweifel hinsichtlich der kognitiven Verarbeitung dieser Information bei ihrem Empfänger auf. Mit anderen Worten: Im Maße des wissenschaftlichen Fortschritts bleibt der kollektive Erkenntnishorizont über die eigene Lebensbasis, die »Urteilsreichweite« des Gemeinsinns, hinter der zusammengefaßten Relevanz aller wissenschaftlichen Einzelerkenntnisse für eben dieses Gemeinwesen relativ zurück.

Mit zunehmender Komplexität und Technisierung der gesellschaftlichen Lebenswelt nimmt ihre Übersichtlichkeit ab. Die Autonomie der individuellen Lebenserfahrung und der Autarkiegrad des Gemeinsinns, die Reichweite, mit der die Gemeinschaft über ihre Lebensvoraussetzungen kompetent urteilen kann, sinken. Da der Bildungsgrad als Funktion dieses Zusammenhangs gleichzeitig sinkt, muß der Kompetenzverlust des Gesamtwissens durch Vertrauen in das Einzelwissen der Experten ersetzt werden. Da die Einzelkompetenz ihrerseits innerhalb der Entwicklungsdynamik des jeweiligen Wissenschaftsbereichs relativ abnimmt, gibt es in der modernen Gesellschaft, nachdem sie der Religion ihr Vertrauen entzogen hat, keinen Vertrauensbezug gleichbleibender Stabilität.

Wie wir gesehen haben, wächst ihr dieser allerdings in Gestalt einer Bereicherung durch das Fremde zu, der die Kirche durch eine nachhaltige Veränderung ihrer Glaubensinhalte Rechnung getragen hat. Religiös, politisch und kulturell erlangte die Fremdsphäre in dem Maße übergreifenden Sinn, in dem der zivilisatorische Kompetenzverlust und der Verfall des gemeinschaftsbildenden Wissens die Zustimmung zum Eigenen zu versperren begannen.

Machterhalt in Kirche, Politik und Wissenschaft ist daher ohne Zustimmung zum Fremden nicht mehr denkbar. Ein wesenhaftes Merkmal dieser Zustimmung muß dabei die systematische *Faktenabwehr* sein, weil systemwidrige Fakten den Machterhalt in Frage stellen. Unter dem Überbau einer alles begründenden Toleranz ist eine solche Befindlichkeit der universellen Inkompetenz eher geneigt, z.B. die vergreisende Bevölkerung durch – undifferenzierte – Zuwanderung aufzufüllen, als den Versuch zu unternehmen, die komplexen Zusammenhänge zwischen demographischer Entwicklung, zivilisatorischem Erkenntnisschwund und dem sich anbahnenden Zusammenbruch des Generationenvertrags in Sachen Altersversorgung und Jugendausbildung in ein rational differenzierendes Bewußtsein zu heben.

Neben der schwindenden, sachlichen Urteilsreichweite erhält das wachsende Vertrauen in das Fremde zusätzliche Nahrung durch die gleichermaßen abnehmende Zukunftsgewißheit.[412] Da die Menge der die Lebenswelt verändernden Ereignisse pro Zeiteinheit mit der Menge des verfügbaren Wissens steigt, entsteht der Zwang, sich auf immer speziellere Bereiche zu konzentrieren. Die hier einsetzende, uns bekannte Verengung des Erkenntnishorizonts bewirkt den simultanen Effekt der Wissensbeschleunigung, die sogenannte Innovation. Mit ihr verkürzt sich der zeitliche Abstand, der die jeweilige Gegenwart von einer Zukunft mit veränderten Bedingungen trennt, genau diejenige Dynamik also, welche die Gegenwart des westlichen Fortschritts sowie die Horizonte seiner Erkenntnis laufend einengt, und damit seinen Zwang zum »Relativismus« antreibt:

»Mit der Steigerung der Geschwindigkeit zivilisatorischer Evolution *unterliegt die Gegenwart*, also derjenige Zeitraum, über den hin wir mit einer gewissen Konstanz unserer Arbeitsbedingungen und Lebensverhältnisse rechnen können, *einer Schrumpfung.* Im Kontext der wissenschaftlich-technischen Zivilisation wird im Rückblick die Zahl der Jahre immer geringer, über die zurückzublicken bedeutet, in eine partiell bereits fremd gewordene Vergangenheit zu blicken, und komplementär dazu nimmt auch die Zahl der Jahre ab, die uns von einer in wichtigen Hinsichten von der Gegenwart verschiedenen Zukunft trennen … Insofern, so scheint es, *verhalten sich*, evolutionsabhängig, *Zukunftsverhältnis und Vergangenheitsverhältnis komplementär* zueinander.«[413] (Bet.d.Verf.)

Es ist evident, daß je intensiver sich eine solche Entwicklung entfaltet, umso weniger Vergangenheit im laufenden, dem Zwang der Schrumpfung ausgesetzten Gegenwartsbegriff enthalten sein kann. Damit kann auch im Bereich des Eigenen ein fester Wahrheitsbegriff umso geringere Verwurzelung finden. Was wir in der Nachzeichnung des humanistisch-aufklärerischen Geistes und seiner Strukturauflösung als »liberale Erosion« erkannt hatten, verstärkt sich im postmodernen Wissenschaftsfortschritt zu einer systematischen Gegenwartsverengung, der in zunehmender Beschleunigung sowohl der Rückgriff auf die Vergangenheitserfahrung als auch die Urteilsreichweite in die Zukunft zum Opfer fallen.

In Kirche und Politik hatten wir die Herausbildung einer neuen Machtmoral verfolgen können, die sich der ursprünglichen, von Kant in die Wege geleiteten Trennung von Religion und Recht verdankte. Moral basierte seither nicht mehr auf ehernen Wahrheitsnormen transzendentaler Stabilität, sondern vertraute sich dem subjektiven Gewissen an, das einer jeweilig zeitabhängigen Vorstellung vom Wahren und Guten den notwendigen Nachdruck verlieh.

Unter diesen Voraussetzungen konnte zur Ersatzreligion werden, was der Moral entsprach, wobei sich in der Geschichte der Moderne als irrelevant herausstellte, welche Interessen dieser neue Moraltypus zu vertreten vorgab. Weder profitierten die Proletarier von der international-sozialistischen Klassen-, noch die »Arier« von der national-sozialistischen Rassenmoral; und es gehört zu einem der wesentlichen Aspekte unserer Untersuchung, anhand des Islambeispiels herauszufinden, inwieweit die Moral der zeitgenössischen Massenideologie geeignet ist, die von ihr propagierte Interessenwahrung einer kulturell und religiös befriedeten Einheitsmenschheit zu realisieren.

Im Zuge unserer Erörterungen war immer wieder eine eigentümliche, mathematisch anmutende Neigung zu einer Art »Achsensystem« der zweideutigen Interpretation deutlich geworden, die besonders klaren Niederschlag im religionspluralistischen Instrument der »Matrix aller systematischen Reflexionen« fand. Sowohl in Kirche als auch Politik wurden in diesem ambivalenten Kraftfeld alle wichtigen, religiös-gesellschaftlichen Fragestellungen auf den Ebenen der individuellen bzw. kollektiven Betrachtung tendenziell gegen die Tradition, d.h. gegen gegen die Strukturen der Vergangenheit wie die des überlieferten Christentums und Demokratieverständnisses entschieden. Dabei war im Religionsdialog eine Fixierung auf apodiktische Behauptungen (»Der Islam ist tolerant, das Christentum ist intolerant«) festzustellen, deren Inhalte sich als gegen gegenteilige Faktenkorrelation weitgehend immun erwiesen.

Wir hatten diese offensichtliche Unfähigkeit zu korreliertem Denken mit dem Begriff des *Momentismus* belegt, um zum Ausdruck zu bringen, daß die geistige Aktivität des postmodernen Fortschritts vornehmlich von der Erfassung des einzelnen Aspekts im Raum und in der Zeit, dem *Moment* des Geschehens, geprägt ist. Gerade die ideologisch wichtigen Aspekte werden bevorzugt isoliert wahrgenommen und in einer »Matrix systematischer Reflexionen« zu hochdogmatischen und damit prinzipiell vorhersagbaren Denk- und Handlungsmustern umgeformt.

Im Dialog schlug sich dieses stereotype Vorgehen in einem katechismusartigen, positiv formenden Zerrspiegel nieder, der in einem mechanisch wirkenden Umkehrverfahren vermeintliche Parallelaspekte mit dem Islam zu grundlegenden Gemeinsamkeiten vergrößert und wichtige, trennende Elemente zu vernachlässigbaren Trivialitäten verkleinert. Die Kategorien der historischen Analyse, der logischen Verknüpfung, der wertenden Assoziation und der korrelativen Vernetzung ungleichzeitiger und ungleichgewichtiger Aspekte, d.h. wesentliche Funktionskriterien des menschlichen Geistes, kommen in diesem automatisierten, hochprognostizierbaren Denkraum in einem auffallend geringen Ausmaß zur Anwendung.

Die oben skizzierte Erkenntnis der Zivilisationsanalyse, die eine fortlaufende Gegenwartsschrumpfung und gleichzeitige Wissensbeschleunigung als die wesentlichen Merkmale des westlichen Fortschrittsdenkens herausgearbeitet hat, stimmt mit unserem, auf gänzlich andere Weise ermittelten Begriff des Momentismus in bezug auf die Unfähigkeit zur historischen Verknüpfung, der laufenden Vernetzung und Bewertung von Gegenwart und Vergangenheit, frappierend überein.

Die dynamische Verengung des übergreifenden Wissenshorizonts bei sich gleichzeitig beschleunigendem Einzelwissen und Schwund des Gegenwartsverständnisses legt die Vermutung nahe, daß das stereotype Fragmentdenken des Dialogs unter einem grundsätzlichen Einfluß der Zeit stehen könnte. Es erscheint daher wichtig, unsere kognitive Kurzstudie um eine Betrachtung des Bewußtseins als subjektives Maß der Zeit im naturwissenschaftlichen Sinne zu ergänzen.

2. Zeit und Natur

Gegen Ende unseres Weges »von Gott zu Allah« greifen wir mit dem Zeitbegriff der Vorsokratiker zunächst die Antike wieder auf. Schon im sechsten vorchristlichen Jahrhundert kennzeichnete Heraklit den Wandel der Welt mit der berühmten Feststellung, daß »niemand in den gleichen Fluß steigen« kann, während sein Zeitgenosse Parmenides das Gegenteil vertrat: Für ihn bestand die Wirklichkeit in der Dauer; nur was tatsächlich Bestand hatte, war wirklich. Etwa um die gleiche Zeit wie diese beiden suchte Pythagoras mit dem abstrakten Konzept der Zahl ein Modell für die »Dauer der Veränderung«.

Nichts hat den Menschen stärker irritiert als das Wesen der Zeit. Keine Frage stellte ihn vor ein existentiell so schwieriges Problem wie die Verbindung zwischen Vergänglichkeit und Ewigkeit, in der sich immer auch die Gottesfrage abbildete. So erkannte bereits Platon:

»Die Zeit selbst ist nur ein unvollkommenes, bewegliches Bild der Unvergänglichkeit, der in dem Einen verharrenden Unendlichkeit ... das »war« und »wird sein« sind gewordene Formen der Zeit, die wir, uns selbst unbewußt, unrichtig auf das vergängliche Sein übertragen«.

Aristoteles interessierte die Zeit nicht als existentieller Begriff, sondern als Medium des Experiments, als »Zahl der Bewegung in bezug auf vorher und nachher«. Für Plotin, den großen Neuplatoniker des 3. Jahrhunderts, war reines Sein losgelöst vom zeitlichen Bezug, der als weltliches Gefängnis den Menschen noch von der göttlichen Wirklichkeit trennte. Im Anschluß an das lineare Zeitkonzept des Judentums hatte das Christentum hingegen schon zuvor die Spannung zwischen Zeit und Ewigkeit durchbrochen. Mit Christus war die Göttlichkeit in die Welt getreten, die dem Menschen die Zeit in bezug auf die Ewigkeit Gottes erfahrbar machte. Erstmals in der Geistesgeschichte war damit die Brücke zwischen dem Begriff göttlicher Ewigkeit und der Zeitlichkeit des Universums hergestellt. Die Zeit wurde zum Prozeß nicht nur des Menschen zwischen Diesseits und Jenseits, sondern auch seines Bewußtseins vom Universum. In diesem Ablauf erschien die evolutionäre Entwicklung eines anthropologisch verankerten Kairos, der im Laufe der abendländischen Entwicklung die Natur vom Status der Schöpfung zum erforschbaren Ziel des Denkens und Gestaltens wandelte.

Unter dem Einfluß Platons beschäftigte sich kaum ein Denker der Spätantike mehr mit der Zeit als der große Augustinus. Eines seiner am häufigsten zitierten Erkenntnisse lautet:

»Wenn mich niemand danach fragt, weiß ich es; wenn ich es jemandem auf seine Frage erklären soll, weiß ich es nicht ... Deine Jahre stehen alle und sind zugleich. Weil sie stehen, verdrängen nicht die kommenden die gehenden, denn sie vergehen nicht ... Heute ist deine Ewigkeit«.

Diese scheinbare Unentschiedenheit ähnelte späteren – noch zu diskutierenden – Auffassungen der modernen Physik, die den subjektiven Zeitfluß als diskrete Folge der sich wandelnden Konfigurationen geistiger Aktivität interpretierten. Sie ähnelte allerdings auch der Zeitvorstellung des Islam, der die Schöpfung als unendliche Folge ständiger Neuschöpfungen Allahs konzipierte, aus der hinwiederum sich die überragende Rolle des Medina-Modells als vorbildhaften Bezugspunkts ergab. Den größten Einfluß auf die nachfolgenden Vorstellungen des Westens übte Augustinus indes durch die klare Verknüpfung der Zeit mit dem Geist des Menschen aus:

»In dir, mein Geist, messe ich meine Zeiten … Den Eindruck, die vorübergehende Dinge in dir hervorbringen und der bleibt … messe ich. Also ist er es, den wir die Zeit nennen, oder ich kann die Zeit nicht messen«.[414]

Die mit den Dingen im Raum korrelierte Zeit fand eingangs der Renaissance eine erste umfassendere Formulierung durch den bereits erwähnten Nicolaus Cusanus, der ahnte, daß »obwohl die Welt nicht unendlich ist, sie doch nicht als endlich vorgestellt werden kann, weil sie keine Grenzen hat, die sie umschließen«. Nachdem Giordano Bruno hieran angeschlossen hatte, machten Kepler und Leibniz den Kosmos zeitlich, indem sie in ihm veränderliche Bewegungen entdeckten, und schließlich vollzog Descartes die Trennung von Raum und Zeit sowie Leib und Seele, die zwar von der modernen Naturwissenschaft widerlegt wurde, jedoch den denkerischen Boden für das liberale Begriffspaar von Freiheit und Zweifel bereitete.

Isaac Newton griff diese von jeglicher Subjektivität des menschlichen Geistes getrennte Zeitidee auf und formulierte sie als Konzept unbeeinflußbarer Gleichmäßigkeit:

»Die absolute, wahre und mathematische Zeit verfließt an sich und vermöge ihrer Natur gleichförmig und ohne Beziehung auf irgendeinen äußeren Gegenstand. Sie wird so auch mit dem Namen Dauer belegt«.[415]

Zwar ging diese Auffassung offensichtlich weit am eigentlichen Wesen der Zeit vorbei, weil ihr die menschlichen Elemente der Vergangenheit und Zukunft fehlten, doch hatte Newton nicht weniger als das Phänomen der Gravitation entdeckt, das »die Welt im innersten zusammenhielt« und dem philosophischen Gottesprinzip des »unbewegten Bewegers« neuen und für die Moderne wichtigen Auftrieb gab.

Kant hatte großen Repekt vor der wissenschaftlichen Leistung Newtons, widersprach allerdings im Grundsatz seinem objektiven Zeitbegriff, der Angaben über einen Anfang der Zeit ermöglichen müsse, diese indes nicht erbringen könne:

»Die Vorstellung der Zeit entspringt nicht aus den Sinnen, sondern wird von ihnen vorausgesetzt … Die Zeit ist nicht etwas Objektives und Reales … sondern eine subjektive, durch die Natur des Geistes notwendige Bedingung, beliebige Sinnendinge nach einem bestimmten Gesetze miteinander zusammenzuordnen, und eine reine Anschauung …«[416]

Da die subjektive Zeit über die soziale Einbindung des Menschen auch eine objektive Entwicklungseigenschaft annimmt, erlangte sie eine fundamentale, gesellschaftliche Dimension in den Konzepten Hegels und Marx', die für die Dialektik des Geistes bzw. der Materie stehen. So wie für Hegel die Zeit den geistigen Fortschritt der Menschheit in der Geschichte widerspiegelte, so brachte nach Marx die Zeit den Fortschritt in Gestalt einer zum Ideal strebenden Verteilung von Arbeit, Produktion und Wohlstand.

Anfang des 20. Jahrhunderts stellte Albert Einstein die Theorie der Relativität von Zeit und Raum auf, die Masse, Energie, Raum und Zeit dynamisch aufeinander bezog. So ungewöhnlich die Konsequenzen dieses genialen Gedankengebäudes mit langsamer tickenden Uhren in wachsenden Gravitationsfeldern und mit relativ jünger werdenden Menschen in hypothetischen Zeitreisen mit wachsenden Geschwindigkeiten auch sein mochten – wie das mechanische Weltbild Newtons enthielt auch die dynamische Physik der Moderne keine ausgedehnte Gegenwart, die im Sinne des subjektiven Zeitbegriffs Vergangenheit und Zukunft in irgendeiner Form einbezog. Die Bewegung der realen Objekte menschlicher Wirklichkeit ist so weit von der absoluten Grenze – der Lichtgeschwindigkeit – entfernt, daß die verursachte Einsteinsche »Zeitdehnung« im vernachlässigbaren Bereich bleibt.

In Ergänzung zur Relativitätstheorie des Makrokosmos entstand wenig später die – von Einstein stets bekämpfte – Quantentheorie des Mikrokosmos. In diesem Rahmen besagt die sogenannte Unschärferelation Heisenbergs, daß im Koordinatensystem vom Raum und Zeit die Position der physikalischen Teilchen nicht exakt lokalisierbar ist. Die »Matrix der systematischen Reflexionen« im Quantenbereich erlaubt weder die genaue Angabe der Energie zu einem Zeitpunkt, noch des Bewegungsmoments (Spin) an einem bestimmten Ort. Diese komplementäre Unschärfe – oder auch »liberale Ambivalenz« – der Teilchen zwischen Impuls und Ort bzw. Wellenfunktion und Teilchenzustand läßt sich erst vom Beobachter hinsichtlich einer Alternative entscheiden. Aus den Randbedingungen der statistischen Gesamtheit kann und wird sich allerdings jedes dynamische System der Natur früher oder später in den Status einer *dominanten Tendenz* begeben.

Natürlich bildet weder die Mikrowelt der Quanten noch die Makrowelt kosmischer Energien den »bewußten« Aufenthaltsort des menschlichen Bewußtseins, wenngleich das Entstehen des letzteren ohne diese Randbereiche nicht denkbar ist. Was uns die vage Zeitdefinition der Teilchen und die Gegenwartslosigkeit des Kosmos allerdings deutlich machen – und dies ist für die weitere Betrachtung von grundlegender Bedeutung – ist die *Irrelevanz der Zeit* im materiell-physikalischen Sinn.

Der Zeitbegriff, der uns vital interessiert, weil er sich u.a. so unübersehbar in der Gegenwartsschrumpfung postindustrieller Gesellschaftsdynamik ausdrückt, ist der subjektiv gerichtete Zeitbegriff des Bewußtseins als Ort geistiger Prozesse. Diejenige Sphäre, in der die Evolution des Geistes entwicklungsgeschichtlich stattgefunden hat, ist der zwischen Mikro- und Makrowelt eingebettete, mittlere Transformationsbereich der Natur, der den Menschen biologisch geformt und seinen Erkenntnisapparat geprägt hat. Die hier entstandenen Fähigkeiten versetzen ihn offensichtlich in die Lage, bis zu gewissen Grenzen nicht nur der Natur eigene, logische Muster zu erkennen und in mathematischen und sprachlichen Symbolen auszudrücken, sondern auch zu Geistprozessen höherer Ordnung wie Gefühlen, Absichten und religiösen Überzeugungen vorzudringen.

Nicht ganz zufällig ist in diesem mittleren Bereich derjenige physikalische Bereich angesiedelt, der den Naturwissenschaftlern über lange Zeit einen »Zeitpfeil« suggeriert hat. Es handelt sich hier um Systeme, die unter den sogenannten Zweiten Hauptsatz der Thermodynamik fallen und sich in irreversiblen Prozessen in Zustände abnehmender

Ordnung d.h. *Information* entwickeln, wobei für das Maß der zugleich steigenden Unordnung der Begriff der *Entropie* steht. Z.B. wird sich die Molekülverteilung eines Gases, dem sich ein zusätzlicher Vakuumraum öffnet, wahrscheinlich über beide Räume gleich verteilen und mit hoher Unwahrscheinlichkeit in den ursprünglichen Zustand rückentwickeln. Dies ist jedoch unter Einsatz hinreichender *Information* theoretisch jederzeit möglich. Somit enthalten alle *physikalischen* Systeme weder eine Zeitrichtung noch eine objektive »Gegenwart«.

3. Zeit und Geist

Die Unordnungstendenz der Thermodynamik, eine Erkenntnis, die von den Physikern Clausius, Maxwell und Boltzmann seit Mitte des 19. Jahrhunderts auf den Weg gebracht worden war, und laut späterer Ansicht sogar den »Wärmetod«, das Erstarren des Kosmos in einem universalen Energieausgleich bewirken sollte, stieß rasch auf fundamentalen Widerspruch. Kein Geringerer als Charles Darwin hatte mit seiner Evolutionstheorie ein völlig anderes Prinzip propagiert. Hier waren keine destruktiven Zerfallstendenzen am Werk, sondern die Natur kam in selbstorganisierenden – nicht näher beweisbaren – Prozessen komplexer Umweltselektion und Funktionsanpassung zu Strukturen aufsteigender Ordnung, die immer mehr *Information* erzeugten, statt zu zerstören.

Dabei war erkennbar geworden, daß im Rahmen enormer Zeiträume und auf ebenfalls bislang unerklärte Weise die Entwicklung des Menschen von der biologischen Basis sich rasch in eine geistig-kulturelle Super-Evolution katapultierte. Ebenso klar war hierbei auch, daß jeder Entwicklungssprung in bezug zur Umwelt zu neuen, verbesserten Systemeigenschaften führte, die offensichtlich nur durch selektive Nutzung vorhandener Eigenschaften und Korrelation mit dem jeweiligen Lebensraum möglich waren. Besonders schwierig war in dieser Super-Evolution nachzuvollziehen, wie zum einen die extreme Hirnexpansion möglich wurde und zum anderen die exponentielle Entfaltung der geistigen Prozesse zu einem sich rasch verdichtenden Selbstbewußtsein vernetzen konnte.

Die Selbstorganisation nicht nur der kognitiven, sondern aller formschaffenden Prozesse in der Natur verändert Strukturen über Zeitschritte im Lebensraum. Dabei wären allerdings ohne die laufende Wiedererkenntnis des Gewesenen aus dem Gewordenen die jeweilige Vergangenenheit und Gegenwart nichtverwandte und beziehungslose Zeitmomente.[417] Ohne ein Gedächtnis des Gewesenen ist daher kein formbildender geistiger Prozeß, geschweige denn ein Selbstbewußtsein zu bewahren. Um werden und bestehen zu können, muß das Bewußtsein durch ein *intrinsisches,* d.h. dem System inhärentes, eigendynamisches Prinzip das Vorher mit dem Nachher verbinden.

Wahrnehmung, Erleben und Verstehen sowie Aufmerksamkeit, Intelligenz und Absicht sind zwar Begriffe, die im Bewußtseinsgeschehen eine laufende Rolle mit wechselnder Akzentuierung, Motivation und Kontrolle spielen, deren Zustandekommen jedoch gänzlich unerforscht ist. Wie oben bereits angesprochen, filtert und korreliert das Bewußtsein aus 11 Millionen Bits pro Sekunde bei einer völlig unbekannten, astronomisch hohen Bitzahl im virtuellen Gedächtnis- und Vergangenheitsspeicher die kohärente Bilderfolge der laufenden Wahrnehmung und Persönlichkeitsbildung, deren Konstruktions- und Vernetzungsregeln jedoch bis auf weiteres ebenfalls im Dunkeln liegen. Das Ich erlebt sich als Fluß aus der Vergangenheit in die Zukunft, wobei beide nicht abgeschlossen, aber aufeinander bezogen sind, und jeweils ohne diesen Wechselbezug unvollständig bleiben.

Wie kann sich nun das Bewußtsein als integrierte Abfolge verschiedenwertiger Vergangenheits- und Gegenwartselemente verstehen? Die Vergangenheit muß die Gegenwart in irgendeiner Form bestimmen, um Erwartungswerte für die Zukunft zu erzeugen und damit die zeitliche Gesamtstruktur des Bewußtseins zu bewahren. Subjektives und damit zeitliches Bewußtsein muß die Gegenwart in Richtung Vergangenheit »gedehnt« halten, seine sogenannte »Exzentralität« wahren,[418] um die kontinuierliche Aufnahme von Eindrücken, die zukunftsgerichtete Korrelation und Planungsfähigkeit und damit seine geistige Existenz insgesamt aufrechterhalten zu können.

Die Zeitlichkeit des bewußten Ich entsteht in Gestalt einer in laufendem Fluß befindlichen Fusion der Gegenwart mit der erinnerten Vergangenheit. Die solcherart revolvierende, geschichtliche Prägung der Erlebniswerte begründet das zukunftsgerichtete Zeitgefühl des Bewußtseins. Zum intakten Ich gehört somit das Sein, dessen Zukunftserwartung sich in der ständigen Verarbeitung von Vergangenheitserfahrung mit der Gegenwartswahrnehmung spiegelt, ein grundlegender Zusammenhang, zu dem M. Heidegger (gest. 1976) meinte:

»Die Zeit ist der Horizont des Seins«.[419]

4. Der Geistverfall durch Zeitschwund

Die Wirklichkeit entsteht also durch die ständige Herstellung von Bezügen zwischen zeitlicher und ursächlicher Folge, die Gewichtung der daraus entstehenden Bewußtseins-Sequenzen, das Abwägen der Kausalität von Konfigurationen aus erinnerten und erlebten Ereignissen sowie das Erkennen von Verschiedenheiten in der Ebene (Gegenwart) bzw. Verschiedenzeitigkeiten im Raum (Vergangenheit).

Je flacher sich dabei die Tiefenstaffelung der erinnerten Objekte und Sachverhalte in der Vergangenheit gestaltet, desto weniger Gewichtung kann in die laufende Gegenwart eingehen und desto unstrukturierter, d.h. planloser und verunsicherter gestaltet sich die Zukunftserwartung.[420] Mit dieser räumlichen Verflachung geht zugleich eine zeitliche Verkürzung der Gegenwartsdehnung und eine Beschleunigung des subjektiven Gesamttempos der Zeit einher, die ihrerseits zusätzlich die bewußte Reflexion erschwert.[421]

Die Verflachung der Tiefenstaffelung erinnerter Vergangenheit in Raum und Zeit sowie ihrer laufenden, kognitiven Verschränkung mit erlebter Gegenwart bedeutet den unmittelbaren Verlust geistiger Kreativität. Die komplexen, gedanklichen Vernetzungen höherer Ordnung werden dabei aus einem gedehnteren Zeitbereich intakter Bewußtseinsbildung in verengtere Gegenwartsräume mit leistungsärmeren Denkebenen gezwungen.

Der damit verbundene Abbau geistiger Leistungsfähigkeit, korrelativen Denkens und zeitbewußter Identität entspricht nicht nur der oben skizzierten Selbstrelativierung der modernen Fortschrittsdynamik; er bedeutet darüber hinaus nicht mehr und nicht weniger als eine fundamentale Rückentwicklung, eine Art *Biologisierung* des Geistes, die sich in der Wiederannäherung an seine materiell-physikalische Basis ausdrückt.

Der Verlust der erinnernden Konfiguration, des raumzeitlichen Ereignisvergleichs und des subjektiven Zeitflusses transformiert die bewußte Identität in ein gegenwartsloses System mit objektiver Zeitrichtung, d.h. es entsteht die zwanghafte Tendenz zu Systemebenen mit *biologischen* bzw. letztlich *physikalischen* Eigenschaften, wie wir sie zum besseren Verständnis vorstehend kurz beschrieben haben.

Der Zusammenhang zwischen Zeit und Geist ist seit der Antike bekannt und – wenngleich bis heute im wesentlichen unerforscht – auch in der modernen Psychologie, Neurophysiologie und Kognitionsforschung unbestritten. In der Literatur weniger verbreitet sind Hinweise auf die Konsequenzen, die sich aus dem kulturbedingten Verlust der integrativen Vergangenheit und damit des subjektiven Zeitflusses als existentieller Basis der bewußten Identität ziehen lassen. Insbesondere der bekannte amerikanische Zeitforscher J. Fraser hat auf die physikalischen (»protozeitlichen«) Komponenten im kollektiven Verhalten großer Massen aufmerksam gemacht,[422] aber auch an anderer Stelle lassen sich Hinweise auf die grundlegende Bedeutung einer intakten Zeitintegrität für die Identität des Bewußtseins und des Denkens an sich finden.[423]

Nach den Schlußfolgerungen und Ergebnissen unserer Dialoganalyse war erkennbar geworden, daß den interreligiösen und multikulturellen Fremdorientierungen eine stringente Moraldoktrin zugrunde liegt, deren Hauptmerkmal in einer Tendenz zum *irrationalen Momentismus*, d.h. einem Zwang zu reflexhafter Wiederholung von Einzelaspekten unter stereotyper Abwehr konträrer Fakten lag. Als Begleiterscheinung oder Folge dieses Zwangsverhaltens war eine ebenso auffällige Neigung zu einer automatenhaften Pauschalisierung des Negativen im Eigenen und des Positiven im Fremden zutage getreten, die wir mit dem Begriff des *Positivfilters* umschrieben haben. Die sich daraus ergebende Doktrin, die wir als Massenideologie bezeichnen, stützt sich auf eine subjektivierte Gewissensmoral Kantscher Prägung, verstärkt durch eine Fremdidentifikation nach Kriterien der Freudschen Psychoanalyse.

Wir stellen nun das Theorem auf, daß es sich bei der Massenideologie, der Moraldoktrin des Dialogs, um einen kognitiv verankerten *Abbau des Denkraums* handelt, der sich dem systematischen Gegenwartsschwund der Fortschrittsdynamik verdankt. In dem Maße, in dem diese Dynamik voranschreitet, muß sich das Zeitbewußtsein verengen und in gleichem Zuge die Komplexität geistiger Prozesse verflachen.

Aufgrund abnehmender Korrelationsfähigkeit erzwingt dieser Abbauprozeß eine irreversible Tendenz zur gedanklichen Monotonie und somit die Verähnlichung mit natürlichen Systemen eher biologischer bzw. neurophysiologischer Art. Diese Entwicklung erzwingt gleichermaßen die zunehmende Beschränkung des Bewußtseins auf einen eher physikalischen, objektiven Zeitbegriff, d.h. die Einengung auf eine abnehmende Gegenwart und einen ebenso abnehmenden, subjektiven Zeitsinn, der in schwindendem Umfang die Vergangenheit integriert und die Zukunft plant. Wir sprechen somit vom *Geistschwund aus liberalem Fortschritt*.

Wir hatten gesehen, daß Kant die neue Moral der Fremdorientierung aus der Aufgabe des transzendenten Erkenntnisbezuges und Freud aus dem Verlust der psychologischen Identifikation herleiteten. Nach dem Einblick in die zeitverengenden Mechanismen der Fortschrittsdynamik müssen wir einen kollektiven Rückbau der Fähigkeit zu konstruktivem Denken insgesamt annehmen. Die Schrumpfung der Gegenwart, d.h. das Verschwinden der Zeit aus dem Bewußtsein, verengt den zeitlichen Integrationsraum und erzwingt einen zunehmenden Verlust des Denkens in Assoziationen, Konfigurationen und logischen Verknüpfungen in Zeit und Raum.

An die Stelle des fundamentalen Bauprinzips der Vernetzung ist das »Denken« in isolierten Einzelpunkten getreten. Dieser neuen, statischen Fragmentlogik ist der Zugang zu den dynamischen Ankerzonen des zeitintegrierenden Bewußtseins und damit zu einer Eigenzeit, die die Vergangenheit konstruktiv integriert, zunehmend versperrt. Mit wachsendem Verlust der integrierenden Gegenwart schwinden der Zeithorizont – das Sein – und die Zeitrichtung – der Sinn – bewußten Denkens und nähern sich eher ihrer evolutionären Ausgangsbasis, dem Funktionscharakter eines physikalischen Systems an. Der hohe Sicherheitsgrad, mit dem die weitere Verflachung der geistigen Strukturtiefe angenommen werden kann, ermöglicht dabei eine sich fortlaufend verbessernde Prognose der fortschrittsgesellschaftlichen Denkqualität in Richtung einer *wachsenden Irrationalität*.

5. Der Zeitsinn des Islam

Als Avantgarde einer sich dergestalt entfaltenden Vorhersagbarkeit, die sich in unserer Dialogdiskussion unübersehbar andeutete, erscheinen die religiös-politischen Dialoggruppen, deren Führerschaft darin besteht, den Prozeß der gesellschaftlichen Entgeistigung auf die Vereinigung mit den anderen Religionen und Kulturen zu lenken. Dabei ist unerheblich, ob der einzelne Dialogdiener bereits ausreichend linear, d.h. flach und punktuell denkt, um selbst zum gelenkten Potential zu gehören, oder ob er noch über eine hinreichende Denktiefe und damit subjektive Eigenzeit verfügt, die es ihm ermöglicht, sich zumindest auf opportunistischer Basis ins Kontrollpersonal einreihen zu können.

Wie immer auch die Eigenhierarchien der Dialogapparate sich formieren mögen – die fortschrittsbedingte Gegenwartsschrumpfung erzwingt eine ebenso fortschreitende Demontage des logisch-raumzeitlichen Denkens und Vergangenheitsbezugs und diktiert ihnen zugleich notwendigerweise die beschleunigte Hinwendung zum Nichteigenen.

Kein Begriff könnte diesen Prozeß der kontinuierlichen Entleerung der Bewußtseinsidentität besser kennzeichnen als die sogenannte, unter allen Umständen zu vermeidende, sozusagen auszugrenzende »*Ausgrenzung*«.

Die universale Ambivalenz der dialogischen Begrifflichkeit führt in Verbindung mit dem Abbau subjektiver Zeitidentität zum quasi-gesetzmäßigen Abbau aller Strukturgrenzen der überkommenen Traditionen aus eigener Entwicklung. Da wir von einer Geistqualität ausgehen, die sich durch Entsorgung gewachsener Strukturen von einem komplex-nichtlinearen in ein physikalisch-lineares System rückentwickelt, erfordert dieser Prozeß den Abbau aller Strukturen, deren Grenzen die Komplexität der vergangenen Eigenidentität geformt hatten.

Unter dem Druck des sich laufend verengenden, fortschrittsorientierten Zeithorizonts sind nun alle Grenzen, die zuvor das gemeinsame »Wertesystem« aus Religion, Kultur, Herkunft, Familie etc. geformt hatten, zu »entgrenzen«. Dieser Auflösungsprozeß vollzieht sich mehrheitlich jedoch – wie sich jetzt abzuzeichnen beginnt – nicht als Ausdruck einer isolierten Ideologie, sondern als eigendynamischer Prozeß, als fundamentaler Bewußtseinsabbau der westlichen Zivilisation, dem sich die beschriebenen Moraleliten als Lenkgremien voranstellen. Ihr Begriff von »Toleranz« umschreibt damit weniger die souveräne Duldung von Andersartigkeit, sondern bildet eine neue Art Meßdimension für die Eigenauflösung, die auch den Sicherheitsgrad ihres Machterhalts anzeigt – mit anderen Worten: je unsicherer die eigene, ideologische Herrschaftsbasis erscheint, desto häufiger und nachdrücklicher muß »Toleranz« gefordert werden.

Aus allem, was wir bisher zum Selbstverständnis des Islam, seiner Machtpsyche und seines ich-bildenden Langzeitvorbilds im Modell von Medina vorgetragen haben, wird unmittelbar erkennbar, daß hier – gerade unter dem Gesichtspunkt der Zeit – diametrale Unterschiede zum Westen hinsichtlich des Traditionsgedächtnisses im laufenden Gegenwartsbewußtsein erwartet werden müssen. Eine Gegenwart, die sich aus dem ständigen Gedächtnis der idealisierten Urgemeinde speist, stellt ein Maximum an korreliertem – wenngleich starrem – Zeitbewußtsein und damit eine gleichbleibende Identität mit dem Ursprung der erinnerten Zeit her. Geschichte ist somit immer islamische Geschichte und damit *Heilsgeschichte* als unveränderbares Selbstverständnis.[424]

Nicht ganz zufällig bezeichnen die *ayat*, die Wunderzeichen, sowohl die Verse des Koran als auch die Phänomene der Natur. Nur über die Ewigkeit der koranischen Zeichen erschließen sich dem Geist des Menschen die natürlichen Erscheinungen:

> »Wir werden ihnen unsere Anzeichen (*ayat*) am Horizont und in ihnen selbst zeigen, bis es für sie offenkundig sei, daß dies die Wahrheit ist« (41/53).

Im Rahmen dieses koranisch-kosmischen Bezugsbogens vollzieht sich das Glaubensleben des Einzelnen in der täglichen Struktur der Gebetszeiten und in einer Gemeinschaft, der Allah Erde und Natur als eine Art Ur-Moschee zur Nutzung und Pflege übergeben hat. Während Schöpfung und Islam in dieser ewigen Raum/Zeit-Verschränkung voranschreiten, lebt jeder Muslim in Ausrichtung auf das Vorbild des Propheten und des

Modells von Medina, das allen Mitgliedern der *umma* die gemeinsame Prägeform eines extremen Langzeitbewußtseins vorgibt. Im Unterschied zum westlichen Fortschrittsdenken findet keine Veränderung der im Islam bis zur Urgemeinde gedehnten Zeit statt; über die Modellprägung revolvieren kollektives Bewußtsein und Identität des Islam innerhalb einer gleichbleibenden Tradition und Vergangenheit und bilden eine weitgehend ähnliche Kopienfolge in der Zeit. Dabei ist diese universale Modellidentität eingebettet in eine übergeordnete Zeitidee als eine Allah unterstellte Dimension, die der westlichen Zeitvorstellung einmal mehr diametral entgegensteht.

»Wir sterben und wir leben, und nur die Zeit vernichtet uns« heißt es im Koran (45/24), ein Relikt aus vorislamisch-zyklischem Verständnis,[425] das Ibn Khaldun zu der richtungweisenden Überzeugung gebracht hatte, daß es der Verzicht auf zeitabhängige Institutionen war, der den Islam langfristig gegen zivilisatorische Zyklen immun und damit gegenüber allen anderen Kulturen überlegen machen würde.

Die Gefahr einer Verwechslung der Zeit mit der Allmacht Allahs hat denn auch die islamischen Exegeten und Traditionarier zu Kommentaren veranlaßt, um die unmißverständliche Dominanz des Göttlichen herzustellen. So mahnt das *hadith* des Abd ar-Rahman Ibn Mahdi (gest. 813), »die Zeit nicht zu verfluchen«, und der uns bekannte Al-Djahiz fügt die Interpretation hinzu, »daß nichts außer *dahr* (arab.: Zeit) vernichten kann«, wobei er Ibn Khaldun vorwegnimmt, indem er Allah als denjenigen erkennt, der den Aufstieg und Fall der Geschlechter bestimmt.[426] Schließlich ist es jedoch Muhammad selbst, der Allahs Selbstdefinition verbindlich verkündet:

»Ich bin die Zeit (*dahr*)«.[427]

Während die Zeit im westlichen Fortschrittsglauben zu einer immer knapperen Ware wird, bleibt sie im Islam eine schlicht unverfügbare, weil Allah unterstellte Qualität, die eine durch Zeit und Raum unveränderte Identifikation mit dem prophetischen Modell gewährleistet. Daran hat auch die sogenannte *dahriya* nichts ändern können, eine sich durch die gesamte philosophische Literatur ziehende, häretische Denkrichtung, die den Schöpfungs- und Auferstehungsgedanken ablehnte und die Welt als ewig existente Materie auffaßte.[428] Zwischen Naturalismus und Deismus erscheint die *dahriya* als eine utilitaristische Ideenlehre, die der aufklärerischen Moralideologie durchaus nahesteht, wenn sie eine Nutzenvorstellung vertritt, die auch einmal »1000 Menschen das Leben kosten darf«.[429]

Indem sie jede metaphysische Erkenntnisebene verwarf, wurde die *dahriya* auch von den Philosophen als das der Transzendenz Allahs entgegengesetzte Denken abgelehnt. Ihr Materialismus, Hedonismus und Atheismus rückt sie durchaus in die Nähe des modernen Fortschritts, dessen »Metaphysik« u.a. in der Auflösung des Transzendenten besteht. So kann nicht verwundern, daß das Aufkommen des Darwinismus auch der *dahriya* eine Zwischenblüte – besonders in Indien – verschaffte.[430]

Die Frage der zeitlosen Transzendenz im Islam aktiviert das Problem des Bösen insgesamt. In letzter Konsequenz hat der Muslim in der Annäherung an die Zeugenschaft

Muhammads und Bezeugung der Einheit Allahs seine Individualität »abzustreifen« (*tadjarrud*, s. o. S. 449), eine Vorgehensweise, welche ihn die Menschwerdung Gottes im Christentum und die Erhöhung des Menschen durch das Kreuzesopfer vehement ablehnen läßt. Derjenige nun, der diese Ich-Abstreifung nicht vornimmt und Allah ganz nach eigener Vorstellung, sozusagen »nach ganzem Herzen« verehrt, ist kein anderer als der Teufel (*iblis*) selbst. Jeder Versuch, Allahs transzendentale Absolutheit durch individuelle Gottesvorstellungen zu relativieren, gerät in die Falle des Polytheismus (*shirk*) und nimmt geradezu die Gestalt des *iblis* selbst an.[431] Allahs Transzendenz ist so absolut, daß jede menschliche Selbstbeimischung mit dem Bösen an sich gleichzusetzen ist.

Vor diesem Hintergrund offenbart sich umso klarer die zeitlose Wahrheit und damit Unantastbarkeit des koranischen Gottesgesetzes. Jede menschliche Erkenntnis relativiert diese Wahrheit und ist als Werk des Teufels zu verdammen. Wenn Al-Halladj sich als »die Wahrheit« verstand (s. o. S. 203f.), dann in dem Sinne, daß er in der Auslöschung seines Selbst in der Wahrheit Allahs aufging,[432] eine dem orthodoxen Machtdenken der »Zeit« weit vorauseilende Glaubensqualität:

> »Wisse, daß der Mensch sich so lange auf der Ebene des Gesetzes aufhält, wie er nicht die Stufen, die die Proklamation der Einheit realisieren, in Angriff nimmt. Sobald er jedoch dort angelangt ist, ist das Gesetz in seinen Augen aufgehoben, und er kümmert sich nur noch um die Lichtschimmer, die aus der Quelle der Wahrheit ausbrechen«.[433]

Heilsgeschichte im Islam bedeutet also in der Hinwendung zur Transzendenz und ihrer Verkörperung im prophetischen Medina-Modell ganz besonders auch die Unversehrtheit der Zeit, während sie im westlichen Fortschrittsglauben dem Gegenteil ausgesetzt ist, nämlich in der Abkehr vom transzendenten Urgrund einer Negativlogik des Gegenwartsschwunds und Geistverfalls, die auf das Nichts verweist – eine auch nach christlichem Verständnis mit dem Bösen zu identifizierende Qualität im Sinne eines »Mangels an Sein«.[434]

Wie gesehen, wird das stabile Ich des Islam zum Rettungsanker für die verunsicherte »Identität« des Dialogs, die immer konfuser nach den Wahrheiten in den anderen Religionen und den dort verborgenen »Gemeinsamkeiten« sucht. Das westliche Ich – ehemals in sich geschlossen, absolut und nicht übertragbar, weil vom christlichen Gott gegeben – zerfasert als »offene Person« nun in die immer engere Spirale eines sich entgrenzenden Seins,[435] das in zielloser Freiheit sowohl den christlichen Gott als auch den islamischen Allah verfehlt.

Erneut wird die verstandlose Intuition des neukatholischen Religionsglaubens, »der sich selbst besitzt« erkennbar, jener aktionistische Erfahrungszwang, den uns schon Karol Wojtylas Existentialismus in »Person und Tat« vorgezeichnet hatte (s. o. S. 317f.).

Was dort als »authentische« Glaubenswahrheit deklariert wurde, enthüllt sich in der Zeitverengung des nachkonziliaren Fortschritts als profan-subjektive »Öffnung zur Welt«, deren Zugang sich dem Muslim allerdings als teuflische Mißachtung der göttlichen Transzendenz verbietet. So können denn auch so zeitliche »Werte« wie Demokratie, Menschenrechte und Völkersolidarität, die der Papst in der Weihnachtsansprache 2000 dem Islam unter dem irreführenden Rubrum »Erlösung« anbot, von diesem kaum als »Gemeinsamkeit« empfunden werden.

Die Vertreter des Islam werden somit verfolgen können, wie sich das Drama der interkulturellen Irrationalität vor ihnen entfaltet. Durch die Fixierung auf das koranische Gesetz, das sich auf eine starre, unhistorische Zeitidee stützt, bleibt ihre religiöse Modell-Identität weiterhin erhalten, während der westliche Geist dem beschleunigten Abbau in multiple Formen pseudo-sakraler und profaner Ersatzreligionen anheimfällt, an deren Ende jenes Nichts steht, das man das Böse nennt.

6. Die Mechanisierung des Moraldenkens

Die im westlichen Fortschritt angelegte Gegenwartsschrumpfung mit dem sich daraus ergebenden Abbau der geistigen Kreativität und Identität kann in ihrer Bedeutung nicht hoch genug veranschlagt werden. Die Transformation eines komplex vernetzten, ehedem als Eigenkultur verstandenen Denkraums zu einer mechanisierten Denkverflachung, die sowohl im kirchlichen als auch politischen Bereich zu ideologischen Erstarrungsformen geführt hat, hat nun die Rolle eines gesellschaftlichen Passepartout zur Bildung einer interkulturellen Einheitsgesellschaft übernommen. Angesichts der bereits jetzt erkennbaren, geistigen Monotonie und ethischen Mängel – insbesondere im politischen Bereich – ist dieser Vorgang alles andere als unbedeutend.

Da sich in diesem Prozeß ebenso unverkennbare Tendenzen zu Irrationalität und Totalität abzeichnen, wie sie von der einschlägigen Forschung angekündigt wurden (s. o. S. 248f.), ist dieser Prozeß im Gegenteil von grundlegender Bedeutung für das »liberale Projekt« insgesamt. Da dieses Projekt, d.h. die Gesellschaft des liberalen Fortschritts, nach unserem Theorem mit dem Verlust des Zeitbewußtseins systemhaft verknüpft ist, kann auch der damit verbundene, laufende Verlust der Fähigkeit zu höheren, differenzierenden Geistformen, d.h. die prozeßhafte Rückkehr zu wesentlich einfacheren Denk- und Verhaltensebenen vorhergesagt werden.

Diese Entwicklung hat nach der hier vorgelegten Analyse die klare Tendenz zur entgrenzenden Destrukturierung und damit den Weg zur Daseinsform eines Systems eingeschlagen, das sich aus der Prozeßsphäre des Geistes zurückzieht und seiner biologisch-physikalischen Basis annähert. Je weiter dieser Prozeß unter Anleitung seiner Eliten und ihrer volkspädagogischen Sprachregelungen voranschreitet, umso reflexartiger werden Denken und Verhalten der Beteiligten zu erwarten sein und umso steuerbareren und manipulierbareren Charakter werden die aktuell entstehenden gesellschaftlichen Zwischenformen annehmen.

Anhand des Versagens der Geistphilosophie gibt der amerikanische Philosoph John R. Searle eine aus dem Wirken von Un- und Vorbewußtem abgeleitete Interpretation, in der sich die geistigen Stereotypen weiter Dialogkreise – im Sinne eines anthropologischen Testobjekts – kongenial abbilden:

> »*Wenn wir uns die Philosophie des Geistes als Person vorstellen, dann würden wir von ihr sagen, daß sie ein Zwangsneurotiker ist*; ihre Neurose äußert sich darin, daß dasselbe Verhaltensmuster immer wieder wiederholt wird … Es reicht nicht, bloß auf die logischen Fehler hinzuweisen, die gemacht werden. *Eine direkte Widerlegung führt einfach zu einer Wiederholung des neurotischen Verhaltensmusters.* Wir müssen hinter die Symptome gelangen und die unbewußten Annahmen herausfinden, die überhaupt zu dem Verhalten geführt haben … Ich möchte auf eine gewisse Ähnlichkeit hinweisen, die zwischen meinem gegenwärtigen Vorhaben und dem eines Anthropologen besteht, der das exotische Verhalten eines fernen Stammes beschreiben möchte. Der Stamm hat gewisse Verhaltensmuster und eine Metaphysik, die wir freilegen und verstehen wollen« (Bet.d.Verf.).[436]

Die Diagnose Searles, die der Philosophie des Geistes eine neurotische Disposition bescheinigt, zielt mithin auf den Aspekt eines automatenhaften Denkens und Handelns und damit die Unfähigkeit ab, den Fluß von Argumenten in einem logischen Kontext rational zu reflektieren und zu verarbeiten. Dem von uns festgestellten Dialogverhalten nicht unähnlich, tritt hier das kognitive Dilemma der wissenschaftlichen Fortschrittsdynamik unverkennbar zutage.

Nicht wesentlich milder geht der amerikanische Genetiker E. Wilson mit den Sozialwissenschaften ins Gericht. Ihnen wirft er die Unfähigkeit zur hierarchischen Vernetzung ihres »Wissens« sowie eine ausgeprägte Neigung zu Ideologie und Gefälligkeitswissenschaft vor, welche ein erstaunliches Spektrum zwischen Kapitalismus und Sozialismus abdecke und in ihrem fortgeschrittenen Relativismus sogar die Möglichkeit jeglichen objektiven Wissens bestreite.[436a]

Die Verflachung des Netzwerks gedanklicher Korrelationen und die Verkürzung bewußter Gegenwart schränken also die Spielbreite ihrer Verknüpfungsfähigkeiten entscheidend ein. Komplexere Verbindungen bewußter Zeitlichkeit und Erfahrung mit größerer logischer Tiefe, d.h. die *Produkte rationalen Denkens,* werden zwar zur Kenntnis genommen; sie werden jedoch nur in abnehmendem Maße verstanden, weil das kognitive Vermögen zur Modifikation eines reflexhaften Denkens sinkt, welches seinerseits sich offenbar fortwährend weiter verfestigt.

Wir haben im Bereich unserer Dialogdiskussion hinreichend deutlich machen können, daß kein Argument dieser Welt den katholischen Durchschnittsdialogisten von den logischen, historischen und moralischen Defiziten seines Islamkatechismus abbringen wird. Daß in einem solchen Kontext die Reichweite der *Handlungsautonomie und Verantwortung* gegen Null tendiert, erschließt sich unschwer von selbst.

Es ist hier immer wieder die Kategorie der machtvermittelnden Moral, um die es in der weiteren Entwicklung des interkulturellen Globalismus gehen wird. Nachdem sie sich bei Kant und Freud noch auf Basis einer zeit- und personenabhängigen Vorstellung vom Guten entwickeln ließ, das den jeweiligen gesellschaftlichen Zielvorstellungen unterlag, nähert sich diese Moral nun in dem Maße einer Art technisch-automatischen Prinzips, wie sich das fortschrittsgesellschaftliche Zeitbewußtsein weiter verkürzt und der Sinn für übergreifende Ziele verflüchtigt. Nach diesem Prinzip gilt dasjenige als grundsätzlich gut, was im Prozeß der Entgrenzung definitorisch nicht mehr »ausgegrenzt« werden kann. Hierbei handelt es sich vor allem um diejenigen Vorstellungen und Alternativen, von denen sich die traditionellen Gesellschaftsnormen ehedem abgegrenzt hatten.

Neben den großen Bereichen der Interreligion und Multikultur gehören zu den einzugrenzenden Alternativnormen die inzwischen klassischen Forderungen des »Progressismus« wie z.B. Abtreibung, gleichgeschlechtliche »Ehe«, Sterbehilfe und Tierschutz auf Verfassungsebene. Diese Bereiche sind einzubetten in den weiteren Ausbau der Arbeit als eines umfassenden Lebenssinns, die Übertragung der gesamten Erziehung und Ausbildung an staatliche Institutionen sowie eine täter- und fremdorientierte Rechtsprechung und Verfassungsauslegung.

Die systematische Verhinderung der Reproduktion bzw. Vollendung des Lebens durch Beschneiden seiner Zeitränder an Geburt und Tod sowie die Förderung homosexueller Lebensformen verdeutlichen ein tiefes Mißtrauen in die eigene Gesellschaft als dauerhafte Lebensgrundlage. Wichtige Hinweise sind hier ebenso ein Recht, das tendenziell den Täter vor den überkommenen Normen der Gesellschaft schützt, sowie vor allem auch die Bereitschaft zum Bevölkerungsaustausch durch konzeptlose Einwanderung.

Nicht nur die atavistisch anmutende Annäherung an den »Bruder Tier« mit einer explosiven Ausweitung der Haustierhaltung paßt in diesen Kontext; auch die seit Jahren praktizierte Fäkalisierung des Theaters ist durchaus geeignet, der Ablehnung eigenkultureller Wertvorstellungen mit Ausdrucksformen Nachdruck zu verleihen, die sich vom geistigen in den physiologischen Bereich verlagern. Mindestens ebenso eindrucksvolles Anschauungsmaterial liefern die jährlichen »Love Parades«. Menschen finden hier ihre Erfüllung in gigantischen, organismusartigen Massen, die sich im Raver-Rhythmus und Ecstasy-Rausch dahinbewegen und dabei durch gelegentliche Zeugungsvorgänge ihren kollektiven – und öffentlichen – Rückkehrwillen zur biologischen Grundlage bekunden.

Je intensiver die Frau vom Arbeitsprozeß absorbiert wird, desto lockerer werden die traditionellen Bindungen der Familie als Ort der Integration und Individualisierung. Dabei wirkt sich die fortschreitende Übernahme der Nachkommen in eine staatlich-fremdorientierte Erziehung mit Kindergartengarantie verstärkt uniformierend auf die Individuen aus, mit allen psychischen Risiken, wie sie in der »Revolution der Gestörten« deutlich wurden (s. o. S. 421f.). Darüber hinaus beginnen alternative Variationen der materiellen Selbstverwirklichung die Beschäftigung mit Grundlagen der geistigen und sprachlichen Entwicklung und Bildung zu verdrängen, ihrerseits mit allen Risiken der mentalen Verflachung.

Fernsehen, Internet und Computerspiele drücken das schrumpfende Zeitbewußtsein nicht nur unmittelbar aus, sondern sind durch ihren sexualitäts- und gewaltbetonenden

Charakter bei zunehmendem Drogenkonsum geeignet, es eher weiter zu verengen. Hinsichtlich religiöser Orientierungen versteht es sich von selbst, daß in diesem Umfeld »Kirche von unten« und unverbindliche Esoterik eher zum Zuge kommen als kulturprägende Langzeitformen. Die zunehmende Aggression gegenüber dem Christentum in den Medien sowie die Tendenzen zur Entfernung der Gottesformel aus der Verfassung bzw. des Kreuzes aus dem multireligiösen Besinnungsraum des Bundestages verleihen diesem Großtrend ausdrucksvolle Akzente.

Die wesentlichen Aspekte des deutschen Sonderwegs in bezug auf die Verkürzung der Geschichte auf die Katastrophe der Shoa als Machtinstrument der politischen Klasse haben wir beleuchtet (s. o. S. 414ff.). Vor dem Hintergrund der zeitbedingten Bewußtseinsfunktion als Grundlage jeder Identität erlangt diese Verkürzung natürlich nochmals verstärkte Bedeutung. Die Kristallisation einer tausendjährigen Gesamtgeschichte in einer wenige Jahre währenden Periode, noch dazu beladen mit beispielloser Schuld, wird es in der dynamischen Gegenwartsverengung einer hochtechnisierten Fortschrittsgesellschaft schwer haben, diejenigen übergeordneten Geiststrukturen zu entwickeln, die zu einer angemessenen Aufarbeitung erforderlich sind.

Da einem emanzipierten Gemeinsamkeitssinn die technisch-systematische Moral der Entgrenzung und ihrer Eliten entgegensteht, wird die größte Katastrophe der deutschen Geschichte weiter zur Legitimation politischer Macht herangezogen werden müssen, wobei die zahllosen Versöhnungsereignisse auf persönlicher Ebene in den vergangenen Jahrzehnten eher zurücktreten. Immerhin hat ein Mitglied des Zentralrats der Juden in Deutschland das Moralziel systemgerecht in eine generelle Zukunft verschoben, indem er – nicht ganz uninformiert – Versöhnung als »sinnloses Wort« bezeichnete.[437] Zeitforscher Fraser äußert sich denn auch zum Problem der moralischen Geltungsdauer in der Postmoderne nicht unähnlich:

> »Moralgesetze sind Ideen, die in dem Chaos ständiger Veränderung Dauer vortäuschen, aber ihrem Wesen nach sichern sie nicht über größere Zeiträume hinweg Stabilität. Vielmehr beschleunigen sie die Veränderung«.[438]

Wenn in Deutschland Großdemonstrationen gegen Antisemitismus und Rassismus stattfinden, wird entgegen umfangreicher Information in Wort und Bild ein kleinerer – und ständig abnehmender – Teil der Bevölkerung erkennen können, daß diese Aktionen im wesentlichen dem Machterhalt der gesellschaftlich relevanten Bereiche dienen. Einem entsprechend wachsenden Teil fehlt bereits die Fähigkeit zu korrelativem Denken und emanzipierter Moral und damit zu einer angemessenen Einschätzung der Loyalität, Kompetenz und Verantwortung ihrer Eliten. Diese entwickeln, wie ihre Neigung zum Radikalislam offenbart, ihrerseits eine unverkennbare Neigung zum Antisemitismus (s. o. S. 416f.).

Auf Basis der hier vorgelegten Zusammenhänge ziehen wir das Theorem des fortschrittsbedingten Geistabbaus als Rahmenmodell für die Beurteilung der kollektiven Bewußtseinsbildung und die logischen Funktionsgrenzen des interkulturellen Dialogdenkens heran. Indem es uns wichtige Aufschlüsse über die voraussichtlich weiter wachsende Stringenz der gesellschaftlichen Fremdorientierung gibt, kann dieses Modell zu einer tragfähigen Erklärungsbasis für die Rolle des Islam in der westlichen Fortschrittsgesellschaft ausgebaut werden. Während die ideologische Herkunft der liberalen Moraldoktrin bereits hinreichend dargelegt wurde, wird uns der fortschrittsbedingte Verfall des korrelierten Denkens und damit des kreativen Geistes überhaupt eine übergeordnete Perspektive für die langfristige Zukunft der *westlichen Rationalität* in der Begegnung mit der *islamischen Rationalität* geben.

Es unterliegt geringem Zweifel, daß nach westlichem Muster entwickelte, wissenschaftsorientierte Fortschrittsgesellschaften durch ein sich laufend verengendes Zeitgefühl in der Gegenwart bei ansteigendem Einzelwissen und sinkendem Gemeinschaftssinn gekennzeichnet sind. Somit kann kollektives ebenso wie individuelles Bewußtsein nur dort entstehen, wo das laufende Gegenwartserlebnis sich mit der Vergangenheitserfahrung zu einer konstruktiven Zukunftsbewältigung verbindet. Nur in einer Korrelation ausreichend tief gestaffelter, ungleichzeitiger Vergangenheitsereignisse mit der laufenden Gegenwart kann sich der stabile Gedächtnisraum bilden, aus dem heraus sich Bewußtsein, Identität und subjektiv empfundener Zeitfluß entfalten.

Die fortschrittsbedingte Verflachung geistiger Prozesse bewirkt den Rückgang der subjektiven Bewußtseinsidentität und Urteilsreichweite bis hin zur Annäherung an Eigenschaften eines biologisch-physiologischen Systems ohne wesentliche Gegenwart und Zeitrichtung. Damit bleibt festzuhalten, daß die Fortschrittsdynamik und der damit einhergehende Zeitschwund im kollektiven Denken westlicher Gesellschaften Tendenzen bewirken, die subjektives Bewußtsein, Geist und Identität in Richtung eines mechanisierten Reflexdenkens und -verhaltens ohne Autonomie, Kompetenz und Verantwortung abbauen.

7. Die Entgrenzung der »Leitkultur«

Wir müssen uns immer wieder vergegenwärtigen, daß sich ein kollektiver, gesellschaftlicher Prozeß als statistische Kette zahlreicher, unbestimmter Übergangsmuster der *Information* vollzieht. Es bauen sich Strukturen auf, die erst durch Konfiguration einer ausreichend großen Zahl gleichgerichteter, d.h. *gleichgesinnter* Elemente sich zu einer bemerkbaren, linearen Tendenz verdichten:

> »Der Fluß der Zeit hat keine Bedeutung im logisch fixierten Muster, das die deterministische Theorie verlangt, denn Zeit ist lediglich eine Koordinate. In einer Theorie mit Unbestimmtheit jedoch verwandelt der Ablauf der Zeit die statistischen Erwartungen in reale Ergebnisse«.[439]

Die Popularisierung der Börse als ein klassisches Exempel für eine solche Kette statistischer Konfigurationen hat auch das Wissen über Finanzmärkte, ihr nichtlineares

Schwankungsverhalten und bedingte Vorhersagbarkeit »globalisiert«. Welche Methoden die vielfältigen Analysen hier auch immer verwenden mögen – sie alle greifen auf ein Segmentfenster des Marktverlaufs zu, um vom Ausschnittverhalten – in unterschiedlichen Extrapolationsverfahren – auf das Gesamtverhalten zu schließen. Diese Methodik erlaubt einen vereinfachenden, dabei beispielhaften Einblick in die Vorgehensweise der Wissenschaft insgesamt, die im Experiment immer nur einen – möglichst repräsentativen – Teil erfaßt, um Schlüsse auf das Ganze zu ziehen.

Um wirklich in die Dynamik seines Marktobjekts eindringen zu können, zwingen die hierarchischen Strukturen den beobachtenden Analytiker, verschiedenzeitig aktualisierte Verläufe miteinander zu vergleichen. Er wird dabei versucht sein, zu immer schnelleren Zeitintervallen überzugehen und dabei tatsächlich die Beobachtung machen, daß seine Methoden umso besser zu funktionieren scheinen, je kürzer die Aktualisierungsabstände werden. Dennoch nützt dies dem Beobachter nicht viel, denn der Mikrobereich sagt wenig über die Strukturbildung des Marktes selbst, seine *Information* aus.

Letztlich sind es die nichtlinearen Freiheitsgrade in der Zeit, welche die tatsächliche Kurskurve, die Wirklichkeit des Marktes im Raum, strukturieren. Dabei bewirkt das Zusammenwirken aller Marktteilnehmer als kollektiver, psychischer Prozeß seine reale, repräsentative Entwicklung als Ganzes und damit auch die Entscheidung über Gesamtverteilung von Gewinn und Verlust. Dieses Geschehen ist bekanntlich nicht vorhersagbar. Gerade die unmittelbar disziplinierende Gewinn/Verlust-Wirkung läßt es darum dem realistischen Marktteilnehmer absurd erscheinen, von einem Plusintervall – sagen wir zwischen 10.00 und 11.00 Uhr vormittags – auf einen Aufwärtstrend des Gesamtmarkts zu schließen.

Eben diese Freiheitsgrade der Strukturentwicklung als Repräsentation des Ganzen gehen im wissenschaftlichen Fortschrittsprozeß verloren. In dem Maße, in dem sich Einzelwissen auf Kosten des Gesamtwissens erhöht, d.h. in dem Maße, in dem der Freiheitsgrad der Zeit als schöpferischer Strukturfaktor zurückgeht, nimmt die integrative Kraft der Gegenwart in Gestalt der inzwischen häufiger angesprochenen Horizont- oder auch Bewußtseinsverengung ab.

Es ist dieses »Bildungsprinzip« des Strukturverlusts, die Negativbilanz zwischen Gesamt- und Einzelwissen, die *Exformation* des Abbaus, welche das zentrale Dilemma der westlichen Gesellschaftsdynamik bildet. Basierend auf diesem universalen Verfallsprinzip drückt es sich – regional abgestuft – im Verschwinden kulturleitender Normvorstellungen, in der oft angesprochenen liberalen Ethikerosion in Kirche, Politik und Wissenschaft aus. Seine kollektiven Erscheinungsformen sind Naturzerstörung, Ressourcenverschwendung und die einseitige Verteilung des Produktivitätszuwachses, welche die gesellschaftliche Grundlage unberücksichtigt läßt.

Das alles dominierende Merkmal dieser Dynamik des Zeit- und damit Strukturverlustes ist die *Entgrenzung* gegenüber allem Nichteigenem, d.h. die Öffnung zu allem, gegen das sich die Konturen der traditionellen Leitkultur ehedem abgegrenzt hatten. Unsere Untersuchung hat hier aufgezeigt, warum dieser Entgrenzung auf Basis fortschrittsbedingter Zeitverengung ein fundamentaler Geistabbau zugrunde liegt, dessen abnehmende Strukturfähigkeit und Zeitrichtung eine Annäherung an unbewußtes, biologisiertes Systemverhalten und damit die Tendenz zu reflexhaftem, mechanisiertem Denken und Handeln fördert.

Die Neigung zur physikalischen Mechanisierung muß nicht unbedingt erstaunen. Unter dem andauernden Einfluß griechischer Philosophie wurzelt die abendländische Geistesentwicklung und Forschung – im Gegensatz z.B. zur chinesischen Sicht eines organischen Naturalismus – in einer anorganisch geprägten Weltauffassung, die Natur und Zeit als vordergründige Aspekte nichtlebender Systeme dachte.[440] Dabei lieferte das Christentum mit der heilsgeschichtlichen Befreiung des Menschen aus der Zeitlinearität zwischen Sündenfall und Endgericht die Grundlage für das Maschinendenken eines Descartes und den daran anknüpfenden Fortschrittsglauben sowie seine späteren Moralideologien selbst.[441]

Mit der graduellen Ablösung der Vernunft vom Glauben, die einen wesentlichen Teil unserer Untersuchung darstellt, vollzog sich jener ungemein komplexe Transformationsprozeß des abendländischen Geistes, der die Überleitung des kollektiven Zeitbewußtseins vom tranzendenten Absoluten in das immanente Relative, von göttlicher Ewigkeit in menschliche Zeitlichkeit bewirkte. In zahllosen, individuellen Ereignissen der Kairos-Unterschreitung, jenes für die Ichwerdung zwischen dem Heiligen und Profanen entscheidenden Schwellenwerts, wandelte sich die abendländische Identität vom gottbezogenen Geschöpf zum selbstbezogenen Schöpfer (s. o. S. 440).

Im Rahmen einer ungeheuren Zivilisationsdynamik, die einerseits die Lebensverhältnisse – in ausgewählten Regionen – beispiellos verbesserte, andererseits angesichts von 200 Millionen Opfern im 20. Jahrhundert zur Tagesordnung überging, hatte der Mensch die »Verantwortung« für die Erfüllung des Heilsversprechens übernommen. In sich laufend beschleunigenden Zyklen der erkenntnismäßigen Selbstreferenz und des wissenschaftlichen Fortschritts versuchte er diesem Heil näherzukommen, wofür er den Preis eines sich entsprechend verengenden Bewußtseins als Ort des Geistes zu zahlen hatte. Die katholische Kirche hatte den Bruch ihres kollektiven Kairos mit der konziliaren Wende von Tradition zur Moderne vollzogen und durch eine Entgrenzung ihrer Glaubensinhalte der Dynamik dieses Geistabbaus zusätzliche Schubkraft verliehen.

Der päpstlich verordneten Entfernung des Glaubensgedächtnisses war zuvor das dogmatische Rückfallverbot hinter die Glaubenswende des Konzils vorangegangen. Wer sich über diese Bewußtseinssperre hinwegsetzte und dennoch auf das Traditionswissen zugriff oder es sogar öffentlich einforderte, erhielt das Stigma des Schismatikers oder wurde exkommuniziert. Die hohe Entmündigungsakzeptanz der papstgläubigen Katholiken und die Machtstruktur des Klerus haben indes auch diese fundamentale Mutation überstanden. Somit kann die Kirche bereits heute – mit verstärkter Perspektive in die Zukunft – als System mit hohem Automatisierungsgrad und Autonomieverlust betrachtet werden. Nachdem im Jahre 1999 – wie berichtet – Bischof Bernardini sich kritisch zum Dialog geäußert hatte, gab es auch im Jahre 2000 weltweit nur einen gehobenen Kirchenvertreter – Kardinal Biffi in Bologna – der es wagte, an die Rechte der Christen zu erinnern.

Wie wir ausführlich dargelegt haben, stehen die Dialogtruppen der Politik hinsichtlich des Migrationsthemas in durchaus vergleichbarem Schulterschluß für eine ungeregelte Einwanderung mit grundsätzlicher Positivschaltung der Verfassungs- und Rechtsinterpretation. Wenn dabei hin und wieder der Begriff der »Leitkultur« in die Diskussion gebracht wird, so ist er allenfalls als Reizindex geeignet, am Protestpegel der Kulturmoralisten den Fortschritt des kollektiven Bewußtseinsabbaus zu messen, vergleichbar mit der Vatikanerklärung *Dominus Iesus* im Glaubensbereich (s. o. S. 368f.).

Letztere – obwohl nur ein Glaubensbekenntnis, das die Heilswirkung der anderen Religionen nicht in Frage stellte – zog erwartungsgemäß einen Sturm der Entrüstung seitens des Dialogs nach sich. In der vehementen Ablehnung einer eigenen Glaubensidentität wurde das inzwischen stabil verankerte Vexierdenken deutlich, das die Dialogratio fortlaufend dazu bringt, ganz besonders in den anderen Religionen nach den obligaten Wahrheiten zu suchen und Gegensätze zu Gemeinsamkeiten und eventuell sogar neuen Glaubensinhalten umzudeuten. Es geht also nicht um den Glauben alter, grenzziehender Art, sondern um den Glauben an die Entgrenzung, wie ihn der fortschrittsbedingte geistige Strukturabbau erzwingt. Ebenso evident ist, daß es bei der »Leitkultur« nicht um eine kulturelle Leitfunktion im Sinne eines konstruktiven, integrierenden Konzepts für die Einwanderung gehen kann.

Die deutsche Demokratie steht in dem allen westlichen Demokratien gemeinsamen Dilemma, das »Prinzip« der Menschenrechte – wie insbesondere im Falle des Islam – kulturbedingten oder wirtschaftlichen Rücksichtnahmen unterwerfen zu müssen – ein Zwang, der im Vorfeld des Kosovo-Kriegs überdeutlich zutage trat. Sie steht allerdings auch in dem besonderen, spezifisch deutschen Dilemma, im eigenen Bewußtsein auf die geschichtsvernichtende Katastrophe der Shoa verkürzt zu sein.

Leitkultur kann also für die politische Elite Deutschlands nur bedeuten, die Führerschaft in der Entgrenzung zu übernehmen und Migration sowie EU-Integration weiter zu forcieren. Ihre Verantwortung wird sie vor allem darin erkennen müssen, diesen Prozeß, der aufgrund extremer Geschichtsabwehr unter rapidem Verfall von Rationalität abläuft, durch Weiterentwicklung der moralischen Erziehung, flankiert durch eine verstärkte Verflachung der Bildung, voranzutreiben. Dabei wird sie ebenso sicherstellen, daß die Migration dem Land nicht nur Kulturen zuführt, deren Funktion sich in der »Bereicherung« erschöpft, sondern im Rahmen einer »grenzenlosen« Toleranz auch solche Kulturen – wie die muslimische – fördert, die ihrerseits zu »Leitkulturen« werden können.

Da in einem solchen Ablauf bewußtes, faktenorientiertes Denken und soziale Verantwortung der politischen Macht unmittelbar entgegenstehen, ist die Einwanderungsfrage weiterhin der öffentlichen Diskussion zu entziehen. Wann und wie der »Interessenausgleich« zwischen den zuwandernden Leitkulturen und der deutschen Restkultur stattfindet, ist dem Kraftfeld westlicher, d.h. fremdorientierter Fortschrittsdynamik mit der abnehmenden Fähigkeit zur Wahrnehmung von Eigeninteressen überlassen.

Auf diesem Gebiet, das seinerseits in dem Maße physikalisch steuerbaren Charakter annimmt, in dem die postmoderne Geistverengung fortschreitet, vollzieht sich der für den historischen Liberalismus so kennzeichnende Transformationsprozeß der Macht. Unter dem dominanten Überbau der Wirtschaft und der Medien übernimmt das »Fremde« zunehmend leitkulturelle Funktionen, während das »Deutsche« die restkulturelle Beobachterposition einnimmt:

»Ihr könnt uns herabsetzen, beleidigen, demütigen oder verletzen, aber ihr werdet uns nicht mehr los. Ein Leben ohne uns wird es nicht mehr geben ... Nicht ihr werdet die Gesellschaft internationalisieren, modernisieren und humanisieren, sondern wir werden es tun – für euch. Ihr seid bei diesem leidvollen Prozeß lediglich Zaungäste, lästige Gaffer. Wir werden die deutsche Gesellschaft in Ost und West verändern. Wir Ausländer« (a).[442]

Auf der Basis dieser Aussage, die sich zunächst noch auf die Oberfläche des sichtbaren Gesellschaftsgeschehens beschränkt, dringt der Autor durchaus auch auf die Ebene der Bewußtseinsgestaltung vor:

»Deutschland hat nicht den Mut und die Charakterstärke, laut zu rufen, daß Fremdenfeindlichkeit, Ablehnung und Ausländerhaß Bestandteile dieser Gesellschaft sind ... Wir wissen das ... Aber warum begreift Ihr es nicht? Warum wißt Ihr nicht, wer Ihr seid und weshalb Ihr so seid? ... Und jetzt wollen wir Euch einpauken, daß Ihr anders werden müßt. Und Ihr habt wenig Chancen zu entkommen oder Euch zu entziehen. Der Prozeß ist im Gang, die Beschleunigung erfolgt ... Und wir wissen, daß wir dabei Menschen verlieren werden. Begreift aber endlich, warum. Gebt diesen Opfern einen Sinn. Aber verzeihen werden wir Euch nichts. Gar nichts!«(b) [442]

Dieser Sicht im Sinne einer unausweichlichen Gesellschaftsveränderung kann im Lichte unserer Untersuchung – gleiche Voraussetzungen angenommen – zunächst nur zugestimmt werden. Daß dabei den Seiten jeweils nur negative bzw. nur positive Systemeigenschaften unterstellt und virtuelle Gewaltalternativen in Kauf genommen werden, befindet sich in völliger Kongruenz mit der Fremdorientierung des Dialogs. Alle offiziellen Institutionen – Politik, Wissenschaft und Kirchen – sehen dies unter Mitwirkung der Medien seit Jahren nicht anders und repräsentieren ihrer moralelitären Aufgabe gemäß die deutsche Wirklichkeit als Restkultur gegenüber anderen Kulturen wie dem Islam, dessen Organisationen das entstehende Vakuum graduell besetzen.

In den Zitaten tritt uns ein neuer Typus konzentrierter, gesellschaftlicher Machtausübung entgegen, der die kollektiven Identitätsdefizite klar erkennt, und sich unter der Ägide des wirtschaftsmedialen Komplexes unmißverständlich zu etablieren beginnt. Seine vornehmliche Aufgabe besteht darin, den Transformationsprozeß von einer eigen- in eine fremdorientierte »Leitkultur« gezielt zu steuern und zu beschleunigen. Es wird hier einer entsprechend verstärkten Bewußtseinsbeeinflussung bedürfen, denn der Verlauf dieser Veränderung vollzieht sich in einer Gesellschaft, deren als zukünftige Leitkultur propagierter Ausländeranteil im Jahre 2000 bei 10% und die inländische Restkultur bei 90% lag.

Das postmoderne Sozialbewußtsein nimmt zwar ab, doch haben wir es bei dieser Umformung mit zahllosen Übergangsstadien zwischen hoher Intellektualität und völliger Geistlosigkeit zu tun, die in ihrer – zeitlich nicht vorhersagbaren – Gesamtheit unter den ständigen Forderungen undifferenzierter Zwangstoleranz ein virtuelles Spannungspotential aufbauen. Da ein solches Potential von der volkspädagogischen Transformation nicht zuverlässig und dauerhaft kanalisiert werden kann, wird es sich unter geeigneten Umständen zu einem konkreten Konfliktherd wandeln, wenn keine wesentlichen zusätzlichen Einflüsse hinzutreten.

C. Der Fortschritt des Existenzverlusts

1. Der Schwund kultureller Kompetenz

Das gesellschaftliche Spektrum geistiger Aktivität befindet sich aus den dargelegten Gründen der Gegenwartsschrumpfung zwar im Prozeß des tendenziellen Abbaus, doch handelt es sich natürlich um ein hochdynamisches, sich ständig weiter ausdifferenzierendes Spektrum pluralistischer Partikularinteressen. So unvorhersagbar es ist, zu welchem Zeitpunkt funktionale Verflechtung und geistige Entflechtung zu strukturellen Systembrüchen, d.h. gesellschaftlichen Konflikten führen, so sicher ist es, daß sie eintreten.

Die von uns hier entwickelten Hinweise auf eine der Moderne innewohnende Bewußtseinsverflachung, die zu geistigem Identitätsabbau und automatisiertem Verhalten führt, wird durch das Zahlengerüst des Zuwanderungsgeschehens unterstützt. Auf ungeregelte Weise konnte sich in Deutschland der ausländische Bevölkerungsanteil von 5% in 1985 auf 10% in 2000 verdoppeln, wobei etwa zwei Drittel der EU-Zuwanderung aufgenommen wurden, obwohl die Bevölkerungsdichte bei dem doppelten Wert des EU-Durchschnitts liegt. Weder reagierten die Moraleliten auf diese Relationen, noch ließ sich überhaupt eine Veränderung in ihrem Anspruchsverhalten feststellen. Im Gegenteil: Je konsequenter sich die Einwanderung fortsetzte und der Ausländeranteil zunahm, desto starrer gestalteten sich die Forderungen nach mehr Zuwanderung, mehr Toleranz und weniger »Ängsten«, wobei Konzepte hartnäckig ausblieben.

So drückt sich auch in der Retrospektive das automatenhafte, faktenresistente Verhalten aus, welches wir als für den interkulturellen Dialog insgesamt kennzeichnend erkannt haben. Die Denkwelt des Dialogs entfremdet sich konstruktiver, logischer Konzepte, nicht nur weil sie die strategischen Vorteile der liberalen Ambivalenz und ihres doktrinären Machtpotentials behindern, sondern weil die Fähigkeit zu korrelativem Denken und sozialer Kompetenz insgesamt schwindet. Ebenso schwindet die Fähigkeit zu autonomem, verantwortlichem Handeln und konzeptuellem Alternativdenken – damit wächst zugleich der *Zwang zur Totalität.*

An diesem Punkt erlauben wir uns eine weitere Anleihe am Beispiel des Finanzmarkts: In der Gegenwart des Marktgeschehens weiß der Analytiker nicht, wo der Kurs wann letzendlich landen wird, weil er die bestimmenden Faktoren nur zum Teil und die Schwerpunkte ihres Zusammenwirkens überhaupt nicht kennt. Der Vorgehensweise der modernen Wissenschaft folgend, kann er allerdings aus einem Modellmuster der Markthistorie Schlüsse auf die kommende Entwicklung ziehen. Dabei ist klar, daß er Kenntnis der Vergangenheitsdaten, d.h. ein Bewußtsein der Marktgeschichte besitzen muß. Solange nur die Gegenwart bekannt ist und die Korrelation mit der Vergangenheit fehlt, kommt niemand auf die Idee, einen Gesamttrend abzuleiten, der sich aus der Vergangenheit von zumeist vielen Jahren aufbaut.

Der Analytiker wird seine Tendenzprognosen in eine Kontrolle durch die aktuelle Marktentwicklung stellen und bei Durchbrechen bestimmter Eckwerte Maßnahmen zum Schutz derer ergreifen, die ihr Vermögen seiner Marktinformation anvertraut haben. Er wird sein *Spezialwissen* unter optimiertem Daten- und Methodeneinsatz einbringen, weil sich sein Erfolg mit dem seiner Abnehmer verbindet. Bei prognosewidrigem Marktverlauf aufkommende Sorgen werden daher nicht als »Ängste«, sondern als rationaler Indikator für eine vernunftgemäße Tätigkeit unter Wahrnehmung einer sachlichen *Verantwortung* gewertet. Wer keine Signale für einen rechtzeitigen Ausstieg aus einer Verlustlage erzeugt, wird sie auch nicht für die Gewinnlage erzeugen können und stellt ein mangelndes Bewußtsein für die marktbildenden Fakten unter Beweis.

Die Unterschiede zum Verhalten des Dialogs sind diametral. Seine Vertreter verfügen über die langfristige Substanz des Landes durch Disposition über Umfang und Art der Migration, ohne den von den Maßnahmen Betroffenen in irgendeiner Weise Rechenschaft abzulegen. Mit den Anhängern des Islam installieren sie eine Gruppe, deren historische Tradition alle Veranlassung zu genauer Analyse gibt. Obwohl die Bevölkerung mit Land und Vermögen zur Realisierung dieses Ansiedlungsprozesses herangezogen wird, bleibt sie von einer Information geschweige denn Kontrolle über den Ablauf ausgeschlossen. Obwohl es sich um einen Vorgang mit massiven wirtschaftlichen und sozialen Folgen handelt, werden Forderungen nach Transparenz und Beteiligung von den »Verantwortlichen« negiert und mit Kampfbegriffen wie »Rechtsradikalismus« einer kompetenten Behandlung entzogen.

Im Gegensatz zur rationalen Methode zieht der Dialog kaum Daten der Vergangenheit heran. Im Gegenteil: dort wo noch Vergangenheitsdaten – wie z.B. im Falle der kirchlichen Glaubenstradition oder der deutschen Geschichte – verfügbar sind, werden sie gelöscht. Schlüsse – z.B. auf das Gesamtphänomen des Islam – werden hier nicht unter Verknüpfung der für seine Gesamtgeschichte relevanten Fakten, sondern auf Basis isolierter Einzelaspekte gezogen. Die Faktenlage kann unberücksichtigt bleiben, da dem Objekt der Beobachtung ein Positivfilter vorgeschoben wird, der sowohl ambivalente als auch grundsätzliche Problemstellungen tendenziell islamgerecht entscheidet (Kopftuch, Moscheenbau, etc.).

Objekteigenschaft und -verhalten sind als konstant positiv vorausgesetzt (der Islam ist tolerant). Dort wo sie vom Positivfilter abweichen (Gewalt), werden sie als »Fundamentalismus« vom Objekt abgetrennt. Dort allerdings, wo dieser hinwiederum die Objektinstallation zu fördern scheint, wird die Trennung aufgehoben (Islamunterricht). Im Dialogsystem der islampositiven Entgrenzung kann und muß nicht nur auf konträre Fakten, sondern auf Fakten überhaupt verzichtet werden.

Das herausragende Kennzeichen des Dialogs ist die obsessive Suche nach den »Gemeinsamkeiten« mit dem Islam, begleitet von dem gebetsmühlenartigen Standardpaar interkultureller »Argumentation«: die monotone Wiederholung der wesentlichen Elemente des proislamischen Wunschbilds und die ebenso monotone Abwehr wunschbildwidriger Fakten. Im Gegensatz zu jedem rationalen, ergebnisoffenen System steht das Ergebnis des Dialogsystems, nämlich die Installation des Islam, fest. Es bedarf lediglich der Randbedingungen, welche die tendenzielle Realisierung dieses Ergebnisses in einem angemessenen, d.h. im öffentlichen »Diskurs« unproblematischen Zeitrahmen erzwingen.

Als Kontrollmodell für die Dominanz dieses Zwangsprozesses haben wir das Theorem der *Irrationalität durch liberalen Fortschritt*, d.h. des Geistschwunds durch zeitbedingte Bewußtseinsverengung vorgeschlagen. Aufgrund fortschrittsbedingter Gegenwarts- und damit auch Vergangenheitsschrumpfung verringert sich die logische Tiefe des korrelativen Denkens, dessen geistige Verflachung sich dem gegenwartslosen Zeitzustand physiologischer Systeme annähert.

Dem Weltbild der Evolution folgend, ist unschwer nachzuvollziehen, daß geistige Prozesse, deren nichtlineare Komplexität abnimmt, in der Konsequenz linearer und automatischer werden müssen, weil sie sich ihrer materiellen Basis annähern, jener Grundlage nämlich, von der vor langer Zeit die dynamischen Konstruktionen der Kulturevolution ihren Ausgang nahmen.

Wer dabei bezweifelt, daß unsere Praxisbeispiele der Finanzmärkte etwas mit anderen geistigen Strukturen wie Religion, Wissenschaft und Wirtschaft sowie deren sozialpolitischen Begleitverläufen zu tun haben könnten, übersieht ihre generelle Verwandtschaft mit psychischen Kollektivprozessen und ihre entsprechende Einbettung in die »Familie« der kapitalistischen Willensbildung als des derzeitigen »Mainstream« in der Entwicklungskette des westlichen Geistes.

Er übersieht allerdings auch, daß alle anderen psychischen Verläufe selbstähnliche Strukturen entfalten und sich mit vergleichbaren Methoden darstellen und untersuchen lassen. Ob Finanzmärkte, Sozial- und Wirtschaftsprozesse oder die Entwicklung der Zugehörigkeit zu religiösen Gemeinschaften – sie alle entwickeln Strukturen, die sich interaktiv beeinflussen sowie teil- bzw. zeitweise erfassen lassen. Markt und Dialog sind insofern grundsätzlich vergleichbar, als ihren Verläufen eine statistische Menge zugrunde liegt. Sie unterscheiden sich allerdings in Kompetenz und Verantwortung. Der Analyst schützt sein System vor Fehlbeurteilung, der Dialogist macht die Fehlbeurteilung zum System.

Entscheidend ist jedoch, daß sie über das Medium des Zeitbewußtseins miteinander in Beziehung treten und strukturell über das Ausmaß ihrer Vergangenheitsbasis vergleichbar werden. Mit der Löschung wesentlicher, transzendentaler Bezüge durch das Konzil erfuhr das katholische System eine entscheidende, schlagartige Verengung der Gegenwartswahrnehmung und damit Verähnlichung mit dem gesellschaftlichen System. Indem in der »Öffnung zur Welt« das Zeitgefühl der Kirche in die fortschrittsbedingte Wissensbeschleunigung einschwenkte, verengte sich der Glaube auf Kriterien einer sich verkürzenden Zeit, die einer wachsenden Zahl von Menschen die Teilnahme am Gottesdienst oder sogar die Zugehörigkeit zur Kirche als unlogisch erscheinen ließ. Auch die nachkonziliaren Änderungen der katholischen Messe bedeuteten einen gezielten Eingriff in die Eucharistie und damit in die Zeitlosigkeit ihres sakralen Inhalts.

Ebenso schlägt sich die fundamentale Zeitschrumpfung der Fortschrittsgesellschaft durchaus vergleichbar in der Behandlung des Generationenvertrages nieder. Durch die Verlagerung der Altersversorgung von langfristigen Sozialversicherungszyklen auf kürzerfristige Börsenzyklen wandelt sich das Vertrauen in den Gemeinsinn zum Vertrauen in einen Gewinnsinn, der vom Arbeitsmarkt und Produktivitätszuwachs der Globalisierung abhängt, kirchlich abgesegnet als Bestandteil der päpstlichen Wirtschaftstheologie. Nichts könnte diese massive Entsorgung der Vergangenheit zudem besser dokumentieren als die enorme Entwicklung der Staatsverschuldung, in der sich nicht nur der Abbau der Verantwortung, sondern auch der Abbau der Basis kommender Generationen insgesamt abbildet.

Zwar gehört der Finanzmarkt unzweifelhaft zu den Produkten abendländischen Geistes, doch geht es keineswegs darum, ihn in irgendeine direkte Beziehung zum Dialog zu bringen. Es geht vielmehr darum, ihn als probaten Beispielfall zunächst über das gemeinsame Maß des Bewußtseins für Vergangenheit auf eine Vergleichsbasis zu stellen, um dann anhand der rationalen Methode im Speziellen (Analyse) das Irrationale im Generellen (Dialog) aufzuzeigen, welches sich in der unabweisbaren Unfähigkeit zur kontrollierten Verknüpfung von historischen Fakten mit der laufenden Realität und ihrer Bedeutung für die Zukunft dokumentiert.

Wir wissen, daß die Kompetenz des fortschrittlichen Gesamtwissens im Maße des Anstiegs des Einzelwissens abnimmt. Dieser Ablauf verengt das Zeitgefühl, die Denktiefe und Handlungsautonomie, beschneidet das Vertrauen in den eigenen Urteilshorizont und weitet es zum Fremden aus. Die Diskrepanz aus dem Aufbau des speziellen Einzelwissens und dem Abbau des generellen Gesamtwissens ergibt sich aus dem erkenntnisbedingten Strukturverlust der naturwissenschaftlichen Vorgehensweise. Indem diese vom Teil auf das Ganze schließt, gehen übergreifende Kenntnisse über Zeitstrukturen zwischen den Bereichen über das, »was die Welt im Innersten zusammenhält«, verloren. Mit dem Abbau dieser inneren Komplexität gehen die Zeitschrumpfung des Fortschritts, die Entflechtung des Denkens und der Verlust der Urteilsweite einher.

Die zunehmende Auflösung dieses Zusammenhalts, die wir geistesgeschichtlich wiederholt als die »liberale Erosion« des Glaubens und Wissens hervorgehoben haben, wird exemplarisch in der Verantwortungsdiskrepanz zwischen dem Finanzmarktteilnehmer als Spezialist und dem Dialogteilnehmer als politisch-religiösem Generalist deutlich. In seinem Bereich hoher Urteilsreichweite ermittelt und kontrolliert der Spezialist seine

Ergebnisse unter Einsatz hochrationalen, korrelativen Denkens und verantwortet sie unter einem persönlichem Risiko, das bis zum Verlust des Arbeitsplatzes reichen kann.

Der Generalist des Dialogs arbeitet unter Einsatz völlig entgegengesetzter Kriterien. Seinem Bereich allgemeingesellschaftlicher Fragen mit geringer Urteilsreichweite ist die ergebnisorientierte Vorgehensweise nicht nur fremd, sondern geradezu schädlich. Da diesem Bereich die dominanten Randkonditionen der Entgrenzung und Fremdorientierung vorgegeben sind, wird der Dialogist umso erfolgreicher tätig sein, je unbeirrter er die Gemeinsamkeit mit dem Islam, in welcher Hinsicht auch immer, ansteuert. Die Absicherung der Gesellschaft gegen Verluste ist für den Dialogisten irrelevant; er ist weder kompetent für die Aufgabe, noch trägt er die Verantwortung für irgendwelche Folgen; rationaler Kritik an seinem Wirken begegnet er mit der irrationalen Wiederholung eines Katechismus, der ihn jeder realen Nachprüfbarkeit entzieht.

Da das Ziel vorgegeben ist, kann weder die Frage nach logischer Begründbarkeit noch nach gesellschaftlicher Verantwortbarkeit des interkulturellen Dialogs gestellt werden. Die Verknüpfung aus doktrinärer Gewissensüberzeugung und konkreter Machtausstattung formt die Dialoggruppen in Kirche, Politik und interkultureller »Wissenschaft« zu einer schlagkräftigen Elite der gesellschaftlichen Transformation. Dabei kann nach unseren Ergebnissen als wahrscheinlich gelten, daß diesem Verhalten eine spezifische Denkverflachung bzw. ein systemhafter Geistverfall als Folge eines abnehmenden, westlichen Zeitbewußtseins zugrunde liegt.

Angetrieben von den übergeordneten Machtinteressen amerikanischer und europäischer Provenienz und den Forderungen globaler Wirtschaftszwänge wird diese Avantgarde der postmodernen Massenideologie allerdings zu einem Propagandakader höherer Ordnung heranreifen müssen, wenn das Skepsispotential aus Kirchenaustritten, Nichtwählerschaft, intellektueller Szene und – in geringerem Umfang – Spaßgesellschaft von der Notwendigkeit weiterer Zuwanderung und Islamisierung nachhaltig überzeugt werden soll.

Da die Strukturen der Dialogelite eine schwache Verantwortungs- und Urteilsreichweite bei zugleich weiter wachsenden Weisungsbefugnissen begünstigen, lassen sie eher die Neigung zu *totalitären Tendenzen* in der Tradition des Liberalismus erwarten als Impulse zu emanzipierter, innergesellschaftlicher Diskussion. In Deutschland könnte hier eine ungute Tendenz aufgegriffen werden, die mit der Installation Hitlers und der Vertreibung nicht nur der jüdischen Intelligenz das Ende aller Bildung und Kultur einleitete. Zumindest die der Islaminstallation innewohnende, latent antisemitische Tendenz wird sich ungehindert entfalten können, solange diese Frage in der öffentlichen Diskussion unterdrückt wird.

Je weiter der interkulturelle Dialog seinerseits die Desorientierung der Bevölkerung zugunsten einer unkritischen Islamförderung vorantreibt und die Befolgung seines Gebotskatechismus durch seine Vertreter mit Machtzuwachs belohnt, desto näher rückt eine Situation der *rationalen Interessenkrise.* Die Sachkompetenz und Verantwortungsnähe in den Einzelbereichen von Wirtschaft und Gesellschaft bilden zur Inkompetenz und Verantwortungsferne der Dialogelite ein neuartiges, nicht minder wachsendes

Spannungspotential, das sich umso kritischer aufladen wird, je weiter Islamdialog und Islamrealität auseinanderdriften. Nur durch Kataloge der Denk- und Verhaltenseinübung von ausreichender Deutlichkeit wird dieses Potential zu entschärfen sein, wenn es die Kontrollen der Bewußtseinsverengung und Medienbeeinflussung nicht durchbrechen soll.

2. Der Fortschritt der Entmündigung

Wir stehen somit vor einer systemhaften Diskrepanz. Einerseits muß sich die individuelle Kompetenz des Einzelnen im Existenzkampf der modernen Industriegesellschaft ständig steigern und verbessern, um der Selbstrationalisierung der Arbeitsmaxime zu entgehen; andererseits sind die Dialogeliten in Politik, Kirche und interkultureller Wissenschaft zu kollektiver Inkompetenz gezwungen, da ihre fremdorientierte Machtlegitimation korreliertes, faktenorientiertes Denken und damit die sachliche Kompetenz ausschließt. Es ist dabei unerheblich, ob ihre Gedankenstarre genuin vorliegt oder aus Gründen des Opportunismus simuliert wird – das dialogische Paradigma der Entgrenzung zu den anderen Religionen und Kulturen ermächtigt die Mittelmäßigkeit und vermittelt Macht.

Mit der Kluft zwischen individueller Einzelkompetenz und kollektiver Inkompetenz der Eliten öffnet sich ebenso eine Schere der Verantwortung, die der Einzelne umso mehr individuell übernehmen muß, je weiter sich die Eliten von ihrer Verantwortung durch undifferenzierte Entwicklung der Zuwanderung, Steuerlasten und Sozialsysteme entfernen. Diese *kritische Kluft* mündet in eine Glaubwürdigkeits- bzw. Vertrauenskrise von fundamentaler gesellschaftlicher Bedeutung.

Die Eliten treffen im Zusammenhang mit Fragen der Migration und Glaubensmutation also Entscheidungen von großer historischer Reichweite, für die ihnen mehrheitlich die Voraussetzungen fehlen. Zwischen ihrer Art undemokratischer bzw. unchristlicher Machtpraxis und denjenigen Gesellschaftsteilen – Ausländer inbegriffen – die weder vom generellen Geistschwund noch von der interkulturellen Indoktrination erfaßt werden können, öffnet sich eine tiefgehende Spaltung des *gesellschaftlichen Interesses.* Da das gesamte Gesellschaftssystem von dieser Diskrepanz betroffen ist, bedarf es umfassender Machtsicherungssysteme, deren erste, konkrete Stufe in Deutschland sich mit dem bekannten Begriffsarsenal aus der Welt des »Rechtsradikalismus« und der »Ausländerfeindlichkeit« eingedeckt hat.

Derjenige, der unter dem Eindruck steht, unsere Untersuchung ziele auf eine Diffamierung der Eliten ab, sei noch einmal darauf hingewiesen, daß sie nicht nur einen integralen, sondern den führenden Bestandteil eines hier ausführlich entwickelten, historischen Verfallsprozesses der westlichen Fortschrittsgesellschaft darstellen. Wie anhand des Phänomens der Zeitverengung erkennbar wird, ist es das westliche Weltbild des wirtschaftlich-wissenschaftlichen Fortschritts, dessen unabweisbares Resultat der

Abbau des Geistes ist. Die »geistige« oder auch ideologische Führerschaft in diesem Ablauf besitzt ihrerseits selbstverstärkenden Charakter, da ihre destruktive Wirkung durch Macht- und Profitzuwachs bestätigt wird und sich auf eine Bevölkerung der tendenziellen Denkverarmung stützen kann.

Auch dieser letztere Begriff hat dabei nichts mit Diffamierung oder Herabsetzung zu tun. Der Abbau korrelierten Denkens ist die machtvolle Folge der westlich-liberalistischen Erosion, deren Fortschritt ein intaktes Zeitbewußtsein und damit den *nomos*, den übergeordneten Gesellschaftssinn, zum Verschwinden bringt. Wir hatten bereits die Aspekte des »Politainment« bzw. »Spiritainment« angesprochen, in denen sich die Eliten als Darsteller und die Bevölkerung als Publikum in einer endlosen Show zur Vernebelung der Inkompetenz verbinden, wenngleich sich, wie an gleicher Stelle erwähnt, in der wachsenden Zahl kritischer Nichtwähler die geringe Überzeugungskraft dieser Art von »Demokratie« auszudrücken scheint (s. o. S. 379f.).

Dabei ist ein weiterer, wesentlicher Gesichtspunkt anzufügen, der die Bereitschaft zur generellen Entmündigung als Folge systembedingten, geistigen Abbaus unterstützt. Es ist dies die Verunsicherung des Seins, die sich aus der laufenden Selbstverstärkung des Erkenntnisschwunds und des daraus folgenden Abbaus des Weltverständnisses insgesamt ergibt. Wir sprechen erneut über die liberale Erosionskette von Glaube über Vernunft und Wissenschaft, allerdings mit der Verbindung zur Arbeit als verabsolutiertem Lebenssinn, wie Marx ihn sah:

> »Das Theorem vom Zivilisationsprozeß als einem Prozeß humaner Selbstermächtigung kraft schließlich vollendeter Transformation von Lebensvoraussetzungen in Arbeitsprodukte ist ontologisch ernstgemeint. Nichts belegt das deutlicher als die Marxsche Prognose, in der Konsequenz vollendeter zivilisatorischer Selbstermächtigung werde schließlich auch jegliche Religion, als kulturelle Form der Beziehung des Menschen auf seine indisponiblen Lebensvoraussetzungen, ihrer Gegenstandslosigkeit wegen absterben«.[443]

Zum einen kommt hier eine seherische Komponente der Marxschen Theorie zum Ausdruck. Unsere Untersuchung konnte bestätigen, daß der Einfluß der Religion in dem Maße abnahm, in dem die Bedeutung der Arbeit wuchs, daß sie sogar – zumindest aus kirchlicher Sicht – sich inzwischen der Arbeit eher unterzuordnen hat, indem der Papst sowohl der Arbeit als auch Globalisierung den Status des Quasi-Absoluten zuwies (s. o. S. 355). Zum anderen erzeugte der systemhafte Wissensverlust im gesellschaftlichen Gesamtzusammenhang neben dem Geistabbau ein umfassendes Sicherheitsbedürfnis, das sich in einer immer aufwendigeren und damit immer weniger finanzierbaren Sozialversorgung niederschlug.[444]

Der Einzelne ist daher zu sehr weitreichenden, individuellen Beiträgen bereit. Er interpretiert nicht nur ein repressives Abgaben- und Steuersystem als nicht hinterfragbare Gegebenheit, sondern sieht auch die Eliten als entsprechend fundamentale Vertrauensträger. Diese können im Spektrum des postmodernen Weltbilds Rollen als besonders qualifizierte Entertainer bis hin – im Rahmen des Religionsverlustes – zu einer Art Priesterschaft des interkulturellen Heilsfortschritts übernehmen.

Zwischen diesen Polen bleibt eine hohe Zahl möglicher Varianten der liberalen, d.h. statistischen Austauschbarkeit, die der Besetzung durch alerte Darsteller offenstehen. Eine Tendenz zur Vermischung von quasi-politischen Bischöfen und quasi-religiösen Politikern beginnt sich hier bereits seit längerem abzuzeichnen, wobei sie indes alle unter dem Metadogma der interkulturellen Entgrenzung stehen.

Wir sahen, daß mit dem Wissenszuwachs des Einzelnen über sein jeweiliges Gebiet zugleich sein Wissen über die Nachbarbereiche und damit den Zusammenhang schwand. Gleichzeitig nahm einerseits gegenüber diesem Defizit sein Sicherheitsbedürfnis zu, was nicht nur der Risikovielfalt der Versicherungswirtschaft, sondern auch seinem diffusen Vertrauen in die gesellschaftlichen Eliten zugute kam.

Andererseits wuchsen allerdings auch seine gesellschaftliche Isolierung und Skepsis gegen sich selbst. Insbesondere Ereignisse, die sich innerhalb seines personalen Bereichs und seiner Handlungskompetenz vollziehen, wie beispielsweise der Verlust des Arbeitsplatzes, bringt der Einzelne in abnehmendem Umfang mit dem übergreifenden Kontext, z.B. mit gesellschaftlichen Fehlentwicklungen, in Zusammenhang, sondern schreibt sie zunehmend dem Versagen seiner individuellen Kompetenz zu, seine Lebenswelt als eigenes Produkt nicht ausreichend bewältigt zu haben.

Diese Haltung mündet in die ausführlich dargestellte Tendenz des historischen Liberalismus, im Rahmen des laufenden Erosionsprozesses Strukturen aufzulösen und dabei »Überflüssiges« zu erzeugen, d.h. Menschen und Traditionen zu entsorgen, die im weiteren Fortgang der Rationalisierung und Entgrenzung unbrauchbar werden, durch ihr Verschwinden allerdings die Dynamik der Bewußtseinsverengung und Denkverflachung eher weiter begünstigen und verstärken.

Abgesehen davon, daß sich hier erneut Parallelen zum physikalischen Geschehen zeigen, in dem der Abbau von struktureller *Information* zur statistischen Ordnungslosigkeit der *Entropie* führt, bedingt der übergeordnete, kollektive Zwang zum Selbstbezug offenbar einen individuellen Zwang zur Selbstnegierung. Die eigene Existenz scheint in diesem System unablässig gerechtfertigt werden zu müssen:

> »Im allumfassenden Extrem würde die fortschreitende Transformation von Lebensvoraussetzungen in unsere eigenen Hervorbringungen bedeuten, daß schließlich sogar der Unterschied, den es macht, ob wir überhaupt sind oder nicht vielmehr nicht sind, als ein moralisch, ja rechtlich verantwortungsbedürftiger Bestand angesehen und behandelt wird. Dieser Gedanke ist alles andere als fiktiv«.[445]

Unschwer ersichtlich ist der hier von dem bekannten Zivilisationsforscher H. Lübbe nachdrücklich vorgetragene Gedanke von erheblicher Tragweite. Er besagt zunächst, daß sich das *Kritikobjekt* des Einzelnen von der Gesellschaft und ihren Eliten auf sich selbst verlagert. Das bedeutet, daß seine Einsichtsmöglichkeit in die Inkompetenz und Verantwortungsferne der Eliten sinkt sowie seine Manipulierbarkeit für gesellschaftliche Großprojekte wie die »Dialoge« im interreligiösen und multikulturellen Bereich entsprechend steigt. Es bedeutet auch, daß die oben gezeigte *Kompetenzkluft* von einer tendenziell abnehmenden Kritikfähigkeit, abhängig vom jeweiligen Ausmaß praktischer Rationalität, »profitieren« wird.

Wie wir wissen, hat die wissenschaftlich-technisch orientierte Industriegesellschaft das eindeutige Problem eines Realitätsverlusts aus Zeitverengung, doch erzeugen hohe Pluralität und Interessendynamik in einem breitgefächerten Spektrum zwischen moralischer Irrationalität und pragmatischer Rationalität ein Kraftfeld des *Interessenausgleichs.* Es wird im Interesse der Eliten liegen, dieses Spektrum einer wohldosierten, interkulturellen Transformation zu unterziehen, statt den Vertrauensvorschuß aus individueller Kritikschwäche durch ungeduldige Migrationsschübe zu überlasten.

Wenngleich es sich hierbei – in einem vorwiegend irrationalen Umfeld – um eine schwierige Aufgabe zu handeln scheint, können die Akteure auf die Planungskompetenz der subliminalen Liberalstrategie zurückgreifen, wie sie globalen Gremien wie der Trilateralen Kommission oder regionalen Exekutivgremien wie den Bilderbergern seit geraumer Zeit zur Verfügung steht. Das Denkverbot der »Verschwörungstheorie« schuf hier einen komfortablen Gestaltungsraum, in dem sich fundamentale Prozesse des gesellschaftlichen Umbaus wie die Entwicklung der EU oder globale Impulse wie Golf- und Kosovokriege sowie ihre Folgen bislang weitgehend ungestört vollziehen konnten.

Lübbes Konsequenz des tendenziellen Selbstverzichts geht natürlich über die praktisch-strategische Dimension unserer »kritischen Kluft« im Rahmen der gesellschaftlichen Kompetenz, Verantwortung und Loyalität weit hinaus. Sie betrifft unmittelbar die Dimension der moralisch-juristischen Lebensberechtigung und damit die selektive Entscheidung über und Verwaltung von Leben.

Damit ist zunächst für einen mittleren, d.h. konkret realisierbaren Bereich statistischer Wahrscheinlichkeit der kollektive Wille zu einer konsequenten Selbstreduzierung in Gestalt von Abtreibung, Sterbehilfe und Förderung nichtreproduktiver Lebensformen abgesteckt. Die automatenhafte Bewußtseinsenge des Dialogs als Ideologie der interreligiösen Entgrenzung und des Menschenaustauschs durch Migration erhält in diesem Rahmen eine deutlich biologische Komponente – mit Rücksicht auf den fortschrittsbedingten Geistabbau eine eher logische Erscheinung.

Nach dem Willen des Dialogs in Kirche und Politik beinhaltet das massenideologische Ziel einer undefinierten, weil als »gut« erkannten Migration einen weiteren offenen Zuzug der Muslime im Stile der letzten zwei Jahrzehnte (100% Plus). Diese Expansion soll durch einen planvollen Ausbau der traditionellen Strukturen des Islam in eigener Regie qualifiziert sein, die auch und vor allem den Islamunterricht durch radikalislamische Kräfte vorsieht, eine islamgerechte Mutation des Rechts anstrebt und damit eine gesellschaftliche Spaltung begünstigt.

Die systemisch angelegte Schwächung korrelativen Denkens und sozialer Verantwortung sowie die Belohnung tendenzieller Islamförderung durch Einrichtungen der Kirche, des Staats, der Parteien und der Wirtschaft installieren den Dialog in seinem Kern als islamähnliche Institution mit dynamischen Wachstumschancen im Kontext der weiteren Globalisierung. Die Bestätigung der Dialogautomatik durch übergeordnete Interessen verstärkt ihre Neigung zu ideologischer Starre. Dabei kann der Zwang zum Selbstverzicht mit Perspektive zur Menschenselektion nach Alter und »moralischer Qualität« langfristig eine totalitäre Variante begünstigen.

3. Der islamische »Kontrastfaktor«

Der guten Ordnung halber ist immer wieder darauf hinzuweisen, daß wir uns im Bereich dynamischer Gesellschaftsspektren mit statistischen Eigenschaften bewegen. Wenn vom Dialog als Phänomen geringer Denktiefe und automatenhaft anmutender Aktionsmuster die Rede ist, dann sollte daran erinnert werden, daß es sich grundsätzlich um seinen *statistischen Kern* handelt, der von Randzonen sowohl rationaler Argumentation als auch eher irrationalen »Denkens« umschlossen wird.

Dies schlägt sich im ersteren Falle in einer mal mehr mal weniger merklichen Skepsis bei Dialogteilnehmern nieder, die ihrem Metier zuweilen – nicht ohne Bedrohung durch die übliche, politisch korrekte »Ausgrenzung« – zu rationaleren Kriterien der Islambewertung verhelfen wollen und sich zum Teil bereits enttäuscht abgewandt haben. Es äußert sich im zweiten Fall allerdings auch in der starken Riege einer Art »Betondialogs«, zu der die Protagonisten des »Chrislam« und vor allem der Papst selbst mit seiner von uns hier vorgestellten, pilotartigen Fortschrittstheologie zählen. An der vorhersagbaren Stabilität des Kerns dialogischer Denkverflachung ändern diese Ränder indes nichts.

Insgesamt hat der Islam in Europa mit dem interkulturellen Dialog eine Phalanx im Rücken, die mit der konzentrierten Macht des globalen Wirtschaftsinteresses und fortschrittsbedingten Geistverfalls das Projekt der gesellschaftlichen Transformation vorantreibt. Was die ideologische Stringenz betrifft, kann die deutsche Version dieses Dialogs durchaus an frühere Traditionen anknüpfen und in Kirche, Politik und Wissenschaft mit einem hochmotivierten Personalbestand antreten.

Hinsichtlich Islamisierung des kirchlichen Lebens, der Kontakte mit dem Radikalislam im politischen Bereich sowie der islamorientierten Öffnung institutioneller Aspekte wie der Interpretation des Rechts, der Verfassung und der Menschenrechte aus Sicht der relevanten »Wissenschaften« beginnt sich das deutsche Förderungsverhalten den Vorstellungen der Islamorganisationen anzunähern. Insbesondere seit ein skeptischer Verfassungsschutzpräsident aus seinem Amte schied, der den Islam bzw. seine Radikalformen als nicht kompatibel mit der »demokratischen Grundordnung« angesehen hatte,[446] wurde der Weg frei für eine »ideologiefreie« Einschätzung dieses neuen Partners.

Dank ihrer Vereinheitlichung durch die koranisch-schariatischen Bindungen bilden auch die Muslime in Deutschland einen statistischen Kern. Die Ränder werden hier einerseits von den radikalislamischen Kräften, allen voran Milli Görüsh, und andererseits kurdisch-alevitischen Gruppierungen bzw. den laizistischen und anderweitig verwestlichten Teilen der türkischen Kulturkolonie gebildet. Natürlich kann es keine wirklich zuverlässigen Zahlen geben, doch lassen sich Angaben aus der Literatur und einschlägigen türkischen Kreisen zu der vorsichtigen Schätzung von 50%, d.h. ca. 1,2 Millionen türkischen Muslimen zusammenfassen, die dem eher konservativen, korantreuen Islam zuzurechnen sind. Hierzu treten weitere 0,4 Mio., etwa ein Drittel der nichttürkischen Muslime.

Während über letztere keine weiteren Aussagen gemacht werden können, gibt es Schätzungen über denjenigen türkischen Anteil, der im Konfliktfall für den Islam aggressiv aktivierbar ist. Aufbauend auf der erwähnten Heitmeyer-Studie rechnen türkische Experten der Milli-Görüsh-Szene mit ca. 0,5 Mio faktisch gewaltbereiten Türken, vornehmlich der jüngeren Generation.[446a] In diese Zahl wird bereits ein perspektivisch erwarteter Anstieg einbezogen, der sich aus der aktuell zunehmenden Ghetto-Frustration ergibt – Folge der phantasielosen Einwanderungspolitik deutscher Prägung. Im Konfliktfall kann eine solche Frustrationslage eine erhebliche Sogwirkung auch auf die Friedfertigen ausüben, abgesehen von der Solidaritätsforderung, die die Gemeinschaft an jeden einzelnen Muslim richtet.

Ein nicht bezifferbares, nicht minder konkretes Radikalisierungspotential ist der von uns so genannte *Kontrastfaktor*. Hierbei handelt es sich um die historisch gewachsene Reaktion des Islam auf die Zumutungen der philosophischen Rationalität bis Ende des 12. Jahrhunderts bzw. ihrer Produkte in Gestalt der westlichen Zivilisation und Kolonisation im 19. und 20. Jahrhundert. Unsere Betrachtung der islamischen Moderne hatte ihre eindeutig reaktionäre Verhaltensweise auf die westliche Zivilisation ergeben, die eine machtvolle, weltweite Renaissance der orthodox-schariatischen Wurzeln verursacht hat. Diese Wiederbelebung, die allgemein – nach unserer Auffassung irreführend – Fundamentalismus genannt wird und die der bekannte Politologe S. Huntington – seinerseits Berater der Trilateralen Kommission – eher zutreffend als »Islamisierung der Moderne« bezeichnet hat,[447] wird im Diaspora-Islam eine besondere Intensivierung erfahren.

Der Faktor islamisch-westlicher Kontrastwirkung könnte im Falle der türkischen Kulturkolonie besonders negativ zu Buche schlagen. Im islamischen Weltvergleich (ca. 25%) repräsentiert hier die Altersgruppe bis zu 25 Jahren mit weit über 40% einen unverhältnismäßig hohen Anteil, eine in der Betrachtung des latenten Gewaltpotentials sehr zu beachtende Qualität. Wie Huntington nämlich ausführt, gibt es einen Zusammenhang zwischen Jugendanteil und Revolutionsbereitschaft, der sich als mitauslösender Faktor in den Gewaltbewegungen der Moderne von der Französischen Revolution bis zum Nationalsozialismus nachweisen läßt.[448] Zwar läßt sich der moderne Kollektivismus keinesfalls mit dem islamischen gleichsetzen, doch hieße es die Latenz islamischer Gewaltpotentiale unzulässig zu unterschätzen, wollte man ihnen für die weitere Entwicklung der *umma* in Europa und der türkischen Kulturkolonie in Deutschland überhaupt keine Relevanz im Sinne einer möglichen, revolutionsartigen Sozialbewegung zumessen.

Nach unserer Analyse bewegen sich zwei komplementäre Systeme aufeinander zu, deren übergeordnete Randbedingungen langfristig die Dominanz des Islam begünstigen. Das Gesetz Allahs, idealisiert durch das prophetische Medina-Modell, bedeutet das Fortbestehen eines transzendenten Zeitbezugs und sichert das *Bestandsprinzip* der islamischen Gesellschaft. Das Christentum ersetzte sein göttliches Gesetz, verkörpert durch die Erlösungstat des Jesus Christus, durch das Gesetz der menschlichen Vernunft, welches das *Verfallsprinzip* der westlichen Fortschrittsgesellschaft erzeugte.

Enormer Wohlstand und Komfort wurden erkauft durch einen proportionalen Verfall konstruktiven, gesamtheitlichen Denkens und Zeitbewußtseins, der eine rastlose Tendenz zur Abkehr vom Eigenen und Hinwendung zum Fremden bewirkte. Durch Trennung vom zweitausendjährigen Glaubenswissen erfuhr die Kirche seit dem Konzil einen entscheidenden Bewußtseinsschnitt, der sie in den materiellen Gesellschaftsprozeß eingliederte, anderen Religionen öffnete und den Spitzenklerus mit dem vatikanischen Weltkonzern zu einem »Global Player« avancieren ließ, der sowohl Interessenvertreter als auch Vorteilsnehmer der globalen Kapitalströme und Migrationspolitik ist. Mit anderen Worten: Die neukatholische Zivilreligion trägt nicht nur einen weltethischen Glaubensrahmen für eine neue Menschheitsordnung bei, sondern schafft einen kompatiblen Aktionsrahmen für die eigenen, globalen Wirtschafts- und Finanzinteressen, in denen die päpstlichen Orden und das *Opus Dei* eine z.T. richtungweisende Rolle spielen.

In der Betrachtung der islamischen Grundlagen haben wir festgestellt, daß ihnen eine überaus wichtige Eigenschaft gemeinsam ist: Ihre Authentizität ist über einen Zeitraum von 150 bis 200 Jahren gewachsen und ihnen dann retroaktiv als ewig (Koran) bzw. von Beginn an (*hadith*) existent verliehen worden. Das dabei entstandene Zeitvakuum enthob den Islam der Historizität und rückte seine Botschaft auf die Informationsebene der bildhaften Komposition, in der sich »Werk und Betrachter in einem ›ewigen Jetzt‹ begegnen«.[449] Jede Wirklichkeit wird überbrückt und bewältigt durch den Rückbezug auf das Gottesgesetz und das Anfangsmodell von Medina, die alles Denken und Handeln der immer wieder gleichen Strukturnorm unterwerfen.

Das hervorstechende Kennzeichen dieser Norm, die sich in selbstähnlichen Variationen im Staatswesen und Ritenvollzug, aber auch in Literatur und Kunst ausdrückt, ist die strukturelle Wiederholung. Die genaue Beachtung dieser Wiederholungsmuster vermittelt Macht, weil sie aufgrund ihrer Ganzheitlichkeit in der Regel auch unmittelbar mit der Wahrung gesellschaftlich-politischer Interessen verbunden ist. Solcherart normierende Muster, die in der Systemtheorie *Fraktale* genannt werden, liegen der Strukturbildung in der gesamten Natur zugrunde und folgen wiederum bestimmten Bildungsgesetzen, die sich in den sogenannten *Attraktoren* ausdrücken und das Systemwachstum steuern. Ein beliebtes Beispiel ist das Verfeinerungsprinzip, das die selbstähnlichen Verzweigungen und Verästelungen von Bäumen bewirkt.

Der Attraktor der islamischen Strukturbildung ist das Gottesgesetz, dem sich auf Dauer nichts entziehen kann, wenn es bzw. weil es überleben will. Das Prinzip dieses Gesetzes liegt in der Transzendenz Allahs, welche die Gemeinschaft auf die Zeitlosigkeit alles »Islamischen« festlegt und das Individuum weitgehend ausschaltet. Somit entsteht nichts wirklich Neues, weil das Prinzip individuelle, womöglich »unislamische« Einflüsse abwehrt. Alle Wirklichkeit wird mit dem Gesetz und der jeweiligen, vorangehenden Strukturfolge abgeglichen, ihrerseits entstanden unter dem Attraktor des ›ewigen Jetzt‹.

Da die islamische Strukturnorm der unverfügbaren Transzendenz und Zeit auf allen Systemebenen wiederkehrt, unterliegt ihr die identitätsbildende Grenzziehung im allgemeinen und die Gestaltung des menschlichen Verstandes im besonderen. In diesem Rahmen konnte z.B. Mathematik betrieben werden, weil sie keine oder nur geringe Relevanz für den Glauben hatte – ein Grund für sowohl den enormen Wissenstransfer von der klassisch-islamischen Mathematik nach Europa als auch den hohen Anteil von Ingenieuren unter den modernen »Fundamentalisten«. Die Philosophie mußte dagegen »ausgegrenzt« werden, weil sie die Autonomie der Vernunft begünstigte und damit den Glauben direkt in Frage stellte.

Dabei ist die Grenzziehung zwischen dem Islam und dem Nichtislam die erste und »natürliche« Auswirkung der islamischen Strukturnorm, weil sie das Bildungsprinzip und die Existenzgrundlage des Systems insgesamt bildet. Somit ist Islam im wesentlichen identisch mit der ewigen Gegenwart Allahs, die im Gottesgesetz verfaßt und im Medina-Modell verkörpert ist sowie in der *umma* die Fortsetzung ihrer lebendigen, die Frau ausgrenzenden Tradition findet.

Da das islamische Bildungsgesetz keine Alternative zuläßt – auch ein Baum kann nur die Form hervorbringen, unter der die Evolution ihn zugelassen hat – können weder individuelle, menschliche Denkwege, noch andere Denksysteme diese mit der Ewigkeit verknüpfte Gegenwart beeinflussen. Was daher gewiß nicht zur kollektiven Logik eines solchen Systems gehören kann, ist Toleranz. Wenn sie individuell geübt wird, fällt sie früher oder später der Kontrolle des Systems anheim. Der Geist des Islam liegt in erster Linie in der Grenzziehung durch das Gottesgesetz und ist in diesem Sinne als tendenziell intolerant vorhersagbar.

Es ist unschwer erkennbar, welcher Kontrast sich zum westlichen Fortschrittsdenken ergibt. Die Abkehr vom transzendenten Bezug bedingt hier eine gänzlich gegenteilige Entwicklung. Die Fixierung auf die Entwicklung des Wissens verstärkt die Zeitlichkeit, die eine Verengung der Gegenwart und damit den Abbau übergreifenden Denkens, gesellschaftlicher Verantwortung und der Eigenkultur insgesamt erzwingt. Der Attraktor des westlichen Geistes ist die Entgrenzung, die zwanghafte Erosion aller Struktur inkl. des Denkens, die als Toleranz mißverstanden wird. Sie bildet das Pendant zur islamischen Grenzziehung und ist ebenso sicher vorhersagbar.

S. Huntington stellte die Frage, wer in der modernen Begegnung des Islam mit dem Westen wen beherrschen würde, und welche Wahrheit dieser Herrschaft zugrunde liegen würde.[450] Die Antwort liegt in der Komplementarität zweier Systeme, deren Bildungsprinzipien in der Grenzziehung (Islam) bzw. Entgrenzung (Westen) bestehen. Dabei kommt hinzu, daß der Westen die Anwendung von Gewalt an Christen auf islamischem Gebiet negiert, und andererseits auf eigenem Gebiet alle Kräfte aufbietet, unter Abbau der eigenen, religiösen Bezüge die Installation des Islam zu fördern.

Es ist evident, daß – gleiche Verhältnisse vorausgesetzt – diese »Begegnung« eine graduelle Auflösung des westlichen Systems begünstigt, wenn seine rationalen Elemente, auf die wir noch eingehen werden, nicht zur Geltung kommen. Die in einer solchen Entwicklung wirkende Wahrheit liegt im Verlust der Transzendenz, dessen Folgen der geistigen Rückentwicklung gravierender kaum sein könnten. Der Islam findet dagegen seine Identität im vernunftlosen Glauben, der schon immer im ›ewigen Jetzt‹ geruht und das Individuum ausgegrenzt hat.

Im Gegensatz dazu hat sich nun eine im Christentum ausdrücklich zugelassene Vernunft vom Glauben gelöst und sich über ihren eigenen Existenzgrund, die Offenbarung, säkular hinweggesetzt. Das Individuum war zwar zum obersten Maßstab erhoben, schien jedoch den Preis der Identität zahlen zu müssen, weil er ihn auf ein Jetzt festzulegen begann, das sich auf immer kürzere Momente verengte. Dabei ist festzuhalten, daß die säkulare Verselbständigung des Menschen im kirchenfernen Klerus einen historischen Mitauslöser hatte, bevor sie in der Gegenwart durch die nachkonziliar in Gang gesetzte Zivilreligion verstärkt wurde.

Als Ergebnis können wir einen westlichen Geist beobachten, der sich sowohl religiös als auch politisch immer rascher von seinen Grundlagen gelöst und in einen Prozeß von ausgeprägter Desorientierung und Irrationalität begeben hat. Dieses Verfallsprinzip stellt sich als so grundsätzlich und inzwischen so ausgeprägt dar, daß sich der Verdacht aufdrängt, mit dem Gottesverlust nicht nur die Fähigkeit zu Rationalität, sondern zu menschenwürdiger Existenz insgesamt zu verlieren.

Für die Vertreter des Islam öffnet sich hier nach langer Inaktivität eine Chance historischer Dimension. Zum einen beginnt sich die vom Propheten monierte »Schriftverfälschung« zu erledigen; zum anderen kann er die islamfördernden Effekte des »Dialogs« abwarten, ohne mit den aus seiner Sicht nach wie vor theologisch fragwürdigen, weil relativistischen Dialogdienern in näheren Kontakt treten zu müssen. Auf politischer Ebene gelten ohnehin andere Regeln, die unter Einsatz der *taqiya* den islamischen Gesprächspartnern hochelastische, vom westlichen Dialog kaum verstandene Gestaltungsräume ermöglicht.

Nach allem, was bis hierher erkennbar wurde, wird die Auflösung der sakralen Tradition im profanen Fortschritt unausweichlich fortfahren, die Prozesse der Zeitverkürzung und Denkverflachung zu verstärken. Damit ist das gesamte westliche Geistgefüge tendenziell einem sich laufend verfestigenden Trend zu mechanisierten Denk- und Aktionsmustern ausgesetzt. So wie sich im materiell-gesellschaftlichen Bereich eine klare Biologisierung durch die Zunahme der – nichtreproduktiven – Sexualität und eine Abnahme des Todesbewußtseins abzuzeichnen beginnt, bildet sich im geistig-kulturellen Bereich die Tendenz zu stereotypen Automatismen gedanklicher und ideologischer Erstarrung heraus.

Unverkennbarer Schwerpunkt dieser Entwicklung ist die zwanghafte Gemeinsamkeitssuche mit den anderen Religionen und Kulturen, die sich mit der ebenso zwanghaften Auflösung und ideologischer Bekämpfung eigener Strukturen in Christentum, Demokratie und Wissenschaft verknüpft. Wie wir ausführlich hergeleitet haben, findet diese Neigung zur geistig-interkulturellen Mechanisierung ihren deutlichsten Ausdruck im kirchlich-politischen Dialog mit dem Islam.

Je weiter moderner Fortschritt und Bewußtseinsschwund voranschreiten, desto konsequenter verfolgen die gesellschaftlichen Eliten die massenideologische Transformation, als deren Hauptstrang sich eine historische Expansion des Islam in Europa mit Schwerpunkt in Deutschland entfaltet. Im Rahmen eines Belohnungssystems aus gesellschaftlichen Machtfunktionen und wirtschaftlichen Zuwendungen formiert sich ein Komplex aus Klerus, Politik und Wissenschaft, der in der Islamisierung des Christentums und demokratischer Institutionen sowie der kulturgerechten Installation islamischer Kolonien das Ziel seiner gemeinsamen Wirtschaftsinteressen und Heilsmission erkennt. In dem Maße indes, in dem dieser Prozeß durch Interessenwahrung des Islam dessen *Kontrastpotential* absorbiert, kann der *Interessenkonflikt* mit dem rationalen Teil der Basisgesellschaft in den Vordergrund treten.

Wie die Dialoganalyse in Kirche und Politik zeigte, hat dieses Konfliktpotential immer weniger mit dem klassischen Gegensatzmuster »progressiv-konservativ« oder »links-rechts« zu tun. Das gemeinsame Machtinteresse der kirchlich-politischen Elite verbindet sich seit langem zu einer konsequent desorientierenden Islamförderung, eingebettet in eine ambivalente Migrationspolitik und das gemeinsame – nur scheinbar unverständliche – Beharren auf dem weltweit einmaligen Individualrecht auf Asyl, das einer ungeregelten Zuwanderung systemhaften Vorschub leistet.

Diese »Strategie« schwächt natürlich die Art der klassisch-europäischen Rationalität, die den Islam zur historischen Reaktion und Herausbildung seiner »fundamentalistischen« Intensivform herausforderte. Gleiche Bedingungen vorausgesetzt, wird daher der islamische *Kontrastfaktor* – die Verstärkung der elitären, gewaltbereiten Solidarisierung – vorläufig absorbiert werden können. Umso konkreter wird er sich indirekt im innergesellschaftlichen, *kulturellen Interessenkonflikt* zwischen den *irrationalen* Befürwortern und *rationalen* Kritikern der interkulturellen Förderungspolitik ausdrücken müssen. Dieser Faktor repräsentiert das Spannungspotential zwischen den zwanghaften Schubkräften der interkulturellen Entgrenzung, entmündigender Indoktrination und gesellschaftlicher Inkompetenz sowie den Zugkräften emanzipierter Interessenwahrung, geistiger Unabhängigkeit und individueller Kompetenz.

Wissenschafts- und Gesellschaftspolitik sind im arbeitsorientierten Industriefortschritt ohne Rücksicht auf übergeordnete, liberalpolitische Globalinteressen und ohne die Generalforderung nach Zuwanderung und Lohnsenkung – mit der Nebenwirkung struktureller Arbeitslosigkeit – nicht denkbar. Hier erhält die *Interessenspaltung* neben dem rationalen einen ökonomischen Aspekt, den wir bereits mehrfach als Defizit der gesellschaftlichen Beteiligung am Produktivitätszuwachs angesprochen haben.

In diesem Spannungsfeld aus geistig-kulturellem Bewußtsein und kollektiv-wirtschaftlichem Anspruch wird sich das zukünftige Gesamtinteresse der Basisgesellschaft oder auch ihrer »Leitkultur« auszudrücken haben, sollen der interkulturelle Komplex sowie seine Risiken und Kosten einer »fortschrittlichen« Steuerung unterstellt werden. Die »Beweislast« des islamischen Kontrastfaktors wird somit umgekehrt: Sie besteht in der Fähigkeit der Basisgesellschaft zur Überwindung der Entmündigung durch die liberalen Fortschrittseliten.

Niemand stellt die offensichtlichen Vorteile des wissenschaftlichen Fortschritts und der technologischen Lebensvorzüge unmittelbar in Frage. Der Preis allerdings, der mit dem Verlust des Zeitbewußtseins, des konstruktiven Geistes und der gesellschaftlichen Identität zu zahlen ist, erscheint nicht nur hoch, sondern langfristig unbezahlbar.

Es handelt sich um den Preis für die Aufgabe des Gottesbezugs, des Absoluten, der Transzendenz als Herkunfts- und Bewegungsraum des menschlichen Geistes. Die Literatur über den westlichen Menschen und die Tragik seiner Vernunft als Norm der Moral und Erlösung seiner selbst ist uferlos. Wie wir hier darlegen konnten, liefern Zivilisations- und Zeitforschung uns überdies einen überzeugenden Erklärungsrahmen für die Negativspirale des Selbstbezugs, die zu Bewußtseinsabbau, der Relativierung alles Eigenen, der zwanghaften Rückentwicklung jeder Form konstruktiven Geistes in einfachere Strukturen und die Gefahr des völligen Selbstverzichts führt.

Was als Ruf nach Freiheit, Gleichheit und Menschenrecht begann, wird nun als unentrinnbarer Zwang zur Gleichheit im Abbau des Geistes erkennbar, der sich auf dem Weg zur arbeits- freizeit- und spaßzentrierten Massengesellschaft im graduellen Verschwinden von Glaube, Wissen, Herkunft und Würde vollzieht.

Die großen Weltkulturen Chinas, Indiens und des Islam erkennen die immer deutlicher hervortretende Identitäts- und Legitimationskrise der westlichen Zivilisation als einen Zwitter aus wirtschaftlicher Macht und Kulturvariante abnehmender Attraktivität und haben seit den 70er Jahren begonnen, ihrerseits mit einer grundlegenden Reaktivierung ihrer religiös-kulturellen Traditionen zu reagieren.[451] Der Islam hat dabei die mit Abstand dynamischste Entwicklung genommen. Wie gesehen, haben sich im 20. Jahrhundert seine Landfläche und Bevölkerung vervielfacht, und seine geistigen Traditionen mit dem »Fundamentalismus« erstaunlich wiederbelebt. Sowohl die physische als auch die geistige Präsenz des Westens hat dagegen den Weg in eine fundamentale Schrumpfung angetreten, die von existentieller, bewußtseinsbedingter Qualität ist und in der Gefahr der Irrationalität und Selbstauflösung steht.

Den westlichen Truppenabbau nach dem Ende der Sowjetunion nutzte der Islam zu einer konsequenten Aufrüstung, deren Mannstärke – bei vorläufiger technischer Unterlegenheit – die westliche tendenziell übersteigt.[452] Vor dem Hintergrund einer sich weltweit in mehr als 50 Staaten traditionalistisch formierenden *umma* waren in den 90er Jahren zwei Drittel der muslimisch-nichtmuslimischen Konflikte solche mit Christen. Keiner dieser islamischen Staaten ist demokratisch.

Die strukturelle Neigung zu Frauenunterdrückung, Analphabetismus und hoher Reproduktion ist bekannt und wird den revolutionsträchtigen Jugendanteil – nicht nur in den islamischen Ländern, sondern auch in den europäischen Kolonien – weiter steigern. Aus diesem Anteil wird sich in den kommenden Jahrzehnten eine neue Elite rekrutieren, die sich auf die dann mit Abstand größte Militärmacht der Welt stützen kann, nach wie vor ausgestattet mit der »islamischen Bombe«.

Während England und Frankreich auf diese Perspektiven seit Jahren mit z.T. drastischen Restriktionen gegen die Einwanderung – insbesondere muslimischer Provenienz – reagierten,[453] versteht sich Deutschland – mit Abstand der dichtestbesiedelte Flächenstaat Europas – als Einwanderungsland, dessen interkulturelle Eliten sich einer zunehmenden Islamisierung öffnen. Während der zusammengefaßte Anteil des Westens an Bruttosozialprodukt und Industrieproduktion von ca. 75% in 1920 auf ca. 25% in 2020 zurückgegangen sein wird, entwickelt Deutschland, dessen Bevölkerung sich zur gleichen Zielzeit zu 30% aus über 60jährigen zusammensetzt, eine Einwanderungspolitik, die Separation und Ghettobildung fördert. Während sich die großen Weltkulturen und -religionen entsäkularisieren,[454] und der Islam sein Basisgebiet von Christen befreit, entwickelt die Kirche mutierte Glaubensformen, die im Islam eine Orientierung befreiender Heilswirkung erkennen, und diese durch ihre Dialogtruppen europaweit verkünden, derweil ihre Mitgliederzahlen weiter kontinuierlich sinken.

4. Die Ökonomie des Kulturkonflikts

Die im Christentum angelegte Freiheit zum Glauben wandelte sich in der Geschichte des Abendlands über einen unfreien Glauben zur Freiheit des Unglaubens, bei der ein machtorientierter Klerus entscheidend Pate stand. Die Verlagerung des Vertrauens von Gott auf den Menschen löste eine Spirale des Abbaus geistiger Erkenntnis und des Aufbaus einer rein materiellen Zivilisation aus. Mit dem Schwund von Bildung und Identität wenden sich neue Glaubensformen dem Heil im Islam und anderen Religionen sowie neue Lebensformen der Verwirklichung im Bereich der Körperlichkeit und der elektronischen Bilderwelt zu – ein Vakuum gesellschaftlicher Indifferenz, das sich dem Islam nun historisch öffnet.

Mit dem Rückgang der geistigen Zeitkorrelation geht die Ausweitung in den globalen Raum – bei tendenziell abnehmender Präsenz westlichen Kapitals – einher. Ebenso geht im Rahmen der telekommunikativen Sofortinformation der westliche Vorsprung technischer Intelligenz zurück, gleichermaßen zurückgedrängt durch das aufkommende, langfristig überlegene Geistespotential in Indien und China.

Auf Basis unproduktiver, händlerisch orientierter Wirtschaftsstrukturen und langfristig abnehmender Bedeutung im Rohölsektor wird der Islam sich auf die bewährte Überzeugungskraft seiner Bevölkerungsentwicklung und militärischen Tradition stützen und zwischen Europa und Asien als Zone struktureller Instabilität nach außen positionieren. Nach innen sollten sich im Rahmen globaler Entsäkularisierung das Langzeitbewußtsein des Medina-Modells und damit eine eher orthodoxe *umma* mit wachsender Expansionstendenz stabilisieren lassen, die in Europa und insbesondere Deutschland auf identitätsschwache Sogzonen trifft. Diese Zonen bieten dem Islam jenes geistige Passepartout, das sich seine Kriterien und – in endlosen Debatten über Toleranz und Frieden – seine autonomen, eher radikalen Strukturen aufzwingen läßt. Da man in Deutschland zur Aushöhlung der Verfassungsbasis bereit ist, wird nicht nur langfristig die Konservierung des schariatischen Gesetzes gewährleistet, sondern vor allem das fundamentale Existenzproblem des Islam, die Emanzipation der Frau, in eine sichere Zukunft verschoben.

Der islamischen Identität, deren Langzeitbewußtsein aus dem transzendenten Bezug auf das Gesetz Allahs kommt und ideologisch auf die ideale Glaubensvorlage des Medina-Modells festgelegt ist, hat die westliche Identität, die dem Gesetz einer selbstreduzierenden Bewußtseinsverflachung folgt, wenig entgegenzusetzen. In Gestalt des interkulturellen Dialogs ergibt sich hier eher das Phänomen einer sich dem Islam verähnlichenden Identität, die unter der Führung der Kirche die Wahrheit nicht mehr im Eigenen sucht und die Politik unter das Leitmotiv ungeregelter Zuwanderung mit tendenzieller Islamförderung stellt. Von einem *Kulturkontrast* gegenüber dem Islam im herkömmlichen Sinne kann unter diesen Voraussetzungen keine ernsthafte Rede sein.

Allerdings baut sich hinter dem Schleier kollektiven Geistschwunds, der die Inkompetenz und Verantwortungsferne der Eliten verhüllt, im Rahmen weiter fortschreitender Expansion des Islam und Erosion der Eigenkultur die unausweichliche Diskrepanz der *kritischen Kluft*, der gesellschaftlichen *Interessenkrise* auf.

Aus dem Druck, den die Migration auf das Lohnniveau und die Globalisierung auf die Steuereinnahmen ausüben, ziehen die grenzüberschreitenden Unternehmen besondere Vorteile, die sie in den »Shareholder Value«, die weitere Optimierung des globalen Kontextes sowie in die Alimentierung der Eliten reinvestieren, um den Prozeß der kulturellen Entgrenzung und ökonomischen Selbstrationalisierung, nicht jedoch die gesellschaftlichen Ressourcen des »Humankapitals« zu stärken. Da die Effizienz der fortschreitenden Rationalisierung und Elektronisierung im Rahmen des betriebswirtschaftlichen Kalküls das Entstehen neuer Arbeitsmärkte verhindert, und die Migration nicht nach Gesichtspunkten dieser Effizienz erfolgt, explodieren die Sozialkosten in allen Staaten der EU. Es wird hier abzuwarten sein, in welcher Weise sich die Osterweiterung auf diese Konstellation sowie die wachsende Staatsverschuldung und Finanznot des überproportionalen Nettozahlers Deutschland auswirken.

Während in der ökonomischen Ratio jede Produktsituation der Schnittstelle zwischen Grenznutzen und Grenzkosten ausgesetzt ist, die früher oder später – in der Regel eher früher – über ihr Sein oder Nichtsein entscheidet, verschiebt sich diese Schnittstelle im Kontext der Fortschrittsdynamik in einen grundsätzlich sehr viel späteren Zeitraum mit einem zwar nicht bezifferbaren, dabei nicht minder sicheren Kostenrisiko. Denn in dem Maße, in dem sich Wissenszuwachs und Innovationsrate in den Einzelgebieten beschleunigen, sinkt die Urteilskompetenz in bezug auf die Wirkreichweite der Einzelgebiete auf den Funktionszusammenhang des Gesamten.

Seit Jahren tritt dieser Sachverhalt in Gestalt des *Umweltkonflikts* zutage. Die Wissensdefizite bezüglich der Aufarbeitung von Nebenfolgen des Einzelwissens auf die Umwelt steigen schneller als das Einzelwissen selbst. Mit anderen Worten: Während vorhersehbar gewordene Nebenfolgen genutzten Einzelwissens repariert werden, entstehen im weiteren Wissensfortschritt neue, unvorhersehbare Nebenfolgen, von deren Kosten bereits als sicher bekannt ist, daß sie den Nutzen des laufend entstehenden Einzelwissens übersteigen.[455] Für diejenigen Kosten/Nutzen-Situationen, deren Kausalität sich klar ermitteln ließ – zum Beispiel bestimmte Industrieemissionen – hat sich das bekannte *Verursacherprinzip* etabliert, das auf einzelne Unternehmen oder auch ganze Branchen zur Anwendung kommt.

Aufgrund ihrer komplexen Kausalität und langfristigen Entstehungsgeschichte besitzen Umweltkonflikte – oder auch Produktwirkungen – die Eigentümlichkeit, erst sehr spät und auch erst dann kollektiv bewußt zu werden, wenn eine hinreichend große Zahl von Individuen betroffen ist. Dabei spielen der Grad der zivilisatorischen und/oder kommerziellen Attraktivität und die kausale Entfernung eine zeitbestimmende Rolle. Z.B. wurde bekanntlich der Tod durch Lungenkrebs nach wenigen Jahrzehnten rasant zunehmender Häufigkeit konkret mit den Produkten der Tabakindustrie in Verbindung gebracht, so daß ihre Verursacherrolle zu Schadenersatz führte. Wesentlich diffuser und differenzierter gestaltet sich dagegen die Kausalkette der BSE-Krankheit, in der sich ungeheure Langzeit-Konsequenzen einer kurzsichtigen Interaktion zwischen Wohlstandsernährung und Profitdenken anzubahnen scheinen. Die spektakulärste Diskrepanz zwischen Einzelwissen und Gesamtauswirkung stand in Gestalt der Atombombe lange Zeit im Vordergrund des kollektiven Bewußtseins.

Insofern der *Umweltkonflikt* eine *naturale* Auswirkung des fortschrittsbedingten Wissensdefizits über die kumulative Wirkreichweite der Einzelinteressen auf das Gesamtinteresse bildet, stellt der *Kulturkonflikt* durch Zuwanderung eine *soziale* Auswirkung des fortschrittsbedingten Wissensdefizits aus der wirtschaftlichen Globalisierung dar. Dabei kann als sicher gelten, daß die Grenzkosten den Grenznutzen der Islamexpansion umso deutlicher übersteigen, je weiter die Zeit voranschreitet. Dennoch fährt der interkulturelle Dialog fort, diese Expansion religiös, politisch und wissenschaftlich ohne eine Beurteilungsbasis zu unterstützen, deren Kompetenz die generelle Behauptung, daß es sich bei der Zuwanderung um eine »Bereicherung« handelt, übersteigen könnte.

Wir wissen zwar aus der vorangegangenen Betrachtung, daß diese Vorgehensweise einer zwanghaften Faktenabwehr aus systematischem Korrelationsverlust unterliegt, doch kann angesichts der Grenzkostenüberschreitung und der Tendenz zur gesellschaftlichen *Interessenkrise* daraus kein Verzicht auf Prüfung einer *rationalen Verantwortung* abgeleitet werden. Eine solche Einrichtung – eine Art *Islam-Monitor* – hätte kompetente Informationen darüber zu sichten und auszuwerten, inwieweit sich der jeweilige Stand der Islamexpansion mit dem Wunschbild des Dialogs und dem Realbild des gesellschaftlichen Gesamtinteresses in Einklang befindet.

Die den Islam in Deutschland umfassende Zuwanderung unterliegt der Dynamik der Globalisierung, ihrerseits ein Geschehen, das sich nach betriebswirtschaftlichen Überlegungen vollzieht. Von 1970 bis 2000 sind netto ca. 3,4 Millionen Muslime eingewandert, die nahezu 3000 Beteinrichtungen gebaut, umfangreichen Grundbesitz erworben und sich – wie z.B. in Berlin – in Gemeinschaften von erheblicher Größenordnung gruppiert haben. Wie wir hier darlegen konnten, hat der islamspezifische Dialog über diese Zeit hinweg eine weitgehend moralorientierte Toleranzdoktrin entfaltet, welche die islamische Zuwanderung in Vertretung desjenigen Gesellschaftsteils propagierte, der sie als *kulturell* wünschenswert, »bereichernd« und damit aus seiner Sicht offenbar notwendig erachtete.

In ihrer Zuwanderung nach Deutschland stellt die Entwicklung der islamischen *umma* ein Phänomen von gesellschaftlich höchster Bedeutung und Langzeitwirkung dar – sowohl als Teil des Weltislam und der Wirtschaftsglobalisierung, als auch als Teil der deutschen Gesellschaft, deren *Kulturinteresse* von den Wirtschaftsinteressen vital tangiert wird, soweit es Migration und damit kulturell relevante Vorgänge auslöst. Obwohl somit auch von *ökonomisch* großem Belang, war die Wahrnehmung dieses Interesses bislang vornehmlich nur der einen Seite des fortschrittsgesellschaftlichen Spektrums vorbehalten, nämlich der interkulturellen, kollektiven Betrachtungsebene des Dialogs, die – wie wir nun aus verschiedenen Blickwinkeln hergeleitet haben – eine ausgeprägt irrationale Komponente enthält.

Wir wissen, daß es zum Wesen der modernen Gesellschaft und ihres verengten Zeitbegriffs gehört, über die für die rationale Ebene erforderlichen, korrelierenden Denkkategorien eben gerade nicht oder nicht in hinreichendem Maße zu verfügen. Somit steht jede gesellschaftsrelevante Maßnahme in der Gefahr, im Bereich des Inkompetenten und Irrationalen zu verharren, wenn sie sich nicht auf die Potentiale der Kompetenz und Rationalität in den gesellschaftlichen Einzelbereichen stützt. Fragen vom Gewicht der Zuwanderung und der Langzeitwirkung islamischer Siedlungstätigkeit können ohne Abstimmung mit der pluralen Seite der Gesellschaft, d.h. ohne Ausgleich mit ihrem realen *Kulturinteresse* durch Inanspruchnahme ihres rationalen Sachverstands kaum in einer langfristig tragfähigen Form geregelt werden.

In der deutschen, hochdifferenzierten Industriegesellschaft ist mit großer Sicherheit von einem erheblichen Anteil auszugehen, den der Positivkatechismus des Islamdialogs nicht schon deshalb überzeugt, weil seine »Argumente« seit Jahren stereotyp wiederholt werden. Wenn es dagegen zutreffen sollte, daß der Islam generell Impulse der kulturell-gesellschaftlich »bereichernden« Art gibt, müßte zunächst die Frage neu formuliert werden, warum die Basisgesellschaft zu ständiger Toleranz für eine solche Bereicherung aufgerufen werden muß. Insofern sollte in einer intakten Demokratie derjenige rationale Teil, der an einer islamischen Zuwanderung nicht unmittelbar interessiert ist, sachgerecht informiert werden können, welche Gründe es nicht nur aus dialogischer, sondern auch objektiver Sicht sind, die eine islamische Zuwanderung zur zukünftigen Bereicherung der aufnehmenden Gesellschaft machen.

Die ambivalente Strategie des Dialogs steht einer solchen, eher ideologiefreien Information seit langem entgegen. Indem man immer wieder das – von niemandem bestrittene – Individualrecht auf die Religionsfreiheit der Muslime beschwor, konnte man einer informierten Diskussion über das religiös-politische Kollektiv des Islam und seiner *umma* aus dem Wege gehen, deren Potentiale allerdings weltweit in ihren konkreten Erscheinungsformen beobachtet werden können.

Bei der Ausbreitung des Islam handelt es sich um ein langfristig ausgelegtes, hochwahrscheinlich irreversibles Engagement von großer zukünftiger Bedeutung für die Gesamtgesellschaft, das durch einschneidende Rückwirkungen ökonomischer und sozialer Art alle Anzeichen einer umfassenden *Investition* trägt. Es stellt sich die Frage, inwieweit die Entscheidung über diese weitreichende Maßnahme ausschließlich einer Instanz wie dem hohen Islaminteresse des interkulturellen Dialogs überlassen werden sollte, dessen Entscheidungskriterien allenfalls den Anforderungen einer irrationalen Moral, nicht jedoch einer rationalen Investition genügen.

Daher ist die anschließende Frage legitim, ob das Reflexrepertoire des Dialogs ausreicht, die Gesichtspunkte, welche die weitere Entwicklung der Islam-Engagements und etwaige Langzeitrisiken kontrollieren, so kompetent herauszuarbeiten, daß die Gefahr eines *Kulturkonflikts* im Stile eines *Umweltkonflikts* zumindest in Umrissen erkannt werden kann. Wie wir gesehen haben, interferieren mit dieser Frage nicht nur Fragen der Rationalität, sondern vor allem auch Aspekte der Macht, welche die Argumente der Logik und Demokratie im Dialog zurückdrängen, wobei längst eine eigentümliche Kooperation von Kirche und Staat erkennbar geworden ist.

Da mit dem Machtaspekt auch die Alimentierung des irrationalen Spektrums verbunden ist, verstärkt sich die Notwendigkeit, das rationale Spektrum des gesellschaftlichen *Kulturinteresses* ins Spiel zu bringen. Es ist zu beobachten, daß sich vermehrt auch globale Unternehmen in die wirtschaftliche Unterstützung bestimmter Teile des Dialogs sowie seiner Veranstaltungen und Veröffentlichungen einschalten, womit zum Ausdruck gebracht wird, daß sie nicht nur auf den pauschalen Lohnsenkungseffekt des Dialogs abzielen, sondern Zuwanderung und Islam auch als wichtige Bedingungen ihres Wirtschaftens verstehen.

Um die Zuwanderung insgesamt auf eine gemeinsam meßbare Basis zu stellen, sollte sie daher dem Maßstab der ihr zugrundeliegenden Globalisierung, also dem betriebswirtschaftlichen Kalkül unterstellt werden. So wie im Umweltkonflikt die Negativfolgen mit der gleichen Kompetenz repariert werden, die sie verursacht hat, wird die Verbindung zum rationalen Kulturinteresse und zur Vermeidung des möglichen *Kulturkonflikts* ebenfalls über die Kompetenz der gesellschaftlich-pluralen Einzelgebiete hergestellt werden müssen, aus denen sich nicht zuletzt auch Wirtschaft und verbundene Sektoren rekrutieren.

Auf diese Weise würde sichergestellt, daß nicht nur eine Investition in Zuwanderung und Islam, sondern auch in die Wahrnehmung des komplementären Kulturinteresses erfolgt, zu dem nicht zuletzt ein wesentlicher Teil der Mitarbeiterschaft der Unternehmen gehört, die trotz aller Globalisierung zur Jahrhundertwende immer noch drei Viertel ihrer Umsätze im jeweiligen Inland getätigt haben. Umso weniger kann eine konstruktive Ausweitung der Globalisierung auf die regionalen Potentiale ihres westlichen Aktionsbereichs verzichten, wenn seine Rationalität mit der Globalität steigen soll.

In dem Maße, in dem sich hier die rationalen Kulturinteressen der neuen Wettbewerber Indien und China verstärken, werden Engagements in einer irrationalen und damit unproduktiven Zuwanderungspolitik sowie der Verzicht auf das »Humankapital« der eigenen Basis unwirtschaftlich. Denn je globaler der Aktionskreis gezogen wird, desto stärker wirken sich die Handicaps der fortschrittsgesellschaftlichen Denkschwäche und der interkulturellen Fremdorientierung ihrer Dialogberatung aus.

Globale Akteure, die das enorme Potential des rationalen Kulturinteresses nicht beachten, mögen Betriebswirtschaft nach Aspekten der irrationalen Moraldoktrin betreiben, nicht jedoch nach den Erfordernissen ökonomischer Ratio im weltweiten Kontext. Dies mag kurzfristigen Machtinteressen dienen, indem der eine oder andere Politiker bzw. Wissenschaftler für den einen oder anderen Aspekt instrumentalisiert wird; es mag auch eine gewisse Effizienz im Einebnen des gefürchteten Konfliktpotentials entwickeln – aus Sicht der globalen Konkurrenz, zu der nicht zuletzt auch der Islam zählt, sind die Weichen für die Renaissance der eigenen Kulturen und damit der eigenen traditionellen Interessen längst gestellt.

Nur ein Westen, der diesen machtvollen Trend zur Rückbesinnung auf die eigenen Stärken erkennt, die nicht im isolierten Punktdenken des Dialogs, sondern in der logischen Tiefe des Abendlands, im korrelativen, übergreifenden Denken liegen, wird als kompetenter und verantwortungsnaher Wettbewerber agieren. Globale Konkurrenz sichert langfristig nur demjenigen ökonomischen Erfolg, der zwischen eigenen und fremden Kulturinteressen rational unterscheiden kann, indem er erkennt, daß die Rahmenbedingungen auch der Ökonomie langfristig durch die weltweite Renaissance des Kulturbewußtseins und nicht durch die Vision der Einheitskultur bestimmt werden.

Mit anderen Worten: Da ihnen das »Konzept« der Entgrenzung fremd ist, und der Einheitseffekt der »McDonald's«-Konsumwelt langfristig zurückgeht,[455a] wirtschaften die anderen Kulturen zunehmend aus der Lebensmitte ihres traditionellen Langzeitbewußtseins. Die diffuse Wahrheitssuche des Dialogs in diesen Kulturen ist allenfalls geeignet, einem irrational gestimmten Gesellschaftsspektrum das ersehnte Heil zu bringen; als Konzept im globalen Kontext stellt es die Weichen *kulturell auf Auflösung* und *ökonomisch auf Konkurs.*

Hier wird die mehrfach angesprochene Systemebene deutlich, die das rationale Einzelwissen in den gesellschaftlichen Zusammenhang ausweitet und die Träger des Kulturinteresses am Produktivitätsanstieg beteiligt. Wer in diesem Sinne kulturorientierte Unternehmensführung betreibt, befreit sich nicht nur von einem dubiosen Kostenfaktor, sondern aktiviert ein enormes Potential, weil er auf die wettbewerbsorientierte Eigendynamik einer systemgerechten Funktionalität zurückgreift, die auf globaler Basis die regionale Rationalität aktiviert. Die interkulturelle Utopie mag kurzfristig Konflikte entschärfen; langfristig blockiert sie das eigenkulturelle Interesse im Sinne eines weltweiten Wettbewerbs.

Die globale Irrationalität des Dialogs passiviert somit die regionale Rationalität und fördert die Verähnlichung mit den anderen Kulturen. Kaum eine Einrichtung könnte dies besser verdeutlichen als die regelmäßigen Weltkonferenzen der Religionen oder die Folgetreffen der Assisi-»Tradition«, in denen der Fortschritt der Kirchenislamisierung im Vergleich zur Stabilität des Islam zu beobachten ist. Was hier seit Jahren unter dem Rubrum der »Interreligion« oder »Multikultur« propagiert wird, verschleiert den Abbau der globalen Wettbewerbsfähigkeit des Westens.

Ein ökonomisches System, das diesem Bildungsprinzip auf Dauer folgt, setzt das Prinzip der Gewinnmaximierung der fortschrittsbedingten Auflösung aus, indem es den Unternehmenserfolg dem Identitätsverständnis der globalen Wettbewerber unterstellt. Gewinn ist das Ergebnis aus der Korrelation von Potentialen, die im globalen Kontext jedoch nicht mehr von den anderen großen Kulturidentitäten zu trennen sind. Insofern könnten wir es durchaus mit einem fruchtbaren Wettbewerb – nicht Kampf – der Kulturen zu tun bekommen, solange das kompetente Potential des regionalen Kulturinteresses in der gleichen Weise integriert wird, wie es für die zukünftigen, globalen Kulturakteure – Indien, China, Islam – längst selbstverständlich ist.

Wer es – wie der Dialog alter, d.h. irrationaler Schule – von gesamtgesellschaftlichen Fragen jeglicher Art, u.a. auch der islamischen Zuwanderung, ausschließt, ideologisiert die gesellschaftlichen Institutionen und läuft Gefahr, den Prozeß der liberalen Erosion auf die Ideologiefreiheit seines besten Pferdes, des Prinzips der Kapitalrendite und Gewinnmaximierung zu übertragen. Mit anderen Worten: Wenn ein Unternehmen nur »gut« wirtschaftet, wenn es islamorientiert wirtschaftet, wird das Ende globaler Wirtschaftsratio sichtbar. Denn gerade globales Wirtschaften bedingt die Optimierung der regionalen Kompetenz.

Wer diese Gedankenfolge als zu stringent empfindet, möge sich an diejenige »Stringenz« erinnern, mit der die Naturwissenschaften die Geistverengung durch fortschrittsbedingten Gegenwartsschwund nachweisen. Sowohl das Reflexdenken des interkulturellen Dialogs als auch die Automatik allgemeingesellschaftlicher Selbstverwirklichung liefern uns hier reichhaltiges Beweismaterial. Da dieser Entwicklung – aus naturwissenschaftlicher Sicht – mit Raum und Zeit die höchste Bedingungshierarchie bewußter Existenz zugrundeliegt, gibt es keinen Grund zu der Annahme, das Gewinndenken könnte von diesem Vorgang des gesellschaftlichen Kompetenz- und Verantwortungsschwunds ausgenommen sein.

In den Ministerien und Verwaltungen hat sich schon längst eine Mentalität ohne Kostenorientierung durchgesetzt, die in den Berichten der Rechnungshöfe zunehmende Kommentierung findet. Auch in den Unternehmen selbst beginnen sich unwirtschaftliche Kosten/Nutzen-Relationen hinsichtlich der Leitungsebenen und nicht zuletzt auch kulturorientierter Förderungsprojekte in bezug auf ihren jeweiligen Sinn für das Gesamtunternehmen zu verselbständigen. Daimler-Chrysler wird kein Einzelbeispiel für die Grenzen des Teils in der Wechselwirkung mit dem Ganzen bleiben. Es kann daher nicht oft genug darauf hingewiesen werden, wie elementar der Verlust des modernen Zeitbewußtseins die Fähigkeit zu korrelativem Denken, zu kompetenter Verantwortung und zum Sozialen überhaupt beeinträchtigt.

Die globalen Mitspieler wissen dies alles. Im Gegensatz zum Westen haben sie jedoch den Rohstoff, dessen Knappheit den Westen existentiell bedroht, im Überfluß: *Zeit.* Die Renaissance ihrer kulturellen Tradition wird in dem Maße von westlicher Fremdorientierung profitieren, in dem diese auf die Wahrung ihres eigenen, rationalen Kulturinteresses verzichtet und in der irrationalen Vertretung des Fremdinteresses sich als »Global Player« weg-»rationalisiert«.

Dabei bedrängt den Westen über die Zeitdimension hinaus ein weiteres, fundamentales Defizit: *Menschen.* Während sich der Geist des westlichen Fortschritts biologisiert, und seine biologische Basis fortlaufend reduziert, werden die Anhänger des Islam über die Zwischenstufe von 2010 mit ca. 1,8 Milliarden für die Zeit um 2025 auf knapp *drei*

Milliarden, also auf mindestens ein Drittel der dann anzunehmenden Weltbevölkerung von 8,5 Mrd. geschätzt.

Das Langzeitbewußtsein der nichtwestlichen Kulturen basiert ohnehin auf gänzlich anderen, eher mythischen Vorstellungen. Wenn nicht alles täuscht, hat der Dialog wie im Islam, so auch im Buddhismus, zumindest dessen radikaler Variante, kaum Spuren hinterlassen. Im Gegensatz zur Schwunddynamik des Westens scheint dessen Identität sich auf ein völlig gegenläufiges, expansives Zeitdenken mit weit ausgreifenden, historischen Dimensionen zu beziehen. Hier wartet man in aller Ruhe den Sieg des Islam über den Westen ab, bevor man in Mekka gegen ihn zum Endkampf um die Weltherrschaft antritt.[456] Bevor es dazu kommt, nutzt der Dalai Lama zunächst die Zeit. Er läßt sich bei den Assisi-Folgetreffen vom Papst hofieren und veranstaltet weltweit lukrative Missionsaktionen, während er die christliche Mission in Tibet und Indien zum »Krieg gegen die Völker und Kulturen« erklärt,[457] eine der zahllosen Absurditäten im Panoptikum des Dialogs.

Sollte sich, wie die Zivilisationsforschung vermutet, die Irrationalität des westlichen Fremdinteresses sogar in den totalitären Bereich verstärken, in dem Menschen gezwungen werden, einfachsten Darwin-Regeln zuwiderzuhandeln und darauf zu verzichten, sich an der Entscheidung über ihre sowie kommender Generationen Zukunft zu beteiligen, dann wäre kurioserweise ein beschleunigter Machtwechsel zwischen Dialogeliten und Islam zu erwarten. Nach unseren Ergebnissen und historischer Erfahrung bedarf es dabei keiner gesteigerten Vorstellungskraft, den kirchlichen Spitzenklerus unter den ersten Konvertiten zu sehen. Deutschland wäre für eine solche Schnellversion bestens gerüstet. Mit der totalen Fixierung führender Politiker auf die »extreme Mitte« in der deutschen Bevölkerung und den Holocaust der Nazi-Diktatur als »Gründungsmythos der deutschen Demokratie« könnte auch deren Totalitarismus zu einer Art mythischer Verpflichtung werden.

5. Fortschritt ohne Gott

Insoweit Rationalität gleichzusetzen ist mit der Fähigkeit, das eigene Gesamtinteresse und die übergreifenden Notwendigkeiten des Sozialen wahrzunehmen, das dort »zum überlegenen Schutzraum wird, wo der Zeitrahmen der Transzendenz zur Verfügung steht«,[458] stehen die großen Kulturen und Religionen mit ihrem jeweiligen Gott dem Antigott des Westens gegenüber. Dieser Antigott als Urheber des fortschrittsbedingten Geistverlusts erscheint nach allen hier vorgelegten Betrachtungen in überaus dubiosem Licht. Wir stehen immerhin vor dem bemerkenswerten Phänomen, daß der Westen rational werden muß, um Kulturinteresse zu entwickeln, daß er Kulturinteresse entwickeln muß, um sozial zu sein, daß er sozial sein muß, um eine langfristig und global tragfähige Gewinnbasis zu sichern, und daß ausgerechnet im Gewinndenken – aus kultureller Rationalität – die Abkehr vom Antigott der liberalen Erosion, dem Ausdruck des fundamentalen Geistabbaus, verborgen liegt.

Ein Rückspulen der antichristlichen Auflösungskette der Moderne ist natürlich nicht möglich, weil sich hier gewachsene Strukturen in *Entropie*, in nutzlose Fragmente, irreversibel umwandelten. Aus christlicher Sicht scheint es zudem nicht sinnvoll, weil der Spitzenklerus und sein Gehorsamsapparat erneut versagten. Nach der Schuld der Inquisition stellte er nun auch im Glaubenswechsel des Konzils zwar eine effiziente Machtstrategie unter Beweis – wie so oft hatte dies jedoch einmal mehr mit dem Geist der Kirche Christi wenig zu tun. Da zudem weiter gilt, daß »wer den Papst zurückweist, Gott zurückweist«, können somit Machtmißbrauch und Entmündigung – historischer Tradition folgend – zunächst weiter konserviert werden. In dieser Tradition könnte eine solche Kirche zum Piloten des Fortschritts in die Richtung einer sich weiter verstärkenden Abstraktion – und Praxis – menschlicher Autorität werden, die letztlich Gott nur noch dort sehen kann, wo die Macht ist.[459]

Was das Konzil unter der Bezeichnung »Kirche« entließ, entpuppte sich somit als Zauberlehrling, der durch die entschlossene Amputation des gewachsenen Glaubensgeistes sogar seinen profanen Meister, den modernen Fortschrittsliberalismus, verblüffte. Die solcherart entsakralisierte Kirchenmutation ist nun irreversibel auf die Gemeinsamkeitssuche mit dem Islam, den anderen Religionen und in der »Öffnung zur Welt« mit den Formen materieller Selbstverwirklichung verwiesen. Ihre sich seit Jahren vollziehende »Ökumene«, die Konvergenz zur protestantischen Konfession, die auf diesem Wege schon seit langem voranschreitet, bestätigt ihre neue Bestimmung.

Wenn schon die Gottesmänner nicht mehr zu ihrem Glauben stehen konnten – wer wollte es dann all den anderen, den Politikern, Wissenschaftlern, Medienleuten und Künstlern verdenken, wenn sie sich ebenso gegen die ehrwürdige Basis der eigenen Kultur stellten, zumal ihre Ablehnung glückhaftes Heil und irdische Güter versprach? Wer wollte letztlich die Irrationalität einer Gesellschaftsform verurteilen, dem unausweichlichen Schraubstock ihres eigenen Fortschritts ausgesetzt, welcher Windung um Windung den Geist aus ihrem Bewußtsein preßte?

Niemand konnte sie offenbar daran hindern, den Augenblick für die Dauer, den Teil für das Ganze, die Ausnahme für die Regel, den Wunsch für die Wirklichkeit und den Körper für den Geist zu halten. So schien es doch ihre unausweichliche Heilspflicht zu sein, Glaube, Wissenschaft, Demokratie und Menschenrechte in den Dienst am Bau der neuen Menschheit zu stellen, und in einer sich »auf Gedeih und Verderb einenden Welt«[460] dem Geist der Uneinsichtigen mit allen Mitteln jenen Weg zu weisen, der aus der Finsternis Gottes ins Licht Allahs führen würde.

Die Kirche Christi selbst ist davon unberührt. Aber sie wird durch harte Prüfungen gehen müssen. Das liberale Papsttum, das sich vor den islamischen Christenverfolgern »in Ehrfurcht verneigt«, hat sich bereits vorsorglich von den Glaubensbrüdern im Nahen Osten distanziert, um nicht in den Verdacht der geistigen Nähe zu geraten. Unter wesentlicher Federführung der Medien nimmt auch der westliche Druck auf die Christen zu, mit dem Ergebnis, daß sich Profanisierung und säkulare Verschmelzung beider Kirchen beschleunigen.

In dem Maße, in dem sie sich dem Glauben im Sinne der christlichen Wahrheit entziehen, tritt das Kreuz, das Zeichen für den Ursprung, den Geist und die einzigartige, kulturelle Einheit Europas, zurück. Es bleibt der christliche Geist, dessen Kirche – wie so oft in der Geschichte – sich unter seinen Bedingungen mit anderen Schwerpunkten und in anderen Regionen neu formiert. Zu allen Zeiten hat er sich Menschen, die sich seinem Gnadenereignis zwischen Gott und Welt öffnen wollten, unnachahmlich mitgeteilt.

Das Verschwinden des Geistes aus dem Bewußtsein des Westens macht seine Zukunft zu einer Frage der Zeit. Pico della Mirandola, der geniale Humanist und begeisternder Impuls des europäischen Geistes, hatte 23jährig in seiner großartigen »Rede an die Menschenwürde« dem Menschen freigestellt, »auf die unterste Stufe der Tierwelt herabzusinken oder sich zu den höchsten Sphären der Gottheit zu erheben«. Er war kaum noch Christ, aber für ihn und seine Anhänger stand die Richtung des Bemühens außerhalb jeden Zweifels, denn sie verfügten noch über die Denkweite einer Zeit, die Menschenwürde ohne Glauben ermöglichte.

Die Zeit des Fortschritts hat diese Alternative nicht. Je näher sie dem »Punkt ohne Ausdehnung«, dem Bewußtsein ohne Gegenwart und Geist rückt, desto deutlicher werden ihre Zeichen, daß der Raum zu weiterem »Fortschritt« schwindet. Wir haben gehört, daß für Augustinus die Zeit das »Maß des Geistes« und für Heidegger der »Horizont des Seins« war.

Bevor dieses »Maß des Seins« zum Nichts geschrumpft ist, wird die moderne Vernunft ihr ebenso schwindendes Denken nutzen müssen – zur Besinnung darauf, daß es einst der Glaube an den christlichen Gott gewesen war, der ihr die Freiheit des Seins geöffnet, aber sich selbst zur Bedingung dieser Freiheit gemacht hatte. Wer sich von dieser Bedingung löste, um sich selbst zu erlösen, unterschritt den »Kairos« und wählte die Freiheit zum profanen Irrtum. Er trennte den Horizont der Zeit vom Ewigen und machte sich auf den Weg des schwindenden Geistes, des »Mangels an Sein« aus dem Verlust des Heiligen. Hier wirkte ein »Geist«, der die Fülle des Guten in der Macht des Menschen über den Menschen versprach. Unausweichlich jedoch trieb er ihn jenem Nichts des Bösen entgegen, vor dem Jesus Christus, der Geist Gottes, den Menschen bewahrt, wenn er ihm sagt, daß wer nicht glaubt, seinen Geist nicht mit Gott verbindet, sich selbst richtet.

Anmerkungen

1 Lübbe, Im Zug der Zeit, 149f.
2 Franzen, Kirchengeschichte, 78
3 Franzen, Kirchengeschichte, 95f.
4 Amerio, Jota Unum, 604f.
5 Haarmann, Geschichte d. arab. Welt, 62
6 Rodinson, Muhammad, 57
7 Ebd., 54
8 Ebd., 61
9 zur Einstufung Muhammads durch seine Zeit siehe Haarmann, Geschichte d. arab. Welt, 19f.
10 Busse, Theologische Beziehungen, 21f.
11 Lüling, Muhammad, 126ff.
12 Nagel, Koran, 90
13 Rodinson, Muhammad, 78
13a Noth, Früher Islam in: Geschichte d. arab. Welt, 21f.
14 Gibbon, Islam, 336
15 Busse, Theologische Beziehungen, 51
16 Qadi Iyad Ibn Musa al-Yahsubi, Muhammad, Messenger of Allah (Ash-Shifa), Übers. A.A. Bewley, Granada 1991
17 Smith, Eine Wahrheit, 316f.
18 Rodinson, Muhammad, 269
19 Von Grunebaum, Propyläen 5, Islam, 54
20 Rodinson, Muhammad, 210
21 Heller, Schleier, 55
22 Zu den frühen Koranversionen s. Erläuterungen bei Ibn Warraq, Introduction, Origins of Koran, 57ff.
23 Paret, Koran, 5
24 Nagel, Staat u. Glaubensgemeinschaft I, 98ff.
25 Luxenberg, Die syro-aramäische Lesart des Koran, Berlin 2000
26 Ebd., 52ff.
27 Ebd., 79ff.
28 Ebd., 84ff.
29 Ebd., 297f.; vgl. auch Busse, Theol. Beziehungen, 131
30 Mingana, Transmission, Origins of Koran, 106
31 Ebd.
32 Zur Kritik an der Korananalyse des britischen Orientalisten Wansbrough s. Nagel, Einschübe, 10ff.
33 vgl. auch Nagel, Der Koran
34 Russell, Denker des Abendlands, 172f.
35 HI, 827
36 Kraus, Alchemie, Ketzerei, Apokryphen, 109ff.
37 Ebd., 127
38 Ebd., 131
39 Encyclopedia of Islam III, 905
40 Ibn Warraq, Introduction, Origins of Koran, 30f.
41 Goldziher, Muh. Studien II, 5
42 Ebd., 48f.

43 Schacht, Origins of Muh. Jurisprudence, 4f.
44 Ibn Warraq, Quest, 119f.
45 Grunebaum von, Propyläen Islam 5, 44
46 Mooren, Macht und Einsamkeit, 296ff.
47 Nagel, Einschübe, 180f.
48 Grunebaum von, Propyläen Islam 5, 63
49 Franzen, Kirchengeschichte, 210f.
50 Lea, Inquisition I, 23
51 Ebd., 27
52 Ebd., 41
53 Ebd., 52
54 Ebd., 58
55 Ebd., 77
56 Ebd., 142
57 Ebd., 257
58 Ebd., 265
59 Ebd., 328
60 Ebd., 389
60a Ebd. III, 298f.
61 Hitti, History, 620f.
62 Stenglein, Päpste, 113f.
63 Schwinges, Kreuzzugsideologie, 6f.
64 Gabrieli, Kreuzzüge, 334
65 Ebd., 106f.
66 Schwinges, Kreuzzugsideologie, 68ff.
67 Lewis, Sprache, 129f.
68 Nagel, Islamische Welt, 33
69 Lewis, Juden, 26, 40
69a Planhol de, Kulturgeographische Grundlagen, 54f.
70 Nagel, Islamische Welt, 26f.
71 Lewis, Sprache, 97f.
72 Nagel, in: Geschichte d. arab. Welt, 106
73 Schacht, Origins, 285f.
74 Lewis, Sprache, 144
75 Haarmann, in: Geschichte d. arab. Welt, 219
76 Nagel, Ebd., 149
77 Koran 4/59
78 Lewis, Sprache, 166f.
79 Ebd., 167
80 Nagel, in: Geschichte d. arab. Welt,
81 Lewis, Sprache, 169
82 Mooren, Macht und Einsamkeit, 249f.
83 Lewis, Sprache, 51
84 Nagel, Festschrift für Bertold Spuler 1981, 281
85 Ebd., 282
86 Grunebaum von, Muqaddima,
87 Tibi, Imam, 189
88 Zu den soziologischen Stadt/Land-Strukturen im Islam s. Gellner, Der Islam als Gesellschaftsordnung, 46ff.
89 Nagel, Islamische Welt, 24ff.

90 Gellner, Gesellschaftsordnung, 218ff.
91 Mooren, Macht und Einsamkeit, 281f., Anm. 35
92 Ebd., 171
93 Liebert, 111; s. a. die Variante bei Durant 7, 382
94 Mock, Abschied von Luther, 81
95 Pipers Handbuch d. pol. Ideen II, 633f.
96 Zur lutherischen Fehleinschätzung des Islam siehe Hagemann, Christentum contra Islam, 81ff.
97 Mock, Abschied von Luther,
98 WA 53 – Von den Juden und ihren Lügen
99 Weber, Max, Die protestantische Ethik und der Geist des Kapitalismus
100 Mock, Abschied von Luther, 73
101 Durant 9, 363
102 Propyläen Weltgeschichte 5, 534f.
103 Über die Religion – Reden an die Gebildeten unter den Verächtern, Deutsche Politik 1921, Nr. 10
104 Ploncard, Freimaurer, 43
105 Ebd., 49
106 Ebd., 61
107 Ebd., 153, s. a. Denzinger, Kompendium 2511
108 Ploncard, Freimaurer, 155
109 Vorgrimler, Dialog mit der Freimaurerei, 27
110 Ploncard, 155ff.
111 Hamann, Rudolf – König und Rebell, 535
112 Gabrieli, Kreuzzüge, 185f.
113 Baigent/Leigh, Tempel und Loge, 388f.
114 Ebd., 420ff.
114a Kraus, Alchemie, Ketzerei, Apokryphen, 54; Bürgel, Allmacht, 203f. – hier wird zudem auf die Lauteren Brüder ihrer Riten wegen als »islamische Freimaurer« Bezug genommen (ebd., 152).
115 Bürgel, Allmacht, 133
116 Ebd., 134
117 Ebd., 140
118 Ebd., 166
119 Klein-Franke, Antike in der Tradition, 131f.
120 Smith, Eine Wahrheit, 329
121 Schimmel, Mystische Dimensionen, 55
122 Ebd., 69f.
123 Mooren, Macht und Einsamkeit, 323
124 Massignon, La Passion d'al-Hosayn Ibn Mansour al-Hallaj, 2 Bde., Paris 1922
125 Nagel, Theologie des Islam, 172
126 EI X, 314f.
127 Schimmel, Mystische Dimensionen, 142
128 EI X, 317
129 Ebd., 319
130 Ebd.
131 Schimmel, Mystische Dimensionen, 387
132 Ebd., 336
133 Bürgel, Macht, 339f.
134 Schimmel, Mystische Dimensionen, 344
135 Lexikon der Freimaurerei, 320
136 Schimmel, Mystische Dimensionen, 518f.
137 Ebd., 362

138 Ebd., 536
139 EI X, 340
140 Durant 14, 308
141 Kurz, Schwarzbuch, 280
141a Welsch, Unsere postmoderne Moderne, 32f.
141b Ebd., 176f.
142 Kurz, Schwarzbuch, 440ff.
143 Ebd., 35, 37
144 Ebd., 71
145 Ebd., 145
146 Ebd., 278
147 Ebd., 293f.
148 Borschtschagowski, Orden für einen Mord, 40ff.
149 Carmin, Reich, 392
150 Ebd., 56f, 222f., 232f.
151 Ebd., 383, 395
152 Executive Intelligence Review 8/89, 24ff.
153 Kurz, Schwarzbuch, 301
153a Galbraith, Anatomie der Macht, 168ff.
154 Kurz, Schwarzbuch, 536ff.
155 Bürgel, Allmacht, 164f.
156 Nagel, Theologie, 242
157 Miksch, Kaiser und Kalifen, 360ff.
158 Nagel, Theologie, 249f.
159 Ebd., 255
160 Antes, Ethik u. Politik in: Islam, 15f.
161 Ebd., 22f.
162 Tibi, Der wahre Imam, 241
163 Ebd., 242
164 Rashid Rida bei Konzelmann, Herausforderung, 22
165 Nagel, Staat u. Glaubensgemeinschaft I, 31
166 Lewis, Sprache, 146f.
167 Tibi, Der wahre Islam, 270
168 Carmin, Reich, 487ff.
169 Ebd., 489
170 Ebd., 491ff.
171 Tibi, Der wahre Imam, 359f.
172 Lewis, Sprache, Kap1, Anm. 3
172a Tibi, Der islamische Fundamentalismus in: Politik u. Zeitgeschichte 33/93, 3ff.
173 Klemm/Hörner (Hrsg.), Das Schwert des Experten
174 Ebd., 12
175 Ende/Steinbach, Islam in der Gegenwart, 96
176 Huntington, Kampf der Kulturen, 144
177 Heller/Mosbahi, Islam, 17f.
178 Ebd., 182f.
179 Ebd.
180 Ebd., 186
181 Ebd.
182 Ebd., 88
183 Lewis, Sprache, 150

184 Goodwin, Himmel der Frauen, 35
185 Spuler, Kultur des Islam, 10
186 Walther, Die Frau im Islam in: Islam, 100ff.
187 Ebd., 101ff.
188 Goodwin, Himmel der Frauen, 62f.
189 Ebd., 76, 159
190 Heller, Schleier, 112f.
191 Ebd., 83ff.
192 Ebd., 81
193 Ebd., 40f.
194 Ebd., 45, 49
195 Ebd., 103
196 Smith, Eine Wahrheit, 311
197 Heller, Schleier, 82
198 Lewis, Juden, 71f.
199 Geiger, What did Muhammad borrow from judaism? Madras 1898
200 Lewis, Juden, 71
201 Ebd., 61
202 Ebd., 37
203 Ebd., 79
204 Ebd., 82
205 Ebd., 97
206 Ebd., 124
207 Ebd., 149
208 Tibi, Islam in Deutschland, 158ff.
209 Carmin, Reich, 490
210 Mordecai, Islam, 85ff.
211 Ebd., 88
212 Ebd.
213 Reissner in: Islam in der Gegenwart, 181ff.
214 Ebd., 191ff.
215 Ebd., 177
216 Donoso Cortés, Essay, XXI
217 Carmin, Reich, 775, Anm. 1110
218 Amerio, Iota Unum, 34ff.
219 Spadafora, Neue Theologie, 46ff.
220 Ebd., 46
221 Ebd., 68f.
222 Amerio, Iota Unum, 48, Anm. 3
223 Ebd., 56ff.
224 Ebd., 88
225 Ebd., 99
226 Lefebvre, Brief, 158
227 Vorgrimler, Kirche und Freimaurer, 193
228 Ebd., 193
229 I Millenari, Wir klagen an, 268ff.
230 Ein repräsentatives Beispiel für den religiösen Pluralismus ist die Aufsatzreihe in Bernhardt (Hrsg), Horizontüberschreitung, Gütersloh 1991
231 Carmin, Reich, 775, Anm. 1108
232 I Millenari, Wir klagen an, 205f.

233 Carmin, Reich, 466
234 Ebd., 454f.
235 Ebd., 455
236 Spadafora, Neue Theologie, 115
237 Carmin, Reich, 467f.
238 Wojtyla, Person und Tat, Freiburg 1981
239 Bernstein/Politi, Wojtyla, 155ff.
240 Dvorak, Satanismus, 315f.
241 Le Roux, Petrus, liebst Du mich?, 91f.
242 Ebd., 93
243 Ebd., 77
244 Herrmann, Johannes Paul II., 148
245 Bernstein/Politi, Wojtyla, 162f.; Le Roux, Petrus, 91
246 K.d.M., 155
247 Ebd., 166
248 Dörmann, Der theologische Weg Johannes Pauls II. Bd. I+II/1-3, Senden 1990-98
249 Dörmann, Weg I, 53
250 Ebd., 62ff.
251 Ebd., 84ff.
252 Ebd., 79
253 Vgl. Dörmann, Weg II, Bd. 1-3
254 Kerber (Hrsg.), Wie tolerant ist der Islam?, 62f.
255 Ebd., 63f., 66
256 Dörmann, Weg I, 17f.
257 Vgl. Van der Ploeg, Wojtyla, Una Voce 4/1991
258 Wojtyla, Person und Tat, 9ff.
259 Ebd., 91ff.
259a Bernardo di, Die Freimaurer, 150
260 Wojtyla, Person und Tat, 131
261 Ebd., 151ff.
262 Wojtyla, Schwelle der Hoffnung, Hamburg 1995
263 Ebd., 62
264 Ebd., 64f.
265 Wojtyla, Person und Tat, 320f.
266 Le Roux, Petrus, 117
267 Ebd., 14, 154
268 Urquhart, Im Namen des Papstes, 336
269 Ebd., 12f.
270 Ebd., 336
271 FAZ, 8.1.2000
272 Urquhart, Im Namen des Papstes, 329
273 Meisner, Mit dem Herzen sehen, 75
274 Urquhart, Im Namen des Papstes, 141
275 Ebd., 377f.
276 Lefebvre, Brief, 34
277 Liber Accusationis, 73
278 Amerio, Jota Unum, 622 Anm. 32; Lefebvre, Brief, 134
279 Ebd.
280 Ebd., 179
281 Ebd., 281

282 Lefebvre, Enthront, 108
283 Lefebvre, Brief, 173
284 Russell, Denker, 172f.
285 Busse, Theol. Beziehungen, 121ff.
286 Ebd., 23ff.; Maas, Arabismus, 161f.
287 Busse, Theol. Beziehungen, 24
288 Maas, Arabismus, 162
289 Busse, Theol. Beziehungen, 56
289a Bouman, Gott und Mensch, 68
290 Busse, Theol. Beziehungen, 57
291 Ebd., 118ff.
292 Nagel, Einschübe, 12
293 Ebd.; Ibn Warraq, Origins of Koran, 31
294 (HI)Handwörterbuch des Islam, 216f.
295 Dörmann, Respondeo 8, 39
296 Le Roux, Petrus, 93
297 Mooren, Macht und Einsamkeit, 374, Anm. 48
298 Ott in: Horizontüberschreitung, 35
299 Ebd., 12
300 Una Voce 5-6/2000
301 CIBEDO 4/95, 122
302 Bernhardt (Hrsg.), Horizontüberschreitung, 62ff.
303 CIBEDO 2/94, 48f.
304 Busse, Theol. Beziehungen, 54f.; Russell, Denker, 172
304a Ursprünglich eine Gründung des Ordens der Weißen Väter, gab sich die CIBEDO im Jahre 1998 den Status eines Vereins unter Beteiligung der Deutschen Bischofskonferenz, bevor letztere sie sich im Jahre 2000 als »Fachstelle« eingliederte.
305 HI, 96
306 Busse, Theol. Beziehungen, 143
307 HI, 544f.
308 Mooren, Macht und Einsamkeit, 222
308a Leuze, Christentum und Islam, 317
309 Wehrr, Arab. Wörterbuch, 209
310 Encyclopedia of Islam II, 538
311 Noth, Djihad, 141
312 Mooren, Macht und Einsamkeit, 212, Anm. 14
313 Lewis, Sprache, 131f.
314 HI, 12; Tibi, Der wahre Imam, 91ff.
315 Suyuti, Djelal ad-Din, Al-itqan fi'ulum al-Qur'an, Band II, S. 24, Beirut 1973 (Nachdruck der Bulaqer Ausgabe)
316 Doc. Cath., 7.7.1985 (685)
317 Ebd., 4/2000
318 Malinski, Wojtyla, 244
319 Der andere Mensch 4/2000
320 Hutchison, Mafia des Papstes, 542f.
321 Doc. Cath., 15.6.1980 (605)
322 Palmsonntag-Homelie 1980
323 Weihnachtsbotschaft 1980
324 Ansprache UNESCO 1980
325 Osservatore Romano (OR), 12.3.2000

326 Doc. Cath. Nr. 1852, S. 516
327 I Millenari, Wir klagen an, 268f.
328 Le Roux, Petrus, 107
329 Ebd., 106
330 OR, 1.10.1999
330a Bernardo di, Die Freimaurer, 150
331 Carmin, Reich, 584
332 De Rosa, Gottes erste Diener, 148
333 Lexikon der Freimaurerei, 422; zu den Animositäten zwischen Islamismus und Masonismus s.a. den Hinweis bei Spuler-Stegemann, Muslime, 25, Anm. 6
334 Drewermann, Kleriker, 701ff.
335 Amerio, Iota Unum, 550, Anm. 8
336 May, Krise der Kirche, Una Voce 1-2/1087
337 Ebd.
338 Scheeben, Handbuch der Kath. Dogmatik 1-5
339 Ebd., 97f.
340 Ebd., 111
341 Ebd., 102
342 Ebd., 103
343 Ebd., 106
344 Schwardtländer, Freiheit der Religion, 22
345 Arnim von, Fetter Bauch, 60
346 Ebd., 147ff.
347 Ebd., 248, 277
348 Bade (Hrsg.), Manifest der 60, 20f.
349 Hummel, Religiöser Pluralismus, 106
350 Bade, Manifest, 138
351 Ebd., 153
352 Ebd., 155
353 Mehmet, Fundamentalismus, 193ff.
354 Todd, Das Schicksal der Immigranten, Hildesheim 1998
355 Ebd., 81f.
356 Ebd., 201ff.
367 Ebd., 248f.
358 Ebd., 254f.
359 May, Kirchenkampf, 340f.; die protestantische Neigung zum NS-Regime erhielt endgültige Weihen durch keinen Geringeren als F. Bonhoeffer, nach dem »die Ereignisse bewiesen hätten, daß Gott mit ihm (Hitler) sei« (ebd.).
359a Spuler-Stegemann, Muslime, 25, Anm. 8
360 Heitmeyer, Verlockender Fundamentalismus
361 Tibi, Aufbruch am Bosporus, 308ff.
362 Stolz, Kommt der Islam?, 152f.
363 Tibi, Aufbruch, 60, 66
364 Ebd., 250
365 Nagel, Religiöse Unterweisung in: Zeitschrift für Pädagogik 3/1989
366 Tibi, Aufbruch, 256ff.
367 Spuler-Stegemann, Muslime in Deutschland, 139
368 Stolz, Kommt der Islam?, 246ff.
368a Hoffnungszeichen, 3/2001, 9
369 Spuler-Stegemann, Muslime, 303

370 Ebd., 114
371 Kerber (Hrsg.), Toleranz, 44f.
372 Lübbe, Zug der Zeit, 148
373 Ebd.
374 Albrow, Abschied vom Nationalstaat, 139, 194f.
375 Lübbe, Zug der Zeit, 150
376 Die Welt, 19.11.2000
377 Lübbe, Zug der Zeit, 151
378 Ebd., 269f.
379 Lemberg, Anthropologie, 79f.
380 Mordecai, Islam, 64
381 Der Spiegel 40/2000 – Während für die Zwangsarbeiter eine Abfindung von DM 15000,– vorgesehen war, sorgten die – aus vorangegangenen Tätigkeiten bestens altersversorgten – Stiftungsvorstände mit DM 240000,– p.a. nachdrücklich für sich selbst.
382 FAZ, 13.8.2000
383 Böhm, Verinnerlichung des Anderen, 166f.
384 Ebd., 170
385 Ebd., 176
386 Rudolph (Hrsg.), Die Vernunft und ihr Gott, 116ff.
387 Ebd., 11, 36, 113f.
388 Bischof, Kraftfeld der Mythen, 691ff.
389 Ebd., 698f.
390 Ebd., 699f.
391 Focus 41/2000 – Periscop
392 Lübbe, Zug der Zeit, 151f.; Kurz, Schwarzbuch, 536ff.
393 Bürgel, Allmacht, 358
394 Ebd.
395 Die Welt, 26.8.2000
396 Amerio, Jota Unum, 585
397 Glunk (Hrsg.), Das MAI und die Macht der Konzerne
398 Ebd., 196 – Den Ersatz der Menschenrechte durch ein freies Wirtschaftskonzept forderte auch H.v.Pierer, Vorsitzender der Siemens AG und des Asien-Pazifik- Ausschusses – FAZ, 20.9.2000
399 Glunk, Das MAI, 196f.
400 Innensichten, 416f.
401 Popper, Die offene Gesellschaft I, 217
402 Ebd. II, 193f.
403 Eliade, Das Heilige und das Profane, 174
404 Hofmann, Islam, 81f.
405 Ebd., 179f.
406 Norretranders, Spüre die Welt, 348f.
407 Nagel, Gegenwärtigkeit Muhammads, 5f.
408 Glucksmann, Am Ende des Tunnels, 135
409 Norretranders, Spüre die Welt, 348f.
410 Dux, Logik der Weltbilder, 83f.
411 Lübbe, Lebenssinn d. Industriegesellschaft, 47
412 Ebd., 58ff.
413 Ebd., 115
414 Fraser, Die Zeit, 53
415 Ebd., 61
416 Ebd., 62f.

417 Fahr, Zeit und kosmische Ordnung, 65ff.
418 Pannenberg, Theologie aus anthrop. Sicht, 66ff.
419 Cramer, Symphonie des Lebens, 35
420 Seibt, Die Zeit (Piper 1024), 145ff.
421 Fahr, Zeit und kosmische Ordnung, 47ff.
422 Fraser, Die Zeit, 304
423 Die Zeit (Piper 1024), Grüsser, Zeit und Gehirn, 79ff., Seibt, Die Zeit als Kategorie der Geschichte, 145ff.
424 Lewis, Sprache, 25
425 EI II, 94f.
426 Mooren, Macht und Einsamkeit, 304, Anm. 36
427 EI II, 95
428 HI, 87f.
429 Ebd., 88
430 Ebd.
431 Mooren, Macht und Einsamkeit, 330, 332f.
432 Ebd., 334
433 Ebd., 332
434 Scheeben, Mysterien des Christentums, 250; Laurentin, Der Teufel, 160, 169f.
435 Ebd., 170
436 Searle, Wiederentdeckung des Geistes, 47
436a Wilson, Einheit des Wissens, 244f.
437 Deutsche Tagespost, 19.9.2000
438 Frazer, Die Zeit, 37
439 Davies, Unsterblichkeit der Zeit, 328
440 Frazer, Die Zeit, 37
441 Ebd., 39
442 A – Süddeutsche Zeitung, 19.9.2000; B – Tagesspiegel, 1.11.2000 – Der Autor, Walid Naqshbandi, ist Afghane und Geschäftsführer der AVE GmbH, Produktionsfirma maßgeblicher TV-Talkshows und somit nicht ohne Einblick in die langfristige Willensbildung seiner Auftraggeber.
443 Lübbe, Lebenssinn, 90
444 Ebd., 86ff.
445 Ebd., 92
446 Der Spiegel, 1.9.1997
446a Die Zahlen stammen aus Kreisen türkischer und arabischer Wissenschaftler und Journalisten, die sich seit Jahren ebenso kritisch wie systematisch mit der Entwicklung des Islam in Europa befassen.
447 Huntington, Kampf der Kulturen, 144
448 Ebd., 182
449 Mooren, Macht und Einsamkeit, 299
450 Huntington, Kampf der Kulturen, 339
451 Ebd., 119ff.
452 Ebd., 131
453 Ebd., 322ff.
454 Ebd., 145
455 Lübbe, Lebenssinn, 74
455a Barber, Coca-Cola und Heiliger Krieg, 284ff.
456 Trimondi, Schatten des Dalai Lama, 747ff.
457 Hoffnungszeichen, 2/2000, 9
458 Lübbe, Lebenssinn, 91
459 Mooren, Macht und Einsamkeit, 248f.
460 Groër, H.H., Kardinal, Maria im Geheimnis, 4

Literaturverzeichnis

Accatoli, Luigi: Johannes Paul II., Graz-Wien-Köln 2000
Albrow, Martin: Abschied vom Nationalstaat, Frankfurt 1998
Amerio, Romano: Jota Unum, Edition Kirchliche Umschau 2000
Antes, Peter (Hrsg.): Der Islam – Religion, Ethik, Politik, Stuttgart-Berlin-Köln 1991
Appel, Rolf / Vorgrimler, Herbert: Kirche und Freimaurer im Dialog, Frankfurt 1975
Arkoun, Muhammad: Der Islam – Annäherung an eine Religion, Heidelberg 1999
Arnim von, Hans Herbert: Fetter Bauch regiert nicht gern, München 1997
Armstrong, Karen: Muhammad, München 1993
–, Geschichte des Glaubens, München 1996
Baar, Marius: Das Abendland am Scheideweg, Asslar 1979
Bade, Klaus J. (Hrsg.): Das Manifest der 60, München 1994
–, Die multikulturelle Herausforderung, München 1996
Baigent / Leigh: Der Heilige Gral und seine Erben, Bergisch Gladbach 1984
–, Der Tempel und die Loge, Bergisch Gladbach 1990
Barber, Benjamin R.: Coca Cola und Heiliger Krieg, Bern-München-Wien 1995
Baring, Arnulf: Scheitert Deutschland?, München 1998
Barth, Heinz-Lothar: Christus und Mohammed, Teil 1, Stuttgart 1998
–, Keine Einheit ohne Wahrheit, Stuttgart 1999
–, Die Mär vom antiken Kanon des Hippolytos, Köln 1999
Bauman, Zygmunt: Unbehagen in der Postmoderne, Hamburg 1999
Bernardo di, Giuliano: Die Freimaurer und ihr Menschenbild, Wien 1989
Bernhardt, Reinhold (Hrsg.): Horizontüberschreitung – Die pluralistische Theologie der Religionen, Gütersloh 1991
Bernstein / Politi: Seine Heiligkeit – Johannes Paul II. und die Geheimdiplomatie des Vatikans, München 1997
Binder, Dieter A.: Die diskrete Gesellschaft, Graz 1988
Bischof, Norbert: Das Kraftfeld der Mythen, München 1998
Biser, Eugen: Einweisung ins Christentum, Düsseldorf 1998
Böhm, Thomas: Verinnerlichung des Anderen, Frankfurt 1983
Borschtschagowski, Alexander: Orden für einen Mord, Berlin 1997
Bouman, Johan: Gott und Mensch im Koran, Darmstadt 1989
–, Der Koran und die Juden, Darmstadt 1990
Bracher, Karl-Dietrich: Schlüsselwörter in der Geschichte, Düsseldorf 1978
–, Zeit der Ideologien, Stuttgart 1982
Brissaud, Alain: Islam und Christentum, Berlin 1993
Brooks, Geraldine: Die Töchter Allahs , München 1994
Brown, David: Cyberdiktatur, Berlin 1997
Büchele, Herwig: Christlicher Glaube und politische Vernunft, Wien-Zürich 1987
Buggle, Franz: Denn sie wissen nicht, was sie glauben, Reinbek 1997
Bülow von, Andreas: Im Namen des Staates, München 1998
Busse, Heribert: Die theologischen Beziehungen des Islams zu Judentum und Christentum, Darmstadt 1991
Carmin, E. R.: Das schwarze Reich, München 2000
Casti, John L.: Verlust der Wahrheit, München 1990

Choubine / West: Ali Dashti / 23 Jahre – Die Karriere des Propheten Muhammad, Aschaffenburg 1997
Cornelissen, Hanns: Der Faktor Gott, Freiburg 1999
Courbage / Fargues: Chrètiens et Juifs dans l'Islam arabe et turc, Paris 1997
Cramer, Friedrich: Chaos und Ordnung, Stuttgart 1989
Darlington, C.D.: Die Wiederentdeckung der Ungleichheit, Frankfurt 1980
Davies, Paul: Die Unsterblichkeit der Zeit, Bern-München-Wien 1995
Denzinger, Heinrich: Kompendium der Glaubensbekenntnisse und kirchlichen Lehrentscheidungen, Freiburg 1991
Deschner, Karl-Heinz: Das Christentum im Urteil seiner Gegner, Ismaning 1986
Detlefs, Gerhard: Die Pervertierung der Meinungsfreiheit, Tübingen 1995
Deutsch, Andreas (Hrsg.): Muster des Lebendigen, Braunschweig-Wiesbaden 1994
Die Zeit, Serie Piper 1024, München 1989
Donoso Cortès, Juan: Essay über den Katholizismus, den Liberalismus und den Sozialismus, Berlin 1996
Dörmann, Johannes: Die eine Wahrheit und die vielen Religionen – Respondeo 8, Abensberg 1988
–, Der theologische Weg Johannes Pauls II. zum Weltgebetstag der Religionen in Assisi, Bd. I+II/1-3, Senden 1990–1998
Dörner, Dietrich: Die Logik des Mißlingens, Reinbek 1993
Dörner, Reinhard: Kirche – Zeichen des Widerspruchs, Paderborn 1997
Drewermann, Eugen: Kleriker, Olten 1989
–, Glauben in Freiheit, Bd. 1, Solothurn-Düsseldorf 1993
Durant, Will und Ariel: Kulturgeschichte der Menschheit, Frankfurt 1982
Dürr, Hans-Peter (Hrsg.): Physik und Transzendenz, Bern-München-Wien 1988
Dux, Günter: Die Logik der Weltbilder, Frankfurt 1982
Dvorak, Josef: Satanismus, München 2000
Ebert, Hans-Georg: Die Interdependenz von Staat, Verfassung und Islam im Nahen und Mittleren Osten in der Gegenwart, Frankfurt 1991
Eibl-Eibesfeldt, Irenäus: Wider die Misstrauensgesellschaft, München 1994
Eliade, Mircea: Das Heilige und das Profane, Frankfurt-Leipzig 1998
Encyclopedia Britannica: 15th Ed., Chicago 1974–1983
Encyclopedia of Islam: 2nd Ed., Leiden 1960
Ende / Steinbach (Hrsg.): Der Islam in der Gegenwart, München 1991
Engdahl, William F.: Mit der Ölwaffe zur Weltmacht, Wiesbaden 1997
Fahr, Hans Jörg: Zeit und kosmische Ordnung, München 1995
Feigl, Erich: Halbmond und Kreuz, Wien-München 1993
Finkelstein, Norman G.: Eine Nation auf dem Prüfstand, Hildesheim 1998
–, The Holocaust Industry, London-New York 2000
Fischer, Michael W.: Die Aufklärung und ihr Gegenteil, Berlin 1982
Fischer-Colbrie, Gerald: Erbe der Aufklärung, Linz 1999
Frankl, Viktor E.: Der Mensch vor der Frage nach dem Sinn, München 1988
Franzen, August: Kleine Kirchengeschichte, Freiburg 1988
Fraser, Julius T.: Die Zeit, München 1991
Fromm, Erich: Anatomie der menschlichen Destruktivität, Reinbek 1977
–, Die Kunst des Liebens, München 2000
Fuchs, Ottmar: Zwischen Wahrhaftigkeit und Macht, Frankfurt 1990
Furet, Francois: Das Ende der Illusion, München-Zürich 1995
Gabrieli, Francesco: Die Kreuzzüge aus arabischer Sicht, Zürich-München 1973
Galbraith, John Kenneth: Anatomie der Macht, München 1987
Geertz, Clifford: Religiöse Entwicklungen im Islam, Frankfurt 1991
Gellner, Ernest: Der Islam als Gesellschaftsordnung, München 1992
Genz, Henning: Wie die Zeit in die Welt kam, Reinbek 1999

Gericke, Helmut: Mathematik in Antike und Orient, Wiesbaden 1994
Gibbon, Eduard: Der Sieg des Islam, Reprint Vollmer Essen
Glucksmann, André: Philosophie der Abschreckung, Stuttgart 1984
–, Am Ende des Tunnels, Berlin 1991
Glunck, Fritz R. (Hrsg.): Das MAI und die Herrschaft der Konzerne, München 1998
Goldziher, Ignaz: Muhammedanische Studien 1+2, Hildesheim 1971
Goodwin, Jan: »Der Himmel der Frau ist unter den Füßen ihres Mannes«, Frankfurt 1999
Greve, Uwe: Verrat an der Marktwirtschaft, Frankfurt 1994
Groër, Hans Hermann Kardinal: Maria im Geheimnis Jesu Christi, St. Ottilien 1999
Grof, Stanislav: Geburt, Tod und Transzendenz, München 1985
Gumin / Meier: Die Zeit, München 1989
Haarmann, Ulrich (Hrsg.): Geschichte der arabischen Welt, München 1994
Hagemann, Ludwig: Christentum contra Islam, Darmstadt 1999
Hagemann / Khoury: Christentum und Christen im Denken zeitgenössischer Muslime
Handwörterbuch des Islam: Leiden 1941
Heiler, Friedrich: Die Religionen der Menschheit, Stuttgart 1980
Heiligenthal, Roman: Der verfälschte Jesus, Darmstadt 1999
Heine, Peter: Halbmond über deutschen Dächern, München 1997
Heitmeyer, Wilhelm: Verlockender Fundamentalismus, Frankfurt 1997
Heller / Mosbahi (Hrsg.): Islam, Demokratie, Moderne, München 1998
–, Hinter den Schleiern des Islam, München 1994
Henne am Rhyn, Otto: Geschichte der Kreuzzüge, Reprint Vollmer Essen
Herman, Arthur: Propheten des Niedergangs, Berlin 1998
Herrmann, Horst: Papst Wojtyla – Der heilige Narr, Reinbek 1983
–, Johannes Paul II. beim Wort genommen, München 1995
–, Hirtenwort und Schäferstündchen, Hamburg 1992
Heuß, Alfred: »Ideologiekritik«, Berlin-New York 1975
Hiller, Helmut: Die Geschäftsführer Gottes, Hamburg 1983
Hitti, Philip K.: History of the Arabs, London 1964
Hobsbawm, Eric: Das Zeitalter der Extreme, München 1999
Hock, Klaus: Der Islam im Spiegel westlicher Theologie, Köln-Wien 1986
Hofmann, Murad: Der Islam im 3. Jahrtausend, Kreuzlingen-München 2000
Holtorf, Jürgen: Die Logen der Freimaurer, Hamburg 1991
Hösle, Vittorio: Moral und Politik, München 1997
Hourani, Albert: Der Islam im europäischen Denken, Frankfurt 1994
Hummel, Reinhart: Religiöser Pluralismus oder christliches Abendland?, Darmstadt 1994
Humphrey, Nicholas: Die Naturgeschichte des Ich, München 1997
Huntington, Samuel P.: Kampf der Kulturen, München-Wien 1996
Hutchison, Robert: Die heilige Mafia des Papstes, München 1998
Ibn Warraq: The Origins of the Koran, Amherst N.Y. 1998
I Millenari: Wir klagen an, Berlin 1999
Iyad Ibn Musa: Muhammad, Messenger of Allah, Granada 1991
Jäggi, Christian J.: Zum interreligiösen Dialog zwischen Christentum, Islam und Baha'itum, Frankfurt 1987
Jaschke, Hans-Gerd: Fundamentalismus in Deutschland, Hamburg 1998
Jenner, Gero: Das Ende des Kapitalismus, Frankfurt 1999
Kennedy, Paul: In Vorbereitung auf das 21. Jahrhundert, Frankfurt 1996
–, Aufstieg und Fall der großen Mächte, Frankfurt 1996
Kepel, Gilles: Allah im Westen, München 1996
Kerber, Walter (Hrsg.): Wie tolerant ist der Islam?
Kirste / Schwarzenau (Hrsg.): Gemeinsam vor Gott / Religionen im Gespräch, Hamburg 1990

Klein-Franke, Felix: Die klassische Antike in der Tradition des Islam, Darmstadt 1980
Klemm / Hörner (Hrsg.): Das Schwert des »Experten«, Hamburg 1995
Khoury, Adel T.: Was sagt der Koran zum Heiligen Krieg?, Gütersloh 1991
–, Christen und Muslime – Veröffentlichungen des Instituts für Missionswissenschaften, Heft 14, Münster 1978
–, Christentum und Christen im Denken zeitgenössischer Muslime Religionswissenschaftliche Studien 7, Würzburg-Altenberge 1994
Kochanek, Hermann: Ich habe meine eigene Religion, Zürich-Düsseldorf 1999
Kolakowski, Leszek: Falls es einen Gott gibt, Freiburg 1992
Küenzlen, Gottfried: Der Neue Mensch, München 1994
Kuhn, Thomas S.: Die Entstehung des Neuen, Frankfurt 1977
Kummer, Jochen: Ausländerkriminalität, Frankfurt 1993
Küng, Hans: Die Kirche, München 1977
–, Christentum und Weltreligionen, München 1984
–, Projekt Weltethos – München 1992
Kurz, Robert: Schwarzbuch Kapitalismus, Frankfurt 1999
Kuschel, Karl-Josef (Hrsg.): Christentum und nichtchristliche Religionen, Darmstadt 1994
–, Streit um Abraham, München 1996
Langer, Jaroslav: Grenzen der Herrschaft, Opladen 1988
Lauterburg, Christoph: Fünf nach Zwölf, Frankfurt 1998
Lawrence, John: Free-Masonry, London 1999
Lea, Henry C.: Geschichte der Inquisition im Mittelalter, Frankfurt 1997
Lefebvre, Marcel: Ich klage das Konzil an!, Ed. Saint-Gabriel 1977
–, Offener Brief an die ratlosen Katholiken, Wien 1986
–, Sie haben Ihn entthront, Stuttgart 1988
Lemberg, Eugen: Anthropologie der ideologischen Systeme, Baden-Baden 1987
Lennhoff / Posen / Binder: Internationales Freimaurer-Lexikon, München 2000
Lenze, Reinhard: Christentum und Islam, Tübingen 1994
Lévy, Bernard-Henri: Das Testament Gottes, Frankfurt 1983
Levy, Reuben: The Social Structure of Islam, Cambridge 1965
Lewis, Bernard: Die Welt der Ungläubigen, Frankfurt 1983
–, Die Juden in der islamischen Welt, München 1987
–, Die politische Sprache im Islam, Berlin 1991
Liedtke, Rüdiger: Die Vertreibung der Stille, München 1996
Lorenz / Wuketits: Die Evolution des Denkens, München-Zürich 1983
Lübbe, Hermann: Der Lebenssinn der Industriegesellschaft, Berlin-Heidelberg 1990
–, Im Zug der Zeit, Berlin-Heidelberg 1992
Lüling, Günter: Muhammad, Erlangen 1981
Lütz, Manfred: Der blockierte Riese, Augsburg 1999
Luxenberg, Christoph: Die syro-aramäische Lesart des Koran, Berlin 2000
Maar/Pöppel (Hrsg.): Die Technik auf dem Weg zur Seele, Reinbek 1996
Maas, Wilhelm: Arabismus-Islam-Christentum, Stuttgart 1991
Malinski, Mieczyslaw: Wer ist Karol Wojtyla?, München 1998
Martin / Schumann: Die Globalisierungsfalle, Reinbek 1996
May, Georg: Kirchenkampf oder Katholikenverfolgung?, Stein am Rhein 1991
–, Die Sendung der Kirche, Köln 1999
Mayr, Hans-Eberhard: Geschichte der Kreuzzüge, Stuttgart-Berlin 1985
Mehmet, Özay: Fundamentalismus und Nationalstaat, Hamburg 1994
Meisner, Joachim Kardinal: Mit dem Herzen sehen, Aachen 2000
Mellor, Alec: Logen, Rituale, Hochgrade, Handbuch der Freimaurerei in Österreich 1985

Mernissi, Fatima: Sexualität, Ideologie, Islam, München 1987
–, Die vergessene Macht, Frankfurt 1997
Merö, Laszlo: Die Logik der Unvernunft, Reinbek 2000
Messaoudi, Khalida: Worte sind meine einzige Waffe, München 1995
Miksch, Hans: Der Kampf der Kaiser und Kalifen, Bonn 1992
Milger, Peter: Die Kreuzzüge, Gütersloh 1991
Minc, Alain: Das neue Mittelalter, Hamburg 1995
Mock, Albert: Abschied von Luther, Köln 1985
Mordecai, Victor: Der Islam – Eine globale Bedrohung?, Holzgerlingen 1999
Musk, Bill A.: Das unbekannte Gesicht des Islam, Marburg 1992
Mynarek, Hubertus: Denkverbot, München 1992
–, Eros und Klerus, Essen 1999
Nagel, Tilman: Staat und Glaubensgemeinschaft im Islam, Band 1+2, Zürich-München 1981
–, Der Koran, München 1991
–, Timur der Eroberer, München 1993
–, Geschichte der islamischen Theologie, München 1994
–, Medinensische Einschübe in mekkanische Suren, Göttingen 1995
–, Die islamische Welt bis 1500, München 1998
Neubauer, Ralf: Der Bürger als Beute, Reinbek 1996
Neue Anthropologie: Dtv-Wissenschaft Bd. 1–7, München 1973
Neumann, Franz (Hrsg.): Politische Theorien und Ideologien, Baden-Baden 1977
Nicholson, Reynold A.: A Literary History of the Arabs, Cambridge 1962
Norretranders, Tor: Spüre die Welt – Die Wissenschaft des Bewußtseins, Reinbek 1994
Pannenberg, Wolfhart: Anthropologie in theologischer Perspektive, Göttingen 1983
Paret, Rudi: Der Koran – Übersetzung und Kommentar, Köln 1993
Peat, David F.: Synchronizität, Bern-München-Wien 1989
Penrose, Roger: Schatten des Geistes – Spektrum, Heidelberg-Berlin-Oxford 1995
–, Computerdenken, Spektrum, Heidelberg 1995
Pinker, Steven: Der Sprachinstinkt, München 1996
Piper Serie: Die Zeit, München 1983
Pipers Handbuch der politischen Ideen, München-Zürich 1993
Planhol de, Xavier: Kulturgeographische Grundlagen der islamischen Geschichte, Zürich-München 1975
Ploncard d'Assac, Jaques: Das Geheimnis der Freimaurer, Stuttgart 1990
Popper, Karl R.: Objektive Erkenntnis, Hamburg 1973
–, Die offene Gesellschaft und ihre Feinde, München 1980
Poundstone, William: Im Labyrinth des Denkens, Reinbek 1995
Propyläen: Geschichte der Literatur Band 1–5, Berlin-Frankfurt 1985
–, Weltgeschichte Band 1–10, Berlin-Frankfurt 1986
Raddatz, Hans-Peter: Die Stellung und Bedeutung des Sufyan al-Thauri, Phil. Diss. Bonn 1967
Ranke von, Leopold: Weltgeschichte, Reprint Vollmer Essen
–, Die Päpste – Reprint Vollmer Essen
Ratzinger, Josef Kardinal: Salz der Erde, Stuttgart 1996
–, Aus meinem Leben, Stuttgart 1998
Reich, Robert B.: Die neue Weltwirtschaft, Frankfurt 1993
Riccardi, Andrea: Sant' Egidio – Rom und die Welt, St. Ottilien 1998
Riedl, Rupert: Kultur – Spätzündung der Evolution?, München 1987
Robertson-Wensauer, Caroline: Multikulturalität-Interkulturalität?, Baden-Baden 1993
Rodinson, Maxime: Muhammad, Luzern-Frankfurt 1975
–, Die Faszination des Islam, München 1991
Rosa de, Peter: Gottes erste Diener, München 1991

Rotter, Gernot: Ibn Ishaq – Das Leben des Propheten, Wien 1986
– (Hrsg.), Die Welten des Islam, Hamburg 1993
Rudolph, Enno (Hrsg.): Die Vernunft und ihr Gott, Ev. Studiengemeinschaft Bd. 46, Heidelberg o. J.
Rudorf, Reginald: Die vierte Gewalt, Frankfurt 1994
Russell, Bertrand: Denker des Abendlands, Stuttgart 1997
Salim Abdullah, Muhammad: Was will der Islam in Deutschland?, Gütersloh 1993
Sanders, Barry: Der Verlust der Sprachkultur, Frankfurt 1995
Searle, John R.: Die Wiederentdeckung des Geistes, München 1993
Sharma, Arvind (Hrsg.): Innenansichten der großen Religionen, Frankfurt 1997
Sloterdijk / Macho (Hrsg.): Weltrevolution der Seele, Zürich 1993
Smolin, Lee: Warum gibt es die Welt?, München 1999
Spadafora, Francesco: Die »Neue Theologie«, Sion 1996
Spengler, Oswald: Der Untergang des Abendlandes, München 1980
Spuler-Stegemann, Ursula: Muslime in Deutschland, Freiburg 1998
Swinburne, Richard: Die Existenz Gottes, Stuttgart 1987
Szostak / Taufiq: Der wahre Schleier ist das Schweigen, Frankfurt 1995
Schacht, Joseph: The Origins of Muhammadan Jurisprudence, Oxford 1959
–, Introduction to Islamic Law, Oxford 1964
Schacht / Bosworth (Hrsg.): Das Vermächtnis des Islam Bd. 1+2, München 1983
Scheeben, Matthias Joseph: Katholische Dogmatik Bd. 1-5, Freiburg 1941-54
Schiffauer, Werner: Die Gottesmänner, Frankfurt 2000
Schimmel, Annemarie: Mystische Dimensionen des Islam, München 1995
Schleichert, Hubert: Von Platon bis Wittgenstein, München 1999
Schmalstieg, Dieter O.: Machtwechsel, Lausanne 1991
Schnackenburg, Rudolf: Jesus Christus im Spiegel der vier Evangelien, Freiburg 1998
Schwardtländer, Johannes (Hrsg.): Freiheit der Religion, Mainz 1993
Schwarz, Hans-Peter : Die gezähmten Deutschen, Stuttgart 1985
Schwarzenthal, Rainer: Konflikt und Ausgrenzung in der katholischen Kirche, Frankfurt 1990
Schweizer, Gerhard: Ungläubig sind immer die anderen, Stuttgart 1990
Schwinges, Rainer Christoph: Kreuzzugsideologie und Toleranz, Stuttgart 1977
Schütz, Egon: Macht und Ohnmacht der Bildung, Weinheim 1992
Staudinger, Hugo: Gott, die Wahrheit der Welt?, Wuppertal 1997
Steiner-Khamsi, Gita: Multikulturelle Bildungspolitik in der Postmoderne, Opladen 1992
Stenglein, Josef: Die Päpste von 2000 Jahren, Abensberg 1983
Stephan, Cora: Der Betroffenheitskult, Berlin 1993
Stolz, Rolf: Die Mullahs am Rhein, München 1994
–, Kommt der Islam?, München 1997
Taylor, Charles: Multikulturalismus und die Politik der Anerkennung, Frankfurt 1993
Tibi, Bassam: Die Krise des modernen Islams, Frankfurt 1991
–, Islamischer Fundamentalismus, Frankfurt 1992
–, Im Schatten Allahs, München 1994
–, Der wahre Imam, München 1996
–, Europa ohne Identität?, München 1998
–, Kreuzzug und Djihad, München 1999
–, Aufbruch am Bosporus, Müchen-Zürich 1999
Tippelt, Rudolf: Bildung und sozialer Wandel, Weinheim 1990
Todd, Emmanuel: Das Schicksal der Immigranten, Hildesheim 1998
Toulmin, Stephen: Kosmopolis, Frankfurt 1991
Ulbrich, Stefan (Hrsg.): Multikultopia, Vilsbiburg 1991
Urquhart, Gordon: Im Namen des Papstes, München 1998

Watt, Montgomery : Muhammad at Mecca, Oxford 1965
–, Muhammad at Medina, Oxford 1962
Welsch, Wolfgang: Unsere postmoderne Moderne, Berlin 1997
Wilson, Edward O.: Die Einheit des Wissens, Berlin 1998
Wilson, James Q.: Das moralische Empfinden, Hamburg 1994
Wiltgen, Ralph M.: Der Rhein fließt in den Tiber, Feldkirch 1988
Winkler, Beate (Hrsg.): Zukunftsangst Einwanderung, München 1993
Winterberg, Jörg M.: Religion und Marktwirtschaft, Baden-Baden 1994
Wojtyla, Karol: Person und Tat, Freiburg 1981
–, Die Schwelle der Hoffnung überschreiten, Hamburg 1994
Wolf, Hans-Jürgen: Sünden der Kirche, Hamburg 1995

Namen- und Sachregister